BANDERAS LEJANAS

Fernando Martínez Laínez
Carlos Canales Torres

BANDERAS LEJANAS

La exploración, conquista y defensa
por España del territorio de los actuales
Estados Unidos

www.edaf.net
Madrid - México - Buenos Aires - Santiago
2023

© 2023. Fernando Martínez Laínez y Carlos Canales Torres
© 2023. De esta edición, Editorial EDAF, S.L.U.
© Diseño de cubierta y mapas: Ricardo Sánchez
© Documentación e imágenes:
The Commercial Company of Florida & West Indies, LLC
© Láminas de uniformes: Juan Carlos Carrasco Torrecilla, Luis Leza Suárez, propiedad de Trisquel Corp Ibérica, S.L.

Editorial EDAF, S.L.U.
C/ Jorge Juan, 68
28009 Madrid
edaf@edaf.net

Algaba Ediciones, S.A. de C.V.
Calle 21, Poniente 3323, Colonia Belisario Domínguez
Pueblo, 72180, México, Tf.: 52 22 22 11 13 87
jaime.breton@edaf.com.mx

Edaf del Plata, S.A.
Chile, 2222
1227 Buenos Aires, Argentina
edafdelplata@gmail.com
fernando.barredo@edaf.com.mx
Teléfonos: +54 11 4308-5222 / +54 9 11 6784-9516

Edaf Chile. S.A.
Huérfanos 1179, Oficina 501
Santiago, Chile
comercialedafchile@edafchile.cl
Teléfonos: +56 4468 0539 / +56 9 4468 0537

Queda prohibida, salvo excepción prevista en la ley, cualquier forma de rproducción, distribución, comunicación pública y transformación de esta obra sin contar con la autorización de los titulares de la propiedad intelectual. La infracción de los derechos mencionados puede ser constitutiva de delito contra la propiedad intelectual (art. 270 y siguientes del Código Penal). El Centro Español de Derechos Reprográficos (CEDRO) vela por el respeto de los citados derechos.

ISBN: 978-84-414-4267-2
Depósito legal: M-29528-2023

Primera edición en esta colección revisada y actualizada, noviembre de 2023

Impreso en España / Printed in Spain
Gráficas Cofás. Pol. Ind. Prado Regordoño. Móstoles (Madrid)

Índice

TRES SIGLOS DE PRESENCIA 13

PRIMERA PARTE. EN COSTAS EXTRAÑAS 15

1.1. Reinos de fantasía 17
    Ponce de León y la Fuente de la Eterna Juventud........................... 18
    La Tierra de Chicora y el Cabo del Miedo 22
    Francisco de Garay, Álvarez de Pineda y la Tierra de Amichel 25
    Esteban Gómez y la búsqueda del paso del Noroeste..................... 27

1.2. La costa de las Tormentas.. 30
    La búsqueda enloquecida de Pánfilo de Narváez............................ 30
    El increíble periplo de Cabeza de Vaca 34
    La aventura incierta de Tristán de Luna 39
    Ángel de Villafañe y el abandono de Pensacola.............................. 44

1.3. Hernando de Soto: la búsqueda del Más Allá 47
    La partida.. 49
    Un viaje infernal... 50
    La batalla de Mobile 53
    Una muerte legendaria 56
    El regreso 58

1.4. La marcha inmortal de Vázquez de Coronado................................. 59
    El hidalgo salmantino... 60
    Los aparecidos 60
    Mujeres y turquesas 61
    Las ciudades altas.. 63
    El apoyo naval y la marcha por tierra 64
    El cañón del Colorado 66
    La busca de Quivira.. 67
    Acoma y la exploración de Alvarado 68
    La guerra de Tiguex 71
    El retorno 73

1.5. Pacificadores, no conquistadores 75
    Nueva Galicia, las exploraciones de Agustín Rodríguez
      y Francisco Sánchez 76
    Antonio de Espejo y la Nueva Andalucía 77
    Los ilegales Castaño y Leyva. Españoles en Kansas 79

SEGUNDA PARTE. LA FLORIDA... 83

2.1. La tierra sin dueño 85
    Los franceses en Florida... 86
    Pedro Menéndez de Avilés, el Adelantado de la Florida................ 89
    Corsarios y piratas 92

La cadena de misiones y la conversión de los indígenas 94
  La importancia de las rutas: *The Old Spanish Trail* 98
2.2. Los señores de la guerra 103
  La vestimenta 103
  Armaduras y equipo defensivo y ofensivo 106
  Arcabuces y mosquetes 109
  Picas y alabardas 110
  La ventaja del caballo 111

TERCERA PARTE. NUEVO MÉXICO, TEXAS Y ARIZONA 113
3.1. Una aventura épica: el Camino Real de tierra adentro 115
  Juan de Oñate, el hombre del rey 116
  Los últimos obstáculos 118
  La posesión de Nuevo México 119
  Los indios del suroeste 122
  Guerreros y poetas: Gaspar Pérez de Villagrá 125
  La Guerra de la Roca y la ciudad de las nubes 126
  La encerrona 128
  Más allá de lo posible 131
  La rendición 134
  Crece la Colonia. Nuevas exploraciones 136
  Condena y rehabilitación 138
  El gobierno de Peralta y el nacimiento de Santa Fe 140
  De ovejas y caballos 141
  La rebelión de los indios *pueblo* 142
  Incursiones de castigo: la paz imposible 145
3.2. El real de Arizonac y la Pimería Alta 148
  La incansable labor del padre Kino 149
  Otros jesuitas misioneros 153
  La rebelión *pima* 154
  Las reformas borbónicas 157
  Campos de paz 158
3.3. Frente a franceses, *apaches* y *comanches* 161
  San Francisco de los Texas: el primer intento 162
  El regreso a Texas y el nacimiento de la provincia 167
  La recuperación y la era de las reformas 172
  La masacre de San Sabá 174
  Golpe por golpe. La campaña del Río Rojo 177
  La edad dorada de la provincia de Texas 180
  El desarrollo de la frontera: los ranchos 181
  La falta de población 183
3.4. Los vigilantes de la frontera 186

  Soldados de cuera. Organización y evolución.................................. 188
  Compañías volantes, Húsares de Texas y
   Cazadores de Nueva Vizcaya.. 192
  Los voluntarios catalanes... 194
  Las milicias.. 195
  Misiones y operaciones.. 197
3.5. La guerra en la frontera: los indios bárbaros 199
  Apaches y *navajos* 199
  Comanches.. 206
  La Paz de Anza 210
  Utes y *wichitas* 212

CUARTA PARTE. DE LA CRISIS AL APOGEO 217
4.1. La Guerra de Sucesión española (1701-1714) 219
  La crisis en La Florida, la pérdida de las misiones.
   El hundimiento de la frontera 220
  La recuperación 222
4.2. La Guerra de la Cuádruple Alianza (1717-1721) 226
  La guerra en Florida: la lucha por Pensacola 228
  Nuevos enemigos: los franceses en Texas 231
  Nuevo México y las llanuras.
   La expedición de Villasur a Nebraska................................... 235
4.3. La Guerra del Asiento (1739-1748)... 240
  El Ejército de la Florida y el Fuerte Mose 241
  Enemigo a las puertas: los *Highlanders* de Darién
   y el nacimiento de Georgia.. 243
  Florida contra Georgia 245
  El contraataque español 247
  La batalla del Pantano Sangriento —*Bloody Marsh*—................. 248
4.4. En la guerra de los Siete Años (1761-63) 252
  El desastre de La Habana y la pérdida de La Florida................ 256
4.5. De lo malo, lo mejor... 259
  La rebelión *creole* y la ocupación de Luisiana............................ 261
  La extensión hacia el norte y el aseguramiento de las fronteras....... 266
  Los isleños: Canarios en Luisiana 267
4.6. Balbuceos de un gigante... 270
  Preparándose para lo inevitable 272
  Quien da primero da dos veces.
   De Bute de Manchac a Baton Rouge................................... 278
  La ofensiva sobre Florida y la toma de Mobila.......................... 282
  El frente norte: La defensa de San Luis y la expedición
   al lago Michigan.. 285

4.7. Yo solo 292
   Pensacola: «Marcha de valientes, carga de vencedores» 294
   La conquista de las Bahamas 299
   La Paz de París: Florida española 302

QUINTA PARTE. CALIFORNIA 305

5.1. Una tierra maravillosa 307
   Primeras expediciones: De Ulloa a Vizcaíno 307
   España en la Alta California 312
   Oscuras exploraciones y la sombra de los rusos 314
   La consolidación de la colonia 318
   La última provincia del Imperio 326
   Nuevas exploraciones. La marcha de Anza y las costas del norte ... 332
   Revuelta general 336

5.2. El gobierno de Felipe Neve 340
   El reglamento para el gobierno de California 341
   La guerra de Yuma 346

5.3. Las expediciones al noroeste: de California a Alaska 352
   A la búsqueda de los estrechos de Anián 352
   La ocupación de Nootka 354
   Velas en la niebla. Alaska española 357
   En el filo de la navaja: la crisis con Gran Bretaña 358
   Las consecuencias del Tratado de 1790 y los últimos años
   de la presencia española 361

5.4. En un país lejano 368
   El problema del comercio y los bienes materiales 369
   La defensa de California: presidios y fortificaciones 372
   El desarrollo: más misiones y pueblos 374
   En guerra con Rusia 376
   El siglo XIX 377
   Los primeros extraños. Yanquis en el Pacífico 380
   Llegan los rusos 381
   Nace el Fuerte Ruso 384
   Caballeros de fortuna 386
   El Real Ejército de California y los indios de la provincia 388
   Las últimas exploraciones y campañas militares 391
   Al final 393

SEXTA PARTE. EN COMPAÑÍA DE LOBOS 395

6.1. La era de los filibusteros. Los anglos de Texas 397
   Philip Nolan, el *mustanger* 398
   Las disputas fronterizas y la franja neutral 399
   El principio del fin, España sin rey 405

6.2. La Revolución llega a Texas 407
    La insurrección de Las Casas 408
    El contragolpe: Dios, Patria y Rey 409
6.3. Bernardo Gutiérrez de Lara y la Primera República de Texas 411
    Hidalgo y la lucha por la Independencia de México 412
    Bajo la bandera de la Libertad 416
    La batalla del Río Medina 421
6.4. Viejos conocidos, nuevos enemigos 423
    Llega Mina. El guerrillero 423
    Galveston, el reino pirata y el Campo del Asilo 425
    La Expedición de Long. La segunda República de Texas 428
    La puerta abierta: inmigración legal y controlada 432

SÉPTIMA PARTE. LA DISPUTA POR LAS FLORIDAS 435
7.1. Vecinos incómodos 437
    La defensa de los nuevos territorios (1784-1795) 437
    Las tropas de Luisiana y las Floridas: regulares y milicias 444
    Las tribus indias y la importancia estratégica del comercio 447
    El problema de la población. Los proyectos de Wouves y Wilkinson. 452
    Las tribus indias del sudeste 457
    La guerra en los bosques del sudeste 462
    La nación mutante 463
    La frontera occidental en litigio 465
    La amenaza militar y los proyectos de invasión 469
    La pérdida de Luisiana 471
    El principio del fin. La entrega de Luisiana 477
7.2. Solos frente a todos 479
    William Bowles y los *creeks*: el estado de Muskogee 480
    Bajo la *Bonnie Blue Flag*. De la conspiración de Burr
        a la República de Florida occidental 487
    La Guerra de 1812 y los patriotas de Florida oriental 493
    La crisis de Isla Amelia y la República de la Florida 499
    Menos espectadores. La Primera Guerra *Semínola* 502
    El Tratado Adams-Onís y la venta de Florida 508

OCTAVA PARTE. EL FINAL DE UNA ERA 513
8.1. Cambios de banderas 515
    El final en Texas 520
    El último acto 523

FUERTES, PUESTOS Y CASAS FORTIFICADAS, PRESIDIOS Y
MISIONES ESPAÑOLAS EN LOS ESTADOS UNIDOS Y CANADÁ 525

ÍNDICES ONOMÁSTICO Y TOPONÍMICO 561

Tres siglos de presencia

ANTES QUE WASHINGTON O JEFFERSON, antes de que el rodillo de la colonización anglosajona emprendiera eso que el cine de Hollywood se inventó como «La conquista del Oeste», España ya estaba allí, y había combatido o pactado con casi todas las legendarias tribus indias —*apaches, comanches, cheyenes, semínolas, navajos, pueblos, siux...*— que alguna vez poblaron las praderas, pantanos y bosques norteamericanos, cuando aún no habían sido exterminados por quienes llegaron después con la Biblia en una mano y el rifle en la otra.

España, sin duda, estuvo allí antes, durante más de 300 años, aunque algunos hayan intentado, y muchas veces logrado, eliminar ese dato a toda costa. Y no estuvo de forma ocasional. La presencia hispana en extensas zonas del actual territorio de Estados Unidos —Alaska incluida— solo acabó por la imposición de las armas cuando España, tras la catastrófica guerra de Independencia contra la Francia napoleónica, era ya un viejo león herido y sin fuerzas. Es la relación poder-flaqueza la que desequilibra la balanza de la historia, modifica las fronteras y acaba con los imperios; y el imperio español, aunque fue el primero en extenderse por cinco continentes, no podía ser una excepción.

Este libro de *Banderas lejanas* es importante por tres razones principales. Una de ellas es que, por primera vez, se ofrece una visión coherente y detallada del proceso de exploración, conquista y defensa a cargo de España en ese inmenso, hostil y con frecuencia desértico territorio que se extiende desde el Río Grande hasta las gélidas costas de Alaska.

La segunda razón viene marcada por el deseo —seguramente utópico— de superar el mutuo y gravísimo desconocimiento, tanto por parte estadounidense como española, de unos hechos que forjaron la existencia de Norteamérica y moldearon el propio marco geográfico del que surgiría la superpotencia actual de las barras y estrellas.

La Historia —se ha repetido muchas veces— la escriben los vencedores. Y España perdió. La distorsión sistemática de sus empresas y hazañas, bien auxiliada por la calamitosa y torpe Leyenda Negra, no solo ha menospreciado y desvirtuado el hecho irrefutable de la tenaz, y muchas veces abnegada, acción de sus exploradores, soldados, marinos y colonos en América del Norte, sino que apenas ha reconocido la enorme ayuda —similar a la de Francia— prestada por los ejércitos y los dineros españoles a los incipientes

Estados Unidos durante la lucha de independencia contra Gran Bretaña, en el momento mismo de su nacimiento como Nación.

La tercera aportación notable de esta obra viene dada por la relación completa de todos los fuertes, presidios, asentamientos y misiones en los que alguna vez ondearon enseñas españolas en tierra norteamericana. Un listado indispensable que permite al lector actual darse plena cuenta del alcance y profundidad de la penetración hispana.

Por supuesto que también hubo crímenes y errores por parte de España. Por desgracia, la historia no es un baile de salón ni una tómbola benéfica, sino una partera con las manos ensangrentadas. Avanza a tientas, con sufrimiento y lágrimas, guiada por la voluntad humana y los condicionamientos naturales, económicos y sociales. En este sentido, España no debería tener ningún complejo de inferioridad, algo que nos corroe desde hace mucho tiempo cuando se trata de establecer comparaciones con otros países punteros.

Fuimos lo que fuimos. Y lo que hicimos no fue peor en términos generales que lo que otros hicieron y, con frecuencia, incluso, hasta fue mucho mejor.

Ojalá estas páginas sirvieran para fomentar la curiosidad de los españoles y el mundo hispano hacia su propio pasado. En el caso de España, sobre todo, esta indagación se hace urgente, ya que parecemos cabalgar a rienda suelta hacía el precipicio del olvido de nuestra propia identidad, un mal agudizado por la confusa etapa actual de disgregadores particularismos regionales que cuestionan el fundamento mismo de una Nación de soberanía popular indivisible.

Sin Nación sólida, lo que queda a la hora de la verdad es poca cosa en lo que atañe a valores colectivos. El mañana se creó ayer, y un pueblo sin ayer es un pueblo sin futuro. Es conveniente recordarlo con frecuencia. Sin fe para asimilar su propio pasado, España quedaría reducida a un barco sin rumbo, sin destino y sin refugio. Que este libro sirva al menos para evocar las banderas que varias generaciones de antepasados defendieron con tanto ahínco, tan escasos medios y durante tan largo tiempo en Norteamérica. Banderas que arriaron con honor y también con el amargo sabor de la indiferencia y el olvido de sus propios compatriotas. Otra vieja historia.

Pozuelo de Alarcón, abril de 2023.
Los autores.

PRIMERA PARTE
EN COSTAS EXTRAÑAS

Estatua de Ponce de León
San Juan de Puerto Rico

El 2 de abril de 1513 desembarcó en lo que pensaba era una isla muy grande. Tras cruzar la playa subió a unas dunas y vio un paisaje plano y boscoso. Estaba en la costa oriental de la península, en un punto entre la playa de Melbourne, próxima a cabo Cañaveral, y la playa de Ponte Vedra, cerca de Jacksonville. Allí, el 8 de abril reclamó toda esa tierra para España, y la llamó «Florida», debido a que era la festividad de la Pascua Florida. Los Estados Unidos tendrán que esperar hasta el año 2055 para haber sido soberanos de Florida más tiempo que el Reino de España.

Tan cierto es que los españoles aspiran al dominio mundial como que solo su escaso número se lo impide.

Armand Jean du Plessis,
cardenal-duque de Richelieu (1585-1642)

1.1. Reinos de fantasía

ENTRE EL 30 DE MAYO DE 1498 y el 25 de noviembre de 1500, Cristóbal Colón realizó su tercer viaje. Después de recalar en Madeira se dirigió al oeste y llegó a la isla de Trinidad, ya en América. Tras explorar el estrecho que la separa de Costa Firme —Venezuela— reconoció el Orinoco y las islas Chacachare, Margarita, Tobago y Granada. Pensó que se trataba de un nuevo continente, aunque luego cambió de opinión y afirmó que esas islas pertenecían al extremo oriental de Asia. Al comenzar el siglo XVI, la inmensa masa terrestre americana era todavía un concepto geográfico brumoso.

Cuando llegó a La Española, Colón se encontró con que los colonos estaban muy descontentos y los indios se habían alzado en armas. Algunos de los que habían regresado a Europa lo acusaron de mal gobierno y los Reyes Católicos enviaron a Santo Domingo al administrador real Francisco de Bobadilla, que el 23 de agosto puso en prisión al almirante y a sus hermanos. Aunque al llegar a España el descubridor recuperó la libertad, perdió para siempre influencia y poder. No obstante, su actividad como explorador no se detuvo y entre el 11 de mayo de 1502 y el 7 de noviembre de 1504 viajó de nuevo al Nuevo Mundo y exploró el litoral de Honduras, Nicaragua, Costa Rica, Panamá y el Golfo de Uraba, en Colombia. Una tormenta lo empujó a Jamaica, donde permaneció hasta 1504, y el año anterior había explorado el Caribe y descubierto las islas Caimán Brac y Pequeño Caimán —Colón nunca vio Gran Caimán—, a las que bautizó como Las Tortugas.

Con estos viajes la Corte española y los cosmógrafos y cartógrafos que trabajaban para los Reyes Católicos iban conociendo cada vez con más precisión las nuevas tierras al otro lado del mar. Pero a pesar del interés de Colón por mantener el monopolio de la navegación a las Indias, entre 1499 y 1520 se produjeron decenas de viajes de exploración llevados a cabo por expertos y audaces navegantes. Destacaron los de Alonso de Ojeda, Vicente Yáñez Pinzón y Américo Vespucio, todos ellos de objetivos limitados pero que ampliaron de forma extraordinaria el conocimiento del Nuevo Mundo. Sin embargo, ninguno alcanzó las tierras de lo que hoy son los Estados Unidos, y de los llevados a cabo por ingleses y portugueses solo hay conjeturas, aunque todo parece indicar que tampoco lo lograron.

En Inglaterra, las expediciones estuvieron a cargo de los hermanos Juan y Sebastián Caboto, dos italianos bien conocidos en España y Portugal y residentes en Bristol. En 1496 navegaron al oeste sin poder pasar más allá de

Islandia, pero a bordo del *Matthew*, un barco de 50 toneladas y con 18 tripulantes, pequeño y rápido, llegaron a Terranova en junio de 1497 y pensaron que estaban en Cipango —Japón—. El lugar exacto no se conoce. Pudo haber sido Bonavista o St John's, en Terranova, o Cabo Bretón, la península de Labrador o incluso el actual Maine. Caboto desembarcó para tomar posesión de la tierra y exploró la costa durante algún tiempo, hasta que el 20 de julio zarpó de regreso a Europa.

Una vez en Inglaterra, Caboto fue nombrado almirante y premiado con una importante cantidad de dinero, además de obtener patente real para un nuevo viaje que realizó en 1498 al mando de cinco buques. De Caboto y su expedición no se supo más y se supone que llegaron hasta Groenlandia por el norte y a la bahía de Chesapeake por el sur, pero no hay constancia, por lo que sus posibles hallazgos no tuvieron consecuencias.

Respecto a Portugal, sus expediciones se centraron en los viajes de los hermanos Gaspar y Miguel Corte Real. El primero navegó en 1500 en dirección a Terranova y al año siguiente fue hasta Groenlandia, pero no llegó a su destino, ya que las corrientes lo desviaron y alcanzó la península del Labrador. Desde allí intentó ir al este para llegar a las Azores, pero desapareció. Su hermano, Miguel Corte Real, fue en su busca y corrió la misma suerte. Sin embargo, las actividades portuguesas no cesaron y en 1520 João Fagundes logró establecer una base en Cabo Bretón, entre Terranova y Nueva Escocia —hoy Canadá—, con pobladores de las Azores, pero en 1526 había sido ya abandonada.

A comienzos del siglo XVI, la larga costa oriental de los Estados Unidos era un territorio completamente desconocido.

Ponce de León y la Fuente de la Eterna Juventud

En 1493, en el segundo viaje de Colón, un maduro caballero de unos treinta años de edad quedó fascinado por las aguas transparentes del Caribe, la frondosidad y verdor de las islas, el cielo azul y el inmenso mar cálido en el que navegaban. Se dice que pisó por primera vez América en la actual Cockburn Town, en la isla de Gran Turco —hoy Turcos y Caicos—, y, embriagado por la belleza de lo que veía, apenas una década después volvió de nuevo con el gobernador Nicolás de Ovando y en 1502 se instaló en La Española. El caballero se llamaba Juan Ponce de León, había nacido en Santervás de Campos —Valladolid— el 8 de abril de 1460 y estaba destinado a convertirse en uno de los primeros conquistadores de las nuevas tierras descubiertas.

Castellano viejo de la cabeza a los pies, valeroso y audaz, había sido paje en la Corte del rey aragonés Fernando el Católico, tras la boda de este con la infanta Isabel de Castilla, y años después había combatido con valor y audacia en la Guerra de Granada (1481-1492). Esta dura campaña, en la que aprendió el arte de la guerra, le sirvió para lo que iba a venir. Con Ovando su capacidad militar se puso de nuevo a prueba y colaboró en un discreto segundo plano en la conquista y control de La Española.

Su notable discreción y buena conducta no pasó desapercibida y fue recompensado con el cargo de gobernador de la recién creada provincia de Higüey. En el ejercicio de su cargo escuchó extrañas leyendas indias que decían que la isla de Borinquén tenía incontables riquezas y decidió encontrarlas. Algo que consiguió cuando, con 48 años cumplidos, recibió el encargo de someter esa isla, hoy Puerto Rico, que en aquel entonces tenía el nombre de San Juan Bautista. Corría el año 1508 y Juan Ponce de León iba a tener por fin su oportunidad de entrar en la Historia. La razón de su nombramiento estaba en unos sucesos ocurridos dos años antes, al producirse la muerte en 1506 de Cristóbal Colón, tras la cual la Corona se opuso a extender los privilegios del almirante a su hijo Diego. Eso hizo que la Corona seleccionase a Ponce de León para colonizar y gobernar la isla de Puerto Rico en 1509.

En 1508 Ponce de León fundó el primer asentamiento de Puerto Rico en Caparra, actual San Juan. La conquista y sometimiento de la isla fue en principio sencilla, pues el cacique más importante, llamado Agüeybana, se convirtió al cristianismo, pero los conquistadores, implacables y ávidos de riqueza, actuaron muy torpemente. Tras establecer en la isla un duro sistema de encomiendas obligaron a los indios a trabajar en las minas y en los campos, lo que diezmó a la población. Tras fundar pueblos y ciudades, Ponce de León inició una intensa explotación de los yacimientos auríferos y de la tierra, que intentó poblar con colonos llegados de España. Pero a la muerte del cacique Agüeybane los indios se alzaron en una revuelta desesperada. La lucha fue brutal, pero los debilitados aborígenes, a pesar de su valor, no pudieron hacer nada contra el acero castellano y sucumbieron tras una serie de durísimos combates que pusieron a prueba el temple de Ponce de León, quien tras la victoria ordenó duras represalias.

Tras la pacificación de Puerto Rico, dicen que Ponce de León se obsesionó con las leyendas que hablaban de una tierra situada al norte en la que se encontraban extraños manantiales que concedían la juventud eterna, «pues tornaban mozos a los viejos». En Puerto Rico había hecho una fortuna, pero no era suficiente para él. Las historias de aguas que curaban enfermedades y daban lozanía y juventud le hicieron pensar que nada perdía intentando comprobarlas por su cuenta en las desconocidas tierras del norte.

En realidad, las fábulas de manantiales de aguas purísimas que daban la salud y concedían vida eterna no eran nuevas ni en América ni en Europa, y parece que el mito de que Juan Ponce de León dirigió su primera expedición a Florida por la llamada Fuente de la Eterna Juventud, se le atribuyó años después de su muerte. Ya en su *Historia general y natural de las Indias*, de 1535, Gonzalo Fernández de Oviedo escribió que el explorador castellano no buscaba las aguas de Bimini para curar su impotencia. Muy parecido fue lo escrito en la *Historia general de las Indias* de 1551 por Francisco López de Gómara.

La consolidación de la leyenda es obra de Hernando de Escalante Fontaneda, quien publicó en 1575 una narración de lo que le ocurrió en un naufragio en las costas de Florida, en las que estuvo diecisiete años viviendo entre los indios de esa península norteamericana. Escalante afirmaba haber encontrado la Fuente de la Eterna Juventud y aseguraba que Ponce de León la había buscado. Su narración quedó incluida en la obra de Antonio de Herrera *Historia general de los hechos de los Castellanos*, publicada en 1615. Desde entonces, intentar separar a Juan Ponce de León de la leyenda de la búsqueda de la Fuente de la Eterna Juventud parece empeño inútil.

Durante los meses que siguieron a la rebelión de los indios de Borinquén, Ponce de León tuvo noticias del triunfo de Diego Colón en su apelación ante la Corte, y en consecuencia fue cesado en el cargo de gobernador de Puerto Rico. Indignado por lo sucedido, se negó a servir a Diego Colón y solicitó permiso a la Corona para dirigir una expedición de reconocimiento hacia el norte de Cuba y Puerto Rico, con rumbo a la misteriosa y desconocida Tierra de Bimini, de la cual no se sabía nada, aunque se aventuraba que podía ser una isla.

El 15 de marzo de 1513, Ponce de León dejó San Juan en Puerto Rico y navegó más allá de las Bahamas, hasta alcanzar una tierra desconocida cuyo litoral se prolongaba hacia el norte. Por ser el día 27 de marzo —Domingo de Resurrección—, llamó al país descubierto Tierra de la Pascua Florida y el 2 de abril desembarcó cerca del actual Cabo Cañaveral, el lugar desde el que más de 450 años después partiría la expedición que llevaría por vez primera al hombre a la Luna.

Tras permanecer seis días en la zona, los hombres de Ponce de León exploraron la costa y comprobaron que los naturales eran peligrosos y se mostraban hostiles, por lo que embarcaron de nuevo y navegaron hacia el sur, siguiendo siempre la línea costera. Afortunadamente para ellos, se encontraban en una estación propicia en la que no había huracanes, y pudieron navegar sin problemas hasta alcanzar los cayos, el límite sureño de la península. El experto piloto de Ponce de León, llamado Antón de Alaminos, se dio cuenta de que si se adentraba en el océano una fuerte corriente les arrastraría con rapidez lejos del litoral. Aún no lo sabía, pero había descubierto la Corriente del Golfo, que ayudaría en el futuro a los galeones de las flotas de Indias en su viaje de vuelta a España.

Al llegar a los cayos, viendo que la costa se prolongaba otra vez hacia el norte, Ponce León decidió seguir costeando la península de Florida, pero esta vez en su lado oeste. Remontó el litoral hasta el Cabo Romano y alcanzó las cercanías de Pensacola, muy cerca ya de la actual frontera de Alabama. Tras levantar mapas y describir en su bitácora con precisión las tierras recorridas, retornó a La Habana antes de volver a Puerto Rico. Los datos que tenía, y los que él mismo se inventó, eran más que suficientes para conseguir el favor de la Corte y el apoyo para un nuevo viaje de exploración y conquista. Podía acreditar ante el rey Fernando el Católico experiencia y capacidad más que sobradas para llevar adelante una misión colonizadora que incorporase nuevas tierras a la Corona española. Así pues, el viejo paje del rey Fernando se encontró de nuevo ante el monarca, le planteó su proyecto y logró ser nombrado adelantado de La Florida, Bimini y la isla de Guadalupe, en el Caribe, pero durante unos años Ponce de León no pudo cumplir el sueno de llevar a buen término su proyecto de colonización. La muerte de su esposa le entristeció mucho y no quiso dejar solas y desamparadas a sus hijas, por lo que hasta comienzos de 1521 no partió hacia las tierras que se le había encomendado descubrir, poblar y explorar.

El 20 de febrero, Ponce de León salió de Puerto Rico de nuevo con rumbo al norte. Hay dudas acerca del lugar exacto en el que se produjo el desembarco en Florida; pudo ser en la desembocadura del Caloosahatchee, el norte de los Everglades, o en la isla de Sanibel. Con el conquistador iban colonos, aperos de labranza, material para construcción y misioneros que debían convertir a los indios. En total, 200 hombres y 50 caballos, además de vacas, cerdos, ovejas y gallinas.

La colonia no pudo prosperar. Los indios *calusas* se mostraron ferozmente hostiles y el pequeño establecimiento castellano sufrió constantes ataques, en los que el propio Ponce de León fue herido por una flecha envenenada. Tras abandonar Florida, los colonos marcharon a La Habana, donde el conquistador falleció. Su cuerpo fue llevado a San Juan de Puerto Rico, en cuya catedral está enterrado.

El viaje de Ponce de León tuvo una enorme importancia, no solo por el descubrimiento de la península norteamericana —aunque no fue el primer europeo que llegó a Florida, pues él mismo encontró a un nativo en 1513 que hablaba un rudimentario castellano—, sino también por el importantísimo hallazgo de la Corriente del Golfo —el *Gulf Stream*— que realizó su piloto Alaminos.

La Tierra de Chicora y el Cabo del Miedo

El descubrimiento de Florida no dio a España en principio ninguna ventaja, pero teniendo, como aún tenía, el monopolio de la navegación en los mares americanos, podía permitirse elegir sus objetivos con relativa calma. Tras la fracasada expedición de Ponce de León pasó un tiempo hasta que se preparó la siguiente, que fue encargada a Lucas Vázquez de Ayllón, un toledano llegado a principios de siglo a Santo Domingo —cuando tenía poco más de treinta años—, donde había sido nombrado juez.

A lo largo de casi dos décadas, Ayllón se había convertido en un rico propietario de plantaciones de azúcar y era oidor de La Española, lo que le otorgaba una posición de hombre respetado. Eso motivó que en 1520 fuese a México para intentar un acuerdo entre Hernán Cortés y Diego Velázquez. Como es bien sabido fracasó, pero el éxito de Cortés le animó a intentar algo parecido, y logró que se le otorgara una licencia en 1523 para explorar la costa atlántica y buscar nuevos reinos que conquistar. El objetivo de la expedición era buscar y localizar un paso a las Islas de las Especias, en la latitud que hoy corresponde a los estados de Virginia y Carolina del Norte.

Ayllón no era navegante, por lo que contrató a un experimentado marino llamado Francisco Gordillo, a quien encargó la exploración preliminar de la costa este de América al norte de Florida. Una vez equipada una carabela con todo lo necesario, Francisco Gordillo partió con destino a las desconocidas costas. Con él iba también un compañero de aventuras, Pedro de Quexo, que lideraba una nave fletada por Juan Ortiz de Matienzo, que rastreaba las costas americanas en busca de algo de valor.

Tras localizar un punto adecuado en el que desembarcar, los expedicionarios pisaron tierra en las cercanías del Cabo del Miedo —Cape Fear— en Carolina. Allí tomaron contacto pacífico con los indios, pero movidos por su ambición y falta de escrúpulos capturaron con engaños a todos los que pudieron y los llevaron a La Española para que trabajasen en las minas y en las plantaciones como esclavos, y de esta forma suplir la angustiosa falta de hombres que tenía la isla, pues las enfermedades traídas por los europeos estaban aniquilando a los nativos.

Las brutales acciones de Gordillo y de Quexo indignaron al gobernador de la isla, Diego Colón, ya que las leyes de la Corona de Castilla no permitían esclavizar a los naturales, pero enfadaron también al promotor de la expedición, el propio Vázquez de Ayllón, puesto que traer esclavos no figuraba en absoluto entre las órdenes que llevaba Gordillo. Ayllón sospechaba que cuando se supiese en España lo ocurrido tendría problemas con la Corte, como así sucedió, lo que le obligó a desplazarse a España y alegar en su defensa que no pretendía en modo alguno oponerse a las leyes del reino y a las instrucciones recibidas. Para defenderse mejor, ideó además un plan que luego fue seguido por decenas de aventureros y navegantes en años posteriores y solía dar buen resultado. El truco consistía en describir el territorio explorado poco menos que como el paraíso terrenal.

Por tanto, Ayllón contó a los cortesanos y funcionarios de la Corte española que las tierras a las que había llegado Gordillo estaban habitadas por hermosos y civilizados indios, con los cuales era fácil comerciar y entenderse. Llamó al nuevo país descubierto la Tierra de Chicora y afirmó que era un lugar parecido a las más fértiles vegas de Andalucía. Por si fuera poco, uno de los indios de la expedición de Gordillo, que se había convertido al cristianismo y bautizado como Francisco Chicota, ratificó lo dicho por Ayllón, quien de esta forma convenció a todos de la posibilidad de conquistar un nuevo México, pero poblado por hombres pacíficos y no guerreros como los aztecas.

Una vez logrado el permiso real y comprometido a tratar con bondad y humanidad a los indios del nuevo país, Ayllón recibió autorización para dirigir una expedición a la Tierra de Chicora, con título de adelantado y licencia de conquista y colonización en una enorme franja de la actual costa este de los Estados Unidos. En las capitulaciones se comprometía a financiar la expedición y reclutar a los hombres que debían acompañarle, desde misioneros y soldados hasta familias de colonos. Dispuesto a triunfar a toda costa, Vázquez de Ayllón, que tenía ya 48 años, gastó su fortuna en armar y equipar cinco barcos en los que embarcaron 600 hombres y mujeres, más unos cuantos frailes dominicos[1] que debían convertir a los indios a la religión católica. Su expedición era, por lo tanto, mucho más poderosa que la que llevó Cortés a México y estaba mejor equipada, si bien no estaba formada por combatientes tan audaces como los que conquistaron el imperio azteca.

En 1526 Ayllón partió de Santo Domingo con rumbo al norte. Tras recorrer la costa perdió un barco que encalló en las cercanías del Cabo del Miedo y decidió desembarcar para construir otro con la madera de los árboles de la región. Pero al llegar a la zona muchos de los colonos descubrieron con horror

---

[1] Uno de ellos era fray Antonio de Montesinos, famoso por atacar a los encomenderos en un sermón en Santo Domingo en el que defendió con vehemencia a los indios.

que se trataba de una región pantanosa, llena de ciénagas y lodo, muy diferente de la fértil Andalucía que se les había ofrecido. Eso desató los primeros desórdenes, y el indio Francisco Chicota, que les servía de guía, les abandonó.

Pero Vázquez de Ayllón seguía dispuesto a continuar con su misión y ordenó navegar hacia el norte. Llegó al menos hasta la latitud 33º N antes de desembarcar y establecer una población. Sobre el lugar donde desembarcó hay todo tipo de conjeturas. Aunque fue el primer europeo en explorar y trazar un mapa de la bahía de Chesapeake —Virginia— a la que llamó Bahía de Santa María, sobre la ubicación exacta del pueblo y el fuerte que fundó existen muchas teorías. Para algunos estaba cerca de Jamestown, en Virginia, otros lo sitúan en la desembocadura del río Pedee y hay quien afirma que estuvo mucho más al sur, en Carolina, cerca de Georgetown. En realidad, la mayor parte de los investigadores y estudiosos actuales lo ubican en Georgia, en St. Catherines Island, donde se han encontrado los restos de dos fuertes españoles, uno de mediados del siglo XVI y otro anterior que parece corresponder al de Vázquez de Ayllón. En cualquier caso, con la fundación de San Miguel de Guadalupe, en octubre de 1526, nacía el primer asentamiento europeo en la costa de los actuales Estados Unidos, casi un siglo antes del desembarco de los Padres Peregrinos del *Mayflower*. Además de los colonos, Ayllón llevaba esclavos negros para trabajar la tierra, por lo que también fue el primero en trasladar africanos a América del Norte.

La época del año en la que desembarcaron los españoles era muy mala. Ya no se podía cultivar y no encontraron indios con los que comerciar. El frío y la soledad amenazaban a los colonos, entre los que pronto comenzaron las desavenencias. Los esclavos negros escaparon al interior y el desánimo cundió entre los pobladores del pequeño pueblo, que además comenzaron a ser hostigados por los indios.

El invierno de 1526 a 1527 fue muy duro y pronto llegaron el hambre, la enfermedad y la muerte, por lo que en primavera los supervivientes decidieron abandonar la empresa. De los 600 que llegaron a las costas de la Tierra de Chicora, solo regresaron 150 a Santo Domingo, y entre ellos no estaba Lucas Vázquez de Ayllón, muerto de fiebres en los brazos de un fraile dominico sin ver cumplidos sus sueños. Había fracasado, pero la historia le recordará siempre por haber sido el primer europeo en fundar un establecimiento en la costa atlántica de América del Norte y por haber explorado y recorrido una parte importante de las actuales Virginia, Carolina del Norte, Carolina del Sur y Georgia.

Francisco de Garay, Álvarez de Pineda y la Tierra de Amichel

El caso de Francisco de Garay es interesante. Tenía ya una gran experiencia en la región, pues había navegado con Cristóbal Colón en su segundo viaje a América y estaba emparentado con la nuera de este, la mujer de Diego Colón, María de Toledo, que tenía también un lejano parentesco con el rey Fernando de Aragón. Pero lo que le abrió paso entre las decenas de aventureros ambiciosos y sin escrúpulos que pululaban por el Caribe fue haber descubierto oro cerca de su casa de Santo Domingo. El afortunado hallazgo le proporcionó dinero suficiente para convertirse en un prominente hombre en la colonia. Garay logró autorización para la conquista de la isla de Guadalupe, en la que fracasó, si bien sus influencias le facilitaron ser alcalde mayor de la isla de La Española y más tarde del fuerte Yáquimo, pero ambicionando cargos de mayor importancia marchó a España, de donde regresó a América con el cargo de gobernador de Jamaica y administrador de las propiedades reales. Mientras esperaba el nombramiento oficial, Garay armó dos carabelas con la excusa de apoyar las comunicaciones de Jamaica con España y las islas del Caribe, aunque se sospechaba que, por su equipamiento, los barcos parecían estar destinados a exploraciones de mayor importancia.

Los rumores de la existencia de ricas tierras en el continente corrían como la pólvora en las islas, y tras las expediciones de Francisco Hernández de Córdoba y Juan de Grijalva a las costas del Yucatán, ya estaban todos convencidos de que había reinos poderosos y ciudades en los que sería posible lograr grandes riquezas. Uno de los hombres fascinados por estas historias era Francisco de Garay, quien poco después de la partida de Cortés con rumbo a las costas de México preparó cuatro barcos que puso en las expertas manos de Alonso Álvarez de Pineda, con una tripulación de 270 hombres con los que marchó hacia las costas del Golfo de México. Su destino era un país misterioso envuelto en la leyenda que se extendía al noroeste de las islas de Cuba y Jamaica, una tierra extraña y extensa que ocupaba lo que hoy son las costas de los estados de Texas, Luisiana, Alabama y Florida.

Navegando hacia el noreste, las cuatro naves de Alonso Álvarez de Pineda alcanzaron las costas del este de Florida. Siguiendo la costa, los expedicionarios llegaron hasta el actual Mobile, y quedaron asombrados al ver la desembocadura de un río gigantesco al que llamaron Espíritu Santo. Habían descubierto el delta del Misisipi.

Bordeando siempre hacia el oeste las costas de Luisiana y Texas, Pineda encontró otro gran río al que llamó Río de las Palmas —el Río Grande—. Lo remontó y entró en contacto con los naturales. Luego navegó hacia el sur para alcanzar la posición de Hernán Cortés en la costa en Veracruz. Allí la mayor parte de sus hombres fueron capturados por los soldados del ambicioso hidalgo extremeño, pero Álvarez de Pineda logró escapar y tras regresar de nuevo hacia el norte el Golfo de México partió con rumbo a Jamaica, donde presentó un relato de sus descubrimientos muy optimista. A todas las inmensas costas que había explorado las llamó Tierra de Amichel.

Aprovechando la información de la que ahora disponía, Garay contaba con datos suficientes para intentar una aventura como la de Cortés, por lo cual ese mismo año envío a Diego de Camargo, al mando de otra expedición, para fundar colonias en la boca del río de las Palmas y establecerse en la Tierra de Amichel. La expedición consistía en tres barcos, 150 soldados de a pie, siete jinetes, un cañón ligero, materiales de construcción y varios maestros albañiles. Su misión era edificar un fuerte, convertir a los nativos del interior y situar al norte de la región que ocupaba Cortés un punto fuerte dependiente del gobernador de Jamaica. Pero este pequeño asentamiento en la frontera entre Texas y México no prosperó. Aislados en una zona desconocida y atacados incesantemente por los indios, Camargo no resistió más y tras embarcar con los supervivientes se dirigió al sur, al puerto de Veracruz. La navegación fue desastrosa, castigado por las tormentas perdió dos buques, y la tripulación y los soldados del que quedaba se unieron a los hombres de Cortés nada más llegará a Veracruz. Abandonado por todos, decepcionado y enfermo, Camargo murió sin lograr nada positivo.

Ignorando lo ocurrido, el tenaz Francisco de Garay contaba con algo que nadie tenía, la información de primera mano facilitada por el viaje de exploración de Álvarez de Pineda, por lo que pidió autorización a España para intentar la colonización de la Tierra de Amichel, a la que se dirigió el 14 de julio de 1523 con una flota poderosa de 11 buques y con 750 hombres reclutados en Jamaica. Convencido de que Camargo había tenido éxito, llegó a la boca del río de las Palmas casi tres años después de que los hombres de este hubieran sido expulsados de la zona.

En realidad, Francisco de Garay jamás pisó el suelo de Texas, pero, erróneamente, muchos historiadores están convencidos de que alcanzó la desembocadura del Río Grande, cuando en realidad solo desembarcó en la boca del Pánuco. Sufriendo vientos contrarios llegó a unos 240 kilómetros al sur de la frontera entre Estados Unidos y México, en la desembocadura del Soto de la Marina, que confundió con el Río Grande de Álvarez de Pineda. Desde lo que hoy se llama Boca Chica, Garay envío una expedición exploradora para localizar a los hombres de Camargo y hallar un lugar idóneo para la nueva villa que deseaba fundar.

Pero las noticias que trajeron los exploradores a Garay no eran buenas. Habían encontrado el lugar en que se habían establecido los de Camargo, pero estaba abandonado. Garay, desilusionado, abandonó los planes para crear un asentamiento en el río de Las Palmas, a pesar de que muchos de sus compañeros eran partidarios de quedarse allí.

Tras marchar al sur por tierra hacia el río Pánuco, Garay se encontró con las avanzadillas de Cortés, que habían fundado una población bautizada como Santiesteban del Puerto, donde casi todos sus hombres desertaron y se unieron a los del conquistador extremeño. Abandonado por la mayoría de la expedición, marchó a México. Allí Cortés lo trató con hospitalidad y cortesía y aceptó negociar con él la colonización del río Las Palmas. Aunque se alcanzó un acuerdo amistoso, no sirvió para nada pues Francisco de Garay falleció de neumonía el 27 de diciembre de 1523, y la colonización de la Tierra de Amichel quedó en el olvido.

Gracias a los descubrimientos de Álvarez de Pineda, los cartógrafos de la Corte española disponían de una información adecuada del litoral de lo que hoy son los Estados Unidos y México desde los cayos de Florida hasta la península del Yucatán. El territorio que comenzaba a dibujarse en los mapas era gigantesco, muchísimo mayor que cualquier reino de Europa y, si era como México, ocultaría riquezas incalculables. Ahora faltaba saber dos cosas. La primera, cómo era con exactitud la costa que recorría el océano Atlántico desde Florida a las pesquerías de Terranova, y la segunda, si existía un paso que llevase al Mar del Sur y por lo tanto directamente a las Islas de las Especias. El hombre elegido por el monarca para tal misión era un navegante portugués que hasta el momento no había sido muy afortunado. Se llamaba Esteban Gómez.

Esteban Gómez y la búsqueda del paso del Noroeste

Resulta difícil en una época como la nuestra valorar a hombres como Esteban Gómez. Es fácil recordar nombres como Cortés y Pizarro, pero a veces se olvida que ellos no fueron sino los líderes más afortunados de una generación asombrosa de personajes marcados por su fe en el destino, con una sed de aventura y de conocimiento descomunal. Hombres cuya audacia, valor e imaginación superan a los de cualquier otro tiempo de la historia.

Nacido en Oporto, Esteban Gómez navegó en los barcos que iban hacia África en los primeros años del siglo XVI. Aunque se conoce poco de su juventud, salvo el hecho de que en 1518 se había trasladado a España, donde estaba bien considerado como piloto por la Casa de Contratación de Sevilla, debía de tener un gran prestigio, pues fue seleccionado para mandar la nao *San Antonio* en el viaje de Magallanes para dar la vuelta al mundo. Lo que ocurrió con la *San Antonio* antes de llegar al estrecho que lleva el nombre del gran navegante portugués en la Tierra del Fuego es bien conocido. Gómez desertó de la expedición y navegó de vuelta a España, a donde llegó en mayo de 1521. Por supuesto, fue de inmediato encarcelado, y solo quedó en libertad cuando los tripulantes de la nao *Victoria* de Elcano, el único buque que regresó tras circunnavegar el globo, relataron su espantoso viaje.

Gómez tenía que ser, además de un buen navegante, un personaje con grandes dotes de convicción, como lo prueba el hecho de que lograra engatusar al emperador Carlos para que financiase un viaje con destino a la búsqueda del paso que debía de unir el Atlántico con el Pacífico, a bordo de una nave de 50 toneladas especialmente diseñada para tal propósito que bautizó como *La Anunciada* y con la que partió de La Coruña en septiembre de 1524.

Con una tripulación de 29 experimentados marineros, su buque atravesó el Atlántico en línea recta con dirección a la actual Nueva Escocia, en Canadá, desde donde decidió costear rumbo sur tras navegar por el Estrecho de Caboto y el Cabo Bretón en febrero de 1525, deteniéndose en la zona para pasar el invierno. Navegando a lo largo de la actual costa de Nueva Inglaterra, alcanzó Maine y el estuario del río Penobscot, y penetró en el puerto de Nueva York, donde quedó fascinado con el Hudson, al que llamó río de San Antonio, por el cual navegó unos días. Terminado este reconocimiento, recorrió las costas de Nueva Jersey, Delaware y Pensilvania, a las que, con escasa modestia, llamó Tierras de Esteban Gómez, nombre que conservarían por unos años.

Navegando siempre con rumbo sur, entró en la bahía de Chesapeake. Allí fondeó para reparar *La Anunciada*, y prosiguió hasta llegar a las más conocidas costas de Florida, en las que dio por concluido su periplo antes de regresar a España. Había realizado una navegación casi perfecta, un viaje que le convirtió en el mejor conocedor del inmenso continente que se extendía al norte de Cuba.

No había encontrado el paso entre los dos océanos, pero casi daba igual. Había visitado las costas del territorio que hoy conocemos como Nueva Inglaterra cien años antes de que los Padres Peregrinos llegasen a la Roca de Plymouth, y los datos que aportaría a los cartógrafos de la Corte española serían vitales para tener un conocimiento exacto de la costa oriental de América del Norte. No es de extrañar la perfección del mapamundi portugués de Diego Ribero, de 1529, que se basó en su información[2].

Por lo tanto, al comenzar la década de 1530 la Corona de España tenía de hecho el monopolio del conocimiento del subcontinente norteamericano, sus navegantes habían recorrido sus costas desde el Río Grande hasta Nueva Escocia, examinado puertos y fondeaderos e internándose en sus ríos. Habían buscado elementos geográficos significativos y levantado cartas náuticas, mapas y planos. Ahora se trataba de aprovechar la ventaja antes de que otras naciones europeas despertasen de su letargo e intentasen competir con la potencia ibérica.

---

[2] Incansable explorador y aventurero, Esteban Gómez murió en 1538 al otro extremo del continente americano, en el río Paraguay, cuando formaba parte de la expedición de Pedro de Mendoza.

1.2. La costa de las Tormentas

A PESAR DE HABER TRANSCURRIDO más de veinte años desde la consolidación de las primeras colonias españolas en el Nuevo Mundo, apenas se había conseguido algún asentamiento firme y sólido en el continente. El conocimiento de las costas del Golfo de México, e incluso de la costa atlántica de América del Norte, estaba muy avanzado y se habían levantado mapas y trazado detalladas cartas de navegación, pero lo que había más allá de la costa seguía siendo casi completamente desconocido.

Sin embargo, todo iba a cambiar a partir de 1520, cuando un aventurero extremeño acompañado de un puñado de hombres alteró la historia del mundo. Se llamaba Hernán Cortés y su asombrosa hazaña tuvo dos efectos inmediatos. El primero, que situó a los españoles en el corazón del continente americano; el segundo, que descubrió al mundo la existencia de avanzadas civilizaciones capaces de construir ciudades ricas y poderosas que despertaron la imaginación de centenares de hidalgos, soldados y aventureros ávidos de gloria y poder que pululaban por el Caribe.

Si Cortés había encontrado reinos maravillosos ¿quién podía afirmar con seguridad que no había más? Solo hacía falta voluntad y valor, y el primero de los hombres dispuestos a tener éxito en la costa norte del Golfo fue alguien que había estado en México y tenido una participación lamentable en la exitosa hazaña de Cortés, pero que, fiel al gobernador de Cuba y a la Corona de España, pensó que tenía derecho a una segunda oportunidad. Se llamaba Pánfilo de Narváez y su desgraciada expedición demostró lo difícil que era asentarse con firmeza en las costas desconocidas del norte del Golfo de México.

La búsqueda enloquecida de Pánfilo de Narváez

Poderoso caballero de voz profunda y alta estatura, Pánfilo de Narváez parecía representar al ideal del conquistador descrito en *La Araucana* por Alonso de Ercilla, que decía de sus compañeros que eran «hombres rubios, espesos y bien barbados». Así era Pánfilo de Narváez, un hombre fuerte, de brillante cabello rojizo, poderoso y valiente, pero vanidoso y profundamente necio, al que le tocó desempeñar un papel que podía haber sido de gran importancia si hubiese sido capaz de actuar de otra manera.

Aunque hay dudas sobre su nacimiento, lo más probable es que fuese natural de Navalmanzano, Segovia, en la Tierra de Cuéllar, pues según afirma

Antonio de Herrera y Tordesillas en sus *Décadas*, «Pánfilo de Narváez, natural de Tierra de Cuéllar para acudir a Diego Velázquez, por ser de Cuéllar, y Pánfilo, no como algunos quieren de Valladolid, sino de Tierra de Cuéllar, del Lugar de Navalmanzano, adonde hay hidalgos de este apellido».

Cuando llegó a *La Española*, Narváez tenía más de treinta años y había servido en Jamaica, donde fue alguacil, a las órdenes de Juan Esquivel. Se trasladó a Cuba en 1508, y fue nombrado en 1509 lugarteniente de Diego de Velázquez, el gobernador general, a quien ayudó en el sometimiento final de la isla. En esa lucha participó como combatiente de primera línea y demostró valor en los combates contra los indios. También estuvo en la conquista de Bayamo y Camagüey y en la exploración en 1514 del oeste de Cuba, con Juan de Grijalva y fray Bartolomé de las Casas. Allí se casó con una viuda rica, María de Valenzuela, y logró varias encomiendas que le otorgaron una aceptable fortuna.

Su probada fidelidad al gobernador le dio cuatro años más tarde la oportunidad de su vida, cuando Velázquez le encargó apresar a Hernán Cortés en México. Su estrepitoso fracaso, al ser sorprendido por Cortés en Zempoala el 24 de mayo de 1520, acabó con su aventura. Aunque combatió valientemente, armado con un gigantesco montante, perdió un ojo y fue capturado. Para su vergüenza, Cortés no lo ejecutó y lo traslado preso a Veracruz, mientras sus hombres se unían entusiasmados al ingenioso y audaz conquistador extremeño[3].

Durante la ausencia de Narváez en México su esposa había gestionado muy bien sus propiedades y, cuando tras años de prisión el derrotado capitán logró regresar a España, pudo elevar sus quejas ante el rey Carlos I, quien confío en él. A pesar de su lamentable actuación, le encargó la conquista de Florida y lo nombró adelantado y gobernador de todas las tierras entre el río Las Palmas al oeste y la península al este. Florida era entonces un territorio de límites indeterminados que ocupaba una gran parte del sur de los actuales Estados Unidos.

Al mando de cinco buques y más de 600 hombres —un ejército más del doble en tamaño del que inicialmente llevó Cortés a México—, Narváez partió de Sanlúcar de Barrameda el 27 de junio de 1527. El mal tiempo, las constantes tormentas y continuas deserciones fueron menguando la fuerza de su expedición, y después de una larga estancia en Santo Domingo y Cuba salió finalmente hacia Florida con 400 hombres y 80 caballos. Entre

---

[3] Su ambición y codicia les jugarían una mala pasada y la mayor parte de ellos caerían en la Noche Triste, al intentar escapar de Tenochtitlán cargados de riquezas.

los embarcados iba Álvar Núñez Cabeza de Vaca, que actuaba como tesorero de la expedición.

Pánfilo de Narváez desembarcó en el lado oeste de la Bahía de Tampa el 13 de abril de 1528, con gran alarma de los escasos indios de la zona, que se quedaron fascinados y asustados a la vez al ver a los extraños visitantes de sus costas. El español apenas tenía 300 hombres como fuerza de maniobra. El resto eran tripulantes de los barcos y una mínima dotación de soldados, a los que envió en busca de un puerto en el río Las Palmas.

Narváez levantó el estandarte de Castilla y del emperador Carlos y tomó posesión del país. Sus oficiales entonces le prestaron juramento de lealtad y le proclamaron gobernador. La bandera de los castillos y los leones ondeaba de nuevo en Florida y la presencia española en la península podría haberse consolidado si se hubiera pactado con los naturales, pero el duro y resentido capitán castellano no veía necesidad alguna en atraer a su causa a los «nativos».

Lo que sucedió en Florida a partir de ese momento demostró el carácter brutal y salvaje de Narváez, que en ocasiones se comportó como el modelo perfecto de los españoles arrogantes y brutales de la Leyenda Negra protestante que nacería décadas después. Abriéndose paso hacia el interior con su pequeño ejército, se encontró con unos indios primitivos a los que impresionó con su poder y logró que el cacique Hirrihigua se hiciese su amigo. Lo que el pobre cacique no sabía es que el rubio y tuerto capitán castellano tenía una obsesión enfermiza por lograr un éxito similar al de su odiado enemigo Cortés, y quería a toda costa resarcirse de la humillación sufrida en México. Comportándose como un guerrero bárbaro, no reparó en nada y reaccionó ante la falta del ansiado oro con una brutalidad increíble. Ordenó que a su amigo el cacique lo mutilasen y cortasen la nariz, despedazando luego a su madre y echando los restos a sus terribles perros de guerra[4]. Tras semejante acto de crueldad marchó en dirección al norte de Florida, dejando en los indios una imagen aterradora de lo que podían esperar de los extraños hombres blancos que llegaban en gigantescas canoas aladas.

El humillado y desfigurado cacique lograría pronto su venganza y fue el primero en convertir a su tierra, bautizada con el hermoso nombre de Florida, en un lugar en el que los españoles dejarían un gran tributo de sangre para poder asentarse.

La oportunidad de Hirrihigua llegó pronto, cuando logró engañar a un grupo de tripulantes de un barco que había llegado de Cuba en busca de

---

[4] Eran mastines de los páramos leoneses y otras razas de perros de presa, entrenados para la caza del hombre y equipados con armaduras defensivas de cuero y hierro. Para los indios eran la imagen pura de la muerte y les tenían pánico.

Narváez. Los atrajo a la costa y logró atrapar a cuatro españoles, a los que desnudó y mandó correr por el medio de su poblado mientras sus guerreros les acribillaban a flechazos sin alcanzar nunca sus puntos vitales, para que su muerte fuese lenta y dolorosa.

En el norte, Narváez siguió su periplo de destrucción, internándose en el interior y sosteniendo constantes combates con los indios, acosándolos sin tregua, arrasando aldeas y matando a todos los que se resistían. Su acero y sus perros de guerra sembraron la muerte y el temor, pero no logró nada. Los indios difundieron con rapidez las noticias de la ferocidad de los recién llegados y el odio hacia los blancos extranjeros creció entre las tribus costeras del Golfo de México.

Los españoles habían oído que cerca de la costa había una ciudad llamada Apalache, que guardaba importantes riquezas. Creyendo que se encontraba en una región similar al Yucatán o a México, repleta de espléndidas ciudades que descubrir y en las que saciar su sed de oro, el pequeño «grupo salvaje» de Narváez cruzó el Suwanee y Oktokonee, convencido de que pronto se encontraría ante un mundo de inmensas riquezas. Entre tanto, los indios esclavizados y obligados a servir de guías les condujeron cada vez más al interior, hacia una región de ciénagas, pantanos y oscuras selvas.

Tras días de dura marcha, bajo un calor sofocante, asfixiados por las armaduras y las cotas de malla, cargados con arcabuces, ballestas, espadas y picas y sin apenas comida, los españoles tuvieron que alimentarse de los caballos que caían agotados, y casi a diario debían combatir con pequeños grupos que les hostigaban y acosaban. La esperada Apalache resultó ser un conjunto miserable de chozas cuyos escasos pobladores apenas mantenían un pequeño campo de maíz. Si Narváez esperaba encontrar algo similar a México estaba equivocado. Allí no había nada, ni pirámides, ni templos, ni puentes, ni murallas, ni ninguna señal de rica civilización. Sin embargo, los españoles tuvieron suerte, pues los pobladores regresaron a la aldea y se acercaron tímidamente a los hombres extraños que acompañaban al gigantesco guerrero tuerto con un ojo azul y el cabello del color del sol. Lo que no sabían es qué se enfrentaban a un hombre enloquecido por la sed de poder y riqueza.

Narváez aceptó las ofrendas de amistad que le hicieron los indios de Apalache, pero al igual que en Tampa capturó al cacique y lo trató como a un rehén para lograr la sumisión del poblado, aunque calculó mal —como siempre— y no entendió la verdadera naturaleza de los hombres que tenía enfrente. En realidad las tribus de Florida eran valerosas y con buena experiencia bélica. Los indios, lejos de amilanarse, se alzaron en armas, atacaron a los conquistadores y llegaron a quemar sus propias chozas para que no se pudieran refugiar en ellas los «demonios blancos», antes de escapar con sus familias a lo más profundo de los bosques.

Contando solo con sus propios recursos y enemistado a todas las tribus, Narváez creyó al cacique. Este le dijo que en la región en la que estaban no había oro, pero que si continuaba hacia el sur, siguiendo el río —el Apalachicola—, llegaría en unos nueve días al mar y podría dirigirse a tierras mejores. Narváez le hizo caso y marchó a la costa en un viaje que fue un infierno. Expuestos a ataques indios, sus hombres atravesaron una región pantanosa, llena de trampas mortales, desde animales salvajes a arenas movedizas. Tuvieron que desplazarse por sombrías selvas, avanzando a veces con el agua por la cintura bajo la amenaza de panteras y caimanes, sin comida y con una parte considerable de la tropa enferma de fiebres. Los expedicionarios ya no querían oro, solo anhelaban llegar a la costa y salir del averno en el que se encontraban.

Al llegar a la ansiada costa, harto de batallar, Narváez decidió construir cinco canoas y las aprovisionó con el maíz que le quedaba y el agua dulce que guardaban en pieles de caballo. Su intención era seguir la costa hacia el oeste para llegar hasta México, pero no lo logró, pues su canoas fueron hundidas tras una fuerte tormenta en las proximidades del delta del Misisipi. Sus tripulantes naufragaron y perecieron en su mayor parte, aunque los pocos que se salvaron estaban destinados a desempeñar un papel importante en la exploración española del norte de América. Eran Álvar Núñez Cabeza de Vaca, Alonso del Castillo Maldonado, Andrés Dorantes de Carranza y el esclavo norteafricano Estebanico. Los cuatro vivieron una alucinante aventura que les llevó durante ochos años a recorrer el suroeste de los Estados Unidos, hasta que en México se encontraron con las avanzadas españolas.

El hecho cierto es que Narváez dejó una herencia lamentable. Torpe y violento, jamás supo actuar de forma sensata. Su brutalidad con los indios dejó una huella que no olvidarían y convirtió el país en un lugar peligroso para los españoles, en el que fracasarían todos los intentos de colonización en las décadas siguientes, sin poder lograr un asentamiento viable hasta 1565.

El increíble periplo de Cabeza de Vaca

Hay personas que están hechas de una pasta especial, hombres a los que el infortunio, el hambre, la sed, la soledad o la enfermedad no merman en absoluto su capacidad de resistencia y parecen dotados de una voluntad de hierro hasta extremos casi inhumanos. De estos seres extraordinarios, pocos hay que puedan equipararse a Álvar Núñez Cabeza de Vaca, el primer caminante de América y el primer hombre blanco que recorrió el territorio que hoy constituye los Estados Unidos de América.

El hombre destinado a vivir una de las más asombrosas aventuras de la exploración y conquista del continente había nacido en Jerez de la Frontera en 1507, en el seno de una familia de hidalgos en la que un antepasado lejano había combatido en las Navas de Tolosa y un abuelo destacó en la conquista de las islas Canarias. Cuando marchó a América en 1527, tenía experiencia militar, pues había participado en la guerra de los Comuneros de Castilla y en acciones contra los franceses en Navarra.

Nombrado tesorero y alguacil en la desgraciada expedición de Pánfilo de Narváez, Cabeza de Vaca estaba entre los supervivientes de los cinco barcos improvisados que intentaron alcanzar las costas de México. No se sabe con seguridad dónde naufragaron, víctimas de las tormentas y fuertes vientos del Golfo de México, pero se supone que alcanzaron tierra en algún lugar al oeste de la desembocadura del Misisipi. Allí los supervivientes, que no tenían ropas, ni armas, ni alimentos, sufrieron penalidades sin cuento, viéndose obligados a alimentarse de los cadáveres de sus compañeros. Al poco tiempo solo quedaban 15 hombres vivos de los 80 que sobrevivieron al naufragio.

La isla que les sirvió de refugio fue bautizada como isla del Mal Hado, nombre más que adecuado, pues el sufrimiento que pasaron fue inconcebible. En cualquier caso, a pesar de que los pocos indios que allí habitaban eran pobres y miserables y solo se alimentaban de raíces, bayas y pescado, ayudaron a los desventurados náufragos todo lo que pudieron, y eso les permitió sobrevivir hasta la primavera. Según Cabeza de Vaca, en la isla del Mal Hado los indios ofrecieron a los náufragos trabajar como curanderos, algo que al propio Álvar le pareció absurdo, pero que les permitió sobrevivir cuando comprendieron que podían usar en su beneficio las supersticiones de los indígenas.

Cuando llegó la primavera solo quedaban trece supervivientes, que decidieron irse de la isla y abandonar a Cabeza de Vaca, que estaba enfermo y apenas se podía mover. Además, dejaron también a otros dos de sus compañeros, llamados Oviedo y Alaniz, y este último murió al cabo de unos días. Cabeza de Vaca, débil, enfermo y esquelético, aguantó hasta que lentamente se fue recuperando. Oviedo desapareció pronto y jamás se supo de él. Los indios trataron a Cabeza de Vaca con indiferencia. No acabaron con su vida, pero tampoco lo ayudaron. Lo consideraron una rareza y lo hicieron trabajar en una especie de esclavitud que, aunque con mucho sufrimiento, pudo soportar haciéndose casi insensible al dolor y a las desgracias.

Los trece compañeros que habían abandonado a Cabeza de Vaca cayeron en manos de indios feroces que acabaron cruelmente con la mayoría. Solo sobrevivieron tres: Andrés Dorantes de Carranza, de Béxar, Alonso del Castillo Maldonado, de Salamanca, y el esclavo beréber Estebanico. Ellos eran todo lo que quedaba de los 450 miembros de la expedición de Pánfilo de Narváez que habían llegado a Florida. Solo eran cuatro supervivientes, contando a Cabeza de Vaca, unos espectros muertos de hambre que ocasionalmente sabían unos de otros y que no lograron unirse hasta septiembre de 1534 —casi siete años después—, en algún lugar al oeste del río Sabine, ya en Texas.

Antes de eso sufrieron un verdadero calvario. Cabeza de Vaca y sus compañeros pasaron con los indios al continente, donde solo el deseo de sobrevivir les mantuvo con vida. En realidad, como el propio Álvar reconoció después, no servía para nada útil a los aborígenes. No valía para guerrear, pues siempre estaba débil y ni siquiera era capaz de manejar con eficacia un arco. Tampoco servía para cazar, pues no sabía seguir el rastro de los animales; no podía ayudar acarreando leña, llevando agua o cocinando porque era un hombre y ese trabajo «era de mujeres», así que reconoce que fue milagroso que no acabaran con su vida.

Debido a esta situación anómala, en la que era más un estorbo que otra cosa, Cabeza de Vaca comenzó a vagar de un lado a otro, sin que a los indios pareciese importarles lo más mínimo. Estos paseos se convirtieron pronto en largas marchas que le llevaron cada vez más lejos y le sirvieron para iniciar un interesante comercio, ya que de las tribus del norte obtenía pieles de ganado, pedernal para las puntas de las flechas, juncos flexibles y recios para hacer arcos y almagre para la pintura del rostro de los guerreros. A cambio entregaba a los indios del interior objetos fáciles de encontrar en la costa, desde conchas marinas a cuentas de madreperla. Con todo esto fue adquiriendo importancia en la tribu, ya que por vez primera sus compañeros vieron al extraño hombre blanco barbudo como alguien útil.

Cada viaje robustecía el cuerpo y el ánimo de Cabeza de Vaca, que recorrió miles de kilómetros por regiones extrañas. Se sabe que llegó muy al norte, pues describe a los bisontes de las llanuras, a los que denomina «vacas con joroba», por lo que debió de alcanzar el territorio del río Colorado, en Texas. Fue el primer europeo en ver a los famosos «cíbolos», nombre que darían los españoles a los bisontes años después. Sus cada vez más amplios conocimientos no solo geográficos, sino también sociales, fruto del contacto con tribus muy diferentes entre sí, le hicieron comprender las extrañas relaciones de poder y de convivencia de los indios y aprender los rudimentos de las técnicas chamánicas. Los indígenas aún pensaban que la enfermedad era algún tipo de posesión del espíritu, y Cabeza de Vaca decidió aprovechar sus conocimientos para ejercer como médico, papel al que parecía condenado, y se hizo famoso entre los aborígenes practicando la medicina al estilo indio.

Cuando por fin se encontraron los cuatro supervivientes de la expedición de Narváez, decidieron planear una fuga, pero tardaron diez meses en llevarla a la práctica. Antes, Cabeza de Vaca instruyó a sus compañeros en el arte de la medicina india, a fin de que sirviesen para algo, pues eran tan inútiles para cualquier otra actividad como él mismo lo había sido. Cuando por fin escaparon de la tribu de los *avavares*, con la que vivían en agosto de 1535, no eran ya los miserables esqueletos andantes que habían dejado la isla del Mal Hado. Ahora se habían convertido en poderosos magos u hombres-medicina, personas notables que eran tratadas con respeto por los indios que se encontraban en su camino.

Lentamente, sufriendo tremendas penalidades, recorrieron todo Texas y entraron en Sonora —hoy se sabe que jamás pisaron Nuevo México, a pesar de lo que se pensó durante años— y en estos territorios vieron casas hechas con césped por indios —los *jovas*— que cultivaban judías y calabazas. Durante un tiempo habitaron en tierras de los *pimas* y en la Sierra Madre encontraron una tribu con la que convivieron tres días que se alimentaba de corazones de venado, y a una sola jornada de marcha se toparon con un indio que llevaba la hebilla de un tahalí europeo y un clavo de herradura. El indio les dijo que eran de unos extraños hombres barbados llegados del cielo con los que había combatido.

Convencidos y emocionados al saber que estaban cerca de volver a ver españoles, Cabeza de Vaca y sus compañeros marcharon hacia el sudoeste. Pensaban que en cualquier momento contactarían con sus compatriotas, pero se dieron cuenta de que la zona que atravesaban —Sinaloa, en México—, estaba asolada por una partida de cazadores de esclavos, actividad ilícita, que había extendido el temor hacia los hombres blancos entre las tribus. Acompañado de Estebanico y de once indios, Cabeza de Vaca siguió la pista de la partida de españoles, a la que alcanzó, y se presentó a su capitán, Diego de Alcaraz, que mandaba a otros tres hombres, tan brutales como él, dedicados a capturar esclavos para las minas y las encomiendas.

Aunque la historia de los supervivientes le pareció un disparate, Alcaraz extendió un documento con fecha y firma en el que reconocía que Álvar Núñez Cabeza de Vaca se había presentado ante él. Cinco días después, Dorantes y Castillo se reunieron con Cabeza de Vaca y Estebanico, así como con varios centenares de indios, y se produjo un grave incidente cuando Alcaraz y sus hombres intentaron esclavizar a los aborígenes, algo que finalmente los cuatro caminantes lograron impedir.

El 1 de mayo de 1536, Cabeza de Vaca y sus compañeros llegaron a Culiacán, donde fueron muy bien recibidos por Melchor Díaz, hombre notable que años después dirigiría dos expediciones al norte, a California y Arizona, donde murió en un accidente en 1540. Desde allí se dirigieron a Compostela, capital de Nueva Galicia, un recorrido de 300 millas a través de un territorio repleto de indios hostiles. Finalmente, lograron llegar a Ciudad de México, donde ya era conocida su historia y fueron recibidos con grandes honores, si bien tardaron un tiempo en acostumbrarse a las ropas y comida de la civilización. Estebanico se quedó en Nueva España, participó años después en la expedición a Nuevo México de fray Marcos de Niza y murió asesinado por los indios. Cabeza de Vaca y sus otros dos compañeros regresaron desde Veracruz a España el 10 de abril de 1537.

La narración y la descripción de los recorridos que hicieron los supervivientes avivaron el ansia de conocer lo que había más allá del Río Grande. Los tres expedicionarios tuvieron una suerte muy distinta. Castillo volvió a México, donde se casó y pasó el resto de su vida, y lo mismo hizo Dorantes. En cuanto a Cabeza de Vaca, logró ser nombrado segundo adelantado del Río de la Plata. Allí fue el primer europeo que vio las cataratas de Iguazú, exploró el curso del río Paraguay y sometió a algunas tribus indígenas. Sin embargo, fracasó como gobernante.

Los colonos españoles establecidos con anterioridad, encabezados por Domingo Martínez de Irala, rechazaron su autoridad, se sublevaron en 1544 y enviaron a Cabeza de Vaca a España acusado de abusos de poder. El Consejo de Indias lo desterró a Orán en 1545, pero ocho años más tarde fue indultado y se estableció en Sevilla como juez. Después, tomó los hábitos y vivió en un monasterio el resto de su vida, hasta que falleció en Jerez de la Frontera rondando los 70 años. No obstante, siempre será recordado por su increíble peripecia, pues como dijo de él el historiador estadounidense Charles F. Lummis:

> En un mundo tan grande, tan viejo y tan lleno de hechos memorables [...], es sumamente difícil de cualquier hombre decir que fue el más grande de todos en tal o cual cosa y aun tratándose de marchas a pie, ha habido tantas y tan notables, que hasta desconocemos algunas de las más pasmosas. Como exploradores, ni Vaca ni Docampo rayaron a gran altura, por más que las exploraciones del último no son de despreciar y las de Vaca fueron importantes. Pero, como proezas de resistencia física, las jornadas de estos olvidados héroes puede afirmarse con toda seguridad que no tienen paralelo en la historia. Fueron las marchas más asombrosas que ha podido hacer hombre alguno.

La aventura incierta de Tristán de Luna

A pesar de los fracasos, España no estaba dispuesta a perder Florida. La situación del territorio era demasiado importante como para arriesgarse a que otras potencias ocupasen el lugar o fundasen en él alguna factoría o fuerte. En la primera mitad del siglo XVI eso era un riesgo lejano, pues el predominio español era total y ninguna nación europea —ni siquiera Portugal— podía soñar con hacer sombra a España en América del Norte. Sin embargo, hacia finales de la década de los cincuenta se empezó a temer que los franceses hicieran alguna intentona colonizadora y eso era algo que había que evitar a toda costa.

El Consejo de Indias seguía deseando establecer alguna posición en Florida que, además de servir de refugio a los galeones que cubrían la ruta del Paso de Bahamas, sirviera de base para una colonización del interior y ayudase a la conversión de los nativos, por lo que se decidió confiar la conquista y colonización al virrey de Nueva España, Luis de Velasco, marqués de Salinas, un hombre de fuerte carácter. Si todo salía bien, el imperio español se extendería un poco más pero, sobre todo, habría bloqueado futuras amenazas sobre Cuba y las islas del Caribe y garantizado el comercio con México, suministrador de la plata que la monarquía española necesitaba.

Una vez aprobada la expedición, el rey Felipe II ordenó que la misión fuese pacífica y tuviese como objetivo la cristianización de los naturales y la fundación de ciudades, por lo que los colonos irían acompañados de un nutrido grupo de frailes dominicos, bien considerados en México y en perfecta armonía con el virrey, que en su mandato, desde 1550, había dado pruebas de respeto por los indios y se había mostrado con ellos justo y sensato, con un estilo de gobierno ejemplar. No es de extrañar que al preparar la expedición, Luis de Velasco ordenase que el trato a los indios se produjese de igual a igual, y se actuara con cordura.

Velasco era un hombre prudente, y para cumplir con eficacia las órdenes del rey decidió primero obtener más información del territorio al que iba a ser enviada la expedición colonizadora. Encargó tal misión a Guido de Lavezaris, que vivía en América desde hacía veinte años y era un marino notable, con viajes en su haber tan destacados como el que realizó junto a Ruy López de Villalobos desde México hasta el Extremo Oriente.

Siguiendo instrucciones precisas del virrey, Lavezaris partió el 3 de septiembre de 1558 de Veracruz con tres pequeños barcos y la misión de explorar los puertos, bahías y costas de Florida, llevando como piloto a Bernaldo Peloso, que había estado con Hernando de Soto en el interior del continente. Sus órdenes eran muy precisas. Debía reconocer el litoral desde el río de Las Palmas —Soto de la Marina, en México— hasta los cayos de Florida, y seleccionar un buen lugar para instalar un puerto y llevar a los colonos, además de recorrer con detalle la costa, levantar mapas, buscar fondeaderos idóneos y señalizar accidentes geográficos que fuesen significativos. Con él iban sesenta soldados y marineros.

Navegando a lo largo de la costa mexicana, los hombres de Lavezaris desembarcaron por primera vez cuando se encontraban a 27º 30' de latitud norte, cerca del actual Kingsville, en Texas. Desde allí, la expedición alcanzó una bahía en la latitud 28º 30', a la que se denominó San Francisco —hoy Matagorda Bay—. En este punto Lavezaris realizó el tradicional y simbólico acto de toma de posesión formal del país en nombre del rey Felipe de España, 127 años antes de que la expedición francesa de La Salle llegase al mismo lugar. No eran los primeros españoles que llegaban a lo que hoy es Texas, pero era la primera vez que se reclamaba formalmente la soberanía de este territorio en nombre de España.

A continuación el pequeño grupo de Lavezaris siguió la costa hacia el este, pero vientos contrarios arrastraron a los españoles hacía el interior del Golfo de México y cuando lograron aproximarse de nuevo a la costa estaban cerca de la bahía de Mobile, en la actual Alabama. Lavezaris llamó al lugar descubierto Bahía Filipina, en honor al monarca de España. Su descripción de la entrada de la bahía menciona una larga isla y una punta de tierra. El territorio tenía madera, agua, caza y pesca en abundancia, y estaba poblado por indios que cultivaban maíz, judías y calabazas.

Fuertes tormentas y tremendos vientos huracanados impidieron a las naves continuar hacia oriente y entrar en la bahía de Pensacola, ya en la actual Florida. El viaje de reconocimiento de Lavezaris acabó en Choctawhatchee Bay, lugar al que llamó Ancón de Velasco, como homenaje al virrey de Nueva España.

Lavezaris aumentó los conocimientos que se tenían en México y España de la aún enigmática costa norteamericana pero el virrey necesitaba más información y envío a la zona a Juan de Rentería, que en un periplo poco conocido, tras recorrer las costas de Texas de nuevo, alcanzó la bahía de Pensacola y logró entrar en ella. Ahora el virrey ya sabía que había un buen lugar para establecer una colonia y el hombre elegido para comandar la expedición reunía, en principio, todas las características necesarias para tener éxito en su empresa. Se llamaba Tristán de Luna y Arellano, antiguo compañero de De Soto y capitán entre los hombres de Vázquez de Coronado, y uno de los europeos que mejor conocía el territorio que había más allá del lugar al que debía conducir su expedición colonizadora.

En cuanto a Lavezaris, tuvo una vida notable. Seis años después de su exploración en la costa del Golfo de México, este hombre, descrito por Martín Fernández de Navarrete como «honesto y de buena intención», viajó de nuevo a Extremo Oriente y llegó a ser el tesorero de Miguel López de Legazpi, y a la muerte de este en Manila, en 1572, se convirtió en gobernador de Filipinas.

La expedición de Tristán de Luna era importante y debía aprovechar la experiencia de navegantes anteriores para establecer la colonia tal y como deseaba el virrey. El hombre encargado de dirigirla había nacido en 1510 en la familia de los Luna, de una rama castellana establecida en las localidades de Ciria y Borobia — Soria—. Era, además, primo del virrey Mendoza y de Juana de Zúñiga, la mujer de Hernán Cortés, por lo que contaba con poderosos apoyos en México. Sin embargo, no era en absoluto lo que hoy llamaríamos un «enchufado». Llevaba al menos 20 años en América y tenía experiencia de primera categoría como explorador y soldado, ya que había participado en la expedición de Francisco Vázquez de Coronado en busca de Cíbola y las Sietes Ciudades de Oro con el grado de capitán de caballería, antes de ser ascendido a teniente general tras el viaje. En 1545 se casó con la viuda Isabel de Rojas, que era la heredera de una gran fortuna y con la que tuvo dos hijos[5]. Finalmente, su última acción destacable fue sofocar una revuelta india en Oaxaca en 1548.

El grupo de Tristán de Luna partió con buenos auspicios, ya que antes de su partida se había realizado un trabajo magnífico de documentación del territorio. El equipo y material puestos a disposición de los expedicionarios eran excelentes, y los gastos corrían a cuenta del Real Tesoro, incluyendo material de construcción, equipo, herramientas y municiones para un año. Su fuerza total, embarcada en 13 barcos, era de 1500 soldados y colonos al mando de seis capitanes para la caballería y seis para la infantería, siendo algunos ya conocedores del país que iban a colonizar. Los padres dominicos estaban a las órdenes de Pedro de Feria, nombrado vicario provincial de Florida.

El 11 de junio de 1559 la expedición partió de Veracruz con rumbo a su destino. El plan original era dirigirse a la bahía Filipina, pero los pilotos, buenos conocedores de la costa, prefirieron la bahía de Ochuse —probablemente la actual bahía de Pensacola—. Tras recorrer la costa y entrar en la bahía Filipina, Tristán de Luna pensó que estaba demasiado lejos y navegó de vuelta hasta situarse a diez leguas de Ochuse, donde dio la orden de anclar la flota y

---

[5] Uno de ellos, Carlos de Luna y Arellano, sería en 1604 gobernador de Yucatán.

enviar a uno de los galeones, al mando de Luis Daza, de vuelta a Veracruz para informar al virrey en México de que la expedición había llegado a su destino.

Otros dos galeones partieron con rumbo a España, donde debían informar de lo ocurrido y reclutar nuevos colonos. Antes de desembarcar el grueso de la expedición, De Luna envío una avanzada de un centenar de hombres al mando de los capitanes Álvaro Nieto y Gonzalo Sánchez, en compañía de uno de los misioneros, con la misión de explorar el país y comprobar si los indios eran hostiles. La avanzada tenía que informar sobre la disposición de los nativos, pues para cumplir las órdenes recibidas, tras fundar los establecimientos en la costa del Golfo, Luna estaba obligado a abrir una ruta terrestre hasta Santa Elena, en las costas del Atlántico —hoy Tybee Island, en Georgia—, con objeto de prevenir cualquier intento francés de establecerse en América del Norte[6].

El grupo explorador tardó tres semanas en recorrer las tierras circundantes, e informó a su regreso de que el país parecía deshabitado. Tristán de Luna procedió por lo tanto a levantar el primero de los tres asentamientos que tenía que fundar, al que bautizó como Santa María Filipina. Tras comenzar a organizar el pueblo, dividió su fuerza en tres grupos. El primero tenía que explorar las riberas del río Coosa —hoy en Alabama—, el segundo debía remontar hacia su nacimiento el río Escambia, y el tercero, seguir hacia el norte e introducirse en el interior de la península.

Sin embargo, una vez más la naturaleza parecía dispuesta a impedir que los españoles tuvieran éxito en el intento de asentarse en Florida. La noche del 19 de septiembre de 1559, un terrible huracán azotó la bahía y tras veinticuatro horas de vendaval la flota quedó destrozada. Fallecieron muchos de los colonos y se perdieron siete de los diez barcos que quedaban, así como la mayor parte de las provisiones y del material y equipo necesarios para que la colonia pudiese sostenerse y prosperar.

El río que desembocaba en la bahía de Ochuse no tenía condiciones navegables, por lo que, viendo que no había posibilidades de sobrevivir en los arenales en los que se encontraba, Tristán de Luna decidió marchar hacia el oeste en busca del grupo que se había adentrado en lo que hoy es Alabama, muy cerca de la actual Mobile, y envió a uno de sus buques a Cuba en busca de ayuda.

Tras dejar a Juan de Jaramillo con 50 hombres y los esclavos negros en la costa, el grueso de los expedicionarios marchó hacia el interior navegando

---

[6] Durante años sé dudó si Santa Elena estaba en Carolina del Sur, pero hoy en día ya se sabe con seguridad, pues se han encontrado los restos del asentamiento español.

por el río en barcas ligeras, y caminando luego hasta alcanzar un poblado de 80 casas que encontró desiertas. Los indios retornaron al poco tiempo al pueblo y se mostraron amistosos, lo que dio nuevos ánimos a los colonos. El poblado era llamado por los indígenas Nanicapana, y allí fundó Luna una ciudad a la que llamó Santa Cruz. El problema es que los colonos y los soldados españoles acabaron bien pronto con la pobre reserva de alimentos de los indios y no tuvieron más remedio que alimentarse de hierbas.

El virrey, que conocía la malísima situación de los colonos, envío dos buques en noviembre y prometió ayuda para la primavera. El invierno fue duro y, gracias a las provisiones recibidas, la colonia aguantó, pero a comienzos de la primavera la situación era ya desesperada. No se había hecho ningún intento de cultivar la tierra y la desidia y la incompetencia eran evidentes. Tristán de Luna envío a 200 hombres al interior, con un capitán y su sargento mayor acompañados de dos padres dominicos. La marcha fue penosa y acabaron comiendo el cuero de los arneses y de las fundas de los escudos. Varios expedicionarios fallecieron de inanición y otros envenenados por las hierbas de las que se alimentaban.

Finalmente, tras cincuenta días en ruta hacia el noreste, llegaron a Olibahali, donde los indios se mostraron amistosos y les dieron comida y ayuda. A comienzos de julio alcanzaron Coosa —hoy Rome, en Georgia—, un poblado de 30 casas junto a un río donde descansaron y se recuperaron gracias a la buena disposición de los nativos.

Los españoles permanecieron en el pueblo tres meses entre los indios de la nación Coosa, y decidieron ayudarles contra sus enemigos de la tribu *napochie*. Tras obtener una fácil victoria, impusieron un tributo a los vencidos y Tristán de Luna envío mensajeros a Nanipanaca que no encontraron a nadie, salvo a un indio ahorcado colgando de un árbol. Luna pensó que sus hombres se habían dirigido a la bahía de Ochuse por el camino de bahía Filipina e hizo algo habitual en los exploradores españoles: dejar varias cartas enterradas junto a un árbol en un recipiente de arcilla, con instrucciones detalladas para advertir a quienes vinieran después.

El padre Feria se había ido a La Habana y todos los supervivientes deseaban abandonar ese país maldito para los españoles, pero Tristán de Luna no quería abandonar Florida y su embrión de colonia, y proponía volver a Coosa y no dejar a sus aliados indios. Lo cierto fue que las provisiones que debían llegar de México en primavera no llegaron hasta septiembre, por lo que, antes de perecer de hambre, los españoles enviaron patrullas por tierra y por los ríos Piache y Tome para obtener provisiones de los indios.

El maestre de campo Jorge Cerón se opuso a los planes del gobernador cuando Tristán de Luna ordenó comenzar la marcha. Entonces se produjo un motín que obligó a Luna a amenazar con la horca a quien intentase desertar.

El hecho es que las fiebres y la disentería le habían convertido en un hombre desequilibrado y enfermo al que ya nadie quería seguir. Sin duda, Tristán de Luna no era Hernán Cortés y no conseguía imponer su mando. Su misión, que consistía en establecer una sólida posición española en la costa oeste de Florida y abrir una ruta por tierra hasta la costa este en el Atlántico, había fracasado.

La desorganización, el desánimo y la sensación de estar olvidados hizo mella en los colonos y soldados que ya no querían continuar con la tarea encomendada y solo deseaban salir de allí. Tristán de Luna continuaba siendo un hombre honrado y de recto proceder, pero la verdad es que ya no controlaba la situación. Estaba acabado.

Ángel de Villafañe y el abandono de Pensacola

El virrey supo pronto lo que estaba ocurriendo en la precaria colonia de Florida y decidió que era preciso reemplazar a Tristán de Luna, para lo cual preparó una nueva expedición que puso al mando de Ángel de Villafañe, nacido en 1504 en León, que siendo niño había acompañado a su padre a Darién en la flota de Pedro Arias Dávila.

En 1523 Villafañe estuvo en Pánuco en compañía de Francisco de Garay, que como hemos visto tenía sus propios planes para establecerse en México y se encontró entre los que se pronunciaron a favor de Hernán Cortés, lo que finalmente le benefició mucho, sobre todo a partir de su boda con Inés de Carvajal, familiar de Pedro de Alvarado, segundo de Cortés y luego gobernador de Guatemala. Conocido y respetado como hidalgo y capitán, gozaba de una aceptable fortuna y continuó en México en los años que siguieron a la conquista del imperio azteca.

Tras participar en la conquista de Michoacán y Colima, Villafañe luchó contra los mayas, y contra los zapotecas y mixtecas, lo que le valió una encomienda en Xaltepec. A pesar de que podía llevar una vida cómoda, rodeado de lujo y sirvientes, participó en la pacificación de Jalisco y estuvo al mando de un barco en la expedición de Cortés al Pacífico.

Los constantes desastres que se producían en el Golfo de México por causa de tormentas y huracanes exigían contar con un punto de apoyo en la costa norte que permitiese actuar con celeridad en caso necesario.

Una base en la costa de las actuales Luisiana, Alabama o Florida se consideraba esencial si se quería llegar a tiempo para ayudar a los náufragos o recuperar los tesoros que llevasen los barcos. Esta fue una de las razones que impulsaron al virrey de México a apoyar con tanto interés el proyecto de colonización de Florida de Tristán de Luna.

Ángel de Villafañe tuvo desde el principio una importante participación en la expedición. Se le encargó equipar el campamento en el que se concentraron los expedicionarios y proveer todo el material necesario, por lo que se trasladó a Veracruz para supervisar que estaba en orden. Cuando la expedición de Tristán de Luna partió rumbo al noreste, Villafañe viajó hasta Ciudad de México para informar al virrey.

Enterado un año más tarde el virrey de las noticias del lamentable destino de la expedición de Tristán de Luna, y de su enfermedad e incapacidad para llevar a buen término la misión colonizadora, Luis de Velasco decidió que Villafañe era la persona idónea para encargarse de la colonia. A comienzos de 1561 ya estaba en Pensacola, donde se hizo cargo de la situación. El 9 de abril asumió el mando como gobernador de las provincias de Florida y Punta de Santa Elena y trató a Tristán de Luna con respeto y consideración, evitando en todo momento humillarlo[7]. Para entonces la colonia era insostenible, pues la comida escaseaba y la desmoralización y la enfermedad entre los colonos hacían imposible su continuidad.

Tras dejar a 50 hombres de guarnición en Ochuse, Villafañe, con el resto de los supervivientes, que en total eran 230, partió por mar hacia las costas de Georgia. Tras doblar la punta sur de la península de Florida se dirigió al norte bordeando el litoral y desembarcando en varias ocasiones para buscar un puerto idóneo, hasta que un feroz huracán arrasó la flota y destrozó varios barcos. Aquello fue el fin de la aventura. Los supervivientes dejaron las costas de Georgia y se dirigieron a La Española; desde allí, Villafañe marchó a La Habana, donde una parte importante de sus hombres desertó. En Cuba, al menos, pudo reparar sus navíos y preparar una nueva expedición, con la que partió hacia Ochuse al cabo de tres meses.

La alegría de la guarnición, que había soportado estoicamente el aislamiento y la soledad, fue inmensa cuando los cincuenta hombres del poblado vieron las velas de los buques de Villafañe. Las instalaciones fueron destruidas y, tras recoger lo poco que había de valor, los soldados embarcaron y regresaron a Veracruz. Pensacola quedaría abandonada por más de cien años.

---

[7] Aunque quedó con la salud muy quebrantada tras la expedición a Florida, aún viviría muchos años, pues falleció el 16 de septiembre de 1573 en Ciudad de México.

Una vez más la tierra de Florida se mostraba ingrata a los españoles, que tras medio siglo de intentos y gastar verdaderas fortunas seguían sin contar con una base en esa península. Sin embargo, la cada vez más intensa injerencia de otras potencias europeas en América iba a obligar a la Corona española a tomar una decisión definitiva. En el momento en que los últimos hombres de Villafañe dejaban las costas de Pensacola, alguien en Francia había puesto sus ojos en Florida.

1.3. Hernando de Soto: la búsqueda del Más Allá

HERNANDO DE SOTO es el arquetipo del conquistador hidalgo, duro e implacable, que despreciando el riesgo se abre camino en América con su espada, forja su propio destino y obtiene fama y riqueza, aunque al final vea truncados sus mejores sueños por la imposibilidad de encajarlos a su enorme ambición, y muera en el empeño. El precio lógico a pagar por su osadía.

La fecha del nacimiento de Soto no se sabe exactamente, aunque se establece entre 1496 y 1500. En cuanto al lugar, casi con total seguridad se sitúa en Jérez de los Caballeros, en la provincia de Badajoz, aunque uno de sus primeros biógrafos, el Inca Garcilaso de la Vega, diga que nació en Villanueva de Barcarrota, pequeña villa situada a 49 kilómetros de la capital pacense, de la que procedía la rama paterna.

La familia del personaje era de origen burgalés. Hidalgos sin riqueza entre los que se contaban abundantes antepasados capitanes y funcionarios al servicio de la Corona. De ellos, el más ilustre había sido Pedro Ruiz de Soto, un caballero que sirvió con las armas al rey de Castilla y León, Fernando III, en el siglo XIII. Hernando era el segundo hijo de cuatro hermanos —un primogénito y dos hermanas menores— habidos en el matrimonio formado por Francisco Méndez de Soto y Leonor Arias Tinoco. De sus hermanos, el mayor, Juan Méndez de Soto, llegaría a ser regidor de Jérez de los Caballeros —nombrada en ese tiempo Jerez de Badajoz—. En cuanto a sus dos hermanas, una de ellas, María, estuvo casada con el regidor de Badajoz, Alonso Enríquez.

Sobre los primeros años de Hernando nos han llegado muy pocos datos. Parece ser que lo tomó bajo su protección Pedro Arias de Ávila, gobernador de Darién, mencionado también en las crónicas como Pedro Arias Dávila, y al que acompañó en 1514 en el viaje a Panamá. Aparte de contar con el favor de su protector, el único equipaje de Hernando cuando llegó a América era su espada. Cuentan, y es muy probable, que tuvo que pedir dinero prestado para viajar al Nuevo Mundo, pues los recursos económicos de la familia, tras la temprana muerte del padre, eran muy escasos.

En 1516 fue nombrado capitán de una unidad de caballería con la que participó en la conquista de algunos territorios de América Central, y en 1523 acompañó a Francisco Fernández de Córdoba en una exploración por Nicaragua y Honduras que ordenó Pedrarías desde Panamá. La empresa se saldó con violencia, y Soto tuvo que enfrentarse a una facción rebelde, a la que derrotó, encabezada por el oficial Gil González, quien había decido separarse del grupo principal y actuar por su cuenta. Una acción que su protector Pedro Arias le agradeció. No tardó mucho el audaz Soto en mandar expedición propia cuando en 1528 exploró las costas de Yucatán en busca de un estrecho que conectase directamente los océanos Atlántico y Pacífico. Poco después se unió, como capitán destacado, a la expedición de Francisco Pizarro que salió de Panamá a la conquista del Perú, algo que supuso un importante giro en su vida y le haría un hombre rico.

Enviado por Pizarro al mando de una pequeña fuerza de caballería para explorar las tierras altas del Perú, Soto descubrió el camino real que llevaba a Cuzco, la capital de los incas, y fue el primer español que se entrevistó con Atahualpa, señor de aquel imperio. Dicen que Soto se enemistó con Pizarro y sus hermanos por haber dado estos garrote a Atahualpa, a pesar del fabuloso tesoro que el Inca pagó por su rescate, y se sintió muy disgustado al conocer la ejecución. Lo cierto es que tuvo un papel destacado en los combates que completaron la conquista del Perú y en el asalto a Cuzco. En 1536, tras recibir su parte del cuantioso botín que cayó en manos de los españoles, regresó a España cargado de oro y convertido en un potentado.

Disponer de fortuna le permitió instalarse en Sevilla y emparentar con una de las familias más linajudas de Castilla, al casarse en noviembre de 1536 con Isabel de Bobadilla, hija de Pedro Arias Dávila, lo que reforzó su posición social y le abrió puertas en la Corte. En apariencia, a Soto le esperaba una vida regalada y tranquila para el resto de sus días, pero eso era algo que no entraba en sus planes. Lo que de verdad ansiaba era igualar a Cortés y Pizarro, y el Inca Garcilaso lo cuenta diciendo que, después de haberse hecho rico en Perú, «no contento con lo ya trabajado y ganado», deseaba emprender otras hazañas iguales o mayores.

Le movía sobre todo —dice el cronista— la «generosa envidia y celo magnánimo de las hazañas nuevamente hechas en México por el marqués del Valle don Hernando Cortés y en el Perú por el marqués don Diego de Almagro, las cuales él vio y ayudó a hacer. Empero, como en su ánimo libre y generoso no cupiese súbdito, ni fuese inferior a los ya nombrados en valor y esfuerzo… dejó aquellas hazañas, aunque tan grandes, y emprendió unas para él mayores, pues en ellas perdía la vida y la hacienda que en las otras había ganado».

El ansia de acrecentar fama y riquezas se vio espoleada cuando llegaron a Sevilla las historias del asombroso recorrido de Cabeza de Vaca por el sur de lo que hoy son los Estados Unidos, en la vasta región que empezaba a ser conocida como Florida. Esos relatos avivaron su ambición de conquistar una tierra que imaginaba tan rica como el Perú. Fue entonces cuando decidió vender todas sus propiedades en España y dedicarse a preparar una expedición para regresar a América, pero antes tenía que contar con el beneplácito real. Moviendo convenientemente las influencias del dinero y las familiares, Hernando de Soto consiguió en 1538 una entrevista con el emperador Carlos V, a quien pidió autorización para organizar una expedición a Florida. Ofreció al monarca costear con sus propios medios la conquista de ese territorio, y a cambio la Corona obtendría el cincuenta por ciento de las ganancias de la empresa. El emperador, satisfecho con el trato, lo nombró adelantado y capitán general de todas las tierras descubiertas, así como gobernador de Cuba.

En la nueva aventura, Soto comprometía gran parte de su fortuna, pero en caso de éxito sería dueño de un inmenso territorio, prácticamente todo lo que había al norte del virreinato de Nueva España, un espacio en el que fundar mil reinos y en el que cabría Europa entera.

La partida

Al capitán extremeño no le fue difícil reunir una tropa de soldados dispuestos a abrirse camino con sus armas en la lejana América. Soto les dijo que había más oro en Florida que en México y Perú juntos, y al iniciar la empresa todos pensaban que iban camino del Paraíso. Salieron de Sanlúcar de Barrameda el 6 de abril de 1538 con once naves y 950 hombres de armas, ocho sacerdotes seculares, dos dominicos, un franciscano y un trinitario. El barco insignia era el *San Cristóbal*, de 800 toneladas, y en la expedición iban también Inés de Bobadilla y otras damas nobles.

A finales de mayo los barcos llegaron a Santiago de Cuba. En la isla, Soto estuvo un año arreglando asuntos de gobierno y preparándose para la gran aventura. Recorrió la región de Santiago y tomó medidas para mejorar su estado. Reparó los destrozos de La Habana, que había sufrido un ataque francés, y encargó la construcción de una fortaleza para la defensa del puerto.

Siempre con la mira puesta en la gran empresa que tenía en mente, envió una expedición exploratoria a Florida al mando de Juan de Añasco, experimentado marino, con el encargo de hallar un lugar de desembarco seguro. Añasco regresó a La Habana pocos meses después e informó favorablemente de su cometido.

Luego de hacer testamento y dejar a su esposa como gobernadora de Cuba, Hernando de Soto partió el 18 de mayo de 1539 desde La Habana a Florida con una flota de nueve barcos que transportaban unos 650 hombres y 223 caballos. Era la expedición mejor equipada de todas las que habían partido hasta entonces desde Cuba a la conquista del Nuevo Mundo. Llevaba artesanos, sacerdotes, un ingeniero y algunos granjeros, además de varias toneladas de víveres, herramientas, armas, vacas, mulas, cerdos y algunos perros feroces que provocaban el terror de los indios.

Los expedicionarios pronto se dieron cuenta de que Florida no era la tierra del oro prometida, sino un lugar malsano, húmedo y pantanoso, de calor sofocante y plagado de serpientes y mosquitos. Además, los indios se mostraban hostiles. Aún recordaban la brutalidad con la que habían sido tratados por la expedición de Pánfilo de Narváez, que había recorrido en 1528 el interior de la península de Florida y la región de los Apalaches con resultados funestos.

Pero la desastrosa aventura de Narváez y sus compañeros no disuadió a Soto y sus hombres que, como era común en los españoles hidalgos de la época, consideraban un buen signo lo arriesgado de la empresa, pues mayores serían la recompensa y la fama.

Esta vez, Soto trató de atraerse a los indios, aunque desconfiara siempre de ellos y utilizase la mano dura al menor síntoma de amenaza o cuando las necesidades de sus hombres lo exigían. Con frecuencia, además, los españoles de la expedición capturaban como rehenes a los jefes de las tribus que les salían al paso, y les obligaban a marchar con ellos para protegerse, lo que provocaba mucho rechazo y alarma entre los indios.

Un viaje infernal

Desde La Habana, la expedición navegó hasta divisar tierra el 25 de mayo de 1539 y desembarcar en la bahía de Tampa, a la que llamaron del Espíritu Santo. Desde ese punto, Soto se internó en la parte occidental de Florida con la intención de llegar al territorio de Apalache, junto al Golfo de México.
Fue la primera etapa de una expedición que en menos de cinco años recorrió gran parte del sureste de Norteamérica y atravesó los actuales territorios de Florida, Georgia, Carolina del Sur, Tennessee, Alabama, Misisipi, Kentucky, Misuri, Arkansas, Texas, Luisiana, Indiana, Ohio e Illinois, hasta la región de Chicago, junto al lago Michigan. Un viaje alucinante del que muchos no volvieron, y que abrió a los españoles gran parte de lo que ahora son los Estados Unidos.

En el área de Tampa, los expedicionarios encontraron a un compatriota llamado Juan Ortiz, superviviente de la expedición de Narváez y prisionero de los indios que les sirvió de intérprete. Los españoles quedaron sorprendidos cuando, al cargar contra un grupo de indígenas oyeron la voz de un hombre que gritaba en castellano: «¡Soy cristiano! ¡Soy cristiano! No me matéis». El cristiano con aspecto de aborigen resultó ser Ortiz, nativo de Sevilla y cautivo de los indios desde hacía varios años. Soto le proporcionó ropas y un caballo y lo nombró su ayudante personal.

Ortiz se había salvado de morir gracias a la intervención de una hija del cacique indio de la tribu Ucita, que impidió que lo quemaran vivo y al parecer se enamoró de él. Esta historia, copiada del relato anónimo que el Cronista de Elvas dejó escrito, fue divulgada por los anglosajones 200 años después para forjar la leyenda de la princesa Pocahontas, popularizada por el cine.

En el verano de 1539, continuando su marcha por el interior de Florida, Hernando de Soto enfrentó una resistencia de los indios mucho mayor de la esperada. Ambas partes pagaban crueldad con crueldad. Si Soto y sus hombres eran a veces despiadados, los indios se vengaban sacrificando ferozmente a cualquier español que cayera en sus manos. El primer campamento de invierno de Hernando de Soto se instaló en Anhaica, capital de Apalaches, cerca del lago Tallahas y de la Bahía de Caballos, así llamada porque fue donde la tropa de Narváez tuvo que devorar a sus propios corceles para sobrevivir. Este es también el único lugar donde los arqueólogos han hallado rastros físicos de la presencia de la expedición española.

En octubre de 1539, una vez alcanzado territorio Apalache, Soto envió de vuelta a Juan Añasco con treinta hombres a la bahía de Espíritu Santo, donde habían quedado los barcos y una parte de la expedición. La orden era zarpar con esos barcos hasta llegar a la bahía de Aute, donde debía reunírseles Pedro Calderón, que avanzaba por tierra desde la costa con provisiones y equipo de acampada.

Añasco alcanzó Aute y allí se le unió Calderón, según lo acordado. Soto envió entonces al capitán Diego Maldonado al mando de dos barcos para explorar la costa de Florida al oeste de Aute, y levantar un mapa de sus bahías y ensenadas. Maldonado cumplió con éxito esta misión y luego fue enviado en febrero de 1540 a La Habana para informar de su viaje. Soto también le ordenó regresar en octubre para reunirse con la expedición en la bahía de Achusi, que el mismo Maldonado había descubierto en su navegación exploratoria, y abastecerla de provisiones, vestimenta y municiones.

El capitán cumplió estas órdenes al pie de la letra, pero cuando llegó a Achusi no encontró a Soto, que había partido meses antes de Apalache para explorar el inmenso territorio que se extendía hacia el norte. Maldonado esperó durante un tiempo, y en vista de que Soto no aparecía regresó a La Habana. Lo intentó de nuevo al año siguiente y luego al otro, sin resultado, lo que dejó a los expedicionarios incomunicados con Cuba y abandonados a su propia suerte.

En marzo de 1540, Soto abandonó el campamento de invierno en Anhaica y se dirigió al noreste pensando que allí encontraría minas de oro. Eso le llevó a través de Georgia y Carolina del Sur, a lo largo de los Montes Apalaches, hasta la actual Columbia. Un azaroso recorrido que no se vio recompensado por ningún hallazgo de metales preciosos, y en el que a veces los expedicionarios tuvieron que abrirse camino matando para obtener comida. Cuando llegaron al río Flint, construyeron balsas de madera y lo cruzaron. Desde allí siguieron al pantano de Chickasawhatchee, llegaron al poblado de Capachequi y continuaron hacia el noreste, siguiendo la orilla oeste del río Flint hasta cerca de la actual Montezuma. Allí volvieron a cruzar el río y llegaron al territorio de Toa el 23 de marzo.

El avance prosiguió en dirección norte hasta alcanzar el río Ocmulgee y remontar su corriente hasta el territorio de los indios *ichisi*, cuyo poblado principal parece haber estado en la actual Macon. De allí siguieron al noreste hasta el río Oconee, donde encontraron a las tribus *altamaha*, *ocute* y *patofa*, y desde Ocute los españoles continuaron hacia el este para cruzar el río Savannah varias millas al norte de la actual Augusta.

Los españoles remontaron el Savannah y después giraron al oeste, cruzaron el norte de Georgia a través del país *cherokee* y entraron en el pueblo de Chiaha, situado en la moderna Roma, donde fueron bien recibidos por el cacique de turno, que les proporcionó ayuda y alimentos. Estuvieron 30 días en Chiaha y luego marcharon hacia el este y entraron en Alabama. Pronto hallaron la fértil planicie de Coosa, a finales de julio de 1540. El cacique de ese territorio recibió a los españoles con toda clase de atenciones, e incluso propuso que se fundara una colonia española en sus dominios, pero Soto declinó el ofrecimiento. Sus hombres no querían ser granjeros. Lo que deseaban era encontrar una tierra donde hubiera oro en abundancia. Algo que creían tener al alcance de la mano y les impulsaba a caminar sin descanso ni meta fija.

Pero la resistencia de los indios iba en aumento a medida que progresaba el recorrido. Cuando De Soto pidió al poderoso cacique Acuera, de la tribu *muscogee*, una entrevista amistosa, recibió una respuesta altiva: «Soy rey de mi propia tribu y nunca seré vasallo de un mortal como yo mismo». Los españoles pasaron tres semanas en los dominios de Acuera sitiados por los indios, y perdieron 14 hombres en emboscadas y escaramuzas, cuyas cabezas fueron llevadas al cacique clavadas en una lanza.

Pasando por la actual Piedmont y el oeste de Carolina del Norte, Soto y sus hombres llegaron a Chalague —suroeste de Charlotte—, Guaquili —cerca de Hickory— y Joara o Xuala —cerca de Morganton—. Después de reponer fuerzas en este lugar se dirigieron a las montañas y cruzaron los ríos French Broad, Toe y Nolichucky, hasta alcanzar el valle del Tennessee por el este de Newport. En ningún sitio hallaron oro o plata, aunque sí algunas perlas.

La batalla de Mobile

En octubre de 1540 los españoles llegaron a Manbila o Mauvila —actual Mobile— una ciudad amurallada situada posiblemente en lo que hoy es Choctaw Bluff, en el condado de Clarke, norte de Alabama, a unos 40 kilómetros sobre la confluencia de los ríos Alabama y Tombigbee. El jefe del lugar era el cacique Tuscalosa o Tascaluza, un gigante de la tribu *choctaw*, al que apodaban Guerrero Negro, que recibió a la expedición con gran pompa e invitó a los españoles a descansar en el poblado. Al tercer día, Soto y sus hombres prosiguieron viaje acompañados del propio cacique, y al cabo de unas cuatro leguas llegaron a un pueblo llamado Tascaluza, de donde le venía el nombre al jefe de aquella tribu. El pueblo —dice el Inca Garcilaso— era fuerte y estaba asentado en la península de un río poderoso.

Dos soldados desaparecieron, y Soto entendió que Tascaluza lo engañaba y solo esperaba la ocasión propicia para acabar con los españoles. Al día siguiente, envió a dos exploradores para reconocer el pueblo de Mauvila, situado a legua y media de Tascaluza, donde el cacique había reunido a más de 10 000 guerreros provistos de flechas, jabalinas y mazas con intenciones poco claras, aunque los españoles no se fiaban y estaban apercibidos.

Mauvila estaba rodeado de una gran cerca de gruesos maderos protegida por torres, y tenía dos puertas y una gran plaza. A ella llegó Soto con cien jinetes y cien infantes acompañado del cacique, que aparentaba buena voluntad, pero el jefe español, consciente de que los indios le habían preparado una encerrona, no se dejó engañar y permaneció alerta.

La creciente tensión con los indios de Tascaluza se resolvió cuando Soto envió recado con Juan Ortiz al cacique pidiéndole un encuentro para comer juntos. Como el cacique rehusara de malos modos la invitación, empezó la batalla. Los indios se batieron bien y lograron expulsar a los españoles del poblado. Pero Hernando de Soto, aunque herido de un flechazo en las nalgas que le impedía acomodarse en la silla de montar, cargó con su caballería sobre la masa de indios y los rechazó hasta la ciudad. La pelea cuerpo a cuerpo duró nueve horas. Soto reagrupó sus fuerzas en cuatro grupos que cargaron contra las puertas y consiguieron entrar en la ciudad, donde se produjo una horrible carnicería. Muchas casas fueron incendiadas. Tras una feroz batalla el poblado quedó destruido por el fuego. Cuando llegó la noche, la ciudad era un campo de muertos. Mauvila estaba en ruinas y sus habitantes habían perecido tras combatir bravamente y con desesperación hasta el final. Todos los españoles resultaron heridos, 90 de ellos graves, y en total murieron 82 hombres —aunque algunas crónicas rebajan esa cifra a la mitad— y se perdieron 45 caballos. Como las medicinas, vendas e hilas de la expedición se habían quemado en el incendio que destruyó la ciudad, muchos heridos tuvieron que ser curados con la grasa de los cadáveres indios —el «unto de indio»— abiertos en canal, que les sirvió de ungüento a falta de otra cosa, grasa que se empleó también para mantener en funcionamiento las armas de fuego portátiles y las ballestas.

En cuanto al número de indios muertos en la batalla, las cifras varían mucho. Algunas crónicas hablan de 2500, aunque Garcilaso dice que perecieron «a hierro y a fuego» unas 11000 personas, la mayoría dentro del pueblo, pero también en los alrededores. «Cuatro leguas en circuito —escribe el cronista—, en los montes, arroyos y quebradas, no hallaban los españoles, yendo a correr la tierra, sino indios muertos y heridos... que no habían podido llegar a sus casas, que era lástima hallarlos aullando por los montes sin remedio alguno»[8].

Casi tres semanas estuvieron los españoles recuperándose de la batalla entre los restos humeantes de la ciudad. Habían perdido la mayor parte de sus pertrechos y provisiones, y se encontraban en un territorio desconocido, rodeados de enemigos. En esto, a Soto le llegaron nuevas de que los navíos de Maldonado estaban cerca, a solo unas treinta leguas en la costa, y decidió ir a su encuentro. Pero sus hombres estaban exhaustos, harapientos y desilusionados por no haber encontrado en Norteamérica otra cosa que indios belicosos y penalidades. Algo muy diferente a los tesoros que habían esperado hallar.

Muchos de los soldados se confabularon secretamente para abandonar la expedición y regresar a Cuba o México. Enterado Soto del motín que se preparaba, cambió de planes, y en vez de dirigirse a la costa para encontrarse con los barcos de Maldonado, llevó a sus hombres hacia el interior, y prohibió bajo pena de muerte cualquier mención a los navíos, sabiendo que la deserción sería imposible si los revoltosos no disponían de barcos.

En noviembre de 1540, la expedición prosiguió su marcha hacia el norte, luchando por cada metro de su avance a través de la tierra de los *choctaws*. Tras cruzar las fértiles tierras altas del Misisipi, alcanzó los afluentes del río Yazoo, en el condado de Yalobusha, y acampó frente al poblado de Chickasa o Chicaza, capital de la nación india del mismo nombre, situado en el

---

[8] Cálculos actuales estiman en 2000 los indios abatidos tras las nueve horas de lucha y en 6000 los «cazados» y ejecutados después. En cualquier caso, un verdadero espanto. No hubo nada igual en América del Norte hasta la Guerra Civil Americana más de 300 años después.

noroeste del actual estado de Misisipi, cerca del río Black Warrior. En su orilla se había congregado un gran número de indios dispuestos a vengar la destrucción de Mauvila.

Tras una dura batalla, los españoles pudieron cruzar el río y entraron en Chicaza en los primeros días de diciembre de 1540. Durante dos meses, con frío y nieve, la tropa de Soto estuvo alojada en el sitio hasta que finalmente los indios les arremetieron con hachas y flechas incendiarias en una dura batalla nocturna. Los españoles perdieron 40 hombres, casi todo el bagaje y más de 50 caballos, y tuvieron muchos heridos. Garcilaso menciona también que, además de la pena que los soldados sintieron por la muerte de sus compañeros y la pérdida de los caballos, los llenó de lástima la suerte de la única mujer española de la expedición, Francisca de Hinestrosa, casada con el soldado Hernando Bautista, que esos días estaba a punto de dar a luz. Al producirse el ataque nocturno, el marido salió a pelear y acabada la batalla, cuando regresó a reencontrarse con su esposa, la halló carbonizada por el fuego desatado durante el combate.

En Chicaza los españoles estuvieron aguantando las heridas y la inclemencia del invierno hasta finales de marzo, sin apenas ropa de abrigo, y la situación empeoró. «El más bien parado —escribe Garcilaso— no tenía sino unas calzas y jubón de gamuza, y casi todos descalzos sin zapatos ni alpargatas, fue cosa increíble el frío que padecieron y milagro de Dios no perecer todos».

En abril de 1541, Soto ordenó dirigirse al noroeste, donde pensaba que hallaría la tierra del ansiado oro. Los indios, desesperados, libraron otra batalla en una ciudad llamada Alibamo, pero pudo seguir avanzando, y probablemente el 8 de mayo alcanzó las orillas del Misisipi —que los españoles llamaron Río Grande— en el condado de Tunica, al sur de San Luis, cerca de Chickasaw Bluffs. El poderoso río, que había avistado por primera vez Alonso de Pineda en 1519, admiró a los españoles, que tardaron veinte días en cruzarlo, ya que necesitaron construir barcas y piraguas y hacer frente a más de 6000 indios que defendían el paso.

Ofuscado, como todos sus hombres, por encontrar una tierra rica en oro y pensando que el Mar del Sur —Océano Pacífico— estaba cerca, Hernando de Soto cruzó el Misisipi, atravesó las lagunas de Arkansas, escaló las colinas de Ozark, penetró por el oeste casi hasta las laderas de las Montañas Rocosas y pasó el invierno de 1541-42 en el poblado de Utiangue, actual Camden o Calion, en Arkansas.

Tras ese invierno, el rumbo de la expedición se hizo cada vez más indeciso, como correspondía a la desesperada búsqueda de un paraíso de riquezas cuya ubicación se les escapaba. En el interior del territorio de río Caddo los expedicionarios entraron en contacto con la aguerrida tribu india Tula, y durante un año, Soto exploró esa tierra que ningún hombre blanco había pisado nunca, aunque sus sueños de riqueza parecían cada vez más lejanos y sus ilusiones se iban desvaneciendo a medida que pasaban los días.

En mayo de 1542 la expedición volvió sobre sus pasos y retornó al Misisipi, en un punto un poco al norte de la desembocadura del río Arkansas. Sobre la orilla izquierda del gran río, en el actual condado de Bolívar, estado de Misisipi, el conquistador eligió un sitio donde fundar una colonia entre una tribu de indios hostiles adoradores del sol, pero el proyecto fracasó.

Descorazonado y considerando frustrado su ambicioso sueño en pos del oro, Hernando de Soto emprendió la construcción de dos embarcaciones con la intención de seguir corriente abajo el gran río y alcanzar las costas de Cuba. Exhausto, fue víctima de una fiebre maligna y su tumba, como digno epílogo, fue el propio Misisipi.

Una muerte legendaria

Hernando de Soto cayó enfermo de fiebres, probablemente de malaria. El Inca Garcilaso dice que «sintió una calenturilla que el primer día se mostró lenta y al tercero rigurosísima. Y el gobernador, viendo el excesivo crecimiento de ella, entendió que su mal era la muerte, y así luego se apercibió para ella». Al verse en el trance final, ordenó testamento, que se redactó abreviado por no disponer de bastante papel, y «con dolor y arrepentimiento de haber ofendido a Dios, confesó sus pecados». Luego mandó llamar a todos sus hombres, que le despidieron entre lágrimas y gestos de dolor, y los exhortó a permanecer unidos para culminar la tarea que se habían impuesto.

El conquistador murió en mayo o junio de 1542 en Guachoya —hoy Lake City—, condado de Chicot, en el estado de Arkansas, junto al Misisipi. El lugar está al pie de una laguna formada por un meandro del río, no muy lejos de su desembocadura, en una región poblada por los indios *caddo*, que creían a Soto inmortal.

La muerte de su jefe causó mucho dolor y tristeza en el campamento español, y para que los indios no pudieran verle muerto y afrentar su cadáver acordaron enterrarlo de noche, eligiendo como sepultura una de las muchas hoyas grandes que había cerca del río, de las que los aborígenes extraían tierra. Para disimular el lugar donde quedaba el cuerpo, los españoles dijeron a los nativos que el gobernador estaba mejor de salud y decidieron dar muestras de mucha fiesta y regocijo, anegando la hoya donde estaba enterrado para que la señal del enterramiento se perdiese del todo.

Aun así, los españoles, sospechando que los indios pudieran dar con el cadáver, acordaron sacarlo de donde estaba y darle sepultura en el Misisipi. Tras explorar la orilla con disimulo, algunos de los capitanes de Soto hallaron un sitio de un cuarto de legua de ancho y diez y nueve brazas de fondo que consideraron bueno, pero como no había piedra gruesa para hundir el cuerpo, cortaron una encina gruesa. «Y la noche siguiente —dice Garcilaso—, con todo el silencio posible, lo desenterraron y pusieron en el trozo de la encina, con tablas clavadas que abrazaron el cuerpo por el otro lado, y así quedó como en un arca, y, con muchas lágrimas y dolor de los sacerdotes y caballeros que se hallaron en este segundo entierro, lo pusieron en medio de la corriente del río encomendando su ánima a Dios, y le vieron irse luego a fondo. Los indios, no viendo al gobernador, preguntaban por él, y los cristianos les respondían que Dios había enviado a llamarle para mandarle grandes cosas que había de hacer luego que volviese»[9].

Las tristes nuevas de la muerte de Soto llegaron también a La Habana, donde Isabel, la infeliz esposa que esperaba su retorno, murió de pena poco tiempo después. Eso al menos cuenta la leyenda.

Como muchos soldados y conquistadores españoles de esa época, Hernando de Soto tenía una preocupación especial por su propio funeral. Tras haber llegado muchos de ellos pobres a América, sin más recurso que la espada y la voluntad de hacerse ricos y famosos por sus hazañas, las honras fúnebres suponían una muestra orgullosa del poder que habían adquirido en vida.

Poco antes de que la expedición partiera de Cuba, el conquistador había firmado un testamento por el que daba poder notarial a su esposa Isabel de Bobadilla. En el documento se especificaba minuciosamente la forma en que quería ser enterrado: en una capilla de la iglesia de San Miguel de Jerez de los Caballeros, para cuya construcción aportaba dos mil ducados. Su cuerpo debía reposar dentro de una tumba muy decorada, con las de sus padres a cada lado. Los restos del conquistador deberían colocarse en el centro de la capilla, de tal forma que el extremo del sepulcro coincidiera con el centro del pie del altar. También ordenó que se colocara sobre la tumba un paño fino con la cruz roja de la Orden de los caballeros de Santiago.

Durante gran parte de su corta vida, Soto resultó uno de los conquistadores más afortunados. Fue gobernador de Cuba, caballero de Santiago, y adquirió méritos y fortuna luchando al lado de Vasco Núñez de Balboa en Panamá y de Francisco Pizarro y Diego Almagro en Perú. Yerno del ade-

---

[9] En el año 410, cuando la malaria acabó con la vida de Alarico, rey de los visigodos, sus generales no podían permitir que su cuerpo fuera profanado por manos romanas, así que desviaron el río Busento para ocultar su tumba. Algo más de 1 000 años después, sus descendientes castellanos, los guerreros errantes de Soto, hicieron lo mismo a miles de kilómetros de sus hogares.

lantado Pedro Arias de Ávila, alcanzó a ser dueño de una fortuna que se calcula cercana a los 200 000 pesos de oro —unos 14 millones de euros actuales—, procedente del rescate del Inca Atahualpa. Una cantidad fabulosa que apostó al todo o nada de empresas mayores.

La riqueza adquirida en Perú fue como una maldición para Hernando de Soto, que vivió el resto de su existencia obsesionado por repetir el hallazgo de otro tesoro como el de los incas en Norteamérica, donde solo encontró escasez y privaciones. Su vida se convirtió en paradigma del fracaso de una ambición sin límites, incapaz de saciarse con la simple riqueza, que termina devorada por la lucha contra el propio destino. Como dice el Inca Garcilaso, a modo de lacónico epitafio: «Gastó su vida y feneció en la demanda».

El regreso

Poco antes de morir, Hernando de Soto nombró sucesor en el mando de la expedición a Luis de Moscoso Alvarado, un hidalgo nacido en Badajoz en 1505 con quién estuvo asociado en Perú, que era sobrino del conquistador Pedro de Alvarado.

Moscoso también obtuvo en Perú una gran fortuna que dilapidó en España, y era maestre de campo de la expedición de Soto. Al tomar el mando condujo los restos de la expedición hasta los bosques al oeste del Misisipi, con la esperanza de retornar a México. Cruzó el noroeste de Luisiana y luego volvió al sur, al país de los indios *ais* y de los *hasinai*, que un siglo y medio después sería el territorio de las misiones franciscanas al este de Texas.

Después de merodear durante casi un año, los españoles sobrevivientes volvieron a las orillas del Misisipi, donde construyeron embarcaciones con las que se dirigieron hacia el mar. Quedaban unos 300, con algunas indias jóvenes que habían capturado en Mauvila y unos cuantos caballos. Una vez alcanzado el Golfo de México, lo cruzaron, y después de muchas penurias alcanzaron Pánuco, un asentamiento español en la costa mexicana, en septiembre de 1542, cuando ya todos les daban por muertos. Desde allí fueron a Ciudad de México, donde les recibió el virrey Antonio de Mendoza, que quedó asombrado de su hazaña.

Desde México, Moscoso escribió dos cartas al rey en las cuales informaba brevemente de los resultados de la gesta, y poco después se casó con su sobrina en Nueva España. Luego entró al servicio del virrey Mendoza, a quien en 1550 acompañó al Perú, y allí murió al año siguiente.

1.4. La marcha inmortal de Vázquez de Coronado

En el año 1530, el presidente de la Audiencia de México, Nuño Beltrán de Guzmán, capturó a un indio llamado Tejo, nativo del valle de Oxitipar. El indio aseguraba que su padre mercadeaba con las tribus del interior, y de niño le había acompañado en sus viajes y había visto poblaciones grandes con altos edificios, repletas de oro y plata. Era posible llegar a ellas —decía Tejo— en cuarenta días, lo que equivalía a unas 200 leguas a través del desierto, caminando hacia el norte.

Los informes del indio despertaron el ansia conquistadora de Guzmán, quien abandonó sus funciones de presidente de la Audiencia y encabezó una fuerza de 400 españoles y 2000 indios aliados que desde la ciudad de México alcanzó Tarasca, en la provincia de Michoacán, hasta situarse en una región que, según Tejo, había que cruzar para llegar al país que albergaba tales riquezas.

Pero el cálculo del ambicioso Nuño de Guzmán resultó erróneo. Aunque la expedición conquistó un extenso territorio, bautizado como Reino de la Nueva Galicia y declarado provincia de Nueva España, que abarcaba los actuales estados mexicanos de Sinaloa, Jalisco, Aguascalientes, Zacatecas y parte de San Luis Potosí, no encontraron las ambicionadas riquezas. Enfrentados a una cadena montañosa —la Sierra Madre occidental— infranqueable, la expedición se vio obligada a detenerse en Culiacán.

Entre los expedicionarios empezó a cundir el desánimo, y más cuando el propio Nuño se enteró de que Hernán Cortés, con quien mantenía una gran rivalidad, había regresado de España, donde Carlos I le había colmado de honores y le había otorgado poderes extraordinarios. Durante el tiempo de su gobierno, Nuño de Guzmán había perjudicado mucho a Cortés y a sus amigos, y ahora temía que este le pagara con la misma moneda. Eso le hizo regresar a Ciudad México. El indio Tejo murió y la busca de las fabulosas ciudades quedó interrumpida.

Ocho años después de esta expedición, Nuño de Guzmán fue acusado de crueldad y despotismo y encarcelado por el juez Diego Pérez de la Torre, enviado desde España con poderes especiales, que le sustituyó en el puesto de gobernador de Nueva Galicia.

Enviado a España para ser sometido a juicio, Guzmán murió encarcelado en el castillo de Torrejón de Velasco en 1544. Aunque su crueldad parece fuera de toda duda, también es cierto que fundó las ciudades de Guadalajara, Culiacán, Sinaloa y Tepic, más tarde Compostela de Nueva Galicia, aunque algunos atribuyen la fundación de Guadalajara y Tepic a su lugarteniente Cristóbal de Oñate.

El hidalgo salmantino

Muerto el juez Pérez de la Torre durante una rebelión india cerca de Tonalá, el virrey de Nueva España, Antonio de Mendoza, designó gobernador de Nueva Galicia a Francisco Vázquez de Coronado, segundón de familia hidalga nacido en Salamanca en 1510, hijo de Isabel de Luján, dama de la reina Isabel la Católica, y casado con Beatriz de Estrada, hija del influyente Alonso de Estrada, tesorero de Nueva España, de quien se decía que era hijo ilegítimo del rey Fernando el Católico.

Es muy probable que Coronado estudiara en la universidad de Salamanca. Según cuenta el cronista Pedro de Castañeda, allí un amigo le había profetizado que podría ser un poderoso señor en tierras lejanas y sufriría una caída de la que nunca se recuperaría. Algo que se cumplió con el grave accidente ecuestre que sufrió en Nuevo México poco antes de morir.

Cuando Coronado fue nombrado gobernador del Reino de la Nueva Galicia, en 1538, llevaba tres años en Nueva España y había sido nombrado regidor del consejo municipal de Ciudad de México. Un hermano menor de Coronado, Juan, sería nombrado gobernador de Costa Rica, donde su memoria sigue siendo muy respetada; y otro, Pedro, acompañó a Felipe II en 1554 a Inglaterra, cuando el monarca español se casó con María Tudor.

Los aparecidos

Por ese tiempo, a principios de marzo de 1536, también llegaron a México los pocos supervivientes de la fracasada empresa de Pánfilo de Narváez en las costas de Florida. Eran Cabeza de Vaca y sus tres compañeros. Los cuatro alcanzaron Culiacán después de atravesar, desde Florida, todo el sur de Texas y parte del actual estado norteamericano de Nuevo México siguiendo la costa del Golfo de México, como el propio Cabeza de Vaca reveló en el relato de sus andanzas que dedicó al rey Felipe II. Melchor Díaz, alcalde mayor de Culiacán, les dispensó una gran acogida antes de enviarlos a la ciudad de México, donde fueron recibidos por el virrey.

Los aparecidos informaron con detalle al virrey Mendoza de su largo y angustioso viaje, y le dijeron que habían escuchado hablar a los indios de ciudades ricas, con casas altas, situadas en alguno de los países que habían recorrido, aunque ellos no habían podido verlas. El virrey, impresionado por estas historias, decidió enviar inmediatamente hacia el norte una reducida expedición que incluía al negro Esteban —Estebanico— y a tres frailes franciscanos deseosos de acción misionera: fray Marcos de Niza, fray Honorato y fray Antonio de Santa María, acompañados de un grupo de indios mexicanos cristianizados. Fray Marcos era natural de la provincia de Niza, que entonces formaba parte del ducado de Saboya, aliado de España. Debió de llegar a América hacia 1531 y recaló en México después de acompañar a Pizarro en Perú. Murió en 1558, baldado por el reumatismo, en un convento de la ciudad de México.

Los religiosos franciscanos de Nueva España, como el fraile Marcos, eran hombres movidos por un genuino afán evangelizador que contribuyeron mucho a ampliar los límites de la aventura americana. Su impaciencia misionera les hacía alentar continuamente nuevas empresas conquistadoras, pero no les estaba permitido actuar por su cuenta, ni viajar sin permiso del virrey y sin protección armada por territorio indio.

Mujeres y turquesas

Coronado se apresuró a tomar posesión de su cargo de gobernador para apoyar la exploración ordenada por Mendoza. El virrey buscaba confirmar los datos recogidos por Cabeza de Vaca sin recurrir a una costosa expedición militar en los desconocidos territorios del norte, cuando aún existían extensas zonas de Nueva España cuya conquista era precaria.

El pequeño grupo explorador enviado por Mendoza, cuyo verdadero objetivo era encontrar las míticas ciudades de «casas altas», partió de Culiacán en marzo de 1539. Pronto surgieron las desavenencias entre los frailes y Estebanico, ya que este parecía interesado, sobre todo, en engrosar su bolsa con piedras turquesas, abundantes en esa zona, y apoderarse de cuantas mujeres indias se ponían a su alcance, con las que llegó a formar una especie de gran harén nómada.

Para asombrar a los indios, Estebanico, ataviado con plumas y cascabeles, apelaba a sus conocimientos de curandero aprendidos en el largo peregrinaje con Cabeza de Vaca. Una estratagema que parecía servirle hasta que dejaba al descubierto sus verdaderas intenciones lucrativas, muy diferentes de las espirituales que motivaban a los frailes. Cuando Estebanico escuchó de algunos nativos que existía una magnífica ciudad llamada Cíbola, el antiguo esclavo berberisco decidió adelantarse a los religiosos e intentar descubrir por su cuenta, con unos cuantos hombres, el fabuloso lugar, pensando —como dice el cronista Castañeda— «ganar toda reputación y honra por su atrevimiento en descubrir aquellos poblados».

Con este afán, Estebanico se alejó tanto de los frailes que, cuando estos, tras caminar por tierras de la actual Arizona, llegaron a Chichilticalli, en los lindes del desierto, él estaba ya 80 leguas más lejos, con un gran botín de turquesas y mujeres que los propios indios le iban proporcionando, como afirma el cronista Pedro Castañeda. Pronto, su imprudente osadía y codicia le costarían caras.

Confiado en qué podía atravesar aquel territorio sin peligro, Estebanico llegó con sus hombres a la aldea india *zuñi* de Hawikuh donde le ofrecieron alojamiento. Recelosos, los indios le preguntaron durante tres días por las razones de su viaje. Él se anunció como adelantado de un gran señor de hombres blancos al que obedecían muchas naciones, pero sus respuestas no les convencieron. Como el negro insistía en exigir turquesas y mujeres, los indios consideraron que era un espía o enviado de alguna nación peligrosa y decidieron matarlo. Así lo hicieron, aunque dejando en libertad a casi todos los que iban con él, que emprendieron la vuelta a través del desierto y se encontraron con los frailes rezagados que iban camino de Cíbola. Cuando los indios supervivientes —dice Castañeda— contaron a los frailes lo que le había ocurrido a Estebanico, estos se asustaron y emprendieron el regreso a México a marchas forzadas, sin tener de Cíbola otra idea que lo los indígenas les habían contado. La apresurada vuelta debieron de hacerla por el valle de Sonora hasta San Miguel de Culiacán y Compostela.

Quizás para provocar el envío de una gran expedición militar, y a pesar de la escasa información real de que disponía, fray Marcos dijo haber visto con sus propios ojos Cíbola, y se inventó un relato fantástico en el que comparaba a esa ciudad con la de México, y aseguraba que sus gentes «tienen esmeraldas y otras joyas», y usaban vasijas de oro y plata, que eran más abundantes que en Perú. Todo esto hizo suponer a los españoles que tenían a mano la grandiosa riqueza de otro imperio inca. Para rematar su fábula, fray Marcos bautizó Cíbola como «el nuevo reino de San Francisco», y dijo haber descubierto las Siete Ciudades, la mayor de las cuales era Tontonteac, donde habitaban los indios *nopi*, una de las etnias más antiguas de Norteamérica, procedentes del norte de Arizona.

En el ánimo del virrey Mendoza y de los españoles de México, Cíbola se convirtió pronto en una palabra de resonancia mítica, al ser relacionada con el libro de caballerías *Amadís de Gaula*, publicado por primera vez en 1508. Según uno de los relatos incluidos en esa obra, siete obispos huyeron de España al producirse la invasión musulmana en el siglo VIII, y se llevaron consigo un fabuloso tesoro a tierras situadas allende los mares. Allí fundaron siete ciudades de casas doradas, decoradas con piedras preciosas, donde la gente comía en vajillas de oro, que los españoles de Nuevo México se apresuraron a identificar como las Siete Ciudades de Cíbola.

Las ciudades altas

Mientras tanto, Coronado emprendió una infructuosa exploración por una región llamada Topira, al norte de Culiacán, y a su regreso se entrevistó con fray Marcos y sus compañeros, quienes le repitieron lo que los indios habían contado de las «ciudades altas». Coronado, como antes Nuño de Guzmán, se sintió acicateado por descubrirlas y, sin pérdida de tiempo, marchó con el fraile Marcos a la ciudad de México para informar al virrey. Un viaje que alimentó los rumores sobre las fantásticas riquezas que esperaban en Cíbola y desató el entusiasmo por reunir una expedición armada.

Cuando fray Marcos llegó a la capital mexicana, hasta los púlpitos sirvieron de altavoz para proclamar las maravillas que esperaban a quienes tomaran parte en la empresa. El resultado fue que, en pocos días, se organizó una expedición de más de 300 españoles y unos 800 indios bajo el mando de Coronado, que fue nombrado capitán general por el virrey Mendoza, con quien en ese momento mantenía una fuerte amistad que luego se rompería.

Como maestres de campo de la fuerza española —dividida en seis compañías de caballería, una de infantería y otra de artillería— Coronado nombró a Pedro de Tovar, antiguo mayordomo y guardián de la reina Juana —Juana la Loca—, y a Lope de Samaniego, gobernador del arsenal de la ciudad de México. Los jefes de la caballería eran Tristán de Luna Arellano, Pedro de Guevara, el sargento García López de Cárdenas, y Rodrigo Maldonado —cuñado del duque del Infantado—. De jefe de la infantería iba el capitán burgalés Pablo de Melgosa, y de la artillería, Hernando de Alvarado.

Otros miembros distinguidos de la expedición fueron Francisco de Barrionuevo, caballero de Granada; Juan de Zaldívar, Francisco de Ovando, Juan Gallego, el capitán Melchor Díaz, Alonso Manrique de Lara, el aragonés Lope de Urrea, Gómez Suárez de Figueroa, Luis Ramírez de Vargas, Juan de Sotomayor y Francisco Gorbalán. El cronista Pedro Castañeda de Nájera, que tomó parte en la expedición, dijo que «en pocos días se juntaron más de trescientos españoles y ochocientos indios; y entre los españoles tantos hombres de tan gran calidad que dudo que en las Indias se haya juntado tan noble gente». También participaban algunas mujeres en la empresa, como Francisca de Hozes, esposa del zapatero Alonso Sánchez; María Maldonado, casada con el sastre Juan Paradinas; y la esposa mexicana de Lope Caballero. El grupo religioso lo integraban el imaginativo Marcos de Niza y otros tres franciscanos: fray Juan de Padilla, el capellán militar fray Antonio de Victoria y fray Luis de Escalona.

Aunque la expedición tenía el apoyo oficial de la Corona, fue financiada principalmente por el virrey Mendoza, que aportó 60 000 ducados, y por Vázquez de Coronado, que puso 50 000. Mientras se organizaban los preparativos el virrey envió un destacamento de quince hombres, al mando del capitán Melchor Díaz, para inspeccionar el terreno. El grupo salió de Culiacán el 17 de noviembre de 1539, y tras caminar unas cien leguas hacia el norte encontró en la frontera entre Sonora y Arizona a unos indios que decían haber vivido en Cíbola. Luego continuaron a la actual ciudad de Phoenix —Arizona— y siguieron la orilla del río Gila hasta que las fuertes nevadas y las abruptas montañas les obligaron a detener la marcha y montar un campamento para pasar el inverno. Al no tener noticias de este destacamento, en México se pensó que los indios lo habían aniquilado para proteger el secreto de las enormes riquezas de Cíbola, y eso aceleró los deseos de partir de los hombres de Coronado.

Por fin, el 23 de febrero de 1540, la expedición salió de Compostela, capital de Nueva Galicia, situada a unos 600 kilómetros de Ciudad México. Antes de emprender la marcha, el virrey pasó revista a las compañías y arengó a los hombres. Todos juraron sobre los Evangelios que seguirían a Coronado y obedecerían completamente sus órdenes. Mendoza acompañó a la expedición hasta los alrededores del lago Pátzcuaro, en Michoacán, y cuando la columna española dejó Culiacán llevaba en total unos 550 caballos y más de mil acémilas cargadas de provisiones y pertrechos.

El apoyo naval y la marcha por tierra

Una vez que la fuerza emprendió la marcha, el virrey ordenó a don Pedro de Alarcón que navegase desde el puerto de la Natividad, a lo largo de la costa del Pacífico, con dos barcos, el *San Pedro*, capitaneado por el propio Alarcón, y el *Santa Catalina*, al mando de Marcos Ruiz. Con ellos iba también Domingo Castillo, que había navegado con Ulloa por el mar de Cortés. Los dos barcos zarparon de Acapulco dos meses después de que Coronado partiera de Compostela, y a la altura de Culiacán otro barco, el *San Gabriel*, se añadió a la flotilla.

La misión de Alarcón era apoyar desde el mar la exploración terrestre y transportar el equipaje que los expedicionarios no pudieran acarrear. Esta carga se perdió en su mayor parte, ya que falló la comunicación entre las naves y las tropas. Aun así, Alarcón fondeó en la desembocadura del río de la Buena Guía, que los españoles remontaron en dos botes en agosto de 1540, hasta encontrarse con indios de la tribu *yuma*. Lo más probable es que llegaran hasta los alrededores de la actual ciudad de Yuma, en Arizona, en el lugar donde confluyen los ríos Gila y Colorado.

Tras duras jornadas de caminar, la expedición de Coronado llegó a Chiametla, donde permaneció unos días para procurarse comida. Para entonces, se produjeron enfrentamientos con los indios cuando Lope de Samaniego entró con un grupo de sus hombres en un poblado en busca de provisiones. Los indígenas, alarmados, mataron a flechazos a Samaniego y a unos cuantos de sus compañeros, y los expedicionarios se vengaron capturando a algunos indios y ahorcando a otros que parecían haber tomado parte en la refriega.

En Chiametla, se produjo el encuentro con la pequeña tropa de Melchor Díaz. El capitán describió Cíbola como un conjunto de pueblos hechos de piedra y adobe, habitado por indios que desconocían el oro, pero a esas alturas, nadie creyó que eso fuera verdad. Díaz se incorporó a la tropa de Coronado como jefe de exploradores. Desde Chiametla, la fuerza de Coronado llegó a Culiacán, donde fue bien acogida durante varios días. Luego, la expedición reemprendió la marcha, que entorpecía el acarreo del ganado, la excesiva carga de las acémilas y los más de mil auxiliares indígenas. Eso hizo que Coronado se adelantara con unos cincuenta jinetes, algunos soldados de a pie y treinta indios mexicanos, y dejara detrás al grueso del contingente, con los víveres y el ganado, al mando del capitán Arellano.

Coronado dejó Culiacán el 22 de abril de 1541, dos meses después de abandonar Compostela, y cuando Alarcón llegó a esa costa el general salmantino ya había reemprendido la marcha, por lo que no se encontraron. Mientras todo esto ocurría, un mensajero, el capitán Juan de Zaldívar, fue enviado para informar a Mendoza del negativo informe de Melchor Díaz. Después de reunirse con el virrey en Colima y trasmitirle las noticias de Díaz, Zaldívar partió de nuevo a Culiacán por mar, con orden de que el grueso de la expedición de Coronado se quedara en ese lugar, mientras un grupo se adelantaba a explorar la región del interior. Pero cuando el mensajero llegó a Culiacán, la vanguardia exploradora ya había partido, con lo que, sin saberlo, Coronado cumplía exactamente los deseos del virrey.

La avanzadilla de Coronado atravesó la inhóspita región que se extiende desde Culiacán hasta Chichilticalli, un lugar donde comenzaba el desierto, y a finales de mayo penetró en Arizona. Tras quince días de penoso caminar por tierra inhóspita, llegó a un río a unos 40 kilómetros de Cíbola, que llamaron Río Rojo por el color de sus aguas fangosas. Cuando por fin alcanzaron el poblado de Hawikuh, el 7 de julio de 1540, los expedicionarios quedaron decepcionados y maldijeron a fray Marcos por haberles engañado. Todo era falso. No había reinos ni ciudades ricas llenas de oro y plata. Hawikuh, que algunos identificaron con Cíbola, era una aldea de pocos habitantes y casas pequeñas, algo muy diferente de las maravillas que habían pensado hallar.

Se trataba de una modesta población de viviendas adosadas de arenisca y adobe, algunas colocadas encima de otras y con la entrada situada en el techo, al que se accedía con escaleras de mano. Para aumentar la frustración, los indios *zuñis* que la habitaban se resistieron a la ocupación y los españoles tuvieron que atacar el pueblo y ponerlos en fuga, pero durante el ataque Coronado estuvo a punto de perder la vida herido de una gran pedrada. Se salvó por la ayuda que recibió de López de Cárdenas y Hernando de Alvarado, que le protegieron con sus cuerpos y consiguieron arrastrarlo fuera del combate. Derrotados, la mayoría de los indios huyeron del poblado.

El cañón del Colorado

Aunque no encontraron oro ni plata, la toma de Hawikuh y otros poblados próximos, con sus almacenes repletos de maíz, permitió saciar el hambre de los expedicionarios. Tenaz en su intento de hallar las supuestas riquezas de Cíbola, Coronado envió desde el poblado de Zuñi pequeñas expediciones en varias direcciones del extenso y desconocido territorio. Una de ellas, mandada por Pedro de Tovar y compuesta por veintiún soldados y el fraile Juan de Padilla, se encaminó a Tusayán, en el país de los *hopis*, cuyos guerreros, armados de arcos y cachiporras de madera, ofrecieron una dura resistencia que obligó a los españoles a emplearse a fondo.

Los indios informaron a Tovar de un gran río —el Colorado— situado al oeste, y Vázquez de Coronado decidió enviar para localizarlo al sargento García López de Cárdenas con veinticinco soldados. El grupo consiguió guías *hopis* y emprendió la marcha hacia el noroeste hasta que, a unas veinte jornadas de andadura, apareció ante sus ojos el famoso cañón del Colorado. Un impresionante escenario natural de 290 kilómetros de largo que llega a alcanzar una profundidad de casi dos kilómetros y catorce de anchura máxima. Cárdenas y sus hombres intentaron descender por la garganta hasta alcanzar el río, pero no lo consiguieron y regresaron al campamento de Coronado para informar de su descubrimiento.

Desde Culiacán, Coronado envió a Melchor Díaz con un destacamento a Sonora para decir a Tristán de Arellano que llevase el resto del ejército más al norte, hasta los pueblos de los *zuñi*, que los españoles confundían con las Siete Ciudades de Cíbola. Estos dos grupos se volvieron a reunir y pasaron el invierno en Tiguex, cerca de la ciudad de Santa Fe, a orillas del río Bravo. En su recorrido, la fuerza de Arellano alcanzó con mucho esfuerzo una tierra que Cabeza de Vaca había bautizado Corazones, porque cuando pasó por ella los indios le habían ofrecido muchos corazones de venados para comer, y en ese lugar se fundó la ciudad de San Jerónimo de los Corazones, que no tardaría mucho en ser trasladada de sitio.

A mediados de octubre de 1540, los capitanes Melchor Díaz y Juan Gallego llegaron a Cíbola. Este último iba de vuelta a Nueva España con mensajes para el virrey, y Melchor Díaz se dirigía a Corazones, para hacerse cargo de la tropa que allí quedaba —unos 80 hombres— y marchar a lo largo de la costa al encuentro de los barcos de Alarcón.

Cuando Melchor Díaz y Juan Gallego alcanzaron Sonora, el pequeño ejército de Coronado se disponía a salir de Cíbola, donde solo quedó Tristán de Luna con los enfermos y los más débiles. Entre tanto, Díaz, con 25 hombres y algunos guías indios, prosiguió su camino hacia el mar y tras recorrer 150 leguas llegó a una región poblada por indios de gran estatura y extraordinaria fuerza, que vivían en cabañas construidas bajo tierra, con el techo a ras del suelo, y combatían el frío con tizones que llevaban en las manos. Por esa razón llamaron Tizón al río que surcaba esa tierra y desembocaba en el mar. Siguiendo su curso pudieron por fin hallar la costa, pero las naves de Alarcón, tras esperar en vano, ya habían partido. Solo encontraron un mensaje escrito en el tronco de un árbol: «Alarcón llegó a este lugar; hay cartas al pie de este árbol». En las cartas, el jefe de la expedición naval informaba de que se había visto obligado a regresar a Nueva España después de una inútil espera. Díaz recogió el mensaje y regresó a Zuñi.

La busca de Quivira

En la primavera de 1541, tras internarse hasta el cañón de Palo Duro, Texas, en busca de oro, Coronado dejó allí el grueso de sus hombres y continuó en pos de otro mito áureo, la ciudad de Quivira, que la calenturienta imaginación de aquellos soldados suponía repleta de riquezas. La ilusión surgió cuando Coronado encontró a un indio, al que por su aspecto llamaron el Turco, que le habló de un fabuloso país situado al noroeste conocido como Quivira. Con el Turco como guía, Coronado se lanzó en busca de la imaginaria tierra.

Tras varias semanas de dar vueltas en vano, y como la marcha se prolongaba más de lo previsto, Coronado descubrió que el Turco le engañaba y lo hizo ejecutar, pero siguió adelante con otros guías hasta llegar a un pequeño pueblo indio cerca del actual Lindsborg, en Kansas. De nuevo, la desilusión y el desánimo hicieron mella en Coronado y sus hombres, ya que los indios *quivira* de esa zona, más tarde conocidos como *wichita*, eran muy pobres y vivían en cabañas con techo de paja. En vista del fracaso, Coronado volvió a Tiguex, donde lo esperaba el grueso de sus tropas, y allí pasó el invierno de 1541.

La expedición que Coronado dejó atrás al mando de Arellano, cuando decidió adelantarse con su vanguardia, se dirigió primero desde Palo Duro a Tule Canyon, guiada por indios *teya*, buenos conocedores del territorio. A partir de allí, la ruta más probable pudo ser hacia el sudoeste, hasta llegar a la zona de los actuales Littlefield y Amherst, para cruzar el límite entre Texas y Nuevo México pasando por Melrose, Taiban y Fort Sumner, y alcanzar la orilla occidental del río Pecos —Cicuyé—, a la altura de Puerto de Luna, donde los españoles habían construido un puente.

En cuanto a Coronado y sus treinta compañeros, debieron de atravesar los lugares que hoy ocupan las localidades de Canyon, Amarillo, Fritch y Borger para entrar en Oklahoma y luego en Kansas. En la zona fronteriza entre Texas y Nuevo México, cuando la expedición marchaba hacia Palo Duro, cerca del río Canadian, Coronado y sus compañeros avistaron enormes manadas de «vacas salvajes» —bisontes—, y se encontraron con los indios *querechos*, una rama de apaches nómadas que seguían al ganado salvaje para subsistir. Poco después, cómo escasearan las provisiones, Coronado nombró maestre de campo a Diego López y lo envió a buscar un lugar llamado Haxa, donde el Turco había asegurado que hallarían provisiones. López, tras perder tres caballos en una estampida de bisontes, no encontró otra cosa que llanuras inmensas en las que algún soldado que se aventuró a salir de caza se perdió para siempre.

Acoma y la exploración de Alvarado

De la expedición principal de Coronado se desgajaron otras que llevaron a cabo hallazgos sorprendentes. Una fue la ya mencionada del sargento Cárdenas, descubridor del Cañón del Colorado, y otra la de Hernando de Alvarado, que fue el primer europeo en atravesar un tramo de más de mil kilómetros de territorio norteamericano.

Cuenta el cronista Castañeda que cuando Coronado estaba en Hawikuh se reunió con un pequeño grupo de indios que procedían de la región del río

Pecos. A dos de ellos, que parecían los de más autoridad, los españoles les dieron el nombre de Cacique y Bigotes. Los indios le dieron nuevas sobre las tierras que había al este repletas de bisontes, y Coronado envió al capitán Hernando de Alvarado a explorar esos lugares con Bigotes y Cacique como guías, el sacerdote Juan de Padilla y un grupo de jinetes. Les dio un plazo de 80 días para llevar a cabo la exploración.

Alvarado partió el 29 de agosto de 1540 y se dirigió a un lugar que fray Marcos de Niza había llamado «el reino de Hacus», conocido por Ahko o Acoma por los indios. Todavía existe en Nuevo México la vieja ciudad india de Acoma, en el lugar hoy llamado Sky City. Cuentan que cuando Hernando de Alvarado la contempló por primera vez pensó que había llegado, para su fortuna, a una ciudad bañada en oro, al observar el brillo causado por el reflejo del fuego de los hogares indios sobre el ocre terroso de las casas.

La primera vez que los españoles llegaron a Acoma iban casi hambrientos, y gracias a los buenos oficios de Bigotes, los indios les invitaron a visitar el sitio, y les ofrecieron pieles, maíz, turquesas y pavos. Acoma estaba habitado por unos indios del grupo *pueblo*, los *queres*, y era una fortaleza natural que durante siglos había servido de baluarte a sus moradores, construida sobre una alta cumbre aplanada que se elevaba más de cien metros sobre una amplia llanura. Estaba situada en el centro de un valle de seis kilómetros de ancho y bordeada de hendiduras y precipicios casi inaccesibles. Solo unas pocas y estrechas sendas talladas en la roca conducían a la cima. Alvarado la describió como inexpugnable, y continuó siéndolo hasta que, como veremos, la asaltó un grupo de soldados de la expedición de Juan de Oñate, al mando de Vicente de Zaldívar, en 1599, tras una titánica lucha cuerpo a cuerpo con los guerreros indios, casa por casa, en lo alto del risco.

El grupo de Alvarado prosiguió su camino y tras pasar por la zona de Laguna Pueblo llegó al Río Grande, que llamaron río de Nuestra Señora. Los expedicionarios acamparon en la zona de la actual Albuquerque, en la provincia que denominaron Tiguex, palabra derivada del nombre de los indios *tigua* o *tewa*, habitantes del lugar que hoy ocupa Bernalillo. Eran indios pacíficos, que Alvarado calificó de «buena gente, más dedicados a la agricultura que a la guerra». La expedición siguió el Río Grande hacia el norte hasta alcanzar el pueblo de Taos, y luego regresó hacia Tiguex y siguió hacia Cicuyé, donde también fueron acogidos amistosamente por los indios que procedían de las grandes praderas del noreste. En este recorrido, Alvarado y sus hombres cruzaron el río Pecos y se maravillaron al encontrarse con las interminables manadas de bisontes. «Hay tales cantidades de ganado —relató un participante de la expedición— que no sé con qué compararlo, excepto con los peces en el mar... Había tantas cabezas que en muchas ocasiones cuando empezábamos a pasar a través de ellas buscando ir al otro lado no éramos capaces... La carne de los bisontes es tan buena como la del ganado de Castilla, y algunos dicen que incluso mejor...».

Durante este recorrido por tierras de Texas, fue cuando el Turco, que entonces hacía de guía, comenzó a calentarle los cascos a Alvarado con las riquezas de Quivira. Lo que pretendía el indio era que el capitán, guiado por el afán de hallar tesoros, torciera el rumbo y le permitiera regresar a su tierra. Las mentiras y fantasías que el Turco le relató hicieron mella en Alvarado, que decidió regresar a informar a Coronado de tanta riqueza en ciernes. Pero antes pasó por Cicuyé, para recoger a dos caciques indios que, según el Turco, habían visto el oro de Quivira. Como ambos jefes indígenas se negaron a acompañarle para ir a ver a Coronado y contarle lo que supuestamente sabían, Alvarado se los llevó prisioneros y encadenados. Eso solivianto mucho a los indios del territorio, que trocaron su anterior generosidad en odio.

Cuando Vázquez de Coronado supo lo sucedido decidió mejorar la relación con los nativos descontentos para no tener problemas en su marcha hacia Quivira, y con ese fin se encaminó a Cicuyé, al tiempo que enviaba emisarios con semejante propósito a otros pueblos indios al oeste de Río Grande. Los indios de esas tierras eran *apaches* nómadas llaneros que seguían a las manadas de bisontes, vivían pobremente en tiendas de piel y empleaban perros para transportar sus escasos enseres.

El 23 de abril de 1541, Vázquez de Coronado, con una parte de su ejército, emprendió la marcha a Quivira llevando como prisionero a Bigotes y de guía al Turco, quien decía ser oriundo de dicho lugar. Al pasar de nuevo por Cicuyé, puso en libertad a los dos caciques apresados en lo que se llamó Pecos Pueblo: un lugar amurallado, con casas de cuatro plantas a las que se accedía con escaleras y habitado por unos dos mil indios.

Sobre el modo de construir de los nativos, el cronista Castañeda de Nájera dejó escrito que todos trabajaban juntos para edificar las aldeas, estando las mujeres a cargo de hacer la mezcla y las paredes, mientras que los hombres traían y colocaban la madera. «No tienen cal —añade— pero preparan una mezcla con cenizas, rescoldos y tierra que es casi tan buena como si fuera mortero, porque cuando construyen una casa de más de cuatro pisos no hacen las paredes con más de media yarda de grueso. Colocan una gran pila de ramas pequeñas y pasto y le prenden fuego, y cuando están medio quemadas cenizas y brasas, echan una cantidad de tierra y agua y lo mezclan todo junto. Con esto hacen bolas redondas que usan en lugar de piedras cuando se secan, fijándolas con la misma mezcla que viene a ser como barro endurecido».

Los españoles construyeron luego en ese sitio dos misiones en los siglos XVII y XVIII, pero las enfermedades, las penurias y los ataques comanches impidieron su desarrollo. En 1838, diecisiete habitantes de Pecos se trasladaron a Jemez Pueblo, donde todavía hoy viven sus descendientes.

En el cañón de Palo Duro —actual Palo Duro Canyon—, bautizado también por los españoles como la Gran Barranca y situado cerca de Amarillo, en Texas, se dividió la expedición de Coronado el 26 de mayo de 1541. El salmantino, con 30 jinetes, atravesó el río Arkansas, se internó hacia el noroeste de Kansas en busca de Quivira y envió de regreso a Tiguex al grueso de la columna, que había quedado muy quebrantada por una gran tormenta huracanada de granizo. La mayoría de los que regresaron a Tiguex lo hicieron a disgusto, pues preferían morir con su general que volver atrás. En ese lugar los españoles se encontraron con los indios *teya*s, conocidos luego en Nuevo México y Texas como *juamanos*. Los *teyas* advirtieron a Coronado que Quivira no era una tierra rica, en contra de los informes que recibía del Turco, quien terminó admitiendo su engañoso proceder para extraviar a los españoles, por lo que, como ya se ha dicho, fue encadenado y posteriormente ejecutado a garrote.

En una carta enviada al rey de España, Coronado explicó así la decisión de adelantarse a la mayor parte de su gente: «En vista de las diferentes opiniones entre los indios con respecto a Quivira, y también porque mucha gente, incluyendo mujeres y niños, que me acompaña, no ha comido nada excepto carne durante varios días, he decidido ir hacia delante con treinta jinetes y encontrar ese país, examinarlo, y darle un fiel informe de lo que allí haya».

La guerra de Tiguex

Aconsejado por Alvarado, Coronado llegó hasta la zona de la actual ciudad de Bernalillo, en momentos en los que la expedición se encontraba repartida por una extensa región. Mientras el capitán general estaba aún en Cíbola, con la vanguardia que le había seguido desde Culiacán, Alvarado exploraba el alto valle del Río Grande al este de Nuevo México, Díaz iba camino del río Colorado en busca de Alarcón y otra parte de la expedición permanecía en Sonora. Antes de partir de Hawikuh, Coronado ordenó adelantarse al sargento Cárdenas para que buscase un sitio apropiado donde establecer el campamento de invierno. No sin protestas de los indios de Tiguex, Cárdenas les pidió que desalojaran uno de sus pueblos, Alcanfor, para que los españoles lo ocupasen, y al poco llegó Alvarado con los cautivos de Cicuyé.

A finales de noviembre de 1540, Coronado marchó hacia Tiguex, y allí se le unió Alvarado para darle cuenta de su exploración por tierras al este de Río Grande y presentarle al mencionado Turco, el indio cautivo, que seguía relatando maravillas de una tierra situada al norte en la que había peces tan grandes como caballos y en los árboles colgaban cascabeles de oro. Todo aquello reforzó todavía más la calenturienta ambición de Coronado y el resto de los expedicionarios.

Deseosos de hacerse con tan extraordinarios tesoros, los españoles estaban inquietos mientras preparaban el campamento en Alcanfor. La relación con los nativos se tensó cuando un español abusó de una mujer india en un pueblo cercano. López de Cárdenas intentó castigarlo, pero el violador era Juan de Villegas, hermano de un alto funcionario en México, y consiguió eludir el escarmiento con gran disgusto de los indios. También contribuyó a deteriorar la situación que los españoles arrebatasen a los indios ropas de abrigo para hacer frente al duro invierno. Finalmente, los nativos se rebelaron y cercaron un pueblo llamado Arenal —cuya ubicación exacta se desconoce—, donde mataron muchos caballos de los españoles. Coronado, sabiendo que no podía dejar a su espalda pueblos indios sublevados, envió entonces a Cárdenas al asalto de Arenal con una tropa de infantería, indios aliados y sesenta jinetes.

El sangriento combate se dio a finales de diciembre de 1540, con frío y nieve. Los arcabuces y ballestas españolas se impusieron a las flechas indias, pero los nativos supervivientes se atrincheraron en el interior de las casas y los hombres de Cárdenas los obligaron a salir con humo y fuego. El resultado fue una cruel carnicería que se prolongó cuando más de cien prisioneros indios fueron llevados atados a las afueras del poblado y quemados vivos.

Concluida la batalla, Cárdenas regresó a Alcanfor, pero la dura represión española en Arenal no calmó a los indios, y estos se hicieron fuertes en el pueblo de Moho, al norte de Alcanfor. Ante la situación, el propio Coronado encabezó el ataque a Moho, defendido con fuertes empalizadas. Los españoles fueron rechazados y tuvieron más de cien bajas entre muertos y heridos. Un nuevo ataque, el 20 de febrero de 1541, también fracasó, pero los de Coronado apretaron el cerco a Moho confiando en que los sitiados acabaran siendo derrotados por hambre y sed. Una táctica que terminó produciendo los resultados previstos cuando, a finales de marzo, los indios intentaron romper el asedio de noche y a la desesperada tras matar a los centinelas españoles. Solo unos pocos de los sitiados consiguieron llegar hasta Río Grande y escapar con vida.

Después de esto, desanimado y confuso, Coronado y el grueso de su tropa terminaron volviendo a Tiguex, y poco después de este regreso, la buena estrella de Coronado se apagó definitivamente. Cerca de Alcanfor sufrió una caída del caballo que puso en grave riesgo su vida, tal como le predijeron en Salamanca. A partir de entonces, la salud del general español quedó muy quebrantada, lo que unido a la decepción de no haber encontrado riqueza alguna en su extraordinario recorrido, le movió a abandonar el proyecto de colonizar a fondo lo que hoy es el sur de Estados Unidos, sin esperar siquiera el permiso del virrey. No es de extrañar que al regresar a la ciudad de México en el verano de 1542, este le reprochara su actuación y fuera sometido a juicio por la mala gestión de su ejército y por las crueldades cometidas contra los pueblos nativos.

El retorno

Coronado regresó a Ciudad de México en 1542 por la misma ruta que había seguido en la ida. Solo cien de sus hombres regresaron con él, sin que aparentemente la aventura consiguiera resultado alguno, por lo cual no es de extrañar que el virrey lo recibiera con frialdad y le iniciara un proceso por haber abandonado la expedición que tenía a su cargo. A pesar de esto, Coronado continuó como Gobernador de Nueva Galicia hasta 1544, y después se retiró a la ciudad de México donde —depuesto de sus cargos oficiales— murió el 22 de septiembre de 1554. Sus restos fueron enterrados en la antigua iglesia de Santo Domingo de la capital mexicana, destruida por una inundación, y hoy se dan por desaparecidos.

Los logros de la expedición de Coronado no hay que medirlos por el oro y la plata obtenidos, sino por ser la primera incursión prolongada del hombre blanco en el oeste de Estados Unidos, y por la extraordinaria aportación de datos sobre un territorio y sus habitantes de los que nada se sabía en Europa. Uno de estos hallazgos fue la divisoria continental de las aguas de los ríos que van al Atlántico o al Pacífico, lo que en inglés se conoce como *Great Divide*. De ello dejó constancia el cronista de la expedición, Juan Jaramillo, quien escribió que tras cruzar una divisoria, al este de Zuñi, «todos los cauces que hemos encontrado hasta Cíbola, y quizá también aquellos que se encuentran uno o dos días más allá, fluyen hacia el Mar del Sur —océano Pacífico— y aquellos que están más lejos lo hacen hacia el mar del Norte —Atlántico—».

El historiador norteamericano Bolton subrayó también que fue Coronado el primero en adquirir un conocimiento certero de la anchura del continente, ya que los mapas europeos de la época mostraban una Norteamérica muy estrecha hacia el sur, y se pensaba que los océanos estaban muy próximos al norte de México. La expedición recorrió más de 6000 kilómetros de territorio norteamericano por tierras nunca pisadas antes por ningún europeo, preparó la ruta para nuevas expediciones y abrió la puerta a la colonización hispana del sudoeste de Estados Unidos.

Aunque todavía no se han encontrado pruebas definitivas, algunos historiadores afirman que Coronado dejó en 1540 algunos colonos en lo que hoy es Bernalillo, con lo que esta ciudad sería la primera fundada por los españoles en Estados Unidos, veinticinco años antes de que lo fuera San Agustín, en Florida, que ahora es considerada oficialmente la más antigua.

Pese a todas las posibilidades que la gran marcha de Vázquez Coronado dejaba abiertas para afianzar la presencia hispana en el centro y oeste de Norteamérica, la expedición se consideró un fracaso. Las quiméricas ciudades rebosantes de oro nunca aparecieron. Los españoles de la famosa marcha, tras recorrer miles de kilómetros, apenas vieron otra cosa que territorio inhóspito y tribus de indios en general poco amistosas. Su desilusión era comprensible, pero aun así, la penetración, aunque tardó años en reanudarse, no se detendría.

1.5. Pacificadores, no conquistadores

En los años sesenta del siglo xvi la colonización española en México, estimulada por las minas de plata que se explotaban con gran éxito, se había asentado sólidamente en la región de Chihuahua. En 1567 se fundó Santa Bárbara, que situada en uno de los tributarios del río Conchos se convirtió por su situación de forma inmediata en la base principal de cualquier intento explorador hacia Nuevo México. Sin embargo, las primeras exploraciones que fueron enviadas a esa región supondrían un cambio notable: irían encabezadas por religiosos y no por aventureros guerreros.

Para entonces en España estaba triunfando la idea de que cualquier expansión futura del territorio bajo la autoridad del rey debía ser dirigida por representantes de la iglesia, pues debía imponerse la fuerza de la cruz y no de la espada. En consecuencia, el 13 de julio de 1573, en el bosque de Segovia, el rey Felipe II promulgó las *Ordenanzas de descubrimientos, nueva población y pacificación de las Indias*.

Estas ordenanzas se promulgaron por varias razones, la más importante era la insuficiencia de las instrucciones y leyes antiguas para resolver los problemas que planteaba la colonización del Nuevo Mundo. También respondían a un momento histórico en el que, una vez superados los problemas derivados del descubrimiento y conquista, era precisa una legislación que armonizase las soluciones contrapuestas que enfrentaban en Europa a teólogos y juristas. Una vez aclarado en la década de 1530 que los indios eran humanos y por lo tanto tenían alma, era preciso convertirlos a la verdadera fe, pero conjugando de forma equilibrada las posiciones de los partidarios de la conquista violenta y los defensores de la penetración pacífica y exclusivamente evangelizadora.

Esto se consiguió con una minuciosa reglamentación y con la inclusión del término «pacificación» como contraposición al de «conquista», lo que en la realidad supuso un gran avance político por parte de la Corona de España, que sin embargo no logró —pues obviamente era casi imposible— eliminar de las mentes de quienes marcaban la punta de lanza de la conquista las motivaciones básicas que empujaban sus acciones y que, en ocasiones, les llevaban a realizar las más asombrosas hazañas por obtener riquezas, poder y gloria, y conseguir así título de hidalgo o de nobleza, encomiendas y tierras.

Tampoco conviene olvidar que, en cierta manera, la conquista de América fue una continuación de la Reconquista, con todo lo que significaba desde el punto de vista de la mentalidad de la época, lo que hace aun más valiosas unas normas que buscaban el final de las invasiones violentas y su sustitución por una colonización pacífica. Algo importante, porque ninguna nación europea tiene en su haber un logro semejante[10].

Nueva Galicia, las exploraciones de Agustín Rodríguez y Francisco Sánchez

En 1581, Agustín Rodríguez, un fraile franciscano, y dos misioneros más, Juan de Santa María y Francisco López, partieron desde México en dirección al norte. Rodríguez había conseguido una autorización del virrey para tantear las posibilidades de colonización y expansión que ofrecía el desconocido y amplio territorio de Nuevo México. Llevaba 600 cabezas de ganado y 90 caballos, y como porteadores a 99 indios cristianizados. La escolta armada de ocho jinetes la dirigía Francisco Sánchez, un capitán que iba a pasar a la historia por el mote que le dieron los soldados a causa de su llameante barba roja: Chamuscado.

Una vez en marcha, los expedicionarios descendieron el río Conchos hasta llegar al Río Grande y entraron en contacto con los *cabris*, tribu india que les causó una excelente impresión, pues les dieron alojamiento y comida.

Tras atravesar el Río Grande en La Junta de los Ríos, visitaron las aldeas de los *jumanos* cerca del actual Presidio y siguiendo hacia el norte llegaron hasta El Paso y entraron, ya en agosto, en territorio de los indios *piro* y *tigua*, todos ellos del grupo *pueblo*. Allí realizaron una toma formal de posesión del territorio en nombre del rey de España con el nombre de «Reino de San Felipe». Desde este punto como base central, realizaron exploraciones durante un año en todas direcciones, llegando a territorios en los que no había penetrado ningún hombre blanco desde el viaje de Vázquez de Coronado cuarenta años antes.

Luego subieron por lo que sería el Camino Real de Tierra Adentro y llegaron hasta Taos, ya muy al norte, desde donde se adentraron en las Grandes Llanuras. El padre Santa María, que se había separado de la expedición y había partido por su cuenta en dirección a México, nunca llegó, pues sufrió martirio a manos de los indios en septiembre de 1581, aunque los expedicionarios no conocieron de su terrible destino hasta casi un año después.

---

[10] En demasiadas ocasiones los españoles sufren la ira de los descendientes de los indios de América, más o menos mestizados, que en los últimos años repercuten en los españoles el odio que tienen a las clases criollas que dirigen sus países —y no desde ayer, sino desde hace ya 200 años—. En parte tienen razón, pero olvidan con frecuencia que ese rechazo no se manifiesta en las naciones colonizadas por los británicos, pues allí las voces discordantes solo pueden ser las de los fantasmas de los pueblos indios exterminados.

A comienzos de 1582 Chamuscado y sus hombres discutieron sobre si era ya hora de regresar a Santa Bárbara para informar al virrey de lo descubierto, pero dos de los franciscanos, fray Rodríguez y fray López, decidieron quedarse entre los indios. Pensaban fundar una misión en Puaray —al sur de Bernalillo—, ignorando las advertencias del capitán, que lo consideraba muy arriesgado. Al no lograr convencerles emprendió la vuelta con sus hombres, que regresaron al punto de partida el 15 de abril de 1582, tras once meses de viaje, pero el capitán Sánchez no estaba entre ellos, pues murió de fiebres entre el 31 de enero y el 15 de abril de 1582 en un lugar llamado El Xacal, cerca de Julimes —Chihuahua—.

La expedición de Rodríguez y Chamuscado no puede catalogarse como un éxito rotundo, pero tuvo interesantes consecuencias. Por un lado, demostró que un pequeño grupo podía alcanzar los más remotos lugares del desconocido territorio del norte y regresar sin daño. Por otro, evidenció que era muy alto el riesgo de dejar a misioneros solos entre los indios de Nuevo México, lo que no impidió que en los años siguientes un número notable de aventureros decidiesen probar suerte al norte del Río Grande. Al principio ocultaron sus intenciones participando en expediciones legales y autorizadas por el virrey, pero más adelante actuaron por su cuenta sin autorización oficial.

La primera de estas expediciones fue la liderada por Antonio de Espejo y tendría una gran importancia indirecta, pues sus fantasías sobre riquezas sin cuento estimularían las ambiciones de hombres como Castaño de Sousa y Leyva de Bonilla, que tomarían el testigo y proseguirían explorando las tierras de Nuevo México, Texas y otros lugares en pos de su sueño de riqueza.

Antonio de Espejo y la Nueva Andalucía

Como ocurría siempre, la difusión de las noticias de la expedición de Rodríguez y Chamuscado disparó la imaginación de todos los ambiciosos buscadores de riqueza rápida en Nueva España que creían posible igualar los éxitos de Cortés o Pizarro. Para uno de ellos, llamado Antonio de Espejo, la oportunidad se la dio el temor que había en Santa Bárbara por la suerte que podían haber corrido los padres Rodríguez y López en su empeño de fundar una misión.

En Santa Bárbara vivía un padre franciscano, llamado Bernardino Beltrán, que insistía en que era necesaria una expedición de rescate que se dirigiese de inmediato a la región en la que suponía debían de seguir los dos misioneros, de los que no se había vuelto a saber nada. También se encontraba en Santa Bárbara el cordobés Antonio de Espejo, que había llegado a México en 1571 con el arzobispo Moya y Contreras. Hacia 1580 se sabe que tenía varios ranchos dedicados a la cría de ganado vacuno en Querétaro y Celaya, pero, implicado en el asesinato de uno de sus sirvientes, fue condenado a satisfacer una alta indemnización y para evadir el pago marchó a la frontera, a Nueva Vizcaya, donde se encontró con los componentes de la expedición de Chamuscado, y decidió aprovechar la oportunidad. Espejo se ofreció al padre Beltrán para acompañarle en una expedición que incluso estaba dispuesto a escoltar y financiar de su bolsillo, dotándola de 14 hombres armados y sus servidores, 114 caballos y mulas, armas, municiones y provisiones para varios meses de viaje.

Beltrán aceptó, y el grupo partió, con todas las autorizaciones precisas, el 10 de noviembre de 1582. Siguieron la ruta de la expedición anterior y al llegar al Río Grande, Espejo lo rebautizó como Río del Norte, y al territorio como Nueva Andalucía. En tierras de los *jumanos* tuvieron noticia del paso años atrás de cuatro hombres extraños, tres blancos y un negro —se trataba de Cabeza de Vaca y sus compañeros—. Marcharon luego a El Paso, atravesaron el territorio de los indios manso y suma en enero de 1583, y continuaron hacia el territorio de los indios *pueblo* donde por fin supieron del horrible final de Rodríguez y López, que habían sido brutalmente asesinados.

A partir de ese momento quedó claro lo que buscaba cada uno de los dos responsables de la expedición. En tanto que fray Beltrán entendía que había que regresar, pues se había cumplido el objetivo de la empresa, que era averiguar la suerte de dos misioneros desaparecidos, Espejo quería algo más. No estaba dispuesto a desperdiciar la inversión que había realizado e insistió en localizar un lago de oro del que había oído hablar a los indios, quienes hacía ya tiempo habían descubierto que la mejor forma de quitarse de encima a los españoles era contarles alguna historia de riquezas lejanas por disparatada que fuese, ya que eso estimulaba su codicia, y rápidamente partían en su busca.

Por lo tanto, en marzo de 1583 fray Beltrán retornó a Santa Bárbara, mientras Espejo, enfermo de ambición y dispuesto a creerse cualquier cosa que le contaran, decidió continuar la exploración entrando por Acoma y el territorio *zuñi*, en al actual Arizona. En junio, siguiendo en dirección oeste, llegó otra vez al valle del Pecos y el 22 estaba de nuevo en la confluencia del Conchos con el Río Grande, regresando a San Bartolomé el 10 de septiembre de 1583, tras diez meses de ausencia.

En su informe, Espejo, que quería volver a contar con el favor de la administración virreinal, pensó que lo mejor era exagerar algo las cosas, aunque la verdad es que se excedió e incluyó en su informe un montón de historias acerca de ricas minas de plata, ciudades y nativos de alto nivel cultural. Con su testimonio y su experiencia en la región confiaba en que el virrey le concediese la autorización preceptiva para llevar adelante la gran expedición colonizadora de Nuevo México, pero se le denegó. Sin resignarse, siguió intentado que se le asignara el mando de la expedición y marchó a España dispuesto a defender sus derechos, pero no lo logró, pues falleció en La Habana en 1585.

Los ilegales Castaño y Leyva. Españoles en Kansas

Como ocurrió con frecuencia hasta comienzos del siglo XVII, cada nueva expedición, aunque fracasase, era seguida por todo tipo de rumores y especulaciones acerca de la posibilidad de encontrar nuevas riquezas.

Una de estas expediciones, no autorizadas, fue la de Gaspar Castaño de Sousa —o Sosa—, que había nacido en Portugal, pero sirvió a España igual que muchos de sus compatriotas a lo largo del siglo XVI. En 1580 Castaño se asoció a Luis de Carvajal y de la Cueva, que le nombró alcalde mayor de la villa de San Luis —hoy Monterrey, Nuevo León— y tras el arresto de Carvajal por pesquisas de la Inquisición, se hizo cargo también de la villa de Almadén —hoy Monclova—. En julio de 1597 el portugués estaba ya cansado de ver que las esperanzas depositadas en la zona minera en la que residía no estaban a la altura de lo esperado, y trató de convencer a sus habitantes para intentar una expedición al norte en busca de un lugar con más futuro.

Cómo no había forma de persuadir a los pobladores de Almadén para unirse a la expedición, les mostró una piedra que, según afirmaba, al contacto con el agua se transformaba en plata. A pesar de que no hizo ninguna muestra práctica de cómo funcionaba la piedra «mágica», que decía le había regalado un indio del norte, Castaño logró equipar una expedición de 170 hombres, mujeres y niños, con los que, bajo la guía de un indio llamado Miguel, partió en 1590 rumbo al norte y atravesó el Río Grande.

Valiente, enérgico y dotado de una gran imaginación, Castaño iba sin la autorización del virrey, marqués de Villamanrique, ni de la Casa de Contratación de Sevilla. La única formalidad que llevó a cabo fue enviar una carta a Ciudad de México, dirigida al virrey, en la que manifestaba con total descaro sus intenciones.

Marchando hacia el Norte, los expedicionarios llegaron al Pecos, ya en territorio de los indios Pueblo, donde fundaron un pequeño establecimiento al que bautizaron Santo Domingo, casi donde hoy está situada la actual ciudad de Albuquerque. Habían entrado en Nuevo México sin autorización de la Corona Española, lo que constituía un delito, pero a Castaño no le preocupaba. Como todo el mundo en Nueva España sabía de los proyectos de colonización de Nuevo México, y estaba convencido de que sería perdonado, y hasta premiado, cuando se supiese en Ciudad de México y en España que había sido capaz de establecer una colonia al norte del Río Grande.

Sin embargo, para su desgracia, a la falta de autorización expedicionaria se sumó otro hecho realmente sorprendente. Tras el arresto de Carvajal por judaizante, en México se creyó que la expedición de Castaño no era otra cosa que un intento de escapar a la Inquisición y se le consideró culpable por «asociación». Un destacamento de 20 jinetes al mando del capitán Juan Morlete fue enviado en su busca. Tras encontrar el asentamiento de Castaño, en el que los colonos estaban ya muy descontentos por no hallar la plata prometida, Morlete le envío de vuelta a México encadenado. Condenado a prisión en las Filipinas, Castaño apeló al Consejo de Indias y logró que su reputación fuese restablecida, pero por lo demás no tuvo fortuna. Aún seguía encadenado en un barco cuando fue asesinado en un motín de esclavos ocurrido en las lejanas Molucas.

El siguiente intento explorador «ilegal» correspondió a otro portugués, Francisco de Leyva y Bonilla. En 1594 el gobernador de Nueva Vizcaya, Diego de Velasco, lo envió al norte al mando de una expedición de castigo contra los indios que estaban atacando los ranchos y misiones de la frontera. Bonilla era un hombre duro e implacable y también muy ambicioso, y se convenció de que estaba ante la gran oportunidad de su vida. Decidió realizar un nuevo intento en Quivira, y con el pretexto de perseguir a los indios hostiles se dedicó a lo que más le interesaba: la búsqueda de oro en las llanuras que había más allá de Nuevo México. Bien pronto, una parte de sus hombres se dio cuenta de que su líder no parecía ir solamente tras los nativos y seis de ellos se negaron a acompañarle. Incluso uno de ellos, el capitán Pedro de Cazorla, llegó a advertirle de que podía ser perseguido por traición, pues la exploración de nuevas tierras y la búsqueda de riquezas no le habían sido autorizadas.

Haciendo oídos sordos, Leyva partió Río Grande arriba y alcanzó Bove —San Ildefonso— al norte de Santa Fe, donde estuvo un año entero intentando obtener información acerca de lugares que ocultasen grandes riquezas. Los indios, ya aburridos de su presencia, le dijeron que hallaría oro si se dirigía al noreste, por lo que, convencido de que había logrado sacarles una valiosa información, se dirigió, pasando por la gran ciudad *pueblo* de Cicuye, hacia las Grande Llanuras, y llegó al viejo campamento de Quivira. Tras atravesar el río Arkansas, Leyva y su grupo entraron en las inmensas praderas de hierba de Kansas llenas de bisontes, y vagaron sin rumbo por tierras desconocidas, a miles de kilómetros de las avanzadas españolas en México, sin encontrar el ansiado metal dorado.

De acuerdo con lo manifestado tiempo después por Jusepe Gutiérrez, un indio mexicano que iba en la expedición, Antonio Gutiérrez de Humaña, asesinó a Leyva con la complacencia de la mayor parte de los expedicionarios, asumiendo luego el mando de un grupo de hombres perdidos que ni sabían dónde estaban ni a dónde iban. Tras llegar a un gran río que posiblemente era el Platte, Jusepe y otros cinco indios más desertaron para intentar regresar a México. Cuatro de los indios desaparecieron, otro más murió asesinado, y el único superviviente, Jusepe, fue hecho prisionero por los apaches, entre quienes estuvo un año. Cuando oyó que había españoles al este de donde se encontraba —se trataba de las avanzadas en Nuevo México de Juan de Oñate—, escapó, y en territorio de los *picuris* se encontró con tropas españolas, a las que se ofreció como guía e intérprete.

Respecto a Humaña y sus hombres, siguieron su búsqueda enloquecida, y se especula que llegaron a alcanzar el Misisipi. Lo que sí llegó hasta Nuevo México fue el rumor de que hubo españoles en Quivira en el verano de 1601 —sin duda hombres de Humaña— y que todos ellos habían sido aniquilados en lo que en adelante se conocería como «La Matanza de las Grandes Llanuras».

SEGUNDA PARTE
LA FLORIDA

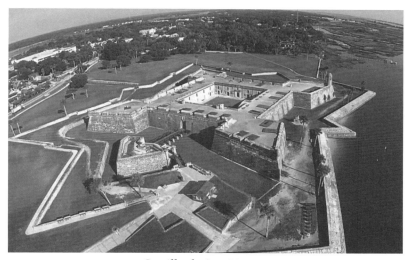

Castillo de San Marcos
San Agustín de la Florida

Levantado en la ciudad más antigua de los Estados Unidos, es una fortificación en estrella construida con conchas de coquina extraordinariamente resistentes. Edificado por trabajadores llegados de Cuba, el material necesario se trajo desde la isla de Anastasia, al otro lado de la bahía. En 1695, después de veintitrés años de arduo trabajo, la fortaleza quedó lista, y a pesar de sufrir constantes ataques y sitios, cuando España se la entregó a las tropas de los Estados Unidos en el verano de 1821, jamás había sido tomada por enemigo alguno.

«La ambición de los españoles, que les ha hecho acumular tantas tierras y mares, les hace pensar que nada les es inaccesible».

Philippe de Morlay, señor du Plessis Marly (1549-1623)

2.1. La tierra sin dueño

A MEDIADOS DEL SIGLO XVI, todos los intentos españoles de asentarse en Florida habían fracasado. Daba igual la competencia, habilidad y experiencia de los responsables de cada expedición. Los indios, los huracanes y los conflictos entre los exploradores y colonos habían transformado los intentos de asentamiento en un fiasco tras otro.

En Cuba y España se comenzaba a pensar que la península de Florida era un territorio maldito en el que no había forma de crear una colonia estable. Ahora se sabía, tras la pérdida de centenares de vidas y el gasto de grandes fortunas, que en Florida no había ninguna fuente de la eterna juventud, ni ciudades o reinos ricos y poderosos, ni tribus civilizadas y llenas de riqueza, ni oro, plata o mina alguna que explotar. Solo había pantanos, bosques oscuros y hombres y animales salvajes y peligrosos, pero en España, en México y en Cuba eran muchos los que consideraban necesario que la Corona Española, el poder dominante en Europa, se estableciese con firmeza en la península, pues había razones que seguían haciendo imperioso establecer posiciones duraderas en ese territorio.

La primera de estas razones era de índole estratégica y constituía el motivo más poderoso, pues la falta de control sobre las costas de Florida podía poner en riesgo la economía de todo el imperio. España necesitaba el oro y la plata de Nueva España y los buques que la llevaban desde México navegaban hacia Europa a través del denominado Paso de Bahamas, el brazo de mar que separa Cuba de los cayos de la Florida. Si una potencia extranjera lograba establecer una base en las costas de península, podía atacar con ventaja a los barcos de las flotas de Indias y amenazar a la propia Cuba. Además, incluso sin el asentamiento de una potencia enemiga, era inaceptable que corsarios o piratas usasen los cayos o las costas para guarecerse y asaltar a los galeones cargados de riquezas.

La otra razón era la conversión de los indígenas, a los que no se podía dejar abandonados. Es cierto que hoy en día este poderoso motor de la colonización y exploración española no se entiende bien, pero a mediados del siglo XVI seguía siendo una razón importante para intentar establecerse en un territorio que parecía resistirse a los españoles y rechazase a los europeos como si tuviera vida propia.

Los franceses en Florida

Tras la repatriación a Cuba por Ángel de Villafañe de los supervivientes de la expedición de Tristán de Luna en 1561, los últimos españoles que sobrevivían malamente en Florida la abandonaron. La península quedó libre de nuevo de europeos y durante los siguientes años los intentos de colonización, hasta el momento siempre fracasados, iban a ser protagonizados por una nación que no era España, lo que añadía por vez primera en la historia de América del Norte a un nuevo jugador destinado a tener una importante participación en el futuro del continente. Esa nación era Francia.

Vencida tras más de medio siglo de constante pugna con España en las batallas de San Quintín y Gravelinas (1558), Francia había aceptado por fin su derrota y se había avenido a firmar una paz duradera, Cateau-Cambrésis, castillo a unos 30 kilómetros de Cambrai, en el que se firmó el tratado del mismo nombre, fue el escenario de la tregua más importante en la Europa del siglo XVI, pues lo acordado se mantuvo vigente durante un siglo y consolidó a España como la potencia dominante en Europa, situación que aún se ampliaría en 1580 con la anexión de Portugal.

Para Francia, que pronto se vería envuelta en una serie de feroces guerras civiles que durarían hasta el reinado de Enrique IV, la paz era un duro revés que suponía el fracaso temporal de su oposición a la Casa de Habsburgo, seguida con obstinación y tenacidad desde 1494 cuando reinaba Luis XII. En ese mismo año había entrado en vigor el Tratado de Tordesillas, por el que las monarquías de Castilla y Portugal se dividieron —literalmente— el mundo en dos zonas de exclusividad o influencia. Francia no reaccionó en realidad hasta el reinado de Francisco I, ya en la segunda década del siglo XVI. Poco a poco el desarrollo del corso y la piratería en el Atlántico, durante las décadas de guerra intermitente entre las dos monarquías a lo largo del siglo, fue convirtiéndose en un problema cada vez mayor para España. Con las depredaciones de los barcos que venían de América, los franceses descubrieron que existían inmensas riquezas al otro lado del mar, y muy pronto —capturaron uno de los buques de Cortés cuando se dirigía a España— fueron conscientes de que América era un lugar en el que merecía la pena aventurarse y probar suerte.

Sin embargo, cuando se llegó al final de las guerras italianas en 1558, Francia había fracasado de forma absoluta en América. Sus marinos no habían sido capaces de amenazar seriamente la sólida posición de España, y ni siquiera se habían logrado establecer en alguna miserable isla. Además, en el tratado de Cateau-Cambrésis quedó claro que a Francia se le prohibía el establecimiento de colonias e incluso la navegación en las Indias. Para España, cualquier navegante francés en costas americanas era considerado pirata y se arriesgaba a ser ejecutado. Pese a todo, aún tras la firma de la paz, fueron muchos los marineros y corsarios franceses que siguieron hostigando a los navíos españoles en una guerra sorda y oscura que se mantuvo en el Atlántico durante décadas. A los pocos años de la firma de la paz, ya había hombres emprendedores en Francia dispuestos a vulnerar la prohibición y establecerse en las costas de América.

Durante los últimos años de la guerra entre España y Francia, el interés oficial del gobierno francés por América se incrementó. La difusión de trabajos como el de D'André Thevet *Les Singularitez de la France Antarctique*, convenció a importantes dignatarios de la Corte, como el almirante Coligny, de que era factible establecer una colonia en las costas de América del Norte. Poco a poco a poco, Francia fue dirigiendo sus ojos hacía un territorio al que se atribuían todas las virtudes y riquezas. Ese lugar era la *Terre Fleurie*, La Florida, donde debía comenzar la aventura colonial francesa.

El plan francés del almirante Coligny no era fácil de llevar a cabo. Las naves españolas estaban siempre vigilantes a los intentos de cualquier nación europea de establecerse en su mar americano, y existían elementos científicos y técnicos que estaban solo a disposición de la monarquía española, desde complejos mapas y datos cartográficos hasta cartas e informes de navegantes que habían recorrido metro a metro las costas de América. Además, había otro problema: ¿cómo evitar que los españoles, cuya red de informadores estaba muy bien implantada en Francia, averiguasen los planes de Coligny?

En el otoño de 1561, el embajador español en Londres obtuvo una relación muy detallada de los planes del militar galo, y en diciembre España presentó formalmente una queja ante la Corte de Carlos IX para detener el proyecto francés e impedir que la expedición se pusiese en marcha. Francia intentó defender su posición, aludiendo a las exploraciones de Giovanni da Verrazzano y de Jacques Cartier, y mientras se daban largas a los diplomáticos hispanos, la preparación de la expedición continuó.

Gaspar de Coligny era, además de un político influyente, el líder de la minoría protestante francesa (hugonotes) y había seleccionado muy bien a los hombres que debían encabezar la expedición, en especial a su responsable, el marino normando Jean Ribault, un hombre experimentado, buen conocedor del Atlántico y de las costas de América que, en febrero de 1562, llegó a la desembocadura del que bautizó como río de Mayo —hoy St. Johns River—. Ribault se desplazó luego algo más al norte, siempre a la búsqueda de un lugar idóneo, hasta alcanzar la isla de Parrish —Carolina del Sur—, donde dejó a 28 hombres con la misión de levantar un fuerte, al que se llamó Charlesfort en honor al rey de Francia.

Desde allí, Ribault retornó a Europa para conseguir los suministros, herramientas y materiales que precisaba la nueva colonia, pero en Inglaterra fue arrestado, debido a las complicaciones surgidas en Francia, donde los enfrentamientos religiosos se estaban transformando en una guerra abierta. Sin jefe, sin víveres ni elementos materiales necesarios para subsistir, los colonos franceses se enfrentaron a la hostilidad de los indios, lo que les hizo volver a Europa tras un año de estancia en América. Pero el retorno de los supervivientes fue espantoso, ya que solo tenían un miserable bote, en el que llegaron a comerse entre ellos antes de ser rescatados cerca de las islas británicas por un barco inglés.

Entre tanto, en Francia, René Goulaine de Laudonnière, que era el segundo en el mando de Ribault, decidió realizar un segundo intento. En 1562 envío otra expedición a tierras americanas compuesta por dos centenares de colonos con los que formar una colonia. El lugar que eligieron estaba en Florida —junto a la actual Jacksonville—, fue bautizado con el nombre de Fort Caroline y oficialmente fundado el 22 de junio de 1564. Los franceses tenían ahora un puesto en la costa norteamericana y parecía que esta vez el asentamiento iba a prosperar.

Bien pronto se vio que las cosas no iban a ser tan sencillas. Las lluvias incesantes, el aislamiento, el hambre y la hostilidad permanente de los indios de la región fueron desmoralizando a los colonos franceses, entre quienes comenzaron las primeras desavenencias, y por si fuera poco, los españoles descubrieron que había un fuerte francés en Florida, algo que no estaban dispuestos a consentir.

En Inglaterra, Ribault fue puesto en libertad y en junio de 1565 el almirante Coligny lo envío de nuevo a América, esta vez con una flota considerable y, lo más importante, con varios centenares de soldados y colonos con los que garantizar el control del asentamiento y defenderse de cualquier intento español de eliminarlo. Cuando arribó a Fort Caroline, la colonia francesa estaba en un estado lamentable, pero con los refuerzos se notó la recuperación y en unas semanas la viabilidad del asentamiento era un hecho.

Las noticias del establecimiento de colonos franceses en Florida habían sido recibidas con enorme alarma en España. Tras años de temer que ocurriese tal cosa, por fin había sucedido. Además, no solo se trataba de franceses que podían desde su nueva colonia amenazar a los galeones españoles y convertirse en una amenaza en el Paso de Bahamas, sino que estos eran calvinistas que podían extender la herejía en América, algo que no debía permitirse bajo ningún concepto. Para enconar el reto, hasta el momento todos los intentos de colonizar Florida habían salido mal y era inadmisible que los franceses triunfaran allí donde España había fracasado.

El responsable de asegurar de una vez por todas una base española en Florida se llamaba Pedro Menéndez de Avilés y era uno de los marinos más notables de la Corona española.

Pedro Menéndez de Avilés, el Adelantado de la Florida

El hombre a quien el destino reservaba el honor de establecer la primera colonia permanente en América del Norte era asturiano y había nacido en Avilés en 1519, en una importante familia de hidalgos adinerados, pero su pasión por la navegación le empujó ya de muy joven al mar. Durante el reinado de Carlos I actuó como corsario en el Atlántico, luchando contra los piratas y corsarios enemigos, principalmente franceses, que comenzaban a infestar las costas de España.

Con solo 14 años se alistó como grumete en una flota que actuaba contra el corso francés, y a los dos años de aventuras regresó a su casa, donde le comprometieron en matrimonio con una niña de 10 años, Ana María de Solís. Obviamente una boda entre niños no tenía mucho sentido, y al poco tiempo volvió a navegar. Como tenía medios económicos considerables, armó un barco en corso con 50 tripulantes, que a su mando —tenía solo 19 años— capturó dos barcos franceses, lo que le dio gran fama. Pero su primer gran momento de gloria fue la persecución en 1544 a los buques del corsario Jean Alphonse de Saintonge, que había capturado 18 naves vizcaínas y al que atacó cuando estaba ya en el puerto francés de La Rochelle. Tras recuperar cinco de ellas, abordó la nave capitana francesa y tras matar a Saintonge logró escapar del puerto con los navíos recuperados.

En 1552 Avilés ya había viajado a América varias veces, y en 1554 había limpiado el Cantábrico de enemigos. Próximo el fin de la guerra con Francia, acompañó a Felipe II a Inglaterra para su boda con la reina María Tudor. El rey español lo nombró capitán general de la Flota de Indias en 1556. Tenía 35 años y era ya considerado un gran marino. Destinado a Flandes, participó en las operaciones navales de la campaña contra Francia que culminaron en la batalla de San Quintín.

Tras esa guerra fue el responsable de una importante flota que traía oro y plata de México, en la que se perdió el galeón a bordo del cual iba su hijo, sin que el rey le autorizase a ir en su busca para intentar salvarle. Avilés fue detenido por orden de la Casa de Contratación de Sevilla, y estuvo en prisión dos años sin causas claras. Tras una apelación al monarca logró ser liberado y se le autorizó ir en busca de su vástago, pues el padre creía que había sobrevivido al naufragio y debía encontrarse en las costas de Florida. El monarca le puso como condición que financiase una expedición que por fin permitiese a España contar con un punto de apoyo y con una colonia estable en esa costa, y para que pudiera desarrollar su misión con garantías le nombró adelantado y gobernador de Florida.

En la preparación de la expedición Avilés se gastó la inmensa fortuna de 200 000 ducados de su patrimonio, y en julio de 1565 zarpó de Cádiz con una flota de 12 buques y más de un millar de soldados, colonos y religiosos, con los que debía fundar una colonia, protegerla y convertir a los nativos. Mientras armaba y equipaba los barcos, le llegó una noticia de la Corte. Se sabía de la presencia de un fuerte o establecimiento ilegal francés en el territorio de la Florida y Avilés tenía la misión de localizarlo y destruirlo.

Tras atravesar el Atlántico, los barcos de Menéndez Avilés se encontraron muy pronto con buques franceses en la costa norteamericana, y se produjo un enfrentamiento que quedó indeciso. Al comprobar que los enemigos buscados se encontraban en la Florida, la flota española se dirigió al sur, y Avilés y sus hombres desembarcaron el 28 de agosto de 1565. El adelantado tomó posesión del lugar en nombre del rey de España y allí mismo fundó San Agustín de la Florida.

Entretanto, los franceses no habían permanecido inactivos y Ribault, consciente de la amenaza, partió en persecución de los españoles con varios barcos. Una terrible tormenta desbarató sus naves, lo que les impidió cumplir su propósito. El hábil e inteligente marino asturiano sospechaba que si esos barcos estaban allí, era probable que el asentamiento francés estuviese peor defendido, por lo que dirigió a una parte escogida de sus hombres en una marcha terrestre de ataque.

Tras caminar durante cuatro días, ayudados y guiados por indios *saturiwa*s, avanzando por entre los bosques bajo intensas lluvias, sin ni siquiera poder sentarse en el suelo empapado y embarrado, y atravesando pantanos y ciénagas, la partida española llegó hasta Fort Caroline, cuyas defensas estaban preparadas contra los ataques desde el río y no desde tierra. La sorpresa francesa fue absoluta y el asalto español tuvo éxito. Todos los hombres del fuerte, unos 200, fueron ejecutados y se perdonó solo a las mujeres y a los niños, que eran medio centenar. Cualquier símbolo que recordase su origen francés fue borrado para siempre, y el fuerte se rebautizó como San Mateo. Una guarnición quedó a cargo del lugar en el que ya ondeaba la bandera de Castilla.

Poco después, los exploradores de Menéndez de Avilés, que estaban rastreando la costa en busca de las naves de Ribault, descubrieron que habían naufragado a causa de la tormenta, y los supervivientes estaban refugiados en una playa a solo 20 kilómetros al sur de San Agustín. Con 50 soldados, Menéndez de Avilés los sorprendió y les obligó a rendirse. El líder francés intentó comprar su libertad ofreciendo al Adelantado la suma de 300 000 ducados, más de lo que le había costado a Menéndez de Avilés toda la expedición fundadora de San Agustín, pero el implacable marino asturiano no aceptó y decretó la muerte de todos los prisioneros. El lugar pasó a denominarse Matanzas y en él, Menéndez de Avilés hizo colgar un cartel en el que decía «muertos no por franceses, sino por herejes».

Desde San Agustín, una vez eliminada la amenaza francesa, Pedro Menéndez de Avilés trabajó con intensidad durante más de un año para consolidar la nueva colonia. Primero decidió establecer un sistema de defensas que protegiese la nueva villa, por lo que edificó un fuerte en la propia San Agustín, al principio de madera, el fuerte de San Mateo; y un pequeño pueblo en Santa Elena, con el fuerte de San Felipe, situado más al norte, en la actual Carolina del Sur. Con estas bases en la costa se aseguraba la protección de la navegación en el Caribe, ya que los barcos españoles disponían de apoyos para rastrear el litoral a la búsqueda de cualquier presencia de otros europeos.

La labor planificadora de Menéndez de Avilés fue asombrosa, pues comprendió la importancia geopolítica del control de la América del Norte y sus inmensas riquezas, y entendió a la perfección que si se dominaba el territorio de lo que hoy es la Costa Este de los Estados Unidos, España tendría una ventaja estratégica decisiva que le permitiría asegurar su posición de potencia mundial. Para conseguirlo, advirtió que debían de instalarse puestos fortificados a lo largo del litoral desde Florida hasta Terranova. También proyectó el Camino Real que debía unir San Agustín con México, bordeando la costa del Golfo, y seguir hasta el Mar del Sur —el Pacífico—, asegurando de esta forma la ruta de la plata desde el Nuevo Mundo a España.

Avilés trabajó también intensamente en la labor de consolidar la colonia española de Florida, animando a los colonos e impulsando la labor misionera, que era muy difícil en un territorio poblado de indios hostiles que rechazaban la palabra del Evangelio y los bienes materiales que los religiosos les entregaban.

En 1568 Avilés regresó a España a pedir ayuda al rey, al serle negada esta por el gobernador de Cuba, para socorrer a los colonos de Florida. El monarca no solo escuchó su petición sino que le nombró gobernador de Cuba. Tras tomar posesión del cargo no olvidó a su querida Florida y marchó a

San Agustín para apoyar a sus colonos, lo que aprovechó para levantar la primera carta geográfica detallada del país y recorrer las costas hacia el norte de Georgia y Carolina del Sur. Una gran parte de su tiempo en los años siguientes estuvo dedicada a limpiar de corsarios y piratas el Paso de Bahamas, y en las postrimerías de su carrera fue llamado por el rey para hacerse cargo de la armada que se iba a enviar contra Inglaterra, pero falleció a su llegada a España en Santander.

Corsarios y piratas

La noticia de la masacre cometida por los hombres de Menéndez de Avilés no tardó en llegar a Francia, donde produjo lógico impacto. España sostuvo firmemente que los colonos de Florida eran piratas y merecían el final que habían tenido, pero incluso los más «duros» en la Corte española eran conscientes de que la severidad empleada por Menéndez de Avilés era impropia de una nación cristiana y civilizada.

Catalina de Médicis, regente del rey Carlos IX, convocó al embajador español y exigió un inmediato castigo al marino asturiano, aunque, por supuesto, no logró nada. La acción del adelantado había dejado atada Florida a España por los siguientes dos siglos y, salvo un periodo inglés de veinte años, la península americana se iba a convertir en el territorio de los actuales Estados Unidos en el que más tiempo ondeó la bandera española, y San Agustín en el centro de la hispanidad en Norteamérica.

Para los franceses la acción de Menéndez de Avilés había constituido una dura humillación que seguía a una nefasta serie de derrotas que duraba más de medio siglo, y eran muchos los que pensaban que había que devolver el golpe a los españoles, pero ni la reina regente ni nadie se atrevía a dar el paso. Todos los nobles de Francia soportaron en silencio y con amargura la situación. Todos menos uno, un caballero de una importante familia de Burdeos —nacido en 1530— que en un enfrentamiento con los españoles en Italia, cuando aún era joven, había sido capturado y condenado a remar en una galera española, de la que pasó a otra turca hasta que fue rescatado por los caballeros de Malta. Se llamaba Dominique de Gourgues y en los años que sirvió encadenado al banco como remero aprendió a sufrir y a odiar a España. Años después fue liberado, pero jamás olvidó su sufrimiento de galeote, y cuando tuvo noticia de los sucesos de Fort Caroline, decidió que era el momento propicio de vengarse.

Es más que probable, aunque no está demostrado, que Gourgues se hubiese convertido al protestantismo. Con el apoyo de otros amigos nobles, el francés se dedicó a preparar una incursión contra la Florida española con la que restablecer el honor de las armas francesas y recordar a los españoles que su país aún no había muerto. Para su ataque, además de con su fortuna y la de otros nobles, contó con el apoyo encubierto de la Corona gala.

Tras armar tres barcos, partió de Burdeos rumbo a América con 150 de hombres, de los cuales un centenar eran arcabuceros. Tras alcanzar el río San Juan, se dirigió al antiguo asentamiento francés, ahora llamado fuerte San Mateo, y consiguió la ayuda de los indios *saturiwas*, los mismos que habían apoyado a Menéndez de Avilés contra Ribault y que no soportaban ahora el comportamiento de los españoles.

Desembarcó con su ayuda y tras avanzar en silencio y con sigilo por los bosques sorprendió a la guarnición española —casi 300 hombres— a la hora de la cena. Tras acabar con los centinelas, capturó a todos los que pudo con vida, para ejecutarlos con frialdad, declarando que los mataba «no por españoles sino por traidores, ladrones y asesinos». A continuación, destruyó el establecimiento español hasta sus cimientos y regresó a Francia el 3 de mayo de 1568. A su llegada, en La Rochelle, el gran bastión hugonote, y en Burdeos, fue tratado como un héroe, pero tuvo que esconderse a partir de ese momento al ser perseguido por los agentes del rey Felipe II que intentaron capturarle por todos los medios.

Con su audaz acción, Gourgues, que acabó envuelto en las guerras de religión francesas, no pudo dejar desde entonces su vida semiclandestina y murió en 1593, a los 63 años de edad. Francia lo considera hoy uno de sus héroes nacionales, pero su ataqué no logró impedir la consolidación del establecimiento español.

El ataque de Gourgues no fue el único que sufrió la colonia española a finales del siglo XVI. El esfuerzo titánico de Pedro Menéndez de Avilés había permitido la construcción de ranchos, poblados, misiones y fuertes que mantendrían la soberanía española en el territorio a pesar de todas las desgracias. El clima era hostil, los indios belicosos, y no se percibían ventajas para la agricultura ni para la ganadería, pero la voluntad de hierro de hombres como Menéndez de Avilés y quienes le siguieron hizo que sus pobladores aguantasen contra viento y marea durante generaciones, sin ceder ni rendirse jamás. Gracias a ellos la colonia se mantuvo firmemente en manos españolas cuando otras ciudades tuvieron que ser abandonadas e incluso destruidas e incendiadas para que sus edificios no pudieran ser usados por franceses o ingleses.

El último de los grandes asaltos que sufrió la colonia española vino de la mano de Francis Drake, que en su periplo alrededor del mundo atacó a San

Agustín el 6 de junio de 1586. Su flota de 23 naves se presentó ante el puerto de la ciudad y con una fuerza de desembarco de 1 000 hombres —de los 2 000 que iban con él— tomó la isla de Anastasia y situó sus cañones frente al fuerte español, que todavía era de madera. El intercambio de disparos duró todo el día y durante la noche los 300 defensores abandonaron el fuerte ante la imposibilidad de mantener la resistencia. El resto de las fortificaciones españolas fueron también tomadas el día 7 de junio por los ingleses, que saquearon completamente la ciudad y destruyeron e incendiaron todas las casas.

Tras la marcha de Drake, las tropas españolas recuperaron San Agustín, que se encontraba en ruinas, y se centraron en preparar un modelo de colonización que iba a ser profundamente original, basado en la conversión de los indios y su integración progresiva en el mundo cristiano sin recurrir a la violencia.

La cadena de misiones y la conversión de los indígenas

Establecida que la mejor forma de controlar Florida era la conversión de los indios que, como hemos visto, fue la segunda de las causas que movieron a los españoles a intentar asentarse en la península, conviene señalar que el propio Pedro Menéndez de Avilés creía en la importancia de esta misión, pues él mismo era un católico convencido, pero, a diferencia de lo que ocurría en otras zonas de Norteamérica, su trabajo era muy complicado. Las tribus de Florida no estaban tan avanzadas como las de otras zonas y, además, Florida era un territorio inmenso que, como ocurrió más adelante con la Luisiana, no tenía unos límites definidos, pues en la práctica con ese nombre los europeos de la época se referían a una gran parte de sudeste norteamericano.

El control efectivo español de la región jamás fue completo, pues se apoyaba solo en unas pocas ciudades y fuertes que apenas tenían —salvo Pensacola y San Agustín— una población estable, por lo que no sirvieron de base para la colonización del interior, que se dejó en manos de las órdenes religiosas, y se limitó a intentar convertir al catolicismo a las tribus indias. Así pues, tras el devastador ataque de Drake, el gobierno español comprendió que para proteger su nuevo asentamiento en la costa debía actuar con celeridad y eficacia. Lo primero fue convertir San Agustín, el centro del poder español en la región, en un enclave fortificado capaz de resistir el ataque de cualquier potencia europea.

Las primeras defensas de San Agustín se centraron en el fuerte de San Marcos, construido en madera, que resultó inútil a la hora de defender la ciudad del ataque inglés, lo que obligó a repararlo y reedificarlo varias veces. El que siguió al asalto de Drake de 1586 fue también de madera y se llamó Fuerte San Juan de Pinos. Saqueado de nuevo San Agustín por el pirata inglés John Davis, en 1665, el fuerte se reconstruyó justo a tiempo para ser destruido otra vez por los ingleses en 1668, y quedó barrido por un huracán en 1675.

Sin embargo, tras el ataque de 1668 se decidió hacer un titánico esfuerzo para impedir que la ciudad y el frente volvieran a ser destruidos. Por lo tanto, se comenzó a construir algo nuevo, un castillo edificado con algo aún más duro que la piedra, las conchas de coquina que había en la costa. En 1670 comenzaron las obras, pero el huracán que barrió la ciudad cinco años más tarde supuso un nuevo retraso.

A pesar de estos problemas, finalmente en 1685 el fuerte estaba listo. El castillo de San Marcos, con su forma de estrella, diseñado según el modelo más avanzado de fortaleza de traza italiana de la época, era pequeño pero formidable. Protegido por un foso y bien artillado, su guarnición siempre estuvo lista y alerta para enfrentarse a cualquier amenaza y ocasiones no le faltaron, ya que en los años siguientes sufrió el ataque incesante de las milicias de los colonos angloamericanos, primero de Carolina y después de Georgia, y las tropas inglesas que las apoyaban, pero jamás fue tomado por la fuerza de las armas y allí seguía izada la bandera española cuando se entregó a los Estados Unidos en el verano de 1821.

Sin embargo, el intento español de controlar Florida fue más religioso que militar. Se trató de un esfuerzo inmenso que comenzó nada más fundarse San Agustín, y al principio fueron los jesuitas los responsables del levantamiento de las primeras misiones, pues el propio Pedro Menéndez de Avilés había solicitado ayuda al superior de la Orden, Francisco de Borja, quien envío a Florida al padre Segura con precisas y detalladas instrucciones.

Meticulosos y trabajadores, los jesuitas hicieron grandes esfuerzos por entender las culturas indias, aprendieron sus lenguas y comenzaron a comprender sus ritos y costumbres. De esta forma fueron convenciendo a los caciques para que les entregaran a sus hijos, que eran enviados a La Habana, donde la Orden creo un colegio destinado a formarlos y a enseñarles la vida cristiana. Con este astuto sistema en pocos años pensaban que podrían lograr tener éxito, pero no fue así.

En un viaje apostólico a las actuales tierras de Virginia —muy al norte del asentamiento español— conducidos por un guía indio bautizado como Luis, que había sido reeducado en España, el padre Segura y ocho compañeros fundaron una misión donde ningún europeo había llegado antes, en las riberas del río James. Desgraciadamente, las cosas no fueron bien. El indio

Luis, que era originario de la bahía de Chesapeake, retornó a sus antiguas costumbres y tomó varias mujeres, lo que disgustó profundamente al padre Segura. En febrero de 1571, tras unos meses de invierno muy duros, Luis convenció a los indios de que era preciso acabar con los misioneros y con las hachas que había en la misión los mataron a todos. Él mismo, según el testimonio de un niño que escapó y puedo llegar a Santa Elena, fue quien acabó con la vida del padre Segura.

Tristes y desesperados por el fracaso, los jesuitas abandonaron Florida en 1572, siendo reemplazados por los franciscanos, quienes al principio limitaron sus actividades a San Agustín, pero a los pocos años se fueron extendiendo y fundaron las misiones de Guale y Timucua. Poco a poco se expandieron por todo el territorio y dieron lugar al nacimiento de la provincia de Apalache, que en 1663 se había consolidado ya con centenares de asentamientos de todos los tamaños, desde villas y poblados hasta pequeños ranchos. Los indios cristianos se establecieron en cuatro provincias cuyas demarcaciones se extendían a todo el norte de Florida y una buena parte de lo que hoy es Georgia. Estas provincias eran Apalachee, Guale, Mayaca-Jororo y Timucua y correspondían aproximadamente a los grupos de lenguas que hablaban los indios.

La provincia Apalachee ocupaba la parte más oriental de lo que hoy es Florida occidental a lo largo de la costa del Golfo de México, desde el río Aucilla hasta el río Apalachicola. La provincia de Guale abarcaba la mayoría de las islas marinas de Georgia y la costa adyacente e incluía algunas misiones entre los *yamasee* y entre los *guales*. La provincia Timucua se extendía a lo largo del litoral atlántico desde la parte el sur de Georgia hasta justo al sur de San Agustín, cruzando el norte de Florida hasta el río Aucilla. La provincia Mayaca-Jororo ocupaba un área justo al sur del lago George.

En los primeros 20 años de la colonia española de Florida los jesuitas establecieron 13 misiones, de las cuales solo tres llegaron a 1587, en una fecha en la que los franciscanos ya habían tomado el control de la evangelización del territorio. Ese año los franciscanos comenzaron su misión más allá del área vecina a San Agustín, actuando entre los *guales* y los *timucua* a lo largo de la costa atlántica. Desde 1606, los franciscanos expandieron sus esfuerzos a través del territorio *timucua* y a comienzo de los años treinta habían establecido misiones en la provincia Apalache.

En este segundo periodo que comenzó en 1606, con gran esfuerzo y trabajo, los franciscanos establecieron 50 misiones, y aunque muchos indígenas se bautizaron, el problema de la hostilidad de los indios continuó. Una rebelión *guale* costó la vida a cinco misioneros y provocó el abandono de las misiones de la costa de la actual Georgia.

Por si fuera poco, una epidemia que tuvo lugar entre 1612-1616 mató a unos 10 000 indígenas y dejó el territorio semidespoblado. Los trabajos misionales realizados a partir del fin de la epidemia fueron inmensos, pero una nueva enfermedad de origen desconocido afectó a las misiones entre 1649 y 1650 y dañó a una población india que a duras penas se estaba recobrando del desastre anterior.

A partir de la segunda mitad de la década de 1650 se establecieron otras 29 misiones más, en un nuevo intento de recuperar lo perdido, pero apenas hubo tiempo. Puede decirse que, a pesar de los desastres sufridos, el sistema misional funcionó razonablemente bien a lo largo de todo el siglo XVII, pues se llegó a contar a finales del reinado de Carlos II con 124 misiones en todo el sudeste de Norteamérica.

No obstante, el gran problema era que no había colonos, ya que pese al esfuerzo, la población española de Florida se limitaba a unos pocos centenares de habitantes en San Agustín y sus alrededores, con unos cuantos ranchos y pequeñas haciendas que se extendían a lo largo de un embrión de Camino Real que iba hasta Apalache y de ahí a Pensacola, en el Golfo de México.

El siglo XVII vio la instalación de media decena de potencias europeas en la costa este de América del Norte. A la epidérmica colonización inglesa de Virginia en 1607, siguió la llegada del *Mayflower* y los Padres Peregrinos a Plymouth en Massachussets, en 1620, y en la década siguiente hubo más colonias inglesas, holandesas y hasta suecas, que se sumaban a los franceses de Acadia —hoy Nueva Escocia— y Canadá. España, envuelta de nuevo en guerra con Holanda y en la Guerra de los Treinta Años —combatiendo contra alemanes, bohemios, daneses, suecos y franceses— no pudo hacer nada para impedirlo y vio cómo el viejo sueño de Pedro Menéndez de Avilés de unir mediante fuertes, misiones y pueblos Terranova con Florida moría para siempre. La nación destinada a lograrlo, Gran Bretaña, solo sería capaz de mantener unida la costa atlántica de América del Norte desde 1763, al terminar la Guerra de los Siete Años, hasta 1776, con la declaración de independencia de las Trece Colonias.

Para la Florida española, el siglo XVII fue todavía un tiempo de esperanza. Formalmente España mantuvo la reclamación de sus derechos de soberanía al menos hasta Carolina del Norte, pero en la práctica San Agustín siguió siendo el asentamiento más septentrional y el único de importancia. Afortunadamente para los españoles, los colonos ingleses, galeses y escoceses que infestaban la costa aún no se habían desplazado muy al sur, pero a finales de siglo la presión de la colonia de Carolina del Sur comenzó a notarse en Florida.

El constante batallar durante todo el siglo fue debilitando cada vez más las fuerzas defensivas de España, que sostuvo bien las grandes islas caribeñas —a pesar de ataques y saqueos constantes—, como Puerto Rico y Cuba, pero que no pudo evitar que poco a poco, en goteo incesante, isla tras isla, gran parte del Caribe cayera en manos de holandeses, ingleses, franceses e incluso daneses y suecos. Finalmente, en 1655 se perdió Jamaica y a finales de siglo los franceses dominaban la parte oriental de La Española —hoy Haití—.

La presión de los colonos angloamericanos de Carolina comenzó en la década de 1680, aunque habían realizado ya incursiones en el sur al menos desde veinte años atrás. Los agresivos y violentos colonos ingleses, que veían que podían disponer de esclavos y riquezas atacando simplemente las misiones católicas, iniciaron a finales de siglo una serie de incursiones que produjeron un daño terrible a las misiones, que apenas contaban con protección.

En general, no había tropas porque los misioneros habían sido muy cuidadosos e hicieron todo lo posible para evitar roces entre los soldados y los indios. Estos intentos de los misioneros tuvieron bastante éxito, a pesar de que se produjeron varias rebeliones, pero a costa de desproteger sus asentamientos, lo que a la larga supuso la completa destrucción de la prometedora Florida franciscana.

La importancia de las rutas: *The Old Spanish Trail*

Hay que tener en cuenta que el territorio que España exploró, y sobre el que ejerció soberanía, era inmenso y presentaba características muy diferenciadas que iban de los húmedos pantanos semitropicales de la península de Florida hasta los densos bosques y el clima frío de la costa del Pacífico canadiense. Los enemigos a los que tenían que enfrentarse las tropas españolas eran también diferentes entre sí, desde las aguerridas tribus del norte de las provincias internas, cuyos hombres montados en los descendientes de los caballos abandonados por los conquistadores se habían convertido en formidables jinetes, a los eficaces guerreros de los bosques del este, pertenecientes a pueblos muy organizados que poco a poco, por el contacto con los europeos, aprendieron mucho de su forma de combatir y terminaron por disponer de armas de fuego. Además, a las tribus indias se fueron añadiendo enemigos europeos, cada vez más poderosos y armados.

Una vez asegurado el Camino Real de Tierra Adentro que finalizaba en Santa Fe de Nuevo México, al norte de México se consolidó a finales del siglo XVII una enorme frontera que nunca fue fija, pues, aunque lentamente, el imperio español no dejó de expandirse. La frontera iba desde la costa de

Texas, en la que nacieron los primeros asentamientos estables al norte del Río Grande, a comienzos del siglo XVIII, hasta el océano Pacífico. En medio, con Nuevo México como eje, se extendían las inmensas tierras que hoy forman los estados de Arizona, Nevada y Texas, y parte de los de Colorado y Utah.

En estos extensos territorios apenas hubo pobladores europeos o mexicanos, pero era preciso mantener una fuerza militar eficaz y estable, por varias razones. La primera, porque era necesario proteger las ricas regiones del interior de México y los asentamientos ganaderos contra los llamados «indios bárbaros», tribus peligrosas y agresivas que fueron una amenaza permanente. Para ello, fue vital crear una línea defensiva que sirviese de colchón o barrera contra las incursiones y que tuvo como elemento fundamental el presidio o fuerte. La segunda razón era proteger a las misiones que realizaban labores de evangelización entre las tribus indias, objetivo de primera importancia en la colonización española. Estas misiones eran centros de civilización, situadas a menudo en lugares remotos, y se guardaban con soldados que hacían también de colonos.

Si hoy en día alguien busca información sobre la ruta conocida como *Old Spanish Trail*, encontrará con sorpresa que, en realidad, se está haciendo mención a una ruta mexicana. La razón es que la conocida ahora como Vieja Ruta Española, nació como tal cuando España ya había abandonado el territorio. Su nombre se popularizó a partir de la publicación de un informe realizado para el Servicio Topográfico de los Estados Unidos por el explorador y militar John Charles Frémont en 1844, cuando la totalidad del espacio que recorría era parte de México.

La ruta, en realidad, es posterior a la época de soberanía española, pues data de 1829, con una serie de caminos que se formaron a partir del comercio con los *ute* y de las exploraciones de Juan María Rivera y los misioneros franciscanos Francisco Atanasio Domínguez y Silvestre Vélez de Escalante, que fracasaron en un intento de llegar a California en 1776 por la Gran Cuenca Nevada y el lago Utah.

La parte más sureña ya había sido abierta por Juan Bautista Anza —como ya veremos— que logró llegar a San Diego a través de la ruta del Colorado. La zona correspondiente al terrible desierto de Mojave no formó nunca parte del *Old Spanish Trail*, que en realidad corresponde al camino seguido en 1829 por Antonio Armijo, cuando condujo un tren de cien mulas desde Santa Fe a Los Ángeles y cerró por el oeste la comunicación de Nuevo México con el resto del mundo.

La parte oriental de la ruta había sido abierta en 1821 —el año de la independencia de México— por un comerciante de Misuri llamado William

Becknell, que logró llegar desde San Luis hasta Santa Fe, en Nuevo México, con un tren de mulas, abriendo así una nueva vía comercial destinada a convertirse en una leyenda de la historia norteamericana: la ruta de Santa Fe, gracias a la cual los angloamericanos conocieron el oeste. La otra ruta comercial de Nuevo México, ya mencionada, era la más antigua y comunicaba el territorio con el valle central de México, siendo conocida desde el siglo XVII como Camino Real de Tierra Adentro.

El *Old Spanish Trail* partía de Santa Fe y atravesaba los montes de San Juan, Manco y Dove Creek, para luego internarse en Utah, ya en territorio de los *ute*, pasando por Monticello y llegando a Spanish Valley junto a Moab. Tras atravesar el río Colorado y el Green River alcanzaba San Rafael Swell, el punto más al norte de la ruta. Luego penetraba en la Gran Cuenca Nevada por el Cañón de Salina, bajaba hacía el suroeste por el sur de Nevada y desde allí llegaba a la Misión de San Gabriel Arcángel y Los Ángeles en California. También existían rutas alternativas a través del centro de Colorado y por la Franja de Arizona.

Respecto a la otra Vieja Ruta Española, se trata en realidad de una idea muy moderna, que surgió cuando en la década de 1920, el hotel *Gunter* de San Antonio, en Texas, se convirtió en el punto de partida de la gigantesca autopista transcontinental desde San Agustín, en Florida, a San Diego, en California, que uniría todo el antiguo territorio que alguna vez estuvo bajo soberanía española desde el Atlántico hasta el Pacífico.

Con su kilómetro 0 en el *City Hall* de San Antonio, la autopista llamada *Old Spanish Trail* quería recordar el pasado español de todos los estados del sur, pero a pesar de lo que aparece en algunos libros recientemente publicados, dicha ruta jamás existió durante el periodo de soberanía española. Esta solo cubrió parte de la mencionada ruta desde 1784 a 1804, entre el año en que España tomó el control de Florida oriental y la entrega formal de Luisiana a los Estados Unidos, que cortó la comunicación terrestre entre Florida occidental y Texas.

En la práctica, la comunicación por el *Old Spanish Trail* moderno fue imposible durante el periodo español por diversas razones. Así, en Florida, la vía entre San Agustín y Pensacola fue muy difícil tras la destrucción de las misiones de Apalache en la Guerra de Sucesión Española (1701-14), ya que, aunque las comunicaciones se restablecieron poco a poco en la década siguiente, las guerras con los británicos de 1739-48 y 1761-63 la convirtieron en un camino peligroso e inestable. Los ingleses la mejoraron y dieron nueva forma en sus veinte años de dominación de Florida, y su estado era bastante bueno al heredarla España en 1783. Cuando se tomó de nuevo el control de Florida oriental al año siguiente, la ruta siguió abierta, pero con enormes problemas causados por la inestabilidad de la soberanía española.

En el centro de la ruta entre San Agustín y Pensacola se encontraba, protegido por el fuerte de San Marcos de Apalache, un gigantesco almacén comercial de la Casa *Panton & Leslie*, que servía para el comercio con los indios. Con esta ruta, que formaba parte del Camino Real de San Agustín a Nueva Orleans, se garantizaba —malamente— el comercio y la comunicación por tierra entre la costa atlántica y el Golfo de México.

Desde Pensacola el camino seguía hasta el viejo fuerte francés de Mobile y desde allí hasta Nueva Orleans. En los años anteriores a la Guerra de Independencia de los Estados Unidos (1775-83), los ingleses en Florida y los españoles en Luisiana fundaron muchos asentamientos nuevos, con lo cual mejoró el comercio y se incrementó el tráfico de personas y bienes. Eso permitió que la ruta fuese transitada de forma habitual, uniéndose ambas ramas al tomar España el control de las dos Floridas.

Desde Nueva Orleans el camino citado seguía al noroeste hasta Natchitoches, la antigua plaza fronteriza de la Luisiana francesa, desde donde se llegaba a Nacogdoches, la población más al este del Texas español y el punto más al norte de la ruta en su mitad oriental. Luego bajaba hacia el sur, para llegar a San Antonio y de ahí al Río Grande. Esta vía de comunicación se abrió de forma efectiva en la guerra con los británicos de 1779 a 1783, ya que sirvió para el envío de miles de cabezas de ganado que fueron sacadas de los ranchos de Texas y sirvieron para alimentar al ejército de Bernardo de Gálvez en su campaña en Florida occidental.

Con algunos altibajos, la comunicación entre San Antonio y Nueva Orleans se mantuvo estable entre 1779 y 1804, cuando la entrega de Luisiana a los Estados Unidos provocó nuevos problemas fronterizos que llevaron al nacimiento de la Franja Neutral entre ambos países —en la frontera entre Texas y Luisiana—, lo que supuso, en la práctica, el fin de la ruta en esta zona.

En El Paso, importantísima encrucijada del Camino Real de Tierra Adentro, nacía el recorrido que se dirigía hacia el este a los asentamientos tejanos del Río Grande y hasta San Antonio. Se le llamó Camino Real de los Tejas y tenía dos vías, el Camino de Arriba, que pasaba por San Antonio hasta Nacogdoches, y el Camino de Abajo, que llegaba hasta La Bahía y seguía por la costa hasta el Misisipi.

Respecto a la comunicación terrestre entre San Antonio y San Diego, en la práctica jamás existió. Primero, porque no tenían mutuamente nada que ofrecerse, y en segundo lugar porque la amenaza india, en Texas al oeste del Pecos y en Arizona tras la rebelión *yuma* de 1781, impidió una comunicación fluida este-oeste entre Texas y California hasta la construcción del ferrocarril en 1853, y no quedó en realidad abierta completamente hasta después de la guerra civil norteamericana.

Los que fueron esenciales para el desarrollo y mantenimiento de las misiones, presidios, villas, ranchos y fuertes que nacieron al norte del Río Grande en Texas, Nuevo México, Arizona y California, fueron los caminos que conducían al interior de México, donde estaba el centro del poder de la Nueva España. El más importante de todos ellos fue el Camino Real de Tierra Adentro que llegaba desde el Valle Central de México hasta Santa Fe. Era el principal de los Caminos Reales de la Norteamérica española, pero también existían vías de comunicación, importantes entre México y San Antonio, en Texas, con una variante costera que iba hasta La Bahía, en la costa del Golfo, y que se unía de nuevo con la de San Antonio en Nacogdoches.

En California se creó una importante vía terrestre costera que iba desde San Francisco a San Diego —la autopista costera de California sigue llamándose Camino Real—, pero la ruta terrestre que unía California con Sonora se cerró tras la rebelión de los indios *yuma*, por lo que durante los cuarenta años siguientes California siguió siendo en la práctica una isla, a la que se llegaba casi siempre solo por mar.

Gracias a estas precarias rutas se consiguió mantener comunicadas a las pequeñas poblaciones españolas de la frontera con México y se hizo posible la llegada de soldados, misioneros y colonos y todo tipo de mercancías. Por ellas transitaban carros tirados por bueyes, con mulas y caballos que llevaban todo lo necesario para los colonos y enlazaron los lejanos enclaves de la frontera española con la civilización europea

2.2. Los señores de la guerra

La presencia española en Norteamérica se extendió durante más de trescientos años y tuvo por lo tanto características muy variadas, dependiendo tanto del momento como del lugar. Las primeras expediciones se adentraron en un territorio inmenso, salvaje y desconocido, poblado por tribus de hombres valerosos, y suponían un auténtico desafío para los desconocidos «rostros pálidos» que arribaban a sus costas o se internaban en sus dominios.

Los integrantes de las expediciones que alcanzaron el territorio de los actuales Estados Unidos durante el siglo XVI eran el producto de unas generaciones formadas en España cuya voluntad, energía y espíritu de sacrificio estaban a la misma altura que su ambición y valor. Eran hombres que en la búsqueda de la riqueza o la gloria personal estaban dispuestos a hacer lo que fuera necesario, incluyendo el uso indiscriminado de la violencia.

No todos eran soldados, pero sabían actuar bajo las órdenes de sus jefes, combatir de forma organizada y bajo férrea disciplina, y muchos de ellos tenían una gran experiencia en las guerras en Europa —principalmente en Italia—, aunque a finales de siglo había veteranos de las campañas en Francia y Alemania y también en Flandes o el norte de África. Se trataba de combatientes decididos y audaces, hambrientos de riqueza.

En este capítulo no examinaremos su conducta desde un punto de vista moral, que en cualquier caso a la luz de nuestra situación actual sería absurdo, pues sus valores no eran los nuestros. Los conquistadores del siglo XVI, que en América del Norte terminan con la gran expedición fundadora de Nuevo México de Juan de Oñate, sacrificaban cualquier cosa por conseguir lo que buscaban. Sí habían salido de España era para obtener riqueza y triunfos, sin que les importase lo más mínimo cualquier obstáculo que se interpusiese en su camino. En este sentido eran realmente hombres de hierro.

A continuación examinaremos cómo realizaron sus hazañas, cómo se organizaban y combatían, y con qué se armaban y vestían.

La vestimenta

En América, en el siglo XVI, como en todas partes, la indumentaria civil y militar trató de adaptarse a las circunstancias, pero lo cierto es que la diferencia entre el vestuario civil y militar no era tan acusada como lo fue a partir de la segunda mitad del siglo XVII, que es cuando la uniformidad va imponiéndose y la ropa militar va lentamente separándose de la civil. Un proceso que culminó a principios del siglo XX cuando nacen los uniformes de colores tierra, caqui o verde preparados para que los combatientes se confundan con el terreno, necesidad básica si se quiere aumentar las posibilidades de supervivencia en un mundo dominado por el fuego devastador de las armas automáticas.

La moda, entonces como ahora, variaba con el paso del tiempo y se ajustaba a unas ideas o patrones que iban siendo imitados por quienes las confeccionaban. En el caso de España, los estilos y formas estuvieron muy influenciados por Italia durante todo el siglo XVI y por Francia en la segunda mitad del XVII, dado que en el periodo del reinado de Felipe III fue España la que impuso su estilo en Europa.

Los antropólogos y los especialistas en historia del vestido dicen que todavía hoy, en las ropas tradicionales de algunos pueblos de áreas montañosas de España, desde Ansó, Hecho o Roncal hasta el Pas o Liébana, existen ropajes que recuerdan a los usados en los siglos XVI y XVII. En la ropa civil, como la que llevaban quienes fueron a Nuevo México con Oñate, se vestía a la moda europea de la época, siendo igual el estilo de los nobles o pudientes que el de las clases más bajas, pues estas intentaban imitar a la nobleza, con el resultado de portar unas ropas obviamente de peor calidad, más austeras y sencillas.

Civiles y militares usaban por lo tanto la misma ropa, añadiéndole simplemente los elementos defensivos necesarios. Desde la década de los años veinte del siglo XVI los jubones, que eran la indumentaria de uso común, llevaban las mangas acuchilladas y almohadillas en los hombros, con unos calzones muy holgados que se llevaban hasta la mitad del siglo, muy cortos y abombados, y fueron ganando largo y holgura a lo largo de la centuria.

Así, por ejemplo, los hombres de Soto llevaban los calzones un palmo por encima de la rodilla y con grandes abombados y cuchillas, en tanto que en la expedición de Oñate, más de medio siglo después, llevaban los calzones hasta la espinilla y, si bien seguían siendo muy holgados, ya no llevaban acuchillados. Con estos calzones se empleaban calzas y medias ajustadas y las llamadas botas moriscas —o borceguíes—, de fino cuero, que llegaban hasta el muslo y que se bajaban hasta la rodilla cuando no se iba a combatir.

Los infantes y la tropa de menos poder adquisitivo empleaban zapatos o botas más sencillas que —ya en los tiempos de Cortés— fueron cambiando por sandalias o mocasines de cuero indios. En el caso de la expedición de Oñate se llegó al extremo de que los soldados de infantería usaron sandalias de cáñamo facilitadas por sus aliados *tlaxcaltecas*. En los bosques densos las calzas eran incómodas, porque se dañaban con la vegetación, por lo que se emplearon protecciones de cuero de venado que protegían las piernas al estilo indio.

Según el historiador del siglo XIX Giménez y González, en 1568 el vestuario del soldado estaba formado por dos camisas, un jubón de tela cruzada —o sea, marcado con la cruz de Borgoña—, una casaca forrada de paño y un par de zapatos. Este ajuar cambiaba de forma notable al comienzo de cada expedición, pues dependía del dinero y medios con los que se contaba.

Los jinetes, o caballería ligera, y los hombres de armas, o caballería pesada, empleaban además otras prendas propias de su misión, destacando el camisote en la ligera y el tabardo o sobreveste en la pesada. Esta prenda externa se ponía por encima de la armadura y sobre ella, en los siglos XIV y XV, exhibían los caballeros sus armas heráldicas. A mediados del siglo XVI comenzaron a emplear, para distinguirse de sus enemigos, la denominada «marca divisa», que en España se mantuvo al menos hasta la ordenanza de 1632, y cuyo uso se confirmó en 1567.

Se trataba de la conocida Aspa Roja de San Andrés o Cruz de Borgoña, que era y siguió siendo el emblema archiconocido de las tropas españolas durante siglos. La principal prenda de uso militar era el coleto o cuera, de piel de vaca y luego de búfalo, habitualmente sin mangas y que se generalizó en la década de los años treinta del siglo XVI. Muy resistente, estaba formado por varias capas y acabó ganando tamaño y peso, hasta ser un una verdadera armadura que en el siglo XVIII daría lugar a la imagen más conocida de los hombres que defendieron la causa del rey en la frontera salvaje de la Nueva España, los dragones de cuera.

Las capas predominaban en las ropas de abrigo. Eran muy empleadas en la segunda mitad del siglo XVI las denominadas «herreruelos» y los «tudescos» o «bohemios», prendas de origen centroeuropeo llegadas a España por los constantes intercambios debidos a la fuerte presencia española en Italia, Flandes y Alemania.

A todas las ropas descritas se unían los amuletos propios de la tropa y emblemas y símbolos religiosos que se portaban incluso en combate, como medallas, crucifijos, etc. Respecto a las prendas para cubrir la cabeza, siguieron la moda habitual de Europa y su evolución. Al principio eran boinas que se adornaban con plumas y más tarde sombreros de ala corta que se fue ensanchando hasta llegar a los del siglo XVII, todos ya de ala ancha. Estos sombreros se adornaban con plumas, de una forma cada vez más exagerada, o con cintas de colores denominadas «toquillas».

Finalmente quedaban las bandas, siempre rojas y usadas en Europa para distinguirse de los enemigos, sobre todo por los jinetes. Llegó incluso a estar regulado su uso, pues su importancia en tiempos en los que no existía el uniforme llegó a tal extremo que, según dice Sancho de Londoño, «ningún soldado, ni otra persona, aviendo enemigos en campaña, ande en el exercito sin cruz banda roxa cosida, son pena de castigo arbitario», lo que llegó a su extremo en 1599, cuando al Ejército de Flandes se le ordenó llevar la cruz de Borgoña o la banda si no quería ser tomado por enemigo. Pero en América, al no combatirse, al menos al principio, contra europeos, su utilización quedó limitada a los altos oficiales como símbolo de rango.

Armaduras y equipo defensivo y ofensivo

Los hombres que acompañaron en sus expediciones a Coronado, De Soto y Oñate son en su conjunto el grupo de hombres acorazados más poderoso que ha entrado en el actual territorio de los Estados Unidos en toda su historia. Todos ellos eran el producto de un siglo de guerra constante en el que los súbditos del rey de España habían combatido a lo largo y ancho de todo el mundo en los lugares más dispares y con todos los climas imaginables.

Los caballeros del siglo XVI vivieron el periodo de mayor esplendor de las armaduras de placas, que habían alcanzado su desarrollo definitivo en el siglo anterior. En las grandes expediciones en el interior del inexplorado territorio norteamericano, los capitanes y gentilhombres principales emplearon los denominados «arneses de tres cuartos», formados por yelmo, coraza, brazales, guanteletes y quijotes, pues los escarpines y las grebas apenas se usaron en la segunda mitad del siglo XVI. Es posible que algunos caballeros los emplearan en las expediciones de Coronado y De Soto, pero sin duda no en la de Oñate.

En España las armaduras lisas, más sobrias y elegantes que las estriadas, eran especialmente apreciadas, y en general se pavonaban para protegerlas del óxido y demás deterioros producidos por las inclemencias del tiempo. Desde 1510 los bordes de las placas de las armaduras alemanas, que tenían una enorme influencia en los fabricantes de armaduras de toda Europa, comenzaron a decorarse con bordones de cobre o latón en forma de cordón trenzado, práctica muy extendida ya en la década siguiente. A partir de esa fecha, los bordes empezaron a doblarse hacia adentro en vez de hacia afuera, y dio comienzo también la costumbre de imitar los acuchillados y abombados de la moda de la época.

La resistencia a los golpes de las armaduras pesadas era considerable. En combate con tribus poco combativas y malamente armadas, que además no disponían de caballos, la superioridad de los hombres de armas españoles era abrumadora, y salvo en bosques muy cerrados o en montañas, quedó demostrado en todos los enfrentamientos que se dieron en las llanuras.

Una carga bastaba para deshacer cualquier oposición, y a los pobres indios que se enfrentaron a los caballeros de Soto o Coronado debía de parecerles que les había caído encima una plaga de demonios. Además, y en contra de lo que se ve en muchas películas y de la creencia popular, una armadura completa de placas no era tan incómoda de llevar. Pesaba entre 25 y 30 kg, pero tenía la ventaja de repartir el peso en todo el cuerpo y permitía una considerable movilidad con una protección soberbia. No es de extrañar que en los campos de batalla europeos las corazas —al menos peto, casco y espaldar— se mantuviesen en la caballería pesada hasta el siglo XIX, cuando las armas de repetición empezaron a dominar los campos de batalla.

No obstante, la mayor parte de la caballería empleada en las grandes expediciones era una evolución de la denominada «a la gineta», que tenía su origen en el contacto con los moros granadinos, cuyos jinetes cabalgaban con las piernas dobladas, en lugar de estiradas como los caballeros pesados europeos. Estos jinetes parecían montar arrodillados sobre el caballo y empleaban estribos cortos sobre monturas ágiles y rápidas que les permitían maniobrar con enorme velocidad.

Como su objetivo no era resistir el choque con una fuerza poderosa, todo su equipo era más ligero. La silla, alta, era también de inspiración morisca, y el bocado era muy robusto, de rienda simple, para girar la cabeza del caballo empujándole el cuello y no tirando de las comisuras de la boca.

Los jinetes llevaban una protección mucho más ligera que los pesados hombres de armas, si bien no tanto como habitualmente se dice, ya que a mediados del siglo XVI aún portaban casco abierto, gola, coraza, quijotes para los muslos, brazales y guanteletes. Si se deseaba mantener la protección, pero aligerar el peso, algunos jinetes llevaban solo «vambrazas», que únicamente protegían la parte exterior de los brazos, y láminas metálicas sobre las manos en vez de guanteletes. En otros casos suprimían las placas de los brazos, confiando la protección solo a la cota de malla.

Existían también otras variantes, como usar solo cota de malla y casco abierto sin gola, y con frecuencia las armaduras eran «brigantinas», corazas formadas por placas metálicas remachadas sobre forros de lino, acompañadas de capacete y guanteletes. Pasadas de moda en Europa, las brigantinas se emplearon mucho en América, pues se fusionaron en parte con las corazas de algodón de algunas tribus indias y fueron la indumentaria principal de los infantes españoles en los primeros años de la conquista, siendo empleadas también por los jinetes.

Respecto a las cotas de malla, pesaban entre 8 y 15 kg. Si bien ofrecían una buena protección, pues no en vano han sido la modalidad de armadura de mayor éxito en la historia, eran demasiado incómodas, ya que la mayor parte de su peso descansaba en los hombros. De igual forma que las armaduras se pavonaban para evitar el óxido, las cotas se pintaban a menudo de negro para evitar los problemas causados por la lluvia y el polvo. Lo que nunca se pudo lograr, ni en las armaduras de la caballería ligera ni en las de la pesada, fue solucionar el problema del calor. Con frecuencia, los caballeros y los jinetes se cocían, literalmente, dentro de sus armaduras y cotas de malla.

Hubo finalmente otro tipo de caballería, los «herreruelos», también llamados «pistoletes», que habían nacido a mediados del siglo XVI para aprovechar las ventajas de la evolución de las armas de fuego. Armados al principio con tercerolas, armas de fuego cortas ideales para ser manejadas a caballo, estas fueron luego sustituidas por pistolas de rueda, armas muy avanzadas pero delicadas y de complicado mantenimiento.

A diferencia de los *reiter* —caballeros— alemanes, protegidos por casco y una pesada media armadura a prueba de balas, en España los pistoletes se asimilaron a los jinetes o antigua caballería ligera. Los herreruelos, así llamados por las capas cortas o esclavinas que empleaban, usaban las pistolas y tras dispararlas pasaban a emplear la espada. Aunque no participaron en las expediciones de Coronado o De Soto, hubo jinetes parecidos a ellos con Oñate, que empleó también arcabuceros a caballo, precursores en parte de los dragones, que eran tropas capaces de combatir a pie y a caballo.

En cuanto a las armas ofensivas, la que mejor describía a un soldado español del siglo XVI era la espada. Los españoles eran los mejores espadachines de su tiempo. La pica y el arcabuz aún no habían reemplazado del todo al soldado armado con espada y protegido por una coraza, un casco y una rodela. Con su media armadura de buen acero, su almete o casco abierto y su pequeño escudo que les daba nombre —rodeleros— los hombres que llevaron a cabo las grandes expediciones al interior de la desconocida América del Norte eran los herederos y descendientes de los vencedores de Ceriñola, Garellano o Bicoca. Los mismos que se habían abierto paso entre las falanges de piqueros suizos y los que en México habían aguantado estoicamente la lucha frente a miles de guerreros *mexicas*.

Las espadas españolas eran espadas rectas en torno a un metro de longitud y de doble filo, con punta aguda y guarda cruzada habitualmente en forma de S, y un brazo curvado hacia atrás para proteger la mano y el otro hacía la punta para atrapar a una espada detenida en la guarda. En ocasiones, la espada tenía una anilla de metal a cada lado de la hoja para ofrecer una protección adicional a la mano, lo que evolucionó hacía la cazoleta del siglo XVII.

La aparición en toda Europa del estoque español y sus derivados y la gran experiencia de fabricación de buen y fino acero que había en España —principalmente en Toledo— hacían de estas espadas las mejores del mundo, y sus hojas se exportaban a toda Europa. Frente a los enemigos que se encontraron en América del Norte, los espadachines españoles, hijos de una tradición de combate centenaria, no tenían rival en el cuerpo a cuerpo y solo los bosques y la emboscada, o una superioridad numérica abrumadora, podían derrotarles, sobre todo cuando iban a caballo. Los hombres de las expediciones de Coronado y De Soto se movieron por América como mensajeros de algún poder invencible, pues además de las enfermedades que mataban a sus desdichados oponentes a distancia y sin poder defenderse, sus armas y su terrible decisión y capacidad de sufrimiento hacían de ellos una fuerza imparable.

Arcabuces y mosquetes

Las armas de fuego sufrieron una interesante evolución en los años transcurridos entre las primeras expediciones a las costas de Florida y la entrada de Juan de Oñate en Nuevo México. Las de los primeros tiempos eran toscas pero eficaces y habían demostrado su valor en las guerras de Italia, si bien en terrenos húmedos, como las junglas de América Central, tuvieron un efecto más psicológico que real, ya que su utilidad práctica era limitada, pues eran costosas de mantener en buen estado y exigían un mantenimiento complicado. Usarlas tampoco era sencillo y los arcabuceros y mosqueteros debían ser hombres expertos.

A su favor contaba, además del impacto que tenían en las tribus, que obviamente no habían visto jamás algo parecido, el hecho de que mataban a distancia, algo que resolvía muchos enfrentamientos. Los arcabuces y mosquetes, todas armas de mecha, eran además muy eficaces para deshacer grandes concentraciones enemigas o para defender posiciones fortificadas, y ganaban en eficacia si se podía hacer con ellos fuego graneado por líneas o escuadras, manteniendo la cadencia de tiro, lo que desmoralizaba a cualquier atacante.

El arcabuz era un arma pesada, formada por un tubo de hierro montado sobre un fuste de madera con una longitud de entre noventa y ciento diez centímetros que lanzaba balas de plomo. Más ligero que el mosquete, se usaba también por tropas montadas. Respeto al pesado mosquete, disponía de la ventaja de una mayor precisión y alcance, pero exigía un alto nivel técnico, pues, además del saquito con las mechas y el mechero, precisaba de pólvora gruesa y fina, una varilla para atacar el cañón y otra para limpiarlo, y era preciso llevar la mecha siempre encendida. Los mosqueteros llevaban preparados doce saquitos de pólvora ya dosificados en una bandolera conocida como los «doce apóstoles». Considerados tropa selecta en razón de su especialidad, tenían mejor salario que el resto de la tropa y llevaban un casco o morrión, y por supuesto espada y daga, pero no empleaban coraza.

Posteriormente aparecieron variantes más sofisticadas tanto de arcabuces como de mosquetes, fabricándose versiones más ligeras para usar a caballo y avanzando el desarrollo de las pistolas de rueda, armas perfectas para los jinetes que a partir de 1560 se convirtieron en comunes, y cuya utilidad quedó pronto demostrada para la defensa personal y el combate a corta distancia.

Picas y alabardas

Las ballestas, armas clásicas medievales, se usaron todavía en las expediciones de los primeros tiempos. Muy eficaces contra las concentraciones de guerreros en los tiempos iniciales de la conquista, eran más sencillas que un arcabuz y exigían un mantenimiento cuidadoso. En los pantanos de Florida y en los bosques lluviosos, las ballestas de los primeros conquistadores y exploradores de América del Norte fallaron con frecuencia.

Las empleadas en América tenían un arco metálico formado por una o varias varas metálicas unidas, llamadas arbalesta, pero las cuerdas, vegetales o de tripa trenzada, eran muy sensibles a las condiciones climáticas y se estropeaban con frecuencia. Las primitivas flechas de vara vegetal fueron sustituidas en Europa por una saeta corta y metálica, capaz de perforar las corazas. Se les agregó de forma perpendicular al centro del arco un carril acanalado en el que se alojaba la saeta y sobre el que se desplazaba violentamente la cuerda impulsora o alambre que, poderosamente tensado y sujeto por una traba, se disparaba con un gatillo.

Su potencia llegó a ser considerable y podían perforar una cota de malla a 350 metros. La facilidad de manejo del arma —cargar, apuntar y apretar el gatillo— y su posibilidad de ser usada cuerpo a tierra, a pie o a caballo, le dieron fama y amplio uso, pero a partir de la segunda mitad del siglo XVI la evolución de las armas de fuego condenó las ballestas al olvido o al deporte.

La pica y la alabarda fueron también empleadas en Norteamérica. La primera como una de las armas básicas de la infantería, pues el éxito de la forma de combatir española en Europa en el siglo XVI se basó en gran medida en la sabia combinación de piqueros y arcabuceros. Las picas eran de tamaño variable, pero en general las empleadas en América ni eran tan largas ni pesadas como las de los campos de batalla europeos.

Respecto a los piqueros, se denominaban «picas secas» a los de menor experiencia y rango, que no llevaban armadura y además de la pica contaban solo con una espada y el casco. Los coseletes o piqueros protegidos usaban coraza y en ocasiones media armadura completa, además de casco. A pesar de no ser un arma idónea para la naturaleza de la guerra que se llevó a cabo en América del Norte, los españoles —y el resto de los europeos— utilizaron piqueros hasta bien avanzado el siglo XVII, cuando la aparición de la bayoneta y de los fusiles de chispa convirtió a la pica y el mosquete en una sola arma combinada.

La segunda arma enastada destacable era la alabarda, formada por un astil de madera de unos dos metros de longitud y que tenía en su cabeza una punta de lanza como peto superior, una cuchilla transversal con forma de hoja de hacha por un lado, y otro peto de punza o de enganchar más pequeño por su opuesto. Presente en España y Europa occidental desde comienzos del siglo XIV, alcanzó la popularidad gracias a los mercenarios suizos y se convirtió en un arma de vital importancia, hasta el extremo de que en muchos países, como España, los alabarderos se convertirían en una parte importante de la Guardia Real[11].

Su uso permaneció hasta el siglo XVII, salvo para los oficiales, que en el siglo XVIII todavía utilizaban como símbolo de rango una alabarda pequeña denominada partesana. Más manejable que la pica, en América resultó demoledora para los guerreros indios, pues era muy difícil atacar a un grupo de soldados armados con ellas.

La ventaja del caballo

Aunque la leyenda y la pseudohistoria han vendido desde hace décadas que los castellanos conquistaron América gracias a sus armas de fuego, lo cierto es que no fueron los cañones, ni los arcabuces, ni las ballestas, los que vencieron a los aztecas y a los incas, ni las que impusieron el dominio español en las llanuras y montañas de América del Norte. El triunfador de verdad, el elemento decisivo, fue el caballo.

---

[11] La Guardia Real sigue teniendo hoy en día una Compañía de Reales Guardias Alabarderos, a los que corresponde proporcionar el servicio de guardia militar a los reyes en los lugares en los que se les requiera, tanto en los reales sitios como en las tribunas a las que acuden durante los actos oficiales.

Los indios de las llanuras, los que habitaban en Florida o en el centro de las praderas del actual territorio de los Estados Unidos, jamás habían visto un caballo, y el pavor que causaron estos animales entre las tribus fue inmenso, superior al de los «truenos» de los arcabuces o mosquetes. En realidad, la incapacidad de los europeos de controlar las llanuras hasta finales del siglo XIX se debió tan solo a un hecho: la doma por parte de las tribus indias de los caballos salvajes descendientes de los abandonados por los conquistadores que se multiplicaron en las planicies y crearon la actual raza mesteña, los conocidos «mesteños» —*mustangs*—.

A diferencia de lo ocurrido en México central, donde el puñado de hombres de Cortés se enfrentó a un estado organizado, en la frontera norte los adversarios eran tribus poco organizadas, que aunque en algunos casos habían desarrollado notables culturas, disponían de armamento muy pobre y de poca calidad. La superioridad de los caballeros pesados en las guerras europeas estaba en duda desde las grandes victorias del Gran Capitán en las campañas italianas, y en las décadas siguientes, las sólidas y recias formaciones de piqueros, apoyadas por arcabuceros, habían barrido del campo a los gendarmes franceses, inaugurando una nueva época en la historia de la guerra. Sin embargo, en América, los caballeros montados europeos no tenían rival.

Los caballeros podían moverse a su antojo en el campo de batalla, podían alcanzar y perseguir a sus enemigos a pie y golpearlos desde arriba con sus espadas de acero o alcanzarles a distancia con sus lanzas. También se cansaban menos, podían maniobrar mejor, y detectar a sus enemigos con mayor rapidez. Con su enorme velocidad y capacidad de maniobra, dispersaban a los indios armados con lanzas rudimentarias, mazas y hachas de piedra o arcos primitivos.

En tanto los españoles fueron los únicos capaces de montar a caballo su victoria era segura, pero en las grandes praderas y junto al Río Grande, los indios se fueron acercando cautelosamente a las grandes manadas de caballos que habían progresado de forma asombrosa a partir de algunos animales perdidos, y a mediados del siglo XVII algunos indios aprendieron a montar. En solamente unos veinte años muchas tribus dispusieron de jinetes formidables, que montados en sus pequeños caballos cimarrones, los *mustangs*, se convirtieron en una amenaza de consideración para los españoles, pues unían a su habilidad para la guerra la movilidad y la rapidez que da el caballo, aún a pesar de que no usaban silla —montaban a pelo— y no empleaban espuelas ni estribos.

TERCERA PARTE
NUEVO MÉXICO, TEXAS Y ARIZONA

Acoma
La «ciudad del cielo»

Esta impresionante población es el asentamiento habitado más antiguo de los Estados Unidos. Edificada por los akomé *o* a'ku, *que significa «pueblo de la piedra blanca», los* zuñi *los conocen como* hakuykya, *y habitan la región desde hace 1000 años, siendo constructores de edificios de piedra y adobe levantados en bancales hechos en empinadas mesas de arenisca, alguna de las cuales tiene hasta 112 metros de altura. Agricultores eficientes, desarrollaron un sofisticado sistema de irrigación. Enfrentados a los conquistadores de Juan de Oñate, se llegó a un simbólico acuerdo de paz entre ellos y el Reino de España, que se firmó el 26 de marzo de 2009.*

*«Mire vuestra excelencia que nada queda fuera de mi alcance,
pues para eso me dio Dios diez dedos en las manos
y ciento cincuenta Españoles».*

Alonso de Guillén, más conocido como
Alonso de Contreras (1582-1645)

3.1. Una aventura épica: el Camino Real de tierra adentro

En 1550 el rey Carlos I dictó instrucciones para que no se realizase ninguna conquista o exploración hasta que un organismo especial instituido en cada Audiencia examinase si las conquistas se podían hacer «sin injusticias a los indígenas que viviesen en esas tierras». Ante tal imposición, el virrey de Nueva España, Álvaro de Zúñiga, marqués de Villamanrique, ordenó que se explorase y colonizase Nuevo México de acuerdo con estos principios, mantenidos también por el rey Felipe II.

En la década de los años sesenta del siglo XVI la frontera superó Chihuahua, fundamentalmente debido a las minas de plata que se habían encontrado en la zona, lo que, además de consolidar la presencia española, despertó el interés por los territorios más al norte, en los que se sospechaba que podía haber importantes riquezas. En cualquier caso, el principio de no «combatir» a los naturales parecía humanista y sincero, como lo demuestra la gran calidad de los juristas y religiosos que aconsejaban al monarca español, pero lo cierto es que ninguno de ellos había visto jamás a las tribus que se encontraban a caballo del Río Grande, principalmente una que había llegado a lo que hoy es Nuevo México y Sonora a mediados del siglo XIII, en una larga marcha desde Alaska y conocida en la historia con el nombre de *apaches*[12].

La definitiva exploración colonizadora de Nuevo México se atascó en los habituales trámites burocráticos de la compleja administración española. La búsqueda del líder adecuado y los preparativos se retrasaron hasta 1592, cuando un importante personaje de la Nueva España comenzó a interesarse por la misma. Se llamaba Juan de Oñate y fue finalmente el hombre elegido, pero antes hubo de superar un proceso de selección muy arduo, pues eran muchos los memoriales presentados de candidatos que se creían merecedores de tal honor. Finalmente, el virrey Luis de Velasco pudo presentar a su elegido un contrato con las obligaciones y deberes de ambas partes, que fue firmado por Oñate en septiembre de 1595. No era el primer intento de explorar Nuevo México, pues había algunos antecedentes interesantes.

---

[12] Sin duda alguna, los apaches han de figurar entre los mejores guerreros de la historia. Desde su llegada a Arizona y Nuevo México combatieron con ahínco durante setecientos años a los *hopi*, *zuñi*, *tanos*, *tewas*, *piros*, *tompiros*, *tiwas*, *towas*, *queres*, *comanches*, españoles, mexicanos y angloamericanos, y su última partida de guerra no se rindió a las tropas de Estados Unidos hasta 1886. Un récord difícilmente superable.

El primer proyecto serio fue el de Gaspar Castaño de Sousa, y el segundo fue el de Cristóbal Martín, que el 23 de octubre de 1583 se ofreció para explorar mil leguas más allá de Nuevo México y crear poblaciones estables en las costas del norte y del sur —se refería al Pacífico y al Atlántico—, lo que demuestra además de una ambición sin límites un desconocimiento notable de la geografía norteamericana.

Además hubo otras propuestas, como la de Hernán Gallegos, que afirmaba conocer bien el territorio por haber acompañado a Sánchez Chamuscado, y la de Francisco Díaz de Vargas, un hacendado de Puebla. También lo solicitaron el conquistador de Nueva Vizcaya, Francisco de Urdiñola, y Juan Bautista de Lomas y Colmenares, el hombre más poderoso y rico de la Nueva Galicia, ambos buenos conocedores de la frontera.

Juan de Oñate, el hombre del rey

Finalmente el hombre seleccionado por el virrey fue Juan de Oñate, hijo de Cristóbal de Oñate[13], compañero de Cortés y uno de los fundadores de Zacatecas, sustituto de Coronado en el gobierno de Nueva Galicia durante el tiempo de su gran aventura exploradora. Tras criarse en la frontera, donde combatió a los indios bárbaros, Juan de Oñate, que tenía una esmerada educación, se había casado con Leonor Cortés de Moctezuma, hermana de Martín Cortés, el hijo del conquistador de México, y además biznieta del antepenúltimo emperador *mexica*.

Las cláusulas del contrato obligaban a Oñate a descubrir y poblar «con toda paz, amistad, y cristiandad», y llevaba claras y detalladas instrucciones del virrey sobre cómo tratar a los naturales. Para proceder a cumplir su misión, debía reclutar 200 hombres bien armados y equipados, además de cinco sacerdotes y un lego. A diferencia de expediciones como la de Coronado, no se trataba de una mera expedición de exploración y conquista, ya que además de mujeres y niños llevarían mil cabras, mil carneros, tres mil ovejas churras, mil cabezas de vacuno, ciento cincuenta potros, y ciento cincuenta yeguas y caballos para los expedicionarios.

Por último debía transportar también harina de trigo, maíz, carne en salazón, galletas, aves de corral, frutos secos y útiles corrientes desde tinta, papel y medicinas hasta muebles y material de repuesto para las carretas y vehículos de ruedas y para los caballos.

---

[13] Cristóbal de Oñate inició la explotación de las minas de Zacatecas, donde el joven Juan aprendió mucho acerca de cómo explotarlas, lo que le fue muy útil, pues cuando marchó a España acabó como Inspector de las Reales Minas de España.

El contrato disponía también el nombramiento de Juan de Oñate como adelantado, capitán general y gobernador de Nuevo México, cargo que pasaría a su hijo Cristóbal. Correspondía al virrey el suministro de la municiones, la pólvora —tres mil libras— y los cañones, más diez mil proyectiles de arcabuz. Parte de las cotas de malla y escarcelas, así como otro material de guerra de uso individual, fue adquirido por el propio Oñate para equipar a sus hombres.

Los expedicionarios eran hombres en general jóvenes, pues noventa no llegaban a la treintena y solo unos pocos estaban por encima de los cuarenta, lo que no impedía que hubiese también encanecidos veteranos como el alférez Francisco de Sosa Peñalosa, que tenía sesenta años. Reclutarlos no fue sencillo, pues después de las grandes expediciones exploradoras de la primera mitad del siglo, quedaban ya pocos aventureros en México y la mayor parte de la población española estaba acostumbrada a las comodidades de su nueva existencia y era reacia a arriesgar su vida y hacienda en extrañas aventuras de éxito dudoso. Por lo tanto, Oñate decidió buscar a los que eran como él, criollos y mestizos ambiciosos, muchos de los cuales anhelaban, aún más que la riqueza, la promoción social que les supondría el título de hidalgos y entrar así en los círculos de descendientes de los primeros conquistadores cuyos padres habían acompañado a Cortés o descendían de los primeros colonos llegados de España. Tal era el caso de Gaspar Pérez de Villagrá, procurador de justicia de la expedición, hombre de leyes y letras; o el de sus sobrinos Juan y Vicente Zaldívar. El resto los reclutó entre ambiciosos recién llegados, que aún no tenían una posición sólida en la sociedad colonial, cada vez más jerarquizada, y que aún sentían deseo de aventura[14].

Algunos de ellos habían combatido en el Mediterráneo y Flandes y eran tan duros y audaces como la mayoría de los soldados españoles de la época. Durante la expedición tuvieron ocasiones sobradas de demostrar sus recursos, habilidades y valor. En su mayor parte eran originarios de las dos Castillas y Andalucía, pero no faltaban cántabros, asturianos, gallegos y vascos. En total, de los 129 expedicionarios un tercio eran criollos y el resto eran españoles y un puñado de gente de Portugal, nación en la que desde 1580 reinaba Felipe II. Había también un griego, Juan Griego, y un flamenco, Rodrigo Velman.

---

[14] En el México del siglo XVI se valoraba a los descendientes de las familias nobles de origen indio, ya fuesen de Tenochtitlán, de la aliada Tlaxcala o de otras ciudades, y solo con el paso del tiempo se fue creando la estructura jerárquica social y racial compleja que dio lugar al alucinante sistema de castas y «calidad» de las personas del siglo XVIII.

Los últimos obstáculos

En 1595 Oñate no había logrado aún finalizar y cerrar la parte del contrato que le correspondía. Los obstáculos que tenía por delante eran superables, pero, desgraciadamente, el nombramiento de su amigo Luis de Velasco como virrey del Perú fue una mala noticia, pues su sucesor Gaspar de Zúñiga y Acevedo, conde de Monterrey, no era partidario de lo que se estaba preparando y en septiembre de 1596, dio orden de que nadie partiera hacia Nuevo México sin su autorización expresa. En México, todos pensaban que el nuevo virrey quería encargar la expedición a su amigo Pedro Ponce de León, si bien, para suerte de Oñate, su rival no fue capaz de reunir los fondos necesarios para una expedición tan compleja, por lo que los planes siguieron su curso.

En enero de 1597 todo estaba listo para la marcha cuando se produjo un retraso motivado por una nueva inspección que, finalmente, terminó de forma favorable cuando el grupo principal se encontraba en Santa Bárbara, en Chihuahua. Incluso a pesar de que el propio rey Felipe II ordenó que la expedición partiera a mediados de año, el virrey siguió oponiéndose y ordenó otra inspección, amenazando con detener la marcha si se partía sin su permiso. Oñate cedió y aceptó la nueva inspección si no se demoraba más de dos meses. Pasado el tiempo acordado el inspector no se presentó, y una parte de los soldados, hartos de esperar, abandonaron el lugar de concentración.

Cuando, por fin, el inspector Frías llegó al campamento de los expedicionarios, fue recibido con los honores debidos, pero desde el principio se percibió su mala fe, ya que todas las medidas que adoptó iban en contra de los intereses de Oñate. Frías amenazó con pena de muerte a quien abandonase el campamento, lo que impidió un buen control del ganado, que se dispersó por el campo, y aplazó la revista final para el 8 de enero, con la esperanza de que muchos hombres abandonaran a Oñate. Por si fuera poco, Frías no autorizaba la salida de la expedición, pues alegaba que la falta de 80 soldados ponía en peligro el éxito, pero ante tan desesperada situación, Juan Guerra, segundo en el mando de Oñate, y su esposa, la gentil Ana de Mendoza, se comprometieron a abonar a su cargo el salario de los soldados para no verse obligados a esperar su regreso o su reemplazo.

Guerra pagó los costes de la inspección y por fin obtuvo el permiso para partir, pero Frías ordenó la salida antes de que los carros y vehículos recibiesen el último ajuste, con el fin de perjudicar a Oñate. No pudiendo hacer el inspector del virrey nada más para demorar la partida, la expedición salió el 26 de enero de 1598, fecha inolvidable para la historia de Nuevo México.

Debido a los problemas que tenían los carromatos, la expedición no había avanzado ni siquiera ocho kilómetros cuando hubo de detenerse, momento que aprovechó Oñate para ordenar la acampada de los 83 carros tirados por bueyes que se extendían a lo largo de una legua. Llevaba 7000 cabezas de ganado, mujeres y niños y un pequeño grupo de religiosos, escoltados todos ellos por los mejores guerreros de su tiempo, los soldados del rey Felipe II de España.

Con el fin de evitar errores, Vicente de Zaldívar, sobrino de Oñate, partió en vanguardia con 17 hombres para abrir camino y descubrir obstáculos que pudiesen perjudicar a la expedición. Su trabajo fue esencial, pues evitó retrasos innecesarios y errores. Avanzando hacia el norte, pararon junto a un río al que llamaron Jueves Santo y donde acamparon en Semana Santa. Antes había ocurrido un suceso importante para el futuro católico de Nuevo México. En febrero, fray Diego Márquez, el franciscano que acompañaba a la expedición, había decidido regresar a México, y el capitán Farfán, que le acompaño en su retorno, se incorporó de nuevo a la expedición acompañado de dos padres y ocho hermanos franciscanos que se unieron al grupo principal el 3 de marzo y serían los responsables de la evangelización de Nuevo México.

Cuando Oñate salió de Santa Bárbara, esta localidad era en aquel momento la población más al norte de Nueva España. Además era meta final de uno de los cuatro grandes caminos del virreinato. Todos nacían en México y el primero iba hasta Veracruz, el segundo llegaba a Acapulco, el tercero a Guatemala y el cuarto, el de Durango, acababa en la remota Santa Bárbara. Pero más allá no había nada, solo el Río Grande y un territorio desconocido.

La posesión de Nuevo México

Antes de pasar el Río Grande hubo que atravesar el río de las Conchas, operación difícil para la que se construyó un puente usando 24 ruedas de las carretas que atadas con amarras se lanzaron al agua. Sobre ellas se colocaron troncos de árboles para que pudiese pasar el ganado, operación tras la cual fue preciso un descanso que duró una semana. La expedición alcanzó el Río Grande el 20 de abril, y lo cruzó el día de la Ascensión, tras varios encuentros con una banda de guerreros indios hostiles. Una vez en la orilla norte la primera obsesión de Oñate fue levantar una capilla y disponer así de una iglesia que diese a los colonos esperanza en su destino. Con troncos de árboles la construyeron y la adornaron con algunos de los ricos tapices que llevaban, y a las tres semanas ya estaba lista para celebrar una misa.

El 8 de septiembre de 1598, fiesta del nacimiento de la Virgen María, fue el día señalado para dar gracias por la suerte que hasta el momento había acompañado a la expedición. Fray Alonso Martínez, superior de los franciscanos, celebró la misa y fray Cristóbal de Salazar dio el sermón. Luego, Juan de Oñate celebró una ceremonia oficial en la que tomó posesión de Nuevo México en nombre de España y del rey Felipe II. Ese fue el primer Día de Acción de Gracias de la historia de los Estados Unidos, que antecede en 23 años al de los Padres Peregrinos de Plymouth[15].

El complejo documento elaborado por Oñate justifica la toma de posesión del territorio en la Bula del papa Alejandro VI de 1497, y se basa en tres motivos fundamentales: la muerte y martirio de los frailes Juan de Santa Marta, Francisco López y Agustín Rodríguez; la necesidad de corregir y castigar los pecados «contra la naturaleza y la humanidad» cometidos por los indígenas, y la salvación de los hijos de estos indígenas que no habían sido bautizados. La declaración oficial de soberanía española sobre Nuevo México fue seguida de una gran fiesta en la que hubo juegos, comida y baile e incluso se representó una obra de teatro compuesta por Marcos Farfán que tenía como tema la evangelización de los indígenas. Lo que los improvisados actores no sabían es qué acababan de realizar la primera representación teatral de la historia de los Estados Unidos.

Otra vez en marcha, avanzaron hacia el norte junto al curso del Río Grande y en el poblado indio de Teipana recibieron una gran ayuda de los indígenas, que les facilitaron maíz en abundancia, por lo que Oñate bautizó el lugar con el nombre de Socorro[16]. La travesía del territorio más allá de El Paso había sido terrible, pues en ochenta millas —unos ciento veinte kilómetros— apenas había un pozo en el que poder encontrar agua. Después siguieron su ruta pasando por Tiguex y Zía hasta alcanzar Santo Domingo Pueblo, desde donde Oñate decidió enviar mensajeros a los pueblos vecinos para que los indígenas conocieran sus intenciones. Les habló de la necesidad de prestar fidelidad al rey de España, y les prometió su colaboración si lo hacían.

Con posterioridad, al norte de Santo Domingo, a mediados de julio, localizó un lugar cerca de la población india de Oh-ke, donde decidió establecer un pueblo español. Tras acordarlo con los indios el lugar pasó a ser conocido como San Juan de los Caballeros, en honor del santo patrón del general Oña-

---

[15] La situación ha cambiado en los últimos tiempos, y en la actualidad el Día de Acción de Gracias hispano se celebra en centenares de colegios de los Estados Unidos, como homenaje a los pioneros españoles.

[16] En sus cercanías se encuentra en la actualidad el Museo del Camino Real de Tierra Adentro.

te y en recuerdo de la caballerosidad mostrada por los españoles con los indios *oh-ke*. Era el 18 de agosto de 1598 y acababa de nacer la primera población española de Nuevo México, a la que pusieron por nombre San Gabriel.

Ante la proximidad del invierno, Oñate pensó que resultaría útil emplear los restos de un poblado indígena abandonado llamado Yunque-yungue y pidió a los caciques indígenas autorización para ocupar las ruinas. Lo consiguió a cambio de ayuda contra los temibles *apaches*, cuyas incursiones tenían aterrorizados a los indios de la región. La reconstrucción de las pobres casas de adobe debió de ser muy penosa para los colonos y sus familias, que afrontaban el duro invierno en un territorio desconocido a miles de kilómetros de su civilización.

La desesperanza cundió en muchos de los expedicionarios, que no veían futuro en la nueva ciudad de San Gabriel. Tal vez muchos se habían hecho ilusiones acerca de nuevas y feraces tierras, pero lo que tenían ante sus ojos era una tierra seca y pobre, en la que sería difícil labrar la tierra y en la que tal vez no habría otro futuro que pastorear ganado bajo la amenaza de las tribus salvajes de indios bárbaros. La consecuencia del descontento fue una revuelta protagonizada por cuarenta y cinco hombres, muchos con sus familias, por lo que su decisión de regresar a México ponía en peligro toda la expedición.

Oñate actuó con energía y ordenó la detención de los cabecillas de lo que consideraba una conspiración y los trató como desertores. La intervención de los franciscanos liderados por fray Alonso Martínez logró el perdón de los rebeldes y todo quedó en una fuerte amonestación. Pero Oñate se dio cuenta de que si no quería perder el dinero invertido no solo tenía que mantener el orden, sino también dar una esperanza a quienes habían ido con la idea de encontrar una vida mejor. Además, descubrió que cuatro de los soldados habían desertado. Para detenerlos y castigarlos, Oñate eligió a uno de sus mejores hombres, su amigo Gaspar Pérez de Villagrá, que aún no sabía que estaba destinado a ser el primer héroe de la historia de Nuevo México.

En una persecución épica, al estilo de las que luego han representado las películas del *Western* en el cine, en las que un *sheriff* sigue el rastro a los bandoleros a lo largo de kilómetros de territorio salvaje, el audaz caballero y poeta siguió su pista durante días hasta que capturó a dos de ellos antes de que escaparan al otro lado del Río Grande, donde acababa la jurisdicción de Oñate. Los dos presos, Manuel Portugués y Juan González, fueron condenados por haber faltado a su palabra de honor a la hora de alistarse y a su condición de hidalgos, por lo que, como escarmiento para posibles conductas similares, fueron condenados a muerte y ejecutados en las afueras de San Gabriel.

La pobreza de San Gabriel no podía ser el destino final de una expedición tan amplia y costosa, y Oñate se animó a buscar nuevas y mejores tierras con la esperanza de confirmar algunas de las maravillas que expedicionarios anteriores, como Pedro Castañeda de Nájera, habían narrado. La persona elegida para llevar adelante la expedición fue Vicente Zaldívar, sobrino de Oñate, que además de un grupo selecto de españoles llevó también a varios guerreros de Tlaxcala. Su destino era explorar el este de la región y descubrir las manadas de búfalos de los que habían tenido noticias. En la gran ciudad pueblo de Cicuyé, en territorio *towa*, fueron muy bien recibidos, por lo que un padre y dos hermanos franciscanos se quedaron, pues vieron que era una gran posibilidad de formar a futuros indios aliados y amigos. Entre tanto, Zaldívar y sus hombres siguieron hacia el este hasta entrar en la actual Texas, donde localizaron grandes manadas de «cíbolos», nombre con el que conocían a los búfalos de las praderas. Cazaron algunos con gran riesgo, pues varios caballos resultaron heridos, y recorrieron la región para tomar contacto con las tribus locales y anotar lugares interesantes o accidentes geográficos destacables.

A finales de noviembre llegaron de nuevo a San Gabriel, donde informaron a Oñate y le comunicaron que los «cíbolos» no eran domesticables. Lo más importante era que en su marcha hacia el este no habían llegado al mar, pues se creía que el Atlántico —del Golfo de México— no podía estar tan lejos.

Oñate no se daba cuenta todavía de las inmensas distancias del continente norteamericano y, preocupado por concentrarse con la expedición de Vizcaíno que había partido por mar hacia California, emprendió otra exploración al oeste con la quimérica idea de llegar al océano Pacífico. Tras atravesar la región de Tiguex logró llegar a Cíbola, en tierras de los *zuñi*, y siguió hacia el noroeste, ya en tierra *hopi*. Viendo que era imposible llegar al mar, regresó al territorio *zuñi*, donde se encontró con el grupo de su sobrino Juan Zaldívar. Ambos decidieron que sería posible seguir la marcha al oeste e intentarlo de nuevo. Lo que no sabía es que todos sus proyectos cambiarían por un desafío que nunca hubieran imaginado y que la historia conoce con el nombre de la Guerra de la Roca.

Los indios del suroeste

Las tierras que iba a atravesar la expedición de Juan de Oñate estaban habitadas por un conglomerado de tribus de diversos orígenes que, en gran parte, eran ya conocidas por haber tenido contacto con la expedición de Coronado o con algunos de los aventureros y misioneros que se habían adentrado en los desiertos y llanuras del norte del Río Grande. En la capital de Nueva España, geógrafos y cartógrafos intentaban mantener al virrey al corriente de los nuevos descubrimientos y confeccionaban mapas en los que situaban los accidentes geográficos más notables, las distancias, la posición de las diversas tribus y sus rancherías y todo lo que permitiera tener una idea, siquiera aproximada, de lo que los expedicionarios se podrían encontrar.

La población más importante era el gran grupo de tribus conocida con el nombre de indios *pueblo*. Su cultura, bastante desarrollada, había sufrido mucho por las depredaciones de los feroces nómadas que habían llegado desde el norte. Eran básicamente dos etnias que habían llegado al sur en tiempos no muy lejanos, la primera de los cuales, los *apaches* de lengua *na-dené*, procedían de Alaska y estaban en la región desde finales del siglo XIV. Divididos en varios grupos —*mescaleros, chiricauas* y *mimbreños*— o por su división lingüística —*jicarilla, lipán* y *kiowa-apache*, en un grupo, y *coyoteros* en el otro—, su nombre *apachu* en lengua *zuñi* significa «enemigo». Se denominaban a sí mismos *ndee*, que quiere decir «la gente».

Eran tan feroces y hábiles en la guerra que se decía que una banda guerrera apache podía estar formada por un solo hombre. La segunda gran tribu nómada eran los *comanches* —de los que hablaremos más adelante—, que procedían del lejano norte canadiense —del lago Athabasca— pero no alcanzaron los actuales estados norteamericanos de la frontera sur hasta el siglo XVIII.

Una de las principales tribus era la de los *piros,* que vivían al norte del Río Grande y ocupaban la región del actual El Paso, por lo que fueron los primeros en ver a los hombres de Oñate. Vivían en doce asentamientos que gradualmente se fueron integrando entre los indios *pueblo*. Al este de Albuquerque había quince aldeas de los *tompiro,* que fueron también absorbidos por otros indios *pueblo* ante su incapacidad de protegerse de los *apaches*. Al norte estaban los *tiwas,* llegados a finales del siglo XIV y de los que había al menos veinte tribus cuando los españoles contactaron con ellos en 1541. Sus establecimientos llegaban hasta Taos, en el norte del actual Nuevo México, y todavía quedan cuatro comunidades.

Los *tewas* se mantienen hoy en seis comunidades al norte de Santa Fe, si bien en algunas, como Pojoaque, están muy hispanizados por la masiva llegada de emigrantes de México. Los *towa* solo sobreviven actualmente en Jémez, a pesar de que cuando llegó Oñate eran los señores de Cicuyé[17], el

---

[17] Sus ruinas se conservan hoy en día. Estaba junto al río Pecos.

mayor de todos los pueblos indígenas de la región, que tuvieron que abandonar por la presión *apache*. En el centro del Río Grande estaban los *queres*, cuya mayor ciudad era Tiguex, cerca de la actual Bernalillo, y que hoy en día mantienen siete comunidades, incluyendo la de la famosa ciudad de Acoma, con al menos 1 000 años de antigüedad. Por último, junto a la capital, Santa Fe, habitaban los feroces *tanos*, los más agresivos de los *pueblo*, desaparecidos tras la rebelión de 1680.

Los *navajo*, parientes de los *apaches*, habían llegado como ellos a finales del siglo XIII, y son hoy el pueblo nativo norteamericano más numeroso, con algo más de 175 000 personas, que habita los estados de Arizona, Nuevo México, Utah y Colorado, junto con unos pocos que viven en Chihuahua y Sonora, en México. *Navajo* es el nombre que les dieron los primeros exploradores españoles al denominarlos indios *apaches de Navajó*. Eran nómadas y se identificaban como enemigos de las tribus sedentarias, de los españoles, de los mexicanos y de los angloamericanos. Actualmente se han mezclado con otras etnias, incluyendo a los blancos. A ellos pertenece la más extensa reserva de cualquier grupo nativo norteamericano, con más de 60 704 kilómetros cuadrados. Además de todas estas naciones indias, la expedición de Oñate trató con los *hopi*, que actualmente viven —muy hispanizados— al noreste de Arizona, y de los que se conocieron siete pueblos, de los que actualmente sobreviven tres.

Los *hopi*, en contacto con las tribus de las llanuras, fueron adoptando una mezcla de costumbres propias de tribus del norte junto con otras llevadas por los misioneros españoles, y desarrollaron una interesante cultura sincrética. Pertenecen al grupo de antiguos habitantes de la meseta central de los Estados Unidos y hoy son unos 10 000 individuos, de los cuales la mayor parte viven en Arizona, en la reserva federal Pueblo Navajo. Existen fricciones entre los grupos *hopi* y *navajo*, que derivan de la invasión *navaja* de las tierras *hopi* en el pasado, pues los *hopi* se consideran autóctonos. Su cultura es similar a la de los *zuñi* y otros indios *pueblo*, si bien hablan una lengua del grupo *uto-azteca*. Son uno de los pocos grupos aborígenes que han mantenido su cultura hasta la actualidad; sus poblados son antiguos, algunos con una historia de 1 000 años. Tienen fama por su elaborada cestería y las miniaturas que esculpen, y disponen de una mitología asombrosamente rica.

La ruta que abrió Oñate constituye una de las principales vías culturales de los Estados Unidos, pues en la práctica las comunicaciones entre El Paso y Santa Fe siguen el viejo Camino Real de tierra adentro. Durante siglos, este camino supuso la mayor vía de intercambio cultural y de mercancías, gracias a la cual las comunidades indígenas del suroeste pudieron mantener su cultura y ampliar la base material de sus condiciones de vida, lo que ha permitido su supervivencia hasta la actualidad.

Guerreros y poetas: Gaspar Pérez de Villagrá

Un punto curioso de la colonización española de Nuevo México es que contamos con una narración diferente de las habituales, ya que entre los expedicionarios iba un soldado heredero de los cantores de la vieja épica castellana, un poeta que ensalzó las hazañas de sus compañeros y que sin duda estaba influenciado por el gran cantar de gesta de la aventura americana, *La Araucana* de Alonso de Ercilla. Se trataba de Gaspar Pérez de Villagrá, el joven caballero al que encomendó Oñate la búsqueda y captura de los cuatro desertores de San Gabriel, y cuyo poema épico *Historia de la Nueva Mexico*, constituye uno de los testimonios más importantes de la literatura del sudoeste de los Estados Unidos, a pesar de que su calidad está lejos de la obra de Ercilla, ya que las dotes poéticas de Villagrá no eran muy altas. Sin embargo, la descripción que hace de los paisajes, animales, de las tribus y sus costumbres y de la evolución de la conquista, es tan correcta que le ha valido un lugar en la historia.

La obra de Pérez de Villagrá está dividida en 34 cantos escritos en versos endecasílabos. Los especialistas han destacado su falta de altura poética, su escasez de puntuación, su oscuridad, su abuso de las comas, pero como documento histórico su valor es inmenso. El realismo, precisión y descripción de los personajes y lugares es de una ayuda inestimable para quienes han intentado reconstruir la emocionante peripecia de la conquista española de Nuevo México, aún a pesar de los elementos imaginativos que incorpora.

Villagrá fue además un excelente combatiente. Imbuido del espíritu casi místico que tenían muchos de los conquistadores, contó siempre con la amistad de Oñate y de los soldados que componían la expedición fundadora, a los que dedicó el canto XX de su obra, donde detalla el sufrimiento de sus compañeros en tierra extraña siempre sin recompensa y a veces olvidados por todos. Las hermosas y emotivas palabras, dirigidas al rey, merecen ser conservadas como recuerdo de quienes lo dieron todo por defender sus banderas en lejanas tierras:

A vuestro caro Padre y señor nuestro,
A contalle sus cuitas y fatigas,
Con esperança cierta y verdadera,
De verlas remediadas y amparadas,
Dios por quien es os tenga en su mano,
Y conserue el illustre y alto nombre,
Que por aca se suena y se publica,
De que soys muy gran padre de soldados,
Que yo como el menor de todos ellos,
Y que a señor y Padre me querello,
He querido contaros los trabajos,
Que por aca se sufren y padecen,
Que como bien sabeis Rey poderoso,
No hay hombre que despues de haber sufrido,
Fatigas y miserias tan pesadas,
No quiera alguna paga y recompensa,
De sus muchos servicios y trabajos,
Por cuio memorable sufrimiento,
Las manos puestas pido, y os suplico,
Que haya memoria destos desdichados,
Cuio valor heroico levantado,
Merece clementisimo monarca,
Perpetua gloria y triunfo esclarecido.

Su obra no se publicó en México, sino en Alcalá de Henares en 1610, ya que el soldado-poeta había sido enviado en 1604 a España para defender la actuación de su general y amigo Juan de Oñate. En los once años que residió en Europa, Villagrá terminó su poema épico y tuvo que defenderse en un juicio de residencia del que finalmente resultó absuelto. Nombrado alcalde mayor de la ciudad de Guatemala, marchó a su nuevo destino pero la muerte le sorprendió en el mar. Así falleció el cronista de la conquista de Nuevo México y el héroe de una de las hazañas más asombrosas que registra la historia de América: la toma de Acoma.

La Guerra de la Roca y la ciudad de las nubes

Hay pocos sucesos en la historia de América y de España como la Guerra de la Roca, pues en escasas ocasiones la realidad ha superado tanto a la fantasía como en la pacificación de los indios *queres* y la toma de su «ciudad de las nubes», conocida por los conquistadores como Acoma.

La leyenda de la existencia de una extraña urbe en el aire había llegado a las avanzadillas españolas cuando en 1539 fray Marcos de Niza encontró en Cíbola a unos indios que le hablaron de una enigmática y poderosa ciudad invulnerable, habitada por cientos de poderosos guerreros que se pintaban el cuerpo de negro para la batalla y construida en las rocas. La llamaban Acoma o Hákuque y decían que era inconquistable. Levantada en medio de una llanura, en un valle de casi cinco kilómetros de ancho y rodeado de inmensos precipicios, había sido edificada por los *queres* en lo alto. Para llegar a ella era necesario subir un peligroso camino por pequeñas sendas en las que un tropiezo o un descuido suponía caer desde más de cien metros de altura.

Atraído por los relatos, Coronado llegó hasta allí con su hombres y quedó asombrado por lo que vio, pero, afortunadamente para su pequeña tropa, los indios, que jamás habían visto hombres blancos y barbados ni caballos, quedaron maravillados y trataron con hospitalidad y cortesía a los conquistadores. Por su lejanía con los más avanzados asentamientos españoles, pasarían más de cincuenta años antes de que los habitantes de Acoma volviesen a ver hombres blancos en su territorio: se trataba de la poderosa expedición de Juan de Oñate, que llegó al lugar en 1598.

Los soldados cubiertos de hierro de Oñate, con sus caballos y armas de fuego, hicieron que los *pueblo* se sintieran intimidados y decidieran que era mejor colaborar. Viendo que los extranjeros respetaban sus vidas, familias y haciendas, resolvieron someterse a los dictados de los españoles hasta ver cómo evolucionaban las cosas. Optimista por la falta de reacción armada, Oñate fundó San Gabriel, la segunda ciudad española en antigüedad de los actuales Estados Unidos[18], y comenzó a poblar y explorar el nuevo territorio. Para mejorar las relaciones con los indios decidió concentrar a los representantes de las principales tribus en Gupuy —en la actual Santo Domingo—. Allí los *queres, tigua* y *jemez* aceptaron jurar fidelidad a la Corona de España y comportarse como leales aliados, y en septiembre de 1598, en San Juan, se celebró otra conferencia similar a la anterior que logró la sumisión de los *tanos*, los *picuries*, los *tehuas* e incluso los lejanos *taos*.

Todo iba bien y la situación parecía controlada, pero para asegurarse, Oñate envío a su asistente personal, Juan de Zaldívar, a explorar las llanuras del este, acompañado de 50 jinetes. La misión era comprobar si el camino era practicable para el grueso de las fuerzas de Oñate, que salió el 6 de octubre de la pequeña San Gabriel, entonces la más remota colonia española, a más de 1200 kilómetros de cualquier asentamiento. Tras llegar a las llanuras

---

[18] Desgraciadamente no existe. Estaba junto a la actual Chamita.

de los lagos salados, atravesaron un árido terreno de casi trescientos kilómetros dejando las montañas Manzano al oeste, y tras regresar a Puaray —hoy Bernalillo— los españoles alcanzaron Acoma el día 27 de octubre. Impresionado por la ciudad que se levantaba hacia el cielo, Oñate quedó contento al ver que los notables de la ciudad bajaban hasta su improvisado campamento para someterse. Al igual que en las ocasiones anteriores, se repitieron los juramentos de fidelidad y las promesas de amistad. Lo que no sabía Oñate es que los indios, alarmados por el poder de los extraños guerreros blancos, habían decidido eliminarlos y pensaban que si su caudillo caía sería sencillo deshacerse del resto, así que resolvieron acabar con su vida.

Para ello invitaron a Oñate y a sus compañeros a subir a la ciudad. A los pies quedó una pequeña escolta con los caballos, y Oñate con una decena de hombres acompañó a los *queres* para visitar Acoma. Impresionados por los estrechos senderos abiertos al vacío en el ascenso, los visitantes contemplaron asombrados las casas de varios pisos con terrazas y los estanques en los que se recogía el agua de lluvia. Los indios condujeron a los españoles hasta la sala del consejo de la ciudad. Para llegar debían subir por una escalera y atravesar una cámara en la que estaba preparada una trampa mortal. Tras alcanzar el techo sugirieron a Oñate bajar por una pequeña escalera hasta una oscura habitación. Por alguna razón que no conocemos, Oñate debió de recelar o, al menos, notar instintivamente que algo extraño pasaba, y no quiso continuar.

Los indios, tal vez por la intimidatoria presencia de los caballeros cubiertos con sus armaduras, no siguieron insistiendo. Los españoles recorrieron el resto de la ciudad y fueron acompañados amablemente hasta la base de la inmensa montaña rocosa, donde montaron y continuaron su marcha hacia Moqui y Zuñi.

Oñate y sus hombres se acababan de salvar, sin ellos saberlo, de un horrible destino, pero algunos de sus compatriotas no iban a tener la misma suerte.

La encerrona

Tal y como indicaban su órdenes, Zaldívar había regresado a San Gabriel tras marchar por el desierto, y desde allí salió a la búsqueda de su comandante en jefe, que hacía algo menos de un mes había emprendido ruta hacía Acoma, por lo cual, después de reabastecerse, partió el 18 de noviembre tras sus pasos. El 4 de diciembre de 1598 alcanzó a ver la alucinante ciudad de las rocas, y al igual que Oñate fue magníficamente acogido e invitado a subir.

Su pequeña unidad de 30 hombres era muy pequeña para salir victoriosa si había un enfrentamiento y Zaldívar, muy experimentado, sabía que era muy peligroso dejarse convencer por los indios para acompañarles a donde ellos querían. El caso es que aceptó a pesar de sus recelos, y dejando a 14 hombres con los caballos subió con la otra mitad a lo alto de la ciudad. Así, los 16 españoles que formaban el grupo fueron dispersándose por la ciudad mientras los habitantes les iban enseñando el lugar, agasajándoles y tratándoles con extremada amabilidad.

De repente, cuando el jefe de la tribu se dio cuenta de que la separación entre los soldados, dispersos, les impedía defenderse bien, dio un salvaje grito de guerra y todos los indios, desde los niños a las mujeres y los ancianos, comenzaron a atacar a los españoles con mazas, macanas, piedras, cuchillos de piedra y casi cualquier cosa que tuvieran a mano. La lucha fue desigual y brutal. Sorprendidos por lo que estaba ocurriendo, la mayor parte de los españoles fueron cayendo a golpes, entre ellos Zaldívar, pero lo que los habitantes de Acoma desconocían era la naturaleza férrea de la gente a la que se estaban enfrentando. A pesar de la terrible desventaja, los feroces guerreros castellanos respondieron con un valor sobrecogedor y se defendieron del ataque a la desesperada, matando a decenas de sus enemigos antes de caer luchando abrumados por el número.

A golpes de espada, con cuchillos o con las manos y gritando ¡Castilla! y ¡Santiago!, los españoles se buscaron entre las callejuelas y casas, abriéndose paso entre la masa de agresores y dejando a su paso un rastro de sangre, huesos rotos, heridos y muertos. En medio de la lluvia de piedras y flechas, cinco supervivientes se reunieron para intentar alcanzar el sendero de bajada, pero no lo lograron y lentamente fueron empujados hacia el precipicio. Sin pólvora, usando los mosquetes como mazas, con los aceros chorreando sangre, cubiertos de heridas y acribillados de flechas clavadas en sus coseletes y armaduras, siguieron cerrando como leones acorralados un círculo a su alrededor cada vez más pequeño.

Además de Zaldívar habían caído dos oficiales, seis soldados y los dos indios cristianos —guerreros de Tlaxcala— que les acompañaban. Solo quedaban cinco hombres desesperados rodeados de enemigos enloquecidos. Cuatro eran soldados rasos y el otro era el alguacil mayor Juan Tamaro. No había salida, habían realizado una defensa heroica y valerosa y sabían que iban a morir, así que en la locura del combate y viendo que estaban perdidos, saltaron al vacío desde una altura de algo más de 40 metros.

Todavía hoy, más de cuatro siglos después del suceso, no se sabe aún cómo ocurrió el «milagro» de que cuatro de ellos se salvaran de semejante salto y solo uno muriera[19]. Sus compañeros, al verles caer, horrorizados por lo que sospechaban que estaba ocurriendo en lo alto de la ciudad, ayudaron rápidamente a los supervivientes y se refugiaron bajo los riscos, donde estuvieron unos días en tanto los heridos se recuperaban. Podría parecer extraño que siguieran allí a pesar del peligro, pero los españoles conservaban los caballos y mantuvieron una impresionante sangre fría y la guardia en un refugio en el que estaban a salvo de los proyectiles que les pudieran lanzar desde arriba. Alertados en previsión de un ataque, esperaron el momento oportuno y abandonaron el lugar.

Todos sabían que lo ocurrido era el preludio de una revuelta de gran envergadura, y que los escasos españoles que había en la región tendrían que enfrentarse a los más de 30 000 indios *pueblo* que podían alzarse en armas. La situación era grave. Conscientes del peligro, los españoles se dividieron en tres grupos, de los cuales el primero debía avisar a los colonos de San Gabriel del peligro que les amenazaba y conducir a los heridos; el segundo, dirigirse a Moqui y alertar a Oñate y al grueso de las fuerzas españolas en la región; y el tercero avisar a misioneros aislados de lo que estaba ocurriendo.

Una vez más, la ventaja decisiva del caballo permitió que todos los españoles se reunieran en San Gabriel. En la pequeña población, apenas fortificada, se habían instalado los pedreros que estaban disponibles —pues no había otra artillería— en la plaza de armas y los soldados se apostaron con sus mosquetes y arcabuces en las improvisadas fortificaciones, en las que hasta las mujeres defendían las azoteas de las casas. Los niños y los indios fieles se encargaron de reunir provisiones por si había que aguantar un asedio, se levantaron barricadas, parapetos y se dotó al pueblo de defensas mínimamente sólidas.

Oñate, ya maduro y experimentado, sabía que debía responder al desafío, pues de lo contrario los indios *pueblo* en masa se unirían a los rebeldes y aplastarían el incipiente Nuevo México español. Pero había un problema, apenas contaba con 200 hombres y si quería tener éxito debía conquistar la más inexpugnable de las alturas. Acoma contaba con unos 300 guerreros, a los que había que sumar un centenar de indios *navajo* que se les habían unido. En total los *queres* y *navajos* disponían de casi medio millar de hombres en una fortaleza imposible de someter. Además, aunque los españoles podían barrer del campo con sus armas y caballos a un gran ejército de indios a pie, en el caso de Acoma las cosas no eran tan sencillas, pues había que subir

---

[19] Está históricamente comprobado que el salto fue real. Se cree que las dunas de arena traídas por el viento fueron la causa de su salvación. Ni que decir tiene que las caras de incredulidad de sus compañeros debían ser dignas de verse.

por un sendero impenetrable que hacía fácil la defensa. Aun así, Oñate sabía que la vida de la colonia, de las mujeres y de los niños dependía de si podían tomar la inconquistable ciudad del cielo. La elección era sencilla, o los españoles tomaban Acoma o desaparecían de Nuevo México.

Mas allá de lo posible

En una junta de guerra se planteó la situación en toda su crudeza. Oñate pensó que él debía liderar la operación, pero había alguien que le disputó el honor. Se trataba del sargento mayor, Vicente Zaldívar, hermano del ayudante de Oñate, quien pidió capitanear la expedición contra Acoma. Nadie osó rechistar y se le entregó el mando de la operación de castigo que debía de salvar la nueva provincia para España.

El 12 de enero de 1599 el *ejército de Nuevo México*, formado por 70 hombres, partió a la búsqueda de la victoria o la muerte. Eran soldados viejos y solo entendían una forma de enfrentar la vida, así que la decisión fue simple: o todo o nada. Las tropas de la minúscula expedición llevaban como artillería un rudimentario pedrero a lomos de un caballo. Apenas un puñado de oficiales disponía de arneses de calidad y el resto de la tropa se conformaba con escarcelas, herrumbrosas cotas de malla, petos acolchados y morriones de hierro. Sus armas ofensivas eran espadas y dagas, picas, unas pocas alabardas y algunos mosquetes y arcabuces. Solo los oficiales disponían de alguna pistola de rueda. Todos conocían lo que era y significaba Acoma y ninguno pensaba en regresar ni en retroceder. De hecho nadie lo hizo.

El 22 de enero divisaron la impresionante roca en la que se levantaba altiva la ciudad. Los *queres* sabían ya que los españoles se acercaban y se habían preparado a conciencia. Habían acumulado provisiones, armas y, sobre todo, estaban convencidos de que podían derrotar a los demonios blancos y barbados, pues parecía imposible subir hasta lo más alto de la roca atravesando las barreras que habían situado en el camino. En las lindes de los precipicios, en las rocas y peñas y en las casas, terrazas y azoteas, centenares de guerreros con el cuerpo pintado de negro aullaban y maldecían al viento confiados en su fuerza. Para Acoma era la hora de la verdad, para los hombres de Zaldívar, también.

Al pie de la inmensa formación rocosa los españoles se detuvieron. Sabían perfectamente que los gritos de desafío de los guerreros indios estaban dirigidos a ellos para acobardarles, pero algo así no iba a perturbar su calma y su decisión. Eran los herederos de mil años de guerra, de mil años de dedicación al combate. Un heraldo se acercó y, después de hacer sonar la trompeta como aviso, reclamó la entrega de los culpables de la muerte de Zaldívar y sus compañeros. Tres veces lo exigió en nombre del rey, en medio de insultos, amenazas y un griterío ensordecedor. Solo se pretendía castigar a los culpables y Acoma no sufriría daño alguno. Los enfurecidos indios no pararon de lanzar imprecaciones y cuando los españoles se aproximaron les cayó una lluvia de piedras y flechas. Sintiéndose protegidos por la altura, la fortaleza de sus defensas y el número de sus guerreros, los defensores de Acoma despreciaron las amenazas del insignificante ejército que les desafiaba.

El objetivo de Zaldívar era claro, con los medios de los que disponía era imposible el éxito, pero si conseguía la entrega de los culpables de la matanza y los sometía a un castigo ejemplar, tras un juicio en San Gabriel, era posible lograr la pacificación del territorio sin demasiado coste. Si por el contrario no había un acuerdo, los códigos de honor de su tiempo, y su deber, le exigían tomar Acoma por la fuerza, algo sin duda más fácil de decir que de hacer.

Durante toda la noche, los españoles acampados al raso, debajo de la mole de la roca, escucharon los gritos de los indios en la cumbre. El viento arrastraba los ecos de sus cantos en las danzas guerreras con las que ya celebraban su segura victoria. Pero no sabían que quienes estaban debajo eran los compatriotas de quienes durante el último siglo habían cambiado la historia del mundo. Aunque aquellos españoles eran pocos y estaban solos, el problema para los *queres* es que no estaban dispuestos a perder, y la hazaña que iban a hacer al día siguiente no tendría parangón en la historia. Comenzaba a amanecer el 22 de enero de 1599.

Doce hombres elegidos —pues se habían dividido en grupos de ese número—, fueron enviados durante la noche a la parte más escabrosa del talud cargando con el pedrero que arrastraban con cuerdas. A pesar de que debían escalar, se armaron lo mejor que pudieron, y con sus espadas, dagas, cotas y corazas empezaron a remontar el cerro. Habían engrasado el metal para que no hiciese ruido y las piezas metálicas de las armaduras habían sido pintadas de negro —algo habitual para evitar la herrumbre— lo que hacía difícil verles. También habían oscurecido sus rostros, como los modernos comandos, y lentamente iniciaron la subida al borde del vacío, apoyándose unos a otros con cuerdas y arrastrando también su pequeño cañón y unos pocos arcabuces.

Para los indios de Acoma, el primer intento español comenzó al romper al alba, cuando Zaldívar envió a sus escasos mosqueteros y arcabuceros contra el lado norte de la roca. Desde allí comenzaron a disparar en tandas contra los indios, a los que causaron poco daño, pues para garantizar el éxito de las armas de fuego debían acercarse aún más. Así lo hicieron, pero los defensores, encaramados en los farallones y rocas, les acribillaron a flechazos y pedradas, e hirieron a varios. Mientras el ataque de diversión se producía en el lado norte, los doce escaladores habían alcanzado lo más alto de un inmenso farallón separado por un profundo tajo del núcleo de la ciudad, y al atardecer cargaron el cañón y dispararon.

El impacto del proyectil destrozó la pared de una de las casas de adobe y demostró a los indios que la defensa no iba a ser tan fácil. Durante la noche varios grupos de soldados talaron los pocos pinos que había y los subieron hasta donde estaban los doce soldados y el pedrero. Todos, menos un grupo que quedó debajo guardando los caballos, subieron hasta el farallón y se ocultaron en las grietas y hendiduras. Con los troncos que llevaban y unas cuerdas fabricaron durante la noche un pequeño e inestable puente portátil.

En la madrugada del 23 de enero una sección de atacantes inició una carrera que sorprendió a los defensores. Cuando estos se quisieron dar cuenta los españoles habían tendido su tosca pasarela por encima del tajo, pese a la lluvia de flechas y piedras de los indios. Ya estaba un grupo de atacantes al otro lado cuando uno de los soldados cortó sin querer la cuerda que unía la pasarela, que cayó al abismo. Ahora el grupo estaba aislado de sus compañeros por un corte en la roca de decenas de metros de profundidad y los defensores se dispusieron a acabar con ellos. Separados del resto y atacados por una muchedumbre de enemigos, los españoles tenían que acabar sucumbiendo por el cansancio y las heridas. A corta distancia, sus armas de acero y su habilidad como espadachines les daba una notable ventaja que aumentaba con las recias protecciones que llevaban, pero también el peso de las armas les agotaba en la lucha contra cientos de enemigos que, además, se relevaban una y otra vez con nuevos combatientes. La situación reclamaba un héroe o un milagro y encontró ambas cosas.

Los arcabuceros concentrados al otro lado del tajo no podían disparar contra la masa de combatientes, pues podían herir o alcanzar a sus compañeros, y veían con desesperación la dramática lucha que se desarrollaba al otro lado. En ese momento, Gaspar Pérez de Villagrá salió corriendo hacia el precipicio y dando un salto inconcebible alcanzó el otro lado de la sima. Con el apoyo de sus acorralados compañeros, alcanzó la cuerda de la pasarela y la aseguró de nuevo. Había otra vez un paso, por el que los soldados de Zaldívar pudieron cruzar para ayudar a sus compañeros.

Lo que ocurrió en las horas siguientes fue uno de los combates más feroces de la historia de América del Norte. Con una desproporción de uno contra diez, los españoles comenzaron a abrirse paso entre los enjambres de guerreros indios que les acosaban y con sus picas, alabardas, dagas y espadas avanzaron metro a metro, combatiendo contra enemigos cargados de valor que les disputaron cada esquina y cada piedra de la ciudad. La lucha fue brutal. Aturdidos por los golpes de mazas y macanas, por los cortes de los cuchillos y clavas de piedra y acribillados de flechas hasta el extremo de parecer erizos, los hombres del grupo de Zaldívar se fueron apoderando de la ciudad. Atemorizados ante seres que no parecían humanos, los defensores se refugiaron en sus casas, que por sí mismas, con sus techos planos y sus terrazas, constituían excelentes posiciones defensivas.

La Roca había caído, pero quedaba aún la ciudad de Acoma, un espacio de casi medio kilómetro de muros entrelazados como en un complejo laberinto. Enfrente, con las armaduras y los cascos abollados, sangrando por mil heridas y con contusiones y huesos rotos, los españoles supervivientes se concentraron una vez más dispuestos a acabar de una vez con la resistencia. De nuevo se repitió la ceremonia y un heraldo conminó a la rendición a los defensores, a los que se prometió el perdón si se declaraban súbditos del rey de España. Tres veces se repitió la oferta de rendición y por tres veces fue rechazada. Como a Cortés en Tenochtitlán, Zaldívar tuvo que tomar la ciudad casa por casa. El pedrero se colocó en primera línea y disparó contra las casas. Fue un proceso lento y sangriento, cada disparo del cañón demolía una pared o abría una brecha en los muros, por la que los rodeleros y piqueros españoles se introducían para acabar con los defensores con sus espadas y cuchillos de acero.

A los aullidos de los guerreros se unían los gritos de las mujeres y de los niños, más aún cuando algunas casas empezaron a arder. Una gran cantidad de humo comenzó a invadir la ciudad, dificultando la respiración y la visión. En medio de la confusión, algunas casas se hundieron al caer los techos y a los españoles les costó sacar a mujeres y niños para que no cayesen abrasados entre las llamas o muertos de asfixia por la densa humareda.

La rendición

En la tarde del 24 de enero los defensores comenzaron a flaquear. Muchos de ellos, desesperados, se lanzaron al vacío antes que rendirse[20] y poco después los ancianos salieron de sus refugios y pidieron tregua, algo que los agobiados y agotados españoles aceptaron de inmediato. La práctica totalidad de los aliados *navajo* habían caído, al igual que los responsables de la muerte de Juan Zaldívar y sus compañeros, por lo que su hermano concluyó que no era preciso más castigo. La ciudad de Acoma había quedado en ruinas y dos

---

[20] Dos de ellos se salvaron, al igual que ocurrió con los hombres de Tamaro.

terceras partes de sus casas estaban destruidas. Todos los almacenes en los que se guardaban las provisiones estaban arrasados.

Quinientos de sus defensores —en una ciudad de mil habitantes— estaban muertos, y todo el trabajo de años de acarrear piedras, arcilla, adobe y madera hasta la cumbre se habían perdido y sería necesario comenzar de nuevo. El castigo sufrido por los indios había sido terrible. En los alrededores de Acoma pronto se supo que los diablos blancos habían tomado la ciudad de las nubes y que los invencibles *queres* habían perdido su inconquistable fortaleza. El miedo cundió entre los indios *pueblo* que esperaban el momento de acabar con los españoles de San Gabriel, y concluyeron que estos debían estar protegidos por algún embrujo o poder oculto y decidieron presentarse ante Oñate en señal de sumisión, llegando al extremo de entregarle a los *queres* que se habían refugiado entre ellos.

De esta manera, el conquistador de Nuevo México supo de la victoria de Zaldívar, que llegó poco después con sus hombres tras una dura marcha en medio de la nieve. Todos los españoles estaban heridos y toda su vida guardaron en sus terribles cicatrices el recuerdo de uno de los combates más asombrosos que recuerda la historia. Habían tenido solo dos muertos y uno de ellos, Lorenzo Saldo, por fuego amigo, ya que lo abatió por error su compañero Arsenio Archuleta. Zaldívar llevaba también a 80 muchachas de Acoma para que fuesen educadas por las monjas en México. Los habitantes de Acoma, los más duros e implacables de los *pueblo*, se recuperaron pronto de la derrota y tras reconstruir su ciudad siguieron enfrentados, orgullosos y desafiantes, al poder español en Nuevo México. Mantuvieron formalmente la sumisión a la Corona, pero en el fondo de su alma jamás aceptaron la derrota.

En 1629 fray Juan Ramírez decidió fundar una misión en la ciudad y partió hacia ella, sin aceptar la escolta que le había sido ofrecida. Tras llegar a los pies de Acoma, los habitantes no dudaron en lanzarle varias flechas. En ese momento una niña que estaba contemplando lo que ocurría, resbaló y cayó al abismo, rebotando en la arena y deslizándose hasta un lugar que no podía ser visto por los indios que estaban arriba. Fray Juan, que vio lo ocurrido, se acercó a recogerla y la subió sana y salva a la ciudad. Asombrados, los *queres* creyeron que era un mago o alguien con extraordinarios poderes y le permitieron quedarse en la ciudad, en la que vivió por espacio de veinte años, catequizando a sus pobladores, enseñándoles el español y convenciéndoles para que construyeran una gran iglesia, que edificaron con enorme trabajo y esfuerzo. Cuando fray Juan Ramírez murió en 1664, los antaño feroces habitantes de Acoma eran los más civilizados de todos los indios *pueblo*.

Desgraciadamente, la vida en la frontera no fue nunca sencilla. En agosto de 1680, los *queres* se unieron a la rebelión general de los *pueblo* y asesinaron al sucesor de Ramírez, fray Lucas Maldonado. Acoma no fue recuperada hasta 1692, cuando se rindió a Diego de Vargas, que estaba al mando de las tropas que reconquistaron la provincia, aunque el fruto del trabajo del incansable y valeroso fray Juan se había perdido. La iglesia estaba destruida y el espíritu de la guerra había prendido en los *queres*, que en 1696 se rebelaron de nuevo y rechazaron el ataque de Vargas en el mes de agosto de dicho año. Pero la bondad mostrada una y otra vez por los religiosos de Nuevo México no fue olvidada.

En 1700 los indios aceptaron reconstruir la misión y con paciencia levantaron de nuevo la iglesia de Acoma, una de las asombrosas del mundo y que aún se conserva como prueba del tesón de los misioneros españoles. En 1728, por última vez, se rebeló Acoma contra las autoridades virreinales, pero en esta ocasión la revuelta fue fácilmente sofocada y a lo largo del siglo XVIII los *pueblo* se convirtieron en un modelo de integración indígena en la cultura Occidental, pero manteniendo sus tradiciones y costumbres.

Su conducta pacífica les evitó el choque con los norteamericanos, siendo ellos y los *navajos* los grupos indios más numerosos que viven en la actualidad en los Estados Unidos. La ciudad de Acoma es un monumento nacional. Sigue habitada y sus habitantes usan el sendero en el que fray Juan fue atacado, al que denominan el «camino del padre».

Crece la Colonia. Nuevas exploraciones

Pocas semanas antes de la fundación de San Gabriel fallecía en El Escorial el monarca más poderoso del mundo, Felipe II. Su hijo y sucesor, Felipe III, encargó los asuntos de gobierno al duque de Lerma, que dio más poder al Consejo de Indias en las cuestiones que afectaban a América. Entre tanto, en Nuevo México, tras la terrible guerra de Acoma, no había llegado la paz.

Los *jumanos* se habían negado a entregar el tributo y se mostraban violentos, lo que motivó una dura expedición de castigo de los jinetes de Oñate. El problema para la prosperidad y futuro de la nueva colonia era el de siempre, conseguir nuevos pobladores. A tal efecto, en marzo de 1599 Oñate envío una carta al virrey en la que le contaba los asuntos de Acoma y le solicitaba refuerzos. También envío reclutadores de colonos a México que presentaron una imagen ideal de Nuevo México, tal como el propio Oñate había hecho en su carta al virrey. Después de varios meses de trabajo, Pérez de Villagrá partió de Santa Bárbara hacia la nueva colonia el 5 de septiembre de 1600.

Esta vez llevaba consigo cuatro piezas de artillería, doce mosquetes, municiones y armas blancas de repuesto en cuatro carros, con setenta y dos bueyes y cuarenta caballos de refuerzo.

En la expedición iban setenta y tres soldados, muchos acompañados de sus familias, y algunos misioneros. Todos los nuevos colonos habían sido nombrados hidalgos, aunque algunos de ellos ya lo eran e incluso contaban con notable fortuna. Tras una marcha sin incidentes notables, llegaron a San Gabriel a finales de diciembre de 1600. Seguramente debieron de quedar desencantados a la vista de la realidad del lugar que les habían presentado como maravilloso, pero para los residentes fue una gran alegría la llegada de los nuevos colonos. Aprovechando la situación y la llegada de los esperados refuerzos, Oñate pasó a la búsqueda de nuevos territorios. Con este fin envió de nuevo a Vicente Zaldívar para alcanzar las costas de California, un viaje que fracasó por falta de provisiones al atravesar los infinitos territorios de los desiertos de Arizona.

Entre tanto, Oñate partió en dirección a Quivira. Con él iban setenta y cinco voluntarios y sus familias, con 700 vacas, cabras y ovejas. Los expedicionarios atravesaron las praderas y contactaron con grupos de merodeadores *apaches*, pero al llegar a su destino vieron que la región era pobre y seca. Con enorme asombro se encontraron a dos españoles supervivientes de la expedición de Gutiérrez y Leyva que vivían integrados con los indios y les sirvieron de intérpretes. Siguiendo siempre hacia el norte, se adentraron en las praderas de Kansas, hasta que sufrieron un duro ataque de los *escanjaues*, una belicosa tribu. Los indios a pie no eran rival para los caballeros castellanos, aunque una población en un lugar tan remoto no podría sostenerse con seguridad ante las hostiles tribus de la región y los colonos decidieron regresar a Nuevo México. Pero cuando llegaron a San Gabriel, el 24 de noviembre de 1601, Oñate se encontró una desagradable sorpresa.

Durante su ausencia el descontento de los pobladores de San Gabriel había aumentado. El responsable del gobierno en ausencia de Oñate, Francisco de Sosa Peñalosa, y fray Juan de Escalona, representante de los franciscanos, se enfrentaron a una protesta encabezada por los colonos Gregorio Cesar, Bernabé de las Casas y Alonso Sánchez. Amenazados por el hambre y la miseria, querían marcharse antes del regreso de Oñate, pues sabían que el capitán general se lo impediría. Aunque algunos deseaban quedarse en Nuevo México, no pudieron convencer a quienes querían marcharse. Estos recogieron sus cosas y regresaron a México, pero los fieles a Oñate enviaron también un mensajero con una carta para el virrey en la que Peñalosa y Escalona contaban lo sucedido y eximían de culpa a los desertores. A su llegada, Oñate, indignado, envío a Zaldívar en su búsqueda, pero no los alcanzó, pues ya habían cruzado el Río Grande. Por otra parte, tanto el virrey como la Audiencia de México habían entendido sus motivos y los habían perdonado.

Esta nueva frustración impulsó a Oñate a hacer lo que desde un principio deseaba: depender directamente del Consejo de Indias y no tener que tramitar los asuntos de la nueva colonia a través de México. Con tal fin escribió una carta en la que ofrecía a equipar y mantener a 100 soldados a cambio de que el rey mantuviese 300 más, y solicitaba religiosos dominicos o de otra orden para reemplazar a los franciscanos, que según él no se habían comportado correctamente. La carta se la entregó a Vicente Zaldívar, quien marchó a México y embarcó rumbo a España en Veracruz, pero el Consejo de Indias se negó a decidir hasta que llegase el informe pedido al virrey, que ahora era el marqués de Montesclaros, Juan de Mendoza. El nuevo virrey había pedido a los franciscanos que enviasen sustitutos para los que habían abandonado Nuevo México y apoyasen con suministros y alimentos a la nueva colonia, para lo cual consiguió un préstamo. Con esa ayuda la colonia sobrevivió, pero la sensación de soledad y olvido de los pobladores no cesó.

Desesperado, en 1604 Oñate tomó la decisión de intentar una vez más llegar al Pacífico. Tras marchar por desiertos y montañas, siguió el curso del Colorado hasta llegar al río Gila, desde el que alcanzó las costas de Baja California. Había realizado un viaje increíble, pero no contactó con naves españolas y se vio obligado a regresar a San Gabriel, donde encontró a varios padres franciscanos que, apoyados por una veintena de soldados, habían sido enviados por el virrey para reforzar la colonia. Allí supo que el marqués de Montesclaros había enviado su propio informe al Consejo de Indias.

Oñate consideró seriamente su situación y se dio cuenta de que solo él podía solucionar el problema planteado a la colonia. Decidió marchar a México acompañado de fray Francisco Escobar, pero en San Bartolomé de Chihuahua consideró que si se presentaba a la Audiencia lo más probable es que no le dejaran regresar, por lo que entregó los documentos que llevaba a fray Francisco, con el encargo de que defendiera su propuesta ante el virrey, y luego regresó a San Gabriel.

Condena y rehabilitación

En España, el Consejo de Indias resolvió remitir todo el expediente al duque de Lerma, el valido del rey Felipe, quien decidió finalmente destituir a Oñate, que renunció al cargo en favor de su hijo Cristóbal en agosto de 1607. Una posibilidad que estaba contemplada en el contrato con la Corona.

La renuncia expresa de Juan de Oñate llegó en febrero de 1608 a la ciudad de México, donde había tomado de nuevo el cargo de virrey su amigo Luis de Velasco —quien firmó el contrato para la colonización de Nuevo México con el propio Oñate— y había terminado su mandato en Perú. Pero Velasco no tenía más remedio que cumplir las órdenes de España y no permitió abandonar Nuevo México a Oñate. La Corona tampoco reconocía el nombramiento de su hijo, y el nuevo gobernador interino debía ser Juan Martínez de Montoya, uno de los colonos.

La vida del adelantado de Nuevo México estaba hundida. Apenas un puñado de colonos, religiosos y soldados se agarraban al único punto que España mantenía en Nuevo México y toda su obra parecía que se iba a perder, pero afortunadamente no fue así. De marcha hacía la capital de Nueva España el destino siguió golpeando a Juan de Oñate, pues cerca de Socorro su pequeño grupo fue atacado por los *apaches*. Tras un breve combate los españoles rechazaron a los indios, pero a costa de la muerte del hijo de Oñate, Cristóbal, que fue enterrado en tierra de Nuevo México junto a sus esperanzas de gloria y triunfo.

Oñate permaneció un tiempo en la capital de México, pues su amigo el virrey hizo todo lo posible para retardar el proceso. Pero cuando Luis de Velasco fue sustituido por el marqués de Guadalcázar, el proceso se aceleró y fue encontrado culpable de doce de las treinta acusaciones que había en su contra, entre ellas su severidad en los castigos a los desertores, su brutalidad con los defensores de Acoma, y sus engaños en algunas rendiciones de cuentas y en las descripciones de las riquezas mineras de la región.

También se juzgó a Gaspar Pérez de Villagrá y a otros de sus colaboradores, pues el estricto sistema de control de la Corona española examinaba toda la trayectoria de ejercicio del cargo en la busca de abusos o fallos. La sentencia impuso a Oñate una sanción de seis mil ducados, perdió todos sus títulos, se le prohibió volver a Nuevo México y se le ordenó abandonar el virreinato de Nueva España por lo menos durante cuatro años. Tras vender todas sus propiedades, el conquistador apeló al Consejo de Indias y se trasladó a España, donde fue rehabilitado por el rey en 1621 y ejerció el importante cargo de inspector de las Reales Minas, hasta que falleció ya anciano en 1630.

Orgulloso, tal vez cruel, duro y enérgico, Oñate acometió una magna empresa con valor y decisión y poco antes de morir debió de conocer el *Memorial* de fray Alonso Benavides, que alababa los resultados de la tarea colonizadora de Nuevo México y reconocía sus éxitos. Es posible que la figura de Juan de Oñate esté hoy olvidada en España, sin duda de forma injusta, pero en Nuevo México se le sigue recordando a la altura que su obra merece.

El gobierno de Peralta y el nacimiento de Santa Fe

La destitución de Oñate y el cambio de gobierno fue percibido como algo malo en Nuevo México, pero las noticias llegadas de la capital del virreinato animaron a colonos y religiosos, que pensaban que, finalmente, se atenderían sus peticiones. Además, seguían incrementándose las conversiones de indios al cristianismo, hasta el extremo de que fue esa noticia la que determinó al virrey para no abandonar la nueva provincia y trasladar a los colonos al sur del Río Grande.

En consecuencia, el rey Felipe III, por advertencia del duque de Lerma y del Consejo de Indias, acordó mantener el territorio bajo la soberanía española, indicando al virrey «que no abandone la conversión de Nuevo México y que se aliente y sostenga la empresa de manera que la difusión del Evangelio no fracase en esas provincias por falta de obreros evangélicos y de los mantenimientos necesarios».

Al mismo tiempo se recordaba que «los indios convertidos no deben ser obligados a ser súbditos de Su Católica Majestad a menos que su perseverancia en la fe sea imposible de otro modo; sino que deben ser dejados en el goce de su libertad y condición nativa en que se encontraban en el momento de su conversión», algo imposible, pero que demuestra claramente cuál era el espíritu que impulsaba el mantenimiento de la colonia y dio a Nuevo México su carácter distintivo.

En la primavera de 1609, reafirmado el propósito de la Corona de mantener Nuevo México, tomó posesión del cargo de gobernador Pedro de Peralta. La formalidad oficial se realizó en México capital, donde el virrey le informó de su misión y del encargo del rey de buscar un lugar en el que fundar una ciudad que debía ser embrión de una gran capital para el territorio de Tierra Adentro, al norte del Río Grande. También debía confirmar la cercana presencia del Atlántico, cuestión esta última que interesaba especialmente a Peralta, pues un puerto en la costa le permitiría tener un contacto permanente con España.

Una vez en San Gabriel, Peralta comunicó sus órdenes a Juan Martínez de Montoya, a quien reemplazaba en el cargo, y a los principales oficiales militares. El lugar finalmente elegido para fundar la nueva ciudad tenía algunas similitudes interesantes con la vega de Granada, por lo que se la llamó —y llama— Santa Fe, como la localidad granadina en la que se firmaron los acuerdos con Colón, si bien su nombre completo es Santa Fe de los Españoles y de San Francisco de Asís. San Gabriel fue abandonado y la población se trasladó a la nueva población. Corría el año de 1610 y había nacido la primera capital en el actual territorio de los Estados Unidos.

Tras la fundación de Santa Fe la colonia se fue consolidando. Aumentó la población, y el comercio a través de la ruta abierta conocida como Camino Real de Tierra Adentró siguió progresando. A pesar de las dificultades y peligros del viaje, cada tres años partía una gran expedición conocida como «conducta» que llevaba a los colonos, desde el valle central de México hasta la remota capital de Nuevo México, ganado, materiales de construcción y muebles, ropa, telas y enseres de todo tipo. Pero además, el camino fue la vía de entrada de la lengua, las tradiciones y las costumbres españolas, que dejaron huella imborrable en la historia norteamericana.

De ovejas y caballos

Cuando los españoles se adentraron en Nuevo México cambiaron para siempre la región, ya que antes de introducir nuevas especies vegetales, desde el trigo a las naranjas, llevaron dos especies de animales que iban a transformar el paisaje, el medio de vida de los indios nómadas y la economía: las ovejas y los caballos.

Las humildes ovejas castellanas de raza churra ganaron la partida a las vacas, y se adaptaron mucho mejor al seco terreno de Nuevo México. Para gestionar los rebaños se introdujeron usos de la Castilla medieval, que tenía en la lana y las ovejas una parte importante de su economía. Introducido el sistema de pastoreo a la parte, los pastores, ya fuesen colonos o indios, se encargaban de cuidar todo el año el rebaño, entregando el 50 % más de ovejas y quedándose con el resto. Eso hizo que algunos acabasen siendo propietarios de grandes fortunas.

El sistema de cuidado de los rebaños era como el de Europa y se basaba en la trashumancia en busca de pastos, siempre bajo la amenaza de lobos, pumas y tribus salvajes. El triunfo de la oveja sobre la vaca en Nuevo México, parte de Texas y Colorado, fue absoluto, pero a partir de la segunda mitad del siglo XIX se producirían graves conflictos con los colonos angloamericanos que se dedicaban a la cría extensiva de ganado vacuno y que odiaban y despreciaban a los ovejeros, pese a lo cual nada ha logrado borrar los rebaños de ovejas del paisaje del Oeste.

Los caballos españoles iban a dejar una huella imborrable en las grandes llanuras de los Estados Unidos. Los primeros habían llegado a México con Hernán Cortés desde Cuba —solo eran dieciséis— pero no fueron los padres de los caballos que todos asociamos al Oeste, pues los verdaderos antecesores de los caballos de las llanuras fueron los que acompañaban a la expedición de Juan de Oñate. Los caballos que quedaron abandonados y vagando por las praderas y los robados por los indios en el Camino Real de tierra adentro dieron lugar a la denominada raza mesteña, conocida por los anglosajones con el nombre de *mustangs*, animales de pequeña alzada, apariencia robusta, perfil clásico con cuello grueso y crin abundante. Sus duros y resistentes cascos les permitían desplazarse en terrenos abruptos sin herraduras. Los indios fueron acostumbrándose a su presencia y mediados del siglo XVII eran capaces de montarlos.

Este hecho, como ocurrió en la Pampa argentina, marcó una diferencia esencial en la relación entre los europeos e indios, pues las tribus a caballo se convirtieron en un enemigo formidable, que ya no pudo ser vencido con facilidad. De ahí la obsesión de las autoridades de California de que los indios no aprendiesen a cabalgar, pues las tribus montadas no pudieron ser sometidas en muchos casos hasta bien avanzado el siglo XIX. Convertidos en excelentes jinetes, tribus cómo los *apaches* se transformaron en un enemigo temible, que golpeaba y escapaba con la velocidad del rayo. Hacia 1680 no quedaban *apaches* sin montura, y a mediados del siglo XVIII todas las tribus de las llanuras, desde la frontera comanche de Texas hasta los Grandes Lagos, estaban dotadas de caballos.

A partir de ese momento la sumisión de las tribus indígenas no iba a ser cosa fácil. Hubo que esperar a la industrialización y a la segunda mitad del siglo XIX para que los Estados Unidos se hiciesen con el control efectivo de los inmensos territorios del interior ocupados por los indios.

La rebelión de los indios *pueblo*

A lo largo del siglo XVII, en los años que siguieron a la fundación de Santa Fe, la colonización de Nuevo México siguió progresando y en unos pocos años el Camino Real de tierra adentro se configuró como una vía comercial eficaz que, pese a la amenaza constante de los indios hostiles, permitía que los lejanos pueblos de la nueva provincia tuviesen un futuro prometedor.

La colonización siguió extendiéndose incluso hacia el norte con la fundación de ranchos, poblados y pequeños puestos comerciales, hasta llegar al territorio de los indios *taos*, cerca de la frontera de Colorado. Los indios *pueblo*, una vez eliminados los núcleos hostiles, se habían sometido a la dominación española e incluso habían comenzado a integrarse en la cultura sincrética y mestiza que dominaba en todo el virreinato de Nueva España. Los nuevos cultivos y actividades artesanas introducidas por los misioneros, el nuevo ganado y los elementos materiales de la civilización occidental, que hacían más fácil la vida, habían acercado a ambas culturas, a lo que se unía el firme propósito de las autoridades de proteger a las tribus amigas de las incursiones de los *apaches*.

Sin embargo, había un problema que no se había solucionado con la habilidad necesaria, pues chocaba con la agresividad con la que los misioneros españoles, convencidos de la verdad absoluta de su fe, trataban a los infieles. La prohibición de los cultos y ceremonias tradicionales, que los sacerdotes católicos consideraban peligrosas prácticas paganas, habían ido generando un hondo malestar entre los indios, que veían amenazada su cultura por la obsesión de los misioneros de prohibir tales prácticas.

Otro motivo de disgusto fue la relación que había entre las ventajas que daba la protección española y el disfrute de los nuevos artículos que hacían más fácil la vida, como cuchillos, hachas y hasta cacerolas o telas, y la obligación impuesta a los indios por los misioneros, apoyada con firmeza por las autoridades españolas, de trabajar en las encomiendas y ranchos de los colonos. Un trabajo duro que no se diferenciaba demasiado de la pura esclavitud. Por si fuera poco, a muchos indios se les obligó a trabajar en las minas de Chihuahua, lo que consideraban denigrante y brutal.

En la década de los años setenta del siglo XVII se produjo algo que iba a cambiar la historia de las guerras con los indios nómadas de las llanuras. Los *apaches* comenzaron a emplear caballos en sus incursiones contra los establecimientos de los colonos hispano-mexicanos y contra los indios sometidos. Las escasas tropas españolas que defendían la provincia, que habían sido capaces durante medio siglo de mantener el orden y la paz, se vieron cada vez más impotentes para detener esos ataques de los jinetes *apaches*. Estos, cada vez más envalentonados, atacaban ya directamente a las patrullas españolas, que poco a poco fueron dejando de cumplir con su misión de protección, atemorizadas ante su inferioridad táctica en los combates, una situación que tardarían años en corregir. Por si fuera poco, la disentería y las enfermedades transmitidas por los europeos estaban diezmando a la población originaria.

Los indios *pueblo*, que se veían presionados por los misioneros y descontentos con la forma en la que se les trataba, comenzaron a regresar a la vieja religión dirigidos por hechiceros que les enseñaban de nuevo las creencias tradicionales, a lo que los franciscanos respondieron aumentando los castigos a quienes seguían las prácticas paganas. Alonso de Posada, que era entonces el responsable de la Iglesia en la provincia, interpretó que las tradicionales danzas *kachina* eran prácticas de hechicería, y en 1660 comenzó una dura campaña para acabar con ellas, ordenando la destrucción de las máscaras de esa tribu.

En 1675, el gobernador Juan Francisco Treviño ordenó a sus tropas que arrestasen a 47 hombres-medicina a los que se acusó de brujería. Cuatro acabaron condenados a la horca, y los restantes fueron encarcelados y sometidos a humillación pública. Cuando las noticias de lo que estaba ocurriendo llegaron a las aldeas de los *pueblo*, algunos jefes decidieron marchar con sus hombres a Santa Fe y exigir la libertad de los detenidos. La mayor parte de las escasas tropas del gobernador estaban en campaña contra los *apaches* y el gobernador Treviño, atemorizado, cedió a la presión y puso a todos en libertad, incluyendo a uno llamado Po'Pay —Popé—. Una vez libre, Popé comenzó a planear una revuelta, pero sabía que las autoridades españolas le perseguirían, por lo que marchó a refugiarse al norte, entre los *taos*.

Allí organizó con cuidado un alzamiento simultáneo y envío mensajeros que llevaban a cada tribu y poblado unas cuerdas con nudos que representaban los días que faltaban antes del momento en que daría comienzo la insurrección. Cada día el jefe de la tribu debía deshacer un nudo, sabiendo que el día que deshiciese el último era el momento de alzarse en armas. En el calendario cristiano ese día era el 11 de agosto de 1680.

En Santa Fe, en contra de lo que creía Popé y los demás líderes pueblo, el gobernador, que ahora era Antonio de Otermín, sabía bien lo que iba a pasar, pues sus hombres habían capturado a dos corredores *tesuque* que llevaban mensajes de cuerda a varias aldeas. Al conocer la detención de sus mensajeros, Popé sospechó que los españoles ya sabrían cuáles eran su planes y decidió adelantar la fecha de la rebelión al 10 de agosto. Desgraciadamente para los españoles, el tiempo del que disponían era mínimo y no pudieron dar la alarma con eficacia. Al amanecer del día fijado, los *taos*, *picuris* y *tewas* atacaron a los franciscanos en sus misiones e iglesias. En un solo un día mataron a 23 de ellos, junto a otros 380 españoles, incluyendo mujeres y niños. Toda la región del norte, la llamada Río Arriba —hoy White Rock Canyon— quedó arrasada.

Los españoles que pudieron huir a tiempo se refugiaron en Santa Fe, la única ciudad española, o en Isleta, una villa de los indios *pueblo* que no se había unido a la rebelión. Los colonos y soldados refugiados con sus familias y algunos franciscanos e indios fieles creían que al norte de su posición no quedaba ningún colono con vida, y no sintiéndose seguros abandonaron la población y se dirigieron a El Paso del Norte el 15 de septiembre, donde sabían que podían resistir cualquier ataque indio.

Tal suposición, sin embargo, no era cierta, pues los españoles que había logrado huir y se habían refugiado en Santa Fe seguían resistiendo. Todas las iglesias fueron incendiadas y destruidas y el 13 de septiembre los rebeldes atacaron la capital. Atrincherados tras los muros de la casa fuerte que servía de sede del gobierno, los defensores lanzaron una granizada de balas que detuvo el asalto *tewa*, ya que fueron miembros de esta tribu los primeros en entrar en combate.

Con gran valor los *jemez, picuris* y *taos* volvieron a asaltar los muros, pero las armas de fuego y las espadas de acero de los defensores eran muy superiores a sus lanzas, mazas y escudos, y fueron rechazados una y otra vez. En cada asalto dejaron decenas de muertos, y tras tres días de constantes combates parecía evidente que los indios no podían superar a los defensores.

El día 16 de septiembre llegaron guerreros *queres* de Cochiti y Santo Domingo liderados por un mestizo, Alonso Catiti, cuyo hermano, el capitán Pedro Márquez, estaba con los defensores en la casa del gobernador. Catiti comunicó a los españoles que los atacantes eran 2 500 y que no podrían resistir, y ordenó el bloqueo de la Casa de Reales, cortando el suministro de agua. Los desesperados defensores, entre los que había mujeres y niños, agotaron sus provisiones y al cabo de unos días empezaron a morir de sed.

Viendo que no podía resistir más, el 21 de agosto el gobernador ordenó la ejecución de los 47 prisioneros que había capturado en los combates y dio orden de hacer una salida general para romper el cerco. Lo consiguieron a base de determinación y furia, y emprendieron una marcha épica hasta llegar a El Paso. Nuevo México estaba en manos de los *pueblo* y la rebelión de Popé había triunfado.

La retirada española permitió a Popé borrar toda traza de la presencia española, eliminando los vestigios que habían quedado de la religión cristiana, destruyendo imágenes y cruces, arrasando las iglesias y misiones y prescindiendo de todas las cosas que los españoles les habían facilitado para mejorar su vida material, incluso arrancando los árboles frutales. Cuando murió en 1688, Popé estaba convencido de que su éxito había sido completo.

Incursiones de castigo: la paz imposible

Tras su victoria, las seis tribus *pueblo* que se habían unido a la rebelión podían haber gobernado de forma unida el país e incluso haber hecho de Santa Fe la sede de un gobierno estable, pero no fueron capaces. Sus diferencias en lenguaje y cultura, los constantes ataques de los *apaches* y *navajos*, y las brutales incursiones de las tropas de los gobernadores españoles, primero el propio Otermín y luego su sucesor Domingo Jironza, hicieron imposible la paz.

Como en la Edad Media, cada primavera y otoño las tropas virreinales realizaban una guerra de incursiones en territorio enemigo. Aprovechando la movilidad que daban los caballos y la superioridad de sus armas, atacaban los poblados y villas de los *pueblo*, que ahora además de soportar las depredaciones *apaches* tenían que aguantar los metódicos asaltos de los españoles. Aldeas incendiadas, prisioneros obligados a trabajar en las minas y destrucción de su entorno de vida fue el espantoso castigo al que fueron sometidos los indios rebeldes por las fuerzas virreinales, haciendo que muchos de los líderes de la revuelta se refugiasen cada vez más al norte, incluso entre los *hopi*.

En julio de 1692, el gobernador Diego de Vargas recibió la orden de reconquistar Nuevo México para la Corona de España. Muy quebrantados tras doce años de ataques e incursiones constantes, los *pueblo* apenas opusieron resistencia. Vargas, que contaba con el apoyo de varias tribus, en especial los *piros*, ofreció la paz a los rebeldes a cambio de reconocer al rey de España, prestarle obediencia y volver a la fe católica. Los líderes indios aceptaron todas las propuestas del gobernador y el 14 de septiembre de 1692, en un acto formal celebrado en Santa Fe, volvieron a someterse.

La reconquista, con todo, no era completa, y en los años siguientes Vargas lanzó constantes campañas contra las tribus aún en armas. En 1696 se produjo otra grave revuelta en la que murieron cinco misioneros y 21 colonos y soldados, pero fue fácilmente sofocada. Al comenzar el siglo XVIII Nuevo México era de nuevo español, pero no se reinstauró el sistema de encomiendas, se reconocieron formalmente los derechos de la nación Pueblo y se toleró la práctica de la vieja religión. Las consecuencias siguen visibles aún en el sudoeste de Estados Unidos, donde los *pueblo* mantienen intactos una gran parte de sus tradiciones y cultura, sistema de gobierno, idioma, arte y ceremonias, algo excepcional entre los indios de Norteamérica.

Durante este último periodo los jinetes españoles habían abandonado las pesadas corazas metálicas y habían comprobado que la lanza, en desuso en Europa desde principios de siglo, era un arma útil en el combate contra los indios. Así, las armas de asta siguieron siendo empleadas en el oeste, de la misma forma que las pesadas corazas y las cotas de malla se reemplazaron por cotas de cuero endurecido —llamadas «cueras»—, menos pesadas y que no se oxidaban, pero capaces de resistir el impacto de la flechas enemigas. Los cascos de hierro fueron quedando también en desuso y los sombreros de ala ancha, utilizados en toda Europa en el siglo XVII, no se convirtieron en tricornios al alborear el siglo XVIII como estaba ocurriendo en el Viejo Continente, sino que en las secas llanuras del sudoeste siguieron empleándose con su alas abiertas, pues eran insuperables para protegerse del sol.

Asimismo, las tropas que debían custodiar la red de presidios de la frontera fueron dotadas de varios caballos con los que poder mantener una campaña que durase semanas o meses, y de mulas en las que transportar todo el material necesario para efectuar incursiones en profundidad contra las tribus hostiles. Todo ello configuró un nuevo tipo de soldados que en las décadas siguientes iba a representar ante los indios y ante los colonos la imagen de los soldados del rey. Habían nacido los «soldados de cuera», destinados a convertirse en leyenda.

3.2. El real de Arizonac y la Pimería Alta

De todos los territorios de los actuales Estados Unidos que en algún momento de su historia formaron parte de la Corona Española, ninguno está tan olvidado como Arizona. Para los españoles actuales nombres como Yuma, Tucson o ríos como el Gila o el Colorado, evocan historias y paisajes mil veces vistos en las películas del Oeste producidas por Hollywood, pero rara vez a alguien se le ocurre recordar que fueron territorio español.

La exploración, colonización y posterior defensa de lo que hoy constituye Arizona fue un proceso lento y complicado en el que no hubo grandes hazañas sin paciencia y esfuerzo, sobre todo de los hombres que más contribuyeron a hacerlo posible, los jesuitas. Durante unos años pareció que Arizona se iba a convertir en un Nuevo México, pues los colonos llegaron atraídos por las minas de plata que se descubrieron al norte de Sonora, en un paisaje lunar al que los nativos conocían con el nombre de Arizonac.

En este árido y seco lugar nació el Real de Arizonac, que rápidamente se pobló de gentes llegadas de todo México. Las minas se agotaron pronto, por lo que no les quedó otro remedio a quienes permanecieron allí que dedicarse a la agricultura y a la ganadería, algo difícil en una tierra tan ingrata, en la que el agua escaseaba y hubo que crear una red de acequias y norias para extraerla de los pozos.

Sobre el nombre del territorio hay otras teorías, pues hay quien afirma que en realidad deriva de la palabra vasca *aritz ona* —buen roble—, nombre que le dio Bernardo Urrea, un vasco de Sonora, o de las palabras de los indios *o'odham, al* y *sonak*, que significan «pequeña primavera».

En cuanto a los habitantes, eran de varias tribus, destacando los *tohono o'odham* —cuyo nombre significa «gentes del desierto»—, también conocidos como «papago» —de *papawi o'odham*—, nombre que los españoles convirtieron en «pima».

En cualquier caso, a la mala situación creada por el abandono de quienes no querían dedicarse a ser simples agricultores o ganaderos se sumó la permanente hostilidad de los indios *pimas*, y pronto se vio que mantenerse allí iba a ser muy complicado. Los desmanes habituales de los soldados que patrullaban la frontera causaron una primera revuelta de los *pimas*, que en la misión de Caborca asesinaron al padre Javier Saeta, y provocaron una campaña de castigo en la que varias rancherías fueron arrasadas. A continuación los indios cortaron el suministro de agua a los puestos militares españoles y envenenaron los pozos.

A pesar de todo, a base de esfuerzo se logró pacificar el territorio, pero en Ciudad de México se estudió seriamente su abandono. En 1700 apenas había españoles en Arizona, y entre los pocos que quedaron destacó un valeroso ganadero que condujo sus reses hasta las montañas Huachuca y debe ser considerado como uno de los primeros colonos del territorio. Se llamaba José Romo de Vivar y además de ranchero era un especialista en minería, convencido de que había un futuro en ese desolado país. Además de otras gentes como él, había una persona que iba a ser el responsable de que los españoles no se fuesen. Era un jesuita italiano llamado Eusebio Kino.

La incansable labor del padre Kino

La historia de la Arizona moderna está ligada a la figura del jesuita Eusebio Francisco Kino, o Eusebio Francesco Chini, un misionero nacido en Italia en 1645 que se distinguió entre los indígenas de América del Norte por su forma de establecer relaciones amistosas entre las órdenes religiosas y la institución que él representaba —la Iglesia de Roma— y las tribus indias del sudoeste.

Nacido en el Tirol italiano, cerca de Trento, ya de muy joven destacó en el colegio jesuita en el que estudió, demostrando un alto interés por las letras y la ciencia de su época. En Innsbruck —Austria— siguió cultivando las matemáticas y las ciencias y con solo veinte años inició su formación entre los jesuitas, algo que marcó para siempre su futuro, pues le ayudó a convertirse en un gran cosmógrafo y cartógrafo que levantó decenas de planos del desconocido territorio en el que llevó adelante su misión.

Al concluir sus estudios teológicos, el duque de Baviera invitó a Kino a desempeñar las cátedras de ciencias y matemáticas en la Universidad de Ingolstadt, pero el jesuita había solicitado algunos años antes ser enviado a China al concluir sus estudios. Como solo había dos misiones disponibles, una en Filipinas y la otra en México, para decidir quién iría a cada una se efectuó un sorteo, y al Padre Kino le tocó México. Así pues, en junio de 1678 embarcó en Génova rumbo a Cádiz, donde tuvo que esperar dos largos y desesperantes años antes de poder embarcar hacia América, tiempo que dedicó con su habitual fuerza de voluntad al aprendizaje del español.

Una vez en Nueva España recibió la misión de dirigirse a Baja California, donde habían fracasado todos los intentos de colonización. La expedición estaba al mando de Isidro de Atondo y Antillón y partió el 17 de enero de

1683. En ella iba el padre Matías Goñi a bordo de la nave capitana *La Concepción* del capitán Blas de Guzmán, y el Padre Kino en el navío *San José*. Desembarcaron en la desértica región de La Paz y, como a los exploradores y colonos anteriores, el territorio les resultó desagradable y difícil. Eso les hizo retornar a todos a Sinaloa, decisión que no gustó a Kino, que pensaba que el trato dado a los indios no era el adecuado y no se podía abandonar tan a la ligera una ambiciosa operación como la que deseaban llevar a cabo.

Otro intento más en el mismo año llevó a los jesuitas hasta San Bruno, donde por fin fundaron una misión —casi junto a la actual Loreto—, un lugar desde el que Kino pudo explorar la sierra de la Giganta y alcanzar las azules aguas del Pacífico. Allí llegó a un acuerdo con las tribus nativas y aprendió su lengua, ganándose a los indios para la causa del cristianismo y comenzando a bautizarlos. Sin embargo, la mala suerte parecía perseguirle a pesar de sus esfuerzos.

La desfavorable situación en San Bruno, donde las cosechas no prosperaban, el ganado se moría y no había agua, era insostenible y los colonos forzaron a Isidro de Atondo y Antillón a votar qué hacer. Ganaron de forma abrumadora los partidarios de abandonar la colonia, a los que el padre Kino se opuso radicalmente. Pero aunque fracasó en su intento de crear una importante cadena de misiones en Baja California, su férrea voluntad y su convicción casi mesiánica en el destino de esa tierra seca y árida le llevó a presionar ante la corte del virrey, conde de Paredes, para que no cayera en saco roto la idea de evangelizar Baja California, y logró la creación de una junta que estudiase cómo se podía ocupar la península —Kino fue primero en darse cuenta de que no era una isla— y no dejarla en el olvido.

En la junta estaba también Isidro de Atondo y Antillón y ambos lograron del fiscal de la Real Audiencia que los jesuitas se hiciesen cargo de la evangelización de California, algo que la Compañía de Jesús rechazó a pesar de la importancia económica que representaba el proyecto, aunque ofrecieron su apoyo espiritual. Pero el padre Kino, triste y decepcionado, decidió buscar nuevos horizontes y jamás regresaría a California, ya que una rebelión de los indios de Sonora le impidió adentrarse en la actual Baja California en 1697.

Tras desembarcar en la costa del Mar de Cortés, acompañó al padre Juan María de Salvatierra en la fundación de la misión de Nuestra Señora de Loreto, «Cabeza y Madre de todas las Misiones de la Alta y Baja California», que dispondría para su protección de un presidio, convertido en punto de partida futuro de la expedición colonizadora de la Alta California. Como a pesar de su actuación en Baja California el padre Kino carecía de una misión propia, pidió trabajar con los indios de la costa de Sonora, situada al lado oriental del Mar de Cortés, entre los *guaymas* y *seris*, y la propuesta le fue aceptada.

En esa árida región había unos indios que hablaban la lengua *pima*, como algunas tribus del norte de Nueva España, por lo que la región era conocida como la Pimería Alta, para así distinguirla de la Pimería Baja, situada más al sur. A su llegada, Kino contó con el padre Manuel González, visitador de las misiones del noroeste del virreinato, que le ofreció todo su apoyo. Corría el año de 1687 y hasta su muerte en 1711, el jesuita consagraría su vida a la evangelización de la región y a integrar a las tribus de la Pimería Alta en el mundo cristiano.

Kino quería comprobar personalmente si Baja California era una península o una isla, pues era uno de los encargos que llevaba de sus superiores, así que el 22 de septiembre de 1698 dejó Dolores y alcanzó la costa en el Golfo de Cortés, donde subió a una colina desde la que, con ayuda de un catalejo, pudo ver que el «el mar de California terminaba en la desembocadura del río Colorado, sin tener continuación alguna por donde comunicara con otros mares». El territorio no era una isla, sino una estrecha península, y para certificarlo se desplazó a otro monte cercano a fin de determinar con exactitud dónde se unía la península con la masa de tierra continental. Estaba a 32º de latitud Norte y su viaje fue esencial para la ciencia de la cartografía. Aprovechó luego que se encontraba entre paganos —los indios *papagos*— y entre ellos fundó la misión de Sonoita, «un verdadero oasis por sus fértiles tierras, pastos y abundantes aguas, en la parte occidental de Sonora, en la frontera actual con los Estados Unidos», antes de regresar a Dolores.

El 7 de febrero de 1699, el jesuita salió de Dolores rumbo al norte en un nuevo viaje de exploración. Alcanzó la confluencia de los ríos Gila y Colorado y allí, entre los indios *yuma*, fundó la misión de San Pedro. Luego siguió más hacia el norte, hasta el río Azul, y fundó las misiones de San Andrés, la Encarnación y Casa Grande. El 18 de noviembre estaba de nuevo de regreso en Dolores.

El 21 de abril de 1700 el padre Kino salió otra vez de Dolores rumbo al norte y llegó, en la confluencia de los ríos Gila y Colorado, a un lugar que llamó San Dionisio, y allí acudieron a su encuentro indios *apaches* para rogarle que les acompañara a la otra parte del río. Cruzó con ellos el Colorado sin encontrar más que tierra estéril; luego siguió el curso de ese río por la margen derecha y vio que fluía hacia el poniente 10 leguas y luego hacia el sur 20 leguas, antes de desembocar en el Mar de Cortés. Tras subir a unos cerros al oeste de la desembocadura del Colorado, pudo observar todo el contorno de la península en su entronque con tierra firme. Los indios le informaron de que «el mar grande», el Pacífico, solo estaba a diez días de marcha, pero Kino decidió no continuar. Ya no era necesario. Allí trazó el plano de esa región y se lo envió al superior de la Compañía y al gobernador de Sonora, dándole el nombre «Alta California» a la tierra descubierta. Durante mucho tiempo los planos y mapas levantados por el padre Kino fueron la única fuente de información sobre el nuevo país descubierto.

En el año 1703 Kino, siguiendo con sus trabajos apostólicos, visitó las misiones ya construidas y fundó otras nuevas. Saliendo de Dolores, recorrió Caborca, Tubutama, San Ignacio, Ímuris, Magdalena, Quiburi, Tumacácori, Cocóspera, San Xavier del Bac, Búsanic, Sonoita, San Lázaro Sáric y Santa Bárbara. En todas ellas se cultivaba trigo, maíz, uvas, duraznos, granadas, melones y peras, y se hacían intercambios con los indios de carne seca, sebo, harina y animales a cambio de ropa o instrumentos mecánicos. En 1706 descubrió la isla de Tiburón, en el mar de Cortés, a la que llamó Santa Inés, y otra a la que llamó Ángel de la Guarda, en la parte más estrecha del golfo. Entonces comprendió que por allí era más fácil llegar a la Alta California.

El padre Kino fue una persona honesta y valiente. Gran explorador, jamás olvidó la razón y los motivos por los que se encontraba en la frontera de un imperio que gracias a sus descubrimientos iba a seguir expandiéndose. Nunca usó otra arma que su palabra, y en los veinticuatro años que vivió entre los *pimas, apaches* y otras tribus de lo que ahora son los estados de Sonora en México y Arizona, en Estados Unidos, los indios jamás atentaron contra su vida.

El 15 de marzo de 1711 fue invitado a inaugurar la nueva capilla de la misión de Magdalena, en Sonora, pero «mientras cantaba la Misa se sintió indispuesto; terminada la ceremonia religiosa se fue a acostar como siempre lo había hecho, sobre dos frazadas de indios y por almohada la montura de su caballo y allí murió».

Durante los años de su labor misionera fue un diplomático prudente, realizó observaciones astronómicas —era cosmógrafo real—, aprendió media docena de lenguas nativas, enseñó a leer y a escribir a miles de personas y pudo encontrar tiempo para escribir la obra *Favores Celestiales*, en la que narra las aventuras y desventuras de su vida desde 1687 hasta 1706, cinco años antes de su muerte.

En total Kino realizó 40 expediciones, fundó más de 30 ciudades y recorrió 30 000 km. Así que, como bien dice el historiador mexicano Orozco, «los trabajos del P. Kino deben merecer el aprecio de los amantes de la humanidad. Fueron trabajos emprendidos en bien de la humanidad, sin que fueran alentados por recompensa alguna».

En México y en Sonora siempre se ha venerado su memoria y en 1961 Arizona solicitó al Congreso de los Estados Unidos que aceptara la estatua de Kino como la segunda escultura representativa del estado de Arizona en el *National Statuary Hall* del Capitolio de Estados Unidos, lugar en el que cada estado de la Unión Americana puede colocar las efigies de dos de sus ciudadanos distinguidos. Allí está hoy en día, en homenaje a su recuerdo.

Otros jesuitas misioneros

La labor de Kino fue continuada por otros jesuitas, y el siguiente hombre que iba a desempeñar un papel importante en la frontera se llamaba Keller. Había nacido muy lejos, en Olomuc, Moravia —hoy República Checa— y era jesuita desde 1717. Viajó hasta América en compañía de otros 26 compañeros procedentes de Alemania, Italia y España y, siguiendo instrucciones del virrey, varios de ellos fueron enviados a la Pimería Alta en 1731. Tras atravesar Casas Grandes y el presidio de Janos se encontraron con sus superiores, que les asignaron las vacantes que había disponibles. En 1734, tanto él como otros de sus compañeros, muchos de ellos austriacos o alemanes, estaban trabajando en la zona. Poco después, los indios de Suamca abandonaron la misión y lo mismo pasó en Bac y Guevavi. Además, en Bac los indios habían entrado en la iglesia y robado cuanto había de valor.

Con esfuerzo, los misioneros jesuitas lograron convencer a los indios para que volviesen a la misión, pero el capitán Anza se presentó con sus jinetes de cuera para castigar a los *pimas*. Mientras ejercían su labor jesuitas como Stiger, en Bac, y Segesser, en Guevavi, a Keller le tocó la Pimería Alta en su totalidad, y a pesar de lo inhóspito del terreno y de su enorme extensión, aceptó sin dudar. Al igual que Kino, Keller actuaba en solitario y pronto Guevavi se llenó de indios cristianos. A la labor misionera habitual se unió una Real Cédula que ordenaba la conversión de los lejanos *hopi*. Eso implicaba atravesar territorio *apache* y, aunque Keller lo intentó, la hostilidad india no le permitió lograr su misión. Algo parecido ocurrió en la misión de Sonoyta, desde la que el padre Sedelmayr, que contaba con una gran suma de 20 000 pesos que había donado un hacendado de México para fundar una misión, partió con escolta militar. La misión fundada sería más adelante destruida por los *pimas* en una rebelión en la que murió el padre Ruhen, que estaba a su cargo.

Keller murió a mediados de agosto de 1759, tras tres décadas de servicio en la frontera de Nueva España. Tanto él como los misioneros de su orden habían realizado una labor formidable, pero jamás lograron consolidar comunidades sólidas, pues a la hostilidad de los *apaches* y de otras tribus se unía la desconfianza de las autoridades coloniales y militares, que no se fiaban de los jesuitas por considerarlos aliados de los indios, en tanto que los jesuitas recelaban de los militares y, sobre todo, de los ambiciosos mineros y rancheros que amenazaban las tierras indias.

El descubrimiento de plata por un indio *yaqui* en 1736 pareció cambiar el destino del territorio, pues atrajo a empresarios y aventureros dispuestos a arriesgarse a los peligros de la frontera a cambio de obtener rápidas riquezas. La explotación minera puso de nuevo de actualidad el problema de si la plata formaba parte de minas o de tesoros, ya que si se trataba de esto último la Corona era propietaria de la totalidad, pero si se trataba de una mina solo le correspondía una quinta parte.

Le correspondió a Juan Bautista Anza —el padre del famoso explorador y militar que abriría la ruta por tierra a California— solucionar la disputa, ya que era el comandante del presidio de Fronteras y el responsable de impartir justicia en Sonora en nombre del rey Felipe V. Obviamente, Anza certificó lo que todos ya sabían, que se trataba de minas, permitiéndose la explotación de las mismas, actividad en la que algunos lograrían grandes fortunas, como fue el caso de Lorenzo Velasco, cuya fortuna le convirtió en el ranchero más rico y el hombre más poderoso de la región.

Pero pronto se vio que las minas de plata no eran eternas y las vetas se agotaron. Lo que podía haber sido una fórmula para atraer pobladores al territorio fracasó, y la población se limitó a unos pocos centenares de granjeros y rancheros que vivían en su gran mayoría a lo largo del río Santa Cruz y sus afluentes.

Los apellidos registrados en las misiones, en matrimonios y bautizos, como Ortega, Bohórquez, Gallego, González o Covarrubias, cuyos descendientes aún viven en Arizona, son la prueba viva del esfuerzo por mantenerse en un territorio hostil donde la vida era dura y peligrosa. De hecho, a principios de la década de 1750 pareció que Arizona estaba destinada a seguir el camino de Nuevo México en 1680 y que fracasaría como colonia. La causa fue una rebelión india, la de los *pimas*.

La rebelión *pima*

A partir de la reconquista española de Nuevo México en la última década del siglo XVII, la violencia pareció decrecer en la frontera de Arizona, pero en realidad era una impresión falsa. La lenta pero constante entrada de misioneros, exploradores y ganaderos en el territorio fue haciendo que los indios estuviesen cada vez más descontentos, y el temor a una insurrección se extendió entre los escasos colonos españoles.

La presión sobre las tribus del norte de México desembocó en la rebelión de los indios *seri* en Sonora en 1750. Un año después, un líder *pima* inteligente y carismático llamado Luis Oacpicagigua —o Luis de Sáric—, fue uniendo a grupos desesperados, acorralados por los ganaderos o hartos de trabajar en las misiones, y preparó el alzamiento de al menos 15 000 indios. Sin embargo, para su desgracia, no contó jamás con un plan claro y su revuelta no alcanzó nunca ni la dimensión ni la violencia de la de los indios *pueblo* en el vecino Nuevo México. Se trató de un intento de escasa fuerza y llevado a cabo sin ilusión ni esperanza.

Durante el año 1751 habían empezado a correr rumores de que ese año se acabaría el mundo; rumores que, por supuesto, conocían los jesuitas, que no les daban mayor importancia. En otoño, como era habitual, se fue preparando la campaña de castigo contra los *apaches*. A Guevavi llegó un fuerte contingente armado de 400 guerreros *pimas* que iban a colaborar en la campaña junto a las tropas españolas, de la misma forma que el año anterior habían marchado contra los *seris*. En la misión, el padre Garucgo les alojó e incluso les dio 15 cabezas de ganado para que tuviesen comida durante el camino. Pero en Suamca se produjo un grave incidente cuando el padre Keller, de forma muy inapropiada, llamó al caudillo *pima* —que vestía uniforme de oficial español— «perro chichimeca» y le dijo que su vestimenta adecuada debía ser el taparrabos y la piel de coyote. Indignado, el jefe *pima* regresó a Sáric. Luis Oacpicagigua tenía motivos para estar enojado.

La frase de Keller no había sido más que la expresión de la forma en la que muchos europeos trataban a los indios, a los que consideraban poco más que niños, y se sentían molestos cuando alcanzaban rangos en el ejército o cargos de responsabilidad. En este sentido Oacpicagigua había sido siempre un fiel aliado de España, pues había sido alcalde de Sáric y luego gobernador del territorio *pima*, siendo conocido por su gobierno equilibrado y justo. Desde 1748 participó junto a las tropas presidiales en las campañas anuales, con eficacia y buena capacidad de liderazgo, pagando de su bolsillo a los guerreros que le acompañaban. La consecuencia es que se le consideraba un aliado eficaz, y el gobernador de Sonora y Sinaloa, Diego Ortiz Parrilla, le ascendió y otorgó cada vez más poder y autoridad, lo que molestó mucho a los misioneros jesuitas, que veían en él un rival por su influencia y predicamento entre los indios.

Indignados por la forma en la que se les apartaba de los cargos de responsabilidad y viendo que se bloqueaban sus vías de ascenso social, muchos *pimas* se fueron situando a favor del indignado Luis Oacpicagigua y empezaron a preparar la rebelión. Por si faltaba algo, el 29 de septiembre de 1751, en la fiesta anual de Guevavi, se produjo un incidente entre Pedro Chihuahua, que había sido nombrado sargento mayor de la Pimería Alta, y el padre jesuita Garrucho. El nombramiento había sido realizado por Ortiz Parrilla sin el conocimiento de los jesuitas, y el padre Garrucho le arrebató el bastón de mando al jefe *pima*, muy amigo de Oacpicagigua, y le expulsó del pueblo.

El 20 de noviembre comenzó el alzamiento al mando de Luis Oacpicagigua, ahora con el nombre indio de Bacquiopa, «el enemigo de las casas de adobe». Los *papagos* del Gila se unieron a la rebelión y los *pimas* arrasaron las misiones, matando a los religiosos y a los españoles. En Sáric, su lugar de origen, los indios acabaron con 18 colonos y después pasaron a la ofensiva contra los establecimientos religiosos, desde misiones a simples iglesias, y los escasos ranchos y puestos comerciales que malvivían en la región, que quedó arrasada entre la misión de Sáric y San Javier del Bac.

Para entonces Oacpicagigua contaba ya con unos 300 seguidores armados con los que atacó la misión de Tubutama, logrando acabar en total con casi un centenar de colonos, pero sin conseguir quebrar la resistencia de los españoles, pues una vez que estos se recuperaron, rápidamente enviaron una poderosa fuerza armada que logró que Oacpicagigua se rindiese al capitán José Díaz del Carpio el 18 de marzo de 1752, tras una breve negociación de paz, ya que Ortiz Parrilla había decidido ser conciliador y no realizar una política de terror.

A partir de ese momento la Pimería Alta fue objeto de una reforma en profundidad de su dispositivo defensivo, y se crearon tres presidios que debían proteger la frontera y controlar a los *seris* de Sonora y a los *pimas*. Los presidios fueron San Ignacio de Tubac, Santa Gertrudis de Altar y San Carlos de Buenavista, con lo que se logró a finales del siglo XVIII una notable hispanización de los pueblos indígenas y su conversión en buenos aliados frente a los temibles *apaches*, que se encontraban cada vez más al sudoeste.

Como resultado final, más de cien españoles, incluyendo mujeres y niños, habían sido asesinados y los pocos asentamientos dispersos estaban en ruinas. Aunque inteligentemente las tribus fueron perdonadas, lo cierto es que en la práctica las comunidades embrionarias habían sido arrancadas de raíz. Pero esta vez en Ciudad de México no se estaba dispuesto a retroceder ni una milla, y para prevenir revueltas se construyó un presidio destinado a tener un gran futuro mientras el territorio fue parte de la Corona de España. Se trataba de Tubac, sobre el río Santa Cruz, que desde 1752 debía impedir que los *o'odham* volvieran a rebelarse.

Esta vez no se trataba de granjas o ranchos aislados, sino de una comunidad permanente, la primera de los europeos en lo que hoy es el estado de Arizona y la situada más el norte de la provincia española de Sonora. Como la mayor parte de las poblaciones españolas de la frontera, Tubac fue pronto una mezcla étnica de españoles, criollos, mestizos, indios e incluso mulatos y negros, que lucharon juntos para la supervivencia de sus pequeñas comunidades.

Las reformas borbónicas

Los jesuitas habían controlado las regiones en las que habían construido sus misiones con mano de hierro. Estaban convencidos de que las tropas virreinales que defendían la frontera causaban constantes problemas, ya que provocaban muchos incidentes, sobre todo por causa de su codicia y el acoso a las mujeres indias, lo que era absolutamente cierto.

Por esta razón intentaban vivir en las misiones en compañía de los indios que habitaban en los alrededores, sobre los que los jesuitas ejercían su trabajo misional.

Pronto, muchas de estas comunidades aisladas, en las que los indios más o menos cristianizados trabajaban la tierra, pastoreaban o realizaban actividades artesanales, alcanzaron cierto éxito, como ocurrió en la Pimería Alta o incluso en el valle del río Yaqui. Sin embargo, los rancheros y mineros de Sonora se extendían cada vez más al norte, amenazando los territorios indios, compitiendo por el agua y disputando a los trabajadores de las misiones sus tierras de pastoreo o cultivos.

Los incidentes armados fueron extendiéndose, e incluso se afirmaba que los jesuitas apoyaban a los indios, si era necesario, usando la violencia. Tras su expulsión de los territorios de España en 1767 se llegó a plantear la supresión completa de las misiones, pero finalmente se impuso la razón y los responsables de la administración colonial se dieron cuenta de que la labor de los misioneros era excelente, y que la única forma de garantizar una frontera en paz con los escasos recursos que la Hacienda Real destinaba era contar con tribus pacíficas y cristianizadas.

Teniendo esto en cuenta, la cadena de misiones recayó en manos de otras órdenes religiosas, sobre todo los franciscanos, que mantuvieron la paz entre los *pimas* y garantizaron, al cambiar la forma de vida de los indígenas, su inclusión en el sistema económico virreinal. Eso facilitó la progresiva fundación de pueblos y villas, extendiendo las zonas ganaderas y de cultivos, los campos de frutales o la red de acequias.

Lo único que faltaba para que Arizona se convirtiese finalmente en una región atractiva para los colonos era lograr que los indómitos *apaches* dejaran de robar ganado y saquear granjas y ranchos de los colonos, además de cesar en sus ataques a las tribus pacíficas. Esa misión no correspondía, obviamente, a los misioneros, sino al Real Ejército de España.

En 1765, el rey Carlos III ordenó al marqués de Rubí que hiciese una inspección completa de los presidios del norte de la frontera de Nueva España, lo que dio lugar al *Reglamento* de 1772, la mayor y más completa reorganización del sistema defensivo de presidios y fuertes. El responsable de realizar las medidas de reordenación defensiva era Hugo O'Connor, que cambió de posición el presidio de Terrenate y lo trasladó a la orilla norte del San Pedro en 1776, en un primer intento de situar una posición avanzada en territorio *apache*, algo que fracasó, pues debido a los ataques indios contra los soldados destinados en el remoto puesto, solo cinco años después fue abandonado y la guarnición devuelta a Sonora.

Sin embargo, O'Connor tuvo más suerte con la reubicación en 1775 del presidio de Tubac, que fue desplazado cuarenta millas al norte, a un punto conocido por los *pimas* con el nombre de *Tuch Son*, que los españoles transformaron en Tucson. El lugar disponía de agua, madera y buenos pastos y desde su nueva posición fortificada, bautizada como San Agustín de Tucson, las tropas presidiales podían cerrar el camino a las bandas guerreras de *apaches* occidentales y preparar mejor los contragolpes e incursiones en territorio de indios hostiles. Desde el nuevo presidio, se fue convenciendo a las comunidades de *o'odham* de las ventajas de colaborar, y poco después los *pimas* comenzaron a ayudar a los soldados de cuera en sus acciones contra los *apaches*. Una alianza que se prolongaría durante cien años.

En 1776, con la creación de las Provincias Internas, Sonora quedó incluida en ellas y por lo tanto también la frontera de Arizona. Una de las razones de la reorganización administrativa y militar era asegurar las fronteras de Nueva España al noroeste, para frenar la expansión rusa, y al noreste, para detener a los británicos que presionaban en el valle del Misisipi. Este hecho, que seguía a la expulsión de los jesuitas en 1765, era una prueba de que el sistema de misión estaba siendo lentamente reemplazado, aunque nunca lo fuera del todo, por otro de control y expansión militar.

Campos de paz

La paz con Inglaterra en 1783, que puso fin a la Segunda Guerra del Tercer Pacto de Familia —nombre español de la Guerra de Independencia de los

Estados Unidos—, al alejar el peligro de un ataque británico dio tiempo a España para dedicarse al problema de los indios hostiles[21].

Al norte de Sonora y en Arizona, el capitán del presidio de Tucson, Pedro Allende y Saavedra, un experimentado militar que había combatido en la campaña de Portugal de 1762 y también contra los *seri*, dirigió una docena de incursiones de castigo contra los *apaches* entre 1783 y 1785. Fue una guerra brutal, y como todos los conflictos con los *apaches*, de un salvajismo inconcebible. A los jefes indios abatidos se les arrancaba la cabeza y su cráneos clavados en estacas se convirtieron en adornos en los muros del presidio de Tucson; se recogían orejas y cabelleras por las que se pagaba para contar los indios muertos, quienes a su vez quemaban vivos a los prisioneros y los sometían a torturas atroces, desde arrancar ojos y lenguas hasta clavar a sus víctimas en los cactus.

La eficacia de las tropas del rey en Arizona durante los años finales del siglo XVIII fue notable. Excelentes jinetes, acostumbrados a vivir en la frontera, las lanzas de los soldados de cuera se convirtieron en el símbolo de la autoridad virreinal y comenzaron a imponer auténtico respeto. La creación de compañías volantes ligeras y móviles permitió perseguir a los indios hostiles hasta sus más ocultos escondrijos en las cuevas de las montañas. El apoyo del excelente gobernador de Nuevo México, Juan Bautista de Anza, permitió que el éxito de sus campañas se sintiera también en la Apachería occidental, usando como aliados a grupos de *navajos* contra *mescaleros* y *mimbreños* y las bandas que actuaban con base en el río Gila.

Pronto indios *pimas* y *navajos* sirvieron de guías y auxiliares en las compañías volantes del presidio de Tucson. Por último, como veremos al tratar de la estrategia empleada contra los indios indómitos, en 1786 el virrey Bernardo de Gálvez autorizó la política de los campos de paz *apaches* en los que se permitía comerciar con los indios y entregarles alcohol y otros productos —azúcar, tabaco, café y chocolate—, a cambio de detener sus incursiones, al tiempo que se aplicaban duras represalias a los que persistían en mantenerse en armas.

El sistema tuvo un razonable éxito, y en 1793 un centenar de *apaches* occidentales se presentaron en Tucson y aceptaron las condiciones del comandante del presidio, José Ignacio Moraga, para dejar sus refugios en las montañas Galiuro y hacer la paz. El comandante entregó ricas ropas al jefe *apache* Nautil Nilché a cambio de seis orejas de enemigos, sirviendo el inter-

---

[21] Conviene no olvidar que para el Virreinato de Nueva España, la guerra contra los británicos no se libró solo en Luisiana y Florida, sino también en su frente Sur, en Guatemala, Nicaragua y Honduras.

cambio como prueba de paz y colaboración. Luego los indios fueron reubicados como colonos en las llanuras, cerca del río Santa Cruz, en el área que fue conocida más tarde como *apaches mansos*.

Una vez lograda la paz en la frontera —aunque siempre hubo *apaches* hostiles— la vida de los colonos fue mucho más tranquila y se logró, finalmente, que las comunidades fronterizas progresaran. La población española en Arizona era de unos 1 000 habitantes al comenzar el siglo XIX, de los que vivían en Tucson 300, 200 más en su comarca y otros 400 en Tubac, no llegando a 100 los que habitaban en torno a la misión de Tumacacori. El resto de la población de Arizona eran nativos indios o mestizos. La población española —en realidad solo algunos blancos y una mayoría notable de mestizos— vivían en los asentamientos del río San Juan, dedicándose a la agricultura, la ganadería —maíz, judías y trigo—, la artesanía y el comercio. Unos pocos vivían en torno a Arivaca y el valle de San Pedro y, por último, algunos, con más riesgo, hacían ganadería extensiva en territorio apache o explotaban pequeñas minas de plata.

No obstante, los indios y el desierto impidieron que las zonas colonizadas se extendieran mucho más allá de las mencionadas, y la economía, en el apogeo de la colonia a principios del XIX, fue siempre de dimensión reducida. Así, en 1804, en Tubac, apenas había unas 6 000 ovejas destinadas a la producción de lana y en torno a 5 000 caballos. A pesar de la distancia con los centros de poder de México, la comunidad española de Arizona alcanzó una considerable estabilidad y las familias de pura descendencia española, enlazadas por relaciones familiares con las de Sonora, llegaron a constituir una élite local de cierto poder que formó una sólida aristocracia a partir de la independencia mexicana, lo cual permitió que un ciudadano de Tucson, José de Urrea, llegase a ocupar la presidencia de México.

3.3. Frente a franceses, apaches y comanches

La historia de la conquista de Texas para la Corona de España es realmente curiosa, pues se debió a la necesidad de impedir que el territorio fuese ocupado por una potencia hostil, lo cual, como en el caso de California, obligó a las autoridades virreinales a un esfuerzo para prevenir amenazas contra el corazón de la Nueva España.

A diferencia de la plácida vida que en general llevaron los colonos de la hermosa California española, la historia de Texas es una continua narración de violencia y guerra. Todo fue difícil. A la permanente hostilidad de las feroces tribus *apaches* se unió la llegada de un nuevo pueblo de guerreros procedentes del norte que iban a convertirse en actores protagonistas en el escenario texano: los *comanches*, que impidieron durante mucho tiempo que la colonización avanzase más allá del Río Grande. Si a esto unimos el escaso interés de los súbditos de Su Católica Majestad por trasladarse a una frontera en la que había poco que ganar y mucho que perder, se explica que hasta pasada la mitad del siglo XVIII lo que hoy es Texas siguiese siendo un territorio poco poblado y salvaje, en el que los europeos no mantenían apenas presencia y donde fundar villas, pueblos o ciudades parecía imposible.

La excepción era El Paso, pues tras la revuelta *pueblo* de 1680, que provocó la pérdida de Nuevo México durante una docena de años, se convirtió en la única posición española al norte del Río Grande, con una población que aumentó en unas 2000 personas por la llegada masiva de refugiados que huían del norte, tanto colonos españoles como indios amigos. Para proteger a los segundos se fundó una misión y un pueblo dentro de los límites del actual estado de Texas, en la moderna Ysleta. Años después, junto al actual presidio se edificó una misión en territorio *jumano*, pero poco más se hizo. Lo que realmente decidió a las autoridades virreinales a avanzar hacia el interior de Texas fue el incremento de las actividades francesas en la costa del Golfo de México, una amenaza que no venía de Europa ni de las Antillas francesas, sino de la lejana Canadá.

San Francisco de los Texas: el primer intento

A mediados del siglo XVII los viajes de los exploradores canadienses, tramperos y comerciantes de pieles, cada vez más al oeste y más audaces, hicieron pensar de nuevo en la existencia de una comunicación directa entre el Atlántico y el Pacífico usando los ríos. En 1678, una expedición bajo la dirección del intendente general de Canadá alcanzó la desembocadura del Arkansas, y fomentó la creencia de que existía tal paso, ya que los exploradores canadienses hablaban de un río gigantesco del que se sospechaba que podría desembocar en el Golfo de California —en realidad era la desembocadura del Colorado—. Una vez conocido su descubrimiento, aumentaron las esperanzas de quienes pensaban que podía lograrse una vía de comunicación entre Europa y Asia sin tener que doblar el Cabo de Hornos o hacer la larga ruta de la India. Solo fue cuatro años después cuando René Robert Cavelier, señor de La Salle, navegó el enorme río hasta su desembocadura y comprobó que no estaban en el Golfo de California, sino en el de México.

Normando, nacido en Rouen, La Salle estaba destinado por su familia a la iglesia, y recibió de los jesuitas una magnífica educación que incluía el interés por la ciencia, que le resultaría de enorme importancia en su futuro. El explorador francés llamó a esta región «Luisiana», en honor de su monarca el rey Sol, Luis XIV. La Salle dejó claro que el gran río desembocaba en algún lugar entre México y Florida, por lo que aunque no fuese el Paso del Noroeste no era mal hallazgo, pues permitiría conectar Canadá con las ricas islas de las Antillas y tener un puerto en un mar libre de hielos.

La Salle había redescubierto la desembocadura del Misisipi, a cuyo delta habían llegado ya los españoles desde los viajes de Álvarez de Pineda en su recorrido por la Tierra de Amichel. En cualquier caso, La Salle, el 9 de abril de 1682, en una brillante ceremonia tomó posesión del territorio regado por el Misisipi desde su nacimiento hasta su desembocadura en nombre del rey de Francia, así como de los afluentes que vertían sus aguas al gran río.

La Salle no era percibido en la corte francesa más que como un aventurero, y, como ocurría en España en casos similares, estaba rodeado de enemigos que intentaban defender las ventajas que obtenían del monopolio del comercio con América, por lo que hubo gran oposición a sus planes de dirigir una expedición por mar a las nuevas tierras descubiertas para fundar allí un asentamiento permanente. Aunque trataron de destruir su proyecto, algunas importantes personalidades del reino, como el ministro Colbert, se dieron cuenta de la oportunidad que representaba para Francia el control de una ruta al Golfo de México desde Canadá, lo que permitiría en la práctica rodear las posesiones inglesas situadas en la costa este de América. En consecuencia, se aprobó su proyecto y se le encargó liderar la expedición colonizadora.

Cuatro buques franceses se dirigieron a América con más de 300 personas, incluyendo siete misioneros y varios distinguidos caballeros. Partieron de La Rochelle el 24 de julio de 1684. Junto a las costas de la Española una tormenta separó a los barcos y entre el 28 de septiembre y el 2 de octubre tres de ellos lograron llegar al puerto de Petit-Goâve, pero el *St. Francis* acabó en las costas controladas por España y fue capturado, lo que supuso una severa pérdida para la expedición. Enfermo y con fiebre, La Salle no pudo partir en tres semanas, pero finalmente logró zarpar de Santo Domingo el 25 de noviembre y, tras navegar por la costa sur de Cuba, los expedicionarios franceses llegaron a tierra y pensaron que se encontraban cerca de la desembocadura del Misisipi, aunque donde desembarcaron en realidad el 1 de enero de 1685 fue en algún punto al este del río Sabine, pues por un error en la medición de la longitud no hallaron las costas de Luisiana sino las de Texas.

Tras varias discusiones entre La Salle y algunos de sus compañeros, la expedición recaló finalmente en la que llamaron Bahía de St. Bernard —hoy Matagorda— el 18 de enero. El país parecía perfecto. Había ciervos y búfalos, pescado en abundancia, praderas, y el entorno era muy agradable. Solo había un problema, los españoles no iban a consentir la presencia de franceses en lo que consideraban parte de Nueva España y ya estaban buscándolos con ahínco. A principios de 1686 el marqués de Laguna, virrey de México, había recibido los primeros informes sobre el apresamiento del *St. Francis*, el buque de La Salle que había sido capturado en las costas de la Española cuando se dirigía a las costas de Texas. Poco después, a través de los indios, se supo que había europeos en la costa del Golfo, por lo que en México se llegó a la acertada conclusión de que se trataba de los hombres de La Salle. El conde de Monclova fue entre tanto elevado al cargo de virrey en noviembre y llegó al puesto con instrucciones precisas para lograr la expulsión inmediata de los intrusos. En un consejo de guerra se estudiaron las mejores opciones y finalmente se decidió establecer un puesto militar en la zona, al que se denominó Monclova, bajo el mando del gobernador de Coahuila.

Correspondió a Alonso de León liderar la primera penetración española en Texas. Había nacido en Nuevo León en 1639, pero con solo diez años de edad fue enviado a Europa, donde se enroló como cadete en la Armada, y, tras un breve servicio de tres años, en 1660 estaba ya de vuelta en México. En 1682 pidió permiso al gobernador para trabajar los depósitos de sal en el río San Juan e intentar poner en marcha un proyecto de colonización y búsqueda de minas. Se le concedió una concesión de quince años, y debido a su buen conocimiento de la zona no es de extrañar que, al llegar a México las noticias de la existencia de un establecimiento francés en la costa del Golfo, se le nombrase responsable de la expedición que debía expulsar a los invasores.

Pero lo que parecía fácil no lo era en absoluto, y entre 1686 y 1689 León tuvo que dirigir cuatro expediciones a la zona en la que se encontraban los franceses. En la primera reconoció en detalle la confluencia del río San Juan con el Río Grande, marchando por la orilla derecha y bajando hacia el sur más allá del río de las Palmas —Soto de la Marina—. No llegó a conclusiones sólidas sobre la presencia francesa en la región y dirigió una segunda expedición en febrero de 1687, cruzando el Río Grande cerca de la actual Roma y continuando por la orilla izquierda hasta el mar. Luego siguió la costa de Texas hasta Baffin Bay, sin encontrar tampoco franceses.

Una tercera expedición en mayo de 1688 se puso en marcha al llegar noticias de que un hombre blanco, desnudo y en mal estado, se encontraba en una ranchería. Efectivamente se trataba de un francés, Jean Jarry, con lo que los rumores por fin se convirtieron en certezas, así que el 27 de marzo de 1689 León partió al mando de la cuarta expedición, con 114 hombres que incluían al prisionero francés y al capellán Damián Massanet. Su empresa tuvo éxito y encontró los restos de un establecimiento europeo en la orilla de Garcitas Creek: era Fort St. Louis. Los españoles no podían imaginar el trágico fin de la colonia francesa, destruida por las desavenencias de sus propios colonos, en una terrible espiral de violencia que había culminado con el asesinato del propio La Salle.

Alonso de León, que se había convertido en 1687 en gobernador de Nuevo León, fundó junto a Massanet la misión de San Francisco de los Texas, como consecuencia de lo que habían visto al llegar a Fort St. Louis. Massanet llegó a la conclusión de que sería posible convertir a los indios de la confederación *hasinai* que vivían en la zona, y lo hizo constar en su informe al virrey, sin olvidar añadir que había habido franceses viviendo entre ellos, por lo que el virrey conde Gálvez aprobó la iniciativa.

La expedición dejó Monclova en marzo de 1690 y tras llegar a las ruinas de Fort St. Louis se acercaron al principal poblado *hasinai* para comenzar su trabajo. Allí encontraron dos jóvenes franceses, Pierre Meunier y Pierre Talon, que habían sobrevivido a la colonia de La Salle. Tras continuar su marcha alcanzaron un valle poblado por los *nabedaches*, el más occidental de los pueblos de la confederación *hasinai*, y fundaron un establecimiento que bautizaron como San Francisco de los Texas. Luego construyeron una iglesia, con lo que la misión quedó oficialmente constituida el 1 de junio de 1690.

Al día siguiente comenzó el regreso, y en la misión quedaron tres sacerdotes y tres soldados de escolta. Cuando la expedición regresó a México, Alonso de León se encontró con que había sido relevado del cargo, y murió al año siguiente. Había sido un hombre honrado y un líder riguroso y firme, que se ha ganado para siempre un puesto en la historia de Texas.

Poco antes de la fundación de San Francisco de los Texas, el capitán León fue enviado con un centenar de hombres a limpiar el territorio de franceses[22]. Su expedición partió de Monclova a comienzos de la primavera de 1689 y llegó a las inmediaciones de Fort St. Louis, en Lavaca, el 22 de abril. Dos días después León penetró en la bahía, desde donde pudo ver la fragata *Belle*, una de las naves francesas. Los indios *cenis* le habían informado de la presencia de los franceses y capturó en el poblado indio a dos importantes miembros de la colonia francesa, L'Archeveque y Gralet, a quienes envió a México y de allí a España, donde fueron juzgados y condenados a trabajos forzados en las minas mexicanas, por lo que fueron devueltos a América a cumplir su condena.

Habiendo completado su misión, León regresó a Monclova y envió al virrey un informe detallándole lo ocurrido y sugiriéndole la ventaja que supondría para impedir hechos similares establecer un puesto en la zona. En México se estudió la cuestión y se decidió instalar una misión en Fort St. Louis, por lo que en 1690 León fue enviado de nuevo a la costa con algunos frailes y 110 soldados. Fue entonces cuando se fundó la misión bautizada como San Francisco en honor de San Francisco de Asís.

Informada la corte española, el rey Carlos II sancionó la ejemplaridad de la acción para mantener alejadas en el futuro a otras potencias extranjeras de las costas texanas, algo vital para la seguridad de Nuevo México, y en 1691 Domingo Terán fue nombrado gobernador de Coahuila y Texas. Tendría un salario acorde a la importancia del nuevo cargo y contaría con cincuenta soldados y siete misioneros destinados a fundar misiones y a proteger los nuevos puestos que debían ser colonizados, en el territorio entre el río Rojo y el Guadalupe.

Domingo Terán decidió seguir adelante con el proyecto de colonización de Texas y se dirigió al norte para fundar nuevas misiones. Con él iba como intérprete Meunier, el joven francés que había vivido con los *hasinais*, cin-

---

[22] España y Francia estaban otra vez en guerra, la conocida como Guerra de los Nueve Años, de la Liga de Augsburgo o del Palatinado (1689-97), un conflicto devastador que enfrentó a la Francia de Luis XIV con una coalición formada por prácticamente toda Europa, pues España fue aliada de las Provincias Unidas, Inglaterra, Portugal, Suecia, Baviera, Sajonia, el Palatinado y la mayor parte de los estados soberanos del Sacro Imperio Romano Germánico.

cuenta soldados, seis religiosos con Massanet a la cabeza, rebaños de ovejas y vacas, y más de un millar de caballos. Tras cruzar el río Trinity llegaron a San Francisco en julio de 1691 y supieron qué una segunda misión llamada Santísimo Nombre de María había sido levantada por el padre Fontcuberta, que había fallecido en una epidemia que azotó la región.

Pronto se dieron todos cuenta de que entre el verdadero deseo de los indios y lo que buscaban los misioneros había serias diferencias. A los indios, como es lógico, los caballos les atraían más que su nueva fe cristiana. La gran distancia entre las misiones y el centro del poder español en la región dificultó el éxito. Eran difíciles de abastecer, estaban en territorio hostil y los indios no se mostraban dispuestos a dejarse convencer por los misioneros. También había enfermedades y una gestión no del todo adecuada.

Siguiendo instrucciones del virrey, Gregorio de Salinas condujo una expedición de relevo desde Monclova en la primavera de 1694, pues el invierno había sido muy malo y se temía lo peor. Lo que encontraron a su llegada el 8 de junio fue desolador. Los indios no se acercaban a la misión, hubo robos y uno de los sacerdotes había muerto. El intento de colonización fue un fracaso. En solo tres años, la pequeña comunidad en torno a la misión de San Francisco y Fort St. Louis se hundió. La hostilidad permanente de los indios, los robos de ganado, la muerte de las pocas reses que quedaron y la pérdida de las cosechas fueron definitivas.

En 1693 toda la región fue abandonada y se informó a España de la imposibilidad de mantener una población estable en la zona, solicitando que se aplazase la decisión hasta que las circunstancias fueran mejores. Pese a esto, durante el primer año se había establecido en la orilla derecha del Río Grande una misión llamada San Juan Bautista que se convirtió en un excelente puesto de observación, y luego se edificó un presidio que sería el comienzo, con el tiempo, de la que fue conocida como Vieja Carretera de San Antonio.

A pesar de este puesto, el hecho cierto es que al alborear el siglo XVIII no había ninguna posición española en Texas, que había sido abandonada con autorización real en marzo de 1694. Solo El Paso, en la ruta del Camino Real de Tierra Adentro, se mantenía habitado y pujante, por su comercio con los indios y el comercio de las minas de plata de Santa Fe y las pieles de Taos, pero en el siglo XVII ese lugar no se consideraba parte de Texas, aunque hoy lo sea[23].

---

[23] La República de Texas (1836-45) jamás logró controlar territorios más allá del río Nueces ni al oeste del Pecos, por lo que El Paso no se incorporó a Texas hasta después de la firma del Tratado de Guadalupe-Hidalgo de 1848.

El regreso a Texas y el nacimiento de la provincia

La primera amenaza francesa había sido cortada de raíz, pero se trataba de una victoria momentánea, pues el crecimiento de la colonia de Luisiana era cada vez más amenazador. Por otra parte, el desastroso final de los intentos de colonizar Texas habían convertido en inútiles los esfuerzos de Alonso de León, por lo que la situación al comenzar el siglo XVIII era igual de mala que antes del intento colonizador de La Salle.

En 1712, el rey francés Luis XIV garantizó a Antoine Crozat el comercio en toda la Luisiana, al tiempo que se nombraba gobernador a Lamothe Cadillac. Crozat pensaba que el territorio sobre el que tenía competencia comercial, de límites muy imprecisos, era mucho mayor de lo que se creía y vio una buena oportunidad para el comercio con los indios, la búsqueda de minerales y el intercambio con el noroeste de México. Para lograrla se puso en contacto con las autoridades de Nueva España, aprovechando que España y Francia eran aliadas, aunque una negativa no iba a impresionar al audaz comerciante francés, que ya había decidido hacer lo que resultase mejor para sus intereses.

No obstante, el primer paso fue el correcto, y de acuerdo con Cadillac envío una expedición a México que partió al mando de Louis Juchereau St. Denis, un joven de noble familia. Para uno de los misioneros, el padre Francisco Hidalgo, la inacabada obra entre los indios *tejas* vino a ser una pasión consumida. En el final del siglo XVII, debido a la minería, a la cría de ganado y al compromiso firme de Hidalgo con objetivos misioneros en el este de Texas, el límite español en el norte de México había avanzado hacia el Río Grande.

La misión San Juan Bautista, que acertadamente el historiador Weddle ha llamado «la Entrada al Texas español», fue fundada el 1 de enero de 1700, en el sitio actual de Guerrero, Coahuila. Para entonces los franceses habían resucitado el plan de La Salle de colonizar el valle inferior de Misisipi. Bajo el mando de Pierre Le Moyne d'Iberville, se construyó un fuerte en la Bahía Biloxi en 1699 y a principios de 1700 la llegada de víveres frescos y de refuerzos traídos desde Francia por el propio Iberville reforzó la presencia de ese país en el territorio de Luisiana. A Iberville lo acompañaba un pariente de su mujer, Louis Juchereau de St. Denis, un aventurero destinado a cambiar el curso de la historia de Texas.

A pesar de los esfuerzos de Iberville, la colonia de Luisiana tenía una enorme deuda, en parte debida a los elevados costes de las constantes guerras de Luis XIV, especialmente la de Sucesión Española, en la que la hacienda francesa había tocado fondo. En un esfuerzo para reducir gastos reales, Luisiana fue designada colonia privada y entregada al rico comerciante citado Antoine Crozat, quien, como se ha dicho, seleccionó como gobernador a Antonine de La Mothe, señor de Cadillac, quien llegó a Luisiana en mayo de 1713. Los deberes de Cadillac eran sencillos, tenía que gobernar la colonia de forma sensata y buscar la forma de obtener beneficios. El francés llegó a la conclusión de que la mejor posibilidad era comerciar con el establecimiento más próspero y poblado de América del Norte, Nueva España, si bien sabía que las estrictas normas españolas establecían una sólida protección legal que restringía las actividades mercantiles de los extranjeros.

Cadillac disponía además de una carta que dos años atrás le había enviado el padre Hidalgo, convencido de que era posible convertir a los indios del interior de Texas, y que había insistido una y otra vez en lograr apoyo para fundar una misión entre los *hasinai*. Desesperado por la falta de apoyo en México, Hidalgo había escrito a Cadillac en busca de ayuda francesa para su proyecto. Para Cadillac se trataba de una gran oportunidad, por lo que fue a ver a St. Denis, que se había especializado en las lenguas indias y hecho exploraciones más allá del Río Rojo, para hacer propuestas a los españoles. St. Denis partió hacia Natchitoches, donde dejó almacenadas parte de sus mercancías.

Tras atravesar el Sabine se adentró en Texas, donde inició el comercio con los indios de ganado y pieles de búfalo, pero para él eso no era bastante. En julio de 1714 se presentó en el presidio de San Juan Bautista con un pasaporte francés y diciendo que los indios *tejas* querían misioneros españoles en sus tierras. Su conducta y las estrictas leyes españolas sobre el comercio provocaron que el comandante del puesto, Diego Ramón, lo arrestase, en tanto esperaba noticias de la capital virreinal y de Gaspar Anaya, gobernador de Coahuila. No debía de ser un cautiverio muy rígido, pues durante el mismo St. Denis enamoró a la bella nieta de Ramón, Manuela Sánchez, de la que logró incluso una promesa de matrimonio[24].

Cuando llegaron las instrucciones de México se envió allí a St. Denis, que convenció al virrey hasta el punto de quedar casi de inmediato en libertad. Más adelante fue nombrado comisario y guía de la expedición al este de Texas para establecer nuevas misiones españolas, y regresó a San Juan Bautista, donde se casó con Manuela. La principal consecuencia de la expedición de St. Denis fue convencer a las autoridades virreinales de que era

---

[24] Esta historia se parece mucho a la Rezanov y Conchita Argüello en California, pero con final feliz. A una jovencita educada que vegetaba en un lugar como el presidio de San Juan Bautista, en la frontera con la nada, la llegada de un aventurero elegante y de familia noble como St. Denis debió de causarle una fuerte impresión.

preciso ocupar Texas o, al menos, controlar los puntos de penetración más importantes desde Luisiana y en la costa del Golfo. El virrey, duque de Linares, retomó el plan de ocupación de Texas y encargó al capitán Domingo Ramón marchar con una compañía presidial y algunos religiosos al interior de la provincia para establecer nuevas misiones y algún puesto militar. El francés St. Denis se ofreció como guía y fue bienvenido.

La primera misión se estableció junto a la antigua de San Francisco y se fundó otra más entre los indios *adaes,* una pequeña nación que vivía en Arroyo Hondo, entre la nación *caddo*. La misión tuvo un puesto de guardia construido solo a quince millas del puesto francés de Natchitoches. Para el capitán Domingo Ramón el conocimiento que tenía St. Denis de las tribus indias de la costa de Texas y la frontera con Luisiana fue muy importante para asegurar unas buenas relaciones con las tribus situadas en la frontera oeste. Acostumbrados al contacto con los europeos y a las ventajas que podían obtener de ellos, no es de extrañar que, cuando los españoles se establecieron en el poblado de Los Adaes, el buen trato que recibieron de los indios fuera una herencia del comerciante francés.

Ramón Domingo, trabajador incansable y eficaz organizador, se convirtió en un referente para los indios, que lo adoptaron como a uno más y lo apoyaron en su trabajo. El marqués de Aguado, nombrado gobernador de las Nuevas Filipinas y Nueva Extremadura, se dirigió a Texas para supervisar el progreso de las actividades españolas y entre tanto Ramón Domingo fue hasta Los Adaes y desde allí se acercó al puesto francés de Natchitoches, ya en Luisiana, donde fue tratado con amabilidad. Los indios seguían asombrados con las labores constructoras a las que estaban entregados los españoles, pues jamás habían visto nada semejante, y se mostraban fascinados a la vista de los muros, torres y empalizadas con las que se iba dotando el presidio.

Asimismo, se decidió dividir la responsabilidad de las nuevas misiones entre las instituciones misioneras de Querétaro y de Zacatecas. Fueron estos religiosos los que restablecieron la misión de San Francisco en un nuevo lugar, al que llamaron San Francisco de los Neches. También fundaron otras cinco misiones: Nuestra Señora de la Purísima Concepción de Acuña, Nuestra Señora de Guadalupe de los Nacogdoches, San José de los Nazonis, Nuestra Señora de los Dolores de los Ais y San Miguel de Linares de los Adaes.

En la orilla oeste del territorio misionero, Ramón edificó para sus soldados el Presidio de Nuestra Señora de los Dolores de los Tejas. El restablecimiento de las misiones y un presidio en el este de Texas fue históricamente muy importante porque dio a España una base jurídica para defender con ahínco que la frontera de Texas estaba en el Sabine.

Por lo tanto, en 1715, al año de terminar en Europa la Guerra de Sucesión española, España estaba de nuevo en Texas. En los años siguientes se daría un fenómeno que no se repetiría hasta finales del siglo. Durante unos años, entre 1717 y 1722, la Francia borbónica estuvo en guerra con España, la Guerra de la Cuádruple Alianza, y esta circunstancia se convertiría en la prueba definitiva para saber si los españoles tenían aún agallas para establecerse con firmeza en la provincia, y si sus colonos, religiosos y soldados eran capaces de aguantar la soledad, las distancias, el clima y los indios hostiles.

En realidad, el mayor problema que se presentaba en el futuro era que no se percibía entre las tribus indias del interior el más mínimo interés en acercarse a las misiones, pues eso les exigía la sustitución de sus ritos y elementos esenciales de su cultura que no estaban dispuestos a perder, y los misioneros eran conscientes de que tampoco les podían obligar por la fuerza, pues las tropas que custodiaban las misiones eran mínimas. Si no se lograba asentar en medio del naciente Camino Real una población sólida y numerosa, o se reforzaban las tropas destinadas a Texas, todo parecía indicar que se iba a repetir lo ocurrido a finales del siglo anterior. Pero esta vez había un hombre que iba a cambiar la situación, el marqués de Valero, que acababa de ser nombrado virrey.

La intención inmediata de Valero era lograr la supresión del comercio ilegal de los franceses de Luisiana y Canadá en Texas, para lo cual prometió apoyar las misiones franciscanas y aceptó la propuesta del padre Olivares, que había visitado anteriormente un lugar en el río San Antonio considerado perfecto para establecer una misión. Valero dio su aprobación para fundar una misión y un nuevo presidio a finales de 1716, y asignó la responsabilidad de su establecimiento a Martín de Alarcón, el gobernador de Coahuila y de Texas, pero una serie de demoras ocasionadas en parte por las diferencias entre Alarcón y Olivares aplazaron la fundación hasta 1718.

El 1 de mayo, en el río San Antonio, el gobernador fundó la misión San Antonio de Valero —que se haría célebre años después como El Álamo— y el 5 de mayo estableció el Real Presidio de San Antonio de Béxar. La villa recibió el nombre en honor a Baltasar Manuel de Zúñiga, segundo hijo del duque de Béxar y virrey de la Nueva España.

A finales de 1718 numerosos indios de las tribus *jamrame, payaya* y *pamaya* se habían acogido en esa misión, y en 1720 fray Antonio Margil fundó las de San José y San Miguel de Aguayo, a muy poca distancia hacia el sur.

Dos años después nació la misión de San Francisco Javier de Naxera, pero fracasó, por lo que se fundió con San Antonio de Valero en 1726, que fue reubicada en un sitio diferente en 1724. Por último, en 1731 se fundaron tres misiones más, Nuestra Señora de la Purísima Concepción de Acuña, San Francisco de la Espada y San Juan Capistrano.

En 1719 la guerra de la Cuádruple Alianza afectó a Texas. Desde Natchitoches, Philippe Blondel y sus seis soldados tomaron la misión Adaes, pero en la confusión un hermano lego escapó y dio la alarma en el resto de las misiones, avisando del inminente ataque francés. En el presidio de Dolores el capitán Ramón consideró que no era posible la defensa y ordenó el abandono inmediato de las seis misiones y de la guarnición militar. Parecía que Texas se iba a perder una vez más, pero por suerte, el ejército español encontró refugio en los pueblos nuevos en el Río San Antonio, y, al poco de llegar, el padre Margil comenzó a construir una segunda misión: San José y San Miguel de Aguayo.

El elemento humano esencial para la supervivencia del territorio había alcanzado ya los 200 habitantes en 1720, incluyendo los 53 soldados del presidio y sus familias, que fueron reforzados el 9 de marzo de 1731 por 55 colonos canarios. A mediados de la década de los 30 del siglo XVIII la comarca llegó a 900 habitantes, de los que 600 eran indios cristianos y el resto colonos españoles, pero al menos las tres cuartas partes de los indios fallecieron en una epidemia de viruela que en los años 1738-39 destruyó comunidades indígenas enteras. Los 837 indios bautizados quedaron reducidos a 182.

La década de 1740 fue tan buena para Texas como para todos los territorios de la América del Norte española, y la población comenzó a recuperarse, pues a los pequeños grupos de colonos se unieron casi 500 indios, en su mayoría *coahuiltecos* que huían de *apaches* y *comanches*. Gracias a este aporte humano las misiones se convirtieron en comunidades autosuficientes, con miles de cabezas de vacas y caballos y grandes rebaños de ovejas, y sistemas de riego, que cultivaban maíz, algodón, judías y todo tipo de frutas, pues se plantaron especies originarias del viejo mundo que tuvieron un enorme éxito en su nuevo hábitat.

Durante la primera mitad del siglo los *apaches* y los *comanches* aún tenían fuerza para golpear en las cercanías de San Antonio de Béxar, pero aunque los caminos y campos eran peligrosos, y lo siguieron siendo buena parte del siglo XIX, la eficacia de las patrullas de las tropas presidiales y la constante mejora de las mismas, en especial con el aumento de las compañías volantes, hicieron cada vez más difícil a los indios amenazar los núcleos urbanos de la colonia. El nuevo territorio sería conocido con el nombre de Nuevas

Filipinas de forma oficial durante unos años —al menos hasta 1744—, pero no perdió el nombre común con el que era conocido al sur de Río Grande, Texas, y con él sería denominada en el futuro toda la provincia.

La recuperación y la era de las reformas

La paz que siguió a la Guerra de la Cuádruple Alianza duró poco en Europa, pero algo más en América, pues España y su gran enemigo, Gran Bretaña, no volverían a enfrentarse hasta 1727[25]. En cuanto a Francia, esa guerra había sido una anomalía, ya que desde la firma del Primer Pacto de Familia en noviembre de 1733 los ejércitos de las Dos Coronas —nombre con en que era conocida en Europa la alianza franco-española desde la Guerra de Sucesión Española— combatirían juntos en cuatro guerras en los siguientes cincuenta años. Esta «pax americana» permitió a España reforzar el ejército y las milicias, organizar y depurar la hacienda y mejorar la economía.

El general Pedro de Rivera y Villalón fue comisionado por el virrey para inspeccionar la frontera de Texas, y sus recomendaciones fueron aprobadas: se redujeron las fuerzas en Los Adaes y se eliminó el presidio de Dolores. Esto afectó a las misiones, que precisaban de un mínimo de seguridad y apoyo militar para su propia existencia, por lo que las de San Francisco, Concepción, y San José fueron trasladadas al río Colorado y posteriormente a San Antonio en 1731. Esta reducción militar, necesaria desde el punto de vista económico, resultó dura para los colonos de la frontera, pues les dejaba en una situación complicada ante los *apaches* y *comanches*, justo cuando se pretendía atraer a más colonos a la provincia.

La llegada de 55 colonos canarios —isleños— a San Antonio el 9 de marzo de 1731 se ha considerado habitualmente como el principio del nacimiento de la colonización civil en Texas. Desde su fundación en 1718 hasta 1731, cuarenta y siete parejas se habían casado y 107 niños fueron bautizados en la misión Valero. Así, había una primera generación de indios *bejareños* cristianos que vivía en San Antonio cuando llegaron los colonizadores de Canarias. Su llegada terminó con la comunidad racialmente armoniosa, pero la amenaza de los indios y el aislamiento fronterizo pronto cambió la actitud, al principio soberbia, de los isleños. Los ataques indios se incrementaron en la década de 1740 con la aparición de los *comanches* en San Antonio y llegó a su punto máximo a finales de los sesenta. En el verano de 1768,

---

[25] Fue un breve conflicto que concluyó con el Tratado de Sevilla de 1729, y que partió del fracasado intento británico de tomar Portobelo y en el que hubo un igualmente fallido intento español de recuperar Gibraltar.

San Antonio llegó a quedar aislado veintidós días, sin recibir ayuda exterior, pero sobrevivió y se acabó convirtiendo en la comunidad más importante de la Texas española.

Además, tras la Guerra de la Cuádruple Alianza, las relaciones con los franceses permanecieron generalmente pacíficas. Los franceses, con menos problemas legales y religiosos, fueron más hábiles con los indios que los españoles, y su red comercial era inmensamente superior cuando las tropas españolas se hicieron cargo de los puestos en la alta y baja Luisiana. Hasta entonces, el Arroyo Hondo, una pequeña corriente entre Los Adaes y Natchitoches, vino a ser el límite *de facto* aceptado entre París y Madrid, hasta la cesión de Luisiana a España en el año de 1762 y su ocupación efectiva entre 1765 y 1769. En el Río Rojo, los franceses habían logrado una alianza estratégica de primer orden con los *kadodachos* —una tribu de la familia *caddo*— y de otros indios de la región, como los *wichitas* de Oklahoma y Kansas y los *tawakonis* en el norte de Texas. Más al sur, los comerciantes franceses cruzaron el río Sabine a principios de 1730 e iniciaron contacto con los *ocoquizas* y con los *bidais* a lo largo del bajo río San Jacinto y del río Trinidad. En respuesta a esta hábil progresión, en el año de 1755 los españoles establecieron en la zona el presidio Agustín de Ahumada y la misión Nuestra Señora de la Luz. Ninguno de estos asentamientos tuvo éxito y ambos fueron abandonados en menos de quince años.

La llamada Guerra del Asiento (1739-48), integrada en el conflicto europeo de mayor envergadura —la Guerra de Sucesión de Austria— situó de nuevo a Texas ante un desafío. Aunque en el norte de América la guerra se desarrolló fundamentalmente en Florida y Georgia, lo cierto es que hubo preocupación de que las hostilidades se trasladasen al Golfo de México, pues los asesores militares del virrey consideraban que la costa entre Tampico y la bahía de Mata Gorda, despoblada y apenas defendida, era un posible objetivo británico.

Para contrarrestar esta amenaza, el virrey encargó a José de Escandón proteger la región a toda costa, y le dio plenos poderes en la provincia de la que fue nombrado gobernador, que sería conocida como Nuevo Santander. No podía haber realizado una elección mejor. Escandón era un hombre enérgico que se dedicó a cumplir las instrucciones recibidas a rajatabla, y en una demostración de habilidad y decisión fundó veinticuatro ciudades y quince misiones entre 1747 y 1755. Escandón pasó además a la historia porque desplazó de su lugar originario la misión y el presidio en la Bahía, sobre el río Guadalupe, en el sitio del presente Goliad. Además fundó Laredo, junto al Río Grande, y completó la colonización en esa zona. Menos éxito tuvo su esfuerzo simultáneo de expandir el sistema misionero a lo largo del río San Gabriel, llamado también San Xavier, al noreste de San Antonio.

En el año de 1757 todas las propiedades de las misiones de San Xavier fueron canceladas y se emprendió un nuevo intento de evangelizar y convertir a los indios en el río San Sabá, a centenares de kilómetros de la zona española habitada más próxima, lo que en poco tiempo se iba a convertir en el mayor desastre sufrido por los misioneros y tropas españolas en Texas.

La masacre de San Sabá

En el año de 1757, cerca del actual Menard, el coronel Diego Ortiz Parrilla y los misioneros franciscanos dirigidos por el Padre Alonso Giraldo de Terreros establecieron el presidio San Luis de las Amarillas y la misión Santa Cruz de San Sabá. Los asentamientos se crearon a petición de los indios *apaches lipanes*, un grupo generalmente hostil. Los *lipanes*, a causa del aumento de presión de los *comanches* y de sus aliados, especialmente de los *wichitas*, habían sido forzados a dejar a un lado su odio a los españoles. Pero esta vez, al dejarse convencer por una cuestión misionera, los españoles pecaron de imprudentes.

La teoría que hemos expuesto está bastante extendida y afirma que fueron los propios *apaches* orientales quienes convencieron a las autoridades virreinales de la conveniencia de establecer una misión entre ellos, pues buscaban de forma desesperada un escudo protector contra los *comanches* que les habían expulsado de las praderas del norte. Es posible que confiasen en que los españoles, al establecerse en la región, no tardarían en chocar con los *comanches* y entrar en guerra con ellos. Las cosas sucedieron así, efectivamente, pero los *apaches* acabarían lamentando su acción.

La historia comenzó en 1725, al poco tiempo de la fundación de San Antonio de Béxar. Los franciscanos consideraban la conversión de los *apaches* como la única forma de terminar con el estado permanente de guerra en la provincia, y fray Francisco Hidalgo insistió en la necesidad de intentar un acercamiento a los indios hostiles. Su petición fue denegada, pues no se veía posible cristianizar a los *apaches*. Hidalgo murió al año siguiente, pero eso no desanimó a otros religiosos, convencidos de que tal cosa era factible. Durante años, sin embargo, fue imposible hacer intento alguno para fundar la deseada misión, hasta que las circunstancias comenzaron a jugar a favor de quienes insistían que era posible convertir a los *apaches*. Una serie de afortunadas campañas de las tropas presidiales logró en noviembre de 1749 que los indios de esa etnia se aviniesen a firmar un tratado de paz.

Tras la conclusión del acuerdo se enviaron entre 1753 y 1754 varias expediciones pequeñas, que permitieron ir conociendo el territorio con detalle, y se pensó que el mejor lugar para establecer la misión era una zona bien irrigada por el río San Saba, perfecta para la agricultura. Había otras dos cosas que hacían muy atractivo el lugar. Una, los indicios que mostraban la existencia de importantes vetas minerales, y otra, que se bloquearía cualquier intento francés de colonización o establecimiento de puestos comerciales o militares.

El gobernador Jacinto de Barrios y Jáuregui era de otra opinión. Estaba convencido de que los *apaches* no tenían ningún interés en ser cristianizados y que lo que deseaban era ver a las tropas presidiales situándose entre ellos y sus feroces enemigos, los *comanches*. Pero dos hechos aislados vinieron en ayuda de quienes querían establecer la misión. El primero, el final de la misión de San Xavier y del presidio que le daba protección, y el segundo, el ofrecimiento de Pedro Romero de Terreros, propietario de las minas de La Vizcaína y de otras en El Real del Monte.

Romero ofreció al virrey sostener por su cuenta las misiones que se establecieran al norte de la provincia de Coahuila, por un término de tres a veinte años, pero con la condición de que estuvieran bajo la responsabilidad de fray Alonso Giraldo de Terreros, su primo. Debido a esta nueva situación, el coronel Diego Ortiz Parrilla fue nombrado comandante del nuevo presidio de San Saba, al que debía transferir la guarnición de San Xavier, compuesta por 50 hombres, y al mismo tiempo buscar voluntarios en San Antonio y México para completar la dotación del presidio, establecida en 100 soldados, que sería la más importante de Texas.

Después de concentrarse el grupo entero en San Antonio durante el invierno de 1756-57, y tras varios retrasos, se logró partir finalmente el 5 de abril de 1757. Tras unos días dedicados a la localización del lugar idóneo en las riberas del río, se eligió el lugar que pareció más adecuado para edificar el presidio y la misión. Es de destacar que entre misioneros, soldados y colonos había más de 300 personas implicadas en la operación, un número muy alto para Texas.

La iglesia provisional de la misión se edificó a una legua y media del presidio y en la orilla opuesta del río, pues los españoles pensaban que si se encontraban demasiado cerca del puesto militar los *apaches* se sentirían intimidados y no se acercarían. La medida parecía sensata, dada las malas experiencias que se habían producido cuando los soldados se encontraban cerca de las mujeres indias, pero en medio de la Apachería podía ser un suicidio, ya que no habría tiempo en caso de un ataque sorpresa de protegerse tras los muros del fuerte. Aunque la idea era levantar dos misiones, antes de que estuviese terminada la segunda comenzó el trabajo evangelizador sin éxito alguno, pues no parecía, como temía el gobernador, que a los *apaches* le interesara lo más mínimo la labor misional.

A mediados de junio unos 3 000 *apaches* que se dirigían al norte para cazar búfalos y combatir contra los *comanches*, acamparon junto a la misión, sin hacer caso a los religiosos españoles, aunque dejaron a dos de sus compañeros enfermos al cuidado de los misioneros, a los que prometieron ayuda a su regreso. No obstante, para entonces eran ya varios los frailes que no estaban muy seguros del éxito de su trabajo y tres de ellos, procedentes de Querétaro, decidieron marcharse. Los planes para levantar una segunda misión quedaron aplazados.

A finales del otoño pequeñas bandas de guerreros y cazadores *apaches* que volvían del norte llevaron la noticia de que miles de *comanches* estaban preparando un ataque contra ellos, y que de paso arrasarían la misión y el presidio españoles. La prueba de que no se trataba de un mero rumor llegó pronto. El 25 de febrero de 1758, un grupo de guerra *comanche* se aproximó al ganado que estaba en los pastos y robó cincuenta y nueve caballos. El coronel Ortiz envió a una patrulla tras ellos, que regresó al poco tiempo diciendo que las praderas hervían de guerreros *comanches* y tal vez de otras tribus del norte, por lo que se ordenó a los misioneros buscar refugio en el presidio.

Por primera vez, el padre Terreros pareció entender que la amenaza era seria y dijo que tomaría precauciones, pero se negó a ir al presidio. En cualquier caso ya era demasiado tarde. La madrugada del 16 de marzo amanecía un día en apariencia normal y los misioneros se disponían a comenzar una jornada más cuando, de pronto, observaron la llegada de más de 2 000 indios, *comanches* la mayoría, pero *también wichitas, tejas, tonkawas* y *bidais*. Todos iban armados y con pinturas de guerra y entre los procedentes del norte algunos portaban armas de fuego, casi con toda seguridad de origen francés.

La presencia entre ellos de tribus amigas de los españoles pareció convencer a los religiosos de que no había nada que temer y abrieron las puertas de la misión. Una vez dentro, ofrecieron a los indios tabaco y las habituales chucherías para ganarse su confianza, si bien Terreros era consciente de que debía avisar a las tropas del presidio, pues pudo ver las intenciones agresivas de los indios al agotarse los regalos acostumbrados, y sobre todo cuando pidieron caballos, algo que no podía darles.

El fraile Terreros entregó a los indios una nota para las tropas del presidio, convenciéndoles de que allí les darían más regalos. Al cabo de un tiempo varios de los indios que habían ido al presidio volvieron diciendo que les habían disparado y habían perdido tres hombres. Terreros se ofreció a volver con ellos al presidio, pero tanto él como un soldado que le acompañaba fueron abatidos a tiros en la puerta de la misión. El resto de los españoles e indios cristianos se refugió en el interior de los edificios de la misión mientras los agresores incendiaban la empalizada.

Alarmadas las tropas del presidio, aunque Ortiz Parrilla disponía de solo un tercio de los efectivos de su compañía logró realizar un ataque de diversión para intentar socorrer la misión, de la que solo dos *apaches* escaparon. El grueso de los atacantes sitió el presidio en espera del mejor momento para atacar, pero al ver que llegaba refuerzos —en realidad era un tren de mulas con suministros— se retiraron en la noche del 17 al 18 de marzo. Diecisiete indios y ocho españoles habían muerto. Otros ocho españoles estaban heridos de gravedad y se pensaba que no iban a sobrevivir. El presidio había perdido por lo tanto casi la mitad de su fuerza de combate efectiva. El cuerpo carbonizado del padre Santiesteban Alberín fue encontrado en la capilla sin cabeza. De los misioneros, solo el padre Miguel sobrevivió gravemente herido.

A pesar de las cueras, las lanzas y las armas de fuego no se había podido detener a los guerreros *comanches*. Algo estaba cambiando en las llanuras. No obstante, el mando español consideró que no se podía dejar sin respuesta la osadía de los indios rebeldes, a riesgo de perder toda la provincia por segunda vez. Era preciso responder y dirigir una expedición de castigo contra los indómitos norteños.

Golpe por golpe. La campaña del Río Rojo

A finales del verano de 1759 todo estaba listo para castigar a los culpables de la masacre. Si España quería mantenerse en Texas era preciso devolver el golpe recibido con contundencia. Al mando de la expedición punitiva iba a estar el coronel de dragones Diego Ortiz Parrilla, un veterano de la frontera que sabía lo que era combatir a las tribus de indios y que, como experimentado comandante de San Luis de las Amarillas, había comprobado el efecto de la combinación letal de armas de fuego francesas y caballos. Sabía que una fuerza india así armada podía derrotar a tropas europeas.

La lentitud de las comunicaciones con Ciudad de México provocó que la respuesta española no fuera inmediata, aunque todo parece indicar que los indios eran conscientes de la represalia que se avecinaba. Tras recibir la aprobación del virrey, se reunió a las tropas que debían realizar la incursión de castigo empleando a las guarniciones de la frontera del Río Grande y de la propia Texas.

A primeros de enero de 1759, en San Antonio de Béxar, se realizó una conferencia en la que se planificó la campaña. Al llegar el verano la fuerza de castigo debía avanzar hacia el territorio de los *tawakonis, tonkawas* y *wichitas*, sin que estuviera previsto en principio actuar contra los *comanches* del norte. Una vez preparadas las provisiones, la comida y el material necesario, las tropas partieron de San Sabá en agosto. Tenían 1500 caballos y más de 500 mulas, cargadas hasta los topes con armas y municiones y provisiones para cuatro meses. En total contaba con 576 soldados españoles, 176 indios de la misión y guías *apaches*. Con los experimentados soldados de cuera de la frontera iban también dragones del interior de México. Juan Ángel Oyarzún, capitán de la compañía de San Luis de Potosí, llevó un diario de la campaña, por lo que conocemos relativamente bien sus pormenores.

Avanzando hacia el norte en un mar de hierba y viendo signos que delataban la presencia de búfalos, el 1 de octubre tras una larga marcha, las tropas españolas descubrieron una ranchería *tonkawa* en Yojuan, junto al río Brazos, en la que sorprendieron a los defensores y abatieron a 55 indios, incluyendo a 10 mujeres y niños. Los prisioneros fueron 149 y se capturaron también más 100 caballos procedentes de San Sabá. Las pérdidas de las tropas presidiales fueron dos indios heridos y dos caballos muertos.

Este primer choque animó a los expedicionarios a seguir hacía el norte. Los indios amigos enviados a batir el terreno en dirección del río Rojo, eran los encargados de descubrir quiénes eran los verdaderos responsables del ataque a la misión. El 7 de octubre los españoles se enfrentaron a una partida de guerreros indios hostiles a los que persiguieron hasta un poblado fortificado de los *wichita* llamado Taovaya —próximo a Spanish Fort, Texas— junto al río Rojo.

La posición enemiga era muy fuerte y las tropas españolas, unos sesenta o setenta hombres, se vieron sorprendidas por una masa de guerreros montados y armados en gran parte con fusiles. La situación de los españoles era mala, pues los caballos se movían mal entre la arena de la orilla del río y los guerreros enemigos atacaron, según el propio coronel Ortiz, con valor y determinación. Durante cuatro largas horas la tropa española —que contaba con dos cañones— luchó contra grupos aullantes de guerreros de las naciones *comanche, wichita, yaceal, tawakoni* y *taovaya*.

Al anochecer, el coronel Ortiz dio la orden de retirada dejando los dos cañones abandonados en el campo. Tras pasar la noche acampados a poca distancia del poblado indio, Ortiz conferenció con sus principales oficiales y decidió abandonar el campamento al día siguiente y aproximarse a los pastos y al agua. El mando español dedicó un día entero a reconocer el campo de batalla y llegó a la conclusión de que, contando a los indios abatidos en la aldea *tonkawa*, habrían matado a un centenar como mucho. También debatieron acerca de la bandera francesa que ondeaba en el fuerte indio, algo que les preocupaba, pues había quien sostenía que los franceses podían haber dirigido el ataque, como se suponía que había ocurrido en la desgraciada expedición de Villasur.

No obstante, a pesar de que la mayor parte de los historiadores culpan a los *comanches* de lo ocurrido en San Sabá, parece que los *taovayas* le dijeron a Juan Ángel Oyarzún que ellos fueron los instigadores de la matanza, en la que además participaron *comanches, yascales, taguacanas, paisas, quichais, yanes, caudachos, yatase, nochonas, nasones, nacaudachos, ainai, nabaidachos, bidais* y otras muchas naciones indias. Además de las tribus de las praderas hubo por lo tanto participación clara de la confederación de tribus *natchitoches* de Luisiana.

La expedición había fracasado claramente en sus objetivos principales y demostraba que, o España se implicaba con tropas numerosas y en serio, o controlar la frontera contra miles de guerreros montados y armados con fusiles era algo utópico. En total, por parte española habían muerto 99 hombres y 40 estaban heridos. A ellos había que sumar la deserción de 99 *apaches*.

El 25 de octubre, Ortiz dejó el mando a cargo del comandante del presidio de San Juan Bautista, Manuel Rodríguez, y marchó a San Antonio a disolver la expedición y autorizar el regreso de las tropas a sus puntos de partida. Llegó a Ciudad de México para presentar su informe al virrey en agosto de 1760 y fue cesado como comandante del puesto de San Sabá, reemplazado por Felipe de Rábago y Terán.

La misión de San Sabá fue abandonada para siempre, así como la misión en la Apachería, si bien se hizo un último intento de convertir a los *apaches* del alto río Nueces, que fracasó también a los pocos años. En cuanto al presidio de San Luis de las Amarillas, fue reforzado, pero permaneció aislado en medio de un territorio en guerra permanente, como una fortaleza medieval rodeada de enemigos en muchos kilómetros a la redonda. Un lugar donde estar destinado era pura y simplemente una pesadilla, lo que motivó su abandono en 1770.

Puede decirse que fracasaron los esfuerzos españoles, tras la fundación de los primeros establecimientos, para asentarse profundamente en Texas entre 1732 y 1763, sin que se hubiese logrado nada positivo al norte de San Antonio de Béxar. Pero a la dura derrota militar siguió un hecho imprevisto que iba alterarlo todo. Tras la serie de sucesivos desastres sufridos por España en la fase final de la Guerra de los Siete Años, Francia, en compensación, cedió a su aliada la Luisiana, un territorio inmenso y de potencial casi ilimitado que pasó a ser controlado por España y la libró de un competidor al este del Sabine. A partir de entonces las cosas cambiaron y comenzó a verse la posibilidad de recuperar el tiempo perdido.

La edad dorada de la provincia de Texas

La firma del Tratado de París en 1763, que ponía fin a la Guerra de los Siete Años, tuvo importantes consecuencias para Texas. La primera y más importante es que dejó de ser frontera con una potencia europea. Por el tratado de alianza que existía entre las dos monarquías borbónicas, Francia quiso compensar a España de la pérdida de Florida, entregándole a cambio el inmenso e inexplorado territorio de Luisiana, de forma que lo que había sido una dura derrota se convirtió en notable ganancia. Como veremos en el capítulo correspondiente, poner Luisiana bajo el control español no fue tarea fácil y llevo bastantes años, pero en cualquier caso, alejó la frontera texana y la situó en el río Misisipi, a centenares de kilómetros al este, lo que disminuyó su interés estratégico.

Por otra parte, el bajo nivel demostrado por las tropas de España en la guerra contra los británicos, convenció al gobierno español de que era necesaria una profunda transformación del aparato político-militar de las colonias. En el caso de Texas, el rey Carlos III envió a José Bernardo de Gálvez Gallardo, marqués de Rubí, para que inspeccionara las provincias de Nueva España y emitiese detallados informes y recomendaciones de reformas necesarios. El estado de las guarniciones más occidentales, Santa Cruz de San Sabá y San Luis de Amarillas, era muy malo. Solo parecían viables San Antonio de Béxar con su fuerte y cinco misiones a las que protegía con 22 soldados, y el presidio de La Bahía, en la costa del Golfo.

Gálvez recomendó la consolidación de puestos en dos áreas y el abandono de todos los situados en el este de Texas, incluyendo la antigua capital, Los Adaes. En 1772, el edicto real llamado *Nuevas Regulaciones para Presidios* ordenó llevar a cabo una política india apuntada a la paz con las tribus del norte. San Antonio de Béxar se convirtió en el foco de actividad del gobierno en este área de Nueva España y fue designada capital de la provincia española de Texas.

En 1776 el rey designó a Teodoro de Croix comandante general de la nueva demarcación llamada Provincias Internas, que incluyó Coahuila, California, Nueva Vizcaya, Nuevo México, Sinaloa, Sonora y Texas. Y en junio de 1779, España se unió a su aliada, Francia, para apoyar a los insurgentes norteamericanos contra los británicos. Durante la guerra aumentó la presión de los indios de las llanuras sobre los establecimientos de la frontera, por lo que se hizo necesario aumentar la seguridad de los pobladores, sobre todo de los ranchos dispersos y de las pequeñas poblaciones a lo largo del río Trinidad. En el caso de Nacogdoches, que se había poblado con los antiguos habitantes de Los Adaes, el éxito fue absoluto y bien pronto se convirtió en una próspera localidad.

A pesar de las deficiencias severas y de la carencia de recursos, Croix, junto con los gobernadores de Texas, como el Barón de Ripperdá y Domingo Cabello y Robles, fue capaz de proteger razonablemente y asegurar los tres principales núcleos habitados, así como los ranchos y granjas de Texas en un área enorme. Asimismo, fue Croix quien impulsó y desarrolló las tácticas que asegurarían la frontera de forma eficaz hasta al menos la mitad del siglo XIX. La creación de las unidades móviles conocidas como Compañías Volantes que enlazaban los puestos comerciales con los ranchos, los presidios, las misiones y los pueblos, mejoró la situación de los colonos y al final de su gobierno, más de 5 000 hombres protegían una línea continua que iba de la frontera de Luisiana a California.

La primera salida masiva de ganado de Texas se produjo también en esa época, cuando el 20 de junio de 1779, el general Gálvez autorizó la conducción de miles de reses desde las llanuras tejanas hasta Luisiana, donde sus tropas combatían contra los británicos y se necesitaba un inmenso suministro de alimentos. Cerca de 9 000 cabezas de ganado fueron conducidas por vaqueros texanos desde los ranchos situados entre San Antonio de Béxar y La Bahía entre los años 1779 y 1782. Estas grandes conducciones de ganado se anticiparon en un siglo a las marchas ganaderas a Kansas, Misuri o Colorado, famosas por la literatura popular y el cine, y demostraron que bien gobernada y dirigida, Texas podía tener un brillante futuro.

El desarrollo de la frontera: los ranchos

Tras la firma del segundo Tratado de París, en 1783, que ponía fin a la Guerra de Independencia de los Estados Unidos, España decidió que tenía que hacer frente a los problemas de gestión del inmenso territorio que gobernaba en América del Norte. En Texas, cuyos ganaderos habían obtenido un enorme beneficio con el suministro de carne a las tropas que combatían en Florida, los veinte años que transcurren entre 1783 y 1803 fueron esenciales para determinar el futuro de la provincia.

El primer problema era pacificar a las tribus que mantenían una actitud hostil y en especial a los *comanches*, que lentamente se habían ido extendiendo hacia el sur y comenzaban a hostigar los puestos aislados de la frontera de Texas, amenazando las comunicaciones y la vida pacífica en la colonia. La mejor solución era contentar a las tribus indias con regalos y con el establecimiento de un comercio regular, al estilo de lo que habían hecho los franceses en Canadá y Luisiana. El gobernador Domingo Cabello y Robles firmó un tratado con los *comanches* en 1785 y logró una paz aceptable en el norte de la frontera que se mantuvo vigente hasta el final del gobierno español. Sin embargo, en el sur y en las tierras que iban hasta el Pecos, los *apaches* continuaron siendo una amenaza. Bernardo de Gálvez impulsó la creación de milicias locales, que actuaran como los *Minutemen* anglosajones —grupos de voluntarios civiles armados siempre alerta ante cualquier amenaza a su comunidad— y respondieran con celeridad a las incursiones apoyadas por tropas regulares.

El desarrollo del sistema de ranchos rompió el tradicional sistema de colonización, que se apoyaba siempre en las misiones y tenía a la Iglesia católica como protagonista, pues los centros de población se constituían en torno a la misión, que a su vez era protegida por un fuerte o presidio. Ahora eran ciudadanos privados quienes aventuraban su fortuna para obtener beneficios con la crianza de ganado en las llanuras. Estos «empresarios» se encargaban también de atraer a los braceros, ganaderos y vaqueros a sus ranchos, para los que habilitaban casas, pozos de agua y todo lo necesario para la vida diaria.

Una novedosa y arriesgada forma de poblamiento que si hubiese sido más enérgicamente apoyada desde España podía haber cambiado el rumbo de la historia de Texas.

En 1787, el gobernador Martínez Pacheco organizó el primer rodeo, y se demostró el éxito del sistema cuando se comprobó que aquel año los ranchos privados tenían más de 6000 cabezas de ganado por apenas 1500 de las misiones. En 1790, estas últimas solo habían alcanzado las 2000 cabezas, cuando se contaban en Texas más de 40 000. Dos años después, el padre José Francisco López, que dirigía las misiones de Texas, recomendó la secularización de la misión de San Antonio de Valero y de otras cuatro misiones cercanas a San Antonio.

Respecto a las vacas llevadas a Texas desde principios de siglo, eran de la llamada raza mostrenca, más duras y bravas que otras que había en España, y se creyó que se adaptarían bien al seco y duro territorio del norte del Río Grande. Las mostrencas son unas vacas de las marismas del Guadalquivir que tienen unos cuernos muy abiertos y son bestias hábiles y resistentes, capaces de enfrentarse a los depredadores. Centenares de ellas quedaron abandonadas en los campos cuando la colonización inicial fracasó y solo se mantenía el presidio de San Juan Bautista.

En los años siguientes no solo sobrevivieron sino que en apenas cien años dieron lugar a una raza nueva, el cuernilargo o *longhorn*, la vaca por esencia de Texas, que nació de la selección natural de unos ejemplares que se tenían que enfrentar a pumas, coyotes, lobos y chacales. Solo los ejemplares armados con mejores cuernos podían sobrevivir, produciéndose una selección natural que dio como resultado la famosa raza texana[26].

La falta de población

En 1793 el virrey Revillagigedo ordenó por fin la secularización de las misiones y estableció un nuevo sistema de financiación de la provincia con una revisión del sistema de impuestos. Los propietarios privados en los ranchos y haciendas de San Antonio al río Guadalupe crearon en los últimos años del siglo toda una industria ganadera que, partiendo de la cría vacuna, se extendió a las ovejas en las tierras más yermas e incluso se extendió a los caballos mesteños que empezaron a tener un excelente mercado en los Estados Unidos, para lo que se estableció una ruta comercial entre Laredo, a orillas del Río Grande, y Nacogdoches, en la frontera de Luisiana, con un punto de parada intermedio en la fortaleza de piedra de La Bahía, situada en la costa y unida a San Antonio en el interior y a los asentamientos en el Trinidad y el Guadalupe, bien protegidos ahora por nuevas compañías volantes y de jinetes de cuera.

No obstante, a pesar de la consolidación de las tres principales poblaciones de Texas, San Antonio de Béxar, La Bahía y Nocogdoches, la crisis del sistema de misiones y su sustitución por un nuevo modelo de iniciativa privada apoyada oficialmente, exigía solucionar un grave problema, la escasa demografía. Mientras en el interior de Nueva España había seis habitantes por legua cuadrada, en Texas no superaban los dos habitantes, solo el doble que las regiones más desérticas de California. En Texas había 2 500 vecinos en San Antonio de Béxar, 618 en La Bahía y 770 en Nacogdoches, lo que, con la suma de los pobladores de pequeños pueblos y ranchos aislados, no alcanzaba los 5 000 habitantes. Para mantener la gigantesca frontera, las inmensas extensiones de tierra e incluso las poblaciones y centros del poder administrati-

---

[26] Esta idea tradicional se ha visto revisada recientemente por un estudio de David M. Hillis, biólogo evolutivo de la Universidad de Austin, en Texas, que ha estudiado el origen genético de la raza *longhorn*, y le ha permitido asegurar que, sin lugar a dudas, proviene de la raza vaca canaria.

vo, era esencial desarrollar la colonización interior. Ya en 1783, el año final de la Guerra de Independencia de los Estados Unidos, Jean Gassiot, un agente indio de origen francés, envío una memoria a Felipe de Neve, comandante en jefe de las Provincias Internas, en la que avanzaba lo que iba a ocurrir:

> Los ciudadanos de la Confederación Americana son un pueblo activo, industrioso y agresivo [...] serán una constante amenaza para el dominio de España en América y podría ser un imperdonable error no dar los pasos necesarios para detener su avance territorial.

El año 1804 Texas se convirtió en frontera entre España y los Estados Unidos y tenía buenas expectativas de futuro. Solo necesitaba una cosa para convertirse en una provincia rica y próspera: población. Ese fue el problema mayor al que se enfrentaron las autoridades en la región, primero españolas y luego mexicanas, problema que nunca supieron resolver y que finalmente fue la causa de su ruina. Además, la pequeña población de origen hispano era un grupo racial y socialmente diverso, estructurado en un sistema complejo de castas, que aprovechó mal las oportunidades económicas en el sector privado, y no supo encajar el espíritu de frontera con el pensamiento conservador que tenía la sociedad colonial en toda América.

Dejar los ricos y enormes territorios de Nueva España inestables y poco desarrollados era una garantía de que se acabarían perdiendo cuando los agresivos angloamericanos fijasen sus ojos en ellos. No existía un número importante de ciudadanos españoles dispuesto a trasladarse al *despoblado* de la frontera norte de Nueva España, o incluso a los territorios de Luisiana, donde el problema fue siempre menor. Con una insuficiente población hispana dispuesta a colonizar Texas y las Provincias Internas de Nueva España, estos territorios no tenían ninguna posibilidad de supervivencia a largo plazo. Al principio se buscaba atraer inmigrantes europeos, pero las limitaciones impuestas por las autoridades españolas —como la obligatoriedad de ser católico— y las restricciones al comercio libre, eran una barrera insalvable, sobre todo porque se competía contra la agresiva política de los Estados Unidos, donde la libertad económica y la libertad religiosa se anteponían a otras consideraciones.

A diferencia de la Luisiana española, que era mucho más diversa debido a su fondo francés y el contacto con el mundo exterior por su Costa de Golfo y los puertos del río Misisipi[27], en Texas solo había unos centenares de colo-

---

[27] En esos años, última década del siglo XVIII, en la Luisiana había, además de franceses, colonias de españoles, alemanes, ingleses, irlandeses, italianos e incluso dálmatas. Era un mundo infinitamente más cosmopolita y avanzado que Texas.

nos de mentalidad conservadora que se negaban a aceptar a quienes no eran como ellos, por considerarlos una amenaza contra su estilo y forma de vida. Las trabas inmigratorias en aumento, apoyada por altas instancias oficiales, por lo que no es de extrañar que desde su oficina central en Chihuahua, el comandante de las Provincias Internas, Pedro de Nava, emitiera en 1796 órdenes que prohibían la entrada en Texas a los extranjeros que no tenían documentación en regla, incluyendo a los residentes de Luisiana, que eran súbditos de la Corona española. La prohibición afectaba de forma especial a los angloamericanos, a los que ya se percibía como una amenaza, a pesar de que aún no existía frontera terrestre entre Texas y los Estados Unidos.

Cuando la Luisiana se transfirió en 1804 a los Estados Unidos y el ejército español tuvo que abandonar sus puestos más allá del Sabine, la situación, desde el punto de vista militar, se volvió insostenible.

3.4. Los vigilantes de la frontera

España controló gigantescas extensiones de lo que hoy son los Estados Unidos con una fuerza mínima. Podría argumentarse que en realidad se trató de una soberanía meramente nominal, pero también es justo reconocer que en todo ese espacio, sobre el que se ejercía un dominio lejano, se sabía que los hombres de España eran los señores del lugar, y la visión ocasional y fugaz de las lanzas de los soldados de cuera era suficiente para que las tribus recordasen el poder del rey.

Respecto a las naciones europeas rivales, principalmente Francia e Inglaterra, no fueron capaces en más de 200 años de superar la barrera que levantó España para defender sus territorios de América del Norte, que no dejaron de expandirse lentamente hasta que se arrió la última bandera.

Las tropas que defendían los territorios bajo soberanía española cambiaron en sus armas, tácticas y equipo a lo largo de dilatado espacio de tiempo en el que España estuvo asentada en América del Norte, pues no pueden compararse los hombres que acompañaron a Coronado o De Soto en sus expediciones por el interior con los soldados de los presidios de California en el siglo XIX. Además, las tácticas y el armamento se ajustaron a las diferentes necesidades que exigía la defensa de lugares muy diferentes por su clima, condiciones medioambientales, vegetación, fauna e incluso posibles enemigos.

No era lo mismo enfrentarse a las tribus indias del Oeste, como los *apaches* o *comanches*, guerreros que montaban a caballo, eran nómadas y vivían en un territorio deshabitado y extenso, que hacerlo contra franceses o ingleses que tenían tácticas y armas similares a las de los españoles.

El sistema de defensa de la frontera se extendía desde el este de Texas hasta los lejanos puestos de la costa del Pacífico en Canadá. En un territorio de cientos de miles de kilómetros cuadrados, España creo un sistema doble de defensa orientado a defenderse de ataques de otras potencias europeas en los puertos y costas, y en el interior a proteger misiones, ranchos, pueblos o tribus aliadas de las incursiones de los feroces indios nómadas, a los que se llamó de forma genérica «indios bárbaros». Contó siempre con medios escasos, de hecho casi ridículos, pero tuvo un éxito desproporcionado para su fuerza y dimensión real.

Desde la segunda mitad del siglo XVI, el asentamiento español en Chihuahua aseguró la frontera norte del virreinato mucho más allá de los límites del gran valle central de México. La presencia española en la que hoy es la provincia norteña de México se fue incrementando, y la protección que requerían las nuevas poblaciones y los caminos, para el comercio y el envío de los metales de las minas, hizo necesario crear cuerpos de soldados y fortificaciones capaces de sostener el embate de los indios bárbaros que habitaban en esas regiones.

Ya el cuarto virrey de Nueva España, Enríquez de Almansa, decidió la edificación de una red de fuertes, denominados «presidios», que debían asegurar los puestos avanzados del virreinato. En 1570 se fundó Jerez, Celaya, Portezuela, Ojuelas y San Felipe. Charcas, Fresnillo, Sombrerete, Pénjamo y Jamay nacieron en 1573; dos años después Aguascalientes, y en 1576 León, Mezcala, y Palmillas.

Durante el siglo siguiente el sistema se consolidó y a finales del siglo XVII, tras la gran rebelión *pueblo*, ya había presidios en el Río Bravo y puestos avanzados en Texas y Nuevo México. Así se formaron en Coahuila las poblaciones de Saltillo, Parras, Monclova, Múzquiz —Santa Rosa—, Zaragoza —San Fernando de Austria— y Guerrero —Río Grande—, con lo que se inició en el siglo XVIII la red de presidios de Texas, al avanzar la frontera del virreinato hacia el noreste. Los últimos fueron los de California, todos costeros, que alcanzaron su máxima expansión cuando a finales de siglo se ocupó la isla de Nutca —Nootka— en Canadá y el estrecho de Juan de Fuca.

El modelo funcionó bastante bien, ya que junto al presidio estaba la misión, en la que los indios convertidos y los colonos labraban la tierra o se dedicaban al pastoreo. Ranchos y haciendas se enlazaban por caminos, con lo que la colonización iba avanzando. Los propios soldados actuaban como colonos y protegían los pueblos, y patrullas volantes recorrían los caminos que enlazaban los diversos asentamientos. Estos fuertes o presidios eran fortificaciones construidas de piedra o de adobe, generalmente de forma cuadrada, de unos 120 metros de lado, y con bastiones salientes o torres en esquinas opuestas, donde se colocaban cañones. No eran construcciones sofisticadas, ya que se utilizaban solamente para guarecerse de los ataques de los indios bárbaros, que utilizaban armas rudimentarias. En algunas ruinas de los presidios se puede distinguir un túnel oculto con salida hacia el abasto de agua, que utilizaban para el caso de estar asediados por los enemigos. Dentro de los presidios vivían los soldados, sus familias, sacerdotes, oficiales y los indios incorporados como guías.

En el año de 1724, Pedro Rivera, brigadier de los ejércitos reales, recorrió el norte de la Nueva España desde Sonora hasta Nuevo León en misión de inspección de los presidios y su funcionamiento, en un viaje de más de 12 000 kilómetros que duró 3 años y medio. En el año de 1726 llegó a Coahuila y

Texas, y se encaminó por Cuencamé hacia Saltillo, pasando por Monclova. Su inspección llegó hasta Los Adaes y Espíritu Santo, en Texas.

A raíz del informe de la inspección de Pedro Rivera, el virrey marqués de Casa Fuerte dictó en 1729 un reglamento por el cual se debían regir los presidios, sus oficiales y sus soldados. Esto vino a corregir en gran medida el desorden que existía en esa época, resultado del desarrollo de los presidios y de la gran distancia que existía de ellos a las poblaciones más organizadas. El reglamento tuvo vigencia hasta 1772, cuando el virrey Bucareli puso en vigor otro ordenado por el rey, con el que se obtuvieron mejores resultados en el norte de Nueva España. El nuevo reglamento tomó muchas de las recomendaciones que hizo el marqués de Rubí después de su visita de inspección a las Provincias Internas, pensando no solamente en la defensa contra los indios bárbaros que seguían azotando las poblaciones y los caminos, sino en las incursiones de los rusos en el poniente, y de los franceses y los ingleses en el este.

El reglamento de 1772 dispuso una nueva distribución de los presidios a lo largo de la frontera norte, formando una línea de defensa contra los indios y extranjeros. Esta línea constaba de trece presidios, más dos en avanzada hacia el norte —los de Santa Fe en Nuevo México, y San Antonio del Béxar en Texas—, que mantenían un correo mensual entre ellos.

Soldados de cuera. Organización y evolución

Las tropas que debían defender la gigantesca frontera de la Nueva España formaron uno de las más originales dispositivos creados en el imperio español, y su imagen estará para siempre asociada a los denominados «soldados de cuera», nombre que, como hemos dicho, recibieron por las protecciones con las se cubrían. En 1785 el virrey Gálvez los distinguía claramente de las demás tropas de Nueva España, si bien hay que recordar que también eran soldados regulares:

> Los soldados presidiales son del país, más aptos que el Europeo para esa guerra, siendo preocupación de estos últimos creer que a los Americanos les falta el espíritu y la generosidad para las armas, atendiendo a que en todas las épocas y naciones la guerra ha hecho valientes y la inacción cobardes. Y si es esta una verdad incontestable, es precisa consecuencia que deben ser fuertes y aguerridos unos hombres que nacen y se crían en medio de los peligros.
>
> No son menos bravos los criollos de tierra-adentro que los indios con que pelean, pero las circunstancias que los acompañan no son tan favorables, su ligereza y agilidad a caballo grande —respecto a la de los europeos—, es perezosa comparada a la de los indios, y nuestra religión que pide otras justas aten-

ciones en la muerte, no permite en los últimos instantes aquellas apariencias de generosidad con que mueren ellos; pues lo *apaches* ríen y cantan en los últimos momentos para adquirir su mentida gloria, y nosotros aspiramos a la verdadera por medio del llanto y el arrepentimiento resultando que al paso que a ellos se animan y se envidian, los nuestros se abaten y se entristecen.

Tampoco pueden nuestros soldados sufrir la sed y el hambre con la misma constancia del indio, ni resistir con la misma indolencia la intemperie porque el distinto resguardo con que se crían los hace más sensibles y delicados.

El uniforme que utilizaban estaba mandado por el reglamento de 1772:

> El vestuario de los soldados de presidio ha de ser uniforme en todos, y constará de una chupa corta de tripe, o paño azul, con una pequeña vuelta y collarín encarnado, calzón de tripe azul, capa de paño del mismo color, cartuchera, cuera y bandolera de gamuza, en la forma que actualmente las usan, y en la bandolera bordado el nombre del presidio, para que se distingan unos de otros, corbatín negro, sombrero, zapatos, y botines.

Por la utilización de la «cuera» con el uniforme, se les conoció también con el nombre de «soldados de cuera» o «dragones de cuera»[28]. La cuera era un abrigo largo sin mangas, constituido por hasta siete capas de piel, resistente a las flechas de los indios enemigos, que sustituyó a las corazas metálicas de la conquista. Al principio solo eran utilizadas por los oficiales, pero su uso se extendió a toda la tropa y llegó a ser parte del uniforme reglamentario. Como su peso llegaba hasta 10 kilos, con el tiempo, el largo de la cuera que llegaba casi hasta las rodillas se fue acortando, hasta que a fines del siglo XVIII y durante el XIX, llegaba solo a la cintura a modo de chaquetón. Generalmente era color blanco o crudo con el escudo español bordado en las bolsas. También se utilizó el color tostado natural de la piel.

Las armas que el reglamento de 1772 estipulaba eran una espada ancha, lanza, adarga, escopeta y pistolas. Además, el soldado de cuera debía contar con seis caballos, un potro y una mula. La adarga era un escudo en forma de dos círculos traslapados fabricado de piel, capaz de contener las flechas y los golpes de los indios. Era de origen árabe y muy similar a la usada por los jinetes españoles en los siglos XV y XVI. En su lugar se podía utilizar la rodela, también de piel, pero de forma circular. Tenían el escudo de España dibujado en el centro, siempre con variantes locales.

---

[28] Los especialistas consideran que el término «dragones» es incorrecto, pues no es usado en los textos de la época, pero es cierto que se trataba de tropas que combatían a pie y a caballo, o sea, dragones, si bien por su equipo y armamento eran también lanceros pesados, dado que no solo ellos, sino también en ocasiones sus monturas, llevaban protecciones de cuero contra las armas enemigas, siendo la lanza su arma ofensiva principal.

El armamento utilizado por los soldados presidiales durante los siglos XVIII y XIX ha sido tema de largas discusiones de los historiadores porque algunos lo consideran anticuado para la época, cuando las milicias en Europa ya utilizaban normalmente las armas de fuego, y la lanza y el escudo habían sido desterrados de su armamento. Sin embargo, las armas de fuego en América eran útiles solamente cuando el enemigo presentaba un grupo compacto y daba oportunidad al lento proceso de recargarlas, pero en el tiempo que el soldado recargaba su escopeta, el indio podía lanzar varias flechas con su arco.

Los indios, conocedores de las limitaciones de las armas de fuego, atacaban muy dispersos y ganaban velocidad al acercarse a las tropas presidiales, sin darles tiempo a recargar, por lo que frecuentemente se llegaba a la lucha cuerpo a cuerpo. Entonces la lanza, la espada y la adarga o rodela eran más eficaces. En algunas ocasiones, incluso, los soldados utilizaron el arco y la flecha.

Las banderas de las compañías presidiales eran blancas, con el escudo en el centro que solía llevar las armas sencillas de España —el escudo de Castilla y León en dos cuarteles— empleándose también en los presidios la bandera con la cruz de Borgoña en rojo[29]. Leales al rey, estos soldados se enfrentaron, además de a los *apaches, comanches* y otras tribus indias, a franceses, ingleses, rusos y norteamericanos, y también a los insurgentes mexicanos. La revolución por la independencia de México quebró su estructura y espíritu de cuerpo cuando varias compañías se unieron a los rebeldes, aunque las tropas presidiales de Texas, acostumbradas durante años a enfrentarse a los incursiones angloamericanas, fueron las responsables de la captura del cura independentista mexicano Hidalgo en las Norias de Baján.

Las unidades que estaban destacadas en los presidios no contaron nunca con una fuerza superior a una compañía, cuyo tamaño y composición variaban constantemente. Nunca pasaron tampoco de los 200 hombres en las acciones conjuntas, como las campañas de castigo contra tribus enemigas. Un número que se consideraba el volumen de tropa máximo para operar con eficacia.

El reclutamiento no era obligatorio. Siempre fue voluntario, en periodos de diez años de servicio prorrogables. La composición étnico-racial era compleja, pues el peculiar sistema de castas que imperaba en la Nueva España del siglo XVIII era sobre todo formal, ya que el ascenso social podía

---

[29] Desde 1793, por una Real Orden, todos los presidios de California, y los de las costas de Florida y Texas, empezaron a emplear la bandera roja y amarilla de la Real Armada regulada en 1785, medida que se extendió en 1800 a todas las fortificaciones, puertos y arsenales.

lograrse adquiriendo el «blanqueamiento». Entre 1773 y 1781, el 50 % del ejército era español o criollo, el 37 % mestizo, mulato o coyote, y el resto, indio. Solo los altos mandos eran europeos, no solo españoles, sino también procedentes de las naciones en las que España reclutaba hombres, es decir, irlandeses y valones e italianos.

Para que el soldado no le faltase nunca la totalidad de su armamento, en cada presidio debía existir al menos otro de repuesto y más aún en los arsenales de México, para poder ir reponiéndolo en función de las listas que el virrey recibiese del inspector comandante de las Provincias Internas. También, para mantener las armas en buen estado, se creó la figura del soldado-armero, al que se exceptuaba de «toda fatiga o servicio» y que debía encargarse de las reparaciones que fuera menester, para el que se preveía una gratificación además del sueldo.

Para las campañas en el inmenso territorio en el que debían actuar, y dado que eran precisas marchas de centenares de kilómetros, cada soldado presidial debía contar con varios caballos, correspondiendo al capitán su selección y vigilancia para que ninguno estuviese en malas condiciones. También era el responsable de que al menos uno de los caballos de cada soldado estuviera siempre alimentado, ensillado y listo para la marcha ante cualquier alarma que pudiera surgir. El equipo de los caballos era descrito con precisión: «La silla ha de ser vaquera, con las cubiertas correspondientes, llamadas mochilla, coraza, armas, coginillos y estrivos de palo, cerrados, quedando de consiguiente prohibido el uso de estriveras grandes por impropias y perjudiciales».

La organización política de las provincias del Norte varió en los años siguientes a la fecha del *Reglamento*. A propuesta del visitador José de Gálvez se estableció una Comandancia General de las provincias internas que comprendía Sonora, Sinaloa, California, Nueva Vizcaya, Coahuila, Texas y Nuevo México. Esta Comandancia General era independiente del virrey. En 1787 se crearon dos Comandancias, una de occidente, con California, Sonora, Nuevo México y Nueva Vizcaya, y otra de oriente, que comprendía Texas, Coahuila y Nuevo Reino de León. La divisoria entre ambas Comandancias estaba establecida en el río Aguanaval.

En 1792, el virrey Revillagigedo propuso la refundición de las dos Comandancias independientes del virrey, lo que se aprobó en 1792, pero reducidas, ya que se limitaban a Sonora, Nueva Vizcaya, Nuevo México, Texas y Coahuila. La capital estaba en Chihuahua y así permaneció hasta el final del dominio español en 1821. Estos cambios en la organización política de las provincias internas influyeron en los presidios, al aumentarse el número de plazas hasta setenta y tres, incluyendo un tambor. En la década de los noventa desaparecieron los indios exploradores que había en cada compañía, y en su lugar se crearon tres compañías de indios fieles, de las cuales dos eran de *ópatas* y una de *pimas*. La compañía estaba compuesta por un capitán y noventa soldados indígenas, más un teniente, un alférez y dos sargentos españoles.

Compañías volantes, Húsares de Texas y Cazadores de Nueva Vizcaya

A partir de 1778 se introduce una modificación en las plantillas de las compañías, cuando algunos de los pesados soldados de cuera comenzaron a ser sustituidos por otros armados más ligeramente y, por tanto, con más movilidad que los «cueras». Para estas unidades, denominadas Compañías Volantes, se suprimieron la adarga y la cuera y se adoptó como armamento sable, pistolas y carabinas, si bien muchas de ellas siguieron manteniendo lanzas y adargas.

Poco a poco estas tropas fueron adquiriendo importancia y en 1790 constituían casi la mitad de las compañías presidiales. Disponían únicamente de tres caballos y una mula por plaza. La idea era que pudieran combatir más cómodamente pie a tierra y alcanzar a los indios que se refugiaban en alturas rocosas, donde era imposible seguirles a caballo o cargando con el peso de la cuera. Según la disposición original, debería haber 19 de estos soldados por compañía, pero las cifras variaban. Su uniforme era idéntico al de las tropas presidiales, distinguiéndose por el uso de un sombrero blanco de ala ancha, en vez de negro, aunque esto último no está tan claro.

No obstante, ya en el siglo XIX las viejas compañías presidiales comenzaron a sufrir una cierta transformación, algo de lo que tenemos notables pruebas. Por ejemplo, las cueras, que antaño cubrían hasta las rodillas, se fueron haciendo más pequeñas. Los soldados que detuvieron al explorador norteamericano Zebulon Pike en 1807, en el interior de Nuevo México, usaban por la descripción que este nos dejó una cuera que protegía solo hasta la cintura, pero se mantenía el armamento completo, la escopeta, la pistola, la adarga y la lanza, además de la espada corta. Los caballos carecían de protección. Esta descripción encaja a la perfección con el dragón de cuera que aparece reflejado en el memorial denominado *Estado en el que estan y deben estar las tropas que guarnecen la linea de la frontera, asi veterana de Infanteria y Caballería como de milicias, con expresión de la reformas que conviene hacer en ellas*, que se conserva en el Archivo de Indias. Dicho plan fue presentado por Ramón Murillo a Godoy en 1804, quien finalmente lo rechazó por su elevado coste.

Lo cierto es que en la propuesta aparece la posibilidad de convertir en unidades regulares algunas tropas de las milicias locales de las Provincias Internas, que formaban dos modelos de unidades totalmente diferentes a las existentes en América hasta ese momento: los Húsares de Texas y los Cazadores de Nueva Vizcaya, que se introdujeron en 1803 para complementar a los soldados de cuera y reemplazar a las compañías volantes. Ambas fueron unidades de efímera existencia, pues la Corona se negó a sufragar el alto coste que habría tenido su conversión en tropa regular, si bien el historiador mexicano Joseph Hefter, uno de los mayores expertos en los ejércitos virreinal y mexicano, afirma que estas novedosas unidades fueron suprimidas en 1805 por «dificultades tácticas».

Los más importantes fueron los Húsares de Texas, que nacieron por la voluntad de los ricos hacendados de los ranchos y haciendas próximos Nacogdoches, San Antonio de Béxar y La Bahía. Muy influenciados por Nueva Orleans, la gran metrópoli del Golfo de México y la mayor ciudad comercial de la región, donde los criollos franceses, aunque súbditos leales a la Corona española, mantenían un activo comercio con Francia, recordaban a los texanos la imagen de los soldados de Napoleón. Esta influencia se dejó notar en España, donde en 1803 se dispuso la supresión de los dragones y la creación de cinco regimientos de húsares, cuando hasta esta fecha solo había uno, el Regimiento de Húsares Españoles.

El uniforme de los húsares nacidos en España era idéntico para los seis regimientos, formado por dolmán rojo, pelliza y pantalón azul y mirlitón negro. El uniforme europeo era también igual al elegido para los húsares texanos, que se diferenciaban solo en la silla vaquera, la mantilla lujosa de piel de jaguar y la eliminación del forro de piel de la pelliza por razones climáticas. En cuanto al mirlitón, llevaba cordones como el de los oficiales, pero carecía de la manga que llevaba la tropa en Europa. Todo ello nos hace pensar que, sin negar la influencia francesa, hubo una influencia española directa, pues hasta el armamento era el mismo que en España.

Su participación a partir de 1804 en la vigilancia de la frontera con Estados Unidos fue eficaz, y sirvieron de complemento a las tropas que desde Nacogdoches debían controlar a los turbulentos vecinos de Texas, pero su uso en campaña, como afirma Hefter, dejó que desear. Los combates en la comanchería mostraron que las lanzas seguían siendo un arma muy eficaz contra las tribus, y que las primitivas armas de fuego de la época, que no eran de repetición, no eran suficientes para contener la carga de decenas de indios montados. No es de extrañar que ante el coste de su vestuario y equipo tanto los Húsares como los Cazadores desaparecieran, aunque se mantuvieron en activo hasta 1806[30].

En resumen, a lo largo de los primeros años del siglo XIX se intentó mejorar y modernizar a las tropas presidiales, pero el comienzo de la guerra independentista en México a partir de 1810 hizo imposible que estos cambios se impusieran. Aunque el sistema militar presidial se mantuvo en México tras la independencia, el progresivo desorden y el caos político y financiero impidieron que funcionara con la eficacia que había tenido en los años de apogeo del virreinato.

Los voluntarios catalanes

Así se llamaron dos compañías de infantería ligera que actuaron en la frontera de Nueva España. La primera de ellas, compuesta de cien hombres con destino a Sonora, fue creada en 1767 en México a propuesta de Antonio Pol, que era teniente de Milicias Provinciales. La proposición recibió la aprobación del virrey marqués de Croix, con la condición de que la compañía se compondría solo de europeos, y se formó con la siguiente plantilla:

1	Capitán
2	Tambores
1	Teniente
4	Cabos primeros
1	Subteniente
4	Cabos segundos
2	Sargentos primeros
86	Soldados
2	Sargentos segundos

En principio se la denominó Fusileros de Montaña, a semejanza de la que estaba en La Habana procedente de la Península, en la que había mayoría de catalanes. El virrey pidió que se enviase a México la compañía que se encontraba en Cuba, pero Bucarelli, entonces capitán general en La Habana, se opuso, por lo que se reclutó el Segundo Regimiento de Infantería Ligera de

---

[30] Sobre la imagen de los llamativos Húsares de Texas ver la obra de Joseph Hefter, principalmente el artículo *Les Hussards mexicains* en el nº 3 de la revista francesa *Vivat Husar*, así como las ilustraciones de la propuesta de Murillo y el estudio de Gustavo Curiel, Juan Gutiérrez y Rogelio Ruiz, de la Universidad Autónoma de México acerca del cuadro denominado *Calidades de las personas que habitan la ciudad de México*. Curiosamente, los Húsares de la Guardia de los Supremos Poderes, unidad mexicana de la década de 1840, usaban un uniforme casi idéntico.

Cataluña, una de cuyas compañías llevaba el nombre de Compañía Franca de Voluntarios. Esta unidad, que embarcó con destino a Veracruz para incorporarse seguidamente a la expedición de Sonora, iba al mando del capitán Agustín Callis.

En 1772, siendo ya Bucarelli virrey de Nueva España, regresaron a Ciudad de México dieciséis soldados de la unidad creada en 1768, y el resto quedó en Sonora donde se les repartieron tierras. La compañía que había llegado de España en tiempos del Marqués de Croix se hallaba por entonces en Guadalajara, muy mermada de efectivos. Por ello, Bucarelli ordenó a los capitanes de ambas compañías que las «llenaran con catalanes y cuando no fuera posible, con gente europea, de buena talla, edad, robustez y buena disposición», pero, al reducirse su plantilla, cada una de ellas quedó con:

1	Capitán
3	Cabos primeros
1	Teniente
3	Cabos segundos
1	Subteniente
2	Tambores
1	Sargento primero
69	Soldados
2	Sargentos segundos

Esta plantilla se mantuvo hasta que durante las guerras de independencia de México, ya muy disminuida su fuerza, sus soldados se integraron en otras unidades del Ejército Realista. A diferencia de los jinetes de cuera y otras tropas de la frontera, los de la Compañía Franca emplearon el mismo uniforme que en Europa, compuesto de casaca ancha azul con calzón también azul; collarín y vueltas encarnadas con portezuela azul; chupa encarnada; botón blanco y sombrero negro —tricornio— con galón blanco. Tuvieron una participación importantísima en la defensa de Sonora y Arizona y en la colonización de California y de los lejanos puestos del actual Pacífico canadiense.

Las milicias

Constituidas por unidades locales o gremiales en los siglos XVI y XVII, hasta mediados del XVIII no se transformaron en unidades realmente militares, con mandos en su mayor parte profesionales, reglamentos y fuero militar.

Aunque normalmente permanecían siempre en sus lugares de guarnición, no por ello dejaban de acudir en ayuda de cualquier punto que lo necesitase.

Hubo dos clases de milicias, las Urbanas, que tradicionalmente se formaban en los núcleos urbanos por los habitantes del lugar, que solamente acudían a las armas en caso de necesidad, y las Regladas o Provinciales, que empezaron a organizarse a partir de 1764 siguiendo las normas de las Provinciales de España y adoptaron el *Reglamento de Milicias de La Habana* de 1769, inspirado en el que se había publicado en 1767 para las peninsulares. Estaban perfectamente armadas y uniformadas, constituían un auténtico ejército de reserva y servían de apoyo a los regimientos fijos.

Tras la Guerra de los Siete Años se decidió reformar las milicias para convertirlas en una fuerza militar eficaz y se envió desde España a Juan de Villalba para organizarlas. Con él iba un grupo de oficiales y soldados españoles que eran los encargados de encuadrar, organizar e instruir a estas unidades. Constituían este grupo Juan Fernández Palacio, Antonio Ricardos y el marqués de Rubí, los tres mariscales de campo. Había también seis coroneles, cinco tenientes coroneles, diez sargentos mayores, ciento nueve tenientes, siete ayudantes, dieciséis cadetes, doscientos veintiocho sargentos, cuatrocientos un cabos y ciento cincuenta y un soldados.

Villalba, nombrado Comandante General de las Armas del Virreinato, desembarcó en Veracruz el 4 de septiembre de 1764 e inmediatamente comenzó a actuar, a pesar de sus desavenencias con el virrey, Marqués de Cruillas, quien no aceptaba todas las normas que aquel pretendía establecer. En muy poco tiempo, Villalba fue capaz de organizar 6 regimientos de infantería, 3 batallones de infantería y 2 regimientos montados, que se organizaron siguiendo el modelo español. Pero son muchos los autores modernos que han discutido la eficacia de las reformas armadas en Nueva España. Por una parte señalan que hubo muy poco deseo por parte de los integrantes de las milicias en implicarse en asuntos verdaderamente militares, pues a diferencia de lo que sucedía por ejemplo en La Habana, eran muy pocos los criollos que mostraban interés en la defensa de las lejanas fronteras o de remotos puestos en costas lejanas. No es raro que, cuando en 1770 España y Gran Bretaña estuvieron a punto de ir a la guerra durante la crisis de las Malvinas, O'Reilly, al tomar nota de la potencia del Real Ejército en América, no contase con la milicia mexicana, ya que decía de ella que no estaba «aún con la ventajosa disciplina de la milicia de La Habana y Puerto Rico».

Por tanto, las milicias representaron una fuerza de valor relativo ante una posible invasión —que jamás se produjo—, pero no se mostró capaz de apoyar todo lo necesario a las tropas de la frontera. Participaron muy a menudo en las campañas contra las tribus de indios bárbaros, pero su eficacia fue relativa, pues no estaban acostumbradas ni al tipo de guerra que se daba en la zona ni al clima, y los oficiales mostraban a menudo su disgusto por tener que servir en campaña. Una cosa era disfrutar de las prebendas que otorgaba el uso de uniforme y del grado en la milicia y otra perder la vida combatiendo contra los *apaches* en lugares remotos.

Misiones y operaciones

La función de las tropas presidiales era muy variada. Debían ante todo proteger las haciendas, ranchos aislados, poblaciones y misiones de los ataques de los indios hostiles, lo que implicaba también vigilar que no se apoderasen de los de caballos de los que dependía el funcionamiento de las compañías de los presidios y su eficacia operativa. También tenían que mantener abiertas las comunicaciones con el interior de México, por lo que debían escoltar los correos y las caravanas de colonos y de aprovisionamiento, y patrullar las inmensas soledades que separaban a los presidios.

Se trataba, por lo tanto, de misiones básicamente defensivas, las cuales no excluían incursiones de amplio radio contra las tribus hostiles, más con el objetivo de ganarse el respeto de sus enemigos que de aniquilarlos o quebrar su fuerza de combate, algo que era imposible de conseguir una vez que las tribus aprendieron a montar a caballo y transformaron a sus guerreros en hábiles jinetes.

Los soldados presidiales se enfrentaban a muchos grupos indios con jefes distintos que se movían por todo el territorio. Había que dominarlos a todos para lograr la pacificación de las provincias. Además, esos indios eran muy violentos. Los que más problemas causaron fueron los temibles *apaches*, pero tampoco eran despreciables los conflictos con los *comanches* que llegaron a la región a principios del siglo XVIII, incursionando cada vez más al sur a lo largo de la centuria. Hay que tener en cuenta que España controló una frontera de miles de kilómetros con unas fuerzas minúsculas, pues las compañías presidiales, que apenas contaban un millar de hombres a comienzos del siglo XVIII, eran poco más de tres mil a principios del XIX.

Los ataques de castigo contra los *apaches*, la principal nación india enemiga, consumían mucho tiempo con escasos resultados, aunque en ocasiones se lograron triunfos notables, como la campaña de 1775 que empleó a un millar de hombres y acabó con 243 *apaches* tras recorrer más de 1000 kilómetros. Cuenta el escritor de temas militares Albi de la Cuesta que en un combate contra los *comanches* estos tuvieron que retirarse tras atacar a un cuadro defensivo formado por soldados de cuera y otras tropas presidiales, milicianos e indios aliados, después de haber perdido 40 hombres a cambio de una sola baja de los españoles. También perdieron toda la caballada que habían robado. En otra acción, el 26 de abril de 1776, un alférez con 42 soldados luchó contra 300 *apaches* durante cinco horas, causándoles 40 bajas y poniéndolos en fuga.

Las funciones que cumplían las tropas presidiales eran muchas: protegían las misiones, las poblaciones y los caminos, escoltaban las caravanas de provisiones y el correo, cuidaban la caballada de los presidios, y patrullaban por las grandes extensiones en busca de indios hostiles. Además, los soldados presidiales recibían ganado, tierras para cultivo que los ayudaba a su sustento. En general el sistema español combinaba el aseguramiento de una red de defensa estática formada por presidios y fuertes con incursiones en profundidad contra el territorio enemigo en las que se recorrían en ocasiones miles de kilómetros, y con las que se buscaba intimidar a las tribus y causarles el máximo daño posible.

Los soldados de cuera eran al principio auténtica caballería pesada y buscaban el combate cerrado, en el que sus armas les daban una enorme ventaja frente a los indios —que al parecer despreciaban a los dragones provinciales porque no llevaban cueras—, lo que les hacía más vulnerables a las flechas. Este dato, así como el hecho de que los oficiales de dragones provinciales y de la caballería de línea virreinal usasen cueras cuando servían en la frontera, demuestra que estas eran muy útiles, al igual que las adargas, a las que se daba un gran valor, pues servían muy bien para proteger al jinete de las flechas y otras armas enemigas.

Las compañías volantes que habían prescindido de las cueras volvieron a mantenerlas en uso e incluso lo hicieron los efímeros húsares de Texas y cazadores de Nueva Vizcaya. La verdad es que, protegidos por sus recias cueras y armados con lanzas, espada, escopeta y pistolas, los presidiales podían enfrentarse con garantías a enemigos muy superiores en número, por lo que no es de extrañar el interés de los indios en evitar combatir a corta distancia o en campo abierto con ellos. Progresivamente, ante la incapacidad de seguir a sus refugios en las montañas a los *apaches*, las cueras se fueron aligerando pero nunca desaparecieron del todo en tanto España fue la soberana del territorio. Igualmente se mejoró en el combate nocturno y en la capacidad para seguir el rastro de los indios hostiles y para emboscarlos, contando con la ayuda de tribus amigas e indios exploradores que batían el terreno e informaban a las tropas presidiales de los movimientos de los enemigos.

3.5. La guerra en la frontera: los indios bárbaros

Durante los años que duró la presencia española al norte del Río Grande fueron muchas las tribus indias que se enfrentaron a los españoles. Las modalidades del enfrentamiento dependían de varios factores, que iban desde el número de guerreros que cada tribu era capaz de poner en el campo de batalla hasta el hábitat, pues no era lo mismo enfrentarse a los españoles para indios que vivían en llanuras que para los que habitaban en montañas; de la misma forma que no era igual, ni tenían las mismas posibilidades, los que habitaban en bosques que los que ocupaban mesetas desarboladas.

En el largo tiempo que duraron los contactos pacíficos o violentos entre españoles e indios cada parte aprendió de la otra, y tanto los guerreros de las tribus como los soldados españoles tomaron cosas unos de otros, desde armas a indumentaria y desde tácticas a formas de combatir o cazar. No corresponde a una obra de divulgación como esta describir en detalle lo que fueron estos pueblos y sus guerras contra la penetración española, por lo que nos limitaremos a dar algunas pinceladas sobre las más importantes de estas tribus y su forma de combatir, repasando algunas de las campañas más significativas libradas contra ellos por las tropas que guardaban las fronteras de los límites del virreinato de Nueva España.

Apaches y navajos

Tras el final de la rebelión de los indios *pueblo*, parecía que la paz podía llegar a la frontera norte del virreinato, pero todos sospechaban que era imposible. Los *apaches*, irreductibles a todo intento de asimilación, se habían convertido en un enemigo terrible y los caballos les habían dado una movilidad que hacía casi inútil intentar una victoria definitiva sobre ellos con los escasos medios de los que se disponía.

Aunque la frontera siguió siendo durante toda la era virreinal un lugar semiabandonado, se logró con gran esfuerzo el asentamiento progresivo de la mayor parte de las tribus que se encontraban en el entorno del Camino Real de tierra adentro que terminaba en Santa Fe. Poco a poco, los religiosos fueron logrando conversiones que hicieron que los indígenas se integraran en el sistema económico de la provincia, convirtiéndose en pastores y agricultores o en artesanos dedicados a la elaboración de manufacturas.

Los diferentes grupos *apaches* fueron, sin embargo, incapaces de aceptar el modelo de gobierno y la forma de vida que les ofrecía el virreinato. Dedicados a la guerra y al merodeo, eran cazadores nómadas y saqueadores que vieron en los pueblos y ranchos sitios magníficos para obtener de forma fácil todo aquello que deseaban, desde objetos materiales a caballos, mujeres y niños. La inclinación natural de los *apaches* a la guerra aumentó por la llegada a los territorios del Río Grande de las tribus norteñas expulsadas por los *comanches* de las praderas. Desde entonces, los territorios más inhóspitos de Norteamérica constituyeron el principal hábitat de los *apaches*, y las duras condiciones impuestas por la naturaleza les exigieron una especial preparación como requisito indispensable para la supervivencia.

Durante su infancia y su juventud los futuros guerreros eran sometidos a pruebas que les permitían llegar a la edad adulta convertidos en hombres vigorosos y acostumbrados a sufrir, resistentes al hambre y a la fatiga, buenos arqueros y luchadores peligrosos en el cuerpo a cuerpo. Estas cualidades, útiles para la caza y la defensa del territorio contra otros grupos nativos, se manifestaron en toda su plenitud cuando su territorio se vio amenazado por los españoles y luego por los mexicanos y anglosajones.

El progresivo establecimiento de fuertes o presidios y la creación de una red de defensa en la frontera no terminó con el problema para los gobernantes de México, ya que en el complejo mundo cultural de los pueblos *na-dene* la caza se fue desprestigiando frente al honor que representaba la captura de botín y los triunfos en la guerra, lo que convirtió a los *apaches* en un enemigo cruel y feroz. Grandes jinetes desde finales del siglo XVII, se adaptaron muy bien a la vida en el desierto. Continuamente en marcha como perseguidos o perseguidores, siempre estaban en guerra, atacando o huyendo, y pasando duras y prolongadas jornadas en terrenos áridos y sin apenas agua, comiendo solo carne seca y pinole y usando el desierto como hogar y refugio. Respecto a sus grupos tribales, la administración virreinal los dividió de forma algo arbitraria en *apaches occidentales, apaches de navajo* —navajos—, *chiricahuas, mescaleros, mimbreños, jicarillas, lipanes* y *apaches de las praderas*. Hoy quedan unos pocos miles, en su mayoría en la reserva de San Carlos, en Arizona.

En cuanto a los *navajos*, son hoy la tribu india más numerosa de los Estados Unidos, y ascienden a más de 175 000 en Arizona, Nuevo México, Utah y Colorado. Eran un pueblo de lengua *atapascana*, parientes cercanos de los *apaches* y llegaron como ellos del norte, en concreto de Alaska y el Pacífico canadiense en el siglo XIII. Tras su largo y conflictivo contacto con los españoles, acabaron aceptando una parte importante de su cultura, como la cría de ovejas y el trabajo de la plata y las piedras preciosas, y, aunque también tuvieron conflictos y luchas con los angloamericanos, lograron mantener una paz razonable gracias a la cual han logrado, al menos, no ser exterminados y sobrevivir en mayor número que otros pueblos indios.

Los diversos grupos *apaches* constituyeron el enemigo más capaz al que jamás se enfrentó el hombre blanco, en una serie de conflictos endémicos que no acabaron hasta finales del siglo XIX. Los doscientos años de guerras *apaches*, que ensangrentaron el norte del actual México y el sudoeste de los Estados Unidos, se extendieron a partir de finales de la década de 1680 y no concluyeron hasta la rendición de la banda de Gerónimo en 1886, cuando su pueblo había sido prácticamente aniquilado en unas guerras que costaron la vida, además de a miles de indios, a colonos, viajeros, religiosos y militares de España, México y los Estados Unidos[31].

En cuanto a la nación *apache*, al no poseer historia escrita solo hay conjeturas sobre las razones de su emigración desde Alaska a las desoladas tierras de Arizona y Nuevo México, pero en cualquier caso la tradición oral parece demostrar que en el extremo norte de América también fueron notables depredadores. Cuando se encontraron con los españoles vivían de la caza, el nomadeo y el saqueo de los indios *pueblo*, y todos los intentos de convertirlos al cristianismo e integrarlos en la sociedad virreinal fracasaron.

En realidad, la táctica española con ellos se limitó a tres acciones: las dos primeras militares, como el establecimiento de la red de presidios y la realización de incursiones de represalia contra sus territorios, y la tercera suponía algo parecido al soborno, un sistema con el que los administradores coloniales españoles lograron notable éxito, puesto que en el tercio final del siglo XVIII la estrategia virreinal acabó triunfando al combinar acciones de fuerza con otras encaminadas a minar el espíritu combativo de los guerreros indios.

El virrey Gálvez sostenía que solo la acción ofensiva constante de las tropas presidiales y refuerzos del ejército llegados del interior de México podían forzar a los *apaches* a pedir la paz. Había que atacar las rancherías, buscar sus escondites y guaridas en montañas y desiertos y perseguir a las partidas de guerreros hostiles de forma implacable. Todas estas acciones de fuerza debían complementarse con la distribución de aguardiente y licor entre las tribus a la menor ocasión, pues se sabía del efecto demoledor del alcohol sobre la salud de los indios. Lo cierto es que entre 1786, fecha en la que el virrey tomó la decisión de llevar a cabo una política implacable contra ellos, hasta el comienzo de la Revolución independentista de México en

---

31 En cinco años, entre 1771 y 1776, los apaches mataron a 1676 personas solo en Nueva Vizcaya —equivalente a más de la mitad de la población hispana de Texas en la época— y eso sin contar los prisioneros capturados y esclavizados, lo que da una idea de la dureza de la vida en la frontera.

1810, la violencia en la frontera de Nueva Vizcaya y Nuevo México bajó mucho en intensidad, aunque jamás desapareció del todo.

A comienzos del siglo XIX la corrupción y la mala administración de los representantes de la Corona en las Provincias Internas habían generado un progresivo descontento en los *apaches*, que veían cómo funcionarios sin escrúpulos y poderosos hacendados que actuaban al margen de la ley con total impunidad, no solo habían invadido sus territorios en busca de riquezas mineras, sino que explotaban a las tribus, agredían a mujeres y niños o trataban a los hombres con desprecio e insolencia, algo que los *apaches*, altivos y orgullosos, soportaban muy mal.

Una corriente espiritual que buscaba volver a las antiguas formas de vida y devolver a los guerreros su dignidad de combatientes y hombres libres tuvo cierto éxito, por lo que hacia 1804, una vez más y hasta su amargo final en la década de los ochenta, la guerra regresó de forma sistemática al territorio del Río Grande y la frontera de las Provincias Internas volvió a conocer la violenta rutina de las incursiones de saqueo *apaches*.

El primer golpe lo dieron en 1804 dos jefes llamados Rafael y José Antonio, que durante media docena de años llevaron la destrucción a los territorios de Nuevo México y Arizona, y llegaron muy al sur en la región de Durango. Se intensificaron los secuestros, robos de ganado, y ataques a caravanas, ranchos aislados y pueblos. El intento de los rancheros y hacendados más poderosos de organizar a sus milicias de una manera nueva y diferente, con la creación de los Cazadores de Nueva Vizcaya y los Húsares de Texas, fracasó estrepitosamente. Las nuevas y brillantes unidades de los ricos criollos se mostraron incapaces de detener la oleada de destrucciones y saqueos.

Más de 300 personas fueron asesinadas, sin contar las decenas de secuestrados, y se perdieron miles de pesos en destrucción de granjas, alquerías y en pérdidas de ganado. Finalmente, los jefes indios rebeldes cayeron en un choque contra una compañía volante presidial en 1810, pero el comienzo de la Revolución independentista mexicana agravó la situación, pues una parte considerable de las tropas que defendían la línea de presidios se unieron a los insurrectos, y se creó un vacío que fue rápidamente aprovechado por los *apaches*.

En los años siguientes la guerra en la frontera se intensificó y entre 1813 y 1814 le tocó a Sonora recibir el impacto principal de las agresiones indias, orientadas en ese periodo al oeste para evitar la presencia de las tropas republicanas y realistas que se enfrentaban en la región central de las Provincias Internas. Aun así, mal que bien, la fuerte presencia militar provocada por la guerra contuvo a los *apaches* durante el periodo 1810-22, pero el daño producido por los continuos enfrentamientos armados y la pérdida de población afectó de forma muy grave a la red defensiva, que finalmente colapsó cuando México ya era nación independiente, unos pocos años más tarde.

Respecto a cómo hacían la guerra, el conde Gálvez, buen conocedor de la lucha en la frontera, escribió de ellos:

> Los *apaches* hacen la guerra por odio, o por utilidad; el odio nace de la poca fe que se les ha guardado, y de las tiranías que han sufrido cómo pudiera hacerse patente con ejemplares que es vergonzoso traer a la memoria. La utilidad que buscan es por la necesidad en que viven, pues no siembran ni cultivan la tierra ni tienen crías de ganado para su subsistencia desde que en los Españoles encuentran por medio del hurto lo que necesitan.
>
> Cuando emprenden sus campañas, si es solo con la idea de robar, vienen en pequeñas partidas, y si es con la de destruir los pueblos, se unen rancherías, formándose en mayor número; pero aunque sea distinto el objeto de sus empresas, el modo de conducirse es siempre el mismo y como sigue: Formase la grande o pequeña tropa y nombran entre todos uno que los mande, el más atrevido, mas sagaz y más acreditado, cuya elección nunca sale errada, porque jamás tiene parte en ella la adulación, la entrega, ni el cohecho; solo la utilidad pública, y no hay nobleza heredada, favor, ni fortuna que se interponga; a este obedecen hasta perder la vida, solamente en campaña, pues en sus rancherías todo hombre es independiente.
>
> Trae cada uno su caballo —que por supuesto es bueno—, sin más arneses que un fuste ligero herrado con cueros que preservan el casco, y que quitan con prontitud cuando llega el caso de montarlos, trayéndolos siempre del diestro hasta el día de la función; caminan de noche siempre que han de atravesar algún llano, haciendo alto en las sierras pedregosas donde no se estampa la huella para ser seguidos por el rastro; desde estas alturas dominan y registran los llanos a donde no descienden sin ser cuidadosamente reconocidos; no hacen lumbre de día por el humo, ni de noche por lo que luce, evitando en sus marchas la unión para no levantar polvo ni señalar el rastro.
>
> En los altos o día de descanso aumentan su vigilancia desconfiados en extremo, son más los que velan que los que duermen, por cuya razón jamás se ven sorprendidos. Con estas precauciones y silencio se conducen hasta la inmediación de nuestras poblaciones donde las duplican y empiezan a tomar medidas para dar con seguridad el golpe, el que dirigen poco más o menos del modo siguiente: Puestos en altura —como se dijo— advierten la situación de nuestros pueblos, haciendas, ranchos, caballadas y ganados, indicándosela el humo, las lumbres y los polvos, por medio de estas señales que marcan el de día, se dirigen y bajan de noche a las llanuras en busca de la presa; cuando se encuentran cerca, esconden sus caballos, dejándolos al cuidado de algunos, se dividen, y cada uno por su parte se acerca lo posible para lograr el exacto y ultimo reconocimiento.
>
> Es increíble la habilidad y destreza con que los ejecutan y las mañas que se valen para su logro; embadurnándose el cuerpo y coronándose la cabeza con hierba, de modo que tendidos en el suelo parecen pequeños matorrales. De

este modo y arrastrándose con el mayor silencio, se acercan a los destacamentos hasta el punto de reconocer y registrar el cuerpo y la ropa de los soldados, que duermen. Al mismo tiempo que están en esta silenciosa tarea, se comunican recíprocamente por medio de infinita variedad de voces que contrasten exactamente, imitando el canto de las aves nocturnas, como lechuzas, tecolotes, y el aullido de los coyotes, lobos y otros animales. Una vez que tienen explorado el paraje a su satisfacción, por medio de las mismas señales se retiran, quitan los cueros de los pies de los caballos, montan y guardando el mismo silencio hasta la inmediación en que pueden ser sentidos, embisten con tanta furia que no dan tiempo de tomar las armas ni ponerse en defensa al hombre más diestro y de más precaución.

De esta refinada astucia, nace que tomando bien sus medidas nunca yerran el golpe, bastando diez indios para que en poco más de un minuto dejen 20 de los nuestros en el campo, y obligando a otros tantos a la fuga. No se puede explicar la rapidez con qué atacan, ni el ruido con el que pelean, el terror que derraman en nuestra gente, ni la prontitud con que dan fin a todo.

Quizá parecerá increíble esta verdad a quien no se haya hallado en esta guerra, pero mucho podrá inferir quien sepa lo que es la sorpresa, las ventajas de quien la logra y la inacción y fallecimiento del sorprendido a cuya enmienda no alcanza regularmente, la fuerza del espíritu, ni el ejemplo del que manda y así la vigilancia y precauciones de emplearse para serlo, pues verificada, ya no hay subordinación sino desorden y desaliento.

Basta esta corta idea de la conducta de los indios en campaña y el saber que siempre atacan por sorpresa para inferir que sus golpes son terribles y casi inevitables —pues ellos tienen constancia para esperar un mes entero la hora del descuido— y para conocer igualmente que en nuestras tierras es imposible lograr contra ellos ninguna ventaja, quedándonos solo el partido de buscarlos en las suyas donde tal vez se consiguen porque viven con más disgusto.

Cuando en los años finales del siglo XVII los *apaches* se convirtieron en un pueblo nómada a caballo, su sistema de vida no se vio sustancialmente alterado, pero encontraron una forma mejor de llevar a cabo su tradicional y depurado sistema de combate adaptando sus tácticas de incursión a las ventajas que el caballo les daba. Las principales eran la capacidad de escapar en caso de peligro y la de ampliar notablemente el radio de sus incursiones, manteniendo su astuto y eficaz método de guerra, que les permitía causar grandes daños y sembrar la inquietud y el miedo en un territorio muy amplio con muy pocos medios.

Los *apaches de las llanuras*, como los *lipan*, que aún no montaban, habían sufrido mucho ante los *comanches* y *utes* en las primeras décadas del siglo XVIII, pero en el sur, donde llegaron hacía 1725-35, se convirtieron en guerreros tan formidables como sus parientes de Arizona y Nuevo México. Cuando un grupo de guerra *apache* iniciaba una campaña, contaba con un líder de combate, siempre carismático y buen conocedor de sus hombres y de sus enemigos, que dirigía la partida y seleccionaba el lugar del ataque. El jefe dejaba a un pequeño grupo en el campamento con las mujeres y los niños y marchaba con el resto hacia su objetivo. En los siglos XVIII y principios del XIX, una banda guerrera apache de gran entidad estaba entre los 100 y los 200 guerreros, que se dividían en grupos más pequeños para causar daño en un área lo más extensa posible. Esto hacía también más difícil la respuesta de las tropas presidiales y la defensa de los colonos, y generaba gran alarma en zonas muy amplias, pues no se sabía nunca muy bien de dónde venía o cuál era el grupo principal[32].

Los ataques se producían durante la noche, principalmente con luna llena, y durante el día el grupo apache permanecía escondido y oculto, en cuevas, rocas o bosquecillos, con los caballos y el campamento vigilados por unos pocos centinelas. Cuando el objetivo eran caravanas, trenes de mulas o tropas presidiales —algo poco frecuente—, se seleccionaba bien un lugar en el que preparar una emboscada que ofreciese siempre una buena forma de huida, ya que cuando la resistencia era dura, los *apaches* rara vez insistían y normalmente optaban por una prudente retirada, pues los jefes valoraban mucho la vida de sus guerreros y no se arriesgaban de forma innecesaria, aunque siempre fueron unos combatientes temibles.

Cuando el objetivo era capturar caballos o ganado, se recurría a la estampida, un sistema seguro para obtener botín, aunque se perdiera una parte de los animales, que por otra parte eran sacrificados si la partida guerrera era sorprendida y no tenía más remedio que huir. Las bandas *apaches* solían evitar el enfrentamiento campal, en el cual siempre fueron mejores los *comanches* y otras tribus de las llanuras, pero si no había más remedio eran capaces de combatir con gran habilidad, combinando a sus lanceros con arqueros montados y con guerreros que luchaban a pie, y haciendo uso, a partir del siglo XIX, de armas de fuego cada vez con más frecuencia.

Los españoles tuvieron una gran habilidad para mantener a los indios alejados de las armas de fuego, al menos en el Oeste, pues en Florida y en Luisiana fue imposible, ya que los comerciantes ingleses y franceses se las facilitaban en gran número, pero en Texas las tribus no pudieron comenzar a emplearlas hasta casi finales del siglo XVIII, y en Arizona y Nuevo México

---

[32] El incremento de la guerra y su conversión en una forma de vida endémica entre los apaches hizo que según aumentaba la presión de sus enemigos mexicanos y norteamericanos, las bandas de guerra fueron cada vez más pequeñas, llegando a estar formadas por apenas unas decenas de guerreros o menos —la última de Gerónimo tenía 18—, y la de Masai uno —él mismo—, pero manteniendo su ferocidad y capacidad de lucha intactas hasta el final.

ya bien avanzado el XIX. En las Californias, al igual que ocurrió con los caballos, los indios jamás contaron con ellas, por lo que estuvieron siempre en una situación de gran inferioridad.

Tras la cabalgada o incursión, en el retorno hacía el punto de partida, los indios solían dejar rezagados pequeños grupos de «retardadores» para despistar a las tropas que les perseguían, y asegurarse de que no seguían al grupo principal, que llevaba a los animales y personas capturados y cargaba con el botín producto de la rapiña. Estos grupos de retaguardia, en ocasiones compuestos por un par de guerreros o incluso por uno solo, estaban formados habitualmente por guerreros experimentados y bien armados, y eran muy peligrosos, ya que recurrían a las emboscadas para sorprender a sus perseguidores.

Cuando finalmente los *apaches* se reunían en el punto de encuentro se repartían el botín, y los guerreros regresaban a la tribu con sus ganancias y con las mujeres y niños que habían capturado. Las primeras servían como concubinas o esclavas y los niños eran entrenados para combatir, llegando algunos a convertirse en grandes jefes de guerra.

Comanches

Los *comanches* entraron por primera vez en las praderas del norte a comienzos del siglo XVI, cuando formaban parte de los *shoshones* orientales, y se asentaron en torno al río Platte y en el sudeste de Wyoming, entre el pie de las Montañas Rocosas y las Colinas Negras.

A finales del siglo XVII un hecho provocado indirectamente por los españoles iba a cambiar para siempre su historia y la del resto de las tribus de las praderas: su aprovechamiento de los caballos. Hacia 1680 los *comanches* estaban ya acostumbrados a ver caballos y buscaron desesperadamente la forma de hacerse con ellos. Las tribus montadas eran un enemigo terrible y los pueblos que no sabían montar se veían abocados al hambre y la destrucción, ya que los caballos permitían mejorar el nomadeo, la búsqueda de mejores territorios y el seguimiento de las manadas de bisontes, esenciales para la vida de los pueblos indios.

Lentamente, a partir del año 1700, grupos de *comanches* ya montados se fueron separando del grueso del pueblo *shoshone* y comenzaron a tener una identidad propia. Aliados con los *utes,* formaron una fuerte confederación en el oeste de Kansas, entre los ríos Platte y Arkansas. Se sabe que los españoles obtuvieron las primeras informaciones sobre ellos cuando unos pocos se acercaron en compañía de algunos *ute* hasta la ciudad de Taos, el puesto importante más al norte en la época del Virreinato de Nueva España.

Aunque no hay documentos que prueben ese encuentro, lo cierto es que una vez completada la autoridad española en Nuevo México, tras la expedición de Diego de Vargas, y pacificada la región, en 1706 se sabía ya de los *comanches*, debido a que los *picuris* —una tribu *pueblo* que se negó a reconocer la autoridad española y había emigrado a las planicies *apaches* del oeste de Kansas— sufrieron terribles incursiones de lo que para ellos era un pueblo desconocido, hasta el extremo de preferir la sujeción a la autoridad española en el valle del Río Grande antes que seguir soportando los ataques de estos feroces guerreros.

En la primera década del siglo XVIII los *utes* y los *comanches*, actuando de forma combinada, arrasaron los campamentos y villas *apaches* al este del río Colorado. Los *apaches de las llanuras* eran excelentes guerreros, pero a diferencia de sus parientes del sur aún no montaban a caballo, por lo que poco pudieron hacer para frenar a sus nuevos enemigos, que en unos años obligaron a los *jicarillas* a refugiarse en las montañas del norte de Nuevo México. Mientras, otros *apaches de las llanuras* abandonaron sus asentamientos en el norte de Arkansas y marcharon también al noreste de Nuevo México, al Panhandle de Texas y al oeste de Oklahoma, quedando solo unos pocos en el alto Arkansas.

Poco a poco los *comanches* y los *utes* se fueron acercando a los puestos españoles para comerciar, atraídos y sorprendidos por los objetos que podían obtener de los extraños extranjeros. Asustados los responsables de la defensa de Nuevo México por las actividades de los *comanches*, de quienes pensaban que podían espiar y descubrir los puntos débiles de la defensa, se decidió actuar de inmediato. Aún se recordaba la rebelión de los *pueblo* de 1680, y dispuestas a cortar la amenaza las tropas españolas atacaron y destruyeron en 1716 un campamento *comanche-ute* al noreste de Santa Fe y lo destruyeron. Los supervivientes fueron vendidos como esclavos.

Este ataque provocó la ira de los *comanches*, pero en los tres años siguientes no hubo más combates entre ellos y los españoles, aunque los *comanches* continuaron sus ataques contra los *apaches* y en 1719 realizaron su primera incursión para capturar caballos en Nuevo México, lo que provocó una campaña de respuesta española. Durante semanas los soldados de cuera persiguieron a las esquivas bandas de *comanches* y *utes* en una incursión en profundidad que les llevó hasta el río Arkansas, en Pueblo, hoy Colorado, pero no encontraron más que campamentos abandonados, sin lograr apenas causar daño a las tribus, que continuaron con su guerra contra los *apaches* de las llanuras.

El conflicto alcanzó su punto de máxima violencia en los años en los que en Europa y América se libraba la Guerra de la Cuádruple Alianza (1717-22). Los refugiados *apaches* —*mescaleros y lipanes*— se concentraron en el sur de

Texas y Nuevo México desde donde pronto comenzaron a atacar los ranchos y misiones españolas, en tanto otras bandas indias se dirigían hacía Arizona, atacaban los asentamientos españoles en el Río Grande, cerca de El Paso, y amenazaban las comunicaciones con Santa Fe y el norte de México.

La presión de *comanches* y *utes* había desestabilizado totalmente el sudoeste. Entretanto, los rumores que llegaban a Santa Fe indicaban que los franceses, desde su puesto de Arkansas, estaban extendiendo su influencia en las llanuras y armando a las tribus con fusiles. Para investigar se envió al norte, en 1720, a la expedición de Villasur, que como veremos fue aniquilada por los *pawnee* con ayuda francesa. Dos expediciones más, enviadas en 1723 para apoyar a los últimos *apaches* que aún resistían en Colorado y Kansas contra los *comanches*, fracasaron también. Se llegó a librar una batalla que duró nueve días en una zona —no identificada aún por los historiadores— llamada Gran Sierra de Hierro, en la que los *apaches* fueron completamente derrotados, perdiendo en pocos años todos sus asentamientos en el alto Arkansas, aunque pequeños grupos aún permanecieron diez años más en las llanuras.

Los *apaches de las llanuras*, principalmente los *lipanes*, en su marcha al sur absorbieron a pequeñas tribus como los *coahuiltecos*, *chisos*, *janos* y *mansos* y alternaban periodos de guerra y comercio con los *tonkawas* y *caddo* del este de Texas, sin detener sus continuas luchas contra los *comanches*. Hacia 1730, estos eran los dueños del Panhandle texano y del noroeste de Nuevo México, y son mencionados en Texas por vez primera en 1743 como *norteños*, aunque en ese nombre se incluían también, casi con seguridad, a algunos *pawnees* y *wichitas*.

Aproximadamente sobre la misma época, la alianza entre *utes* y *comanches* se rompió, sin que estén claras las causas. De lo que no hay duda es de que comenzó entre ambos pueblos medio siglo de choques esporádicos, en ocasiones muy violentos, pero que nunca alcanzaron la ferocidad de las luchas con los *apaches*. En 1749, una delegación *ute* pidió ayuda a los españoles contra los *comanches*, que les habían obligado a abandonar las praderas y a buscar refugio en las montañas. También buscaron el apoyo de los *jicarillas*, una tribu *apache* antaño enemiga. En los años siguientes, a pesar de que los españoles contaron con la ventaja de esta alianza, los *kotsotekas*, una tribu *comanche*, cruzaron el Arkansas y entraron en el noreste de Nuevo México. En tanto, los *yamparika* y los *jupe* siguieron en Arkansas hasta comienzos del siglo XIX, otros grupos llegaron hasta el límite del Llano Estacado, en Texas.

Para los *comanches* la enemistad con los españoles era beneficiosa, pues les permitía obtener por la vía del saqueo una gran cantidad de productos que de lo contrario les estarían vedados. Mientras en el norte de Nuevo México se comerciaba con ellos desde Taos, en Texas eran unos enemigos implacables de los *apaches* y de los españoles, a los que robaban caballos y cualquier cosa que estuviese a su alcance. Lo cierto es que su economía mejoró, como demuestra el hecho de que hacia 1735 les sobraban los caballos. Pero aunque el comercio tenía éxito entre ellos y les permitía facilitar productos europeos y mexicanos —desde telas hasta cuchillos— a otras tribus más alejadas, las depredaciones seguían, por lo que en 1742 una fuerte expedición española fue enviada hasta los ríos Arkansas y Wichita para acabar con sus pueblos y campamentos. Pese a que no se logró detener las incursiones, las expediciones de represalia demostraban a los *comanches* y a otras tribus que no podían actuar a su antojo y con impunidad.

En los años sesenta del siglo XVIII la guerra en Texas era ya endémica y en ella se enfrentaban españoles contra *comanches* y *wichitas*, españoles contra *apaches lipanes* y estos últimos contra *comanches*. El cambio de soberanía en Luisiana a partir de 1763 y el control por parte de España de la colonia francesa afectó a las relaciones con los indios, pues los comerciantes franceses lograron un acuerdo entre los *wichitas* y España, pero fracasaron con los *comanches,* cuyas incursiones continuaron y hubiesen ido a peor de no haber sido por una epidemia de viruela que los diezmó entre 1778 y 1781.

Las tropas españolas obtuvieron un éxito razonable en sus campañas de los años ochenta contra los debilitados *comanches*, y en 1785 el gobernador de Texas, Domingo Cabello, envío emisarios a los campamentos *wichita* para contactar con los jefes *comanches* y proponerles una alianza contra los *apaches*. La paz acordada en septiembre se firmó en San Antonio de Béxar en octubre con el habitual intercambio de regalos y la promesa de establecer un sistema regular de intercambios y comercio. Como resultado del acuerdo, en Nuevo México se logró una tregua estable, pero no tanto en Texas y el norte de México, donde para alcanzar la paz los partidarios del tratado con los españoles mataron a varios jefes opuestos al acuerdo. Pero el gran problema planteado en la segunda mitad del siglo XVIII para las autoridades españolas lo constituyó la llegada a las praderas de comerciantes franceses.

Ya en 1724 Bourgmont se había encontrado con algunos *padoucah* —apaches de las llanuras— en el suroeste de Kansas, y se iniciaron prometedores contactos comerciales que se intensificaron a partir de 1739, cuando los hermanos Mallet, procedentes de Illinois, solicitaron al gobernador español en Nuevo México que abriese el comercio. Aunque se les trató bien, como súbditos que eran de una nación aliada, no se atendió su petición y se les envío de vuelta. Eso sí, cundió la alarma, hasta el extremo de que el siguiente francés que apareció por Nuevo México para comerciar fue condenado a muerte y ejecutado.

Tan radical medida no desanimó a los comerciantes franceses, que se dedicaron a ganarse a las tribus. En 1740 habían llegado ya a importantes acuerdos con los *wichita* y desde 1747 fueron incluso capaces de lograr la paz entre esta tribu y los *comanches*. Eso les permitió comenzar el comercio con los indios, que entregaban caballos robados en Nuevo México y Texas a cambio de lo que más temían los españoles, armas de fuego.

Armados con rifles y fusiles franceses, los *comanches* comenzaron a lanzar una serie de incursiones devastadoras y tras la campaña de saqueos en el Pecos de 1746 casi logran aislar Santa Fe de México y cortar el Camino Real de Tierra Adentro. Atacaron Pecos en 1746, 1750, 1773 y 1775 y la propia Taos en 1760. Las operaciones contra ellos lanzadas desde México y Nuevo México fracasaron, pero la mejora de los presidios y puestos de la frontera en la década de 1770 y la reorganización de las tropas permitieron alcanzar éxitos, y en la campaña de 1774 se logró el primer resultado notable. Una fuerza combinada de 600 soldados, milicianos e indios *pueblo* aliados, al mando de Carlos Fernández, sorprendió en Ratón —Spanish Peaks, Nuevo México— a un campamento *comanche* que destruyó en su totalidad y haciendo un centenar de prisioneros.

En 1779, Juan Bautista de Anza, gobernador de Nuevo México, lanzó una campaña destinada a terminar con la amenaza. Se dio cuenta de que era preciso lograr una gran victoria que desmoralizara a los *comanches*, y tras mejorar el entrenamiento de las tropas evitó caer en los errores de sus antecesores. Si se quería vencer a los *comanches* había que actuar como ellos, atacar en grupos pequeños, por sorpresa y evitar las grandes columnas de tropas que al desplazarse hacían que los indios las viesen a kilómetros por el polvo que levantaban y las hogueras de los campamentos.

La paz de Anza

El 15 de agosto de 1779 comenzó la campaña contra los *comanches* al salir Anza de Santa Fe con rumbo a Taos. Llevaba 600 hombres y el día 16 de agosto seleccionó a lo mejor de la caballería presidial y envío dos exploradores al norte para descubrir a los indios. El 20 recibió como refuerzo el apoyo de 200 *apaches* y *utes* y dos días después comenzó una marcha nocturna, siguiendo el valle de San Luis, y acampó en un pantano al que bautizó San Luis por ser el día de ese rey de Francia. En este lugar los *yutas* habían acabado en julio con una partida *comanche*, por lo que sabían que el grueso de los *comanches* estaba cerca.

Empleando tropa ligera para la batida y exploración del terreno, ocultándose durante el día, marchando de noche con los cascos de los caballos forrados con cuero y tela para no hacer ruido, sin encender hogueras, las tropas españolas acamparon en Ponche Springs —Colorado— y el 28 cruzaron el Arkansas. Cazaron medio centenar de búfalos y atacaron el día 31 el campamento del jefe Cuerno Verde, que logró escapar en dirección a Taos. Tras volver al sur y cruzar de nuevo el Arkansas, los exploradores que iban en vanguardia localizaron las avanzadas *comanches* el 2 de septiembre. Al día siguiente las tropas presidiales las atacaron y mataron a Cuerno Verde, a su hijo y a cuatro jefes más. El día 10, Anza estaba ya de regreso en San Fe. Había logrado un triunfo inmenso.

La muerte del jefe Cuerno Verde tuvo un enorme impacto entre las tribus. Los *navajos* pidieron la paz de inmediato y los *comanches* quedaron impresionados y se les convenció para firmar un tratado de paz. A los acuerdos con los blancos se opuso un jefe llamado Toro Blanco, que fue asesinado por los *kotsotekas*, quienes reunidos con los *jupe* y *yamparika* acordaron la paz y nombraron jefe a *Encueracapa*, llamado así por llevar una capa confeccionada con cueras tomadas a los presidiales.

Tras dos reuniones en Pecos y en un campamento *comanche*, se llegó a un acuerdo a primeros de 1786, en el que los negociadores españoles consiguieron que los *comanches* y los *utes* aceptaran la paz y se comprometieran a una alianza contra los *apaches*. La paz de Anza, unida a la inteligente política que combinaba regalos —sobre todo alcohol— con la fuerza de las armas, había tenido éxito. A cambio de los obsequios, del permiso para comerciar y de poder seguir en sus terrenos de caza, los *comanches* no volverían a atacar al Nuevo México español durante décadas. El comercio en la Comanchería quedó establecido a través de los comancheros, que facilitaban armas de fuego y todo tipo de objetos a los indios. Esta relación se mantuvo incluso cuando los *comanches* comenzaron a hacer uso de las armas de fuego contra los colonos de Texas.

En líneas generales, la paz con los indios de la nación *comanche* se mantuvo estable en Nuevo México, pero el acuerdo no afectaba a los que vivían entre los ríos Platte y Arkansas, que eran la mayoría, y que a lo largo de la segunda mitad del siglo XVIII se enfrentaron a los españoles en Texas, ni tampoco a los *osages*, *lakotas*, *cheyenes*, *arikara* y *pawnee*. Eso los convirtió en enemigos de casi todas las tribus de las praderas, y generó migraciones de pueblos indios que acabaron teniendo repercusión en territorios mucho más al sur.

El desplazamiento al sur de los *kiowas* a partir de 1765, por ejemplo, afectó a los *comanches* en la disputa por los territorios de caza. Ante esta situación, que en la década de 1780 era ya muy preocupante, los funcionarios españoles intentaron desesperadamente evitar la guerra en sus fronteras. Incluso en 1805, los comerciantes españoles intentaron buscar un arreglo entre *kiowas* y *comanches*, lo que finalmente se consiguió con un acuerdo entre ambas naciones que jamás se rompería.

Durante los años siguientes hubo incidentes, como el asesinato del hijo de un jefe *yamparika* en 1803, que casi provoca una guerra, pero lo cierto es que, entrenados por oficiales de las tropas presidiales, los *comanches* apoyaron con valor a las tropas españolas para luchar contra los *apaches*. Incluso en la campaña del general Ugalde contra los *lipanes* en el sur de Texas (1789-90) los *comanches* combatieron bien junto a las tropas virreinales. Lo que no se pudo impedir fue la continua y endémica guerra en el norte y centro de Texas, donde las tribus *comanches* siempre fueron hostiles. El caos en el que se vio envuelta la provincia de Texas a partir de las incursiones de los filibusteros angloamericanos (1800) y el comienzo de la Revolución independentista mexicana (1810) incrementó los ataques y suspendió el sistema de intercambios comerciales entre ambas partes. La pérdida de los puestos de vigilancia de la frontera, afectados por las luchas entre los ejércitos republicanos y realistas, y la militarización de la provincia durante dos décadas, refrenó algo la violencia de los *comanches*, que jamás se habían enfrentado a tantos soldados. Valga como ejemplo la detención en 1811, en San Antonio, del jefe indio El Sordo, acusado de correría de *comanches* y *wichitas* para conseguir caballos. La acusación provocó que una partida de guerra *comanche* se presentara en San Antonio, la capital de Texas, para exigir explicaciones, siendo recibidos por 600 soldados del Ejército Realista. No hizo falta usar la fuerza, pues impresionados por el despliegue militar, optaron prudentemente por retirarse.

Durante una década los *comanches* depredaron ocasionalmente la frontera, asombrados del nivel de violencia y destrucción imperante en la provincia por la guerra que libraban los cristianos —indios, blancos y mestizos— entre ellos. En esos años el gobierno español fue reemplazado por el mexicano, lo que en principio no parecido afectarles[33].

Utes y wichitas

Reducidos hoy a unos pocos miles en varias reservas en Utah y Colorado, los *utes*, un grupo escindido de los *shoshones*, que hablaban una lengua del

---

[33] Lo que sí notaron fue la llegada de unos nuevos extranjeros, que pronto se llamaron a sí mismos *texians*, y que se consideraban los dueños de las tierras, los ríos, las montañas y los pastos. Eran agresivos y duros, estaban bien armados y llegaban por miles. En 1823, solo dos años después de su entrada legal a Texas, crearon una fuerza privada para protegerse, a la que llamaron *Texas Rangers*. Los comanches aún no lo sabían, pero su mayor enemigo, el que acabaría por exterminarlos, acababa de nacer.

subgrupo *numic* de los *uto-aztecas*, aparecen por primera vez en una crónica española de 1626, aunque no hubo un contacto violento directo hasta 1637, cuando el gobernador de Nuevo México, Luis de Rosas, capturó a 50 *utacas* y los obligó a trabajar en Santa Fe. Más tarde, cuando el pueblo *ute* era ya bien conocido, se firmó un tratado en el año 1670, que no tuvo gran transcendencia debido a que, como consecuencia de la rebelión *pueblo* de 1680, los españoles estuvieron ausentes de Nuevo México durante doce años.

Tras la reconquista española de la perdida provincia, los *utes*, los *apaches* y los *hopis* llegaron a una alianza que tenía como objeto impedir el asentamiento del gobierno colonial español en sus tierras. Durante más de una década los tres pueblos colaboraron en los ataques a ranchos y misiones y el robo de caballos y ganado. En 1706 la expedición de Juan de Ulibarrí alcanzó el sudeste de lo que hoy es Colorado y tuvo conocimiento de la aproximación al territorio español de un nuevo pueblo: los *comanches*. Para prevenir las incursiones, en 1716 se lanzó la primera gran campaña militar contra *utes* y *comanches*, que si bien no tuvo éxito, mostró a las tribus la decisión de las guarniciones de Santa Fe y Taos de emplear el poder de las armas del rey de España. A pesar de esto, en la década de 1730-40 los *utes* continuaron sus ocasionales depredaciones, que causaban más molestias que grave daño.

Hartos de los saqueos, los españoles emprendieron una expedición de represalia en 1746 que derrotó a una alianza de *utes* y *comanches* en Abiquiú, y otra al año siguiente. Estas campañas causaron mucho quebranto a los *utes*, que vieron sus campamentos atacados y destruidos. Cansados del daño sufrido, los jefes de los *utes* —Chiquito, don Tomás y Barrigón, conocidos así por los nombres guasones que les daban los españoles— intentaron en 1752 acordar un tratado de comercio. Para entonces los *utes* estaban muy divididos y tenían dudas sobre cómo debían actuar ante los españoles.

En 1754 habían expulsado a los *navajos* del Alto San Juan y otro grupo de la misma etnia, los *mouache*, se alió con los *apaches jicarillas* y logró en 1760 un acuerdo formal con los españoles que impedía a estos penetrar sin permiso al norte del río Gunnison. Cinco años después, sin embargo, José María de Rivera lideró una expedición al sudoeste de Colorado que penetró profundamente en las tierras de los *ute* para reconocer la región. En 1770 esos indios entraron en guerra aliados a los *hopi* y los *navajos*, lo que impidió a los españoles seguir explorando la zona, que no pudo ser reconocida de nuevo por Rivera hasta 1775, y cartografiada al fin con precisión por Miera y Pacheco en 1776.

Durante el último tercio del siglo XVIII la situación en la frontera *ute* y lo que hoy es el sur de Colorado fue cada vez mejor. El territorio ya era conocido con cierta precisión cuando en 1778 se prohibió el comercio con los *ute* a los indios cristianizados de los alrededores de Taos. Una prohibición que no surtió mucho efecto, pues las relaciones siguieron y los *ute* se fueron integrando cada vez más en el entramado de relaciones comerciales de la colonia, por lo que no es de extrañar la facilidad con la que fueron llevados a la alianza contra los *comanches* de Cuerno Verde en 1779, en la que los *mouache* colaboraron con verdadera dedicación.

Finalmente, en 1786 los jefes Moara y Pinto protestaron ante las autoridades españolas de Santa Fe cuando conocieron los intentos de llegar a una paz con los *comanches*, aunque tras la intervención de Anza, finalmente aceptaron y en 1789 se firmó un tratado entre España y la nación *Ute* con la promesa de ayuda, en caso necesario, contra *comanches* y *navajos*, al tiempo que los españoles tomaban precauciones ante una posible alianza entre los *mouache*, una de las tribus *ute* y los *apaches lipanes*.

A partir de 1800 los *utes mouaches* fueron usados como espías por las autoridades españolas de Nuevo México ante otras tribus indias, con objeto de prevenir amenazas de las tribus hostiles, y en 1804 acompañaron a las tropas virreinales unidos a los *jicarillas* en una campaña de castigo contra los *navajos*. Y a partir de 1806, los *mouaches* recibieron una serie de visitas de expediciones españolas que tenían por objeto mejorar el comercio y ampliar el conocimiento de la frontera norte del virreinato. Las visitas se intensificaron a partir de la intrusión de Zebulon Pike en 1807 —el primer norteamericano que penetró en territorio *ute*—, que disparó las alarmas de los representantes del gobierno español en Santa Fe, pues temían que Nuevo México siguiese el camino de Texas.

Lo que ni españoles ni *utes* pudieron evitar fue la evolución de los sucesos que ocurrían más allá de sus fronteras. Poco a poco su mundo se fue transformando sin que pudieran hacer nada para evitarlo, pues gentes extrañas seguían acercándose a sus fronteras. En algunos casos eran viejos conocidos, ahora con armas de fuego y cada vez más peligrosos, como se vio en 1809, cuando una banda guerrera de *comanches* y *kiowas* atacó a más de medio millar de *utes* y *apaches jicarillas* cerca del río Arkansas, matando al jefe principal, Delgadito, y a los líderes Mano Mocha y El Albo.

Los otros intrusos eran al principio pocos, siempre solitarios, pero se comportaban de forma diferente a otros blancos. Procedían de lejanas tierras del este y se llamaban a sí mismos «americanos». En 1811 el primero que llegó se llamaba Ezekiel Williams, y fue seguido al año siguiente por otro llamado Robert McKnight. Eran tramperos y cazadores y parecían querer solo pieles. Junto a ellos siguieron llegando más españoles, como la expedición de Arze-García en 1813, pero pronto llegaron rumores a las tierras *ute* de que los españoles se estaban matando entre ellos en una guerra brutal y los hombres del rey desaparecieron.

Llegaron más blancos americanos, como Chouteau y De Munn, en 1816-1817, obsesionados con las trampas y las pieles, y a partir de 1821 alguien les dijo a los *utes* que ya no formaban parte de la Corona de España y eran parte del Imperio mexicano. Los indios no entendieron la diferencia, de la misma forma que no entendieron lo que significaba la presencia de los tramperos yanquis. Pronto, para su desgracia, lo descubrirían.

Respecto a la última de las tribus indias que tuvo una notoria importancia en sus enfrentamientos con los españoles, los *wichitas*, aunque dieron nombre a una gran ciudad del Medio Oeste, son de las tribus que más sufrieron, y el censo norteamericano de 1937 les daba menos de 100 personas. Formaban una confederación en el sur de las Grandes Llanuras junto a otras muchas tribus pequeñas, como los *pawnees piques, taovayas, tawakonis, kichais y wacos*. Buenos guerreros, cazadores y pescadores, se dedicaban también al comercio y gracias a sus contactos con los franceses, desde finales del siglo XVIII estuvieron en contacto permanente con los europeos.

Conocidos por sus tatuajes en la cara y cuerpo en círculos y líneas se llamaban a sí mismos *Kitikiti'sh* —el pueblo de los ojos de mapache—. Coronado, que los encontró en Kansas, los consideró un pueblo numeroso e importante, y se llegó a estimar en unos 200 000 su población en esa época. Unidos a los *comanches* depredaron el centro de Texas desde sus bases en el norte. Muy dañados por las enfermedades producidas por sus contactos con los blancos, hoy están prácticamente extinguidos.

CUARTA PARTE
DE LA CRISIS AL APOGEO

La masacre de Villasur

Fragmento de la escena pintada en las pieles de tres búfalos que recoge el momento en que Villasur y sus hombres son rodeados por los indios pawnee. *Se puede ver cómo los españoles con sombreros de ala ancha y protegidos por su cueras forman un círculo y son atacados por los arqueros indios y fusileros franceses. La derrota marcó el fin de la influencia española en el centro de las Grandes Llanuras hasta la consolidación del dominio español en el territorio de Luisiana a finales de la década 1760.*

Palace of the Governors Collections, Museum of New Mexico.

*«Porque creo que todo joven sajón-americano ama
la justicia y admira el heroísmo como yo,
me he dedicado a escribir este libro.
La razón de que no hayamos hecho justicia
a los exploradores españoles es, sencillamente,
porque hemos sido mal informados.
Su historia no tiene paralelo;
pero nuestros libros de texto
no han reconocido esta verdad,
si bien ahora ya no se atreven a disputarla.
Gracias a la nueva escuela de historia americana
vamos ya aprendiendo esa verdad,
que se gozará en conocer todo americano
de sentimientos varoniles.
En este país de hombres libres y valientes,
el prejuicio de la raza, la más supina de todas
las ignorancias humanas, debe desaparecer.*

Charles *Fletcher* Lummis *(1859-1928)*

4.1. La Guerra de Sucesión española (1701-1714)

EL 1 DE NOVIEMBRE DE 1700 fallecía Carlos II, llamado el Hechizado, último rey de España de la Casa de Austria, estéril y enfermizo, que no dejaba descendencia. Durante los años previos a su muerte, la cuestión sucesoria se convirtió en asunto internacional y resultó evidente que los inmensos territorios de la monarquía española constituían un botín tentador para las distintas potencias europeas. Tanto el rey de Francia como el emperador de Austria, Leopoldo I, cuyas madres eran hijas de Felipe III, estaban casados con infantas españolas hijas del rey Felipe IV, por lo que ambos alegaban derechos a la sucesión española.

El 11 de octubre de 1700 el rey Carlos II nombró sucesor al pretendiente francés Felipe de Anjou, nieto del rey Luis XIV de Francia e hijo del pretendiente al trono de Francia, el delfín Luis. Felipe de Anjou aceptó el trono el 16 de noviembre, renunciando previamente al trono de Francia, una condición esencial que le fue impuesta para poder reinar en España. Tras llegar a Madrid el 18 de febrero de 1701, fue proclamado rey. Pero las manifestaciones de Luis XIV, dando a entender que su nieto podía ser rey de Francia, y el miedo al nacimiento de una inmensa potencia borbónica, hizo cundir el temor en las cancillerías europeas, y provocó el resurgir de la Gran Alianza de la Haya que llevó a Europa a la guerra.

En el bando del rey Luis XIV de Francia estaba por supuesto su nieto, ya rey de España, y el rey de Baviera; en tanto Austria, Inglaterra y las Provincias Unidas apoyaban los derechos al trono del pretendiente Carlos de Austria. Portugal y Saboya, al principio al lado de Felipe de Anjou, cambiaron de bando al poco tiempo, al igual que una parte importante de la población española que decidió apoyar al pretendiente austracista. La entrada en la guerra contra España y Francia de las principales potencias atlánticas convirtió el conflicto europeo en mundial, y los combates en mar y tierra afectaron a las colonias españolas en América del Norte. Aunque entre San Agustín y los puestos españoles avanzados en la costa este de América del Norte y Carolina del Sur había todavía un gran territorio en disputa poblado por tribus indias, ese espacio no iba a ser una barrera para los ambiciosos y agresivos colonos ingleses, que en las guerras anteriores había lanzado duros ataques contra los ranchos y misiones españolas y no iban a desaprovechar la oportunidad que se les presentaba.

La crisis en La Florida, la pérdida de las misiones. El hundimiento de la frontera

En mayo de 1702 el primer ataque inglés a Florida se dirigió directamente contra San Agustín, que al fin y al cabo era el centro del poder español en la banda oriental de Norteamérica. El objetivo era expulsar a los españoles para siempre, pero antes los ingleses y sus aliados *creek* y *yamasi* decidieron «limpiar» la costa, donde estaban las misiones de la provincia franciscana de Timucua.

Tras arrasar la misión de Santa Fe y quemar la iglesia, la fuerza anglo-india, apoyada por la flota, destruyó otras tres misiones de la floreciente comunidad. En septiembre la poderosa fuerza formada por indios, milicianos de Carolina del Sur y soldados regulares ingleses, se presentó ante las defensas de San Agustín. Las tropas del gobernador se replegaron al castillo de San Marcos dispuestas a resistir, y los ingleses tomaron la ciudad y la saquearon de una forma brutal. Incendiaron las casas, robaron cualquier objeto de valor y destruyeron todo en un asalto que no se diferenció en nada de un ataque pirata. Para los franciscanos y su obra fue un completo desastre. Los invasores quemaron la iglesia principal, la biblioteca con todos los registros y datos de años de trabajo y robaron todo lo que pudieron llevarse. Pese a todo, los ingleses no acabaron su destructor trabajo, pues el castillo resistió todos los ataques y los intentos de asalto fueron rechazados.

El antiguo gobernador de Carolina del Sur, James Moore, fue el responsable de la siguiente fase de la guerra, que finalmente, iba a resultar decisiva para el futuro de Florida, pues supondría el fin de lo que España había construido en la región en los 150 años anteriores. Moore estaba convencido de que podía eliminar la amenaza española para siempre en el disputado territorio que se encontraba al sur de los límites imprecisos de Carolina, y que sería fácil convencer a los *creeks* para realizar una incursión en busca de botín.

En 1704, recuperados los carolinos del fracaso ante San Agustín y con el apoyo de algunas tropas regulares inglesas, Moore planificó una incursión en profundidad contra Florida. Para ello reclutó a mil guerreros *creeks* y unos cincuenta ingleses de la milicia de Carolina del Sur. Las tropas españolas, formadas por una treintena de soldados y apenas cuatrocientos indios *apalachicolas* al mando del capitán Mexía, debían defender una extensa red de misiones que no estaban protegidas y unos pocos ranchos, que en algunos casos contaban con una pequeña protección privada, pues ya tenían experiencia, desde las décadas finales del siglo XVII, de los daños causados por las incursiones de las milicias de Carolina, y sabían el peligro al que se enfrentaban.

Las tropas de Mexia fueron derrotadas en una serie de breves y sangrientos encuentros y los indios *creek* de Moore penetraron en el territorio de Apalache, destruyendo hasta los cimientos 14 misiones franciscanas y hasta un total de 29 poblaciones, casas fortificadas, pequeños fuertes y ranchos aislados. En algunos casos los propios defensores españoles demolieron las fortificaciones para evitar que cayeran en manos de los ingleses y se refugiaron en los bosques o intentaron alcanzar la seguridad de San Agustín. A finales de 1704 la obra misionera en la región de Apalache estaba totalmente destruida y los indios y misioneros asesinados o esclavizados se contaban por centenares, pues se calcula que al menos 1400 *apalachicolas* convertidos al cristianismo fueron vendidos como esclavos.

La horda saqueadora de Moore cortó el Camino Real entre San Agustín y Pensacola y alcanzó las fronteras de la Luisiana francesa. Una parte de los indios supervivientes se acogieron a la protección de los franceses en Mobile o al amparo de los fuertes de Pensacola. La brutalidad de los británicos fue inconcebible. En un ataque a una misión defendida por tropas españolas mataron a un oficial, a cuatro soldados y a cuatro sacerdotes, cuyos cuerpos fueron cortados en pedazos. A dos de los misioneros los torturaron durante horas para luego quemarlos vivos en una estaca.

En 1706 una pequeña flota hispanofrancesa intentó tomar represalias atacando Charleston, la capital de Carolina del Sur, pero el asalto, bajo el mando del capitán francés Le Feboure, fracasó. Los defensores liderados por el gobernador Nathaniel Johnson capturaron un buque francés y obligaron a los atacantes a retirarse. Ese mismo año los restos de los *apalachicolas* y otras tribus como los *timucuas* se levantaron contra los españoles y destruyeron lo poco que había quedado tras la incursión de Moore.

Las pérdidas en Florida eran cuantiosas, pero para suerte de los defensores de San Agustín y su destruido entorno, los ingleses empezaban a tener problemas con los indios que les habían apoyado, en especial los *yamasi*, sobre cuyo territorio los colonos de Carolina presionaban insistentemente. La revuelta contra España de los *yamasi* en 1706 fue el último acto de la guerra, pura y simplemente porque los ingleses no podían tomar San Marcos sin hacer un gran esfuerzo bélico y en el interior ya no quedaba nada que saquear o destruir.

La guerra acabó el 27 de marzo de 1713 con la Paz de Utrecht, cuyo resultado fue la partición de los estados de la monarquía española, tal y como se temía en España desde finales del siglo XVII. Para Inglaterra —Reino Unido de la Gran Bretaña desde 1707— la Guerra de Sucesión Española fue un éxito rotundo que alejó la amenaza francesa en la frontera norte de sus colonias americanas. Tras apoderarse de Gibraltar y Menorca, confirmó su dominio en América del Norte, pues obtuvo Terranova, Acadia —Nueva Escocia— y los territorios de la Bahía de Hudson, a lo que hay que sumar la prerrogativa comercial —de gran valor— del derecho de asiento, que le condecía privilegios en el mercado de esclavos.

La Guerra de Sucesión quedó en Europa en tablas, al menos para Francia, que no perdió territorios y cuyo rey pudo ver a su nieto asentado con firmeza en el trono de España, si bien su economía quedó en ruinas. Sin embargo, para la monarquía española supuso la pérdida de Flandes, el ducado de Milán, Sicilia, Cerdeña y Nápoles. Aunque el rey Felipe pudo conservar el trono español y acabar con la revuelta de los territorios que apoyaban al archiduque Carlos, salvo Menorca y Gibraltar, el resultado final fue muy desfavorable para España.

En América del Norte, Florida quedó bajo soberanía española, algo poco más que nominal, pues solo se mantenían Pensacola y San Agustín, y las misiones franciscanas de provincia de Apalache habían quedado destruidas para siempre.

La recuperación

La situación durante los años finales de la Guerra de Sucesión fue terrible. El castillo de San Marcos había demostrado una vez más su fortaleza defensiva y no había sido tomado, pero alrededor no quedaba nada. No se conservan los libros de bautismo para una etapa sumamente importante en la historia de Florida, como es la que se desarrolla antes y después del ataque, asedio y posterior incendio de San Agustín por tropas inglesas en 1702, pero sabemos que la crisis poblacional que se produjo a raíz de dicho ataque, y de diversas catástrofes que se sucedieron en la década siguiente, estuvieron a punto de acabar con la colonia.

En 1704 se despobló la provincia de Apalache como consecuencia de los ataques británicos, pero la cosa fue a peor en los años siguientes, pues con el levantamiento indio de 1706 y la matanza de soldados españoles, el informe del estado de la provincia habla de la destrucción de 29 *doctrinas*. A estos desastres hay que añadir el violento huracán de septiembre de 1707, que produjo graves inundaciones, y los ataques indios en 1708 contra la capital, San Agustín. Cuando el obispo de Cuba visitó la ciudad el año siguiente, lo que encontró fue un total desastre. Las obras de reconstrucción del castillo seguían paralizadas y aún se observaban los daños producidos por el sitio de 1702. Por si fuera poco, una epidemia de viruela, las malas condiciones higiénicas y el constante temor a ataques indios y británicos, habían sumido a la población en la desesperación, lo que se añadía a la prohibición real de abandonar la ciudad. La sensación existente era la de estar en una remota prisión, y en 1712 la guarnición llegó, como hace constar el sargento mayor Nieto de Carvajal, a comerse a los gatos, perros y ratas, al parecer por este estricto orden de preferencia.

Sin embargo, a partir de la breve paz de 1714 —pues España entró en guerra con los británicos poco tiempo después—, se inició una lenta pero efectiva recuperación que culminaría en la década de 1750. Los años que transcurren entre 1737 y 1757 muestran el mayor incremento de población —por nacimientos y emigración— de la historia de la Florida española. Aunque las tropas siguieron siendo escasas, se reorganizó el sistema de milicias y con los nuevos pobladores se fue recuperando la región que rodeaba la capital, pues la Guerra Yamasi que afectó a Carolina del Sur permitió mantener alejados a los británicos de las fronteras durante una década. Y lo que es más importante, con el traslado en masa de los restos de la confederación *yamasi* a la Florida española se pudo disponer de indios aliados que apoyaran a los españoles en vez de combatirlos.

A finales de la década de los treinta, antes del comienzo de la llamada Guerra del Asiento, la recuperación de Florida era palpable, y aunque la región de Apalache se perdió y solo formaba parte nominal de la colonia española, el puesto fortificado de San Marcos de Apalache y el puerto se reconstruyeron y se intentó abrir de nuevo el Camino Real en dirección a San Agustín, al este, y Pensacola, al oeste. En consecuencia, al comenzar la nueva gran guerra con los británicos en la década de los cuarenta, había núcleos de población o apostaderos de pescadores, además de en Pensacola y San Agustín, en Boca Ratón y Lemus, en la Bahía del Vizcaíno —Biscayne Bay, hoy en Miami—, en Tallahassee, Cayo Hueso, Sarasota y Tampa. Además de los intentos de poblamiento, se reforzaron las principales guarniciones y se modernizó la artillería de los fuertes.

También en el período 1730-40 se realizó, por primera vez, un estudio de la situación de los indios aborígenes —elaborado por Antonio de Arredondo en 1736— que están «a la devoción del presidio de San Agustín con capacidad de tomar armas». El cáracter militar del recuento limita las posibilidades de ofrecer cifras totales, pero es muy interesante, pues indica las edades de un total de 123 personas, que oscilan entre los once-doce y los sesenta-ochenta años. En 1738 contamos con una relación de los pueblos y habitantes, ya fueran varones adultos, mujeres o niños, así los *uchises* tenían 14 pueblos y 757 habitantes y los *talapuses* 19 pueblos y 1316 habitantes. En ese año también se realizó un inventario de ocho pueblos de indios catequizados, con un total de 354 habitantes. En estos momentos es cuando se alcanza la cota máxima de población indígena en el primer período colonial español.

Para 1740 contamos con una lista de los mismos pueblos, que se hallan en las cercanías de San Agustín y agregados a esta plaza, con una población total —incluyendo «hombres, mujeres, muchachos, muchachas»— de 366 personas, ligeramente superior a la de dos años antes. El último censo del que hay noticias —casi a fines del período colonial— se refiere a una lista general realizada por José Antonio Gelabert de «todos los que sirven y gozan de sueldo del rey en San Agustín». Los datos sobre población de ese periodo permiten conocer que el número de indígenas controlados por la administración colonial era muy escaso y afectaba solo a los alrededores de San Agustín.

El análisis de las castas, esclavos y forzados supone aún mayor dificultad que el de los indios, dado que para todo el siglo XVII y buena parte del XVIII solo hay informaciones parciales, pero a partir de 1735, con la creación de los libros de bautismo y defunción de castas y esclavos, y la fundación del pueblo de Gracia Real de Santa Teresa de Mosé, existe una visión más completa. Atendiendo al estatus jurídico de las castas, los esclavos doblaban a los libres y se dividen en dos grupos: los pertenecientes a particulares y los del rey. Los primeros eran más numerosos y se ocupaban de las tareas domésticas o eran empleados en las haciendas; los segundos trabajaban en las obras públicas, especialmente en la construcción y mantenimiento de las fortificaciones.

La población esclava que consigue su libertad, algo constatado desde fines del siglo XVII, no fue un elemento significativo hasta mediados del siglo XVIII, cuando aumentó gracias a la promulgación de la *Real Cédula* de 1733, donde se ordenaba la libertad a aquellos fugitivos —de los territorios ingleses— que se convirtiesen al catolicismo y trabajasen durante cuatro años en servicios públicos.

La consecuencia del trabajo y de la dedicación de los gobernadores Antonio de Benavides (1718-1734) y Francisco del Moral y Sánchez (1734-1737) fue que al tomar posesión del cargo Manuel Montiano en 1737, que

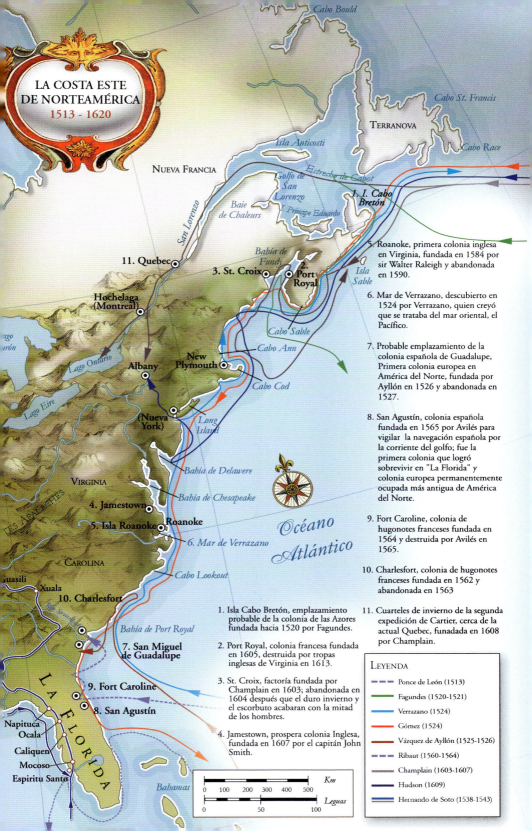

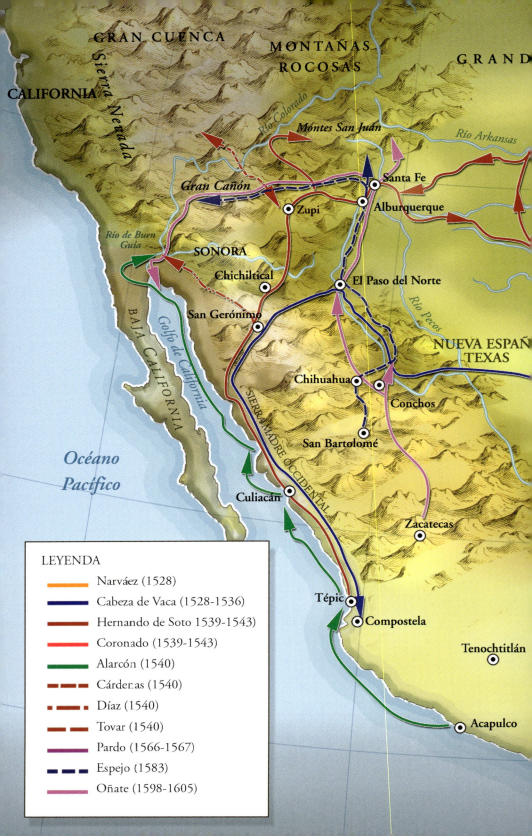

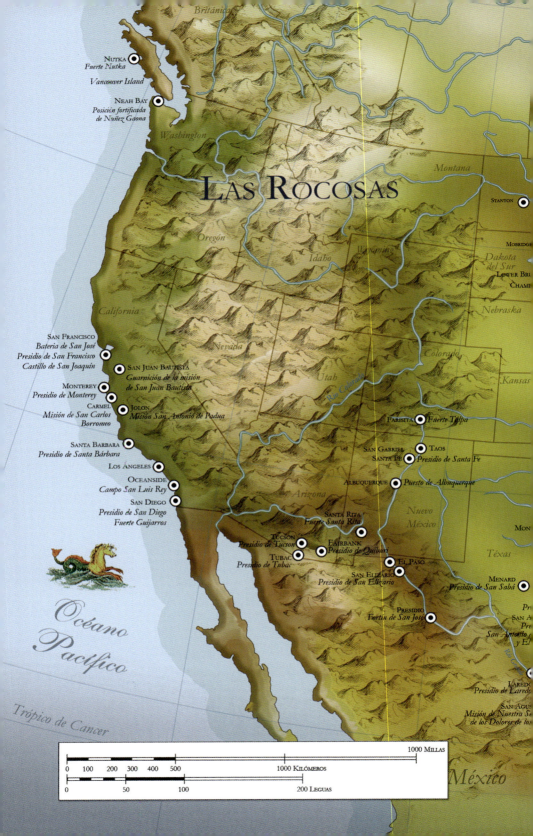

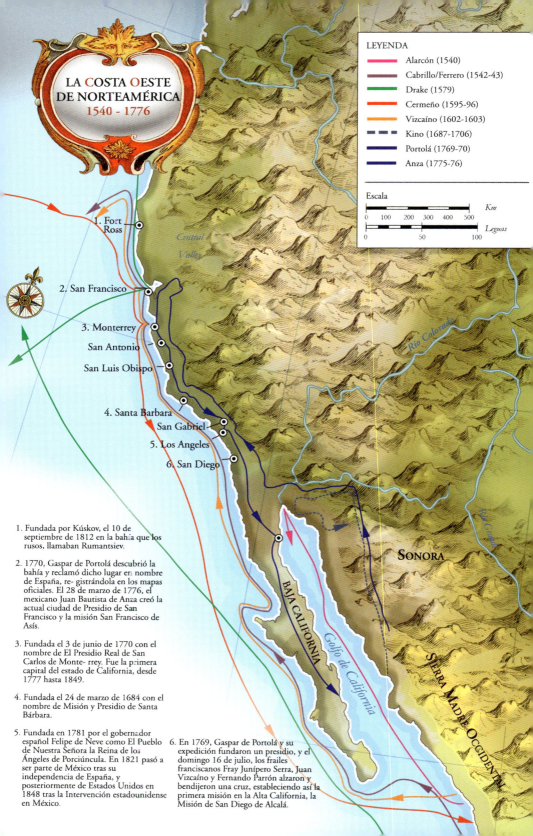

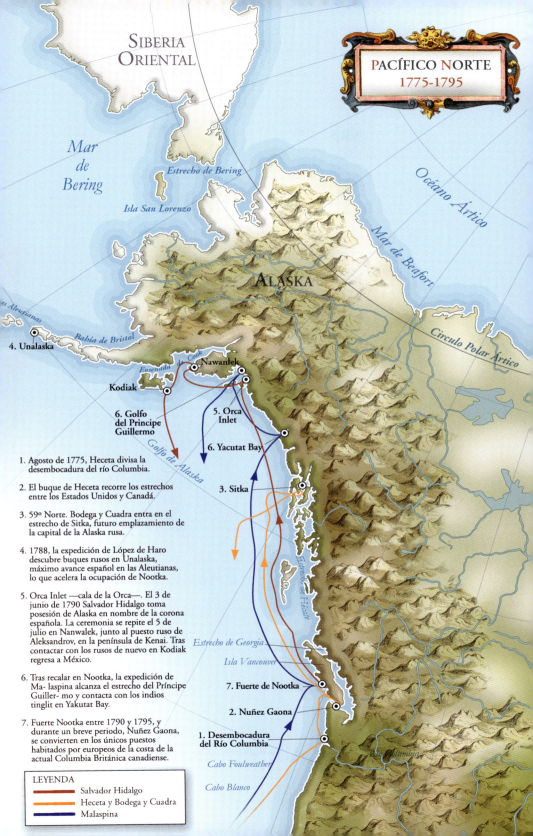

BANDERAS UTILIZADAS POR LAS ARMADAS ESPAÑOLAS

BANDERA DEL REINO DE CASTILLA (1519)
La enseña del viejo reino unido de Castilla y León en su forma y diseño del siglo XV siguió en uso hasta finales del siglo XVI, si bien había multitud de variantes. Hay motivos más que sobrados para pensar que aún fue empleada por los hombres de Pedro Menéndez de Avilés cuando tomaron el fuerte Charlotte en Florida en 1564.

BANDERA NAVAL (1550)
Aunque los diseños rojos y blancos fueron los más frecuentes también hubo banderas en los colores nacionales de Castilla y León —que también eran los de Aragón y Navarra—, oro y gules —amarillo y rojo—. También hubo banderas en azul y blanco, principalmente civiles.

BANDERA NAVAL (1565)
Las banderas con la cruz de Borgoña comenzaron a usarse a principios del siglo XVI, pero a partir de la década de 1530 se convirtieron en habituales. La bandera «nacional» de España no era oficial y tenía multitud de diseños y variantes, por lo que hemos elegido una de las más frecuentes, que por supuesto no fue la única. Los diseños de la cruz de Borgoña variaban mucho, pero de forma mayoritaria eran rojas sobre fondo blanco.

BANDERA DE LAS FLOTAS DE INDIAS
Desde 1593 los galeones de las Flotas de Indias usaban, entre otras, esta bandera con el escudo coronado de Castilla, sobre un fondo de barras amarillas y blancas. Por alguna razón parece que en América el escudo de los reinos de Castilla y León se usó de forma más habitual que en Europa y durante más tiempo.

BANDERA DE LOS GALEONES DE ESPAÑA (HACÍA 1650)
Esta bandera fue posiblemente usada por los buques que hacían la ruta de Indias, al menos hasta 1701. Los colores blanco, rojo y amarillo fueron habituales en las banderas españolas y eran también los colores personales del emperador Carlos I —rojo y amarillo por Castilla y rojo y blanco por Austria—, así como los del estado de Flandes en tanto fue parte de la corona de España.

BANDERA ESPAÑOLA Y ENSEÑA DE GUERRA (1759-1785)
Los diseños de la bandera española siguieron el patrón tradicional a lo largo del siglo XVIII, pero a partir del reinado de Carlos III el escudo sufrió algunas modificaciones, manteniéndose su posición junto a la driza.

BANDERA ESPAÑOLA Y ENSEÑA DE GUERRA (1701-1759)
Las banderas españolas eran en general blancas con diversas formas de la cruz de Borgoña o de San Andrés, casi siempre en rojo, pero a partir de la subida al trono de Felipe V, pasaron a ser blancas con las armas reales. El escudo se situaba junto a la driza para permitir la identificación del escudo en ausencia de viento.

BANDERA ESPAÑOLA DE FORTIFICACIONES COSTERAS (1701-1786)
Sin duda alguna este diseño de bandera blanca con el escudo denominado en la época España —Castilla y León en cuatro cuarteles— y el toisón de oro fue la más empleada en América del Norte, ya que, aunque las aspas de Borgoña fueron mucho menos usadas, a pesar de ser las propias de las unidades militares.

BANDERA DE BATALLÓN DEL REGIMIENTO DE INFANTERÍA FIJO DE LUISIANA (1779-1781)
Las banderas del ejército fueron reglamentadas a principios del siglo XVIII, en concreto en 1706, sufriendo después algunas modificaciones en las décadas siguientes. La que representamos es la bandera de batallón de la principal unidad de guarnición en Luisiana y Florida en la segunda mitad del siglo XVIII y principios del XX. Este regimiento bajo el mando del general Gálvez, tomo parte en el asalto a Pensacola el 8 de mayo de 1781.s.

BANDERA DE LA COMPAÑÍA VOLANTE DE ÁLAMO DE PARRAS (HACIA 1810)
Las pequeñas unidades que protegían la soberanía de España en los inmensos territorios que iban de Texas a California usaban banderas sencillas blancas que casi siempre tenían el escudo de Castilla y León en dos o cuatro cuarteles. Esta compañía de caballería ligera estuvo acuartelada en la misión de San Antonio de Valero, en Texas, el mítico Álamo.

BANDERA NAVAL Y ENSEÑA NACIONAL (1785)
Para diferenciar a los buques españoles de los de otras naciones como Francia, Toscana, Parma o Sicilia, que también empleaban banderas blancas, se preparó un concurso con doce diseños, siendo el elegido una versión del primero de todos pero con la franja amarilla con doble anchura que cada una de las rojas. El escudo sencillo era el habitualmente conocido como Castilla y consistía en las armas de Castilla y León en dos cuarteles.

BANDERA CORSARIA (1820)
La bandera mercante española de 1785 era ésta, que presentaba ligeras diferencias con la bandera de las naves de guerra. Las banderas corsarias eran una versión de la bandera civil pero con el escudo sencillo situado hacía la driza..

BANDERA DE FORTIFICACIONES COSTERAS (1793)
La bandera naval española de 1785 ondeaba desde 1793 en los castillos y plazas marítimas en virtud de una Real Orden. Esta bandera es la que ondeó sobre las fortificaciones de San Agustín y Pensacola, en Florida hasta el verano de 1821, cuando se entregaron a los Estados Unidos y en el último puesto español en California, en San Diego, cuando en abril de 1822 pasó a soberanía de México.

BANDERAS DE LOS HOMBRES QUE AMENAZARON LA SOBERANÍA ESPAÑOLA EN NORTEAMÉRICA

REINO UNIDO DE GRAN BRETAÑA (1763)
La Union Jack en su versión de 1606, la primera de todas, fue el símbolo de la Florida británica entre 1763 y 1783. Falta el aspa roja de Irlanda que se incorporó a la bandera del Reino Unido en 1801 y que en la actualidad se mantiene.

ENSEÑA CIVIL FRANCESA (Hacia 1750)
Usada de forma habitual desde mediados del siglo XVI, est[a] bonita bandera habitualmente empleada sin escudo y a me[nudo] en forma cuadrada fue usada desde el Canadá a la Luisiana [por] particulares y compañías comerciales francesas. Con la incl[usión] de unas lises blancas en los cuarteles y sin el escudo central [es en] la actualidad la bandera de la provincia canadiense de Que[bec].

BANDERA NAVAL DE FRANCIA (Hacia 1720)
Los buques franceses usaban una gran variedad de banderas blancas con diferentes diseños que además de en los buques ondearon en las fortificaciones de Florida y Luisiana. No siempre se usaban las lises doradas y a veces los diseños eran muy sencillas. Por el contrario, los regimientos franceses empleaban hermosas banderas cargadas de colores.

ESTADO DE MUSKOGEE (1803)
Diseñada por Bowles tras el congreso de la nación creek y semínola en la que se dio nacimiento al Estado de Muskogee, esta bonita bandera comenzó a ser usada por el pequeño grupito que le acompañaba. También se empleó por la pequeña flota de la «republiqueta» de Bowles que llegó a tener armados en corso tres buques y en los fuertes que sus tropas tomaron.

REPÚBLICA DE FLORIDA OCCIDENTAL (1810)
La bandera de la República de Florida Occidental, que duró tan sólo del 11 de septiembre al 27 de octubre de 1810, fue la famosa «Bonnie Blue Flag», una de las banderas legendarias del Sur, que incluso fue la más ondeada durante los 24 días en los que los Estados Confederados de América carecieron de bandera. La primera fue elaborada por Mrs, Melissa Johnson y se empleo en Luisiana, Alabama, Georgia, Florida y Texas.

ESTADOS UNIDOS (1820)
La bandera de los Estados Unidos se definió definitivamente en 1815, cuando se decidió que las barras fueran siempre 13 en honor a los primeros estados y que fuesen sólo las estrellas las que aumentasen. Esta bandera, con 23 estrellas, fue la izada en Pensacola y San Agustín el 10 de julio de 1821 al ser arriada la bandera española.

BANDERA DE LOS «PATRIOTAS» DE FLORIDA ORIENTAL (1812)
El 13 de marzo de 1812 setenta aventureros de Georgia y nueve floridianos cruzaron el río St. Mary y ocuparon isla Amelia, proclamando la independencia del Territorio de Florida Oriental. Su lema «la seguridad del pueblo Ley Suprema» decía claramente lo que los promotores de la idea defendían. El presidente Madison no les apoyó y la iniciativa fracasó.

BANDERA NAVAL RUSA (1712)
Se empleó hasta 1917 y era la bandera de los buques de la Armada Rusa. Se combinaba con varios diseños de pendones y con el jack de proa que era igual que la bandera de las fortificaciones costeras, a diferencia de España que usaba la misma bandera para ambas funciones.

REPÚBLICA DE FLORIDA (1817)
El pequeño grupo liderado por MacGregor que ocupó durante cuatro meses Isla Amelia uso esta sencilla bandera formada por una cruz verde sobre blanco que había diseñado el mismo.

COMPAÑÍA RUSO-AMERICANA (1799)
Usada desde 1799 por los navíos y puestos rusos de Alaska, California y Hawai, se mantuvo hasta la cesión de Alaska a Estados Unidos en 1867. Ondeó en los buques de la compañía que navegaban por aguas americanas y en Fort Ross (California).

BANDERA RUSA DE FORTIFICACIONES COSTERAS Y JACK DE PROA (1701)
Se utilizó desde 1701, pero en fortificaciones en 1720, siendo dibujada por el propio zar Pedro el Grande. Se izo en Fort Ross o Rossiya, en California, en 1812, junto a la de la Compañía Ruso-Americana.

SEGUNDA REPÚBLICA DE TEXAS (1818)
La bandera de la expedición del Dr. James Long fue la primera que exhibió en el actual estado norteamericano la legendaria Lone Star, la estrella solitaria que con los años se convertiría en el símbolo de Texas.

BANDERA TRIGARANTE (1821)
Hubo varios diseños de banderas para el Acuerdo de las Tres Garantías, que variaban en tamaño y diseño de las estrellas —pues las había de seis y ocho puntas—. Esta fue la izada en San Antonio de Bexar, en Texas, el 19 de julio de 1821, al arriarse la bandera blanca y roja de España. Otras muy similares a esta ondearon en Nuevo México y Arizona.s.

PRIMERA REPÚBLICA DE TEXAS (1812)
Diseñada al parecer por el bostoniano de origen irlandés Magee, que acompañaba a la expedición de Bernardo Gutiérrez de Lara, fue empleada hasta el aplastamiento de la intentona republicana en 1813.

REPÚBLICA DE MÉXICO (1815)
La bandera de los insurgentes mejicanos desde 1815 es realmente poco conocida, pero fue la izada por Louis Aury en Fuerte Carlos, en Isla Amelia, durante el breve periodo de «soberanía» mejicana sobre este pequeño trozo del Norte de Florida Oriental.

MÉXICO (1821)
La primera bandera oficial de México era casi idéntica a la actual, salvo en el diseño del escudo. Esta es como la izada en San Diego el 20 de abril de 1822 al arriarse la última bandera española en California y se usó hasta 1824.

ocuparía hasta el final de la Guerra del Asiento, la amenazada península de Florida y sus asentamientos españoles, con una población que no llegaba a las 4000 personas, estaban listos para enfrentarse a un nuevo desafío que se presentaba en el horizonte, pues ahora el enemigo no era solo la colonia británica de Carolina, sino un nuevo vecino que estaba naciendo en su frontera: Georgia.

4.2. La Guerra de la Cuádruple Alianza (1717-1721)

El Tratado de Utrech supuso para España el final de su presencia dominadora en Italia. Los reinos de Nápoles y Cerdeña y el ducado de Milán, recibidos por España de la Corona de Aragón desde los siglos XIV y XV o conquistados por las armas en el XVI, pasaron al Imperio Austríaco. Sicilia, que pertenecía a la Corona de Aragón o a monarcas de su Casa desde 1282, fue entregada al duque de Saboya[34].

A este grave quebranto se unió la pérdida de Menorca y Gibraltar, lo que produjo a España una pérdida dramática de influencia y poder en el Mediterráneo occidental. No es de extrañar que la recuperación y el control militar de esta región vital para los intereses hispanos se convirtiese en una verdadera obsesión de la política internacional de Felipe V, que no vaciló en librar tres campañas sucesivas en la península italiana y sus islas en cuanto la situación económica permitió una cierta recuperación del país, muy dañado por la terrible Guerra de Sucesión y con una flota casi inexistente.

La acertada política del ministro José Patiño y la recuperación económica facilitó la creación de una nueva flota casi de la nada. Donde antes solo había unas pocas fragatas y unos galeones ruinosos, surgió en solo tres años una renovada y moderna armada que de nuevo colocó a España en situación de hacer valer su poder en el mar. España libró tres guerras italianas en ese periodo. La primera intentaba modificar con una acción decisiva los resultados nefastos del Tratado de Utrech, lo que sorprendió a las potencias europeas, que no podían creer que la agotada nación que regía Felipe V se atreviese a discutir el orden europeo recién creado. España estaba retrasando la ratificación del Tratado de Utrech con Austria, ya que había sido Francia quien entregó los dominios españoles en Italia al Imperio Austríaco en el Tratado de Rastatt, algo con lo que Felipe V no estaba conforme.

Oficialmente no existía aún paz entre España y Austria, y ante la obstinada postura de España, el Reino Unido, los Países Bajos y Francia firmaron un acuerdo diplomático, conocido como la Triple Alianza, para asegurar lo acordado en Utrech. El acuerdo recordaba al emperador Carlos VI que debía renunciar al uso del título de rey de España, y a Felipe V que debía

---

[34] Poco después la cambió a los austriacos por Cerdeña.

ceder los Países Bajos, Nápoles, Milán y Cerdeña, cuyos territorios estaban ya ocupados por tropas imperiales.

La detención por los austriacos en Milán del inquisidor general español, José Molinés, cuando se dirigía de regreso a España desde Roma —que tenía una avanzada edad y falleció en prisión—, dio a Felipe V el pretexto que buscaba. Alberoni no estaba de acuerdo, pues pensaba que la recuperación española llevaría todavía un tiempo, pero no pudo impedirlo y tuvo que aceptar una operación ideada por Patiño, recién nombrado intendente de Cádiz y artífice del resurgimiento naval. En julio de 1717 el rey y la reina firmaron las órdenes para que la flota española se dirigiese a Cerdeña. Un ejército de 8500 soldados de infantería y 500 de caballería al mando del marqués de Leyde, general valón a las órdenes de España, embarcó en Barcelona en 100 barcos de transporte protegidos por 9 navíos de línea y 6 fragatas. Cerdeña cayó en manos españolas y el verano siguiente se reconquistó Sicilia con un ejército de campaña de 30 000 soldados, 6000 caballos y 200 piezas de artillería, transportado por una flota de 350 buques y escoltado por una escuadra de 30 navíos de guerra. El estupor en las cortes de las grandes potencias europeas fue similar al de alguien que viese resucitar a un muerto.

La amenaza española no era una broma, pues sus tropas habían demostrado una capacidad de combate notable y su flota era de nuevo peligrosa, razón por la cual el Imperio Austríaco, Gran Bretaña, Francia y Saboya firmaron en Londres la Cuádruple Alianza contra España el 2 de agosto de 1718. La primera medida militar de la Alianza fue la protección del reino de Nápoles, que pertenecía a Austria y que se presumía el próximo objetivo de España. Para ello, los británicos enviaron una escuadra al mando del almirante Byng hacia aquellas aguas. El 11 de agosto Byng descubrió una escuadra española de 11 navíos que se dirigía a tomar Siracusa y la atacó en el cabo de Passaro. El resultado del combate fue el total descalabro de los españoles: todos los buques fueron destruidos o apresados, excepto cuatro navíos de guerra. El marqués de Leyde, que resistía con éxito a los austriacos por tierra, no recibió refuerzos y se vio obligado a mantener una actitud defensiva.

El 17 de noviembre de 1718 una ordenanza real autorizó la práctica del corso a todos los españoles que «deseasen armar navíos y hacer la mar». Esta medida se completó con una leva general y otra de gente de mar. El Reino Unido declaró la guerra a España de forma oficial en diciembre de 1718 y Francia lo hizo en enero de 1719. De esta manera, España se encontró haciendo la guerra sola a las principales naciones de Europa, pero había algo más. Esta vez, en América del Norte no solo había que combatir al tradicional enemigo británico, sino también a los franceses, cuyos combatientes de Canadá y Luisiana habían demostrado ya una notable capacidad de lucha a lo largo del siglo XVII y constituían un enemigo temible.

La guerra en Florida: la lucha por Pensacola

Al estallar la guerra de España contra Francia y el Reino Unido, Florida parecía en principio la provincia más amenazada, pues tenía territorios británicos al norte y franceses al este, un área enorme que defender con muy pocos hombres y recursos, aunque en contra de lo que pudiese parecer a primera vista, la situación no era tan mala.

Como hemos visto, durante la Guerra de Sucesión Española los británicos y sus aliados indios devastaron la magnífica cadena de misiones que los religiosos españoles habían levantado en décadas de esfuerzo. Destruyeron campos, cultivos y ganados, pero habían sido incapaces de tomar San Agustín y avanzar hacia el sur, por lo que la actual Georgia seguía siendo una tierra de nadie en manos de poderosas naciones indias como los *cherokee*, los *creeks* y los *yamasi*.

Para reforzar su posición, España decidió, en 1718, asegurar un punto clave situado en la mitad del destruido Camino Real de San Agustín a Pensacola, y volvió a ocupar el viejo fuerte costero de San Marcos en la bahía de Apalache, construido en madera en 1679 y destruido por los piratas en 1682. Por su parte, los colonos de Carolina, que habían asolado Florida a placer durante la Guerra de Sucesión española, se hallaban en 1719 recuperándose aún de los desastres acaecidos en 1715 con ocasión de la Guerra Yamasi, en la que esta tribu —luego fiel aliada de España— y los indios *creek*, habían destruido la colonia casi por completo. Los *yamasi*, al igual que los *creek* orientales —conocidos por los españoles como *apalachicolas*—, se vieron defraudados con el trato que recibían de los británicos y al término de la Guerra de la Reina Ana —nombre con el que se conoció en las colonias angloamericanas la Guerra de Sucesión Española— el malestar fue en aumento, hasta que finalmente, en 1715, entraron en guerra. Los británicos sufrieron muchísimo, murieron centenares de colonos, y la frontera de Carolina del Sur quedó completamente arrasada. Cuando en 1719 los milicianos carolinos y las tropas británicas restablecieron la situación, los españoles sabían que a sus enemigos les costaría años recuperarse.

Tras la guerra, los indios *creek* y los *yamasi* fueron bien acogidos en la colonia española, cuyos agentes les habían suministrado armas, municiones y pertrechos[35]. Se establecieron en el norte de Florida, cerca de San Agustín, y contribuyeron a vigilar la frontera y a asegurar que el territorio se mantuviese firmemente, y se llegó a enviar a México una delegación de los *apalachicola* y los *yamasi* que mostró al virrey su adhesión a España, y su actuación bajo la soberanía española permitió a la escasa guarnición, apoyada desde Cuba, mantener incluso una notable capacidad ofensiva.

Al iniciarse la guerra en Europa, los colonos británicos no podían atacar Florida y sin embargo esperaban un asalto español en sus costas, lo que era correcto, pues los españoles estaban reuniendo una flota y tropas en La Habana para atacar la ciudad de Charleston. Pero el ataque no se produjo, ya que los franceses pasaron a la ofensiva en el oeste de Florida mucho antes de lo previsto.

El 5 de marzo de 1718, Andrés de Pez, que en la década de los 90 del siglo anterior había sido el principal impulsor de la ocupación de Pensacola, estimó que una actitud amistosa con Francia era un riesgo para los escasos puestos españoles en la costa del Golfo de México. Tradicionales enemigos durante casi 200 años, con la ascensión al trono de Felipe V parecía que la rivalidad franco-española había sido suspendida y que las dos coronas estarían en adelante cordialmente unidas. Pero siglos de enfrentamiento no se borraban fácilmente.

La Guerra de Sucesión de España permitió a los franceses ocupar la bahía de Mobila y que sus barcos obtuviesen provisiones en puertos españoles. Los franceses vieron que esta era una buena forma de ampliar su territorio hacia el este y comenzaron a presionar las fronteras de Nueva España, no solo en Texas, sino también en las actuales Alabama y Florida occidental, armando además a las tribus indias. Eso hizo que Andrés de Pez prohibiera la entrada en los puertos españoles de Cuba y Nueva España de buques franceses y la adquisición de caballos en territorio español.

A pesar de su extensión más allá de Misisipi, la colonia francesa de Luisiana no había tenido éxito. Tanto Crozat como Cadillac tuvieron tremendos problemas para gestionarla. Aunque estaba situada en un lugar estratégico excelente, tenía un clima insano y sufría constantes inundaciones y huracanes. Pero el enorme esfuerzo realizado en los primeros años del siglo XVIII comenzó a rendir frutos y los establecimientos de isla Dauphin y Saint Joseph empezaron a prosperar. En febrero de 1718, el nuevo gobernador Jean-Baptiste Le Moyne de Bienville reforzó la guarnición, al tiempo que

---

[35] La supuesta práctica «odiosa» de armar a los indios era repudiada, pero solo si eran los franceses o los ingleses los que entregaban armas a las tribus. Obviamente, así es la vida…

llegaron noticias a Cuba y Florida de movimientos franceses entre las tribus de la región oriental localizadas más allá de las fronteras de la Luisiana.

Gregorio de Salinas Varona, el gobernador de Pensacola, asumió rápidamente que era necesario reforzar las defensas ante la posible amenaza francesa. El virrey de Nueva España aceptó instalar una batería en la isla de Santa Rosa para proteger la entrada a la Bahía Pensacola, y el mismo año Bienville comenzó la fundación de Nueva Orleans. Los barcos que llegaron en agosto de 1718 trajeron a varios cientos de colonos franceses con contratos para ocupar tierras, y el creciente desarrollo de la colonia francesa ampliaba la brecha entre dos enemigos tradicionales que se habían hecho aliados por la fuerza de las circunstancias. Francia comenzó, asimismo, un serio esfuerzo para atraer a su causa a los indios y emprendió una iniciativa diplomática para persuadir a España de la conveniencia de entregarle la bahía de Pensacola.

Las noticias de que Francia había declarado la guerra en España en enero de 1719 llegaron primero a la Isla Dauphin. Bienville montó un ataque sobre la guarnición de Pensacola antes de que los españoles pudieran reaccionar y tuvo un notable éxito. Pensacola cayó el 14 de mayo, ante las quejas del comandante español del fuerte de madera que protegía el puerto, quien afirmó amargamente no haber recibido aún la declaración oficial de guerra. En cualquier caso, su minúscula guarnición no tenía nada que hacer y en apenas unas horas decidió rendirse sin resistencia.

Para desgracia de los franceses, España aún no estaba tan postrada como la propaganda aliada afirmaba y la flota de La Habana, que se estaba preparando para atacar Carolina del Sur, cambió de objetivo, se dirigió a la bahía de Pensacola y recuperó el fuerte San Carlos y la ciudad el 6 de agosto de 1719. Sin embargo, los franceses contraatacaron y volvieron a conquistar el fuerte el 17 de septiembre, y con el apoyo que le proporcionaban otros fuertes situados en Mobila y Biloxi, los franceses consiguieron un firme control de la zona hasta el final de la guerra. El fuerte español fue reforzado y rebautizado como Fort Toulouse. Además, lograron una notable colaboración de las tribus de la región, y eso impidió otro intento español de recuperar la plaza.

La guerra se redujo a pequeños y ocasionales choques en el mar entre navíos de ambos bandos e incursiones indias que no cambiaron en nada la situación. Pensacola quedó en manos francesas hasta el final de la guerra. No obstante, Francia se la devolvió a España en 1721 como parte de lo estipulado en el tratado de paz que ponía fin a la contienda en Europa. Cuando el 26 de noviembre de 1722 los franceses abandonaron la plaza, quemaron la ciudad y el fuerte hasta sus cimientos. La posición española en un lugar clave en el Golfo de México tardó más de una década en volver a consolidarse. Para España la guerra en las costas del Golfo de México y en Florida significó una dura lección: era vital mantener una plaza fortificada en la costa norteamericana frente a Cuba para garantizar la seguridad del tráfico marítimo y proteger las vías de comunicación entre España, México y Cuba y el Paso de Bahamas.

Nuevos enemigos: los franceses en Texas

Al estallar la guerra entre Francia y España en Europa los franceses rompieron las hostilidades en Texas, de acuerdo con su política de extender las fronteras de la Luisiana hasta el Río Grande por creer que existía riqueza minera en las proximidades de San Juan Bautista.

El comienzo de la campaña francesa fue bastante modesto. En junio de 1719 una pequeña columna de tan solo siete soldados franceses del fuerte de Natchitoches, situado a orillas del río Rojo en el actual estado de Luisiana, atacó y destruyó la misión de San Miguel de los Adaes, defendida por un solo soldado español, que no tenía conocimiento de la existencia de la guerra entre ambos países. Los franceses extendieron la noticia de la caída de Pensacola y anunciaron que una columna de cien soldados avanzaba hacia Natchitoches para incorporarse a la guarnición e iniciar el ataque a las misiones españolas de los Adaes.

El pánico prendió entre los colonizadores españoles, pues en aquella zona había media docena de misiones de difícil abastecimiento, defendidas tan solo por 25 soldados —aunque parezca increíble, el territorio que «defendían» era como toda Andalucía—. Además, los indios *caddo* de la zona eran pro-franceses. Ante la situación, los soldados, los colonos y los misioneros reunieron su ganado y pertenencias, abandonaron las misiones y los presidios y buscaron refugio en San Antonio de Béxar.

La reacción de España no se hizo esperar. El virreinato de Nueva España era rico y poderoso, estaba bastante poblado y contaba con recursos suficientes para apoyar cualquier acción militar. Estratégicamente, sin embargo, España estaba en una situación complicada. Los franceses, sólidamente asentados en la desembocadura del Misisipi, se habían extendido hacia el norte hasta enlazar a través de vías fluviales con fuertes y poblaciones en Canadá. También habían intentado moverse hacia el este, donde chocaban con la fuerte posición española de Pensacola —que acababan de tomar— y hacía el oeste, donde realizaron varios intentos de penetración en Texas que habían fracasado. No obstante, ahora contaban con una ventaja extraordinaria: España estaba en guerra no solo con ellos, sino también con los británicos, lo que obligaba a los españoles a combatir contra dos poderosos enemigos al tiempo.

Si bien el número de tropas regulares francesas en Luisiana no era muy alto, su calidad era aceptable y, sobre todo, podían contar con milicias formadas por hombres audaces que desde hacía años se habían adentrado cada vez más en los inmensos territorios que rodeaban la colonia hasta alcanzar las grandes llanuras, donde una acertada política comercial que entregaba a los indios todo tipo de mercancías a cambio de pieles había convertido a estos en fieles aliados. Poco a poco, habían conseguido la amistad declarada de importantes tribus a las que, además, y para consternación de los españoles, habían comenzado a entregar armas de fuego.

En cuanto a España, su reacción a la amenaza fue eficaz y rápida. La principal ventaja española era contar con la isla de Cuba, que extendida desde Florida hasta el Yucatán, era una base de primer orden, por lo que se consideró el punto central desde el que preparar cualquier tipo de acción ofensiva. Lo primero que se realizó fue un ataque conjunto por tierra y mar contra las posiciones francesas en Texas y un avance por tierra sobre Luisiana. En 1721, el marqués de Aguayo, un noble español residente en Coahuila —norte de México—, casado con una de las viudas más ricas de Nueva España, reunió una flota en el Caribe y organizó una expedición. Como respuesta a la ofensiva invasora en Texas y Florida, el marqués ofreció su vida y su fortuna al rey para hacer retroceder a los franceses y evitar la amenaza que se cernía sobre el norte de Nueva España.

El marqués recibió el título de capitán general y gobernador de Coahuila y Texas y reunió 500 hombres, 3 600 caballos, 600 reses de ganado vacuno, 900 ovejas y 900 mulas, la mayoría de estas últimas cargadas con suministros e impedimenta. La expedición incluía a los frailes agustinos Padrón y Guzmán, Matías Sáenz, Pedro de Mendoza y Margil, y al capitán Domingo Ramón, a quien Aguayo envió por la costa hacia el fuerte de San Luis, construido por el francés La Salle treinta años antes.

La expedición del marqués de Aguayo fue la más grande que cruzaría el Río Grande hasta la entrada del general Santa Ana en Texas en 1836, ciento quince años más tarde. Con esa fuerza el marqués expulsó a los franceses del este de la provincia y aseguró el dominio de España en el territorio, estableciendo una sólida base de colonización. Por los territorios que cruzaba iba dejando ganado vacuno y ovino, y también caballos, que con el correr del tiempo formaron grandes manadas en libertad: los famosos caballos mesteños tejanos. La columna española inició la marcha desde Monclova el 15 de noviembre de 1720. A principios del verano de 1721 comenzó a atravesar las calurosas llanuras texanas, y a finales de julio de 1721 sus exploradores encontraron a los franceses a orillas del río Neches, en los bosques limítrofes con Luisiana.

Desde primeros de año el contingente francés del fuerte de Natchitoches estaba al mando del comandante Saint-Denis, que se había distinguido en la segunda toma de Pensacola. El francés había planeado un ataque a San Antonio y su gobierno lo había aprobado, pero tuvo que desistir ante la presencia y superioridad de la columna del marqués de Aguayo, y se retiró del este de Texas. Las tropas de Aguayo eran más móviles, pues contaban con dragones de cuera de la frontera norte de México y con caballería y dragones del Ejército Virreinal de México, muy superiores a los franceses. Tras expulsarlos, el marqués de Aguayo se dedicó a organizar y reforzar la presencia española en Texas. Entre San Antonio de Béxar y la frontera con Luisiana asentó a 400 familias, procedentes la mitad de Galicia, islas Canarias y la Habana, y la otra mitad de indios *tlaxcaltecas* leales a España. Cuando abandonó el territorio el 31 de mayo de 1722, Texas contaba con cuatro presidios, diez misiones y una villa.

Las nuevas instalaciones españolas formaban una barrera con varias zonas de protección ante cualquier ataque francés y aseguraban la frontera contra amenazas europeas procedentes de tierra o del mar y ante los peligrosos indios de las llanuras de Texas. La primera zona de protección era la de Adaes, frente a la frontera con la Luisiana francesa, que contaba con dos presidios y siete misiones. Los presidios eran:

- Nuestra Señora del Pilar de los Adaes, construido de madera por el marqués de Aguayo en un bosque localizado a unos 20 kilómetros de Natchitoches, que contaba con una guarnición de 100 hombres y 6 cañones. Este presidio fue la capital española de Texas hasta que los franceses abandonan Luisiana en 1764. Sus ruinas se encuentran cerca de la actual población de Robeline, Luisiana.

- San Francisco de los Dolores, situado en las cercanías de Los Adaes. Construido por el capitán Domingo Ramón en su expedición de 1716 y protegido por una pequeña guarnición.

En cuanto a las misiones, eran:

- Santísimo Nombre de María y San Francisco de los Texas, construidas en 1690; y Nuestra Señora de los Nacogdoches, San José de los Nazones, La Purísima Concepción, San Miguel de los Adaes y

Nuestra Señora de los Dolores de los Ais, construidas por el capitán Domingo Ramón en 1716.

La segunda zona estaba en el interior, junto al río San Antonio, y hacía de frontera con las llanuras del oeste. Incluía las siguientes poblaciones:

- Santísimo Nombre de María y San Francisco de los Texas, construidas en 1690; y Nuestra Señora
- Villa de San Antonio de Béxar, cuya construcción había iniciado Martín Alarcón, gobernador de Texas, en su expedición de 1718.
- Presidio de San Antonio de Béxar, cuya construcción había iniciado Martín Alarcón, gobernador de Texas, en su expedición de 1718.
- Misión de San Antonio de Valero, construida por fray Antonio de San Buenaventura de Olivares durante la expedición de 1718 del gobernador Martín Alarcón. La misión recibió el nombre en honor al nuevo virrey, marqués de Valero[36].
- Misión de San José, construida en 1720.

La tercera zona estaba en la costa y en la retaguardia y tenía estos asentamientos:

- Presidio de Nuestra Señora de la Bahía del Espíritu Santo, construida sobre las ruinas del fuerte francés Fort Louis, edificado por el francés Lasalle en 1686, a orillas de la bahía que los españoles llamaban de Matagorda y los franceses de San Bernardo. Durante la guerra, los franceses, que habían olvidado la ubicación exacta de la bahía, trataron de ocupar la bahía de Galveston por dos veces, creyendo que era esa la que había ocupado Lasalle más de 30 años antes. El capitán Domingo Ramón tomó posesión de la bahía del Espíritu Santo en nombre de Su Majestad, El Rey, y alzó la Cruz y el Estandarte Real el 4 de abril de 1721. Con sus muros de piedra y sus cañones, durante un siglo fue la más poderosa fortificación de Texas.
- Misión de Juan Bautista, fundada por fray Francisco Hidalgo en 1700. Cuando el marqués de Aguayo abandonó Texas en 1722, la provincia tenía cuatro presidios en lugar de uno, más de 250 soldados en lugar de 50, diez misiones en lugar de seis, y una pequeña villa en ciernes en San Antonio. El ataque francés no solo no había debilitado la posición española en Texas, sino que la había reforzado. La colonización de Texas

---

[36] Esta misión iba a pasar a la historia en el siglo siguiente, pues fue habitualmente conocida como El Álamo.

siguió avanzando a lo largo del siglo, pero las bases establecidas por el marqués de Aguayo habían sido esenciales para que España controlase su nueva provincia y la librase de futuras amenazas externas.

Nuevo México y las llanuras. La expedición de Villasur a Nebraska

Al estallar la Guerra de la Cuádruple Alianza en Europa en 1719, la colonia de Nuevo México sintió la amenaza de sus vecinos franceses establecidos en las orillas del río Misisipi. La reconquista de Nuevo México había sido complicada y había requerido una generación, pero nuevos peligros surgían en el horizonte.

Hasta Taos, el puesto español más al norte, comenzaron a llegar noticias inquietantes. Los *apaches* de El Cuartelejo, un pequeño grupo establecido en las lejanas tierras del actual estado de Kansas junto a algunos indios *pueblo*, informaron de que una nueva y desconocida tribu se estaba desplazando desde las Montañas Rocosas hacia el este y el sur, y había alcanzado Kansas y Texas. Eran guerreros peligrosos y audaces que se pintaban el cuerpo y el rostro de rojo y hablaban una lengua del grupo *uto-azteca*. Los *utes* los llamaban *kohmats*, que en su idioma quiere decir «los que quieren luchar», palabra que los españoles deformaron, dándoles el nombre con el que han pasado a la historia: «comanches».

Los *comanches*, conocidos por los franceses como *paducahs*, el nombre que recibieron en lengua *siouan* —la lengua de los indios *siux*— iban a constituir para los españoles y más tarde para mexicanos y norteamericanos un enemigo formidable, pero además de esta nueva y grave amenaza, había algo más. Noticias procedentes de los indios amigos hablaban de contactos con hombres blancos que facilitaban modernas y valiosas mercancías a los comanches, incluyendo armas de fuego. Los comerciantes franceses se habían adentrado tanto en las montañas del oeste que habían contactado, además de con los *comanches* y *utes*, con *jicarillas* y *apaches*. España jamás entregaba armas de fuego a los indios —al menos en el Oeste—, por lo que la situación tenía que ser controlada antes de que las tribus con caballos y armadas de mosquetes se convirtiesen en una amenaza seria.

El mismo año que España y Francia entraron en guerra (1719) el gobernador de la colonia, Antonio Valverde y Cosío, encabezó una columna de tropas españolas y auxiliares indios en dirección noroeste para castigar a los *utes* y *comanches*. Al llegar a orillas del río Arkansas, al sur del actual estado de Colorado, los *apache*s de El Cuartelejo le informaron de la presencia de los franceses en las planicies. Pero uno de los indios, que tenía una herida de bala en el vientre, le informó de que los franceses habían construido dos poblados entre los indios *pawnee*, al oeste del río Misuri, tan grandes como Taos en Nuevo México. Le dijo además que habían armado a los indios y que se dedicaban a insultar a los españoles.

Por su parte, el coronel Juan Felipe de Orozco y Molina, ministro delegado del virrey marqués de Valero, y temporalmente gobernador de la Nueva Vizcaya, comunicó el 9 de enero de 1719 a las autoridades locales que debían «dar atención al reparo de que los franceses no se introduzcan en la posesión de estos reynos... con el fin de ocupar estas tierras y minas... que por esta razón sería muy del Real servicio desalojar de aquí a dichos franceses.»

A su regreso a Santa Fe, el gobernador Valverde envió un informe al virrey en el que concluía que los franceses se disponían a entrar en Nuevo México de forma progresiva, atrayendo a las tribus con regalos y obsequios que incluían armas de fuego. El virrey Valero conocía bien las noticias llegadas de México sobre la toma de Pensacola y la ofensiva francesa en el este de Texas, por lo que el 10 de enero de 1720 ordenó al gobernador Valverde que estableciera un presidio en el asentamiento *apache* de El Cuartelejo, y lanzara otra expedición en busca de los asentamientos franceses entre los *pawnee*.

El Cuartelejo era un asentamiento fundado en 1664 por unos pocos indios pueblo que huyeron de la dominación española desde Taos y se asentaron en el lugar junto a una banda de *apaches*. El segundo grupo en establecerse en El Cuartelejo fueron los indios *picuris*, que se unieron a los *apaches* en 1696; pero que volvieron a Nuevo México diez años después. En 1925, la Sociedad de Kansas de las Hijas de la Revolución Americana erigió un monumento de granito para marcar el sitio. En dicho monumento puede leerse una placa que dice: «Esto marca el sitio del pueblo de indios Picuri, 1604, el cual se convirtió en un puesto de avanzada de la civilización Española y puesto de reunión para comerciantes Franceses antes de 1720». En 1964 El Cuartelejo fue designado Sitio Histórico Nacional[37].

Respecto al establecimiento del nuevo presidio, el gobernador Valverde sugirió al virrey Valero que lo situase entre los indios *jicarillas*, a tan solo 40 leguas de Santa Fe, y con campos cultivados e irrigados, pues los *apaches* de El Cuartelejo estaban a 130 leguas y no podrían defenderse ni abastecerse de forma adecuada. El virrey accedió a la sugerencia.

---

[37] Situado en el actual estado de Kansas, El Cuartelejo demuestra la increíble ambición exploradora y la voluntad de hierro de los españoles de la época.

No obstante, Pedro de Villasur y sus tropas cumplieron las órdenes recibidas y se adentraron en territorio desconocido avanzando con decisión hacía el norte. Se trataba de un pequeño pero poderoso grupo formado por 45 soldados españoles y 60 indios *pueblo* como auxiliares. La tropa española estaba constituida por endurecidos y experimentados dragones de la frontera, armados con lanzas, pistolas, carabinas y espadas, protegidos por cueras y adargas y acompañados por caballos de refresco, municiones de sobra, alimentos y todo tipo de impedimenta, incluyendo herramientas para poder levantar un fuerte. Junto a los españoles iban además de los indios *pueblo*, un francés, Jean L'Archevêque, uno de los asesinos de La Salle —32 años antes— en el fuerte construido a la desembocadura del Misisipi en 1686.

Capturado por los españoles en la expedición de Alonso de León de 1689, L'Archevêque fue interrogado en la capital de México y enviado a España para ser encarcelado en 1692. Regresó a América como súbdito y soldado español para incorporarse a la expedición de Diego de Vargas de reconquista de Nuevo México en 1693 y se afincó en Santa Fe, donde se casó y trabajó como comerciante y soldado. Antes de la expedición de Villasur, había participado en otras muchas a las planicies en calidad de intérprete, pues conocía bien los usos y costumbres de una gran parte de las tribus de las llanuras y se entendía en algunas de sus lenguas.

El guía de la expedición, que también actuaba al igual que L'Archevêque como intérprete, se llamaba José Naranjo, un zambo hijo de padre negro africano y de madre india *hopi*. Se cree que en 1714 había realizado ya tres viajes de exploración al área del río Platte —en la actual Nebraska—, por lo que el virrey Valero ordenó al gobernador de Nuevo México que se le concediera el título de «capitán de guerra».

La expedición de Villasur partió de Santa Fe la mañana del 16 de junio de 1720. Tras varias semanas de marcha por las llanuras en las que recorrió 800 kilómetros, Villasur llegó con su escasa fuerza a territorio *pawnee* en agosto y acampó en el río Platte, en algún lugar alrededor de Grand Island. Tras cruzar los ríos Platte y Lobo trabó contacto con los indios *pawnee* y *ute*, cuyos poblados se encontraban al sur del Platte, cerca de las actuales Bellwood y Linwood y entró en negociaciones con ellos mediante Francisco Sistaca, pero este desapareció en las cercanías de la actual Schuyler —Nebraska—. Villasur se dio cuenta de que los indios, muy numerosos, parecían hostiles y ordenó dar media vuelta y regresar al río Lobo.

La columna española cruzó el río y acampó en un prado cercano al actual Columbus —Nebraska—. Los dragones de cuera habían llegado prácticamente al centro geográfico de los actuales Estados Unidos. Al amanecer del 14 de agosto de 1720 los *pawnee* atacaron a los españoles. Iban acompañados por varios franceses y, posiblemente, por Francisco Sistaca. Los atacantes se aproximaron al campamento al amparo de la alta hierba que crecía a su alrededor, a una hora en la que los españoles estaban aún dormidos. Pedro de Villasur resultó muerto en los primeros momentos. Los soldados españoles que había a su alrededor y estaban aún vivos formaron un círculo en torno suyo, rodeados de vociferantes guerreros pintados de rojo y negro. Cerca de ellos acampaba otro grupo de españoles a cargo de los caballos. Cuando fueron atacados pudieron ensillar algunos de ellos. Tres de los soldados cargaron contra los indios en dirección al círculo de compatriotas, pero dos resultaron muertos y tan solo uno consiguió incorporarse al mismo.

Siete soldados españoles consiguieron escapar del ataque a caballo. Uno de estos supervivientes sufrió nueve heridas de bala y uno de los indios le arrancó el cuero cabelludo. La batalla duró apenas unos pocos minutos y 35 españoles resultaron muertos, entre los que se encontraban el propio Villasur, el padre Mínguez —si bien corrió un rumor durante varios años de que había estado prisionero de los indios *ute* y posteriormente logró escapar—, el guía Naranjo, el comerciante Jean L'Archevêque, un teniente, un cabo y el intendente. Aunque los indios auxiliares estaban acampados aparte de los españoles y no sufrieron un ataque tan intenso, once indios pueblo murieron. Los indios tomaron las espadas, armas y ropas de los españoles y una parte del diario de Villasur. El combate fue una auténtica masacre.

Los supervivientes, 7 soldados españoles, 45 indios *pueblo* y todos los *apaches*, consiguieron escapar, llegaron a Santa Fe el 6 de septiembre, 24 días después del ataque, y culparon a los franceses de su derrota. El revés de las armas españolas fue tal que el gobernador de Nuevo México se pasó los siguientes siete años buscando responsables del desastre.

Basado en los relatos de los supervivientes, un artista desconocido dibujó una escena de la batalla en las pieles de tres búfalos, primero en lápiz, luego en tinta y posteriormente en acuarela. La pintura original se conserva en la casa solariega del barón Andre von Segesser, de origen suizo, pero existe una copia realizada en seis pieles de vaca en el museo de la Sociedad Histórica del Estado de Nebraska. Situándose frente a la pintura, el observador mira hacia el sur y divisa la confluencia de los ríos Platte y Lobo. El río Platte está en la parte de arriba de la pintura. Dos indios *pawnee* están vadeando el río Lobo. Los *pawnee* y los *utes* pueden identificarse fácilmente por el vívido color de sus cuerpos, pintados de rojo y negro y las borlas caídas de sus cabezas. Llevan arcos, flechas, lanzas, espadas y hachas facilitadas por los comerciantes franceses. Puede identificarse a los atacantes franceses tocados con tricornios a la moda, y por su vestimenta y equipo parecen más comerciantes que soldados. Tal vez fuesen una mezcla de ambos, como los famosos y eficaces «corredores de los bosques» de Canadá.

Se observa también a los hombres de Villasur, con sus sombreros negros y sus cueras, formando un perímetro defensivo con las monturas y el equipaje, y a los franceses disparando sus largos rifles sobre ellos. Se cree que uno de los españoles pintados es José Naranjo. Puede identificarse a Pedro de Villasur en el oficial español vestido con casaca roja. Los soldados españoles llevan sombreros de piel negra de ala ancha, largas cueras de piel, y, algunos, sólidas adargas también de piel. El padre Juan Mínguez aparece dando los últimos sacramentos a sus compatriotas caídos.

La derrota española en la confluencia de los ríos Platte y Lobo fue percibida en Santa Fe como lo que era, un desastre, ya que supuso una importante reducción de los efectivos militares de la colonia, pues no quedaron más de un centenar de soldados en todo Nuevo México. El gobernador Valverde se había quedado sin fuerzas suficientes para regresar a tierras *pawnee*, vengar a sus muertos y reconocer los avances de los franceses y tuvo que adoptar una prudente actitud defensiva.

Una consecuencia inmediata de la derrota fue que el presidio proyectado entre los indios *jicarillas* dejó de construirse por falta de efectivos. Tampoco se construyó ningún puesto avanzado en Kansas para hacer frente al avance francés por el noroeste, a pesar de que en los años siguientes seguían llegando informes de las actividades francesas en las planicies de Nebraska y Kansas[38]. Solo la firma de la paz en Europa y la alianza estable con Francia a lo largo de las décadas siguientes trajo la tranquilidad a los ánimos del gobernador de la colonia y del virrey de Nueva España.

---

[38] Tras la derrota española, los franceses se establecieron en El Cuartelejo y hacía finales de la década, en 1727, contaban ya con un pequeño puesto comercial. Sin embargo, las tribus de las llanuras, ahora montadas, eran un formidable enemigo y, apenas unos años después, indios *pawnee*, *ute* y *comanche* atacaron el establecimiento y lo destruyeron. Los apaches que ocupaban el puesto se retiraron de las llanuras del norte de forma definitiva.

4.3. La Guerra del Asiento (1739-1748)

Los conflictos entre Gran Bretaña y España continuaron siendo constantes después de la Guerra de la Cuádruple Alianza, y la situación en Europa tampoco ayudó a mantener la paz. El Reino Unido, en busca del equilibrio continental y enfrentado a las otras dos potencias navales —Francia y España—, acabó siempre interviniendo en los conflictos del continente. Fue aliado de los austríacos en la Guerra de Sucesión de Austria y de los prusianos en la Guerra de los Siete Años, con las que terminó construyendo su primer imperio mundial. Estas contiendas tuvieron grandes y graves consecuencias para la América española, donde las pobladas y ricas colonias británicas eran un enemigo formidable.

El pretexto fue el supuesto apresamiento en 1731 por un buque español de un navío contrabandista británico, capitaneado por el pirata inglés Robert Jenkins, y provocó una de las guerras con nombre más curioso de la historia: la Guerra de la Oreja de Jenkins[39], pues según el testimonio del capitán Jenkins, que compareció en la Cámara de los Comunes en 1738 como parte de una campaña belicista de la oposición parlamentaria al primer ministro Walpole, el capitán español Julio León Fandiño, que apresó la nave, cortó una oreja a Jenkins al tiempo que le decía: «Ve y dile a tu rey que lo mismo le haré si a lo mismo se atreve».

En su comparecencia Jenkins denunció el caso con la oreja en la mano —que había conservado guardada en sal— y Walpole se sintió obligado a declarar la guerra a España el 23 de octubre de 1739[40]. Esta guerra se transformó a partir de 1742 en un episodio americano de la Guerra de Sucesión de Austria, que había comenzado en 1740 y a la que España se incorporó en alianza con Francia para combatir a piamonteses y austríacos, y que en América finalizaría con la derrota inglesa y el retorno a la situación que había antes de 1739[41].

---

[39] En España se conoció como Guerra del Asiento.

[40] En España no se quería una guerra con los británicos, pues se sabía el riesgo que suponía para las colonias americanas y el comercio marítimo, y había un dicho que rezaba: «con todo el mundo guerra, pero paz con Inglaterra».

[41] El conflicto en Europa se conoció en la América española como Guerra de Italia, en tanto que, para la América británica, enfrentada además a los franceses, fue la Guerra del rey Jorge.

La acción más notable de la contienda iba a ser la inmortal defensa de Cartagena de Indias por Blas de Lezo en 1741, donde fue derrotada una flota británica de 186 naves y casi 27 000 hombres a manos de una guarnición española compuesta por unos 3 500 hombres y 6 navíos de línea, una de las victorias legendarias de España. La guerra afectó a todo el Caribe, con importantes combates en Panamá y Cuba, además de en tierra firme. Uno de esos lugares fue Florida, en la que España se enfrentó a los agresivos colonos británicos, incómodos vecinos que cada vez se acercaban más a su principal bastión, la inconquistable fortaleza de San Marcos, en San Agustín.

El Ejército de la Florida y el Fuerte Mose

Hablar de «Ejército» en el caso de Florida resulta un tanto exagerado. Al comenzar la cuarta década del siglo XVIII la presencia española en el territorio seguía siendo superficial y menor en intensidad a la de un siglo antes. Los continuos ataques indios y las depredaciones inglesas habían hecho imposible la colonización del interior, y la cadena de misiones construidas con el esfuerzo de generaciones de esforzados religiosos estaba destruida.

España había conseguido mantener un asentamiento en la costa de Caribe, fronterizo a los franceses —Pensacola— y otro en la costa atlántica, no muy lejos de las avanzadillas británicas —San Agustín—. Entre ellos se encontraba el fuerte de San Marcos de Apalache, siempre amenazado. La vía natural de comunicación por tierra entre ambas ciudades apenas era viable, pues los británicos y los indios habían destruido la misión de Apalache en las décadas anteriores, y la comunicación por mar, rodeando la península de Florida, era difícil en una zona donde son frecuentes los huracanes.

Solo existían unos pocos puestos fortificados en la costa y media docena de misiones que sobrevivían con grandes dificultades, protegidas por unas pocas decenas de soldados e indios amigos. La costumbre de educar y enseñar a los indios no mejoró la situación, y algunos historiadores se sorprenden de que, pese a la infatigable labor humanitaria que hacían los misioneros, la mayor parte de las tribus indias apoyasen a los británicos. La respuesta es muy simple. Más prácticos, los ingleses no tenían ninguna intención de convertir a los indios. Les bastaba con armarles y ofrecerles un buen lugar donde obtener botín, mujeres y esclavos, y ese lugar no era otro que las poco defendidas misiones. No es de extrañar por tanto que *creeks*, *chicasaws* y *cherokees* apoyasen en general a los británicos. Los colonos de Carolina habían aprendido mucho, a costa de terrible sufrimiento, durante los años de la Guerra Yamasi, por lo que cuando se recuperaron sabían que la mejor manera de poner a los indios de su lado era buscarles un enemigo al que saquear; y no había otro mejor que España.

El problema estratégico principal para España era el constante crecimiento de las colonias inglesas tras la fundación de Charles Town en 1670 en la costa de Carolina del Sur, momento a partir del cual la amenaza a los pequeños pueblos y misiones españolas de Florida comenzó a crecer. En los años siguientes, los plantadores anglosajones se fueron extendiendo hacia el sur. Su próspera comunidad atrajo a emigrantes y gentes de varios lugares de Europa perseguidas por su religión, y a finales del XVII, además de ingleses y galeses, llegaron hugonotes franceses y algunos austriacos. Finalmente, el establecimiento de los escoceses en Georgia se convirtió ya en una amenaza directa.

Una de las medidas españolas para defenderse de los británicos consistió en ofrecer libertad y refugio a cuanto esclavo escapase del territorio de su amo, a condición, simplemente, de que se convirtiera al catolicismo y trabajase un tiempo en el mantenimiento de las obras públicas. El objetivo de la medida era dañar la economía de la parte británica y crearle un problema permanente. En unos años, centenares de negros escaparon de las plantaciones para frustración de sus dueños, aunque por lo demás poco más se hizo.

En 1738, Manuel de Montiano, el duro y eficaz gobernador de San Agustín, decidió formar una pequeña comunidad con la población de negros libres que había en la ciudad. El objetivo era doble, por un lado, premiar a quienes habían demostrado ser fieles al rey de España y capaces de vivir en una comunidad civilizada; y por otro, establecer un puesto avanzado frente a los británicos, que ejercían una presión cada vez más fuerte. Si Montiano no estaba equivocado, los negros libres acabarían siendo un factor importante en la defensa de la costa norte de Florida. No se dudaba de su disposición favorable a los españoles, ya que eran muchos los huidos de las colonias británicas que sabían bien cómo les trataban los colonos de las Carolinas.

El lugar elegido para la nueva población fue un área de marismas saladas a unas dos millas al norte de San Agustín, lugar conocido por los indios como Mosé, nombre que se mantuvo al fundarse la nueva comunidad a la que se denominó Gracia Real de Santa Teresa de Mosé más conocida como Fuerte Mosé. Los antiguos esclavos trabajaron duro y levantaron casas, una iglesia y una empalizada con varias torres que defendían la posición de posibles ataques de los británicos o de indios hostiles.

También se organizó una milicia uniformada que fue puesta al mando de Francisco Menéndez, un negro libre con experiencia militar. En total, Fuerte Mosé contaba al nacer con poco más de un centenar de vecinos, que, agrupados en unas veinte casas, dieron nacimiento al primer asentamiento de negros libres de Norteamérica: *mandingos, congos, carabalís, minas, gambias, lecumís, sambas, araras* y *guineanos*, formaban la variopinta comunidad afroamericana que creó su propia cultura sincrética con tradiciones de África occidental, España y Gran Bretaña.

La milicia, entrenada constantemente, pudo poner bien pronto en práctica lo aprendido. Ya había experiencia, pues desde 1683 San Agustín contaba con una milicia de negros y mulatos, y desde la llegada del primer esclavo de Carolina a Florida en 1687, eran decenas los que habían ido estableciéndose en la colonia española. Al principio fueron empleados como obreros en la mejora del castillo de San Marcos y también hay constancia de algunos trabajando en herrerías. Cuando en 1738 se fundó Fuerte Mosé, las esperanzas de que fuera una comunidad viable eran muy altas, y realmente se cumplieron.

A pesar de estos pequeños refuerzos, la falta de población, que iba a ser la pesadilla de las colonias españolas en la frontera norte de Nueva España, se notó más que en ningún otro sitio en Florida, pues allí, a diferencia de lo que ocurría en los despoblados de Texas o Nuevo México, había un enemigo europeo en el horizonte, un enemigo organizado y agresivo que se expandía con enorme velocidad y además contaba con la mejor flota del mundo: Gran Bretaña.

En cuanto a la acosada San Agustín, sufrió constantes ataques ingleses después del sitio de 1704, y es casi un milagro que la Florida española lograse resistir e incluso mantener, gracias al apoyo de la renacida flota española, una renovada capacidad de contraofensiva contra las colonias inglesas. Sin embargo, un nuevo problema estaba apareciendo al norte de San Agustín. Los británicos se seguían acercando, pero ya no eran solo los carolinos el enemigo, sino que había otro nuevo: los habitantes del actual estado norteamericano conocido con el nombre del monarca que reinaba en el Reino Unido: Georgia.

Enemigo a las puertas: los *Highlanders* de Darién y el nacimiento de Georgia

Las continuas luchas entre los clanes desde finales del siglo XVII habían ensangrentado a una Escocia que, profundamente dividida por las luchas religiosas entre católicos y protestantes y entre partidarios de los Hannover o los Estuardo, se encontraba sumida en una perpetua crisis sin aparente solución. La pobreza y los conflictos movieron a muchos escoceses a marchar a las colonias, donde había tierras libres y todo un mundo de nuevas esperanzas.

La fama de los habitantes de las «Tierras Altas» —*highlanders*— como excelentes luchadores animó al general James Oglethorpe a contratarlos para la colonia que acababa de establecer al sur de las Carolinas, a la que había llamado Georgia, y que se formó al fundar Savannah en febrero de 1733 en territorio disputado por el Reino Unido y España. La dura realidad le hizo ver que necesitaría pronto crear puestos militares en torno a Savannah para protegerla de incursiones españolas o francesas. En octubre de 1735, un nutrido grupo de escoceses fueron reclutados en Inverness por Hugh Mackay y George Dunbar y a primeros de enero de 1736 llegaron a Savannah en el buque *Prince of Wales*.

Tras dejar a sus mujeres e hijos, se dirigieron hacia el sur, cumpliendo órdenes de Oglethorpe de establecerse en la boca del río Altamaha. Viajando hacia el interior en bote, desembarcaron en Barnwell's Bluff, en el emplazamiento antiguo de Fort King George. Organizados como *scouts*, Oglethorpe aprovechó la experiencia de los montañeses en lo que ellos denominaban *ranged* —batida— y los empleó como exploradores. Bajo el mando de Hugh Mackay y del capitán MacPherson, los *highlanders* demostraron su valía y extendieron el control de la Corona británica por el nuevo territorio.

En los tres años siguientes la colonia británica se consolidó. Aunque originariamente llamada New Inverness, tomó el nombre de Darién en recuerdo de la fracasada colonia escocesa de Panamá de 1697 y, bajo el liderazgo de Hug Mackay y John Macintosh Mohr, el grupo escocés se asentó firmemente en el lugar. El ganado comenzó a pastar en los campos y se abrieron caminos y roturaron tierras; la tenacidad y esfuerzo de los colonos se vieron recompensados.

En 1739 Georgia era ya una realidad y Oglethorpe podía ufanarse de su éxito. Las relaciones con los indios de la zona no eran malas y la nueva colonia prosperó. En ese mismo año, 1739, Oglethorpe organizó varias compañías de *highlanders* a las que agrupó en el denominado *Higlander Regiment Foot*, también llamado la Guardia Negra —*Black Watch*—. Los mejores combatientes fueron seleccionados y separados para fortificar y artillar Fort King George, y construir empalizadas y muros de tierra. Esta unidad era una parte esencial de los planes que Oglethorpe tenía en mente. Si los escoceses eran tan buenos luchadores como se decía, bien pronto tendrían ocasión de demostrarlo.

Florida contra Georgia

Los británicos habían lanzado incursiones contra la Florida española desde hacía décadas y los colonos de la nueva Georgia lo sabían. Asentados firmemente en Carolina, los británicos se habían aprovechado de las facilidades que ofrecía el territorio español. Las misiones españolas estaban aisladas y los indios vinculados a ellas estaban desarmados, por lo que eran una presa fácil. La guerra con España, declarada en octubre de 1739, le dio a los «halcones» de Londres el pretexto que buscaban.

Inicialmente parecía que Oglethorpe se saldría con la suya. Destruidas la mayor parte de las misiones de la región de Apalache y todos los puestos militares españoles avanzados durante la Guerra de la Reina Ana —la Guerra de Sucesión Española—, los hombres de Georgia y Carolina no parecían tener ningún problema para tomar San Agustín y acabar con la última amenaza que quedaba contra su colonia. Los españoles solo tenían unos centenares de hombres, y aunque el castillo de San Marcos era una fortaleza de consideración, lo cierto era que con el refuerzo de los soldados regulares británicos la ciudad debía caer. Sin embargo, y para sorpresa británica, el primer golpe lo lanzaron los españoles.

Tradicionalmente, las misiones disponían de pequeñas guarniciones armadas que durante las incursiones enemigas en la Guerra de Sucesión Española se habían mostrado incapaces de detener los ataques de los *creeks* y los ingleses, pero esta vez las cosas eran distintas. El gobernador de Florida, Manuel de Montiano, sabía que la única posibilidad sería responder a los agresores con sus mismas tácticas. La inferioridad numérica de los españoles era dramática, pero, poco a poco, los milicianos de San Agustín aprendieron a moverse por los pantanos y bosques como los indios, y formaron una pequeña fuerza semejante a los «corredores de los bosques» canadienses. Indios *yamasi*, armados y dirigidos por los españoles, lanzaron un ataque por sorpresa contra el fuerte británico de Isla Amelia y provocaron varias bajas. A los pocos días, dos compañías de Oglethorpe cruzaron el río San Juan como respuesta, internándose profundamente en territorio español. Los combates en los bosques y las marismas costeras se intensificaron y, finalmente, en enero de 1740, los británicos lograron tomar Fuerte Pupo, una posición avanzada española situada unos solo dos kilómetros al noroeste de San Agustín, cuando empezaron a hacer valer su enorme superioridad numérica.

En mayo, Oglethorpe consideró que estaba preparado para una ofensiva general. Había logrado convencer a la tormentosa Asamblea de Carolina para que apoyara su idea de atacar San Agustín y logró que los carolinos formasen un regimiento para operar en campaña al menos cuatro meses. También disponía de quinientos indios amigos —*creeks, chickasaws* y *cherokees*— y del Regimiento 42 de regulares británicos, así como de los escoceses de Darién y las milicias de Georgia. En total unos 1000 hombres, más el apoyo de la *Royal Navy* y de milicias privadas.

Las fuerzas británicas desembarcaron junto a la ciudad y comenzaron a establecer las posiciones artilleras y a cavar trincheras. Entre tanto, una fuerza móvil de *highlanders*, indios y regulares del Regimiento 42 dio un rodeo por el norte para atacar Fuerte Mose, la colonia de negros libres odiada por los británicos. Los *highlanders* lo tomaron con facilidad, pues la milicia negra que defendía la posición se había refugiado con sus mujeres y niños en la vecina San Agustín, para contribuir mejor a la defensa de la plaza.

Pero el sitio de la fortaleza de San Marcos, al igual que iba a ocurrir en Cartagena de Indias, no fue bien para los británicos. A pesar de la ayuda de la *Royal Navy* y del diluvio de proyectiles lanzados contra el castillo de San Marcos, la fortaleza no se rendía. El terreno húmedo, la lluvia y el viento y las malas condiciones higiénicas dificultaban las operaciones. Atrincherados en sus posiciones, excelentemente dirigidos por su gobernador, Manuel de Montiano, que disponía solo de 600 hombres y contando con tropas españolas llegadas de Cuba como refuerzo, la minúscula guarnición de San Agustín y las milicias criollas y negras resistieron semana tras semana, lanzando además sorpresivos ataques contra las posiciones avanzadas británicas.

El coronel John Palmer, de Carolina, que ya había liderado una incursión contra San Agustín en 1728, estaba al mando de los puestos avanzados, pero el caos entre los sitiadores era total. El amanecer del 15 de junio, en un brillante ataque nocturno, 300 soldados de infantería españoles, la milicia de San Agustín e indios amigos, sorprendieron a los *highlanders* y a los regulares ingleses y tras una feroz lucha cuerpo a cuerpo los derrotaron completamente. Enfermos de disentería y mal equipados, los británicos habían sufrido centenares de bajas en lo que era una evidente y dura derrota, pero para los escoceses fue peor: prácticamente todos murieron o fueron capturados, incluyendo al capitán Macintosh que fue enviado a España encadenado.

Las tropas españolas recuperaron las ruinas de Fuerte Mose y liberaron las poblaciones vecinas, todas destruidas. El desastre para la colonia escocesa fue absoluto, y en febrero de 1741 solo quedaban 80 vecinos, 30 de ellos huérfanos, y varias desoladas mujeres. Ante la amenaza de la llegada de refuerzos españoles y de un huracán, los británicos levantaron el sitio. Habían sufrido una derrota estrepitosa y el propio Oglethorpe llegó a Georgia enfermo y con fiebre. Entre tanto, en San Agustín y sus aledaños, aunque las pérdidas materiales eran cuantiosas, las bajas eran pocas y había que aprovechar la oportunidad. La Florida española había ganado el primer asalto.

El contraataque español

El gobernador Montiano era consciente de que la amenaza británica no podía olvidarse. A pesar de la victoria, los británicos contaban con más recursos y tarde o temprano volverían. Aunque las noticias de los lugares en los que se combatía parecían indicar que la guerra marchaba bien, era evidente que el Ejército español estaba a punto de comprometerse en una campaña de envergadura en Europa y no enviaría refuerzos a su remoto frente norteamericano[42]. Sabía también de su enorme inferioridad numérica y, aunque no contaba con tropas suficientes, o devolvía de inmediato el golpe o se encontraría con que la victoria obtenida no serviría para nada.

La operación que se diseñó estaba bien planeada. La Armada española embarcaría en San Agustín al propio Gobernador, que tomaría el mando de una fuerza recién llegada de Cuba que, junto con la milicia y la infantería de marina, debía dirigirse al norte. El objetivo era la isla de San Simón, y en concreto Fort Frederica, fortaleza construida por el general James Oglethorpe en 1736 para proteger Savannah. Tras tomar la isla, la fuerza combinada apoyada por la flota debería desembarcar en el continente, y siguiendo el curso del Atalamaha destruir uno por uno todos los asentamientos británicos. Montiano sabía que los *creeks* habían sido armados por los ingleses, por lo que podría aprovechar para derrotarles también y detener así sus incursiones en la colonia española.

En Georgia la alarma era total. Derrotado y humillado, Oglethorpe sabía que los españoles intentarían acabar el trabajo y destruir su naciente colonia. La defensa de la Isla de San Simón, en la que se concentró el Regimiento 42 de infantería, se organizó en torno a Fort Frederica. Las otras dos fortalezas de la isla, Delegal's Fort y Fort St. Simons, recibieron cuatro compañías como guarnición. Los fuertes estaban conectados entre sí y con Fort Frederica por medio de una carretera —la *military road*— protegida por empalizadas. Además, había trincheras y una docena de cañones. Se edificaron casas para las mujeres e hijos de los soldados, pero la deserción y la enfermedad habían minado las fuerzas del Regimiento 42, aunque, por suerte para los defensores, el teniente William Horton, que había sido en-

---

[42] En 1742 España entró en guerra con el Imperio Austríaco y Piamonte-Cerdeña, aliada de Francia, enviando un ejército expedicionario a Italia que lograría importantes victorias tras una dura y difícil campaña.

viado a Inglaterra para conseguir reclutas, regresó con el grado de capitán y una compañía adicional de granaderos.

Otro oficial, Mark Carr, fue enviado por Oglethorpe al norte para formar una compañía de remeros y llegó hasta Virginia y Maryland para lograr voluntarios. Igualmente se creó la *Noble Jones' Company of Marine Boatmen*, para prevenir las incursiones anfibias de los corsarios españoles de Florida. Finalmente, en enero de 1742 un fuerte contingente escocés llegó a Darién y salvó a la población.

Oglethorpe dividió a las unidades de *highlanders* listas para combatir. Contaba con los 650 hombres del 42 regimiento regular de infantería británica —el *42nd Foot*—, sus propios *Oglethorpe's Georgia Mounted Rangers* —más tarde *Georgia Hussars*— y varias unidades de combate no convencionales pero formadas por hombres duros y acostumbrados a combatir y cazar en los pantanos y los bosques, como los *Georgia Coastal Rangers* y los *Highland Mounted Rangers*. Recurrió también a los guerreros *creeks*, *chickasaws* y *cherokee*s, tribus aliadas y valerosas.

Las fuerzas de Montiano estaban esta vez bien reforzadas por hombres de eficacia probada. Además de sus victoriosas y escasas milicias de Florida, contaba con el refuerzo de tropas llegadas de La Habana, que incluía excelente infantería de marina. Llevaba también 52 barcos de guerra y de transporte, buena artillería, material de asedio y provisiones, armas y municiones de sobra. En total tenía 2 000 hombres, formados por un regimiento de dragones, dos batallones de infantería, incluyendo una selecta compañía de granaderos de infantería de Marina, artillería de Cuba, y tropas de Florida compuestas por seis compañías provisionales de San Agustín, dos batallones de la milicia, y seis compañías independientes, dos de las cuales estaban formadas por negros de Carolina liberados, indios *yamasi* y aguerridos y experimentados exploradores de la frontera.

La batalla del Pantano Sangriento —*Bloody Marsh*—

El 22 de junio de 1742 las naves de vanguardia españolas llegaron a la isla de San Simón y el 4 de julio el grueso de la flota ancló justo en la boca del estrecho. Oglethorpe reunió a sus tropas y armó a sirvientes, indios y a todo el que pudiese ayudar de alguna manera. Al día siguiente, Montiano ordenó el ataque contra Fort St. Simon y abrió fuego contra los botes artillados británicos que trataban de impedir el desembarco.

Tras unas horas de lucha las tropas españolas se hicieron con el control de la posición. Los británicos incendiaron casas, cabañas, barcas, todo lo que pudiera ser útil a los invasores y abandonaron el sur de la isla. Una masa de civiles confusa y asustada se dirigió por la *military road* hacia Fort Frederica. Poco después Montiano envío dos compañías en misión de exploración para rastrear el terreno en busca de avanzadas británicas y para tantear las defensas de Fort Frederica.

A unas dos millas de este fuerte la columna española de vanguardia se encontró con los *Georgia Rangers* y tras una breve pero dura escaramuza los georgianos se retiraron para informar a su comandante, dejando un muerto en el campo. Alarmado, Oglethorpe reunió en una asamblea a sus *higlanders, rangers* y aliados indios. La decisión tomada fue intentar combatir fuera de los muros, en campo abierto, donde creía que la táctica de lucha en los pantanos y bosques que practicaban los *creeks* y los *chicksaw*, bien aprendida por sus *rangers*, sería mejor que afrontar un asedio clásico frente a los experimentados soldados españoles, acostumbrados al sistema de combate europeo.

Una fuerza mixta británico-india debería por lo tanto atacar a las dos columnas enemigas avanzadas para impedir que alcanzaran el fuerte. El ataque se produjo al día siguiente, cuando los indios y los *rangers* se lanzaron por sorpresa desde el bosque contra las tropas de Montiano. Los españoles sufrieron 36 muertos y heridos en el primer choque, en lo que se conoce como batalla de Gully Hole Creek, pero sus tropas pudieron retirarse en relativo orden hasta el cruce del camino con la orilla del pantano. Allí, atrincherados entre los árboles, en un terreno que les favorecía, los hombres de Montiano se reagruparon. Las pérdidas no habían sido graves, pero los caídos eran principalmente oficiales, a los que se distinguía con facilidad por sus vistosos y galoneados uniformes. Oglethorpe, por otra parte, se dio cuenta de que podía caer en una trampa y ordenó a sus tropas tomar posiciones entre los arbustos y los árboles a ambos lados de la carretera hacia Fort Frederica, con órdenes de detener cualquier intento español de avanzar hacia el fuerte por el camino principal.

Temeroso de que Montiano pudiese atacar desde el río con apoyo de la flota, se dirigió hacia el fuerte. Irónicamente, la persona que más se había preparado para este combate decisivo no estuvo presente cuando se produjo, ya que finalmente Montiano no atacó por el río. En la escaramuza de Gully Hole Creek se había convencido de que, a pesar de sus pérdidas, contaba con superioridad numérica y creía que sus hombres podían superar a los regulares británicos, a los escoceses y a los indios en un asalto campal al estilo europeo. Al día siguiente, las dos mejores compañías de Montiano, apoyadas por los granaderos, con sus impresionantes uniformes y gorros de pelo, formaron en línea y avanzaron dispuestas a atravesar directamente, al mejor estilo de batalla europea en campo abierto, el pantano que la historia conocería como *Bloody Marsh* —el Pantano Sangriento—.

Atrincherados entre los árboles, los *creeks* y *chickasaws*, se situaron entre los *rangers* y *highlanders* y unos pocos pelotones de regulares del 42 de infantería británica. Cuando la columna española se encontraba a tiro abrieron fuego sobre ella, creando una enorme confusión, ya que, a los gritos, el ruido de los disparos y el humo se unía que los granaderos españoles no podían ver a sus enemigos ocultos en el bosque y disparaban a ciegas entre los árboles intentando mantener la formación. El capitán Antonio Barba logró que los granaderos formasen en línea en el borde del pantano y avanzaran con firmeza hacia los árboles, forzando a retirarse a los regulares británicos del capitán Demere, que dejaron solos a los escoceses. Pero los *highlanders* de Mackay y el pelotón del teniente Sutherland no cedían y seguían disparando contra los granaderos. El combate duró dos horas, tras las cuales, y después de disparar contra fantasmas entre los troncos de los árboles, las tropas de Montiano se quedaron sin municiones. Con las bayonetas caladas rechazaron los intentos de asaltar sus líneas y retrocedieron en buen orden. Las pérdidas españolas eran pocas y no parecía que las tropas británicas y las milicias de Georgia, y mucho menos los indios, se atreviesen a cargar contra los granaderos, pero dos derrotas seguidas contra las milicias de Georgia era demasiado y los de Montiano, prudentemente, se retiraron.

Los choques al estilo de la guerra india en torno a Fort Frederica y la isla de Cumberland continuaron. El día 12 de julio Oglethorpe atacó con 500 hombres Fort St. Simon, pero un francés que estaba con los británicos y desertó, advirtió a los españoles, lo que hizo fracasar el ataque. Oglethorpe envió a Montiano una carta en la que le advertía de la llegada de refuerzos. El español no lo creyó posible, pero al descubrir cinco buques en el horizonte pensó que podía ser la vanguardia de los refuerzos y ordenó la retirada. Tras incendiar la mayor plantación de Isla Jekill y bombardear Fort Prince William en la Isla de Cumberland, la flota española regresó a Florida y Cuba. La campaña había terminado.

El Pantano Sangriento es un hito en la historia del Estado de Georgia y la victoria se ha venido celebrando hasta hoy. Los descendientes de las familias escocesas de Darién siguen conmemorando el triunfo y asociaciones de recreación histórica reconstruyen la lucha en la isla de San Simón. En realidad, fue poco más que un par de escaramuzas, pero es el ejemplo perfecto de cómo una batalla insignificante puede tener un valor inmenso según las circunstancias y el momento.

Aunque los combates en la frontera continuaron durante toda la guerra, España ya no pudo nunca más realizar un ataque contra ninguna de las Trece Colonias norteamericanas. Desde ese punto de vista, Pantano Sangriento fue una batalla decisiva. En cuanto al mito, fue creciendo por los testimonios de antiguos combatientes que al narrar su historia a hijos y nietos exageraron el combate, hablando de las «aguas teñidas de sangre del pantano» y fantasías similares.

La desgraciada intervención de España en la fase final de la Guerra de los Siete Años supuso el fin de la Florida española, que en 1763 pasó a poder de los británicos. Aunque España la recuperó en 1783, ya no consiguió hacer una colonización efectiva de la costa y muchos menos del interior, aunque es justo reconocer la constancia y valor de hombres como Montiano que, pese a tener que combatir en condiciones adversas y en inferioridad numérica abrumadora, nunca fueron derrotados por ninguna fuerza enemiga en batalla abierta, y mantuvieron inconquistable el castillo de San Marcos.

4.4. En la Guerra de los Siete Años (1761-1763)

EL 15 DE AGOSTO DE 1761 se firmaba el Tercer Pacto de Familia entre las monarquías de Francia y España, representadas por los reyes Luis XV y Carlos III. Se trataba de un pacto defensivo en el que se estipulaba que el ataque a cualquiera de los dos países supondría la entrada en guerra del otro. Teniendo en cuenta que los franceses llevaban ya siete años de conflicto, primero en Canadá y luego en Europa, la declaración era un eufemismo, pues estaba claro que para España se trataba de la entrada en guerra del lado del bando francés.

En realidad, la denominada Guerra de los Siete Años es un nombre convencional para denominar una serie de conflictos locales que se vieron entrelazados por la entrada en la contienda de las potencias atlánticas, lo que convirtió a la guerra europea en mundial, ya que afectó a las colonias de Asia y América. En origen fue un conflicto sobre la soberanía de Silesia que enfrentó a Austria y Prusia, en el que los diferentes estados europeos fueron alineándose en uno u otro bando. Con Prusia se agruparon Hannover y Gran Bretaña, y a Austria se unieron Francia, Rusia y Suecia.

En América del Norte, Francia, que había cedido en 1748 la fortaleza de Luisburgo, en la isla canadiense de Cabo Bretón, a cambio de Madrás, en la India, no había sido capaz de detener la progresión de las poderosas colonias norteamericanas de Gran Bretaña, más pobladas y mucho más poderosas económicamente. Desde la década de 1680 la presión de los colonos angloamericanos había ido poniendo en situaciones cada vez más comprometidas a los franceses, cuya colonia de Canadá, con la pérdida primero de Acadia y luego de Luisburgo, estaba cada día más aislada. A pesar de la insuperable capacidad de combate de sus «corredores de los bosques», a la larga los franceses no podían vencer. Esta guerra se denomina aún hoy en los Estados Unidos *Guerra contra Franceses e Indios*, y en Europa fue una parte más de la Guerra de los Siete Años, como la Guerra del Asiento, fue un episodio más de la Guerra de Sucesión de Austria.

El conflicto que al final iba a suponer que España acabase controlando dos tercios de los actuales Estados Unidos, comenzó en 1754 a causa de los continuos choques en las inmensas e indeterminadas fronteras cubiertas de bosques, por el comercio de pieles en las tierras situadas en torno a los Grandes Lagos y al oeste de los Apalaches. A la discusión sobre los derechos de pesca en Terranova, se unía el deseo francés de enlazar Canadá con Nueva Orleans mediante la construcción de una cadena de fuertes que terminaran aislando a las colonias británicas.

Tras el envío de una poderosa fuerza de más de 5 000 hombres por mar, al mando del competente marqués de Montcalm, los franceses lograron una serie de victorias ininterrumpidas hasta que, en 1757, el primer ministro británico William Pitt puso al general James Wolfe al mando de las tropas en América. Bajo su mando, tras la batalla de los Llanos de Abraham, 1759, los británicos conquistaron Quebec y al año siguiente capituló Montreal que, aunque recuperada poco después por los franceses, fue tomada otra vez definitivamente por los británicos, quienes a finales de 1760 habían conquistado todo el Canadá francés.

Con respecto a España, Gran Bretaña había aumentado los agravios. Su marina confiscaba con frecuencia barcos de bandera española, y a esto se unían los conflictos, en las costas de Honduras, sobre el derecho al corte del palo de Campeche, y un intenso contrabando con las colonias españolas que dañaba la poco eficiente economía colonial. Esta agresividad fue inclinando al gobierno español hacia el bando francés, con el que ya simpatizaba. Iniciadas las conversaciones entre ambas naciones para buscar una alianza permanente, el objetivo inicial era solo la búsqueda de la «seguridad en América». España quería que la paz reinase en Europa para no poner en marcha el tratado de alianza con Francia. Era evidente que la guerra estaba casi acabada, con los contendientes agotados y sin capacidad de reacción, y que, tras sus derrotas en la India y América, Francia había perdido la contienda. Sin embargo, una mezcla de torpeza, incapacidad diplomática y falsa apreciación de la propia capacidad militar, iba a llevar a España al desastre.

Los victoriosos británicos, que habían derrotado a los franceses en la India, Canadá y Alemania, estaban a la expectativa para ver cómo actuaba el gobierno de Carlos III. El ministro francés Choiseul presionó a Madrid todo lo que pudo para que entrara en guerra y jugó muy bien sus bazas, ya que al final logró uncir al rey de España a los intereses de Versalles. Carlos III, tras su llegada a Barcelona procedente de Nápoles el 17 de octubre de 1759, inició su reinado con una serie de reformas encaminadas a engrandecer la monarquía y procurar el bienestar del pueblo de su nueva nación. Para el nuevo monarca era esencial reorganizar el Ejército. Lo consideraba un elemento principal de la política exterior y sabía de la frágil situación creada en el largo período de paz de su antecesor Fernando VI. Es cierto que no parecía dispuesto a involucrarse en la terrible guerra que sacudía Europa, pero el rey sabía que el

Reino Unido sacaría provecho de cualquier debilidad que pudiera observar de España, ya que los británicos presionaban constantemente al comercio y a los buques mercantes españoles, a los que hostigaban en todos los mares del mundo.

Había, además, una razón importante por la que a los británicos no pareciera importarles ir a una guerra con los españoles. Durante el reinado de Fernando VI la Armada y la flota comercial española habían tenido un desarrollo extraordinario. España, con ayuda de la larga paz disfrutada, había fortalecido su comercio y era una nación más sólida y poderosa que diez años atrás, lo que podía convertirla en el futuro en una rival peligrosa.

A pesar de sus intenciones, Carlos III no pudo mantener su política de neutralidad por mucho tiempo. A instancias de Francia y Austria, el monarca español —cuya mujer, la reina, era sajona, nación en guerra con Prusia y aliada de Francia y Austria— trató de mediar ante Inglaterra y desempeñar un papel arbitral entre los contendientes, pero tuvo que renunciar ante la forma brutal en que los británicos respondieron a sus intentos de interposición. Y no era la primera vez. Siendo monarca de Nápoles, el rey ya había tenido una dura experiencia con los ingleses, cuya flota le había impuesto una neutralidad forzada por la fuerza de los cañones. Carlos III no estaba dispuesto a sufrir otra humillación más ni a permitir que su nación sufriese la vergüenza de someterse a los dictados de los arrogantes británicos. Además, la crisis por la que pasaban los franceses, que habían perdido Canadá y veían amenazadas sus posesiones en la India y el Caribe, hicieron pensar al monarca español y a sus ministros que tarde o temprano el enfrentamiento era inevitable.

Discretamente el Ejército español comenzó a prepararse. En los puertos comenzó una actividad frenética encaminada a dejar los buques listos para una larga estancia en el mar y para el previsible conflicto que se avecinaba, al tiempo que se comunicaba a los jefes de las fuerzas en América que reforzasen los puertos y plazas fortificadas. Los resultados del último enfrentamiento con los británicos habían sido brillantes en los teatros de operaciones de América del Norte y el Caribe, y en principio no cabía pensar que las cosas habían de ir peor esta vez.

Sin embargo, cualquier observador objetivo hubiera podido predecir que España, movidos sus gobernantes por el orgullo y una errónea valoración de sus posibilidades, estaba a punto de cometer una insensatez. La iniciativa de establecer la alianza con Francia partió de París a comienzos de 1761. El negociador español fue Jerónimo de Grimaldi, un genovés al servicio de España nombrado embajador ante la corte de Versalles; y el negociador francés fue el ministro duque de Choiseul. Como queda dicho, la idea original de Carlos III era mantener la neutralidad armada y, cuando la guerra acabase, obtener ventajas de la situación tras haber sostenido una posición de fuerza que obligase a los británicos a ceder ante las legítimas reclamaciones del gobierno español. Quedó claro, no obstante, que España podría entrar en guerra con el Reino Unido si los ingleses seguían sin atender sus peticiones.

Francia, ya en conversaciones de paz con Londres, solicitó a los ingleses que cedieran ante las justas quejas de España, pero estos se negaron. Victoriosos en los campos de batalla de Europa, América o Asia, no vieron motivos para aceptar lo que pedían los franceses, una situación que lentamente empujaría a España a la guerra. Ante el agravamiento de la situación, el ministro Choiseul exigió a España la promesa de una ayuda inmediata y se comprometió a apoyarla para separar a Portugal de la órbita inglesa, pretensiones a las que Grimaldi no tuvo más remedio que acceder. Finalmente, no se firmó un tratado, sino dos, enmarcados en el denominado Tercer Pacto de Familia.

El primero fue un «tratado de amistad y de unión», basado en el principio de que quien atacase a una Corona atacaba a la otra. Se extendía a los estados de los reyes Borbones de Francia, España, Nápoles y Parma, y declaraba enemigo común a la potencia que estuviese en guerra con Francia o con España. Se establecían las fuerzas de mar y tierra que cada uno de los dos signatarios había de proporcionar al otro cuando lo reclamase, y se daba consideración de súbditos de ambas Coronas a los españoles y franceses, de manera que no hubiese ley de extranjería entre ellos. Este pacto se firmó el 15 de agosto de 1761.

El segundo tratado, considerado de «alianza ofensiva y defensiva», era una convención secreta que estipulaba la unión de todas las fuerzas de ambas coronas y el acuerdo conjunto para las operaciones militares y para firmar la paz. También estipulaba que Francia entregaría Menorca a España —conquistada por los franceses a los británicos al comenzar la guerra—, y a cambio se cedían a París los derechos de soberanía sobre las islas Dominica, San Vicente, Santa Lucía y Tobago. También acordaba que debía obligarse al rey de Portugal a cerrar sus puertos al comercio inglés.

Ante la situación dada, los británicos no dudaron. Llevaban tiempo preparando una ofensiva contra los franceses en el Caribe que decidieron extender a las posesiones españolas en América del Norte y Filipinas, y el 2 de enero de 1762 declararon la guerra a España y se iniciaron las hostilidades. La guerra iba a mostrar la absoluta superioridad de los británicos en mar y tierra, y España iba a seguir la suerte adversa de Francia.

El desastre de La Habana y la pérdida de La Florida

Las condiciones en las que España entró en la guerra no eran buenas, aunque sobre el papel parecía otra cosa. Contaba con un numeroso y poderoso ejército y la tercera flota del mundo, y entraba en la contienda contra unos enemigos en apariencia agotados tras más de seis años de intensa lucha. Podría decirse que se trató de un error en el tiempo.

Una España en guerra al comienzo de la contienda en América (1754) hubiese pesado mucho, pues su ejército había obtenido grandes triunfos en sus tres campañas italianas anteriores —Guerra de la Cuádruple Alianza, Sucesión de Polonia y Sucesión de Austria— y contaba con una probada experiencia y una marina eficaz. Pero para la mentalidad pacifista de Fernando VI la guerra no aportaba nada y cuando España se vio en la necesidad de actuar militarmente no tenía apenas capacidad de reacción. Sus regimientos se encontraban muy por debajo de sus plantillas, y a esto había que añadir la falta de instrucción de sus oficiales y soldados y la escasa capacidad de las tropas que defendían América, con solo 5 regimientos veteranos para el continente entero[43].

Tal y como establecía la alianza con Francia, el 16 de marzo de 1762 los reyes Carlos III y Luis XV solicitaron al rey de Portugal que se uniese a ellos en su lucha contra Inglaterra. Como era previsible, el monarca luso se negó y se declaró neutral. Tras la retirada de embajadores, Francia y España le declararon la guerra, por lo que España sumó a su guerra naval con los británicos una guerra terrestre en la frontera portuguesa[44]. A diferencia de lo que sucedió en la guerra de 1779, esta vez la única frontera terrestre entre británicos y españoles era la de América del Norte, que separaba los asentamientos escoceses del río Altamaha en Georgia y los puntos avanzados españoles junto a isla Amelia en Florida, región en la que en la guerra anterior los combates habían sido muy intensos.

En esta ocasión, sin embargo, no hubo apenas incidentes. España, tras el fin de la Guerra de Sucesión de Austria, había restaurado el fuerte Mose y reconstruido la milicia de negros libres que lo defendía. Se repararon las fortificaciones de San Agustín y se mejoró el entramado de defensas que

---

[43] En la historiografía española hay una falta de autocrítica asombrosa. A lo mejor la culpa no fue solo de los «pérfidos ingleses», sino de destinar el dinero tan necesario para la Armada o el Ejército a cosas como las «fiestas de hielo» de la Granja y Rascafría o las de «Galeras» de Aranjuez, en las que se consumían verdaderas fortunas. Y esto no es demagogia.

[44] Conocida en Portugal como la «Guerra Fantástica», pues no se libró ninguna batalla campal, la campaña española —con apoyo francés— fue un desastre absoluto, ante la resistencia férrea de las tropas británico-portuguesas. Las bajas españolas fueron enormes y desproporcionadas.

rodeaba a principal fortaleza española en la costa atlántica de Norteamérica. Durante el período que transcurrió desde 1748 hasta la entrega final de La Florida a Inglaterra, la provincia había sufrido un lento pero esperanzador cambio demográfico que había permitido recuperar a San Agustín y su entorno de la crisis provocada por los ataques ingleses, y a Pensacola convertirse en un importante puerto en el Golfo de México.

A partir de 1738-39 y, sobre todo, desde 1757, la política colonizadora de la Corona cambió. Se intentó consolidar una población estable con el envío de grandes contingentes militares y de colonos. Cuando la Compañía de La Habana se hace cargo del monopolio comercial, entre sus cláusulas se especificaba la obligación de transportar cien familias canarias a Florida cada año. En líneas generales, las causas que motivaron la emigración a Florida fueron las económicas, las político-poblacionales, las religiosas, las militares y las sociales, que actuaron tanto de forma aislada como interrelacionadas unas con otras. Así, por ejemplo, en 1748 se enviaron 221 soldados para relevar a las ocho compañías que habían llegado para hacer frente a la amenaza británica, de los cuales se quedaron 179 por haberse casado y creado familia en el sitio.

El refuerzo de la población en Florida era esencial si se quería avanzar en la defensa de la provincia ante los ingleses, por lo que el período de entreguerras de 1749 a 1761 se hizo un notable esfuerzo en este sentido. Se pensó que debido al clima los canarios serían ideales como colonos, y se ordenó el envío de 50 familias canarias durante diez años con destino al puerto de San Agustín, con el ofrecimiento de tierras, ganado y semillas para la primera y segunda cosecha.

Este desplazamiento se realizó con ayuda de la recién creada —en 1740— Compañía de La Habana. La compañía se comprometía a entregar el suministro de alimentos necesarios para la travesía, además de 150 pesos, dos campanas, dos misales y ornamentos para el culto. En 1757 salieron 42 familias y dos meses después embarcaron 43 más; y un año más tarde, 36. No obstante, en 47 años de continuas salidas solo embarcaron rumbo a Florida 984 familias de las 2350 que pretendía la Corona, porque la gente isleña prefería dirigirse a Caracas o a La Habana. Sabían que Florida era tierra conflictiva y de guerra. A finales de 1763, los canarios habitaban un pequeño distrito al oeste de San Agustín y totalizaban 246 personas.

A pesar de este refuerzo humano, al que se sumaron unas pocas familias alemanas católicas, la colonización de Florida siguió siendo un fiasco. Como siempre, desde un punto de vista estratégico, para España eran importantes las plazas de san Agustín y Pensacola, pues cubrían la ruta junto a Cuba del

Canal de Bahamas y protegían las comunicaciones. Sin embargo, esta vez la embestida inglesa no iba a tener como objetivo Florida, sino que iba a ir directamente contra el centro del poder español en el Caribe: contra Cuba. El 12 de julio de 1762 la escuadra británica del almirante Pocock se presentó ante el puerto de La Habana. Transportaba un ejército al mando del general Albemarle, quien desembarcó sus tropas e inició el ataque a la ciudad. El capitán de navío Luis de Velasco opuso una feroz resistencia en el castillo de El Morro, pero el 12 de agosto se vio obligado a capitular y rendir la ciudad a los británicos, que la retuvieron en su poder hasta la firma del tratado de paz.

El ataque británico a La Habana fue una señal de alerta en México, donde el virrey Joaquín de Montserrat, marqués de Cruillas, tomó unas medidas defensivas que llevaron a organizar lo que muchos consideran el primer ejército mexicano. Ante la amenaza británica a Veracuz, ordenó que se pertrechasen las fortalezas y se reforzasen sus defensas. Al mismo tiempo ordenó un reclutamiento masivo orientado a formar nuevas tropas de milicias, que, si al principio no resultaron muy efectivas, fueron luego el embrión de un ejército colonial en el que militaban blancos, pardos y negros con auxiliares indios, de tamaño y calidad suficientes para proteger la Nueva España de cualquier agresión enemiga[45].

---

[45] Es justo recordar que tras 300 años de dominio español, ingleses, franceses y holandeses apenas pudieron «picar» los bordes del imperio español. Salvo algunas islas pequeñas, nunca lograron territorios extensos, ricos y duraderos. Solo tuvieron éxito donde no había españoles.

4.5. De lo malo, lo mejor

El 10 de febrero de 1763 el Tratado de París fue firmado por el duque Choiseul, el marqués de Grimaldi y el duque de Bedford, en nombre, respectivamente, de Francia, España y Gran Bretaña. Con él se ponía fin a la Primera Guerra del Tercer Pacto de Familia, nombre español de la Guerra de los Siete Años, en la que España había entrado tarde y mal y en la que los resultados parecían desastrosos, pues William Pitt, el primer ministro británico, quiso mantener la lucha hasta convencerse de que los franceses estaban acabados.

Lo más lamentable de la absurda participación española en la guerra es que se produjo en un momento en el que Francia e Inglaterra —mediados de 1762— estaban negociando claramente la paz. Las tropas españolas apenas habían iniciado las operaciones contra Almeida, en Portugal —que caería el 25 de agosto— y aunque se había rendido La Habana y pronto lo haría Manila, lo cierto es que los españoles querían vengar las derrotas sufridas y proseguir la lucha. Algo en lo que coincidían con los ingleses, que deseaban proseguir su racha de triunfos a costa de España. Pero lord Bute, primer ministro del rey Jorge, aspiraba a la paz y el rey Carlos III cedió ante las presiones de su primo Luis XV, que se encontraba en una posición insostenible. Así pues, el 3 de noviembre de 1762 se firmaron los preliminares de la paz, que daría paso a las conversaciones que terminaron en París con la firma del Tratado.

Para Francia, la paz constituyó una grave derrota —aunque los nobles y la alta burguesía no sintieron que la habían sufrido—, lo cual demuestra su inmensa ceguera. Para Voltaire, por ejemplo, Canadá no era más que «unas toesas de nieve». Lo cierto es Gran Bretaña era ahora, sin discusión, la nación que gobernaba las olas y acababa de alcanzar un imperio mundial.

Prusia, el otro gran enemigo de Francia, se había convertido un rival temible, y lo sería más en años venideros. En cuanto a España, recibió de París, como compensación por la ayuda prestada y por la pérdida de Florida y de Menorca, que su aliada francesa no había sido capaz de entregarle, el inmenso territorio de la Luisiana, que Francia ni podía ni quería defender. Para España, la paz supuso una grave derrota que demostró la incapacidad de su ejército y de su armada.

Las humillantes condiciones fueron:

- Ceder a los tribunales del almirantazgo británico los litigios por las presas marítimas y permitir a los británicos seguir cortando palo de Campeche, aunque debían demoler todas las fortificaciones de sus factorías.
- Renunciar a los derechos de pesca en Terranova.
- Devolver la colonia del Sacramento —hoy situada en Uruguay— y la fortaleza de Almeida a Portugal.
- Ceder a Inglaterra la Florida, con el fuerte de San Agustín, la bahía y los fuertes de Pensacola y los territorios al este y sudeste del río Misisipi, a cambio de la devolución de La Habana y Manila.

Aún triunfadores en toda regla, los ingleses no se conformaron. Fieles a su tradición querían más y siguieron presionando a España en la famosa crisis de las Malvinas (1764-70). El punto final se puso en la Segunda Guerra del Tercer Pacto de Familia (1779-83), enmarcada en la Guerra de Independencia de los Estados Unidos (1775-83).

En Florida las terribles noticias se recibieron con resignación. Eran casi 200 años de esfuerzos, luchas y sufrimiento que parecían perderse para siempre. En 1764, ocho transportes con 3104 pasajeros llevaron a la totalidad de la población española de San Agustín a Cuba. Había colonos de todas las regiones de España —principalmente canarios y catalanes—, indios de las misiones de Nuestra Señora de Guadalupe de Tolomato y de Nuestra Señora de la Leche, y los residentes negros libres de Gracia Real de Santa Teresa de Mosé. Una gran parte de ellos poblarían su nuevo hogar, San Agustín de la Nueva Florida, colonia más conocida como Ceiba Mocha, en la provincia cubana de Matanzas. En total fueron 331 personas, incluyendo 13 familias españolas peninsulares, 43 de españoles canarios, 4 de alemanes, 4 de pardos o mulatos y 9 de morenos o negros, entre ellos los milicianos de Fuerte Mosé, que recibieron lotes de tierra.

Cuando España recuperó Florida en 1783, ningún colono de Ceiba Mocha volvió al continente; la historia de Fuerte Mosé había acabado en las tierras cubanas, pero los negros de América y los amantes de la libertad nunca iban a olvidar su recuerdo, de la misma forma que en España y en Cuba no se olvidó la tierra que al otro lado del pequeño brazo de mar les separa de Cayo Hueso. Muchos marinos y militares prometieron volver, y bastantes de ellos lo lograrían.

La rebelión *creole* y la ocupación de Luisiana

Aunque pueda parecer curioso, debido a la complejidad de las relaciones diplomáticas en el juego de los estados europeos durante la Guerra de los Siete Años, al final España resultó bastante bien librada de lo que parecía ser una dura derrota. Gran Bretaña y Prusia fueron los vencedores, pero a Francia se le permitió conservar cinco plazas en la India, la isla de Gorea y San Pedro y Miquelon frente a Canadá, se le devolvían Guadalupe y Martinica en el Caribe, y se reconocieron sus derechos de pesca en Terranova.

Vista la situación y sabiendo que a los franceses de Canadá se les trataría con respeto, no había motivos en Francia para estar excesivamente pesimista. Por otro lado, en el Caribe las pérdidas podían ser compensadas, pues la colonia principal francesa en la zona, St. Domingue —hoy Haití—, producía la mitad del azúcar consumido en todo el mundo y el comercio con África y las Antillas estaba en pleno apogeo. No es de extrañar, por tanto, que a España, aliada de Francia y la más perjudicada, pues incluso Menorca quedó en manos de los británicos, se la tratase de compensar de alguna forma por medio del Tratado de Fontainebleau. Firmado en 1762, ese tratado entregaba a España el territorio al oeste del Misisipi, incluyendo la gran ciudad de Nueva Orleans.

El territorio que España acababa de recibir no tenía las fronteras bien definidas, pues en la práctica nadie sabía a ciencia cierta cuál era su límite. Lo que estaba claro es que nadie era consciente en Nueva Orleans y en los territorios fronterizos de lo que estaba pasando. Durante un año la vida prosiguió en Luisiana con aparente normalidad, aunque era evidente que algo no iba bien. El gobernador francés, Jean Jacques Blaise d'Abbadie, seguía en el cargo, y los británicos que debían de ocupar la margen izquierda del Misisipi tampoco aparecían.

Todo comenzó a cambiar al alborear el año 1764. En enero de ese año, el gobierno español, por medio del marqués de Grimaldi, secretario de Estado, convocó en Madrid a Jean Pierre Gerald de Vilemont, quien había vivido varios años en la colonia americana, y le comentó que deseaba conocer más cosas acerca de la colonia. El interés del marqués y la prudencia con la que estaba actuando España eran prueba de que el rey Carlos III no deseaba importunar en exceso a los que ya consideraba sus nuevos súbditos. La cautela española obedecía a que antes de actuar se quería estar al tanto de lo que ocurría en Nueva Orleans, de los intereses de los colonos, de sus problemas, de su economía, industria y las relaciones con las tribus indias.

A pesar de esta extremada discreción, en abril de 1764, coincidiendo con el anuncio del gobernador D'Abbadie de la llegada de nuevas familias de Acadia[46], comenzó a propagarse el rumor de que el rey Luis XV le había entregado la colonia a los españoles. Apenas un mes después, un comerciante de Nueva Orleans llamado Denis Braud abrió una imprenta en su casa de Royal Street y anunció la firma del Tratado de Fontainebleau, firmado hacía ya 18 meses, por el que Luisiana era cedida a España.

La inquietud creciente de muchos de los habitantes aumentó cuando el teniente británico Philip Pittman llegó a Nueva Orleans en junio, camino de la cercana Baton Rouge, ahora parte de la nueva provincia británica de Florida occidental, y confirmó las noticias. Finalmente, en octubre, el gobernador D'Abaddie comunicó que, según instrucciones del rey llegadas de Francia, la colonia debía ser entregada a las autoridades españolas el 4 de febrero de 1765. Era la primera vez que, de forma oficial, los habitantes de Nueva Orleans escuchaban que eran súbditos de Su Majestad Católica, Carlos III de España. En La Habana, entre tanto, un brillante científico, respetado en Europa entera, recibía la noticia de que iba a ser el primer gobernador de la Luisiana española. Se llamaba Antonio de Ulloa.

Aunque la tranquilidad era la nota dominante en la colonia, la espera se prolongaba demasiado. Cuando murió el gobernador D'Abaddie, los españoles no hicieron ningún intento de controlar Nueva Orleans, por lo que Charles Philippe Aubry, el oficial de más alto rango, se hizo cargo del gobierno de la colonia que, al parecer, nadie quería gobernar, pues el gobernador Ulloa siguió en Cuba todo el año. Lo cierto es que España seguía actuando con una prudencia exagerada, por lo que hasta principios de 1766 Ulloa no estuvo en condiciones de trasladarse a Nueva Orleans. Llegó al puerto de la capital de Luisiana el 17 de enero procedente de La Habana con dos pequeños buques, *El Volante* y *El Rey de Prusia*, una escolta y unas pocas tropas, y recibió una fría bienvenida por parte de los criollos franceses, sin que el nuevo gobernador tuviese mucha prisa, pues deseaba disponer de un completo informe del gobernador francés, Aubry, que se encontraba en el puesto de Balize. El 5 de marzo, con solo 90 soldados españoles, Ulloa se dirigió a Balize e izó la bandera española, y luego marchó a los puestos del interior, a los que comunicó la noticia del cambio de soberanía.

Ulloa evitó mostrar la preocupación que tenía por la lentitud con la que en Cuba se estaba equipando y reclutando el regimiento que debía de enviarse

---

[46] Los acadios tuvieron que emigrar desde la lejana Acadia —hoy Nueva Escocia— a Luisiana al ser expulsados de su tierra, y formaron allí una sólida colonia, siendo en la actualidad los depositarios de una cultura *creole* muy original. Habitantes de los pantanos, su nombre actual, *cajuns*, deriva de su origen acadio.

a Nueva Orleans, y que recibiría el nombre de Fijo de Luisiana. En estos primeros meses, Ulloa recibió la primera información importante acerca del comercio de pieles, de las relaciones con los indios y del estado de los puestos y fuertes del interior. Sus informantes fueron los experimentados oficiales franceses de la frontera, exploradores, tratantes de pieles y comerciantes, en especial el responsable del puesto de *yamasi*, Gilberto St. Maxent. Ulloa le dio la responsabilidad del comercio con los indios de las praderas: los grandes y pequeños *osages, kansas, otos, pawnees, sacs, fox, iowas, misuris* y los remotos *siux y ottawas*.

Sin embargo, un importante grupo de descontentos se iba organizando contra el nuevo gobernador y el orden español en la colonia. La oposición la formaban el Consejo Superior de Gobierno y ciudadanos acomodados, y contaba con el apoyo de muchos oficiales franceses que se negaban a servir bajo mando español. El 2 de abril, Ulloa recibió el inventario del estado económico de la colonia, que se encontraba en una profunda crisis. Por si fuera poco, el gobernador apenas contaba con dinero y le resultaba imposible tomar el control efectivo de la colonia si no le enviaban tropas desde España o Cuba. Así pues, a comienzos de septiembre de 1766, la situación parecía más inestable que nunca.

Los conspiradores comenzaron a pensar que España no iba a apoyar en serio el control firme de Luisiana y podían dar un golpe que les diese el poder. Los principales conjurados eran Lafreniere, el fiscal general del gobierno francés; Foucault, el comisario, que actuaba junto a Louis Billouart de Kerlerec; los hermanos Milhet; los comerciantes Canesse, Petit y Poupet; Marquis, capitán de las tropas suizas al servicio de Francia; Noyen y Noyen-Bienville, oficiales descendientes del fundador de Nueva Orleans; Villere, plantador y comandante de las milicias de la Costa de los Alemanes; Doucet, un abogado; y Mazan y Boisblanc, plantadores. Ante el cariz que iba tomando la situación, Ulloa recomendó a España la disolución del Consejo Superior francés de gobierno, y que a sus miembros se les impidiera ejercer acciones contrarias a la administración española.

A principios de 1769 España adaptó el sistema de gobierno de Luisiana al suyo y se creó un Cabildo compuesto de seis regidores perpetuos que elegían dos alcaldes ordinarios, un síndico y un superintendente de la propiedad pública denominado «mayordomo de propios» que se nombraba cada año. La autoridad civil y militar la dirigía el gobernador, que presidía las sesiones del Cabildo asistido por dos tenientes para cada uno de los nueve distritos o *parishes*. Las leyes venían directamente de España a través del capitán general de Cuba y la Audiencia de La Habana, y correspondía al gobernador su anuncio y puesta en práctica. Mientras, a pesar de los problemas cada vez más graves, Ulloa logró fijar los límites de Luisiana con el territorio británico, y estableció un fuerte cerca de Burtville, en la frontera con la Florida occidental británica.

Sin embargo, las rígidas normas comerciales españolas iban a suponer un problema. Sus medidas bienintencionadas, como aceptar 7 600 000 libras de depreciado papel moneda en el mercado o su trato amistoso y benévolo con los criollos, no sirvieron de nada cuando, siguiendo las órdenes vigentes, limitó el comercio a seis puertos españoles: Sevilla, Alicante, Cartagena, Málaga, Barcelona y La Coruña, lo que encendió los ánimos de la población.

Cuando llegó la autorización de España para disolver el Consejo Superior, Ulloa actuó con celeridad y estableció un tribunal de justicia con presencia de españoles y criollos, y el gobernador como máxima autoridad judicial. A instancia suya se creó una Asamblea formada por cuatro franceses y tres españoles, e incluso dejó intacto al Consejo Superior. Eso no impidió que la oposición a España se mantuviese, si bien prominentes ciudadanos de la colonia comenzaron a inclinarse del lado español, como Jean Trudeau, Lassel, Barthelmy, Daniel de McCarty, Hyppolite Amelot, Gran-Pré, Philippe Rocheblave, François Fleurian, Vilard, Molino, Lassias, Gilberto St. Maxent, el caballero Bellevue, Pierre François Olivier de Vezin, Francisco María de Reggio, Honorato de la Chaisse y una gran parte de los oficiales del ejército regular francés. De ellos, muchos tendrían luego una destacada y brillante participación en la exitosa Luisiana española de las décadas siguientes.

El 23 de marzo, la Corona española canceló un decreto de 6 de mayo de 1766 que permitía el comercio de Luisiana con otras colonias francesas, lo que, unido a la crisis económica y a las malas condiciones, fue empujando a los criollos al bando rebelde. La situación se agravaba porque el capitán general de Cuba, Antonio María de Bucareli, solo había enviado una parte del subsidio español prometido a Luisiana.

Durante el verano la situación fue empeorando y el 4 de agosto, en una carta al marqués de Grimaldi, Ulloa solicitó licencias comerciales para mantener la paz. A esta carta siguieron otras diez más, en las que claramente se decía que la situación de la colonia era desesperada. En octubre de 1770 llegaron noticias de La Habana en la que se le comunicaba que las tropas estaban ya dispuestas, lo que Ulloa aprovechó para publicar normas con nuevas restricciones al comercio. El Consejo Superior, indignado, votó su expulsión de la Luisiana y los criollos le declararon usurpador y le ordenaron abandonar la colonia. Todo tipo de rumores disparatados comenzaron a circular por la provincia: desde que el gobierno español no tenía intención de enviar los suministros comprometidos hasta que los acadios del Bayou iban a ser vendidos como esclavos.

Los colonos alemanes del Misisipi estaban igual de alarmados y el comandante D'Arensburg los llamó abiertamente a la insurrección. En un intento desesperado de calmar la situación, Ulloa y Aubry enviaron a St. Maxent para intentar calmar los ánimos, pero Lafreniere y Marquis comisionaron a Villere y Verret con órdenes de arrestar a St. Maxent, comandante de las milicias de acadianos, en la plantación de Cantrelle. Cuatrocientos alemanes marcharon hacia Nueva Orleans y unidos a la milicia colonial exigieron a Lafreniere que obligase a Ulloa a marcharse. Aubry convenció al gobernador de que su vida corría peligro y el 29 de marzo de 1770, acompañado de su mujer, embarcó en *El Volante*.

Por primera vez había tenido éxito una revolución popular en América del Norte, pero los insurgentes no actuaron con habilidad. En vez de intentar comunicarse rápidamente con París para defender su causa, demostraron no ser capaces de controlar la situación financiera de la colonia, una de las causas por las que a Luis XV no le interesaba Luisiana. El gobierno francés no tenía el más mínimo interés en enemistarse con España y los revolucionarios fracasaron también en sus intentos de atraer a los británicos a la causa de una hipotética república. La revuelta naufragaba y España había perdido la paciencia. Tanto esfuerzo para hacer las cosas por las buenas para, al final, tener que hacerlas por las malas.

El teniente general Alejandro O'Reilly recibió la orden de tomar el control de la antigua colonia francesa por la fuerza. Zarpó de Cádiz y llegó a La Habana el 24 de abril de 1769, y desde allí alcanzó Nueva Orleans el 6 de julio con 2600 hombres. Los exploradores rebeldes vieron a los buques españoles aproximarse a la costa. Llevaban 50 piezas de artillería, infantería bien pertrechada y dragones, por lo que la mayoría pensó que no era cuestión de suicidarse, así que cuando las fuerzas españolas llegaron al puesto de Balize fueron recibidas por tres hombres, Lafreniere, Marquis y Milhet.

O'Reilly, consciente de que no tenía que enfrentarse a una amenaza militar, dejó para más adelante las medidas de castigo a los rebeldes y marchó hacia Nueva Orleans, que se rindió el 16 de agosto de ese año sin disparar un tiro, tras una ceremonia formal en la Plaza de Armas en la que actuó Aubry en representación de los ciudadanos. Tras suprimir el Consejo Superior, O'Reilly asumió todo el mando como gobernador y capitán general de Luisiana. Poco después se reunió con Aubry para discutir la suerte de los líderes de la rebelión, que fueron arrestados —eran diez—. El resto fue perdonado e invitado a acatar la autoridad del rey de España.

Los cargos contra los sediciosos fueron traición, incitación a la rebelión y llamadas a la expulsión de la autoridad española. El 25 de octubre de 1769 se ejecutó la sentencia contra los colonos franceses que se habían opuesto a la soberanía española: Nicholas Chauvin Lafreniere, Marquis, Jean Baptiste de Noyen, Pierre Caresse y Milhet. Joseph Villere había muerto en prisión. Otros muchos acusados de colaboración con los rebeldes sufrieron penas diversas, desde prisión a destierro o incautación de sus propiedades.

El general O'Reilly cambió a los regidores perpetuos, cinco de los cuales eran plantadores que habían apoyado la revuelta, y la ciudad quedó guarnecida por tropas del Regimiento de Infantería Fijo de Luisiana. Poco a poco la normalidad volvió a la colonia y la economía empezó a mejorar. Las normas dictadas autorizando la venta de alcohol en ciertos locales, la apertura de la primera farmacia de Nueva Orleans o las ordenanzas para el gobierno y aplicación de la justicia, fueron imponiendo la autoridad española lentamente. El 25 de noviembre de 1769 se aprobaron las instrucciones conocidas como Código O'Reilly, que consistían en la instauración de nuevas normas de conducta civil, procedimientos judiciales en vía civil y penal y adaptación de estos preceptos a la *Nueva Recopilación de Castilla* y a las *Leyes de Indias*.

Lograda la estabilidad de la colonia, el 1 de diciembre de 1769 fue nombrado gobernador Luis de Unzaga y Amézaga, permaneciendo O'Reilly como capitán general hasta su marcha el 1 de marzo de 1770. Antes de partir el 7 de diciembre, aún tuvo tiempo para recordar que esclavizar a los indios iba en contra de las leyes de España, y de autorizar la construcción de la Casa Capitular, en el lugar donde hoy se levanta el Cabildo. En un tiempo récord, con una aplicación mesurada de la violencia y actuando siempre en el cumplimiento estricto de la ley, O'Reilly había asegurado para la Corona de España la soberanía sobre un territorio en el que años más tarde se crearían once estados norteamericanos. No se podía pedir más en menos tiempo. Ahora había que lograr que el dominio nominal se hiciese efectivo en todo el territorio.

La extensión hacia el norte y el aseguramiento de las fronteras

Una vez controlado el gobierno de Nueva Orleans y las principales ciudades, era preciso controlar las fronteras, reforzar los puestos del interior y establecer con firmeza la soberanía española. Las medidas adoptadas fueron muy inteligentes y demuestran que el imperio español se mantuvo y creció a pesar de sus propias normas comerciales, y cuando España liberalizó algo sus rígidas reglas el éxito fue absoluto.

Es notable que la aplicación menos estricta de las leyes convirtiera en unos años a Luisiana en una de las colonias con más porvenir de América. Así, por ejemplo, se mantuvo en sus puestos a los oficiales franceses, a los que se reconoció el grado que tenían, y se les incorporó a las unidades que se iban creando para proteger la colonia. Un caso interesante es el de Athanase de Mezieres, nombrado comandante del importante fuerte de Natchitoches, en la frontera con Texas, porque los indios se negaban a comerciar con españoles, o el de Post du Rapide, una posición fortificada de origen privado en el río Rojo para prevenir ataques indios, cuyo mantenimiento fue apoyado por las autoridades españolas. Por supuesto, se apoyó también a los comerciantes, militares y plantadores que habían sostenido la causa española en los años de la revuelta *creole*, por lo que muchos de ellos se vieron beneficiados con prebendas y concesiones, favores que devolvieron con creces a la Corona. Tal fue el caso de MacKay o Truddeau, que extendieron la soberanía española hasta límites insospechados y ayudaron a la creación y mantenimiento de milicias regladas y uniformadas que defendieron el territorio para España.

El primer paso, por lo tanto, fue continuar con la creación de nuevos puestos comerciales y garantizar ingresos que hiciesen atractiva la vida en la colonia. Por ello los gobernadores fueron tolerantes con muchas de las restricciones al comercio, y nunca dejaron de quejarse a Madrid cuando esas medidas limitadoras perjudicaban la prosperidad. Poco a poco, la colonia, que contaba con franceses criollos, acadianos, alemanes y austriacos y algunos suizos, recibió emigrantes canarios —isleños— y desde finales de siglo una lenta entrada de angloamericanos de las Carolinas, Georgia, Maryland y Virginia, a los que había que sumar los indios, negros libres, esclavos y mulatos —pardos y morenos—, lo que conferiría al territorio una imagen distintiva y una personalidad propia.

Los isleños: Canarios en Luisiana

Una de las características más originales de los intentos españoles de colonización y poblamiento de Luisiana fue la implantación en la región de una colonia de emigrantes canarios, llamados habitualmente *isleños,* que arraigó con fuerza y ha permanecido hasta hoy. En realidad, constituyen el único núcleo de población puramente española que ha seguido manteniendo su lengua y cultura en los actuales Estados Unidos, ya que los núcleos hispanohablantes en otros estados norteamericanos son culturalmente más mexicanos que españoles, si lo entendemos en sentido moderno.

Los canarios no solo participaron en la colonización de Luisiana, algo que ya sabemos por lo visto sobre Texas, sino que adquirieron una importancia especial. El origen de esta emigración era antiguo, ya que la Corona de Castilla favoreció y subvencionó la emigración de Canarias para poblar las Indias, en especial lugares estratégicos o cuya despoblación se percibía como peligrosa. Hay ejemplos muy variados de esta política por la que decenas de familias de canarios fueron enviadas al Caribe, hasta el extremo de que Felipe II tuvo que limitar las salidas, pues veía en peligro la defensa de las propias islas Canarias.

En el siglo XVII la situación española había empeorado. Ingleses, franceses holandeses e incluso daneses y suecos, habían ocupado islas caribeñas, y la única solución para evitarlo era aumentar la población. Por esta razón, tras la pérdida de Jamaica (1655), la emigración de canarios con destino a Costa Firme —Venezuela—, Florida y el Caribe fue en aumento, lo que se regularizó con la Real Cédula de 25 de mayo de 1678, que estuvo vigente más de cien años y supuso la marcha de unos 150 000 canarios. A cambio del permiso para comerciar con América, se exigía a las Canarias un tributo que obligaba a enviar a las Indias cinco familias de colonos por cada 100 toneladas de productos exportados a ese continente, lo que algunos llamaron el «Tributo de Sangre».

Los gobernadores españoles de Luisiana llegaron a la conclusión de que los canarios eran perfectos para colonizar el valle del Misisipi y que, visto el éxito que habían tenido sus colonias, de Puerto Rico a Campeche y de Texas a Cumaná, demostraban que podía ser una buena solución. Además, se pensó que podían servir para defender puntos estratégicos, como ocurrió en las colonias de Valenzuela, Galveztown —abandonada en 1820— o Barataria. A los emigrantes de las islas se les entregaron tierras a unos 25 kilómetros de Nueva Orleans, húmedas, salvajes e inhóspitas, como dice Charles Gayarré en su *Historia de Luisiana*:

> La provincia recibió entonces un aumento de su población con la llegada de gran número de familias llevadas a Luisiana desde las Islas Canarias a expensas del rey. Algunas de ellas se establecieron en Terre aux Boeufs, una parte del territorio que hoy queda comprendido dentro de la Parroquia de San Bernardo.

Los canarios, que arribaron en su mayor parte el año antes del comienzo de la guerra con los británicos, en 1778, siguieron llegando durante todo el conflicto y se asentaron en la isla Delacroix. En los pantanos se dedicaron a la caza y la pesca y a una rudimentaria agricultura, pero allí mantuvieron su cultura hasta hoy, en la parroquia de San Bernardo, ya que el aislamiento hasta los años cuarenta del siglo XX les permitió conservar sus tradiciones y costumbres.

Además de canarios, bastantes cubanos y algunos mexicanos se instalaron en la colonia junto a españoles peninsulares, en su mayoría militares con sus familias que siguieron en la región y llegaron a constituir un 25 % de la población del entorno de Nueva Orleans cuando el territorio se entregó a Estados Unidos en 1803. Allí su cultura, mezclada con la de los colonos franceses y con importantes aportaciones del Caribe y de las culturas africanas de los esclavos, ha creado una curiosa mezcla étnica que ha hecho de Nueva Orleans una de las ciudades más originales de Estados Unidos, no muy europea, pero tampoco muy norteamericana; extraña y exótica y muy atractiva.

Pero Nueva Orleans no fue la única zona de emigración de españoles, pues si bien las relaciones con los colonos franceses se normalizaron rápidamente y los *creoles* se convirtieron en magníficos aliados y fieles súbditos de la Corona española, a los gobernadores les interesó establecer población española en algunos puntos que se consideraron claves, como San Luis, el principal establecimiento francés en la Alta Luisiana —hoy estado de Missouri—, núcleo comercial frente al cual nació Nuevo Madrid, la primera colonia europea en el territorio al este del río.

Las compañías comerciales francesas, algunas con capital español, apoyadas por el gobierno colonial, ayudaron a armar y equipar las milicias necesarias para defender un territorio cada vez mayor y abrieron puestos comerciales —casi todos fortificados— que alcanzaron, siguiendo el curso de los ríos, lugares en lo más profundo de Norteamérica, penetrando en las Dakotas y extendiendo la influencia de España a las tribus de las Grandes Llanuras.

Para Luisiana, especialmente para Nueva Orleans, la época de dominio español dejó un magnífico recuerdo, que todavía hoy puede verse en calles y plazas, llenas de símbolos y elementos decorativos que rememoran el pasado. Se desarrolló la industria, el comercio y la cultura, y se convirtió la ciudad en una auténtica referencia comercial, con un crecimiento espectacular. También se respetó la cultura francesa al tiempo que se promovía la española —la primera escuela pública de la ciudad la abrió Andrés López de Armesto en 1772 y el idioma que se usaba era el español, pero una parte de las clases se daban en francés—. La agricultura se desarrolló de forma asombrosa y comenzaron a cultivarse productos nuevos desconocidos en Luisiana, desde naranjas a fresas. Las plantaciones, principalmente de algodón, se extendieron hacia el norte y el este. En la ciudad se abrieron comercios y cafés, y había espectáculos de música o teatro que convirtieron a Nueva Orleans en una ciudad tan atractiva como La Habana.

4.6. Balbuceos de un gigante

A COMIENZOS DE LA DÉCADA de los setenta del siglo XVIII, todo parecía indicar que el desarrollo espectacular de la colonia de Luisiana iba a convertirla bien pronto en una de las joyas de la Corona de España. Aún estaba relativamente poco poblada, era rica y sus habitantes constituían un saludable conjunto de europeos de diversas procedencias, negros, mulatos y sobre todo indios, dueños y señores aún de inmensas extensiones en gran parte inexploradas por los blancos. Tras un comienzo complicado, la soberanía española se asentó con firmeza y la población *creole* se adaptó bien a la que, sin duda, fue la más tolerante de las administraciones coloniales españolas de América. Comerciantes, cazadores, religiosos y militares habían seguido extendiendo las fronteras del territorio, ascendiendo por los ríos hasta lo más profundo del interior del continente, creando asentamientos, puestos comerciales o fuertes, y ampliando las relaciones con las tribus indias.

En este panorama tan esperanzador, el único nubarrón que se veía en el horizonte era la terrible amenaza que significaba el territorio británico que se extendía al este del Misisipi, aún poco poblado en la frontera, pero que suponía una población de millones de habitantes en continuo crecimiento. Los menos de 50 000 pobladores de Luisiana tendrían problemas si la expansión hacia el Oeste se aceleraba y podrían acabar igual que los francocanadienses, si tenían suerte, o que los acadios, si la tenían mala. Lo que no podían imaginar en 1770 los habitantes de Luisiana era que su destino no iba a estar marcado por los británicos ni por los españoles o los franceses, sino por una nueva nación que en poco más de treinta años sería la dueña y señora del territorio: los Estados Unidos de América.

En la costa este de América del Norte, bajo control británico desde 1763, la clase dirigente de las Trece Colonias originales estaba muy influenciada por las ideas de los enciclopedistas y era, para la época, bastante culta. La población, mayoritariamente de origen inglés, escocés y galés, tenía ya un fuerte componente irlandés y notables minorías de origen alemán y holandés e incluso un minúsculo grupo de origen sueco[47]. Casi todos eran protestantes, pero se toleraba a una muy pequeña parte de la población que profesaba el

---

[47] Tanto Holanda como Suecia establecieron colonias en América del Norte en el siglo XVII que acabaron en manos de los ingleses, pero la población siguió manteniendo en gran parte su estilo de vida e idioma, e incluso todavía en la actualidad unos 150 000 estadounidenses tienen el neerlandés como su idioma materno.

catolicismo, y había ya sólidos grupos de judíos. Dedicados a la agricultura y al comercio, los colonos angloamericanos eran hábiles e industriosos y disponían de una educación básica muy desarrollada, hasta el extremo de que la mayor parte de ellos sabían leer y escribir. Por lo demás, eran celosos de sus libertades y mantenían un espíritu emprendedor que se oponía a los impuestos que les aplicaba el gobierno británico. Entendían que no tenían por qué pagarlos, al considerar que no estaban en plano de igualdad con los británicos y, en realidad, eran ciudadanos de segunda y su opinión no contaba.

Por esta razón solicitaron tener representantes en el parlamento de Londres, algo que se les negó y que aumentó la frustración de muchos de sus líderes. Tampoco ayudaba mucho el hecho de que, en la práctica, las normas reguladoras del comercio beneficiaban claramente los intereses de la metrópoli, pues obligaba a las colonias a comprar determinados productos en Inglaterra. Además, otras medidas impuestas por el gobierno británico, como la prohibición de expandir las colonias al oeste de los montes Alleghany, no gustaron en la frontera, donde eran muchos los que ignoraban las normas dictadas por el rey.

Las primeras revueltas comenzaron en los puertos, donde los americanos se opusieron a la importación obligatoria de productos de Inglaterra y la imposibilidad de exportar los suyos. Un incidente en Boston en 1768 provocó un motín popular tras la detención por los británicos del buque *Liberty* por actividades ilícitas. La situación en Nueva Inglaterra y en Boston se fue haciendo más y más tensa, hasta que en marzo de 1770 las tropas británicas respondieron disparando contra una masa de ciudadanos y abatieron a cinco, sin que a partir de ese momento se lograse ya detener los continuos enfrentamientos.

Por si fuera poco, un intento del parlamento británico para evitar la quiebra de la Compañía de las Indias Orientales, consistente en aumentar de manera radical los impuestos sobre el té que se enviaba a las colonias americanas, provocó intensas protestas. Se produjeron constantes manifestaciones en los puertos, principalmente de Nueva Inglaterra, pero también en Nueva York y Filadelfia, destacando el incidente de Boston, en el que unos ciudadanos disfrazados de indios tiraron por la borda al mar el cargamento de té de los buques británicos. La reacción de las autoridades fue muy dura y la respuesta americana fue la convocatoria de Congreso Continental, en el que estuvieron la mayor parte de las colonias de Norteamérica —faltaron Nueva Escocia, Terranova, Canadá y las Floridas—, pues no eran parte de las autodenominadas Trece Colonias, de las cuales solo estuvo ausente Georgia.

El Congreso emitió una declaración de derechos y protestas que presentó al parlamento de Londres y que no fue atendida. Eso produjo gravísimos enfrentamientos entre las tropas regulares británicas y las milicias norteamericanas en Lexington y Concord el 19 de abril de 1775, en los que cayeron decenas de soldados británicos, y fueron el comienzo de una abierta rebelión. Reunido de nuevo un Congreso Continental en mayo, este se declaró órgano de gobierno de las Trece Colonias y creó un ejército, el Ejército Continental, que fue puesto al mando de George Washington, un conocido y experimentado oficial de la milicia de Virginia.

El 16 y el 17 de junio de 1775 los británicos derrotaron al recién nacido Ejército Continental en Bunker Hill, y tras la batalla el rey Jorge declaró a Nueva Inglaterra en estado de rebelión. La idea de la secesión, que en realidad no era defendida hasta entonces por casi nadie, comenzó a extenderse, hasta que finalmente, el 4 de julio de 1776, el Congreso Continental declaro la independencia de los Estados Unidos de América.

Preparándose para lo inevitable

La extensión de la insurrección de los colonos americanos no pareció influir en un primer momento en la vida de la colonia española de Luisiana, pero tener una frontera enorme con los territorios británicos, ahora en rebelión, hizo que los españoles comenzaran a darse cuenta del desafío que se les presentaba.

De nuevo volvieron los rumores acerca de un enfrentamiento con Gran Bretaña, siempre presentes, pues ambas naciones estuvieron a punto de entrar en guerra en 1770 por la crisis de las Malvinas, para dirimir la soberanía sobre esas islas. En España, además, se dieron cuenta de la gran importancia que podía tener Luisiana si comenzaba la guerra, y el primer objetivo fue adoptar medidas que demostrasen la voluntad española de mantener con firmeza su dominio y evitar que los bandos en liza se aprovechasen de su supuesta debilidad. En consecuencia, se reforzó la red de agentes y espías que operaban en las colonias británicas, no solo en las de Norteamérica, sino también en Bahamas, Jamaica y otros lugares del Caribe, a fin de tener información fiable. También se inició, al principio tímidamente, un refuerzo de los puestos del Misisipi y del interior para afirmar la presencia española.

El responsable de estas medidas era el coronel del Regimiento de Infantería Fijo de Luisiana, Bernardo de Gálvez, que había llegado a la provincia para mandar dicha unidad militar, pero que el 19 de julio, tan solo unos pocos días después de la declaración de independencia de las colonias norteamericanas, se convirtió en gobernador interino de la provincia y el 1 de enero de 1777 en gobernador de pleno derecho, dependiente en los asuntos militares de la Capitanía General de Cuba.

Las medidas que adoptó el nuevo gobernador estaban orientadas a favorecer la causa de los insurgentes americanos y a proteger la provincia de cualquier intento de agresión británica, por lo que abrió la navegación por el Misisipi a los norteamericanos rebeldes, lo que les garantizaba una vía libre para obtener suministros, armas y municiones. Debido a estas acciones los incidentes con los británicos comenzaron a ser habituales. Las naves de la *Royal Navy* y los corsarios ingleses apresaban a menudo buques españoles a pesar de que ambas naciones estaban formalmente en paz. El apresamiento por los británicos de unos barcos españoles en el lago Pontchartrain, muy cerca de Nueva Orleans, produjo una dura respuesta de Gálvez que, tras apoderarse de 11 buques británicos, puso en marcha medidas legales contra el contrabando y dictó la expulsión de Luisiana de todos los súbditos del Reino Unido en un plazo de quince días.

Esta decisión producía un daño inmenso a los intereses británicos en la costa del Golfo y en el Misisipi, pues además el gobernador abrió los puertos a los buques franceses, a quienes incluso se autorizó la importación de esclavos de Guinea. La respuesta británica fue inmediata y provocó el primer incidente serio cuando el capitán Lloyd, al mando de la fragata *Atlanta*, se situó frente al puerto de Nueva Orleans y amenazó a las autoridades españolas con usar la fuerza si no se devolvían los once barcos incautados, a lo que Gálvez se negó con firmeza.

Lloyd pidió refuerzos al gobernador de Florida occidental, que estaba en Pensacola y no le apoyó, por lo que se retiró de inmediato. No obstante, el riesgo había sido enorme, pues la ciudad estaba prácticamente indefensa y el gobernador fue consciente de que era urgente proteger bien su capital. Con este fin decidió construir unas cañoneras que artilló con piezas de a 18 o 24 y con las que esperaba poder enfrentarse a fragatas como la *Atlanta*, aunque era consciente de que necesitaba contar con algún buque de guerra de entidad para proteger el puerto y el delta del Misisipi, algo que se consiguió cuando, al conocerse los hechos en La Habana, se decidió enviar una fragata a Luisiana. Desde Madrid se apoyó además a Gálvez en todo lo que había hecho y se ordenó a la Capitanía General de Cuba que estuviese lista para reforzarle militarmente si era preciso. Entre tanto, Gálvez había atendido a una petición formal de ayuda solicitada por el general Lee, comandante en jefe del Ejército Continental en el Sur, y de Patrick Henry, gobernador de

Virginia, así como de George Morgan, que defendía Fort Pitt —hoy Pittsburg, en Pennsylvania—, al que envío 10 000 libras de pólvora en un buque de bandera española que burló los puestos británicos de vigilancia, alcanzó el Ohio y llegó al fuerte amenazado, logrando inclinar la balanza en la región a favor de los norteamericanos.

Al actuar de esta forma, Gálvez se situaba descaradamente al lado de los insurgentes, por lo que era consciente de que los británicos podrían iniciar una guerra contra España en Luisiana.

Gálvez comenzó entonces a colaborar con Oliver Pollock, irlandés afincado en Nueva Orleans que se acabó convirtiendo en el agente del Congreso Continental reunido en Filadelfia ante las autoridades españolas, y a quien el gobernador español facilitó provisiones y mercancías —quinina, pólvora, armas y ropa— por valor de 25 000 doblones[48]. Todo eso lo envió Misisipi arriba hasta alcanzar Pensilvania y Virginia, donde se distribuyó entre las tropas de Washington y Lee, y eso permitió al Ejército Continental sostenerse y asegurar todo el territorio al oeste de los montes Alleghany.

Además de comprometerse en los asuntos públicos, Gálvez tomó también decisiones radicales en su vida personal, pues se casó —aunque sin autorización real, como era preceptivo— con Felicitas de Saint-Maxent, una *creole* de 22 años muy bien relacionada en Nueva Orleans, hija de uno de los patricios de la ciudad y viuda de Jean Baptiste Honoré d'Estrehan, antiguo tesorero del rey Luis de Francia.

Durante el año 1778, tanto españoles como británicos sabían que la guerra era inevitable y, a pesar de las dudas del gobierno español, la situación era cada vez más complicada y se producían constantes incidentes. El general Henry Clinton, al mando de las tropas británicas en América del Norte, envió los regimientos de Waldeck —alemanes—, Pensilvania y Maryland —realistas americanos— a Florida, en total 1200 hombres al mando del general John Campbell, con los que se debían de reforzar los principales fuertes ingleses en Pensacola, Bute de Manchac, Panmure de Natchez y Baton Rouge, así como otros puestos menores en el interior del territorio.

---

[48] El Doblón o Real de a Ocho, moneda de plata de la monarquía española, llegó a toda Europa y fue comparado con la gran moneda de plata que acuñaba el imperio alemán, el thaler —traducido al español como «tálero»— de gran fama, pero con menos difusión que el Real de a Ocho a nivel mundial. Su nombre en francés y en inglés, *thaller* y *daller*, sirvió para que en Estados Unidos el Real de a Ocho recibiera el nombre de *Spanish daller*, del cual derivó posteriormente la denominación Spanish dollar, reducido luego a simplemente dólar, moneda de curso legal en los Estados Unidos hasta 1857. Incluso el símbolo del dólar $, está inspirado en la marca de las Columnas de Hércules del escudo de España presente en el Real de a Ocho.

Todas las fortificaciones se reforzaron y se mejoraron la artillería y los elementos defensivos, quedando los buques *Sylph* y *Howard* de forma permanente en la zona. Estos sucesos, unidos a las informaciones llegadas de los agentes españoles, convencieron a Gálvez de que un ataque británico era inminente y de que Luisiana iba a ser invadida.

Gálvez estaba realmente preocupado por lo que podía ocurrir en caso de guerra abierta, y aunque había mejorado las defensas de Nueva Orleans, le faltaba lo principal, población. Para corregirlo, comenzó la llegada masiva de canarios, que se establecieron como hemos visto al sudeste de Nueva Orleans, en la parroquia de San Bernardo y el Bayou Lafourche, donde fundaron Valenzuela, y al sur de Baton Rouge, frente a la boca del río Amite, dirigidos por el suegro de Gálvez, Saint Maixent.

Con canarios se fundó también la población de Barataria e incluso se estableció en la localidad de Galveztown —desaparecida a principios del siglo siguiente— una colonia de angloamericanos e ingleses que buscaban la protección de España y llegaron huyendo de la guerra[49]. Finalmente, con quinientos emigrantes malagueños nació Nueva Iberia. Con estos colonos se podía nutrir el regimiento de infantería de Luisiana y las milicias y mejorar la capacidad de defensa de la provincia. Gálvez siguió en su línea de apoyar a los norteamericanos y especialmente al general George Rogers Clark en Illinois, donde su situación era complicada.

A través de Pollock se hizo llegar al Ejército Continental toda la ayuda posible, si bien esta vez con más discreción. El apoyo español fue esencial para la campaña de Clark, que tras tomar los fuertes británicos de Kaskaskia, Kahokia y Vincennes aseguró para la nueva nación el valle del Ohio. Finalmente, el activo gobernador de Luisiana se dedicó a intentar captar a las tribus indias para la causa española, algo en lo que, a la hora de la verdad, fracasó, pues los *choctaws, chickasaws, creeks y semínolas* combatieron en la guerra del lado inglés.

Al comenzar el año 1779, la situación parecía clara. Francia, cuyo gobierno sufría una fuerte presión de los intelectuales y enciclopedistas —favorables en su práctica totalidad a la causa americana—, y de una parte de la oficialidad del ejército, aún resentida de la derrota de 1763 que buscaba revancha, se dirigía hacia la guerra, en la que ya participaban decenas de franceses voluntarios que combatían al lado del Ejército Continental. Pero, la mayor parte del gobierno francés seguía desaconsejando al rey

---

[49] Era una población insólita, pues los ingleses eran refugiados de Baton Rouge, Natchez y el interior de Florida occidental que huían de la incursión de los norteamericanos del capitán James Willing, quienes su vez se integraron en la nueva colonia cuando escaparon del contraataque inglés.

Luis la ruptura con Inglaterra, pues la hacienda del reino no estaba muy boyante y tampoco tenían claras las ganancias que se conseguirían con la aparición de una nación americana independiente[50].

A pesar de las reticencias de sus ministros, el rey francés se veía presionado por una opinión pública favorable al bando pronorteamericano, y el 6 de febrero firmó un tratado con los Estados Unidos en el que reconocía el derecho de estos a ser independientes, lo que en la práctica suponía la guerra con los británicos. Luis XVI intentó hacer valer el Pacto de Familia con España, pero el conde de Floridablanca, opuesto a la guerra, consiguió evitarla. Alegaba que Francia no había consultado a su aliada antes de provocar a los ingleses, pero la realidad es que en España no había un núcleo de intelectuales como los de Francia, por lo que apoyar a los colonos americanos no agradaba demasiado a la mayoría dirigente. Además, Floridablanca, temía el contagio de las ideas norteamericanas en la América española, algo que finalmente ocurrió.

En el lado opuesto a Floridablanca estaba el conde de Aranda, embajador en Francia, que apoyaba sin reservas a los franceses, pues consideraba que una sólida alianza de las dos Coronas era la única forma de oponerse con éxito a la Gran Bretaña.

La experiencia de lo sucedido desde 1700 parecía darle la razón, más aún cuando se ganó la guerra en 1783. Solo quienes tenían enfrente de sus narices la amenaza británica, como era el caso de Gálvez en Luisiana, entendían de verdad la necesidad de ayudar a los norteamericanos, aun sabiendo que en el futuro podrían ser una amenaza para los intereses de España. Conociendo la actitud del conde de Aranda, Francia le presionó todo lo que pudo, pero el conde siguió fiel a las instrucciones de Floridablanca, aun estando en desacuerdo con él, y mantuvo firmemente la no beligerancia de España. En cuanto al Reino Unido, hizo esfuerzos diplomáticos para mantener a España fuera de la guerra, pero la agresividad y altanería de sus marinos les impidió actuar con la prudencia que requería la situación y las agresiones a los buques españoles continuaron.

En consecuencia, el 3 de abril de 1779 España dio un ultimátum al Reino Unido, y el 18 de mayo el rey Carlos III impartió instrucciones para la defensa de los territorios de Ultramar ante la previsión de guerra con los

---

[50] A diferencia de España, los franceses han vendido muy bien su apoyo a la causa americana y los Estados Unidos le han devuelto de forma sobrada la ayuda recibida, tanto en 1917 como en 1944. También existe en España una idea muy deformada acerca de las relaciones entre Francia y Estados Unidos. Que nadie se engañe, de Corea a la Guerra del Golfo y de Vietnam a Afganistán, a la hora de la verdad los franceses siempre están codo con codo en el campo de batalla junto a los Estados Unidos, y hechos puntuales como la oposición inicial a la intervención en Irak no cambian en nada lo sustancial, la fiel alianza entre ambas naciones.

británicos. Estaba ya claro que, de una forma u otra, España iba a entrar en una contienda en la que los Estados Unidos combatían por su independencia y en la que desempeñaría un papel crucial, desgraciadamente hoy olvidado por casi todos. Con su participación España iba a aportar su flota, la tercera del mundo, y extendería el campo de operaciones al Mediterráneo y a la América caribeña, desde Luisiana a las islas y desde Costa Firme a Centroamérica[51].

La lucha comenzó en Europa, en el lugar del mundo en el que tropas españolas y británicas estaban más cerca: Gibraltar. Los españoles bloquearon el Peñón nada más comenzar las hostilidades y una fuerza naval atacó el puerto. También comenzaron de inmediato las conversaciones con Francia acerca de cuál debía de ser la estrategia conjunta. Para España lo prioritario era tomar los territorios usurpados, es decir, Gibraltar, Menorca y Florida, y defender Cuba y Puerto Rico, si bien Luisiana y Honduras estaban también entre aquellos lugares en los que, por la vecindad con los británicos, podían producirse choques armados de inmediato.

La idea principal era aprovechar la alianza franco-española para equilibrar la situación en el mar[52]. Era evidente que si los norteamericanos y los franceses querían triunfar en América del Norte, debían contar con el apoyo financiero, material y naval de España, que, por su parte, precisaba del apoyo francés en el Mediterráneo y en Gibraltar. Si las dos potencias borbónicas se coordinaban bien sería factible amenazar las islas británicas, lo que obligaría al Reino Unido a desatender otros escenarios de guerra y aumentaría las posibilidades de éxito de España en el Caribe y de Francia en la India.

Los planes de invasión de Inglaterra se pusieron en marcha ya en 1779, nada más comenzar la guerra, si bien no se concretó si el esfuerzo principal debía de ir encaminado contra Inglaterra o contra Irlanda, donde se presumía que la población apoyaría a las dos potencias católicas. España carecía de las fuerzas terrestres que exigía una invasión del suelo inglés, pero confiaba en que la presión obligaría a los británicos a aflojar en la defensa de Gibraltar. Por ello, Floridablanca estaba dispuesto a comprometerse con

---

[51] El problema del olvido de la participación tan importante y decisiva de España en la independencia de los Estados Unidos tiene dos razones fundamentales. La primera la negativa de España a reconocer la independencia de la nueva nación, lo que no se hizo hasta el final de la guerra, y la segunda que nunca se dio a sus enviados la categoría de embajadores. España jamás fue aliada de los Estados Unidos ni realizó operaciones conjuntas con el Ejército Continental de Washington, salvo un par de acciones ocasionales por tener un enemigo común. En general los españoles de Luisiana y Cuba no se fiaban de sus vecinos angloamericanos, y el recelo era mutuo.

[52] Las armadas y los ejércitos de España y Francia llevaban décadas combatiendo juntas, y había habituales intercambios de oficiales y mandos. El propio Gálvez estuvo un tiempo en el Ejército francés, y en 1762 participó en la invasión de Portugal durante la Guerra de los Siete Años, sirviendo en el Regimiento *Royal-Cantabre*. Ver la obra *Bernardo de Gálvez. De la apachería a la independencia de los Estados Unidos*, de esta misma editorial.

dinero y medios materiales y esperaba que Francia pusiera las tropas. El único problema estratégico que veían los altos mandos de los ejércitos borbónicos con respecto a un ataque a las islas británicas es que naciones de Europa neutrales, como Prusia, acabasen combatiendo en el lado inglés para guardar el equilibrio continental. Aparte de estas consideraciones de tipo político, había que tener en cuenta otros factores, como el estado deplorable de una parte importante de la flota francesa y la escasez habitual de tropas españolas.

Los planes de invasión nunca se abandonaron del todo, pero estuvieron más orientados a distraer a las tropas británicas de los frentes de batalla que a invadir Inglaterra. Respecto a Gibraltar, estuvo sitiada desde del 11 de julio de 1779 hasta el final de la guerra, y Menorca no fue reconquistada totalmente hasta el 4 de febrero de 1782. En América, la guerra afectó a Campeche, Yucatán, Honduras y Luisiana, que se convertiría en el punto de partida de la reconquista de las Floridas.

Quien da primero da dos veces.
De Bute de Manchac a Baton Rouge

Ante la inminencia de la guerra los problemas de Bernardo de Gálvez eran considerables. A pesar de la rebelión de sus colonias los británicos seguían contando con ciertas ventajas estratégicas, siendo la más importante su capacidad para atacar desde el norte, tomando como base el fuerte de Michilimackinac y fijando como objetivo inicial San Luis, desde donde podrían avanzar hacia el sur, apoyándose en sus puestos fortificados meridionales, para tomar Nueva Orleans y alcanzar el Golfo.

La realidad es que estas previsiones eran demasiado pesimistas para los intereses españoles, pues si bien los británicos tenían alguna posibilidad de tomar San Luis e incluso amenazar la Baja Luisiana, conquistar Nueva Orleans no era tan fácil, pues además de la resistencia que pondría la propia población criolla, había que tener en cuenta que los norteamericanos del general George Rogers Clark controlaban una gran parte del territorio, por el que los británicos tendrían que moverse. Además, para que la ofensiva inglesa tuviese resultado positivo debería de coordinarse con tropas de Florida occidental —desde Pensacola— e incluso desde Jamaica, para así asegurar el delta del Misisipi. Si lograban tener éxito, las posibilidades de victoria de las colonias rebeldes se verían muy limitadas y España recibiría un duro golpe.

Respecto a Gálvez, agresivo por naturaleza y convencido de que «es necesario jugar a los dados y probar suerte» —como escribió a Juan Bautista

Bonet, comandante en jefe del departamento naval de La Habana—, tuvo en mente desde un primer momento la realización de acciones ofensivas contra los británicos, y decidió que había que atacar los fuertes y emplazamientos del bajo Misisipi, que podrían convertirse en una amenaza contra la Luisiana española. Los planes británicos no eran un secreto y todos sabían que el riesgo era cierto si no se actuaba con celeridad. Además, tomar los puestos británicos permitiría a España negociar la paz desde una posición ventajosa, ya que eran muchos los que pensaban que, si los norteamericanos se independizaban, a la larga serían una amenaza tan temible o más que los ingleses. Triste fue que el tiempo les diera la razón y ese fuera el ingrato tributo que a la postre pagó España por ayudar a la independencia de Estados Unidos.

Desde el punto de vista estratégico español, Gálvez contaba con todo lo que necesitaba, al menos sobre el conocimiento del enemigo al que se enfrentaban. Ya hacía tiempo que su suegro, que conocía bien los fuertes británicos, le había facilitado planos y dibujos precisos, especialmente de Bute de Manchac, pero había visto también los de Natchez y Baton Rouge. Ante el temor de que el número de tropas enemigas a las que enfrentarse fuese mayor de lo supuesto, Gálvez pidió a La Habana más soldados. La petición fue atendida con celeridad y el general Navarro tomó la decisión de enviar desde Cuba al 2.º batallón del Regimiento de Infantería España —631 hombres—. Una Junta de guerra que se celebró en Nueva Orleans examinó con detalle la situación. Aún no se sabía en Nueva Orleans que España y el Reino Unido estaban ya en guerra, pero daba igual, pues habían llegado noticias de Madrid advirtiendo de la necesidad de tomar precauciones contra a un inmediato ataque inglés.

Las nuevas de la declaración de hostilidades no llegaron a La Habana hasta el 17 de julio y en los días siguientes a Luisiana. A la junta asistió Francisco Cruzat, comandante del puesto de San Luis y responsable de la defensa de la frontera norte; el capitán Juan De la Villebeuvre, al mando de las tropas situadas en los fuertes del sur; Alexander Coussot, del lejano puesto de Arkansas; y los demás jefes de los destacamentos de toda la provincia, incluyendo a los oficiales de más alta graduación, como el coronel Esteban Miró, el teniente coronel Pedro Piernas y el comandante Jacinto Panis. En suma, todos los responsables de las tropas regulares y de la milicia. La primera recomendación de la Junta hacía referencia a la defensa de la capital, Nueva Orleans, para lo que se consideró esencial fortificar el Bayou San Juan y concentrar el máximo posible de tropas en la ciudad.

Por consejo de Miró se decidió construir cuatro reductos debajo de Manchac —en manos inglesas—, para proteger Nueva Orleans de un ataque desde el río. Aun así, se consideraba que si los ingleses tenían éxito y lograban abrirse paso desde el norte y se juntaban con las tropas de los fuertes del sur, sería muy difícil defender la ciudad. Además, hacían falta municiones, armas, pólvora y ante todo comida, puesto que si se producía una ofensiva británica los refugiados se amontonarían.

Era pues lógico que Bernardo de Gálvez se mostrase intranquilo, aun a pesar de tener las ideas bastante claras. Estaba seguro de que la guerra con los británicos era inevitable, y se alegró enormemente al ver la respuesta entusiasta de civiles y militares cuando días después, en una reunión extraordinaria en el Cabildo de Nueva Orleans, comunicó a los presentes el inicio de las hostilidades. El 17 de agosto envío copia completa de su plan de operaciones a La Habana, en el que comunicaba que proyectaba iniciar de inmediato una ofensiva contra los asentamientos ingleses del Misisipi, aprovechando el factor sorpresa.

Navarro, capitán general de Cuba, no estaba totalmente de acuerdo con Gálvez, por lo que comenzó un serio enfrentamiento sobre el número de tropas que eran necesarias para las operaciones. Consideraba Navarro que eran suficientes 3 200 hombres para tomar Pensacola, un número muy alejado de los 7 000 que solicitaba Gálvez. El problema estaba en que Navarro temía algo parecido a lo que había ocurrido en 1762 y quería retener como mínimo 3 871 hombres para la defensa de la capital de Cuba, además de los que harían falta para las operaciones en Centroamérica —Yucatán, Campeche, Honduras— y el Caribe. Gálvez no se desanimó por la falta inmediata de refuerzos y tras informar a los comandantes de los puntos más expuestos a enfrentamientos con los británicos les pidió que se prepararan para formar una milicia e iniciar un reclutamiento urgente de voluntarios. También autorizó la incorporación de norteamericanos a las milicias criollas franco-españolas.

El primer problema no vino, sin embargo, de los británicos, sino de la naturaleza, ya que un terrible huracán barrió Nueva Orleans y arrasó la ciudad y su comarca. Las pérdidas fueron cuantiosas y una parte considerable de los barcos de transporte de los que se disponía quedaron dañados. La confusión y el caos fueron importantes, y los daños terribles. Pero cuando las cosas se ponen mal es cuando de verdad se ve la pasta de la que está hecho un líder. Apenas unos días después del desastre, estimulado por las noticias de Du Breüil, cuyos hombres habían realizado varios reconocimientos en los alrededores del fuerte inglés de Bute de Manchac y que le notificaba que no apreciaba una gran capacidad ofensiva en el enemigo, Gálvez tomó una firme decisión: atacar.

El 27 de agosto las tropas españolas partieron de Nueva Orleans en dirección a su primer objetivo. Eran 669 hombres distribuidos en 170 veteranos y 330 reclutas del Real Ejército, parte de ellos del Regimiento de Luisiana y el resto procedentes de Europa. A ellos se unían 80 negros y mulatos libres, 60 milicianos criollos, la mayoría de origen francés, 20 carabineros y 9 voluntarios de Estados Unidos[53], al mando de Oliver Pollock, que rechazó un puesto en el ejército español. Una verdadera tropa multiétnica, pues había españoles, franceses, criollos del país, angloamericanos, irlandeses, mexicanos, puertorriqueños y dominicanos. Francisco Collel, comandante del puesto de Galveztown, dirigió una incursión contra unas barcas inglesas en el río Amite a 30 kilómetros de Manchac, cortó las comunicaciones entre el lago Marrepas y el Misisipi, y tomó el pequeño fuerte Graham, capturando entera a su guarnición de 12 soldados.

Si los británicos tenían alguna duda acerca de cuál sería el comportamiento de los españoles, ya tenían la primera respuesta. Es posible que no conociesen la declaración de guerra, pues el teniente coronel Alexander Dickson, al detectar las actividades de las avanzadas del agresivo Collel, decidió no enfrentarse a las tropas enemigas en el fuerte Bute y se replegó a Baton Rouge, donde el 9 de septiembre supo, por una comunicación del gobernador de Florida occidental en Pensacola, que estaban en guerra también con España.

Las cosas eran justamente lo contrario de lo que ambos bandos esperaban. Gálvez decidió aprovechar la falta de combatividad de los ingleses de inmediato, pues si el enemigo no conocía la declaración de guerra y no tenía planes ofensivos, tampoco imaginaría lo insignificante de la fuerza española a la que se enfrentaban, ni el agotamiento de sus soldados tras días de fatigosa marcha. Pero si alguien no pensaba dar tregua al enemigo este era Gálvez, cuyas tropas atacaron el 7 de septiembre el fuerte Bute, que cayó sin una sola baja española y con una inglesa. El resto de los británicos, un capitán, un teniente y dieciocho soldados, se rindieron de inmediato. Solo un pequeño contingente logró escapar y llegar a Baton Rouge.

Con todos los hombres agotados, los españoles alcanzaron las trincheras y parapetos de Baton Rouge tras quince días de campaña. Allí se enfrentaban a casi medio millar de soldados británicos e indios —de ellos casi 400 veteranos—, con artillería, inferiores en número a los atacantes —aunque no lo sabían—. Ante la imposibilidad de asaltar el fuerte frontalmente, los españoles se limitaron a emplazar con la mayor eficacia posible los cañones

---

[53] Thomas E. Chávez habla de 649 hombres, pues omite a los carabineros y menciona a nueve angloamericanos. Por su parte, Manuel Petinal habla de 667, pues menciona solo a siete angloamericanos.

que llevaban —10 cañones con 14 artilleros— al mando de Julián Álvarez, que hizo su trabajo a la perfección.

Respecto a los ingleses, la verdad es que en esta primera fase de la campaña parecían no tener muchas ganas de resistir, pues tras un corto bombardeo de la artillería española, que abrió fuego a primera hora de la mañana del 21 de septiembre, el coronel Dickson se rindió con sus 375 hombres y 8 barcos de transporte. Las mujeres y los niños fueron liberados. Dickson afirmó que se vio obligado a ceder ante la tremenda superioridad de la artillería española. Por si fuera poco, Gálvez le obligó también a rendir el fuerte Panmure de Natchez, situado muy al norte, que fue ocupado por el capitán Juan De la Villebeuvre el 5 de octubre. Con la caída de Panmure, todos los objetivos de la campaña se habían cumplido en un tiempo récord.

No se podía pedir más, pero, aun así, en las semanas siguientes las patrullas españolas se dedicaron a limpiar los núcleos de resistencia en la cuenca baja del Misisipi que aún estaban en manos inglesas. Vicente Rillieux, un criollo de Luisiana, con su goleta de 60 hombres capturó un transporte de tropas británico con casi 500 soldados y marineros, rastrillando luego el río Amite; Grand-Pré tomó el puesto inglés de Thompson's Creek, que también había sido incluido por Dickson al aceptar las condiciones de rendición en Baton Rouge.

Con esta impresionante victoria las tropas españolas habían bloqueado cualquier intento inglés de intentar unir Canadá con el Golfo de México desde el sur, y si bien los británicos todavía lo intentarían desde el norte atacando San Luis, lo cierto es que su situación era ahora mucho peor, sobre todo porque ya no amenazaban las Provincias Internas del virreinato de Nueva España. No es de extrañar que Bernardo de Gálvez fuese ascendido a mariscal de campo cuando solo contaba 33 años.

La ofensiva sobre Florida y la toma de Mobila

Mobila, la vieja base francesa de la costa del Golfo de México era, según Gálvez, más autónoma para su defensa que Pensacola, ya que afirmaba que esta última no podía mantenerse en manos británicas si caía Mobila, que por el contrario si podía resistir sin Pensacola. Edificada en el fondo de la bahía de su nombre —hoy Mobile, en Alabama—, disponía de un poderoso fuerte de piedra, Fort Charlotte, situado en un alto y reforzado por los británicos en los meses anteriores a la entrada de España en guerra, que tenía 35 cañones y una guarnición de 300 hombres más algunos indios aliados.

Así pues, Gálvez consideró que Mobila era la plaza que había que tomar si se deseaba conquistar Pensacola y Florida occidental. Pero el principal problema era que en Lusiana no había fuerzas suficientes para ocupar esa base, por lo que solicitó a Cuba el envío de las tropas y el material necesarios para comenzar la nueva campaña. Como casi siempre, en La Habana le negaron los refuerzos, y después de intensas negociaciones y largas dilaciones logró disponer en Nueva Orleans de una fuerza suficiente para intentar acometer la empresa. En total contaba con 1 200 hombres, artillería de sitio, municiones y víveres abundantes, con los que partió el 14 de enero de 1780 en 14 buques de transporte y escolta. Una vez más la naturaleza se mostró contraria a los españoles y un tremendo temporal arrastró a seis de los barcos a la costa, donde embarrancaron en la entrada de la bahía de Mobila, en una isla desierta, sin apenas agua y comida y salvándose solo unos pocos cañones.

En total quedaron 756 hombres, de ellos 141 del regimiento de Luisiana, 50 del regimiento de La Habana, 43 del Príncipe y 14 artilleros, a los que se sumaban 26 carabineros de Nueva Orleans —una unidad de caballería de élite—, 325 milicianos blancos, 107 milicianos negros y pardos, 26 norteamericanos y 24 esclavos negros. Allí Gálvez demostró una vez más su capacidad, ya que con los cañones recuperados de los barcos formó una batería para controlar la entrada a la bahía y establecer una mínima defensa. Tras restablecer la moral de sus hombres, Gálvez ordenó fabricar escalas con los restos de los barcos para poder asaltar las fortificaciones de Mobila y se dispuso a continuar con sus planes como si nada hubiese sucedido.

Mientras tanto, en La Habana, José de Ezpeleta y Galdeano, coronel del Regimiento de Infantería Navarra, enviado por Gálvez para conseguir más refuerzos, no había tenido éxito, pues, tras lograr unas mínimas cantidades de hombres y pertrechos, no logró que el comandante de Marina, Bonet, le autorizase la partida. La situación era casi ridícula, aunque Ezpeleta logró enviar a Mobila 200 hombres en cuatro barcos, con escasez de equipo, armas y municiones, pero con algo de material de sitio y artillería. Para Gálvez, que estaba dispuesto a intentar el asalto con escalas, la llegada de refuerzos por pequeños que fueran significaba mucho, y pudo establecer un sitio en regla. Tras embarcar en los buques que acababan de llegar, marchó hasta la plaza fuerte inglesa. El 24 de febrero de 1780 desembarcó y tomó posiciones frente a Fort Charlotte. En Pensacola el general Campbell, al tener noticias de lo sucedido, decidió de inmediato marchar con una fuerza de 1100 hombres en apoyo de la guarnición. Era una oportunidad de destruir a los españoles antes de que se reforzasen.

La decisión de Campbell no era mala, pero afortunadamente para Gálvez, tras intensas discusiones, Ezpeleta logró autorización para partir con refuerzos que el 9 de marzo estaban en la bahía, donde tras desembarcar el material y a los soldados, Gálvez disponía ya de 1 400 hombres con los que comenzó el sitio de la plaza. La idea de Gálvez y los mandos españoles era montar una batería de 18 piezas para derribar los muros de Fort Charlotte, y tardaron solo dos días en comenzar a batir las posiciones británicas. El 13 de marzo se logró abrir una brecha y las tropas españolas se lanzaron al asalto. Los granaderos que iban en vanguardia barrieron a los defensores que, tras retirarse al interior del fuerte, no aguantaron mucho y se rindieron.

Al día siguiente, Gálvez dictó las condiciones de rendición que fueron aceptadas por el comandante de Fuerte Charlotte, quien se entregó junto a 13 oficiales, 300 soldados e ingentes cantidades de municiones y provisiones, así como todos los cañones. El general Campbell, que acababa de llegar de Pensacola con los refuerzos, vio cómo sus compatriotas se rendían a los españoles y se retiraban sin intentar nada. Eso no era suficiente para el general Gálvez, que lanzó una intensa persecución contra los británicos y logró capturar a un capitán y 26 dragones que protegían la retaguardia de Campbell. Con ello dio por suspendida la persecución, a pesar de que los soldados españoles deseaban proseguir el acoso y buscaban el combate en campo abierto.

La toma de Mobila, que permanecería en manos españolas los siguientes 33 años, era una victoria considerable[54], pues consolidaba las conquistas del año anterior, pero Gálvez era consciente de la importancia de actuar con rapidez contra un enemigo fuerte pero desmoralizado, y con el que se debía acabar antes de que se recuperase. Por ello, solicitó de Gabriel de Aristizábal, capitán de la fragata *Nuestra Señora de la O* que había reforzado las operaciones terrestres, que le permitiese emplear las fuerzas navales que había en Mobila para apoyar un desembarco en Pensacola. Como siempre, el audaz y agresivo Gálvez quería mantener la ofensiva a toda costa y acabar con los británicos en toda Florida occidental. Sin embargo, Aristizábal se negó por considerar insuficientes sus fuerzas y la empresa que le proponían temeraria. Una junta de guerra presidida por Gálvez examinó otras alternativas, como la de dirigir una expedición por tierra, para lo que se habían enviado varias patrullas con oficiales de ingenieros y artillería con el fin de evaluar las posibilidades. Las conclusiones fueron pesimistas, ya que no se consideraba factible llevar por tierra el tren de sitio, y la única alternativa era el asalto de la infantería sin apoyo artillero.

---

[54] La presencia española en la costa de Alabama fue importante. Durante decenios hubo una notable colonia española y en el actual escudo del estado están presentes las armas de Castilla y León. Durante la Guerra Civil (1861-65) hubo varias unidades formadas por españoles del condado de Mobile que sirvieron en el Ejército de los Estados Confederados de América.

La verdad es que intentar tomar Pensacola con un ataque frontal y sin previa preparación artillera era muy complicado, dada la calidad de las defensas y de los defensores. Tampoco se podía sorprender a la guarnición, así que, para decepción de Gálvez, la única posibilidad era pedir refuerzos, organizar una expedición en condiciones y conseguir la ayuda de la Armada, que debía mover hombres y materiales, proteger la expedición desde el mar y garantizar las comunicaciones con Nueva Orleans y La Habana. En vista de la situación, Gálvez retornó a Luisiana, dejando al coronel Ezpeleta como gobernador de Mobila con una poderosa fuerza de 800 hombres, por si los británicos intentaban regresar.

El frente norte: La defensa de San Luis y la expedición al lago Michigan

Casi todas las obras modernas que tratan de la campaña contra los británicos de Bernardo de Gálvez se centran solo en las acciones militares que llevó a cabo el gobernador de Luisiana, pero olvidan que la guerra no se limitaba al bajo Misisipi y al Golfo de México, sino que se extendía hasta los Grandes Lagos.

Durante la primera mitad del siglo, audaces viajeros y exploradores franceses, militares, comerciantes, tramperos y religiosos, habían abierto una importante vía de comunicación entre Canadá y Nueva Orleans, rodeando las colonias británicas. La cadena de fuertes construida por los franceses para bloquear a los ingleses fue desbaratada durante la Guerra de los Siete Años y a su término, tras la entrega de Luisiana a España, nació una inmensa frontera en la región bajo soberanía española y británica.

Las operaciones en el norte de los dominios españoles son realmente desconocidas. Allí los colonos franceses de la Alta Luisiana, bajo soberanía española desde 1765, y los escasos soldados españoles que defendían la frontera, se enfrentaron a los británicos y a sus indios aliados en los desolados bosques y ríos que rodean los Grandes Lagos. Fue una guerra ignorada y salvaje, llevada a cabo por patrullas de largo alcance que, en marchas de centenares de kilómetros entre la nieve, el hielo, la lluvia y el barro, atacaban fuertes y puestos comerciales lejanos y en los que el enemigo surgía de la forma más insospechada. En esta guerra, que se extendió en un gigantesco arco que va desde Arkansas hasta Michigan, los españoles se enfrentarían a tribus con las que jamás habían combatido, pero cuyo eco nos ha llegado por el cine y la televisión, como los *siux* y los *fox,* en unas luchas que llevarían a las tropas españolas hasta lugares remotos.

Cuando comenzó la guerra, el territorio situado al noreste de San Luis, conocido habitualmente como *Ilinoa*, estaba prácticamente indefenso. Fernando de Leyba, responsable de la defensa, había solicitado varias veces refuerzos, pero Gálvez había desatendido su petición, pues alegaba que necesitaba todas sus tropas en el sur, en espera de los refuerzos que debían llegar de Cuba o España. Todos los autores que se ocupan de la campaña de Gálvez —con la notable excepción de Thomas E. Chávez— ignoran o dan escasa importancia a esta parte importantísima de la guerra, pues si los ingleses hubiesen conquistado San Luis y los puestos en la Alta Luisiana hubieran puesto en peligro todo el dispositivo español, ya que habrían amenazado directamente Nueva Orleans y tomado a las tropas españolas por la espalda.

En cualquier caso, habrían desbaratado todo su plan ofensivo, al obligar al general Gálvez a defender su capital y el delta del Misisipi, haciendo imposible el ataque sobre Pensacola y comprometiendo el éxito final de la campaña. Lo único que jugaba a favor de los españoles era el gran trabajo realizado por el general Clark, que había conquistado para los Estados Unidos la mayor parte del territorio al oeste de los Apalaches, por lo que Leyba podía disponer de un buen apoyo por parte de los rebeldes americanos, a quienes ya se había ganado antes del comienzo de las hostilidades facilitándoles armas, suministros y dinero.

En cuanto a los británicos, gozaban de una inmensa ventaja material y militar, sólidas posiciones en Canadá y en los Grande Lagos y la habitual alianza de los indios, por lo que no es de extrañar que al poco de comenzar las hostilidades, el general Frederick Haldimand, oficial al mando de las tropas británicas en Canadá, recibiese al orden de destruir todos los asentamientos españoles y de los insurgentes americanos en el río Misisipi. El mando de la expedición recayó en el general Patrick Sinclair, gobernador adjunto de Michilimackinac, que desde su fuerte en el norte de Michigan debía de dirigir sus tropas regulares hacia el sur, y unirse a sus aliados indios de las tribus *sax*, *fox*, *siux* y *menominee*. Desde la desembocadura del Wisconsin avanzaron hacia San Luis, el principal asentamiento español en la zona, una pequeña villa fortificada construida por los franceses al poco de acabar la Guerra de los Siete Años.

En marzo de 1780 la expedición británica estaba lista y contaba con 750 hombres a los que se fueron sumando más aliados indios según avanzaba hacia el sur. Los colonos angloamericanos que vivían en la región y los exploradores enviados al norte por Leyba, el gobernador de San Luis, localizaron las avanzadas de los ingleses e indios enemigos e informaron con rapidez a las autoridades españolas. La alarma cundió en San Luis y sus alrededores, pues apenas se disponía de medios de defensa. Leyba, muy enfermo, reclutó y armó a todos los voluntarios que pudo y formó una improvisada milicia.

La principal defensa estaba en los llamados fuertes de don Carlos, construidos en las orillas del Misuri. El del sur se llamaba oficialmente Fuerte don Carlos el Señor Príncipe de Asturias, bautizado así en honor del futuro Carlos IV, con una empalizada de 80 pies y cuatro bastiones. En la orilla norte se levantó el Fuerte San Carlos el Rey, don Carlos Tercero, más conocido como Fuerte San Carlos del Misuri, que contaba con una gran edificación de 18 pies de planta y siete de altura y una guarnición de cinco hombres. Ambos fuertes se complementaban, ya que sus cañones se cubrían mutuamente, pero los oficiales que estaban con Leyba los consideraban indefendibles con las fuerzas de que disponían, por lo que se ordenó su destrucción para evitar que cayesen en manos de los británicos. La fortificación más importante de San Luis paso, por lo tanto, a ser el fuerte San Carlos, que contaba con una torre de piedra artillada con cinco piezas que se edificó en previsión del inminente ataque. Las obras se pagaron por el propio Leyba, que se arruinó en la defensa de la ciudad. Además, se levantaron terraplenes y barricadas de tierra y piedra formando cuatro medias lunas y dos bastiones, equipándose la media luna del norte —hoy en Franklin Street— con cuatro cañones sacados de los fuertes de don Carlos abandonados.

El general George Rogers Clark, al mando del Ejército Continental en el oeste, envió de refuerzo al capitán Rogers y al coronel Montgomery, que una vez en San Luis propusieron a Leyba dirigir una fuerza armada al norte para bloquear el avance británico antes de que sus tropas llegaran al Misisipi[55]. Leyba aceptó el plan y se ofreció a apoyar a las tropas americanas con artillería, municiones y todos los hombres que pudiese reunir. Estas tropas incluían la guarnición de St. Genevieve, que se había unido a las tropas que había en San Luis —un total de 62 hombres y dos barcos artillados— y 150 colonos franceses que llegaron al poco tiempo, todos ellos conocedores de los bosques y buenos tiradores. Respecto al enemigo, los exploradores enviados al norte lo evaluaban en unos 300 regulares británicos, unos 900 indios y algunos canadienses.

El 23 de mayo las avanzadas británicas estaban ya a solo 85 kilómetros de San Luis y tres días después comenzaron los ataques. Enfermo y cansado,

---

[55] Junto con el ataque de Cagigal a las Bahamas, esta sería una de las pocas acciones conjuntas entre tropas estadounidenses y españolas en toda la guerra.

Leyba sacó fuerzas de flaqueza y haciendo un tremendo esfuerzo tomó personalmente el mando de los defensores. Los tiradores *creoles*, con sus rifles de caza rayados y los pocos norteamericanos incluidos entre los defensores y que iban armados y equipados como ellos, así como la mayor parte de las tropas españolas, se situaron en las empalizadas para disparar contra los ingleses e indios enemigos cuando se presentasen ante las defensas.

El entramado defensivo se centraba en dos grandes trincheras que quedaban cubiertas por dos cañones. Uno, desde la torre que debía proteger también el acceso al pueblo, y el otro, en un baluarte en el que se situó el propio Leyba para dirigir las operaciones. Junto a él, se izó una gigantesca bandera blanca con el aspa roja de San Andrés, para que todo el mundo pudiera verla, como símbolo de su decisión de mantener la ciudad bajo la soberanía de España. El teniente Silvio Francisco Cartabona, segundo en el mando y que debía reemplazar a Leyba si este caía, fue el encargado de proteger a la población y amparar a las mujeres y los niños si las defensas cedían y los indios penetraban en la ciudad. Para ello quedó al mando de 20 fusileros españoles de las tropas regulares.

Los indios que llegaron ante las defensas españolas se extrañaron de no ver a nadie en las proximidades y, creyendo que habían sorprendido a los defensores de San Luis, se lanzaron aullando contra los terraplenes, seguidos por los regulares británicos que avanzaron en perfecta formación. A una señal de sus oficiales, los trescientos defensores se alzaron en sus parapetos y lanzaron una descarga cerrada contra los asaltantes, que fueron barridos por una lluvia de plomo. A continuación, los cañones abrieron fuego lanzando sus botes de metralla contra la masa de indios atacantes y los regulares ingleses. Estos últimos aguantaron el fuego y siguieron avanzando, pero los indios no soportaron el castigo y huyeron, dejando solos a los soldados británicos que, igualados ahora en número a los defensores, no tenían ninguna posibilidad de tomar las trincheras y parapetos y retrocedieron, dejando decenas de muertos y heridos en el campo.

Al cabo de unas pocas horas todo había acabado. El general Haldimand, desde Canadá, culparía luego a los francocanadienses de haberle traicionado y haber espiado para los españoles, lo que es falso y además injusto, pues los pocos canadienses que servían con Sinclair fueron leales y fieles a los británicos. El hecho cierto es que la desmoralización cundió entre las tropas asaltantes, que además empezaron a ser atacadas constantemente, pues tanto Leyba como los criollos franceses de San Luis sabían que el éxito solo podía lograrse si se mantenía la presión, sobre todo porque eso desmoralizaría a los indios. Así pues, las tropas españolas salieron de sus defensas y se adentraron en los bosques en persecución de sus enemigos. Los fogonazos de los disparos, los gritos de los que caían y los continuos combates diarios convirtieron a la fuerza expedicionaria británica en un caos total, con los indios fuera de control. Los efectos de la artillería y de la brutal forma india de guerrear hicieron que el espectáculo que encontraban las tropas españolas en su avance fuese dantesco. Leyba escribió que «la angustia y la consternación se apoderaron de todos al encontrar los cadáveres cortados en pedazos, sin entrañas y con los miembros, brazos y piernas, dispersos por el campo».

A pesar de la victoria, Leyba seguía inseguro. Se temía que la desorganizada fuerza británica, con los indios enloquecidos, intentase volver a atacar la ciudad, cuyos habitantes estaban aterrorizados. La única solución era perseguir al enemigo y destruirlo para impedirle regresar. En una conferencia con el coronel Montgomery se acordó formar una fuerza conjunta hispano-norteamericana y lanzarse tras los británicos y sus aliados indios en retirada.

Con un total de 300 hombres —200 del Ejército continental y milicias norteamericanas— y el resto tropas españolas y voluntarios franceses, se inició la persecución, en la que solo encontraron campamentos y aldeas indias abandonadas y una total desolación. El 20 de junio de 1780, Leyba escribió una carta a Gálvez en la que le notificaba la victoria obtenida y le informaba de la persecución sobre las tropas enemigas vencidas. También le hablaba de su mal estado de salud. De hecho, fue su última carta, pues falleció el día 28 de junio, siendo enterrado en la iglesia de San Luis, la ciudad que había defendido con valor y energía, dando ejemplo a todos y rindiendo un último servicio a su patria.

Tras la toma de Pensacola, las cartas de Gálvez atestiguan la importancia que se le concede a San Luis. En las instrucciones a Piernas, gobernador provisional de Nueva Orleans, y en una carta a Silvio Francisco de Cartabona, Gálvez se disculpaba de no haber podido enviar refuerzos, hasta que finalmente estos llegaron a San Luis con Francisco Cruzat, que el 20 de julio de 1789 fue nombrado en sustitución de Leyba. El 24 de septiembre llegó con más tropas a San Luis y el 20 de enero de 1781 recibió todos los suministros pedidos, algo esencial para mantener la amistad de los indios, a los que se mantenía tranquilos gracias a los regalos.

Durante su mando interino el eficiente Cartabona no había perdido el tiempo y sus tropas habían ocupado una lejana posición avanzada en Sac Village, cerca del actual Montrose —Iowa— y también en Peroia, en el Illinois. El mando de estas tropas lo ostentaba un francés llamado Jean Baptiste Malliet, que envío patrullas para reconocer el territorio y contactar con las tribus indias de la región, los *sacs, fox, potawatomis* y *otos*. En sus contactos con las tribus llegó a la conclusión de que tarde o temprano los británicos intentarían otro ataque contra San Luis y a través de indios aliados descubrió que la base principal inglesa se encontraba en la orilla este del lago Michigan, en Saint Joseph, cuyo fuerte se había convertido en un importante almacén de municiones y pertrechos para la preparación de expediciones contra los americanos rebeldes o los españoles.

En consecuencia, el audaz oficial francés del ejército español concibió una idea temeraria: atacar el puesto en pleno invierno y destruirlo. Solo había un problema, para llegar había que avanzar más de 800 kilómetros por territorio helado y nevado plagado de enemigos. Una vez que se autorizó la temeraria expedición, esta partió de San Luis el 2 de enero de 1781 al mando del capitán Eugenio Pourré. Contaba con 91 hombres de la milicia y 61 indios *oto, sotú y potawatomis*.

Tras subir por el Illinois en canoa, a unos 320 kilómetros de su objetivo, el hielo les impidió seguir avanzando y tuvieron que continuar a pie, escondiendo suministros por el camino para poder usarlos a su regreso. En la madrugada del 12 de febrero, los pocos centinelas congelados de frío que guardaban la empalizada del fuerte de Saint Joseph fueron sorprendidos por los hombres de Pourré, quienes, tras desarmar y hacer prisionera a la guarnición, izaron la bandera española. Pasaron un día en el fuerte y luego, tras cargar con lo que podían llevar, incendiaron las provisiones, suministros, empalizadas y casas y se marcharon por donde habían venido, llegando a San Luis el 6 de marzo. Las noticias de un éxito tan increíble llegaron pronto a La Habana y finalmente a España, donde se publicaron en *La Gaceta de Madrid*, el periódico predecesor del actual *Boletín Oficial del Estado*.

Desde el punto de vista militar la acción de Pourré tuvo una gran importancia estratégica, pues Gran Bretaña anuló sus proyectos de ofensiva hacia el Misisipi al pensar que el poder español en la zona era mucho mayor de lo esperado. En adelante, los británicos se situaron a la defensiva, para proteger Canadá de cualquier ataque, algo que en realidad estaba muy lejos de las posibilidades españolas e incluso norteamericanas.

Durante el resto de la guerra la actividad se mantuvo con la acción de patrullas de ambos bandos que actuaban en lo más profundo de los bosques con sus aliados indios, y que siguieron intercambiando golpes hasta el final de la guerra. En algunos casos se trató de acciones preocupantes, como la insurrección de Natchez a finales de 1782, cuyos habitantes —la mayor parte ingleses realistas— se alzaron en armas y su revuelta tuvo que ser sofocada por las tropas españolas; o como la incursión llevada a cabo por un grupo de *rangers* y realistas americanos, que en compañía de una partida de indios lanzaron en 1783, el último año de la guerra, una correría al estilo de Porrué contra el lejano Puesto de Arkansas. El ataque fue rechazado, pero demostró que incluso hasta el final el peligro siempre estaba presente para los soldados que ocupaban los fuertes dispersos en el interior del enorme territorio de Luisiana. Por lo tanto, cabe concluir que, al absoluto éxito español en el sur se unía una victoria en el norte del todo inesperada. Pronto a los británicos solo les quedaría el Caribe, e incluso allí su posición iba a ser amenazada por los victoriosos ejércitos de España.

4.7. Yo solo

TOMADA EN ESPAÑA la decisión de intentar reconquistar Florida, una gran flota de 140 buques de transporte y 16 navíos de escolta partió de Cádiz el 28 de abril de 1780. En los barcos, al mando del jefe de escuadra José Solano, iban experimentadas tropas que debía de reforzar el dispositivo de defensa en Puerto Rico y Cuba. Eran en total 12 000 hombres dirigidos por el teniente general Victorio de Navia. Enterado Bernardo de Gálvez en Nueva Orleans de la partida de la flota se dirigió a La Habana, donde llegó poco antes que los navíos procedentes de España, que arribaron el 4 de agosto.

El trabajo de la Junta de guerra que debía de planificar las operaciones, en la que estaban representados todos los altos jefes del Ejército y la Marina con responsabilidad en el desarrollo de las futuras campañas, dejó mucho que desear. Las constantes discusiones la convirtieron a menudo en un obstáculo, sobre todo para quienes como Bernardo de Gálvez buscaban hablar menos y combatir más. Costó un esfuerzo enorme poder reunir el primer núcleo de tropas expedicionarias y se fijó el 16 de octubre como fecha de partida, a pesar de la oposición de Solano —jefe del Ejército de Operaciones de América—, que al fin y al cabo era el responsable de la flota y no quería dirigirla a Pensacola en plena época de huracanes.

La insistencia del gobernador de Luisiana que alegaba que no había tiempo que perder, pues el retraso beneficiaba a los británicos, logró convencer a la Junta y la escuadra salió con rumbo a las costas de Florida con 50 buques de transporte y 4000 hombres de infantería —regimientos Rey, Príncipe, Navarra, Fijo de La Habana, España, Segundo de Cataluña y milicias de La Habana—, llevando también artillería y dragones y equipo de sitio, incluyendo municiones y provisiones para un largo asedio.

Desgraciadamente los temores de Solano se cumplieron y una de las peores tormentas de la década se abatió sobre la desdichada escuadra española que fue literalmente barrida del mar. Sus barcos quedaron desperdigados por todo el Golfo de México, pero afortunadamente, para lo que podía haber sido, las bajas no fueron cuantiosas. Tras la tormenta los altos mandos navales pensaban que las condiciones eran tan malas que lo mejor era retornar a Cuba y eso fue lo que se hizo. Así pues, la dañada flota regresó a La Habana en espera de mejor ocasión.

Allí, reunida de nuevo la Junta de guerra, se decidió aplazar la expedición hasta principios de 1781, cuando el tiempo fuera más propicio. Pero los británicos no se limitaron a quedarse mirando mientras los españoles resolvían sus problemas. El primer año de guerra contra España en el teatro de operaciones del Caribe había sido desastroso y tenían que resarcirse de alguna forma de la pérdida de toda la cuenca baja del Misisipi, así que decidieron que el lugar idóneo donde descargar su revancha era Mobila, donde las tropas del coronel Ezpeleta estaban prácticamente aisladas. Los combates en las proximidades de la plaza en realidad nunca se habían detenido del todo, pues el gobernador español de la ciudad conquistada sabía que si se encerraba estaba perdido, por lo que estableció un puesto avanzado para prevenir ataques británicos procedentes de Pensacola. El lugar elegido fue la Aldea de Mobila o Village, punto comprometido en el dispositivo defensivo español que desde su nacimiento sufrió ataques de los ingleses y de sus aliados indios. Día tras día el cansancio y la falta de refuerzos y suministros iba minando la moral de los defensores españoles, y la situación se agravó con la incorporación masiva de guerreros *choctaw* a las filas británicas.

Una vez que en Nueva Orleans se supo de la desesperada situación que se vivía en Mobila, prácticamente sitiada, Gálvez intentó que desde Cuba se enviasen urgentes refuerzos, y logró que partiese un convoy con ocho barcos que transportaban todo lo que se necesitaba en la plaza y un refuerzo de 500 soldados. Pero el comandante de la fuerza naval no se atrevió a entrar en la bahía. Consideró que un temporal había cambiado las condiciones de navegación en la zona, pues había alterado el fondo y podía embarrancar, por lo que se dirigió a Baliza, en la desembocadura del Misisipi, sin que los defensores de Mobila recibieran el socorro prometido.

Dispuestos a terminar de una vez con los obstinados defensores, el 7 de enero de 1781 más de 1300 hombres de los regimientos Waldeck, Maryland y Pensilvania, indios *choctaw*, dragones de escolta y dos cañones, al mando del coronel alemán Von Hanxleden, apoyados por dos fragatas, atacaron el puesto de Aldea de Mobila defendido por 190 soldados españoles. Un asalto nocturno de los indios e ingleses a través de las trincheras defendidas por la milicia de negros libres de Nueva Orleans sorprendió a los defensores, pero descubierto el intento, se libró violento combate cuerpo a cuerpo en el que los asaltantes fueron rechazados, al coste de 62 bajas españolas —de ellas 38 muertos— por 18 británicas, entre ellas el coronel Von Hanxleden. Milagrosamente, Mobila siguió en manos españolas.

Pensacola: «Marcha de valientes, carga de vencedores»

El rey Carlos III recibió información acerca de la ineficacia de la Junta de guerra de La Habana, por lo que envió al plenipotenciario Jerónimo Saavedra para poner fin a cualquier problema que impidiese la consecución del objetivo buscado: la toma de Pensacola. En Madrid se sospechaba que el éxito de Gálvez y su juventud estaban levantando envidias, y era preciso cortar de raíz cualquier rencilla que pudiese alterar el buen curso que llevaba la guerra.

El 1 de febrero de 1781, en el mismo momento en que en San Luis se preparaba la expedición contra Saint Joseph, se celebró la primera de las reuniones de la Junta de La Habana que debía discutir la estrategia a seguir. La presidía Saavedra, que se había presentado de improviso con los documentos que demostraban su autoridad, a fin de que nadie mostrase dudas sobre su mando. Lo que quería hacer lo dejó bien claro con palabras sencillas: venía en persona para poner en marcha el plan de operaciones que había sido aprobado hacía un año y que, por diversas circunstancias, había fracasado.

El objetivo mayor en el Caribe seguía siendo Jamaica, la principal base inglesa y uno de los lugares más ricos del imperio británico, pero debido a las fechas y la necesidad de preparar la expedición con mucho cuidado, prefirió esperar un año más. Respecto a Pensacola, última plaza de Florida occidental en manos británicas, debía actuarse con diligencia y tomarla lo antes posible. Saavedra se comprometió ante los presentes a ir personalmente a México para obtener el dinero que fuese necesario. Por lo demás, tristemente, la mayor parte de sus esfuerzos tuvo que dedicarlos a limar las rencillas que habían surgido entre los jefes españoles en Cuba y animar a los más cautelosos a emprender acciones más audaces, que son las que permiten ganar las guerras.

En cuanto al ejército, Saavedra lo encontró en un estado deplorable. A las enfermedades provocadas por la mala alimentación, las pésimas condiciones de alojamiento y la falta de equipo, ropa y calzado, se unía una elevada tasa de deserción. Por si fuera poco, había una deuda de casi 3 millones de pesos. Con una energía notable y la fuerza que le daba la autoridad de la que estaba investido, el enviado del rey se puso manos a la obra y trató con todos los responsables sobre cómo planificar la victoria final. En solo dos semanas de intenso trabajo la fuerza expedicionaria estaba de nuevo lista. Otra vez el mal tiempo impidió cumplir los planes en las fechas previstas, pero el retraso fue solo de una semana y en la madrugada del 28 de febrero de 1781, tras una reunión entre Gálvez y Saavedra en el *San Román*, el navío en el que iba el gobernador de Luisiana, se dio la orden de partida y lentamente la flota se dirigió a mar abierto.

La expedición no era en realidad muy grande. Tenía unos 1400 hombres de varios regimientos de infantería regular y milicias, 50 artilleros y 100 gastadores, más 1 400 tripulantes de los buques de la armada y 400 de los transportes. El punto de destino era Mobila, cuya guarnición debía ser recogida antes de ir a Pensacola, pero hubo cambio de planes. Los buques navegaron directamente a Pensacola, y lo que hizo Gálvez fue enviar a la acosada Mobila un mensaje en el que comunicaba a Ezpeleta, quien acababa de rechazar el asalto de los británicos y esperaba un masivo ataque indio en cualquier momento, que pasase a la ofensiva y marchara por tierra para apoyar el asalto a Pensacola.

Para los defensores británicos no había sorpresa alguna en el ataque español, que entraba dentro de los planes previsibles. Para más inri, la fragata *Hound* avistó la flota española y avisó a Pensacola antes de ir rumbo a Jamaica para informar al alto mando inglés. Las fuerzas con las que contaban los británicos estaban formadas por el regimiento alemán de Waldeck, los regimientos realistas americanos de Pensilvania y Maryland, los regimientos regulares 16 y 60 y los *West Florida Royal Forresters*, así como artilleros, muchos de ellos de la marina, y centenares de indios *choctaws, chickasaws* y *creeks*.

Por fortuna, el tiempo fue bueno y respetó a la expedición española, que no tuvo esta vez problemas. La idea del mariscal Gálvez era desembarcar en la isla de Santa Rosa para tomar la batería de cañones de Punta Sigüenza y evitar el fuego cruzado sobre la bahía, y de paso atacar a los barcos británicos que se encontraban en el puerto y podían colaborar con sus cañones en la defensa. También dispondría de una buena posición frente al fuerte denominado Red Cliffs o Barrancas Coloradas. Para llevar adelante sus planes, Gálvez contaba con 1 315 hombres en los barcos y se enfrentaba a los defensores del Fort St. George, unos 1 800 más un número desconocido de voluntarios, negros armados e indios. Había que contar también con la fuerza naval —al menos dos fragatas— que se encontraban en el puerto. El mismo día de la llegada a Pensacola, el 9 de marzo de 1781, las tropas españolas comenzaron a desembarcar en Santa Rosa.

El fuego de las fragatas inglesas resultó inofensivo y el día siguiente se tomó Punta Sigüenza, aunque la pequeña guarnición clavó los cañones antes de rendirse. Gálvez ordenó la instalación de una pequeña batería en el lugar, para obligar con sus disparos a retirarse al fondo de la bahía a las dos fragatas. No obstante, durante la noche, un barco inglés logró pasar entre la flota española y llevó a Jamaica una carta del coronel Campbell en la que explicaba su situación y pedía refuerzos. El 11 de marzo, Gálvez intentó entrar en la bahía con el barco insignia, pero un banco de arena lo impidió, y eso alarmó a los mandos de la Armada, que pusieron objeciones a la entrada. El cambio en el tiempo alarmó a Gálvez, quien temía que si no entraban en la bahía podía sorprenderles la tempestad en mar abierto y obligarles de nuevo a retirarse.

Como la autoridad del mando no había quedado bien resuelta por Saavedra —que no podía en esta materia revocar las órdenes de Navarro—, la fuerza quedó dividida entre un mando naval y uno de tierra. El mando de la flota lo tenía José de Calvo Irazábal, que se oponía enérgicamente a entrar en la bahía, y el de las fuerzas de tierra el general Navarro. Gálvez dedicó una parte de su tiempo a convencer a Calvo Irazábal, pero mandó a su amigo Miró a Mobila para que el traslado de los hombres de Ezpeleta se acelerase, ya que todas las tropas en Luisiana y en las zonas ocupadas de Florida estaban bajo el mando suyo y allí Navarro no tenía nada que hacer y menos Calvo Irazábal.

A pesar de que había mar brava comenzó a desembarcar todo el material que pudo y poco después recibió la noticia del teniente de navío Juan Antonio de Riaño de que en cinco días 900 hombres —procedentes de Mobila y Nueva Orleans— llegarían al río Perdido, a menos de 20 kilómetros de Pensacola, por lo que ordenó, sin que nadie lo supiese, que su bergantín, el *Galveztown*[56], entrase en la bahía y realizase varios sondeos. Todos dieron resultado positivo, a pesar de lo cual los jefes de la flota siguieron negándose a entrar. Gálvez no podía ni quería esperar más y decidió adentrarse en la bahía con la armada o sin ella. El reto de Gálvez es desafiante y estremecedor, «una bala de a 32 recogida en el campamento, que conduzco y presento, es de las que reparte el fuerte de la entrada. El que tenga honor y valor que me siga. Yo voy por delante con el *Galveztown* para quitarle el miedo».

A bordo del *Galveztown*, patroneado por Pedro Rousseau, y acompañado de dos cañoneros y la balandra *Valenzuela*, que era la nave de Riaño, Gálvez envió una salva de saludo a los buques de la armada y tras pasar junto a ellos se dirigió a la bahía, velas al viento y con la bandera desplegada, lanzando quince cañonazos de desafío al fuerte inglés. Los cuatro barcos fueron atacados desde el fuerte de Barrancas Coloradas sin éxito y cuando el humo se fue y se pudo ver el resultado del ataque se vio que los buques españoles estaban en la bahía y no habían tenido ni una baja. Los gritos de triunfo de los hombres de Gálvez se unieron en un coro victorioso. Había nacido el lema que acompañaría la leyenda de Gálvez: «Yo solo».

Al día siguiente toda la flota le siguió al interior de la bahía, exceptuando el buque de Calvo Irazábal, que regresó a la Habana. Ya en el puerto, Gálvez escribió al coronel John Campbell y al gobernador de Florida occidental,

---

[56] Era un antiguo bergantín británico capturado por los norteamericanos y regalado a Gálvez.

Peter Chester, para, al mejor estilo de la guerra de caballeros, fijar las reglas del encuentro armado que se avecinaba[57]. Se acordó que los combates se reducirían a Barrancas Coloradas y a Fort St. George, quedando al margen la población civil, que podría quedarse sin riesgo alguno en la villa. Campbell advirtió que no habría capitulación, por lo que ambos bandos se prepararon para un largo asedio.

La artillería de ambos bandos comenzó a disparar y los ingenieros españoles iniciaron el lento proceso de apertura de trincheras y paralelas para ir acercándose a los muros enemigos. Los británicos y sus aliados indios lanzaron constantes contraataques para intentar detener el progreso de las líneas españolas y sus reductos, y se libraron brutales combates que frecuentemente acababan en luchas a la bayoneta.

Los prisioneros capturados por los indios en estas escaramuzas eran terriblemente torturados a pesar de que los mandos de ambos bandos intentaron limitar esta costumbre, sin mucho éxito. La llegada de los 1400 hombres desde Nueva Orleans, que formaban la mayor parte del regimiento de Navarra, elevó el número de tropas sitiadoras a 3600 hombres, con los que Gálvez confiaba en tomar la plaza. El mariscal y gobernador de Luisiana intervino varias veces en los combates de forma directa y fue herido dos veces. Una bala le acertó en el abdomen y otra le alcanzó un dedo de la mano izquierda, pero prefería estar cerca de sus hombres. Cuando la herida fue grave le sustituyó Ezpeleta. Las tropas de Gálvez eran una mezcla de soldados regulares españoles, milicianos blancos, negros y mulatos, cubanos, criollos franceses e irlandeses.

La lucha en Pensacola fue dura y difícil, y la negativa del coronel británico de excluir de la misma a los indios confirió a los combates una dureza aún mayor. El clima de la región, las lluvias que anegaban las trincheras, el barro, los mosquitos, el calor y la humedad hacían la vida insoportable, pero los soldados aguantaron estoicamente las privaciones. El 19 de abril se divisaron unas velas en el horizonte que correspondían a una flota de apoyo al mando de Cagigal que transportaba 1600 soldados españoles y franceses de refuerzo, con los cuales los sitiadores superaron por fin en número a los defensores. Ahora Gálvez tenía 15 navíos de línea, cuatro fragatas y 30 transportes, y en tierra más de 7000 hombres[58].

---

[57] Las guerras del XVIII entre tropas europeas profesionales, conocidas por algunos como *Lace Wars* —literalmente guerras de encaje—, intentaban a veces entre «naciones civilizadas» hacer el menor daño posible a los civiles.

[58] En total los soldados franceses de refuerzo eran 725, procedentes de la parte francesa de Santo Domingo, y pertenecientes a los regimientos *Agenois, Gatinois, Cambresis, Poitiou, Orleans y Du Cap*, así como elementos de una compañía de cazadores y artilleros.

Al llegar mayo, todos los buques británicos del puerto habían sido destruidos o capturados por los españoles, o hundidos por sus propias tripulaciones. En los tres primeros días de ese mes se produjo el más intenso de los intercambios de disparos de artillería. Los cañonazos duraron todo el cuarto día del mes, hasta que los sitiados realizaron una salida que acabó con dieciocho granaderos españoles muertos. Esta acción fue la última de importancia de los defensores británicos, que a partir de ese momento comenzaron a combatir a la desesperada.

Gálvez decidió el 7 de marzo acabar de una vez por todas asaltando Fort Crescent —Media Luna—, dado que andaba escaso de municiones. El ataque lo llevarían a cabo los granaderos de Marina y de los regimientos Soria, Príncipe, Navarra, Guadalajara, España y La Habana, y las compañías de cazadores de Príncipe, Navarra, La Habana, Soria, Aragón e Hibernia; más dos compañías ligeras francesas. Iba a ser nocturno, pero al llegar el amanecer aún no habían alcanzado las tropas sus posiciones, por lo que, valorando la vida de sus hombres, Gálvez ordenó la suspensión del asalto.

Finalmente, el asalto no hizo falta, pues un disparo de la artillería española alcanzó el polvorín, que hizo explosión y quedó destruido en su totalidad con sus 105 defensores dentro; —murieron, según el general Campbell, «cuarenta y ocho militares, nueve marineros y un negro»—. La gigantesca brecha que se abrió fue aprovechada por la infantería española, que se lanzó al ataque y tomó los escombros que quedaban. Algunos defensores aún resistieron entre las ruinas a las tropas de Ezpeleta, que acabaron con ellos e instalaron en la posición una batería con la que atacar Fort St George, que machacaron a cañonazos hasta que los españoles vieron izarse una bandera blanca. El coronel Campbell solicitó una tregua que fue aceptada por Gálvez. Las tropas británicas se rindieron el 10 mayo de 1781, entregando los fuertes a las tropas españolas y francesas. Pensacola y Florida occidental volvían de nuevo a España, y Gálvez lograba una gran victoria que se sumaba a la conquista del bajo Misisipi y a los triunfos de las armas españolas en América Central.

El último acto de la guerra en la región fue una revuelta de la población de Natchez, cuando animados por el coronel Campbell desde Pensacola, doscientos milicianos que habían prometido no volver a tomar las armas al ocupar España el territorio, se alzaron al mando de John Blomart y atacaron el fuerte de Panmure, donde tras resistir trece días los defensores se rindieron. Blomart esperaba reunir las fuerzas suficientes para incluso amenazar Nueva Orleans, pero Esteban Miró, gobernador interino de Luisiana, marchó contra ellos con 80 hombres y los derrotó en dos combates. Blomart se rindió el 23 de abril de 1781 antes de tener que enfrentarse con el propio

Gálvez, que con 700 hombres iba a por él. Fue condenado a muerte, pero más tarde perdonado.

Tanto por este triunfo como por el magnífico trato dado a los civiles capturados en Pensacola, el general español obtuvo gran fama, que aumentó cuando ofreció a los prisioneros ser enviados a Nueva York con la promesa de no volver a combatir a España o a sus aliados. Al gobernador Chester lo devolvió a Londres. No es de extrañar que tanta generosidad llegase a enfadar a los norteamericanos, que protestaron formalmente. Con la victoria en Pensacola, en el escenario de guerra del Caribe y el Golfo de México, Gran Bretaña conservaba aún Florida oriental, las Bahamas y Jamaica, además de islas menores, pero las armas españolas eran ahora una amenaza tan importante que podían incluso expulsar del Caribe a Gran Bretaña si la guerra se prolongaba, algo inimaginable tan solo unos años antes.

La conquista de las Bahamas

La toma de Pensacola y la conquista de Florida occidental supusieron en la práctica el final de la campaña, pues las fuerzas británicas no eran ya capaces de reconquistar el territorio perdido, y enredadas en una guerra desfavorable contra las tropas norteamericanas y sus aliados franceses no tenían capacidad para impedir que los colonos insurrectos se saliesen con la suya.

No obstante, el Reino Unido seguía invicto en el mar, y a pesar de los éxitos de los corsarios y de la amenaza de las flotas combinadas de España, Francia y los Países Bajos, todavía confiaba en poder llegar a una paz ventajosa, por lo que los aliados sabían que debían continuar presionando si querían que los británicos se diesen por vencidos.

En el caso español había además poderosas razones para proseguir la guerra. Por una parte, estaba el hecho de que los ingleses aún ocupaban Menorca y Gibraltar, objetivos esenciales para el rey Carlos III, y además el conflicto proseguía con intensidad en Centroamérica y el Caribe. A pesar de todo, el Reino Unido mantenía aún sólidas posiciones en América del Norte, ya que controlaba Florida oriental, importantes posiciones en el territorio de las Trece Colonias y Canadá, Nueva Escocia y Terranova.

Desde los fuertes avanzados en territorio indio, las tropas británicas constituían una amenaza seria, pues seguían manteniendo buenas relaciones con las tribus. La guerra, por lo tanto, continuó sin pausa porque a todos les interesaba mejorar sus posiciones de cara a la negociación. En cualquier caso, los aliados debían decidir qué hacer para forzar a los británicos a pedir la paz y concluir la guerra con éxito. Saavedra fue enviado a ver al almirante francés Grasse a Cap François para elaborar el plan de campaña del año 1782, pues España sí mantenía una alianza formal con Francia y las operaciones combinadas se negociaban.

Dentro de la alianza, el mando de las tropas del Ejército de las dos Coronas borbónicas en el Caribe correspondía a Bernardo de Gálvez, y en principio se pensó que el ataque principal debía ir dirigido contra la principal isla inglesa, Jamaica, perdida por España en 1655, o contra las islas de Barlovento —Barbados y Antigua—, pues franceses y españoles sabían que su flota combinada de 66 navíos de línea podía obligar a la flota británica a defender su propio territorio metropolitano, lo que le haría desatender la defensa de las islas caribeñas. Pero a pesar del interés por Jamaica, la llegada del general Cornwallis a Yorktown dio a los aliados una nueva oportunidad, al situar al grueso del ejército enemigo en una situación comprometida que debía ser aprovechada.

Gálvez aceptó liberar a la flota francesa de sus obligaciones en las Antillas y permitió que se dirigiese hasta Yorktown para bloquear a las tropas británicas desde el mar. Cuando surgió el problema del dinero, España fue la que finalmente aportó los fondos que permitieron el éxito de la operación; y el propio Grasse escribió más tarde que el dinero español fue el cimiento del triunfo americano. Finalmente, el 18 de octubre de 1781, lord Cornwallis se rindió con sus 8 000 hombres en Yorktown, tras el éxito del almirante Grasse, quien impidió que la *Royal Navy* rompiese el bloqueo después de nueve días de bombardeo llevado a cabo por las tropas americanas de George Washington y las francesas del conde de Rochambeau. La victoria consolidó la independencia de los Estados Unidos y las tropas británicas tuvieron en adelante que limitarse a proteger las fronteras de Canadá y de Florida Oriental, que aún seguía en sus manos.

Yorktown, la victoria decisiva de la Guerra de Independencia de los Estados Unidos, fue por lo tanto parte de la estrategia española en América del Norte, algo completamente ignorado por la historia. Pero la guerra no había terminado y España decidió mantener la presión. El 30 de marzo de 1781, un oficial de la Armada, Luis Huet, presentó un plan de operaciones contra las Bahamas, basado en informes recibidos de españoles que conocían las islas y habían estado prisioneros en ellas. El proyecto era interesante y se le adjudicó una fuerza expedicionaria de 1 000 hombres y 20 barcos entre transportes y escoltas, sin olvidar que el objetivo final seguía siendo Jamaica. Tras resolver los problemas que había de financiación, todo parecía ir bien, hasta que la derrota de la flota del almirante Grasse ante la de lord Rodney en las Saintes, el 12 de abril de 1782, obligó a Gálvez a cambiar sus planes. Jamaica tendría que esperar.

El 18 de abril de 1782, a menos de una semana de la derrota francesa, Cagigal escribió a Gálvez desde Cuba, indicándole que había partido hacia las Bahamas dispuesto a conquistarlas a pesar de las advertencias para que detuviese los planes de invasión. La Habana se quedó apenas sin guarnición, pues la mayor parte de las tropas disponibles embarcaron rumbo al este. En total llevaba 2500 hombres y 66 barcos de pequeño porte. La flota conjunta española y estadounidense se presentó sin incidentes —salvo la captura de tres barcos ingleses— ante la capital, Nassau, el 6 de mayo. Miranda, que actuó como negociador en nombre de Cagigal, convenció al vicealmirante británico John Maxwell para que se rindiese sin combatir y no obligase a los españoles a sitiar la plaza, con lo que ello supondría de pérdida de vidas y propiedades. Maxell preparó un borrador de documento de capitulación que Cagigal aceptó.

Sin disparar un tiro España había tomado las Bahamas y capturado 12 barcos, 612 soldados e inmensas cantidades de armas, municiones y suministros. Como detallaba Cagigal en su informe, las Bahamas tenían en total cinco fuertes, 566 casas y 2376 esclavos negros. Desgraciadamente, la victoria de Cagigal en esas islas enfureció a Bernardo de Gálvez, bien por la amargura de la derrota de la flota francesa, bien porque esta no había obedecido sus órdenes. Al conocer estas noticias, su furia fue mayor cuando en Francia se acogió con alegría la victoria española en las Bahamas y no se dijo absolutamente nada del triunfo de su padre en Centroamérica —donde acababa de conquistar la isla de Roatán, en Honduras—. Cagigal y Miranda fueron acusados de tratar con excesiva benevolencia al gobernador de las Bahamas en La Habana y acabaron arrestados por órdenes de Gálvez.

A Cagigal, un hombre valiente y honesto, el arbitrario comportamiento de Bernardo de Gálvez le costó una década en prisión y jamás pudo rehabilitar su carrera militar. Fue un buen ejemplo de la tradicional envidia española que destruye incluso a sus más grandes hombres, como el héroe de Pensacola. Respecto a Miranda, que no pudo contar con los contactos de Cagigal en la Corte para rehabilitar su nombre, la amargura de su postergación, que consideró injusta, le que suscitó un intenso rencor a su propio país que lo llevaría a combatir con todas sus fuerzas por la independencia de la América hispana[59].

---

[59] Amargado y frustrado, años más tarde traicionaría a España y se aliaría a los británicos para intentar lograr la independencia de Venezuela. Respecto a las Bahamas, fueron reconquistadas por una improvisada fuerza inglesa que partió de San Agustín, en Florida Oriental, pues las tropas españolas que habían conquistado Florida Occidental no avanzaron más allá del río Apalachicola.

La Paz de París: Florida española

La rendición de Cornwallis en Yorktown en octubre de 1781 supuso en la práctica el final de la guerra en las Trece Colonias. El ejército británico controlaba aún decenas de fuertes y puestos en el interior, el general Clinton seguía sólidamente establecido en Nueva York, pero en Londres hasta los más reacios a la paz sabían que las colonias estaban perdidas. Otra cosa era la guerra, básicamente naval, que se libraba en medio mundo entre Francia, España, los Países Bajos y Gran Bretaña.

El 4 de abril de 1782, Clinton fue relevado del mando del Ejército británico y sustituido por Carleton, que lentamente concentró todas sus tropas en Nueva York y abandonó antes de acabar el año los últimos puertos en manos inglesas, como Wilmington, Savannah y Charleston. No obstante, en el valle del Ohio, en la frontera de Canadá, aún se libraron combates y las tropas inglesas, sus aliados indios y los americanos leales a la Corona británica siguieron la lucha mediante incursiones similares a la toma de Saint Joseph por los milicianos de Porrué. En Florida occidental, las tropas españolas, tras aplastar la revuelta de Natchez, no se vieron ya envueltas en operaciones de envergadura. Se limitaron a proteger lo conquistado, aunque se realizaron algunos tanteos para la reconquista de Florida oriental.

Respecto a las negociaciones de paz que comenzaron en París, Francia disponía de un acuerdo con los norteamericanos por el cual ninguna de las dos naciones podría firmar la paz con Gran Bretaña por separado, pero bien pronto los americanos pensaron que era mejor hacer lo que les interesase, y empezaron a negociar con el representante británico, Richard Oswald, sin contar con los franceses[60]. Los negociadores norteamericanos acordaron con los británicos el tratado de paz el 3 de septiembre de 1783. Fue firmado por David Hartley, miembro del Parlamento del Reino Unido que representaba al rey Jorge III, y por John Adams, Benjamin Franklin y John Jay en representación de los Estados Unidos. El tratado fue ratificado por el Congreso de la Confederación el 14 de enero de 1784, y por los británicos el 9 de abril de 1784.

Los elementos básicos del Tratado, que luego tendrían en parte una gran importancia para el desarrollo de los futuros problemas fronterizos entre España y los Estados Unidos, eran el reconocimiento de la independencia de las Trece Colonias con el nombre de «Estados Unidos de América», a

---

[60] Los británicos, viendo que la guerra era ruinosa, y dándola por perdida, decidieron «proteger» al máximo los intereses de la nueva nación americana ante España y Francia, pues sabían que los estadounidenses no dejaban de ser sus «hermanos», y de hecho la política seguida por los recién nacidos Estados Unidos fue, desde poco después del final de la guerra, completamente hostil a España, olvidando totalmente la ayuda recibida.

los que se otorgó todo el territorio al norte de Florida, al sur del Canadá y al este del río Misisipi, y que por lo tanto heredaba la frontera de Luisiana de 1763. Gran Bretaña renunció al valle del río Ohio y dio a Estados Unidos plenos poderes sobre la explotación pesquera de Terranova. Los británicos firmaron también acuerdos por separado con España, Francia y los Países Bajos, que ya habían sido negociados con anterioridad. España mantenía los territorios recuperados de Menorca y Florida occidental, recibía Florida oriental y recuperaba las costas de Nicaragua, Honduras —Costa de los Mosquitos— y Campeche, pero Gran Bretaña conservaba Gibraltar, que no había podido ser tomada.

En general, lo conseguido era muy favorable para España, y en menor medida para Francia, aunque para ambas naciones la guerra fue ruinosa desde el punto de vista económico. Además, España disponía ahora de una enorme frontera con la nueva nación norteamericana, lo que ocasionaría grandes problemas en los años que siguieron.

Para el mundo entero el esfuerzo y sufrimiento de los soldados y marinos de España, que ayudaron a que los Estados Unidos nacieran como país independiente, está prácticamente olvidado. Pertenece solo al conocimiento de los eruditos y de unos pocos aficionados a la historia, pues a pesar de las meritorias y excelentes obras publicadas, las que han llegado al gran público no superan la media docena. El mérito de autores como Carmen de Reparaz, Pablo Victoria, Thomas E. Chávez o Manuel Petinal es enorme, pero sus obras siguen siendo casi desconocidas. Es cierto que Francia realizó una aportación esencial a la causa americana, pero a la postre, digan lo que digan los historiadores franceses o norteamericanos, su ayuda no fue superior a la española. Hombres como La Fayette o Rochambeau se quedaron con la gloria y otros como Gálvez, Ezpeleta o Cagigal en el olvido.

Al acabar la guerra, la brillante actuación de Bernardo de Gálvez le valió los títulos de vizconde de Gálvez-Town y conde de Gálvez, con derecho a lucir en su escudo un bergantín con las palabras «Yo solo», como recuerdo eterno de su hazaña en Pensacola. Nombrado gobernador y capitán general de Cuba, alcanzó el rango de virrey de Nueva España el 17 de junio de 1785 y falleció el 30 de noviembre de 1786 tras un breve gobierno. Sus restos reposan en la iglesia de San Fernando en la Ciudad de México. Hoy es uno de los grandes héroes olvidados de la historia de España, de México y de los Estados Unidos.

QUINTA PARTE
CALIFORNIA

Felipe de Neve
Estatua obra de Henry Lion (1932), Los Ángeles

*Gobernador de las Californias, ejerció su cargo entre los años 1777 y 1782.
Durante su administración se construyó el presidio de San Francisco,
y el pueblo de San José de Guadalupe, conocido posteriormente como San José.
En esos años se consolidó la California española que llegaría a su apogeo en los
primeros años del siglo XIX. En un mundo convulso y peligroso,
fue en general una provincia tranquila y feliz.*

No hay en la Historia universal obra comparable a la realizada por España, porque hemos incorporado a la civilización cristiana todas las razas que estuvieron bajo nuestra influencia.

Ramiro de Maeztu y Whitney (1874-1936)

5.1. Una tierra maravillosa

La tradición histórica otorga a Hernán Cortes el mérito de descubrir para el mundo occidental el inmenso territorio que hoy conocemos como California, aunque no lo hiciera personalmente. Lo seguro es que el navegante Fortún Jiménez alcanzó en 1533 las costas de un nuevo país que creyó se trataba de una isla y que era ya conocido por Cortés. Jiménez mandaba una de las varias expediciones marítimas enviadas al norte por Cortés para explorar las costas de la recién nacida Nueva España.

Lo que no sabemos es quién le puso el nombre que hoy en día mantiene. Se pensaba que California era una isla rocosa habitada por fieras y combativas mujeres que cabalgaban a lomos de grifos y aparecía así descrita por Garci Rodríguez de Montalvo en las *Sergas de Esplandián*, anexas a una edición del año 1500 del famoso libro de caballerías *Amadís de Gaula*[61].

Cortés intentó establecer un asentamiento en la nueva región descubierta y desembarcó cerca de la actual La Paz —Baja California, hoy México—. El lugar elegido no era bueno, pues a la aridez se sumaba la carencia casi total de elementos que permitían la supervivencia, como el agua o la comida. Los españoles tuvieron que limitarse a comer los moluscos que había en la playa. Para colmo los choques con los indios fueron constantes y cuando se volvió a la «*isla*» más de una veintena de sus colonos había fallecido de hambre, enfermedades y en luchas con los nativos. La situación era desesperante y la colonia se abandonó en 1536.

De no haber sido por la insistencia en la busca de un paso en el norte de América que uniera el Pacífico con el Atlántico, las exploraciones se hubiesen detenido, pero la creencia en la existencia de los llamados Estrechos de Anián hizo que Cortés realizara un nuevo intento y enviase a Francisco de Ulloa con la misión de efectuar una nueva exploración de la costa.

Primeras expediciones: De Ulloa a Vizcaíno

En julio de 1539 el navegante Francisco de Ulloa partió de Acapulco a bordo de su nao, la *Santa Águeda*, acompañado de dos buques más pequeños, la *Trinidad* y la *Santo Tomás*. Una terrible tormenta destrozó la *Santo*

---

[61] No sería el único caso, pues otros lugares como la Patagonia o la isla de Barataria, en Luisiana, fueron bautizados en razón de aparecer sus nombres en novelas de caballerías.

Tomás, que se perdió con toda su tripulación, pero a pesar de la dificultad de la navegación, los españoles alcanzaron una playa en la que desembocaba un río. Llamaron al lugar Ancón de San Andrés y Mar Bermejo a las aguas debido al color que adquirían por la entrada en el mar de las rojizas aguas del río. Ulloa no lo sabía, pero había alcanzado la desembocadura del Colorado. Tras tomar rumbo sur, costeó lo suficiente para dar testimonio de que California era una península y no una isla, y tras doblar el cabo San Lucas, prosiguió rumbo al norte[62].

Para su desgracia, Ulloa no pasó a la posteridad y su viaje se perdió en el olvido hasta 1926, cuando en el Archivo de Indias de Sevilla se localizaron unas cartas dirigidas a Cortés. En una de ellas, de 5 de abril de 1540, fechada en la Isla de los Cedros, explica su singladura y su intención de navegar hacia el norte con la *Santa Águeda*, enviando de vuelta a Acapulco a la *Trinidad*. Desde entonces ha existido una gran polémica sobre el punto alcanzado por Ulloa en su viaje de exploración, pues la mayor parte de los historiadores aceptaban como máximo unos 160 kilómetros al norte de la Isla de los Cedros, que es lo que aparece en los más avanzados mapas de la época.

Pero hay algo más. *La Trinidad* no llegó nunca a Acapulco y la mayor parte de sus tripulantes fallecieron. Increíblemente, su piloto, Pablo Salvador Hernández, llegó al puerto mexicano y afirmó haber navegado a remo más de 2200 kilómetros en un viaje de meses. A este fantástico hecho se unía su extraña narración sobre la pérdida de la *Trinidad*, pues decía que la mayor parte de la tripulación había fallecido y hubo que abandonar la nave en agosto de 1540. En cualquier caso, a Ulloa sigue sin reconocérsele, injustamente, que fue el descubridor de la Alta California[63].

La primera expedición marítima debidamente documentada que llegó a las costas de la Alta California estaba al mando de Juan Rodríguez Cabrillo, uno de los mejores ejemplos de «conquistador» español —aunque era portugués— que estuvo en la expedición que el gobernador de Cuba, Diego de Velázquez, envió a México con el fin de someter a Cortés. Como la mayor parte de sus compañeros de esa expedición, se unió a la tropa de

---

[62] Según Carlos López, el doctor J. J. Markey, de Oceanside, localidad situada a 60 kilómetros al norte de San Diego, basándose en las direcciones de Hernández y en un mapa adjunto, logró en 1957 encontrar enterrado un zurrón de cuero con casi dos mil monedas españolas, seis esqueletos y una calavera de raza europea que el departamento de Antropología de la Universidad de California en Los Ángeles determinó tener por lo menos 400 años. Ulloa, por lo tanto, había alcanzado la Alta California.

[63] Los cartógrafos negaron esta realidad durante decenios y muchos mapas siguieron presentando a California como una isla.

Hernán Cortés y tras sobrevivir a la Noche Triste y la batalla de Otumba fue a refugiarse en Tlaxcala.

Cabrillo, hasta entonces un simple ballestero que había ascendido a jinete, se convirtió en marino y colaboró con su ingenio en la construcción de los bergantines diseñados por Martín López con los que Cortés tomó Tenochtitlán. Años después acompañó a Pedro de Alvarado en Guatemala y tomó parte en la fundación de la ciudad firmando «Juan Rodz.». Marchó ya rico a España, donde se casó, y volvió a Guatemala, donde afirma Bernal Díaz del Castillo que «era una persona honorable, capitán y almirante de trece bajeles bajo Pedro Alvarado». Se dice que una de las naves de Alvarado fue enviada al golfo de California al mando de Francisco de Alarcón, y a pesar de las fuertes mareas y de la corriente contraria, remontó el río Colorado[64]. Esta flotilla de Alvarado terminó bajo el control del virrey Antonio de Mendoza, que la dividió. Envió algunas naves a Asia, otras las empleó en expediciones de pequeño alcance al Golfo de California, y por último envió a Cabrillo con dos naos, la *San Salvador* y la *Victoria* hacia el norte.

Cabrillo zarpó desde Navidad en el actual estado de Colima, el 27 de junio de 1542. El 28 de septiembre, después de un viaje cauteloso a lo largo de la costa de Baja California, entró con sus dos barcos en el actual puerto de San Diego, al que llamó San Miguel. Después de permanecer algunos días en la bahía siguió viaje al norte y mientras se encontraba en tierra en la isla de La Posesión, hoy San Miguel, frente a Santa Bárbara, tuvo una caída que le ocasionó una fractura en un brazo. No por eso cejó el intrépido Rodríguez Cabrillo en sus esfuerzos. Guió sus dos naves hacia el norte y avistó un promontorio que llamó Cabo de la Mala Fortuna, hoy Mendocino. Había pasado frente al magnífico puerto de San Francisco sin descubrirlo. Las tormentas le forzaron a regresar al sur, y quedarse en la Isla de la Posesión. Allí la gangrena acabó con su vida. Fue enterrado cerca de un manantial de agua fresca sin que se conozca el lugar exacto de la tumba.

Tras su muerte, tomó el mando de la expedición Bartolomé Ferrelo, que se enfrentó a un crudo invierno tras el cual regresó a Acapulco. Tan triste resultado convenció a la Corona que al norte de México no existían naciones ricas ni pasajes navegables entre los dos océanos, únicas metas que llevaba la exploración. Como era habitual, los derroteros, diarios, mapas y relatos de los descubrimientos quedaron ocultos al ser declarados secretos, ya que España temía que ingleses, portugueses y más tarde holandeses se

---

[64] Las cartas las encontró una expedición por tierra al mando de Melchor Díaz que se había separado del grupo principal de Francisco Vázquez de Coronado.

aprovecharan de sus esfuerzos. Así sucedió con los escritos de la exploración de Cabrillo, hasta el extremo de que sesenta años después de su muerte, la expedición al mando de Sebastián Vizcaíno siguió su ruta y levantó mapas más precisos, pero cambiando los nombres geográficos, pues desconocía los descubrimientos anteriores.

Tras el viaje de Cabrillo, el suceso más trascendente fue la llegada a las costas californianas, en 1565, del *San Luis*, un pequeño patache de 40 toneladas al mando de Lope Martín, que venía de las lejanas Filipinas sin apenas comida ni agua, desafiando el mar desconocido en uno de los viajes más audaces de la navegación humana. Su importancia deriva de que fue el primer buque que cruzó el Pacífico desde Asia a América, y abrió el camino que luego seguiría Urdaneta y que permitiría consolidar la ruta del galeón de Manila.

De entre todos los exploradores y viajeros que llegaron a California antes de la definitiva conquista española, el más mitificado fue Francis Drake, corsario al servicio de la Corona inglesa que llegó —mal que les pese a los historiadores anglosajones— de casualidad. Después de un viaje de más de un año y medio en el que se dedicó a atacar naves y puertos españoles, acciones de las que había obtenido un considerable botín estimado en treinta toneladas de oro, alcanzó California cuando buscaba un lugar seguro para permitir el descanso de sus hombres y carenar su galeón, el *Golden Hind*. Hay quien afirma que entró en la bahía de San Francisco, algo no demostrado, pero en cualquier caso no se dio cuenta de su importancia. Lo más probable es que desembarcara en el lugar que lleva su nombre, Drake's Bay, al sur de Punta Reyes. Todos los intentos que se han hecho para magnificar su llegada a California no pueden obviar el hecho de que su viaje, luego usado hasta la saciedad por los ingleses para justificar sus demandas en las costas del Pacífico norte, careció de importancia, pero, como señala el historiador californiano Carlos López, recordó a los españoles que el «Lago Español», como algunos denominaban al océano Pacífico, podía dejar de serlo. La segunda señal de alarma fue la captura del galeón *Santa Ana*, en viaje desde Manila, por el corsario inglés Thomas Cavendish, junto a Baja California, cerca del cabo San Lucas.

En México, la preocupación causada por los merodeadores ingleses hizo que el virrey enviase a Cermeño con un galeón a recorrer la costa para averiguar si había más ingleses en la región y buscar un puerto seguro para el galeón de Manila. Tras recorrer la costa de California hacia el norte entró en la actual bahía de Drake, a la que dio el nombre de San Francisco, pero en una tormenta su galeón, el *San Luis*, naufragó, si bien los supervivientes lograron regresar a México en una barca con la que recorrieron la costa en busca de alimento y cobijo.

Algunos historiadores piensan que el puerto natural que bautizó Cermeño como San Pedro era el de Monterey. En cualquier caso, el conde Monterrey, virrey de Nueva España, pensó que el viaje de Cermeño había sido un fracaso, al fallar en su misión principal de encontrar un lugar de descanso y refugio para las tripulaciones y pasaje del galeón de Manila. El virrey encargó el trabajo a Sebastián Vizcaíno, un emprendedor vasco que, aunque había fracasado en un intento de colonizar la Baja California, había demostrado notables aptitudes y valor[65].

A Vizcaíno se le dieron instrucciones muy específicas, indicándole que debía explorar desde el Cabo San Lucas hasta el Mendocino y seguir todavía más al norte, pero si la costa se prolongaba al oeste no debería seguirla por más de cien millas. En 1602, Vizcaíno zarpó desde Acapulco con cuatro embarcaciones, el galeón *San Diego*, la fragata *Santo Tomás* y dos bateles. Iban en la expedición tres frailes carmelitas y un cartógrafo que debía tomar notas precisas de la costa y de los descubrimientos. En noviembre la flotilla arribó al puerto de San Miguel, al que no llegaba un barco español desde hacía más de sesenta años y que Vizcaíno rebautizó como San Diego —nombre que conserva hoy—. Tras cruzar el canal de Santa Bárbara siguió nombrando los accidentes geográficos que encontraba hasta llegar a una bahía, ya descrita por Cermeño y llamada San Pedro, a la que dio el nombre de Monterey en honor del virrey[66].

Para realzar el éxito de su misión, Vizcaíno exageró la bonanza y buenas condiciones del lugar y tras bautizar el río con el nombre de Carmelo, en honor a los tres religiosos de la expedición, describió el lugar diciendo que tenía «bosques que podían proveer de excelentes maderas en ambas riberas del río, tierras fértiles, flora y fauna abundantes, nativos dóciles y una bahía bien protegida por altas montañas contra todos los vientos y borrascas». Esto último era totalmente falso. Sin embargo, su descripción de Monterey tuvo enorme importancia histórica y el virrey, honrado con que el gran puerto llevara su nombre, recompensó a Vizcaíno con el mando de uno de los galeones de Manila, con lo cual el navegante vasco dio lo que hoy llamaríamos un buen «pelotazo». Antes de eso, en su recorrido por la costa californiana

---

[65] Sebastián Vizcaíno era un auténtico hombre de acción. Había perdido una fortuna en el *Santa Ana* cuando lo incendió Cavendish, por lo que sin meditarlo mucho volvió al galeón en llamas y las sofocó. Luego logró repararlo con sus hombres y tras improvisar unos mástiles y velas navegó hasta Acapulco.

[66] En la actualidad Monterrey en Nuevo León —México— se escribe así, pero la ciudad de California es habitualmente escrita con una sola erre.

y tras tomar de nuevo rumbo norte, ancló en la Bahía Drake y luego siguió hasta avistar el Cabo Mendocino. Separadas las dos naves por el tiempo borrascoso, continuaron hacia el norte alcanzado latitudes similares, cercanas a los 40º N, pero tampoco encontró la gran bahía de San Francisco, el puerto ideal para establecer el lugar de recalada del galeón y que se seguía resistiendo a los exploradores españoles.

El conde de Montesclaros, nuevo virrey de Nueva España tras la marcha de su antecesor al Perú, descubrió el engaño del informe y quitó a Vizcaíno el mando del galeón de Manila. Luego ahorcó al cartógrafo y acabó con el proyecto de establecer un puerto de recalada en California para el galeón filipino. Pero Vizcaíno era un tipo con suerte. Tenía algún protector de alto nivel en la Corte y el rey Felipe III impartió instrucciones para que se le diese otro barco y permiso para fundar una colonia. El virrey, que no sabía cómo deshacerse de él, le nombró en 1611 embajador en Japón, con el doble objetivo de buscar oro y plata y encontrar puertos útiles para los buques españoles.

Como era habitual en sus misiones exploradoras, Vizcaíno regresó a México tres años más tarde, sin haber encontrado el oro que buscaba ni establecido relación alguna con los japoneses. El tiempo demostró que las razones del virrey resultaron acertadas en parte, pues al avistar las costas de California al galeón le faltaban pocas semanas de navegación para llegar a su destino. Las corrientes y los vientos favorables hacían de este tramo la parte más fácil del viaje. Cuando por fin se establecieron los puertos californianos, los galeones se detuvieron en ellos pocas veces, hasta el extremo de que el virrey ordenó una fuerte multa para obligarlos a recalar y aun así no lo logró, pues el capitán, el piloto y los mercaderes preferían pagar la penalización impuesta antes que detenerse en California.

España en la Alta California

Cuando en 1607 el virrey Montesclaros decidió que poblar California era una empresa costosa y complicada, se pensó también que el aislamiento y la lejanía serían suficientes para disuadir a cualquier potencia de alcanzar la zona y asentarse en ella. Pero además existen varias causas que explican el retraso español en poblar y colonizar California, entre ellas la ausencia de ricas colonizaciones indias, como las de Perú o México, la enorme distancia y la presencia de tribus agresivas y hostiles.

Los descubrimientos realizados en las exploraciones costeras no habían aportado beneficios y las escasas naves que se habían acercado a sus costas a lo largo de los siglos XVII y XVIII no informaron de nada de interés, solo que veían en el horizonte bosques interminables, montañas nevadas y niebla. Además, la ruta marítima no era sencilla por la existencia de corrientes y vientos contrarios, y a pesar de que el clima californiano es magnífico, el mar es frío y brumoso, con corrientes locales fuertes y olas violentas. Por tierra el camino tampoco era fácil, pues siguiendo la línea de la costa por México está el gran desierto del sudoeste, que obligaba a recorrer más de mil kilómetros de territorio despoblado para alcanzar la hermosa bahía de San Diego. Esto obligaba a cualquier expedición a cargar con una importante impedimenta que garantizase poder atravesar el enorme desierto entre Gila y el Colorado. Montañas casi continuas, quebradas, profundos cañones y otros accidentes geográficos hacían del estéril terreno un lugar complicado de atravesar por hombres y bestias. Por si fuera poco, los indios de la región eran siempre hostiles a toda presencia extraña.

Había otra causa más que se mantuvo a lo largo de años como un obstáculo insalvable: la escasez de recursos de los gobiernos virreinales. Los enormes gastos, la escasa eficacia del sistema español de comercio y la burocracia interna lastraban la economía e impedían una buena gestión de los recursos disponibles, que, orientados a obtener riquezas rápidas de oro y plata, no permitían crear unas bases sólidas que generasen riqueza a largo plazo. Finalmente, estaba la propia naturaleza de la frontera, un territorio salvaje, poblado por indios impermeables a todo esfuerzo civilizador que convertían la vida del colono y su familia en una pesadilla. La protección que daban las unidades militares desplegadas en la frontera no era suficiente para animar a las ganaderos, agricultores y comerciantes del México virreinal a emigrar al norte. La escasez de población se iba a convertir en el problema más importante, y nunca fue posible solucionarlo.

Cuando se conseguía pacificar una zona, como ocurrió a finales del siglo XVI con el territorio *chichimeca*, aparecía en el horizonte una tribu aún peor y más agresiva, como los *apache*s, que la red de presidios contenía a duras penas. No obstante, el modelo administrativo que debía imponerse en California estaba ya construido y dispuesto, por lo que solo era cuestión de ponerlo en marcha. Algo que resultaba complicado por la progresiva indolencia de la Administración en una sociedad adormecida en la que los comerciantes ansiaban el monopolio y la eliminación de la competencia, los funcionarios intentaban medrar en el complejo sistema burocrático virreinal y los militares preferían los destinos cómodos. Pero entre tanta indolencia había una excepción: los religiosos, la verdadera punta de lanza de la expansión española en los siglos XVII y XVIII, llevando siempre el Evangelio donde la ley de

España y la voluntad del rey no llegaban, y empujando las fronteras hasta más allá de lo conocido, desde el Paraguay al Amazonas y desde la Pampa a las llanuras de Arizona.

De todas las órdenes que actuaban en América, fueron los jesuitas quienes se encargaron de la evangelización de Sinaloa, Durango, Chihuahua, Sonora y las Californias. Ya en 1684, el padre Kino —explorador de Sonora y Arizona— fundó una misión cerca de Loreto, que se abandonó al año siguiente, pero la voluntad obstinada de los jesuitas logró que poco después, en 1697, los padres Salvatierra y Ugarte lograsen establecerse en Baja California, junto a una unidad militar de protección al mando del capitán Romero, que construyó en Loreto un presidio guarnecido de 25 soldados, considerado un ejemplo de los que luego se establecerían al norte de la provincia.

Oscuras exploraciones y la sombra de los rusos

Además de las buenas intenciones de los religiosos católicos, deseosos de llevar la palabra de Dios a los paganos, había otras gentes en la Nueva España cuyos intereses eran muy diferentes, hombres de los que prácticamente nada sabemos, brutales y ambiciosos, pero no por ello menos audaces y, sin duda, buenos exploradores y navegantes, a los que sus intenciones y acciones al margen de la ley han mantenido fuera de los libros de historia.

Investigaciones recientes llevadas a cabo tanto en las provincia de Columbia Británica en Canadá, como en Oregón y Washington, en los Estados Unidos, han ido descubriendo cada vez más pruebas de expediciones españolas en el desconocido Pacífico Noroeste en el siglo XVII y los primeros años del siglo XVIII, mucho antes de que los rusos llegasen a Alaska y de que «oficialmente» los españoles se asentaran con firmeza en la Alta California. El doctor Stan Copp, director del departamento de sociología y antropología del Langara College, descubrió una pintura rupestre en el valle del Okanagan, en la Columbia Británica, no lejos ya del límite de Alberta, que muestra lo que sin duda es una línea de hombres vigilados por perros y atados por el cuello, un tradicional sistema de los europeos para conducir esclavos. Lo increíble de esta pintura es que se encontró en un lugar muy alejado de la costa, a centenares de kilómetros de ella, siguiendo el curso del río Columbia desde su desembocadura en la costa de Oregón hacia el norte en el interior de lo que hoy es Canadá. Para Copp, quienes realizaron esta expedición de la caza y captura fueron atacados por los nativos y muertos cerca de la actual localidad de Kelowna, siendo sus cuerpos enterrados en la zona.

Lo más curioso es que en los archivos del cercano Museo Penticton hay una espada catalogada, según una leyenda de los pueblos originarios, como «la espada de los hombres tortuga». Copp logró identificarla como una *kastane*, una espada cingalesa, es decir, fabricada en Sri Lanka en el siglo XVI. No se sabe cómo pudo llegar hasta allí, pero por si fuera poco, en el Museo Kamloops apareció otra espada encontrada por un granjero local en los años cincuenta del siglo pasado. Dennis Oomen, curador del museo, envió fotos al Museo de la Guerra Canadiense, donde determinaron que era de origen español y fabricada en América. Por supuesto, ambas armas pudieron ser introducidas mucho más tarde por comerciantes o incluso por los propios nativos, pero cabe la posibilidad de que un grupo de españoles se hubiera internado en la Columbia Británica desde California o México siguiendo el curso del río Columbia.

Por otra parte, Scott Williams, que dirige un equipo de investigadores al sur del río Columbia, en el estado de Oregón, asegura que existen dos pecios de galeones españoles en la zona. El primero hundido en 1694, del que se desenterró, cerca del lugar donde se cree que reposa el galeón, parte de su cargamento de cera. Hay historias transmitidas de manera oral que afirman que de este naufragio pudieron sobrevivir hasta treinta personas, pero que morirían después en una batalla contra los indios en la costa.

El segundo naufragio es de 1725, y hace pensar a Scott Williams que es más que probable que otros buques españoles se perdieran mientras exploraban la costa oeste norteamericana, en oscuras exploraciones hoy en día ocultas e ignoradas[67]. Este naufragio de 1725 es algo más conocido porque, supuestamente, el hijo de uno de los supervivientes vivía todavía cuando los comerciantes de pieles llegaron hasta allí. Les contó que era hijo de un marinero español que había naufragado en la boca del río Columbia, y que su padre y otros tres supervivientes habían vivido con los indios durante un tiempo. Luego decidieron probar suerte siguiendo el curso del río hacia el interior, y nunca más se supo de ellos[68].

Hasta el día de hoy se desconoce todo acerca de quién y por qué se promovieron estas desconocidas exploraciones, pero lo que es evidente es que cada vez hay más pruebas de que hubo viajes de aventura privados, de los

---

[67] Copp y Williams investigaban sin saber uno del otro, pero finalmente se conocieron. En la actualidad buscan enlaces o conexiones entre sus respectivos descubrimientos, si bien hoy no hay duda ya de que exploradores españoles se internaron por aquellas desconocidas e inmensas tierras mucho antes de la llegada de los británicos.

[68] Hay que tener en cuenta que el primer asentamiento estadounidense en el Pacífico fue precisamente en la desembocadura del Columbia, pero no se edificó hasta 1811. Se trataba de Fort Astoria, construido por la *Pacific Fur Company* (PFC) de John Jacob Astor.

que sabemos muy poco y, curiosamente, solo de los que acabaron mal, pues dejaron huella en restos de naufragios o historias locales hoy convertidas en leyendas. Pasados años desde su fundación, el modélico presidio de Loreto llegó a ser la capital de las Californias y la residencia del gobernador hasta que en 1777 se dividió en dos gobiernos. Sin embargo, a pesar del éxito y por las razones expuestas, la Alta California siguió siendo una tierra lejana y desconocida por más de medio siglo. La política en Europa iba a condicionar lo que ocurriría en el futuro cuando el 24 de junio de 1767, en ciudad de México, el virrey procedió en cumplimiento de las órdenes reales a la expulsión de los jesuitas de Nueva España.

La persona encargada de hacer cumplir la orden de expulsión en Baja California era un militar nacido en el lejano Valle de Arán, el capitán de dragones Gaspar de Portolá, a quien, como a muchos, la noticia le pareció mala para los intereses de la Corona, pero obligado por su deber, embarcó en Loreto a los 16 jesuitas que había en la región con destino al exilio. Era el 3 de febrero de 1768 y las abandonadas misiones iban a ir a parar a manos de los franciscanos, cuya participación en el futuro de California sería decisiva. Bajo la dirección de fray Junípero Serra y tras ocupar las 14 misiones jesuitas, los franciscanos crearon una nueva, la de San Fernando, que durante unos años fue la situada más al norte.

En realidad, la extensión del dominio español hacía la costa norte del Pacífico era un asunto que preocupaba bastante en Madrid y en Ciudad de México. A los viejos rivales ingleses, holandeses y franceses se unían ahora los ambiciosos angloamericanos. Sus barcos aparecían cada vez más en el Pacífico mexicano, y unos visitantes inesperados en las costas de América, los rusos, amenazaban desde Alaska con avanzar hacia el sur[69].

Entre 1741 y 1765, sus buques habían explorado las costas de Alaska para proseguir los viajes del gran navegante danés Vitus Bering, que al servicio del zar había descubierto las Aleutianas y reconocido las costas del norte de Asia y América. Las ricas pieles que sus hombres llevaron de regreso a la Corte de San Petersburgo —Bering murió en Nueva Zembla durante sus

---

[69] Los primeros intentos de establecer contactos diplomáticos entre Rusia y España se remontan al siglo XVI. Después de entronizado en 1519 como emperador del Sacro Imperio Romano, Carlos V —Carlos I de España— envió una carta amistosa al Gran Príncipe de Moscovia Basilio III (1505-1533). En su mensaje de respuesta del 26 de mayo de 1522 el soberano ruso aseguró sus intenciones de desarrollar tan buenas relaciones con el Imperio como en tiempos del emperador Maximiliano. Esta carta la llevó en 1523 a Valladolid, residencia de Carlos V, Yákov Polúshkin, *podyachi* —escribano de la Corte—, que fue el primer representante oficial de la Corte rusa que llegó a España. Durante mucho tiempo las relaciones fueron solo esporádicas hasta la primera misión diplomática rusa enviada a España en 1667, dirigida por el boyardo Piotr I. Potemkin, y el nombramiento en enero de 1717 del embajador en Moscú, Jacobo Fitz James, duque de Liria y Jérica, ante el zar Pedro I.

viajes— y la posibilidad de comenzar un lucrativo comercio con los chinos, impulsaron la ambición de los rusos, que construyeron una factoría para el comercio de pieles en la isla de Kodiak.

La alianza entre Rusia y España durante la fase final de la Guerra de los Siete Años —a partir de 1761— permitió que hubiese un embajador estable en San Petersburgo. Ya en ese año, el embajador, marqués de Almodóvar, proporcionó los primeros informes sobre la presencia de cazadores-comerciantes rusos en el extremo noroccidental de América. Almodóvar aseguraba que los campamentos y las aldeas rusas no tenían solidez y no amenazaban la frontera de Nueva España, pero en 1764, el vizconde de la Herrería, sustituto de Almodóvar, informó al gobierno de las nuevas exploraciones al sur autorizadas por la zarina Catalina II (1762-1796). Había un hecho importante para no tomar este avance a la ligera, y es que, aunque las relaciones ruso-españolas había sido esporádicas durante los siglos XVI y XVII, la progresiva entrada de Rusia en el complicado juego de alianzas de las potencias europeas a partir del reinado de Pedro I hizo que ambas naciones se encontraran defendiendo a veces intereses opuestos.

Así, durante la Guerra de Sucesión de Polonia (1733-1738), España, enemiga de Austria y aliada a Francia en virtud del Primer Pacto de Familia, fue *de facto* enemiga también de Rusia, pues la guerra enfrentó por un lado a los partidarios de Federico Augusto II, elector de Sajonia, quien reinaría en Polonia con el nombre de Augusto III, y por otro a los partidarios de Estanislao Leszczynski, que a su vez había ya reinado —y reinaría de nuevo— en Polonia con el nombre de Estanislao I. Augusto III recibió durante el conflicto la ayuda de Rusia, de Austria y del Sacro Imperio Romano Germánico, con Sajonia —territorio del que además era soberano—, mientras que Estanislao I fue apoyado por Francia, Baviera, Cerdeña y España. Durante la guerra las fuerzas españolas operaron con gran éxito contra las tropas imperiales austriacas en Italia, pero no intervinieron en el frente báltico[70].

En Madrid se empezó, por lo tanto, a tomar en serio la progresión rusa y a estudiar la necesidad de llevar la frontera lo más al norte posible, para impedir que los rusos plantearan reivindicaciones sobre las costas del noroeste americano del Pacífico. Una Real Cédula de 30 de noviembre de 1767 orde-

---

[70] Estanislao I se refugió en la ciudad costera de Gdansk —Danzig— ante la que se presentó un ejército de 20 000 soldados rusos, por lo que pidió auxilio a Francia. El 20 de mayo de 1734, 2000 soldados franceses desembarcaron en la península de Westerplatte, cercana a Gdansk, pero este pequeño refuerzo nada pudo hacer, y el 30 de junio la ciudad capituló. Si Francia hubiese solicitado apoyo de la Real Armada —algo previsto en el Pacto de Familia—, es posible que se hubiera producido un choque con los rusos por primera vez en nuestra historia.

nó al virrey de Nueva España, marqués de Croix, ocupar los puertos de San Diego y Monterey y evitar la interferencia de cualquier potencia enemiga. El letargo español había llegado a su fin.

La consolidación de la colonia

Correspondió el honor de ser el responsable del nacimiento de la California moderna a un importante hombre de la Corte española, José de Gálvez, que se encontraba en aquel momento en México cumpliendo la importante misión de «visitador general». El visitador disponía de poderes especiales que le eran otorgados por el monarca y se situaba, en cierta medida, por encima del propio virrey. Había sido nombrado para el cargo en 1765 y tenía que investigar el estado de las finanzas de Nueva España y también la organización administrativa, pues en Madrid parecía evidente que era necesario abordar una serie de reformas urgentes que permitiesen garantizar la estabilidad del más importante de los territorios españoles en América.

Gálvez había demostrado fuerza de voluntad y capacidad de trabajo, y cuando se le comunicó la orden de ocupar y colonizar la Alta California se dedicó a ello con su habitual energía. Curiosamente, cuando le llegó la comunicación procedente de España, Gálvez se encontraba en el norte, más allá de Guadalajara. La carta que le remitía el virrey Croix no dejaba lugar a dudas, debía organizar de inmediato una expedición por mar a la Alta California y bloquear la expansión rusa, pues en Madrid se sabía que los rusos habían llegado muy al sur en las costas de América, pero no se conocía con exactitud hasta dónde ni cuáles eran sus intenciones.

A la vista de la situación, Gálvez solicitó informes para designar el punto de partida más adecuado, y la elección final, San Blas, daría lugar al nacimiento de la que sería la más importante base naval del Pacífico norte español, hasta su caída en manos de los insurgentes mexicanos durante la segunda década del siglo XIX. San Blas debía ser, por lo tanto, el lugar en el que se concentrarían los buques, tripulaciones y equipo y necesarios para ocupar California.

El 16 de mayo de 1768, en el puerto de San Blas, Gálvez convocó una importante reunión en la que se expusieron las líneas generales de la expedición que ordenaba el rey. Lo más urgente fue la selección de los buques, ya que la primera operación iba a ser naval. Se eligieron dos bergantines, el *Príncipe* y el *San Carlos*, que podían ser carenados y puestos en condiciones en poco tiempo. Además se podía contar con dos pequeñas goletas de 30 toneladas, la *Sinaloa* y la *Sonora*, y dos paquebotes, *Concepción* y *Laureana*, que había sido propiedad de los jesuitas antes de su expulsión de México y que les fueron confiscados.

A ellos se sumó, por último, un paquebote que estaba a punto de ser botado, el *San José*. La tropa que debía acompañar a la expedición, para actuar como infantería de Marina, había sido elegida entre los miembros de la milicia de Guanajuato, pero pronto se comprobó que para una misión de envergadura las milicias locales no eran una buena elección. Como no había otra tropa, se decidió tomar 25 soldados de la Compañía Franca de Voluntarios de Cataluña con base en la costa del Pacífico, en Guaymas, no muy lejos de San Blas, donde se encontraban tras haber participado en la expedición a Sonora. Estos voluntarios, al mando del teniente Pedro Fages, fueron una magnífica elección. Experimentados y bien entrenados, iban a desempeñar un importante papel en el futuro de California. Habían llegado a América en 1767 procedentes de Cádiz, aunque el regimiento al que pertenecían había sido reclutado en Barcelona. Las bajas se habían cubierto con naturales o residentes en el país, pero siempre europeos. Gálvez era consciente de que su misión no iba a ser fácil y la inició mal, pero su voluntad de hierro nunca se vio afectada. Quería ir en persona a California, por lo que embarcó en la *Sinaloa* para dirigirse al norte y esperar allí la llegada del grueso de la expedición.

Tres largos meses esperaron los españoles en el norte, hasta que finalmente supieron que el mal tiempo había obligado a regresar a los barcos. Gálvez se puso entonces a trabajar para que el segundo intento saliera bien. En solo dos semanas carenó al *San Carlos*, se encargó de que llegaran de nuevo víveres y provisiones, esperó paciente a que mejorara el estado físico de los componentes de la expedición y, por fin, esta partió —salvo el *Príncipe*— en busca de su destino el 11 de enero de 1769. Desde el cabo San Lucas, en la punta sur de Baja California, donde llegaron las goletas con las provisiones, Gálvez dio la orden de enviar los buques al norte. Entre tanto, en la Baja California se organizaba el viaje por tierra desde la base principal de operaciones, que era el presidio de Loreto.

Gálvez nombró comandante en jefe de la expedición marítima y terrestre al capitán del Regimiento de Dragones de España, Gaspar de Portolá, que en el momento de su designación era gobernador de la provincia. Hombre capaz y competente, gozaba de la plena confianza del visitador, por lo que este se limitó a enviarle el material necesario para equipar la expedición, y dejó en sus manos todo lo demás. Sabía que la misión sería compleja y peligrosa. Atravesar el desierto no era cosa sencilla y exigiría decisión y valor. Además, eran necesarios caballos, mulas, ganado, granos, harina, armas y municiones, así como diseñar un buen sistema de seguridad ante posibles ataques de tribus hostiles.

Con el fin de abrir el camino a la expedición principal, el capitán Fernando de Rivera y Moncada, comandante en jefe del presidio de Loreto, marchó hacia el norte con sus veinticinco soldados de cuera hasta la misión de Santa María, para ir preparando los víveres y puntos de descanso de la expedición. El principal problema que se encontró fue algo que se sospechaba dada la aridez del territorio, la ausencia de pastos. Esto le obligó a seguir más al norte, acampando finalmente en Velicatá, a casi 60 kilómetros de Santa María. El pequeño grupo militar se incrementó con la llegada de tres arrieros, 50 indios, 140 caballos, 200 vacas y 180 mulas. Con ellos iba el piloto José de Cañizares, que debería llevar el diario de la expedición, y el padre Juan Crespí, que iba a acompañarlos.

Las órdenes de marcha llegaron el 24 de marzo de 1769, fecha en la que el capitán Rivera comenzó su camino siguiendo la costa y atravesando un seco, árido y desolado territorio. Al calor y la falta de agua se añadían la monotonía del paisaje y la falta de gente, hasta que el 9 de mayo encontraron a un grupo de indios que, amistosamente, les dijeron haber visto pasar dos barcos. El punto de encuentro se había fijado en el puerto de San Diego, que obviamente los expedicionarios debían localizar. Siguiendo las instrucciones de los indios marcharon aún tres días más, hasta que finalmente, tras cuarenta y nueve jornadas de caminar, Rivera y sus hombres vislumbraron en el horizonte los mástiles de los dos barcos españoles. Habían llegado a San Diego. El éxito de la marcha había sido notable. Sin perder a ningún componente de la expedición, habían recorrido un terreno difícil y desconocido con solo media ración al día, sin apenas agua, durmiendo al raso y todo el tiempo a caballo. Los soldados de cuera habían demostrado su valía.

El 11 de abril de 1769 el *San Antonio* entraba en la bahía de San Diego. Su travesía había sido extremadamente complicada, con fuertes vientos y mala mar, y al llegar se sorprendieron de no encontrar rastro alguno del *San Carlos*, que había partido un mes antes que ellos, ni de la expedición terrestre. Los escasos indios eran amistosos y el capitán Pérez decidió cumplir las órdenes recibidas, que estipulaban una espera de veinte días y luego partir hacia Monterey. Como no llegaba nadie, preparó cuidadosamente las pruebas de su visita. Colocó una cruz y enterró las cartas en las que indicaba que partía hacia el norte, pero solo días antes de marcharse llegó el *San Carlos*. Tras ver que no se botaba ninguna lancha, Pérez se dirigió a su nave capitana para encontrarse con un espectáculo lamentable. Toda la tripulación, salvo dos hombres, uno de ellos el capitán Vicente Vila, estaban enfermos por causa de la pérdida del agua dulce que cargaban desde San Blas, lo que se unió la falta de alimentos frescos.

Esa fue la causa de que tardaran 110 días en alcanzar la bahía de San Diego. Se ha pensado que tal vez fuese salmonela la infección que cogieron los tripulantes del *San Carlos*, pero sea lo que fuera, se lo contagiaron a los tripulantes del *San Antonio* y falleció casi medio centenar. La mayoría fueron enterrados en un lugar al que llamaron apropiadamente la Punta de los Muertos. La llegada de la expedición terrestre con todos sus hombres en perfectas condiciones fue un alivio para todos, pero el teniente Fages, que siguiendo órdenes de Gálvez asumió el mando, se dio cuenta de que era imposible continuar hasta Monterey. La decisión incumplía las órdenes recibidas, aunque no había otra solución. Fages concluyó que, de todas formas, también sería útil para sus hombres un descanso tras el extenuante viaje por tierra.

Los dos capitanes, los sacerdotes y Miguel Costanzó, ingeniero militar que iba en la expedición, apoyaron la decisión de Fages. Como las órdenes indicaban que había que edificar un puesto fortificado que garantizase la seguridad de la misión que debería construirse en el futuro, Rivera eligió un lugar al norte para establecer un hospital provisional en el que curar a las decenas de enfermos, y fijó el sitio del que sería el primero de los presidios de la Alta California, ocupado por una pequeña ranchería india y conocido hoy como Presidio Hill. Mientras, el comandante Gaspar de Portolá y fray Junípero Serra viajaban por tierra siguiendo la misma ruta que Rivera. Se habían reunido en la misión de Santa María y desde allí tomaron camino con dirección a Velicatá, donde fundaron la misión de San Fernando y esperaron la llegada del sargento Ortega, que escoltaba con diez soldados de cuera un tren de mulas con provisiones y material conducido por cuatro arrieros, dos sirvientes y cuarenta y cuatro indios de apoyo.

Tras seguir el camino de Rivera y pasar por el mismo desolado y árido terreno, la vanguardia del sargento Ortega se encontró con una avanzadilla que había enviado Rivera desde San Diego, donde finalmente se reunieron todos los expedicionarios. Era el 1 de junio de 1769. España tenía ahora un pie firme en la Alta California y, afortunadamente, de los rusos no había rastro.

Los enfermos de los dos buques no eran solo los marineros. La infección afectaba también a los voluntarios de Cataluña, por lo que la llegada de los soldados de cuera de Portolá reforzaba considerablemente a la escasa tropa de Rivera. Las provisiones que llevaban debían ayudar a la recuperación de los hombres para poder cumplir la misión encomendada y avanzar hasta Monterey.

En su ruta hacia Monterey, Portolá estaba obligado a improvisar. El capitán Vila no veía posible tripular el *San Carlos* con los soldados, no tanto por su inexperiencia, sino porque faltaban mandos intermedios necesarios para gobernar con garantías el barco, desde un contramaestre hasta un buen timonel. Tampoco había carpinteros ni nadie que pudiese afrontar con posibilidades de éxito una navegación por los bravos mares de la zona. Por lo tanto, propuso que los pocos marineros en condiciones de navegar no fuesen al norte, sino al sur, a San Blas, en el *San Antonio*, y allí reclutasen gente capaz de manejar el *San Carlos*. Parecía una idea lógica y Portolá se resignó a llevarla a la práctica.

No obstante, Portolá decidió cumplir las órdenes y marchar hacia Monterey. Vila quedó en San Diego, junto a 10 jinetes de cuera que protegerían a los enfermos en caso de ataque indio. Con los 27 soldados montados que le quedaban, dirigidos por el sargento Ortega y el teniente Rivera, los seis voluntarios de Cataluña en condiciones de marchar y el teniente Fages, más dos sacerdotes, seis arrieros, dos sirvientes y 15 indios cristianos, Portolá partió hacia norte. La expedición cargaba un enorme tren de 100 mulas con provisiones y víveres para seis meses y municiones. Si todo iba bien, en Monterey se le uniría el *San José*, procedente de México. El grupo de Portolá llevó adelante una marcha muy sostenida. El sargento Ortega, que era un formidable rastreador y explorador, marchaba en cabeza con un pelotón de ocho hombres que se turnaban en vanguardia. Eran los encargados de buscar pastos, agua, zonas de acampada, vados, y de señalizar el terreno por el que pasaban. Portolá, que iba con los frailes y los oficiales, tenía como escolta a los voluntarios catalanes, y cerraban la marcha las mulas con la impedimenta, los sirvientes y los indios y una tropa de jinetes de escolta.

Los expedicionarios avanzaron en el tórrido verano californiano, y el 18 de julio, habiendo avanzado unas 10 leguas, entraron en el territorio de los indios *shoshones*, que tenían un lenguaje diferente de los *yumas* que poblaban San Diego. Al acampar en el lugar donde hoy se alza Los Ángeles, les sorprendió un terremoto junto a un río que llamaron de la Porciúncula o de los Temblores. Tras atravesar varios arroyos de los que manaba pez, brea, chapopote y otras sustancias que presumían la presencia de petróleo, siguieron la costa hasta las márgenes del canal de Santa Bárbara. Allí vieron las islas ya tantas veces descritas por los navegantes, que el propio Fages y Costanzó habían visitado meses antes, y se encontraron con indios que vivían en casas de forma esférica construidas de ramas y barros y mucho más numerosas de lo que antes habían visto.

Al llegar al valle de Santa Bárbara vieron que la sierra les impedía el paso. Uno de los soldados mató allí una gaviota dándole al paso el nombre que hasta hoy día conserva, *Gaviota Pass*. En el interior vieron varios osos y mataron a uno algo esmirriado que dio nombre al lugar: Oso Flaco. Aprovechando que había caza siguieron matando osos y dieron nombre al lugar como Cañada de los Osos, que aún conserva. Tras hartarse de comer oso, encontraron indios que no se mostraron hostiles en un pueblo que denominaron Ranchería del Buchón, por la malformación que tenía en el cuello el cacique. El desconocimiento que tenían del lugar hizo que siguieran el peor camino posible y tras alcanzar un punto que Costanzó calculó como 35º 45' N, Portolá decidió subir la sierra de Santa Lucía, ya conocida por Cabrillo y por Vizcaíno. Desde allí alcanzaron un valle por el cual corría un río que llamaron San Elizario o Santa Delfina, hoy conocido como Salinas. De allí en adelante el camino fue más sencillo. Encontraron hermosos y abundantes pastos y un río que siguieron hasta el mar, lo que les permitió identificar Punta Pinos correctamente. Habían alcanzado, pensaban, la bahía de Monterey.

Una exploración más detenida mostró a Portolá que algo no iba bien. Observando la bahía desde un cerro, los expedicionarios identificaron la Punta Año Nuevo hacia el norte y Punta Pinos hacia el sudoeste, pero la ensenada que veían no parecía corresponder a la descripción que tenían de Monterey. Grandes dunas de arena bordeaban la playa. Rivera con ocho soldados se dirigió hacia el sur y tras cruzar la playa del actual Monterey llegó a Punta Pinos y continuó por la ruta que hoy se conoce como *17 millas*. En su avance pasó frente a la bahía de Carmel, cruzó el río, en verano muy bajo de agua, y llegó hasta un lugar en el que la sierra de Santa Lucía le cerraba el paso.

La situación en el campamento no era buena. Las provisiones se habían reducido, había once enfermos y estaba claro que ese no podía ser el puerto que buscaban, pues no había un gran río y se trataba de una simple ensenada. Así pues, en un consejo convocado por Portolá se decidió a examinar la situación. Rivera, el más pesimista, creía que Monterey no existía, y por lo tanto urgía encontrar otro puerto. Costanzó creía que se trataba de un error de posición y que lo único que había que hacer era subir hasta la latitud 37º 30' N o más, lo que apoyaba Fages.

Portolá, a la vista de las opiniones, decidió esperar una semana para descansar y luego seguir al norte, para localizar un puerto idóneo. Los oficiales y los dos franciscanos firmaron su acuerdo sobre el plan. La expedición debía cargar con once enfermos, lo que provocaba también problemas, pues necesitaban camillas. Tras seguir hacia el norte encontraron un bosque de árboles gigantescos, al que llamaron por su color Palo Colorado —que hoy mantiene el nombre de forma similar en inglés, como Redwood—. Tras padecer una terrible diarrea, los expedicionarios llegaron a una playa que llamaron «de las almejas». Portolá subió a un alto desde el que pudo ver en el horizonte unos enormes farallones y unos acantilados blancos que indicaban la ribera de una gran ensenada. Estaba viendo la bahía de San Francisco desde la Punta de los Reyes.

Portolá ordenó a Ortega seguir la costa y regresar después de tres días mientras los demás se reponían. Cuando los voluntarios de Cataluña fueron a cazar ciervos divisaron un gran estero en el que el humo señalaba la presencia de indios, algo que confirmó Ortega a su regreso, añadiendo que los aborígenes aseguraban que habían visto un gran barco, que supusieron sería el *San Carlos* o el *San José*. Siguiendo la costa hacia el sur, los españoles acamparon en las márgenes del arroyo de San Francisquito bajo la sombra de un árbol enorme que llamaron el Palo Alto, que años más tarde daría origen a la ciudad de ese nombre y que todavía existe en la orilla sur del arroyo donde lo cruza la línea férrea.

Ortega caminó por la contracosta, para bordear el estero y reunirse con el buque, y pudo llegar a otro enorme estuario que se adentraba todavía más tierra adentro y daba a otra bahía. Luego informó a su superior de que los indios no le permitían pasar porque quemaban el chaparral y los pastos, lo que imposibilitaba la marcha a caballo. Además no había rastro alguno del barco. Ante esta situación, Portolá convocó una nueva junta de guerra en la que se decidió que debían volver a Punta Pinos y continuar la búsqueda del «famoso puerto» de Monterey.

El 27 de noviembre de 1769 Portolá y su gente acampaban frente a la Punta Pinos junto a una pequeña laguna de aguas turbias. La caza había sido abundante en el viaje desde San Francisco, pero al día siguiente se adentraron más al sur y fueron a acampar en las márgenes del río Carmelo, donde había agua fresca y buena leña. Desde allí salió otra vez Ortega con su piquete a explorar hacia el sur, en un intento más de dar con Monterey desde las montañas de Santa Lucía. Pero no encontró nada y volvió a los pocos días.

Las descripciones del puerto documentadas no encajaban con la realidad. No había lagunas profundas ni río caudaloso ni indígenas amistosos que cultivaran el algodón y el lino. El puerto hallado era abierto y poco fiable. Una vez más, Portolá convocó una junta de guerra en la que dio a todos un día de plazo para proponer soluciones. Tras erigir dos cruces bajo las que enterraron botellas con cartas para los tripulantes de los barcos, partieron hacia el sur y llegaron a San Diego el 24 de enero de 1770.

La expedición de Portolá fue un éxito. No encontraron el puerto de Monterey, y a ninguno se le ocurrió que este fuera un invento de la calenturienta imaginación de Vizcaíno, pero a cambio habían abierto una ruta hacia el norte y, lo más importante, habían descubierto, aunque no eran conscientes de su importancia, el mejor puerto del Pacífico norte, la bahía de San Francisco. Ignorante del verdadero valor de lo que había hallado, Portolá llegó a San Diego agotado y desilusionado. El *San José* no había arribado y el comienzo del primer presidio de California no parecía gran cosa, pues apenas eran unas chozas en los que malamente vivían soldados y misioneros. Los indios no habían colaborado con fray Junípero y faltaba de todo. Los misioneros tenían que ser acompañados por escoltas armados y las enfermedades se extendían.

El 15 de agosto de 1770 hubo un ataque indio a los heridos, que fueron valientemente protegidos por cuatro soldados de cuera. Eso aceleró la construcción de una empalizada alrededor de las chozas, donde se refugiaron los españoles bajo un constante acoso. La llegada de Portolá con sus 64 hombres alivió la presión india, pero no evitó la falta de alimentos, por lo que se ordenó al capitán Rivera ir a Velicatá con 20 jinetes y varios arrieros, indios y mulas para traer suministros y ganado. La medida se completó con una cacería intensiva de ciervos, aves y casi cualquier cosa que se pudiera comer, pero solo se solucionó el problema temporalmente, por lo que acordaron que si no llegaba el *San José*, deberían regresar. En el camino Rivera tuvo que combatir con los indios, pero logró llegar a Velicatá.

Entre tanto, el *San Carlos* consiguió alcanzar San Diego y salvar la recién nacida California española. Portolá, de nuevo animado, ordenó al capitán Pérez del *San Antonio* navegar hacía Punta Pinos y esperarle allí. Si no podía, debía seguir la costa hasta encontrar un puerto mejor. Con el *San Antonio* irían Costanzó y el padre Serra. Una vez en alta mar navegaron sin problemas hasta alcanzar Monterey, tras cinco semanas de viaje, el 24 de mayo de 1770. Luego, el capitán Pérez fue desviado de su ruta por vientos que le empujaron al norte hasta llegar al actual *Golden Gate*, pero debido al retraso que llevaban no intentaron explorar y retrocedieron con rumbo sur hasta llegar a Punta Pinos.

El 1 de junio el campamento principal de los españoles se trasladó a Monterey, y el día 3 seleccionaron el lugar adecuado para levantar la misión. Se colgaron las campanas y se celebró misa, y se terminó con el canto de un *Te Deum*. Portolá tomo a continuación posesión del lugar en nombre del rey Carlos III de España, acompañando el solemne momento con una salva de fusilería y cañonazos, antes de cerrar el emotivo acto con una gran comida.

El 4 de junio de 1770 comenzó la construcción del presidio y se preparó el terreno, y un mes más tarde había una plaza de armas de 50 varas de largo por 50 de ancho, una capilla, cuadras, almacén y habitaciones, más un polvorín y una casa para los sirvientes. Con conchas molidas se fabricó una especie de cal para recubrir las paredes. No había más que techos de tule y ninguna ventana tenía cristales, pero el 9 de julio, tras enviar mensajeros a Loreto y San Diego, Gaspar de Portolá embarcaba con destino a San Blas, dejando a Fages al mando del fuerte con 19 hombres.

La última provincia del Imperio

Pasados los primeros meses, en San Diego la situación no era muy buena. El sargento Ortega contaba solo con ocho soldados, algo a todas luces insuficiente, pero por fortuna, la llegada del capitán Rivera, que iba de camino a Monterey con sus 20 soldados de cuera escoltando una importante cantidad de ganado vacuno, supuso un alivio para la escasa guarnición, los religiosos y los pocos arrieros indios de Baja California que se habían quedado.

Rivera, por su parte, no cumplió las órdenes y decidió quedarse en San Diego en lugar de proseguir hacia el norte. Es posible que influyera en su decisión el no querer ponerse a las órdenes de Fages, al fin y al cabo un militar de rango inferior, pero que estaba por encima suyo debido a que era el vicegobernador. También pudo influir que Rivera sospechase de Fages que este, como oficial de tropa de línea, no tenía gran admiración por los soldados de cuera. Consideraba que no eran disciplinados y no confiaba en su comportamiento si las cosas se ponían feas, por lo que intentó corregir sus defectos con una brutal disciplina de estilo europeo que solo sirvió para que al día siguiente de embarcar con destino a San Diego desertaran nueve soldados y un arriero, dejando la defensa de Monterey en cuadro.

A pesar de todo, el gobierno del teniente Fages fue bien al principio. Monterey tenía material y provisiones para más de un año y contaba con 19 soldados, entre voluntarios de Cataluña y soldados de cuera, que acompañaban a los cuatro religiosos y les ayudaron a edificar un establecimiento permanente. Usando troncos, adobe y paja edificaron varios edificios de techo plano. El *San Carlos* seguía en el puerto, pero solo cinco marineros habían sobrevivido a la enfermedad. Eso hizo que el capitán Vila, embarcara a dos soldados y dos arrieros para poder tener un mínimo necesario de hombres en la tripulación. Luego zarpó hacía San Blas, donde llegó enfermo y al poco tiempo falleció.

Para el visitador Gálvez el principal problema que se planteaba, ahora que se había asegurado de que los rusos no eran una amenaza real, fue el abastecimiento, ya que de momento la base naval de San Blas era la única alternativa para mantener bien aprovisionadas las misiones y los pequeños establecimientos de la costa. Además, era preciso no solo buscar medios para que la nueva colonia fuese autosuficiente, sino también conseguir que los misioneros prosiguiesen su labor y protegieran los asentamientos con más tropas. Respecto al segundo asunto, que tanto preocupaba en la Corte española, el *San Antonio* dejó en Monterey en mayo de 1771 a diez misioneros y todo lo que se necesitaba para crear cinco misiones nuevas. Pero entre tanto, fray Junípero Serra estaba actuando por su cuenta, y en julio fundó San Antonio de Padua, misión a la que hubo que destinar seis soldados. Así nació un sistema muy eficaz que luego fue copiado en toda California en aquellos lugares donde no había un presidio que diese protección inmediata a los misioneros.

Consistía en dotar de una pequeña unidad militar a cada asentamiento en el que los religiosos y los indios cristianizados cultivaban la tierra y producían alimentos. En San Diego, con su fuerza ahora incrementada hasta 22 hombres, Rivera decidió limitarse a esperar que llegase Fages desde Monterey, que debía establecer una misión en San Gabriel. Nada más llegar a San Diego, Fages se puso manos a la obra y el 6 de agosto diez jinetes de cuera escoltaron a los padres Somera y Cambón para fundar la misión. Otros cuatro soldados debieron escoltar a los caballos y a los mulos para que no se perdieran. Fue una prudente medida, pues, como ocurriera muchas otras veces, un soldado abusó de la mujer de un cacique y provocó un grave incidente. Los indios atacaron a la tropa, que con su superior armamento los rechazó y uno de soldados acabó con la vida del cacique de un disparo. El resto de los nativos, que jamás habían visto armas de fuego, huyeron despavoridos.

La cabeza del cacique fue colocada como escarmiento en una pica, pero Fages sabía que si no se obligaba por las buenas o las malas a los soldados a respetar a las muchachas indias podía producirse una seria revuelta, por lo que no dudó en arrestar a dos violadores —ambos soldados— que fueron enviados a Monterey y a Velicatá. San Gabriel se fundó como estaba previsto, pero la misión de Buenaventura, que era la siguiente, tuvo que esperar, pues con los 16 soldados de los que disponía Fages no era posible proteger las dos misiones. Así que suspendió la fundación en espera de contar con más hombres, y con una escolta de 10 jinetes volvió a Monterey, donde llegó antes de terminar el año 1771.

La localización y arrestó de los desertores se convirtió en una forma de explorar el interior del territorio y de ir conociéndolo mejor. En este cometido, Fages se adentró en el valle de San Bernardino hasta llegar al que llamó «cañón de las uvas» —actual Grapevine Valley— y prosiguió hacia el nordeste, donde pudo ver el valle de California. Un descubrimiento que jamás se le ha reconocido, a pesar de que localizó el nacimiento del río San Joaquín y el paso del Tejón. Entre las instrucciones que recibió Fages estaba explorar bien el puerto de San Francisco, pero la falta de soldados le impidió hacerlo, de la misma forma que no pudo fundar la misión de San Luis Obispo. No obstante, mantuvo su voluntad de explorar el norte a la primera ocasión favorable.

Hay que reconocer que la situación de Fages en Monterey no era fácil. Se encontraba muy lejos y disponía de muy pocos medios, pero a mediados de marzo partió con 14 soldados, un arriero y un indio, además del padre Crespí, en un viaje de exploración al norte. Tras avanzar por el valle de Santa Clara, que consideró era un buen lugar para una futura misión, continuó hasta alcanzar la contracosta y divisar los ríos Sacramento y San Joaquín. La tardanza en la llegada de provisiones desde San Blas hizo que ante la amenaza del hambre Fages se internara con algunos de sus hombres en la Cañada de los Osos para conseguir carne fresca y comida que le facilitaron los indios. En cualquier caso había que buscar una solución permanente, así que cuando por fin pudo comunicarse con México, escribió al virrey lamentando la escasez de provisiones y al poco supo también que había sido ascendido a capitán.

En San Diego, Rivera había tenido problemas. Cuando llevaba un tren de mulas y caballos desde Velicatá al norte fue atacado por los indios, de los que mató a dos sin sufrir bajas propias. A diferencia de lo que sucedía más al norte, el autoabastecimiento de San Diego era más complicado, por lo que los retrasos en la llegada de los buques eran devastadores y provocaban grandes problemas.

En agosto de 1772 llegaron por fin juntos el *San Antonio* y el *San Carlos*, justo cuando la situación empezaba a ser desesperada, y al poco tiempo el padre Dumetz llegó de Velicatá con el primer rebaño de ovejas que entró en California. Pero los capitanes de los buques no querían seguir al norte y desembarcaron todo lo que llevaban a Monterey en San Diego, para que llegara a su destino por tierra. Informado Fages, marchó al sur con 14 soldados de escolta y fray Junípero Serra fue con él. Siguieron el río Salinas, cruzaron la sierra de Santa Lucía y entraron por su extremo norte en la Cañada de los Osos, donde Serra convenció a Fages para que le dejara algunos hombres y así poder fundar una nueva misión, que recibió el 1 de septiembre de 1772 el nombre de San Luis Obispo de Tolosa.

La amistad de los indios, agradecidos por la matanza de osos que Fages había llevado a cabo un año antes, garantizó el éxito del nuevo asentamiento. Serra, que no conocía la zona, quedó favorablemente impresionado con los indios *cahuilas* y quería a toda costa fundar otra misión, la de San Buenaventura, para cristianizar las mejores rancherías que había encontrado en el tiempo que llevaba en Alta California, pero Fages insistió en la importancia de continuar el viaje a San Diego.

Convencer a Serra de que no podía fundarse la misión en Buenaventura no fue cosa fácil. Las órdenes de Gálvez incluían la fundación de cinco misiones. Fages no había querido crear la de San Francisco por falta de soldados. Ahora se negaba a ayudar a fundar la quinta misión. No es de extrañar que Serra considerase a Fages un mal comandante al que terminó achacando todos los males: la deserción de los soldados de cuera, la falta de castigos adecuados a aquellos que ultrajaban a las mujeres indias y la mala distribución de las provisiones y elementos de trabajo. Disgustado, el fraile embarcó en San Diego y zarpó en el *San Carlos* el 20 de octubre de 1772. Un mes más tarde desembarcaba en San Blas, desde donde se dirigió a la ciudad de México para exponer sus quejas al virrey.

Durante la mayor parte de 1773 Fages no salió de Monterey. Pensaba que sus escasos recursos no le permitían iniciar exploración alguna y tampoco estaba satisfecho con sus hombres. Una parte de ellos habían sido relevados y sustituidos por soldados traídos de México, que en muchos casos estaban casados con mujeres que no querían ir a California y pedían constantemente su traslado. Tres soldados de Monterey y tres de la misión de San Antonio se casaron con indias cristianas y se les construyó una zona aparte para que vivieran. Por lo demás, los medios eran muy escasos. Casi todo lo que llegaba se enviaba a las misiones, que tenían prioridad, y en el presidio faltaba de todo. No había cirujano ni recursos para el cuidado de heridos y faltaba todo tipo de pertrechos, hasta el punto de que la empalizada estaba tan mal construida que, según el padre Serra, la falta de clavos obligó a amarrar los maderos, lo que hacía que la estructura pudiera derribarse fácilmente.

No obstante, Fages desplegó toda su energía en mejorar las defensas y en noviembre envió al virrey Bucareli un completo informe dando cuenta de las mejoras realizadas. Fray Junípero Serra, que ya estaba en México en febrero de 1773, fue recibido por el nuevo virrey, el citado Bucareli, al que dio su opinión sobre la situación de la Alta California. Creía que el plan para abandonar San Blas y mantener la Alta California aprovisionada por recuas de mulas a través de Guaymas era absurda y que debía mantenerse el sistema de abastecimiento por mar. Serra pidió un reglamento para la provincia que estableciera con detalle el régimen de aprovisionamiento, y la junta que convocó el virrey aprobó 18 de los 32 puntos solicitados por el fraile, en particular los referentes a asuntos internos de las misiones y los temas financieros.

El reglamento que Serra deseaba entró en vigor el 1 de enero de 1774 y reconocía el establecimiento militar de San Diego como «Real Presidio». Bucareli no aprobó ninguna de las medidas relacionadas con la tropa y los oficiales, pero cesó a Fages, algo de lo que tuvo tiempo de arrepentirse, y ascendió a teniente al sargento Ortega, aunque no aceptó la sugerencia de Serra de nombrarlo gobernador. Ese cargo se lo dio al capitán Fernando de Rivera y Moncada, hombre con gran experiencia en la región y a quien se impartieron instrucciones muy precisas para lo que sería su misión principal: la exploración y ocupación del puerto de San Francisco.

Para ello le facilitaron los medios que le habían faltado a Fages. Le dieron armas y municiones y, lo más importante, artillería con la que fortificar los presidios, y le ordenaron que ejerciera estricta vigilancia en los puertos del Pacífico. También se le comisionó para reclutar soldados, en lo posible casados y dispuestos a establecerse en California. Pero en Sinaloa, Rivera apenas logró convencer a doce voluntarios cuyas familias sumaban en total 51 personas. En marzo de 1774, Rivera llegó a Loreto dispuesto a emprender el viaje por tierra hacia el norte. El 24 de enero salía la fragata *Santiago* en su primer viaje a la Alta California. A bordo de ella volvía en triunfo el padre Serra, que llevaba enseres, objetos sagrados, provisiones y frailes para las misiones que esperaba fundar. Iba también un nuevo cirujano, José Dávila, con su familia; Juan Soler, administrador para Monterey; tres herreros con sus familias y tres carpinteros. Por fin parecía que se iba a establecer una población permanente capaz de colonizar la zona.

El *Santiago* no marchó directamente a Monterey, sino que, desobedeciendo las instrucciones, entró en San Diego, lo cual sirvió a Serra para recorrer el camino a pie y visitar todas las misiones y presidios. En la misión de San Gabriel se encontró con Anza, de quien luego hablaremos, y se dio cuenta del problema que representaba la escasez de los suministros enviados por mar, pues el *San Carlos* no había llegado, ya que por diversas causas se había refugiado en Loreto. Allí, el gobernador requisó todas las provisiones y es un misterio lo que hizo con ellas, pues cuando Rivera y los colonos llegaron no había nada.

Desesperado, Rivera resolvió marchar solo con las tropas, dejando a sus familias esperando a que él alcanzase San Diego, desde donde confiaba que el eficiente teniente Ortega pudiese arreglar las cosas y enviar a recogerles. Finalmente, el 23 de mayo de 1774, el nuevo gobernador de Alta California llegó a Monterey y comunicó a Fages su cese. Es conocido que Rivera había llevado muy mal el nombramiento de Fages. La sensación que le quedó de haber sido postergado, cuando le destinaron a la Baja California, había provocado en él un hondo resentimiento que pagó con Fages, al que trató de forma injusta.

La historia de Fernando de la Rivera y Moncada fue una frustración continua. Capitán de caballería, había ingresado en el ejército en 1742, durante la Guerra de Sucesión de Austria, escalando los grados de alférez, teniente y capitán. Con ese rango y al mando de 25 soldados de cuera dirigió en 1769 la primera expedición terrestre española a California, hecho por el que figurará siempre en los libros de historia. Su mala salud y sus enfrentamientos continuos provocaban que nunca se le seleccionase para ascensos y nombramientos. Eso hizo que en 1770 pidiese el retiro, que al final no se le autorizó. Tras apelar al virrey, lo logró, y fue separado del servicio activo en 1771, pero después de fracasar como hacendado en Guadalajara, donde había comprado una propiedad, no tuvo más remedio que pedir el reingreso y solicitó no ir a California, que es justo a donde le envío el virrey. Una mala decisión, pues Rivera estaba ya enemistado con Fages y pronto lo estaría con los poderosos franciscanos y con Juan Bautista Anza. Otro suceso importante para el futuro tuvo lugar poco después en el sur.

La extraña conducta de Felipe Barry, gobernador de Baja California en Loreto, cuando llegó Rivera, hizo que el virrey le reemplazase por un administrador que había gestionado bien las antiguas posesiones de los jesuitas en Zacatecas y además era militar. Se trataba del sargento mayor del regimiento de dragones de Querétaro, Felipe de Neve. La primera misión de Rivera era cumplir las órdenes del virrey y explorar el norte, en concreto el puerto de San Francisco y la ría o el río que allí desembocaba. Por eso, en cuanto recibió más refuerzos partió con el padre Palou, 16 soldados de cuera, algunos sirvientes y provisiones para 40 días. Siguió la misma ruta que Fages pero al llegar al lugar del actual San José, escogió la costa oeste, la península de San Francisco. El 28 de noviembre acampó cerca del Palo Alto y como a Palou le pareció un buen lugar para fundar una misión, plantó una cruz de madera junto al arroyo que hoy se conoce como San Francisquito. Las fuertes lluvias otoñales les forzaron a ralentizar su marcha, pero a los pocos días pudieron ver desde los cerros la magnífica bahía de San Francisco.

Nuevas exploraciones. La marcha de Anza y las costas del norte

A las dos grandes expediciones a California, hay que unir otra más, que finalmente fue la más importante: la que dirigió Juan Bautista de Anza desde el presidio de Tubac, en Sonora —hoy Arizona—, en plena frontera salvaje, hasta el puerto de Monterey.

Juan Bautista de Anza era el comandante del presidio de Tubac y ostentaba el grado de capitán de dragones. Militar por tradición, pues era hijo y nieto de soldados, se había criado en la frontera apache y era un veterano experimentado. Anza supo por los indios *pimas* que los *yumas* les habían contado que hombres blancos cabalgaban en la costa del Pacífico. Hoy la noticia no resulta extraña, pues sabemos que los indios de San Diego eran *yumas*, pero para Anza fue un gran descubrimiento, pues le demostró que el paso terrestre entre el Colorado y la costa era practicable.

Tras consultar con el padre Garcés, un hombre extraordinario cuyas exploraciones solitarias por territorios desconocidos eran ya una leyenda, elevó varias solicitudes pidiendo autorización para abrir una ruta terrestre. El visitador Gálvez consideró la petición, pero sin autorizarle nada. Cuando Bucareli alcanzó el puesto de virrey, al tratar con Serra sobre la problemática de California se hizo una idea de los enormes problemas por los que pasaba el embrión de colonia que se estaba formando. Como siempre, esos problemas se centraban en lo mismo: más población. Faltaban agricultores, ganaderos, artesanos, especialistas de todas las materias y, por supuesto, más soldados.

Para dotar a California de todo eso no bastaba con los barcos que partían de San Blas, era necesario abrir una vía terrestre segura y practicable y la idea de Anza parecía realizable, así que concedió el permiso al experimentado capitán de Tubac. Con su capacidad y conocimiento de la frontera, Anza seleccionó a 20 soldados de cuera de su presidio para escoltar 35 arreos de mulas, 65 vacas y 140 caballos de montura y carga, aunque una incursión *apache* se saldó con la pérdida de 130 caballos, lo que dejó muy maltrecha la capacidad de disponer de monturas de repuesto. En cualquier caso, Anza no se acobardó por el contratiempo y con un total de 34 hombres partió de Tubac el 8 de enero de 1774. Con él iba el padre Garcés. Tras atravesar el desierto alcanzaron la rivera del Colorado donde hoy está Yuma. Los indios, a cuyo cacique conocía bien Anza, les ayudaron a atravesar el río, que siguieron hacia el sur hasta un lugar que llamaron Santa Olalla, donde se aprovisionaron de forraje y agua antes de atravesar en seis infernales días el desierto, para lo cual se desprendió de todo lo innecesario. Anza localizó varios pozos de agua, que señaló, y en la travesía divisó unas montañas en la costa, antes de dirigirse al norte y alcanzar la misión de San Gabriel el 2 de marzo de 1774. La ruta terrestre desde Sonora estaba abierta.

La misión de San Gabriel, aunque ofrecía refugio y descanso a los fatigados expedicionarios, no podía reabastecerlos ni reponer los caballos tras casi mil kilómetros de marcha. Un intento del padre Garcés de obtener provisiones en San Diego produjo pobres resultados pues no los había en ese lugar. Anza, resuelto a llegar a Monterey, envió al grueso de su gente de vuelta a Yuma y, siguió viaje. En Monterey se entrevistó con Fages y supo que allí la falta de provisiones era tan aguda como en San Gabriel. Nadie se explicaba en la Alta California el atraso del *San Carlos* con las provisiones para la temporada. Anza salió de Monterey llevando a seis soldados de cuera para mostrarles el camino a Yuma. Regresó a San Gabriel el 1 de mayo y después de dos días de descanso, durante los cuales se entrevistó con fray Junípero Serra, emprendió camino de vuelta.

Garcés, que lo había precedido, le dejó mensajes escritos en cada ranchería y siguiendo el rastro Anza pudo llegar a Santa Olalla en solo once días. Garcés siguió otro camino más directo desde Yuma y pudo llegar a Tubac el 26 de mayo de 1774, después de haber recorrido en cuatro meses y medio más de 3 600 kilómetros. Entusiasmado, fue personalmente a informar del viaje a Bucareli, que se mostró muy satisfecho con la gran noticia. El virrey ascendió a teniente coronel de caballería a Anza y recompensó con gratificaciones y ascensos a los 17 soldados de cuera que lo habían acompañado a California.

Una vez acabado su trabajo como visitador, José de Gálvez regresó a España y defendió con tesón la necesidad de continuar y ampliar la red de misiones y presidios, y proceder a la colonización efectiva del territorio. Se empezaban a valorar los grandes recursos y las riquezas con las que la naturaleza ha dotado a California. En México, el virrey Bucareli llegó a las mismas conclusiones que el antiguo visitador, por lo que se dedicó a ampliar la presencia española en la costa noroeste. Si Anza había tenido éxito en tierra, ahora él creía preciso hacer un esfuerzo en el mar. Así pues, una vez que hubo dejado a Serra en San Diego, siguiendo instrucciones precisas del virrey, la fragata *Santiago* partió rumbo al norte.

Tras detenerse en Monterey el capitán Pérez alcanzó los 55º de latitud Norte, descubrió una isla a la que bautizó como Margarita e intercambió regalos con los indígenas. Hizo un buen negocio. A cambio de cuentas de vidrio obtuvo pieles, pero, aunque debía haber alcanzado el paralelo 60, solo llegó hasta el cabo Mendocino. El 3 de noviembre de 1774, tras nueve meses de singladura, la *Santiago* estaba de nuevo en San Blas. Esta vez el gobierno español se había implicado en serio y cinco experimentados oficiales fueron enviados a San Blas. El más antiguo tomó el mando del apostadero naval y los otros cuatro recibieron los buques disponibles y las órdenes de navegación.

La misión más sencilla fue la Fernando de Quirós, que tras aprovisionar la *San Diego* regresó a San Blas con el *San Antonio*. Más interesante fue la misión que se encargó al capitán Miguel Manrique y al *San Carlos*, que debían navegar a Monterey, descargar las provisiones y seguir hacia el norte para explorar el puerto de San Francisco y asegurarse de si era un río, un estero o un brazo de mar. Lamentablemente, Manrique enloqueció durante el viaje y el teniente de navío Juan Bautista Ayala tomó el mando del bergantín. Después de luchar con vientos adversos ancló en Monterey el 27 de junio de 1775, y mientras descargaba ordenó a sus carpinteros construir una canoa para continuar la exploración. Terminada la descarga, se dirigió al norte en cumplimiento de sus órdenes y el 1 de agosto entró en la bahía de San Francisco. Ayala envió un bote al mando del piloto Cañizares, el mismo que había viajado por tierra con Portolá, y al día siguiente ancló dentro de la bahía, que exploró con sumo detalle durante cuarenta días.

Desembarcó en la mayor parte de las islas, levantó cartas náuticas y mapas, escribió los informes requeridos con toda precisión y se convenció de que la bahía daba entrada a varios puertos naturales que posiblemente fuesen los mejores de toda la Nueva España, y no solo de California. Terminado el reconocimiento, Ayala partió en dirección a Monterey, donde llegó el 22 de septiembre de 1775.

A Bruno de Heceta le tocó el mando de la fragata *Santiago*, llevando al experimentado Juan Pérez como piloto y a remolque a la goleta *Sonora*, que mandaba el teniente de navío Juan Francisco Bodega y Cuadra. Abastecidos con provisiones para un largo año, tenían la misión más complicada, explorar la costa norte, investigar el río que se había descubierto en la latitud 42º o 43º y continuar lo más al norte posible. La nave capitana alcanzó hasta los 49º de latitud Norte y descubrió la desembocadura del río Columbia[71]. A su regreso trató de entrar en San Francisco, pero impedido por la neblina fue a anclar a Monterey, donde desembarcó las provisiones que traía para las misiones y el presidio el 29 de agosto de 1775. En un último esfuerzo por encontrar la entrada al puerto de San Francisco, viajó por tierra.

---

[71] Descubierto oficialmente, pues, como hemos dicho, es casi seguro que varias expediciones españolas alcanzaron la zona décadas antes.

Encontró primero los restos de la canoa y luego la cruz y las cartas que Ayala había dejado, pero este ya no se encontraba en la bahía. Bodega se separó de la *Santiago* debido al mal tiempo y alcanzó la latitud 58º Norte. En el regreso entró en una bahía que hoy lleva su nombre, Bodega Bay, y el 7 de octubre ancló en Monterey. Ambas naves retornaron a San Blas y tocaron puerto el 20 de noviembre de 1775. La única mala noticia de la expedición fue la muerte del excelente piloto Juan Pérez.

Las expediciones navales solían dar siempre magnífico resultado, no solo porque abrían camino a nuevos descubrimientos sino porque psicológicamente ayudaban mucho a quienes estaban en los presidios, pues además de facilitarles suministros y pertrechos les hacía sentirse menos olvidados. Por otra parte, la llegada a las costas del Pacífico norte de marinos expertos cambió completamente la situación, pues ahora los barcos no se retrasaban, los marineros no enfermaban y se navegaba sin problemas contra el viento. Bucareli había quedado muy satisfecho del viaje del comandante de Tubac, y el ya teniente coronel Anza recibió instrucciones para realizar otra expedición que sería apoyada por la Corona con dinero y medios. La misión era colonizadora, por lo que irían con él 30 soldados y sus familias. Así se hizo y el 23 de octubre de 1775 partió hacía en norte con 235 personas, de las que 207 debían quedarse en California.

La tropa que permanecería en California estaba formada por el alférez José Joaquín Moraga, el sargento Juan Pablo Grijalva y 28 soldados, ocho veteranos de la guarnición del presidio y 20 reclutas. Las mujeres de los soldados sumaban 29 y el resto lo componían niños, arrieros, vaqueros y cuatro familias de colonos. Tras ser recibido amistosamente por el cacique *yuma* Palma, Anza tuvo que buscar un vado para atravesar el Colorado, que iba muy crecido, y lo encontró en un lugar en que el río se dividía en tres brazos. Tras dejar al padre Garcés y a su acompañante, el padre Eixarch, en las márgenes del río donde se pensaba establecer una misión, la columna marchó hacia la costa de California. Anza iba al frente, con su escolta de exploradores y vanguardia. Llevaba varias tiendas de campaña, provisiones sobradas, ropa adecuada y todo el material necesario.

En el campamento de Santa Olalla, Anza decidió dividir la caravana en tres secciones para que los escasos pozos de agua que había en la peor parte del desierto no se agotasen. El 1 de enero de 1775 dos exploradores se adelantaron para avisar de su llegaba a San Gabriel, que Anza alcanzó el 4 de enero, 73 días después de su salida de Tubac. Allí se encontró con que el gobernador acababa de llegar, pues había tenido que ausentarse porque los indios habían atacado la misión de San Diego.

La misión de San Diego se construyó cerca del presidio. Originariamente el lugar era una ranchería llamada Cosoy, que los franciscanos mantuvieron alejada del presidio porque los soldados abusaban en cuanto podían de las mujeres indias. Los incidentes habían sido constantes y los padres responsables de la misión, Luis Jaime y Vicente Fuster, la habían trasladado a un nuevo lugar. No obstante, al odio de muchos indios a los soldados, por razones comprensibles, se unían ciertos enfrentamientos de los franciscanos con los indígenas convertidos al cristianismo por causas que iban desde el robo a la asistencia a fiestas paganas. No es de extrañar por tanto que en la madrugada del 5 de noviembre de 1775 unos 600 indios atacaran la misión, entraran en la iglesia y tras destrozarla la incendiaran, y asaltaran luego todos los edificios.

Los indios cristianos no pudieron hacer nada para ayudar a los españoles, pues fueron mantenidos bajo vigilancia en sus chamizos. Aun así, los tres soldados de cuera que protegían la misión se hicieron fuertes en una de las casas desde la que repelieron todos los ataques durante seis largas horas.

El cadáver del padre Luis Jaime fue encontrado en un arroyo seco, no muy lejos de la misión, con el rostro triturado y siete flechas en su cuerpo. El padre Crespí escribiría más tarde que había buscado su propio martirio al abandonar su cuarto y salir al encuentro de los indios pidiéndoles que amaran a Dios.

Revuelta general

El teniente Ortega regresó a San Diego, en cuyo presidio se refugiaron los franciscanos y sirvientes. A medida que se conocían detalles del plan indígena, más crecía su preocupación. Más de mil indios se habían congregado para el ataque que debería ser simultáneo al presidio y a la misión, pero el grupo destinado a atacar el presidio se alarmó al ver las llamas de la misión y escapó. Hasta varios días después, Ortega no se atrevió a enviar un mensajero para dar la alarma a las otras misiones y a Monterey.

Al conocer lo sucedido, Rivera partió de Monterey con todos los hombres que pudo, que eran solo 13 jinetes. Con ellos reforzó las misiones de San Antonio y San Luis Obispo, dejando un hombre más en cada una. Al regresar se encontró con Anza, que acababa de llegar a San Gabriel, y le comunicó que a su juicio se trataba de una revuelta general. Anza, a pesar de su rango, se puso a las órdenes del gobernador con todos sus soldados de cuera. Rivera contaba con un teniente, dos alféreces, dos sargentos, ocho cabos, cincuenta y cuatro soldados, un armero y un tambor. Esta fuerza cubría las guarniciones de dos presidios, separados por más de 700 kilómetros de distancia y cinco misiones, por lo que es posible que el apoyo de Anza salvase a los pobladores de la frágil California española del exterminio. El 7 de enero de 1776 Rivera tomó 12 hombres que, unidos a 17 de Anza que iban a operar sin cueras como compañía volante, partieron hacia San Diego para poner término a la revuelta. A Moraga se le ascendió a teniente y se le dejó en San Gabriel a cargo de la tropa y los colonos.

Consciente de que solo un castigo ejemplar podría poner fin a la sublevación, Rivera ordenó rastrear las rancherías y detener a los indios instigadores de la revuelta. Muchos indios intentaron escapar a las montañas, pero los jinetes españoles les alcanzaron y nueve fueron llevados a San Diego. Se informó de todo esto al virrey mediante un correo a través de Neve en Baja California. Con la excusa de que había que terminar primero con este asunto, Rivera no mostraba interés alguno por colaborar con Anza para cumplir las órdenes del virrey, que consistían en fundar una misión y un presidio en el puerto de San Francisco.

Anza, deseoso de terminar su misión y regresar a Tubac, dejó a un sargento y diez hombres con Rivera, que le parecía un incompetente, y marchó hacia San Gabriel para recoger a su gente y partir en dirección norte. Tras salir de San Gabriel con 17 hombres y sus familias se dirigió a Monterey y dio órdenes a Moraga de que le siguiera. Ambos se encontraron en San Antonio y la columna llegó a Monterey el 10 de marzo de 1776, quedando los civiles repartidos entre el presidio y la misión del río Carmelo, en la que Anza cayó enfermo.

En caso de seguir al pie de la letra las órdenes del virrey, Anza debía dejar las provisiones en Monterey junto con los refuerzos que llevaba y las familias de los soldados, y luego seguir hacia el norte para crear un asentamiento en San Francisco. Pero como hemos visto, Rivera pensaba de otro modo y siguió resistiéndose a perder el apoyo de Anza. Trató de retenerle y envió instrucciones escritas para que los colonos construyeran casas provisorias en Monterey, mientras se establecía el presidio y misión de San Francisco.

Anza se indignó al conocer la noticia, aunque aceptó quedarse un mes más, en espera de que Rivera acabase de solucionar sus problemas en San Diego, pero la relación entre ambos, que ya era mala, siguió empeorando. El 23 de marzo, Anza, recuperado de su enfermedad, salió de Carmelo con 11 soldados al mando de Moraga y el padre Font. Entre los soldados estaba el cabo Juan José Robles y dos hombres que ya habían estado en la bahía con Fages. En San Francisco acamparon cerca de una vertiente con agua cerca de la bocana del puerto. Font encontró el sitio ideal, con buenos pastos, leña abundante y agua de una fuente natural. Era el lugar perfecto para levantar un presidio. En los días siguientes encontraron un buen arroyo que llamaron De los Dolores y allí Moraga plantó algunas semillas de maíz y garbanzos para probar el terreno. Este sería el lugar elegido para la misión de San Francisco de Asís. Desde allí, la expedición continuó internándose por la contracosta y el 8 de abril de 1776 regresaba a Monterey.

En Monterey, Anza había cumplido con las órdenes de reunir a la gente y el material para la fundación de las misiones del área de San Francisco. Había explorado la región, seleccionado los sitios y solo esperaba la llegada del comandante y vicegobernador, cuya cooperación era parte integral de sus instrucciones. Pero Rivera no aparecía. Después de consultar con el padre Serra y de enviar dos cartas a Rivera, pidiéndole que se encontrara con él en San Gabriel a fines de abril, Anza decidió retornar a Sonora. Se despidió de sus colonos, dio algunos consejos a Moraga y, acompañado de su escolta de siete soldados, ocho vaqueros y arrieros y cuatro sirvientes, salió de Monterey el 14 de abril de 1776. Con él iban el padre Font y el comisario Mariano Vidal, encargado de llevar las cuentas. Una vez más, Anza había demostrado su notable capacidad de mando y concluido con éxito su misión.

En cuanto a Rivera, la verdad era que no quería establecer el presidio de San Francisco y tal vez empezaba a sufrir algún tipo de enfermedad mental, pues sus actos comenzaban a ser absurdos e incoherentes. Dos días más tarde se encontró con Anza en el camino. Tras saludarse, Rivera con un simple adiós se despidió de Anza, quien alcanzó a decirle que podía contestar a sus cartas en México. Rivera asintió y continuó cabalgando. Sin embargo, en San Diego, recapacitó y decidió proceder de acuerdo con las órdenes del virrey. El 8 de mayo ordenó a Moraga que estableciera el presidio de San Francisco en el lugar elegido por Anza. Moraga comenzó a preparar su marcha el 14 de junio de 1777[72] y salió de Monterey con su gente el 17, acompañado de los dos franciscanos destinados a la misión, cuya fundación se encontraba suspendida.

Diez días más tarde levantaron sus tiendas de campaña junto al arroyo de Los Dolores, donde Moraga había plantado sus semillas de maíz. Al llegar el *San Carlos*, que se había atrasado debido a vientos adversos, desembarcaron los carpinteros y ayudados por los marineros se procedió a levantar el presidio de forma cuadrada, según un plano trazado por Cañizares. Levantaron la casa del comandante, la capilla, la bodega y las casas para los soldados, y el 17 de septiembre de 1777 se inauguraba el presidio con una misa solemne,

---

[72] En el otro lado de América del Norte, ese mismo día, el Congreso Continental adoptaba la bandera de las barras y estrellas como enseña nacional de los Estados Unidos de América. Como es lógico, de haberlo sabido no hubiera significado nada para los escasos colonos de la California española.

descargas de artillería y repiques de campana, acompañados del canto del *Te Deum*. Después de fundar la misión, Moraga envió otra vez a sus carpinteros y marineros a tierra, esta vez para levantar una iglesia que el 4 de octubre estaba lista, construida enteramente de madera y revestida de barro. Pero los misioneros no celebraron oficialmente su inauguración, pues Moraga se encontraba ausente, y esta tuvo lugar finalmente el 9 de octubre de 1777.

Moraga también decidió explorar la costa y luego cruzó los cerros de la contracosta y llegó hasta divisar el valle central de California, una planicie tan vasta que el horizonte hacia el este le pareció como el del mar. Estaba viendo uno de los lugares más feraces del mundo, destinado a un futuro tan brillante como no podía ni siquiera imaginar.

Al sur, fray Junípero Serra salió con dos frailes y diez soldados para fundar la misión San Juan Capistrano, suspendida desde el ataque indio a San Diego. La cruz plantada por Ortega seguía en pie, por lo que se desenterraron las campanas que, una vez colgadas, llamaron a la primera misa. La nueva misión quedó a cargo de dos franciscanos vascos: Pablo de Mugártegui y Gregorio Amurrio, y desde el comienzo recibió un trato muy favorable por parte de los indios, que acudieron a establecerse en gran número.

En cuanto a Moraga, llegó el 7 de enero de 1778 con sus soldados, colonos, familias y arrieros, con los que acampó en las márgenes del Guadalupe. Una vez levantada la cruz, se construyó un altar bajo un improvisado techo de ramas y el 12 de enero se cantó la primera misa de la nueva misión. Una semana más tarde, dejando una escolta de siete soldados, Moraga volvía a su cuartel en San Francisco.

El 3 de febrero Felipe de Neve, nuevo gobernador de las Californias, llegaba a Monterey para establecer allí la nueva capital del territorio. Su nombramiento era el final de la primera fase de la California española. Desde que Gaspar de Portolá alcanzase San Diego en 1769, el Ejército de España había fundado tres presidios —en San Diego, Monterey y San Francisco— y ocho misiones. Sus jinetes habían explorado miles de kilómetros cuadrados de territorio desconocido y abierto dos nuevas rutas a la Alta California desde el interior de México. Además de esto, habían protegido a las misiones, llevado correos y provisiones, combatido contra los indios y sufrido enormes privaciones por la falta de comida, ropa y el equipo necesario para llevar una vida digna. Pero el resultado de su tenacidad y esfuerzo estaba a la vista del nuevo gobernador. Todo el territorio desde el cabo San Lucas en Baja California hasta la bahía de San Francisco estaba bajo soberanía española, y eso en menos de diez años.

5.2. El gobierno de Felipe Neve

Felipe Neve, el nuevo gobernador de la Baja y la Alta California, llegó a Monterey el 3 de febrero de 1777. Natural de Bailén, en la provincia de Jaén, había estado dedicado al oficio de las armas desde que de joven ingresara como cadete en el Regimiento de Infantería Cantabria y fuera adscrito a la primera compañía de la Guardia de Corps en Madrid a los dos años. Después de 18 años de servicio, en los que estuvo en los regimientos Milán, Flandes y del Rey, alcanzó el grado de sargento mayor. Se trasladó a América con el visitador Gálvez y se le asignó al entrenamiento de las milicias, teniendo bajo su responsabilidad la formación del Regimiento de Dragones de Querétaro.

Aunque fue su habilidad como administrador lo que le valió el cargo de gobernador en California —pues ya hemos visto que administró con eficacia y rigor las propiedades jesuitas de Zacatecas—, no debe de olvidarse que Neve se distinguió combatiendo en la invasión de Portugal de 1762, durante la fase final de la Guerra de los Siete Años. En octubre de 1774 ascendió a teniente coronel de caballería, pero fue el informe final que presentó a Bucareli sobre su actividad como gestor lo que impresionó al virrey, y esa fue la razón fundamental por la que se le asignó esta tarea difícil y compleja.

Quien estaba destinado a ser uno de los grandes gobernadores de California, no pareció en principio tener un gran interés por el cargo. En junio, apenas a los tres meses de su llegada, Neve pidió a Madrid licencia por enfermedad para ver a su familia, de la que estaba separado desde hacía trece años. La respuesta de España llegó en octubre de 1778 y en ella el rey se negó a aceptar su marcha, pero le ascendió a coronel. Neve aceptó la voluntad real y dedicó todas sus energías a reformar el sistema administrativo y político de la provincia, lo que quedaría finalmente reflejado en el *Reglamento para el gobierno de la península de California*.

Lo primero que el gobernador hizo al llegar a su nuevo destino fue pedir cuentas de su actuación a Rivera, lo que le permitió aprender todo lo que necesitaba saber sobre el nuevo territorio del que era máximo responsable. Cuando entendió que ya conocía lo necesario envió a Rivera a San Diego con media docena de jinetes de cuera de escolta. Durante su estancia en la Baja California, Neve había concebido la idea de prescindir de aquellas misiones que no resultaban viables por no ser rentables o encontrarse en zonas demasiado aisladas y expuestas a las depredaciones de los indios. Su nombramiento coincidió con uno de los cambios más importantes: la creación de las Provincias Internas de Occidente, cuyo mandó asumió Teodoro de Croix con poderes casi equivalentes a los del virrey, pues era responsable directamente ante el rey. Por tanto, salvo en el importante asunto del abastecimiento que siguió a cargo del virrey, Neve era el nuevo y absoluto responsable del gobierno de las Californias.

Cuando llegó, las siete misiones de Alta California tenían una pequeña tropa asignada para su defensa y la protección de los indios a su cargo, que recibían alimentación y el material necesario del propio establecimiento religioso. Así las misiones del Arroyo Dolores y Santa Clara, con 12 hombres, caían bajo la protección de San Francisco. Carmelo, San Antonio y San Luis tenían a 17 soldados y tres cabos de Monterey; y San Diego, San Gabriel y San Juan de Capistrano contaban con ocho hombres y un cabo.

Durante los años en que España fue soberana de California la esencia de la colonización fue la misma: una mezcla entre la búsqueda permanente de la cristianización de los nativos y la extensión de las fronteras del territorio español. A diferencia de lo que ocurrió en Florida y en Luisiana, durante todo el periodo de dominio español, y en Texas a partir de 1803, California se mantuvo a salvo de agresiones de otras potencias europeas, y los indios fueron contenidos sin grandes problemas. Su progresivo desarrollo se produjo en un entorno de seguridad que facilitó el nacimiento de una sociedad original, en la que todo giraba en torno a las actividades de las misiones.

Una vez convertidos los indios, eran los misioneros los responsables de toda su vida, por lo que eran tutelados de forma casi absoluta y tratados como menores de edad, ya que la misión los alimentaba, acogía, cuidaba, vestía y les regulaba desde su trabajo a su vida sexual. Se trataba en cierto modo un régimen totalitario, pero en realidad se parecía más a un sistema de puro «despotismo ilustrado» que recordaba a las reducciones jesuitas de Paraguay, pues los misioneros exigían trabajo y obediencia a cambio de protección absoluta, y nunca dudaban en llamar a los soldados asignados a la vigilancia de cada misión si consideraban preciso reprimir el descontento o castigar a los indios.

El reglamento para el gobierno de California

El principal problema que se encontró Neve fue la incapacidad tradicional de todas las colonias españolas para tener un régimen económico eficiente, lo que en el caso de los comienzos de la California española se tradujo en una auténtica pesadilla. Según el historiador californiano Carlos López[73], el problema derivaba de la existencia de un fondo de dinero creado tras la expulsión de los jesuitas que se suponía debía de servir para financiar las nuevas misiones, pues contaba con un millón de pesos y había pasado a la Tesorería Real.

Al principio los intereses del fondo cubrieron las pérdidas generadas por las misiones, algo que se complicó cuando se fundaron más, ya que el gasto que suponían, unido al de las tropas que debían protegerlas, ascendía a más de cuatro veces la cantidad que aportaban los beneficios del fondo, generando un déficit anual de 35 000 pesos. Además, los productos traídos desde México costaban en California hasta un 150% más que San Blas.

Por lo tanto, una vez que Neve puso manos a la obra, sus primeras reformas se encaminaron a buscar una mayor eficacia de los medios disponibles, lo que produjo unos choques constantes con los misioneros, que bajo la férrea dirección de Serra habían sido los amos auténticos de la Alta California. Estos roces se produjeron porque Neve se negó a que las tropas presidiales, incluso las destinadas a la protección de las misiones, se usasen de forma automática para perseguir a los indios recién convertidos que escapaban de las misiones. El gobernador, además, prohibió a los religiosos usar a las tropas para labores de apoyo y mantenimiento de las misiones, que incluían desde reparar muros o vallas hasta cortar árboles.

Neve era consciente también de que debía estimular la economía de la colonia para mejorar su capacidad de autosostenerse y no depender de los carísimos productos traídos desde México. Una de sus primeras iniciativas surgió cuando vio que había lugares con agua y buen clima. Percibió que eran perfectos para cultivar cereales como el trigo o el maíz y con sus cosechas cubrir las necesidades de San Diego y de las misiones próximas.

El lugar seleccionado primero fue una llanura no muy lejana a San Gabriel, junto al río de la Porciúncula, y el segundo se situó en el río Guadalupe, junto a la misión de Santa Clara. Aunque no tenía autorización formal del virrey, Neve pensó que era preciso hacer algo pronto, y eligió a nueve hombres de la Tropa que tenían experiencia como agricultores y se unieron a cinco colonos de la antigua expedición de Anza. Todos ellos, con sus familias —en total 66 personas—, fueron puestos a las órdenes del teniente Moraga y enviados a fundar el nuevo pueblo que se construyó a seis kilómetros de la misión de Santa Clara. El lugar fue nombrado San José del río Guadalupe, y

---

[73] Su obra *El Real Ejército de California* es el trabajo más importante que se ha escrito sobre la olvidada y lejana provincia española.

nació oficialmente el 29 de noviembre de 1777. Todos los colonos recibieron semillas y material para poder labrar la tierra, así como un salario mensual de diez pesos, pero no se olvidó la protección de la nueva población, por lo que los habitantes recibieron armas con las que formar una especie de milicia[74].

El virrey, a petición de Neve, envió también 140 yeguas y cuatro potros para que procrearan en las fértiles tierras que rodeaban la nueva población, lo que hicieron con un éxito casi excesivo. Pero sin duda, la más exitosa de las acciones de Neve fue el reglamento que iba a regir la administración de la nueva provincia del Imperio Español y sustituir al elaborado por Echeveste, que en realidad consistía en una serie de instrucciones y normas para los religiosos franciscanos, a quienes beneficiaba mucho, pero no tanto a los militares y colonos, que precisaban algo diferente.

Tras casi un año de intenso trabajo, el 10 de junio de 1779 el borrador del nuevo reglamento estaba terminado y fue enviado al comandante general de las Provincias Internas, que lo aprobó sin tocar una sola coma y tras promulgarlo informó a Madrid. Por su parte, el virrey lo aceptó y se encargó de que se cumpliera en el puerto de San Blas la parte que le afectaba. El reglamento entró en vigor en virtud de un Real Decreto de 24 de octubre de 1781, si bien para California era de cumplimiento obligatorio desde el 1 de enero. Esta importantísima norma jurídica sería de aplicación en los cuarenta años siguientes en los que la bandera española ondeó en California. Sorprendentemente, cuando en 1848 los Estados Unidos se hicieron con el control definitivo de California, todo lo referente a las fundaciones de pueblos siguió vigente, y así fue aprobado por los tribunales de justicia norteamericanos.

Edwin Beilharz, en su biografía sobre Neve, destaca los tres apartados del reglamento y su importancia: el primero hacía referencia al sistema financiero y trataba de que las pérdidas del tesoro se redujesen al mínimo, pues era evidente que no se podía permitir que el déficit fuese siempre en aumento. El segundo se refería a la población de California, al abastecimiento y suministro de mercancías y bienes, y al establecimiento de milicias y soldados[75]. Finalmente, se incluía un apartado dedicado a reformar el sistema de las misiones, intentando que se limitasen las enormes atribuciones de los franciscanos.

---

[74] Se mencionan dos caballos, una silla de montar, lanza y escopeta. Es de imaginar que también recibirían una adarga y llama la atención la falta de mención a cueras, espadas y pistolas.

[75] Para evitar que hubiese que suministrar cereales desde México, Neve proponía colonizar el Valle Central, para lo que debían fundarse dos poblaciones que permitirían contar con una milicia que protegiese la colonia y garantizase la seguridad de la frontera, aunque no hubiese tropas regulares. Lo cierto es que si se hubiese poblado la historia de California podía haber sido muy diferente.

Respecto a los proyectos colonizadores, Neve no se conformó con San José y quiso seguir adelante con su idea de crear poblaciones agrícolas que suministrasen cereal a los presidios y misiones, por lo que solicitó a Croix el envío de 60 colonos. La misión de buscarlos se le encomendó al capitán Rivera, que al fin y al cabo tenía experiencia en la materia, pero la cifra, para ajustarla a las posibilidades reales, se redujo a solo 24 colonos, aunque al final solo fueron 14, de los que llegaron 11 y se quedaron ocho.

Rivera cruzó el mar de Cortés en diciembre de 1779 para reclutar colonos, algo que sabía era muy complicado. A esa misión se unió la de buscar mujeres que se quisieran casar con los soldados. Croix designó para acompañarle en su tarea a los tenientes Alonso Villaverde y Diego González y los alféreces Mariano Carrillo, Manuel García Ruiz y Ramón Lasso de la Vega. Los soldados procedían de voluntarios de los presidios de Sonora con los que Neve podía guarnecer el nuevo fuerte que debía fundarse en Santa Bárbara. La tropa y los colonos marcharían a California por dos rutas. Un primer grupo cruzaría por mar entre Guaymas y Loreto y seguiría el camino por Baja California. El segundo grupo debía ir por la ruta del Colorado desde Sonora, con más de 900 caballos y mulas.

El capitán Rivera contaba ahora con hombres excelentes, que habiendo servido en Sonora conocían muy bien el terreno, por lo que envió el grueso de su fuerza, unos 35 soldados de cuera con sus familias, al mando del teniente González. Luego ordenó el regreso a Tubac de una unidad de 65 hombres que les habían acompañado en el viaje, al mando del teniente Andrés Arias Caballero. El capitán, con unos 10 hombres, acampó en las márgenes del Colorado con la idea de dejar descansar al ganado, que había sufrido mucho en la marcha.

González llegó sin ningún problema a la misión de San Gabriel el 14 de julio de 1781. Con él iban los 35 soldados y las familias de 30 de ellos, pero Neve decidió esperar a la fundación de las nuevas misiones y del presidio, y a que llegaran los colonos y soldados que faltaban. Fijó como fecha para el nacimiento de los nuevos establecimientos la primavera del año siguiente.

Mientras tanto, el teniente José Zúñiga, que había reemplazado a Valverde, se había unido en Loreto con Lasso de la Vega, que le esperaba con 17 soldados y sus familias. Con Zúñiga venían solo 11 colonos, pues los otros habían desertado. Esta segunda columna no llegó a San Gabriel hasta el 18 de agosto, y hubo de mantenerla en cuarentena, pues algunos niños tenían viruela. Pero Neve no cejó en sus esfuerzos y dio órdenes precisas para que se fundara el segundo pueblo. El gobernador había escogido una planicie que le pareció muy fértil y podía regarse con el río Porciúncula, y dio instrucciones exactas al alférez Argüello para fundar el pueblo. Firme y enérgico, Neve siguió adelante con su propósito, aún a pesar de conocer la terrible noticia que le trajo un alférez malherido: Rivera había muerto, los *yumas* habían hecho una masacre.

El día 4 de septiembre de 1781 procedía Argüello a delinear la plaza, hacer las suertes y distribuir los solares. La población original era de 32 almas. Aunque no todos los pobladores se mostraron satisfechos, acababa de nacer una ciudad destinada a un futuro glorioso: El Pueblo de Nuestra Señora la Reina de los Ángeles de Porciúncula, hoy conocida como Los Ángeles, una de las grandes urbes del planeta y uno de los mayores centros culturales, económicos, científicos y de entretenimiento del mundo. Los fundadores eran en su mayoría de origen indio y español, y un buen número de estos eran mestizos o mulatos de ascendencia africana[76]. Se mantuvo como un rancho durante décadas, pero en 1820, poco antes del fin del dominio español, la población había aumentado a 650 habitantes. Los restos primitivos de la ciudad se conservan como monumento histórico en la llamada Olvera Street, la parte más antigua de la ciudad.

Como bien dice Beilharz, al igual que San José, «la ciudad echó raíces firmes en el nuevo suelo, trayendo a California un nuevo elemento que no era eclesiástico ni militar. Los oficiales y los soldados del rey desaparecerían en la turbulencia de la revolución colonial contra España. Las misiones se desmoronarían en la secularización entre 1834 y 1836. Solo la población civil sobreviviría y florecería».

Las razones de Neve para continuar con la fundación de misiones y del presidio de Santa Bárbara eran lógicas, pues sabía que era de vital importancia si se quería que la provincia de California tuviese futuro. Tras ponerse en contacto con fray Junípero Serra en Carmel y quedar en enviarle misioneros, marchó al sur. Viendo que no llegaban los misioneros pedidos por el gobernador, Serra decidió ir en persona a fundar la misión que llevaría el nombre de Buenaventura, y el 13 de marzo de 1782, tras detenerse brevemente para ver el nuevo poblado de los Ángeles, llegó a San Gabriel, donde se encontró con Neve. Esta vez no hubo roces y tras llegar a un acuerdo, el gobernador, Ortega y 70 soldados con sus familias marcharon para dar vida a la nueva fundación.

La zona había sido ya explorada por Ortega en 1780, y se eligió un lugar agradable, con agua, bosques y buena tierra donde el día de Pascua de Resu-

---

[76] Aunque es sorprendente, los registros coloniales demuestran que 26 de los 46 fundadores tenían ascendencia africana. Mulroy, Kevin, *Seeking El Dorado: African Americans in California (Los Angeles: Autry Museum of Western Heritage*, 2001): 79.

rrección de 1782, 31 de marzo, quedó fundada la misión de San Buenaventura. Se levantó una capilla y una empalizada de madera, y dos sacerdotes veteranos, Serra y Cambón, quedaron temporalmente a cargo mientras llegaban los nuevos misioneros.

Los indios colaboraron en la construcción, aunque Ortega, que no se fiaba, dejó 14 soldados de escolta asignados a la nueva misión. Pero aún faltaba algo por hacer y Neve, tras pasar por Buenaventura y ver el progreso de los trabajos, marchó con una expedición a lo largo de la costa hasta un lugar conocido como Arroyo de la Laguna, donde tras negociar con los indios *chumash* y su jefe Yanolali, logró un acuerdo para que colaboraran en la edificación del nuevo presidio, que sería el cuarto de la provincia.

El 12 de abril, con la presencia de Neve y del padre Serra, nacía el Real Presidio de Santa Bárbara, que en solo un mes y medio disponía de empalizada de adobe, bodega, armería, cuartel y todas las dependencias necesarias. Aunque Serra no estaba muy de acuerdo con el emplazamiento, a Neve le pareció bien y se preparó para otra tarea urgente: acabar con la rebelión de los *yumas*.

La guerra de Yuma

Al visitante ocasional o al turista que llega a Yuma podría parecerle que se encuentra en un lugar seco y polvoriento, sin nada especial. Sin embargo, no es así, ya que, en realidad, durante los años en los que formaba parte del virreinato de Nueva España, se encontraba en un lugar de gran importancia para mantener las comunicaciones entre California y Sonora por vía terrestre.

La historia de Yuma y del comienzo de la presencia española en Arizona datan de 1669, cuando el padre Kino estableció los primeros contactos con los indios de la región, a los que desde finales del siglo XVII se consideró pacíficos y amistosos, por lo que no es de extrañar que tanto el padre Garcés como Anza los tuvieran en cuenta como aliados, e incluso su cacique, Palma, fuese respetado por los españoles. También había por parte española una buena valoración de su territorio, que se consideraba fértil y de buen clima, algo para lo cual era necesario echarle mucha imaginación.

Lo cierto es que Garcés consideraba que Yuma era la mejor tribu del sudoeste para predicar el mensaje de Cristo. Gracias a su intervención, el cacique Palma había sido elevado por el virrey en México al rango de «magistrado del rey» en la región. El jefe indio pidió con insistencia que se establecieran misiones entre los poblados de la nación *yuma*, pues los indios por supuesto no pensaban que los españoles fueran dioses o algo parecido, pero estaban convencidos de que disponían de reservas inagotables de ganado, comida y regalos que iban desde los espejos y los collares a las telas o los caballos[77].

El problema fue el habitual, una mezcla de suficiencia y desprecio que no tenía en cuenta las peticiones de los indios, lo que en realidad solo servía para resquebrajar ante los guerreros la autoridad del cacique. Palma llegó a pedir misioneros de forma insistente, casi desesperada —más que por la palabra de Dios, por los regalos—, pues su prestigio dependía de su capacidad para demostrar a su gente que él tenía «poder» ante los hombres blancos.

Croix sabía que se trataba de algo importante y autorizó la presencia de los misioneros, pero España, a diferencia de Francia o Gran Bretaña, no tenía una política orientada al soborno y control de las tribus indias por medio de regalos y dádivas, así que las autoridades virreinales no se encontraban preparadas para llevar a cabo una política venal pero efectiva que evitase la guerra en la frontera[78]. La tradicional falta de recursos de las autoridades españolas hizo que no hubiese dinero y recursos con los que mantener una política sostenida de envíos de regalos y baratijas a los *yumas*, y las misiones no disponían de medios económicos para afrontar el problema. Sus gastos estaban limitados hasta extremos exagerados, y a este grave dilema se unió otro: la escasez de mujeres.

A la docena de soldados de cuera encargados de la custodia de las misiones se les había prohibido llevar a sus familias. Como ya había pasado en California, este hecho, unido a una mala decisión sobre los derechos de los indígenas, iba a causar un gravísimo conflicto. Así, en 1780 se decidió crear dos pueblos llamados Purísima Concepción, situado en la ribera sur de la confluencia del Gila con el Colorado, y San Pedro y San Pablo Vicuñer, a unos 20 kilómetros más al norte en la ribera oeste del río. La guarnición formada por experimentados jinetes de la frontera se encargó en 1781 al alférez Santiago Yslas, que tenía órdenes de proceder a la división de las aguas y las tierras entre las tres clases de personas que había en la región: soldados, colonos e indios.

Los años 1780 y 1781 fueron muy duros en el sudoeste y los indios sufrieron mucho la gran sequía padecida por Arizona. Las autoridades debían

---

[77] En California los españoles se cuidaron de que los indios nunca aprendieran a montar a caballo ni conocieran el uso de las armas de fuego.

[78] En la práctica los franceses no lo hicieron mal, pero los británicos, como demuestra su expansión relativamente pacífica en Canadá de costa a costa, tuvieron un éxito absoluto. España, y es duro decirlo, con mejores intenciones, fue casi igual de torpe que los Estados Unidos, que se llevan la medalla de oro en brutalidad e incompetencia, si bien —a diferencia de lo que le ocurrió a España— su tecnología y fuerza abrumadora los llevó finalmente a una victoria tan absoluta como injusta.

tener mucho cuidado a la hora de repartir el agua, pues las plantaciones de los *yumas* se podían ver muy afectadas si les privaba de este recurso que por ley les correspondía. Conviene no olvidar que las leyes españolas eran justas con los indios, a los que se otorgaban unos derechos inimaginables entre los ingleses, portugueses o franceses. Lo cierto es que las autoridades españolas comenzaron a advertir los problemas que podían existir si a la falta de agua se unía la ocupación ilegítima de las mejores tierras por colonos o soldados. El resultado fue que los indios se vieron privados de agua y buenos pastos, y se dañó sus cultivos sin ningún respeto a su cultura o derechos. Como resume el historiador Chapman, «los españoles pusieron poca atención a los derechos de los indios al distribuir la tierra, y el ganado pisoteó los sembrados de los *yumas*».

El resto de lo que ocurrió, a pesar de haber sucedido en 1781, podía perfectamente servir como ejemplo de la estupidez y arrogancia europeas. Representa en pequeña escala un drama semejante al que iban a sufrir los británicos, franceses, portugueses o italianos en Asia y África, o los propios norteamericanos desde la masacre de Dade en Florida a *Little Big Horn* en Dakota. Una falta absoluta de respeto al valor, sentido común y capacidad militar de los indios[79].

Yslas no demostró ser muy competente y decidió ante las legítimas protestas de los *yumas* arrestar al hermano del cacique Palma, sin tener en cuenta la importancia que este tenía entre los indios y la consideración que se le debía. La situación que agravó cuando ordenó que se azotara a varios de los indios rebeldes. A esto se unió que, en la primavera de 1781, la cansada tropa del capitán Rivera llegó a la zona con sus 900 animales, entre caballos, mulas y burros, a los que se dejó forrajear libremente entre los cultivos de los indios. Los *yumas*, indignados con toda razón, vieron cómo podía perderse su trabajo en un momento de grave sequía, condenando a sus mujeres y niños al hambre. Surgió así entre ellos una sorda y justa indignación contenida solo por las lanzas y las cueras de los jinetes presidiales, que seguían imponiendo respeto sobre sus caballos, pero a los que se odiaba ya tanto como se temía.

Cuando el grupo principal de las tropas españolas partió en dirección a California por la ruta de Colorado, las cosas parecieron calmarse, pero en realidad era demasiado tarde. Los indios, desesperados, ya no podían aguan-

---

[79] En España siempre se habla de Annual en 1921 como ejemplo de incompetencia militar criminal, pero el resto de las naciones europeas cuentan con hechos parecidos y da igual que hablemos de Adua —Abisinia— en 1895 o de Isandlwana —Sudáfrica— en 1879. Es siempre lo mismo. Los estadounidenses tampoco pueden decir mucho, pues su derrota en Fort Recovery en 1790 fue igual de desastrosa.

tar más y habían tomado una decisión definitiva. En la madrugada del 17 de julio de 1781, varios centenares de *yumas* cayeron por sorpresa sobre las pequeñas poblaciones de San Pedro y San Pablo. No eran *apaches* o *comanches*, pero su desesperación les hizo actuar con una violencia y brutalidad inimaginable. Tras matar a golpes con mazas y macanas a todos los hombres, secuestraron a las mujeres y a los niños, a quienes se llevaron a sus poblados. La iglesia fue arrasada y los padres Díaz y Moreno abatidos a golpes. Tras el saqueo, los edificios fueron pasto de las llamas, y no quedó con vida más que un habitante del pueblo, que logró escapar para dar la alarma en toda la provincia de Sonora. Entre tanto el cacique Palma, que no tenía ya otra elección, dirigió a un grupo de sus guerreros contra Purísima Concepción, donde todos los varones fueron masacrados. Murieron los dos sacerdotes, Barreneche, un joven sin experiencia en el territorio, y Garcés, uno de los grandes exploradores de Arizona.

Unidos los dos grupos de indios *yuma*, atacaron el campamento del capitán Rivera y sus soldados de cuera. Los expertos soldados de California respondieron con fría profesionalidad. Situados a caballo y en línea lanzaron una devastadora descarga con sus escopetas contra la multitud que se les venía encima, pero esta vez los indios no cedieron. Su odio se sobrepuso a su temor y cargando sobre una trinchera que habían cavado los defensores los mataron a todos a golpes. Allí cayó a sus setenta años, y aún con el grado de capitán, el agrio y duro Fernando de Rivera y Moncada, hombre complejo y cargado de defectos, que a pesar de todo supo morir fiel al código de honor de un soldado español.

Pero si la historia del final de Rivera es digna de elogio, más aún lo es la del alférez Cayetano Limón, que fue quien avisó a Neve de lo que estaba ocurriendo. Limón que debía de tener cerca de los cincuenta años y era hijo de un dragón de cuera, debía regresar a Sonora desde California si Neve no ordenaba otra cosa. En esta tarea partió con rumbo al sur, pero cerca de Yuma se encontró con un grupo de indios por los que supo que los *yumas* estaban alzados en armas. A pesar de imaginar lo que había ocurrido, prefirió arriesgarse. Con su hijo y dos hombres al cuidado del bagaje que llevaban, avanzó y penetró en el territorio indio para averiguar lo sucedido.

Cuando llegó a Yuma los incendios se habían apagado y no encontró otra cosa que cadáveres y restos de la destrucción sufrida por la población. Las casas habían sido saqueadas y arrasadas hasta sus cimientos. No había rastro de los niños ni de las mujeres y el cuerpo del padre Moreno estaba decapitado. Horrorizado, comprendió que debía volver a California y advertir a los misioneros y colonos, pero la cosa no iba a ser fácil, pues los indios les habían descubierto. Durante dos días los cuatro españoles combatieron desde el amanecer hasta el anochecer, superando trampas y emboscadas en las que perdieron el ganado. Cayeron dos soldados de cuera en la lucha, y solo quedaron Limón y su hijo. Ambos, cubiertos de heridas, alcanzaron finalmente las avanzadas españolas en California, y pudieron informar a Neve el 30 de agosto de 1781.

Sin embargo, a pesar de la hazaña de Limón, hubo un superviviente en la matanza de Vicuñer que había advertido a los vigilantes de la frontera, por lo que Croix dispuso de inmediato una expedición de castigo contra los *yumas*, y ordenó a Fages que se uniese a Neve con todo lo que tuviese disponible para pacificar el oeste de Arizona. Esta vez la campaña implicó a tropas del interior de México y fue a gran escala. Las tropas de Sonora debían esperar a los *californios* en el río Colorado para atrapar a los *yumas* en dos frentes. Olvidando sus continuas discusiones con el padre Serra, que ya conocía el nuevo reglamento y no paraba de quejarse, Neve partió a unirse a las tropas de Fages, con las que se encontró en la última semana de agosto de 1782, para avanzar juntos. Pero el destino les tenía reservada una sorpresa.

A principios de septiembre un correo los encontró antes de que alcanzaran las riberas del Colorado. Aunque las cartas estaban firmadas hacía ya tres meses, la situación había impedido que se les notificaran las órdenes reales por las que ambos eran ascendidos al rango de coronel. Neves había sido nombrado inspector general de las Provincias Internas y Fages gobernador de California. Por lo tanto, en medio del desolado y remoto lugar entre las fronteras actuales de California y Arizona, ambos militares se despidieron para siempre, pues nunca se volverían a ver. Neve partió con dirección al Colorado, donde le esperaba aún un importante trabajo que hacer, y Fages hacia San Gabriel y Monterey.

El nuevo inspector general tenía todavía una misión pendiente y a pesar de su nombramiento siguió con los planes previstos. Se reunió con sus 60 soldados de cuera en la orilla del Colorado y con el capitán José Romeu, un catalán que le esperaba al mando de 108 dragones del Regimiento Provincial de Sonora. Romeu llevaba incluso un cañón, y le acompañaban más de 2000 indios aliados cuya valía combativa era dudosa, pero hacían bulto para poder cubrir una zona lo más amplia posible.

La campaña que siguió fue un fiasco. Lo mejor del ejército virreinal estaba en campaña en Luisiana, Florida o Nicaragua, combatiendo contra los británicos, y nadie tenía intención de prestar atención a un grupo de indios desharrapados en el límite norte de una frontera olvidada. No había un objetivo claro, el territorio a cubrir era inmenso y el enemigo no tenía consistencia. Tras varias semanas vagando por el desierto, y salvo una pequeña escaramuza, no hubo combates de importancia ni nada que ocupar, excepto una polvorienta ranchería. Neve ordenó la retirada y la zona se perdió definitivamente al quedar cortada la ruta de Anza. Si bien las unidades militares siguieron patrullando el desierto, las expediciones civiles abandonaron el camino del Colorado para siempre.

Las consecuencias de la matanza de Yuma fueron por lo tanto de gran importancia, pues al cerrar la vía terrestre a California, este territorio quedó aislado en la práctica. Para llegar hasta la lejana provincia era preciso hacer un largo viaje por mar, lo que detuvo la llegada masiva de colonos y decidió su futuro.

Felipe de Neve, gran gobernador y hombre de indudable genio y valía, continuó su brillante carrera en México, pero nunca más volvió a California. En febrero de 1783 fue de nuevo ascendido al cargo de comandante general de las Provincias Internas en lugar de Croix, el puesto más importante de la Nueva España después del virrey. Ascendido a brigadier, fue recompensado con la Cruz de Carlos III en mérito a sus servicios. El 21 de agosto de 1784 falleció en el estado de Chihuahua, una semana antes de que fray Junípero Serra le siguiera a la tumba en Carmel.

5.3. Las expediciones al noroeste: de California a Alaska

Si hay una parte desconocida de la presencia española en el norte de América, sin duda son los intentos de colonización del noroeste, en la ignorada costa que se extendía desde San Francisco hasta el Mar Ártico. Un territorio inmenso e inexplorado que interesaba a varias potencias europeas, en el que las exploraciones españolas fueron mucho más intensas de lo que se cree y dejaron huellas que no han sido borradas.

Todavía hoy es muy raro que en España alguien sepa que una vez, en un lugar lejano hoy llamado Orca Inlet —La cala de la Orca—, el 3 de junio de 1790 un navegante español tomó posesión formal de la tierra de Alaska en nombre del rey Carlos IV. De todo este esfuerzo de marinos audaces y navegantes ilustrados solo quedan unos pocos topónimos en castellano que traen recuerdos de lugares remotos, helados y barridos por el viento que un día fueron reclamados como parte integrante de la soberanía española.

A la búsqueda de los estrechos de Anián

Correspondió a la Real Armada el honor de llevar sus buques hasta lugares que ningún europeo había visto antes, en pos de un paso que conectara el Pacífico con el Atlántico a través de los legendarios Estrechos de Anián, buscados desde el siglo xvi. El *Santiago*, al mando de Juan Pérez, navegó hacia el norte y alcanzó la isla de Nootka[80], Vancouver, en la actual Columbia Británica —Canadá— en 1774[81], e Ignacio de Arteaga en su navío *Princesa* volvió a la zona en 1779, explorando una amplia bahía y una ensenada a la que bautizó como Puerto Bucareli, y alcanzando los 61º de latitud Norte. Ese fue el límite de las reclamaciones territoriales de la Corona española, que desgraciadamente no hizo nada en los diez años siguientes para ampliar su conocimiento de la región e intentar sentar las bases de una colonización efectiva.

---

[80] Aparece en los documentos con ese nombre, pero también como Nuca o Nutca. En este caso emplearemos en este libro el término actual en inglés, Nootka, pues es más sencillo encontrar referencias para el lector que quiera realizar búsquedas en Internet.

[81] Al piloto, Juan Esteban Martínez, los indios le robaron dos cucharas de plata, incidente en apariencia insignificante, pero que tendría cierta trascendencia en el futuro.

EL NORTE
1. Piquero, expedición de Oñate, 1590.
2. Capitán, frontera norte de Nueva España, 1585.
3. Arcabucero, San Agustín de la Florida, 1588.

LA FLORIDA

4. Guerrero *yamasi*, frontera norte de Florida. 1741.
5. Soldado, infantería de marina. Isla de St. Simmons, Georgia, 1742.
6. Soldado, milicia de San Agustín de la Florida, castillo de San Idarcoa, 1741.

CALIFORNIA

7. Teniente. Real Presidio de Monterey, California, 1791.
8. Soldado. Compañía Volante del Presidio de San Diego, California, 1801.
9. Soldado de cuera, equipo de campaña. Presidio de Santa Bárbara, California, 1792.

LUISIANA Y TEXAS

10. Granadero. Batallón de Infantería de Castilla, 1785.
11. Soldado. Regimiento de Dragones de España, 1794.
12. Soldado de cuera, 1794.
13. Soldado. Regimiento de Infantería Fijo de Nueva España, 1788.

PACÍFICO NORTE

14. Soldado, Regimiento Fijo de Infantería Veterana de de San Blas, destacamento del Fuerte Santa Cruz de Nutca, 1794.
15. Real Armada, marinero con equipo de invierno. Puesto fortificado de Núñez Gaona. Estrecho de Juan de Fuca, 1792.
16. Soldado, Primera Compañia de Voluntarios de Cataluña, Real Presidio de Monterey, Alta California, 1773.

NUEVA ESPAÑA

17. Soldado. Regimiento de Infantería Fijo de Puebla, 1788.
18. Soldado. Regimiento de Dragones de México, 1794.
19. Soldado. Regimiento de Infantería de la Corona de Nueva España, 1769.
20. Soldado. Regimiento de Infantería Fijo de México, 1788.

EL APOGEO

21. Guerrero *creek*, Barrancas de Margot, Florida Occidental, 1795.
22. Soldado de cuera en labores de vaquero. Real Presidio de Santa Bárbara, California, 1806.
23. Oficial, Regimiento de Dragones de América, San Agustín de la Florida, 1803.

LOS REALISTAS

24. Oficial. Regimiento de Infantería de La Corona de Nueva España, 1818.
25. Soldado. Batallón de Voluntarios de Cataluña, 1812.
26. Oficial del Regimiento de Dragones de México, 1818.
27. Soldado. Regimiento de Infantería de Santo Domingo, 1818.

A juicio de muchos historiadores, esa inhibición sería finalmente la causa del fracaso español en el Pacífico canadiense, porque entre las dos expediciones españolas James Cook llegó a Nootka en abril de 1778 y llamó a la zona Friendly Cove, debido al buen trato que le dispensaron los indios. Allí, sus marineros encontraron la prueba de que otros europeos habían llegado antes, pues encontraron dos cucharas de plata españolas.

El sistema virreinal no autorizaba al gobernador de California a realizar asentamientos en un lugar tan alejado y, por otra parte, no había recursos suficientes para llevar adelante una colonización viable. A ello se unieron los problemas por los que pasó el gobierno virreinal tras la muerte de Bucareli, quien además no era partidario de extender el control de la costa más al norte, pues opinaba —y no le faltaba razón— que bastante tenía con mantener California.

Tras su muerte, le sucedió en el cargo, de forma interina, Martín de Mayorga, hasta que ocupó el puesto en 1783 Martín de Gálvez, fallecido en menos de un año y sucedido por su hijo Bernardo, muerto también en un año. Tras la cadena de fallecimientos, el cargo quedó vacante otro año más y nadie quiso tomar la decisión de continuar con las expediciones al lejano norte, si bien, para desgracia de España, se perdió un tiempo decisivo que luego no se pudo recuperar.

La actividad cada vez mayor de franceses, ingleses, rusos y estadounidenses en la región no podía pasar desapercibida, y aunque La Pérouse no informó en su visita a Monterey de que había explorado la región, en la que tomó posesión de un puesto al que llamó Port des Français, el capitán Esteban Martínez tomó la decisión de informar al virrey, quien notificó lo que ocurría al gobierno de Madrid. En España lo que estaba ocurriendo se sabía muy bien, ya que cuando La Pérouse pasó por Concepción, en Chile, en su singladura hacia el norte, levantó sospechas. Además, el embajador en Moscú había comunicado que el británico Billings iba a encabezar una expedición naval rusa a la zona, en la que se pensaba que ya habían levantado algún puesto para el comercio de pieles.

Alarmado, el gobierno del rey Carlos III tomó por fin la decisión de enviar una expedición de exploración en enero de 1787, y el ministro Floridablanca impartió sus instrucciones el 8 de julio de 1787. Debían realizarse exploraciones hacia el norte con expresas instrucciones de afirmar la soberanía española, para que «fijaran y aseguraran los puntos que se puedan, aficionando los indios y arrojando cualesquiera huéspedes que se hallen establecidos». La expedición estaría formada por la fragata *Princesa*, de Esteban Martínez, acompañada por el *San Carlos* —que era conocido como *el*

Filipino—, al mando de Gonzalo López de Haro, pero, por desgracia, los dos capitanes se enfrentaron entre ellos y se separaron.

La ocupación de Nootka

Tras una difícil navegación en los embravecidos mares del norte, López de Haro se dirigió a Unalaska, donde descubrió que dos fragatas rusas se estaban preparando para ocupar Nootka. Peor aún fue lo que descubrió Martínez, quien navegando al noreste llegó hasta las Aleutianas, y allí se enteró de que un comerciante británico llamado John Meares disponía de un puesto comercial en Nootka. La situación para los intereses de España era por lo tanto muy mala.

En el puerto mexicano de San Blas, principal apostadero naval en la costa norte del Pacífico, Martínez informó de lo que había visto y oído, y el virrey se dio cuenta de que si no se hacía algo inmediatamente otra potencia europea se establecería en la zona. Sin esperar autorización de España, el virrey ordenó a Martínez ocupar Nootka. En consecuencia, una tropa de 28 soldados con dos cabos y un sargento embarcaron en San Blas en el *Princesa* y el *San Carlos* y se dirigieron al norte. Era febrero de 1789.

Cuando llegaron a Nootka el tiempo apremiaba, pues los rusos debían de estar al llegar. Tras desembarcar, Martínez dio órdenes de cortar árboles, preparar el terreno y edificar un pequeño edificio de madera que dotó de una pequeña tropa. El lugar fue bautizado como fuerte de San Miguel de la isla de los Cedros, y en un islote separado por un canal levantó otra casa de madera que se llamó baluarte de San Rafael. Los cañones que llevaban se situaron apuntando a la ensenada, cubriendo el mar y la bahía. Un pequeño edificio servía de polvorín y cuartel.

El 5 de mayo de 1789, Esteban José Martínez, navegando por la costa al mando de la fragata *Princesa,* comenzó el reconocimiento de la zona y encontró dos buques fondeados en Nootka. Para su sorpresa, comprobó que no eran rusos ni británicos, sino que llevaban la bandera de las barras y estrellas de los Estados Unidos, ambos con matrícula de Boston, el *Columbia* y el *Lady Washington.* Los capitanes de ambos buques dijeron que se habían refugiado por el mal tiempo y el capitán español aceptó sus excusas y les dejó navegar en libertad.

Más compleja, por su trascendencia futura, fue la situación que se produjo con la *Iphigenia Nubiana,* un paquebote con bandera de Portugal propiedad de Juan Carvalho, comerciante afincado en Macao y titular de la *Merchant Proprietors,* firma comercial de la que era promotor el inglés John Meares, que había recorrido la costa de Nootka en varias ocasiones anteriores, en 1785 con el bergantín *Terrible*, en 1786 con el paquebote *Nootka*, y en 1788 con dos navíos de la compañía portuguesa, el *Felice Adventurer* y el propio *Iphigenia Nubiana*.

Durante su primera estancia en Nootka, Meares coincidió con el capitán inglés George Dixon, compañero de Cook en su segundo viaje, que había recibido el encargo de la Compañía Inglesa de Comercio de fundar un establecimiento en la costa noroeste para el comercio de pieles[82]. Ante la falta de argumentos claros que explicasen su presencia en la zona, el capitán español decidió apropiarse del buque. Pocos días después llegó otro barco, el *Argonaut*, un paquebote de bandera inglesa al mando del capitán inglés James Colnett, que iba cargado de mercancías y cuya pretensión era la de tomar posesión del puerto y fortificarlo. Martínez le dijo que se encontraba en territorio de soberanía española pero el capitán inglés se resistió y fue apresado con toda su tripulación.

Dispuesto a establecer con firmeza la presencia española, Martínez detuvo también a la goleta estadounidense *Northwest America*, que estaba averiada. Tras repararla la incorporó a su pequeña flota con el nombre de *Santa Gertrudis*. A un tercer buque, la goleta *Princess Royal*, lo dejó marchar con la carga capturada. Con un banquete al que fueron invitados los capitanes de los barcos extranjeros y unas salvas de artillería, se tomó oficialmente posesión del lugar en nombre de España en junio de 1789.

Ese verano lo ocupó Martínez en asegurar las defensas en previsión de algún ataque, y prosiguió la tarea de apresar a todo buque que entrase sin la autorización debida en el puerto. De nuevo, el *Princess Royal* fue apresado por regresar a Nootka y desobedecer las instrucciones recibidas. A finales de julio la fragata *Aranzazu* llevó la noticia de la muerte del rey Carlos III y la orden del virrey Flores de desmantelar la posición. Mientras los españoles procedían a cumplir lo mandado, apresaron otra goleta americana, la *Fair American*, que Martínez también incorporó a su flota[83]. A primeros de diciembre estaban ya todos en San Blas.

El trabajo y esfuerzo de los meses anteriores parecía haber sido en vano, pero, mientras esto ocurría en América, en España se acordó la ocupación y fortificación de Nootka, casi al mismo tiempo que ocupaba su puesto el

---

[82] Los ingleses, al igual que los españoles, franceses y holandeses, buscaban con ahínco el legendario Paso del Noroeste, y la Compañía de la Bahía de Hudson disponía en la misma de importantes puestos comerciales para el comercio de pieles.

[83] Como se puede apreciar, a pesar de ser literalmente el fin del mundo, la costa noroeste del Pacífico era surcada por barcos de varias potencias europeas, y de los recién nacidos Estados Unidos, de forma habitual.

conde de Revillagigedo, considerado como uno de los más grandes virreyes de Nueva España. Alarmado al saber que Nootka había sido abandonada y siendo consciente de la necesidad de impedir a toda costa que los británicos se asentasen en la zona, el nuevo virrey ordenó que en San Blas se aprestasen tres buques para partir inmediatamente y asegurar el asentamiento con la construcción de un fuerte, al que se destinó una compañía de los Voluntarios de Cataluña. La compañía contaba con 80 hombres de los que el capitán Pedro Alberni, su comandante en Nootka hasta 1792, embarcó solamente a 76. La fuerza naval estaba comandada por Francisco de Eliza en la fragata *Concepción*, de 30 cañones, con la que partió hacia el norte con instrucciones de entablar combate, si era preciso, con cualquier nave hostil que intentase impedir su misión. Una vez asentada en Nootka, la expedición debía explorar las costas del estrecho de Juan de Fuca.

Durante el periodo de preparación de la expedición militar se produjo un grave incidente cuando el capitán Alberni pidió que se pagaran los atrasos de la tropa y solicitó armas nuevas. El problema de las armas tardó en resolverse[84], pero finalmente se hizo correctamente; en cambio, el asunto económico desembocó en un grave altercado entre la tropa, y costó mucho solventarlo.

La expedición llegó finalmente a Friendly Cove en abril de 1792. No había nadie y Alberni preparó de inmediato las fortificaciones necesarias para asegurar la defensa del lugar. Eligió el mismo lugar que Martínez para edificar el fuerte, que fue bautizado como Santa Cruz de Nootka. Tras lograr la colaboración de los indios del cacique Macuina, Alberdi puso a sus hombres a trabajar con energía. Edificado el fuerte, que contaba con baluartes, se instalaron veinte cañones. Con la abundante madera que había, se construyeron nueve edificios, con bodegas, cuarteles, una santabárbara y una gran casa para el comandante. Un terreno aledaño se preparó para cultivos y se contaba también con vacas, corderos, aves de corral y cerdos, por lo que se garantizó el suministro de alimentos a la nueva colonia.

Con gran trabajo, Alberni[85] había creado en solo unos meses el mejor fuerte de la frontera de Nueva España, cuya organización era tan perfecta que pudo incluso en el futuro enviar a parte de sus cazadores de montaña a bordo de los buques de la Armada para que actuasen como infantes de Marina.

---

[84] En Tepic les entregaron algunas pistolas y unos pocos fusiles, y en Nootka, en marzo de 1790, recibieron 76 fusiles con sus respectivas bayonetas, correctamente embalados en cajas de madera.

[85] Era un hombre increíble, escribió un canto de honor al cacique Macuina en su propia lengua. Hizo que sus soldados lo cantaran con la música de la canción popular *Mambrú se fue a la guerra*, hasta que el cacique lo aprendió de memoria. Décadas después todavía lo cantaban los indios de Nootka.

Velas en la niebla. Alaska española.

Las misiones de exploración hacia el norte se cumplieron con pericia. La primera la llevó a cabo el *San Carlos*, enviado a las costas de Alaska con 15 soldados de los Voluntarios de Cataluña. Al mando de Salvador Hidalgo, la nave española navegó costeando hasta llegar a una zona que reconoció y bautizó con el nombre de Puerto Valdés, al igual que un hermoso fondeadero que llamó Puerto Córdova[86].

El responsable de la expedición había nacido en La Seo de Urgel, en Lérida, en 1756, hijo de una familia navarra de origen noble, y había entrado en la Real Armada como guardiamarina en Cádiz, siendo destinado a San Blas en 1778 con el rango de teniente de navío. Tras costear la costa de Alaska, Hidalgo entró en la actual Orca Inlet y cerca de Puerto Córdova lanzó el ancla y desembarcó. Después de contactar a los nativos, con los que intercambió regalos, decidió realizar una solemne ceremonia.

Los españoles levantaron una enorme cruz de madera y con los marineros alineados, los voluntarios de Cataluña izaron la bandera de España. Vientos racheados agitaban la enseña roja y amarilla de la Real Armada mientras Hidalgo leía la proclama por la que tomaba posesión de Alaska en nombre del rey Carlos IV. Era el 3 de junio de 1790 y el imperio español, con este acto en un lugar lejano y frío, alcanzaba la máxima extensión de su historia. Al día siguiente, el 4 de junio, los expedicionarios españoles vieron unas naves de indudable factura europea. Al aproximarse a tierra, en la actual península de Kenai, vieron por vez primera qué bandera llevaban aquellos extraños navegantes y se confirmaron sus peores temores. Eran rusos.

Sin embargo, el *San Carlos* era un buque muy superior e Hidalgo, un hombre duro y audaz, decidido a cumplir hasta el final sus órdenes. Sin dejarse intimidar buscó el principal asentamiento ruso y lo encontró en la isla de Kodiak, en Three Saints Bay, donde ante los estupefactos ocupantes celebró cerca del puesto de Alexandrovsk —en la actualidad English Bay o Nanwalek—, al sudoeste de la actual Anchorage, en la península de Kenai, otra ceremonia de toma de posesión del territorio en nombre de España.

Sin embargo, como debía evitar retrasos en informar al virrey de los asentamientos de otras potencias europeas, Hidalgo puso rumbo sur y marchó

---

[86] Ambos topónimos aún se conservan y son los más nórdicos del mundo en lengua castellana. El actual Puerto Valdez recibió su nombre en honor a don Antonio Valdés y Fernández Bazán, 4º capitán general de la Real Armada, secretario de Estado del despacho universal de Marina e Indias —cargo equivalente al actual de ministro— y caballero del Toisón de Oro. Respecto a Puerto Córdova, fue llamada así por don Luis de Córdova y Córdova, director general de la Armada y 2º capitán general de la Real Armada.

a San Blas, puerto al que llegó el 15 de noviembre de 1790. Moriría en Tacubaya, cerca de Ciudad de México, en 1803, tras haber navegado por Asia oriental y haber contribuido a la supresión en 1801 de una rebelión india en la isla del Tiburón, en el Golfo de California. Su legado, hoy olvidado, dejaba a España a las puertas de conseguir la soberanía sobre las costas de Alaska.

La segunda expedición la llevó a cabo Manuel Quimper en la goleta *Princesa Real* —ex-*Princess Royal*—, que se adentró en el laberinto de canales del estrecho de Juan de Fuca hasta el actual Puget Sound, y facilitó al virrey una valiosísima información. En su periplo localizó un excelente lugar para establecer una posición fortificada, al que llamó Nuñez Gaona[87]. Si España consolidaba su posición, la zona bajo soberanía efectiva aumentaría de una forma espectacular hasta regiones remotas y nunca imaginadas. En esos momentos, España era la nación que mejor conocía la costa noroeste de América, sus marinos y soldados habían tomado posesión formal de las nuevas costas exploradas y los rusos habían sido frenados. La situación prometía.

En el filo de la navaja: la crisis con Gran Bretaña

Las noticias de las enérgicas actuaciones de Martínez llegaron pronto a México, donde el virrey de Nueva España ratificó las medidas adoptadas por Bodega. La Corte española, al tener conocimiento del incidente con los buques ingleses, urgió a su embajador en Londres para que hiciese una exposición de lo ocurrido ante el gobierno inglés. Algo que realizó el 10 de febrero de 1790, reclamando que los infractores recibiesen su castigo y se abstuviesen en lo venidero de intentar levantar asentamientos y comercios en los territorios de soberanía española.

En Gran Bretaña se despertó entonces una oleada de indignación y el gobierno de Londres respondió el 26 de febrero de 1790 afirmando que la Corona española había cometido un «acto de violencia», y exigiendo la inmediata restitución de los navíos. Londres pedía, además, que el gobierno hispano le ofreciese una satisfacción justa y proporcionada sobre un «acto tan injurioso para la Gran Bretaña», y dispuso que la *Royal Navy* se preparase para la guerra. En consecuencia, el 5 de mayo se envió una nota oficial al embajador en Londres, marqués del Campo, en la que se manifestaba la

---

[87] Su nombre se dio en honor a don Manuel Núñez de Gaona del Nero y Portocarrero, brigadier y mayor general de la Armada, cargo que desempeñó desde 1787 con notable acierto, y más adelante fue ascendido a teniente general.

negativa del rey de Inglaterra de acceder a las pretensiones españolas. La nota dejaba en claro que el gobierno británico estaba dispuesto a ir a una confrontación armada contra España para que sus buques pudiesen ejercer el comercio y la pesca en libertad en el océano Pacífico, y el 16 de mayo el encargado de negocios del Reino Unido volvió a exigir que se devolviesen los barcos apresados.

España no podía permitirse una confrontación armada en el fin del mundo, contra la flota más poderosa en ese momento, sin tener algún tipo de alianza o apoyo, por lo que aceptó la petición de desarmar la región. Pero como se conocía bien a los británicos, se impartieron instrucciones a la Real Armada para concentrar una flota de operaciones en Cádiz formada por 39 buques de guerra, de ellos 24 navíos línea, con dos de 114 cañones, uno de 94, dos de 80, 14 de 74 y cinco de 64.

A estos barcos se sumarían 12 fragatas de a 34 cañones, dos bergantines y una balandra, que se hicieron a la mar anticipándose a los movimientos británicos, cuyos agentes informaron al Almirantazgo de los movimientos «hostiles» de los españoles.

Entre tanto, y en medio de los preparativos bélicos, el 13 de mayo Meares había presentado un memorial en la Cámara de los Comunes con el que intentaba demostrar que había comprado los terrenos en Nootka al cacique Macuina, en los que aseguraba haber edificado unos barracones que legitimaban su toma de posesión. Meares estimaba en más de 650 000 pesos el valor de la carga que Martínez había confiscado a sus compatriotas y a la compañía portuguesa a la que representaba. A su favor contaba un argumento de más peso que los títulos de propiedad, el enorme poder de la *Royal Navy* británica, que había reunido más de 100 buques tripulados por 30 000 hombres.

Floridablanca convocó una reunión para tratar del asunto de Nootka en la Junta de Estado. En ella expuso con claridad las consecuencias que podía tener la acción de Martínez, a tenor de una carta del embajador en Londres en la cual se decía que «valiéndose de este pretexto, la ofensa que se supone hizo Martínez al pabellón británico, y del armamento de navíos que ha mandado hacer el rey, se han dado órdenes para aumentar los que anticipadamente se hacían en los puertos de Inglaterra, se han hecho levas de gente de mar, y se han despachado muchos avisos: todo lo cual indica intenciones hostiles…». También mencionó las gestiones que se estaban haciendo ante Francia para cumplir lo dispuesto en el vigente Pacto de Familia, aunque era consciente de la grave situación revolucionaria por la que pasaba el país vecino desde el año anterior.

A primeros de junio llegó a Madrid lord Alleyne Fitzherbert, embajador plenipotenciario británico. Afirmó que Gran Bretaña no deseaba un conflicto con España, pero también dejó claro que su nación no iba a ceder en sus pretensiones, que consideraba justas.

Por parte de España, las negociaciones con Francia no marchaban mal y el conde Montmorin fue el encargado de notificar a la Asamblea Nacional la nota del embajador español. La Asamblea la pasó a examen de la Comisión diplomática y el diputado Mirabeau la presentó el 25 de agosto y defendió con energía que se cumpliesen los tratados, y que Francia se comprometiese solo en aspectos defensivos.

En consecuencia, la Asamblea acordó armar 45 navíos en Tolón, que se pondrían a disposición de la alianza con España, además de un número menor de fragatas y otros barcos menores. La buena noticia se vio, sin embargo, empañada bien pronto por dos sucesos. El primero, que los Países Bajos habían acordado apoyar con su flota al Reino Unido, y el segundo, que el caos político al que se encaminaba Francia hizo que solo se pudiesen preparar 15 de los 45 buques de línea prometidos.

Floridablanca era consciente de que sin el apoyo francés España no debía aventurarse a una confrontación armada con los británicos y propuso el 18 de junio un arbitraje por un monarca europeo y la concesión a Inglaterra de la indemnización pedida, solo por hechos probados, sin perjuicio de exigir a la Gran Bretaña una satisfacción equivalente si se demostraba la culpabilidad inglesa. El principio de acuerdo se logró el 24 de julio de 1790 con la firma en Madrid de dos documentos: una Declaración, firmada por Floridablanca, y una Contradeclaración, rubricada por Fitzherbert. La firma de estas exposiciones consiguió la desmovilización, casi total, de las dos armadas y por Real Orden del 18 de agosto se ordenó el regreso de la flota española al puerto de Cádiz.

Sin embargo, el rey de España no aceptó completamente los términos del acuerdo, y el 16 de septiembre Floridablanca volvió a reunir a la Junta de Estado que acordó una nueva Declaración de cuatro apartados. En el primero, se establecía que españoles y británicos conviviesen en Nootka, devolviéndose a los ingleses los edificios y terrenos de los que hablaba Meares. En el segundo, se remitía a un futuro Reglamento que determinaría los derechos de las dos naciones en los mares del Sur y en el océano Pacífico, no debiendo los navíos ingleses acercarse a las costas y puertos de España. En el tercero se sometían a los respectivos tribunales los motivos de queja o infracción de los artículos anteriores, advirtiendo de que los «oficiales de una y otra parte» se abstuvieran de cometer violencia alguna. El cuarto señalaba un plazo de seis semanas para ratificar los artículos anteriores y se suspendieran «por una y otra parte todos los preparativos de guerra... ».

Un mes más tarde, el 18 de octubre de 1790, Floridablanca informó de que el gobierno británico no estaba de acuerdo con la Declaración discutida con Fitzherbert, e insistía «en las primeras pretensiones», por lo que tras unas reuniones más de la Junta de Estado, el 28 de octubre de 1790 Floridablanca y Fitzherbert firmaron en El Escorial el Convenio que evitó la guerra entre ambos países. El acuerdo constaba de ocho artículos y uno más secreto, y comprometía a España a devolver los edificios y terrenos ocupados, y a indemnizar a los ingleses por los bienes incautados. Se pedía el estrechamiento de los vínculos de amistad entre las dos naciones y se establecía la libre navegación y pesca, «en el Océano Pacífico o en los Mares del Sur», con algunas pequeñas restricciones.

El convenio con los ingleses fue notificado al virrey Revillagigedo por Real Orden del 25 de diciembre de 1790, y pasó un año hasta que informó a Bodega y Quadra de su misión como comisionado español para la verificación del tratado. Así se inició la expedición de Bodega hacia Nootka, el 29 de febrero de 1792, al mando de la fragata *Gertrudis* y de la goleta *Activa*. El 4 de julio llegó también a esa isla el primer navío británico de la expedición de George Vancouver, comisionado por el gobierno inglés para la señalización de límites. Se trataba de la fragata mercante *Daedalus*, cuyo capitán, Thomas New, presentó a Bodega y Quadra un ejemplar de la convención firmada en El Escorial.

Las consecuencias del Tratado de 1790 y los últimos años de la presencia española

El invierno de 1790-91 fue durísimo y la totalidad de las cosechas plantadas con tanto esfuerzo se perdieron, por lo que los casi 250 hombres que había en el presidio de Nootka se vieron obligados a sacrificar parte del ganado. Afortunadamente, en la primavera llegaron el *San Carlos* y la *Aranzazu* con provisiones de los asentamientos californianos. No obstante, el terrible frío, la humedad y la lluvia incesante, el escorbuto, la disentería y otras enfermedades, provocaron en tres años muchas bajas en la tropa, a pesar de que Alberni cuidó siempre de mantener a sus hombres activos y en buena forma. A diferencia de lo que ocurrió en otras regiones, las relaciones con los indios de Nootka fueron buenas y los soldados pudieron acceder a esclavas que les facilitaba el cacique, lo que evitó roces causados por la necesidad de mujeres. Alberni compró al cacique Macuina bastantes indios, a los que hizo trabajar como sirvientes a fin de evitar que fueran devorados, ya que sospechaba que sus amos eran caníbales.

De lo que no cabe duda es del absoluto éxito que tuvo el asentamiento. Regularmente visitado por los buques con base en San Blas y en los puertos californianos, a los que enviaba pieles de nutria, Nootka recibía mercancías y comida fresca y servía de puesto de apoyo a los buques británicos, rusos, franceses y estadounidenses que navegaban por la región, afirmando de forma incontestable, al amparo de sus soldados y cañones, la soberanía española en la costa sur de Alaska y de la actual Columbia Británica. En agosto de 1791 ancló en Friendly Cove la expedición de Malaspina, compuesta por las fragatas *Descubierta* y *Atrevida* y tras 15 días de trabajos científicos partieron hacia Monterey, dejando una magnífica información escrita y gráfica que constituye hoy un tesoro de incalculable valor sobre la presencia española en Nootka.

En el verano de 1792 la posibilidad de una guerra con los británicos se alejaba, por lo que, siguiendo instrucciones de Bodega y Cuadra, la fragata *Concepción* retornó a San Blas llevando lo que quedaba de la Compañía de Voluntarios Catalanes, a la que el frío, las deficiencias alimentarias y las enfermedades había dejado en un estado lamentable.

Desde San Blas, los catalanes volvieron a su viejo acuartelamiento mexicano de Guadalajara. Entre tanto, el nuevo virrey, conde Revillagigedo, después de informarse de las exploraciones de Malaspina en Juan de Fuca, decidió ocupar la orilla sur del estrecho. Se escogió el puerto de Nuñez Gaona —Neah Bay, en el actual estado norteamericano de Washington—, se embarcaron en la *Princesa* con Salvador Fidalgo 13 soldados catalanes al mando de un cabo, y se seleccionó una excelente posición que disponía de magníficas condiciones defensivas en una meseta rocosa, con un arroyo cuya orilla cubría una empalizada construida con los gruesos troncos de árboles que abundaban en la zona. Además, se edificaron varios edificios: una bodega, un cuartel y una enfermería. Excavaciones posteriores han desenterrado numerosos ladrillos, lo que hace pensar que se construyó un horno. Ya en junio, una vez emplazados los cañones, cuando llegaron las fragatas *Sutil* y *Mexicana*, el asentamiento estaba funcionando y se recordaba a los indios el poder y la capacidad de fuego españoles con un cañonazo a la salida y otro a la puesta del sol.

Un solo incidente, motivado una vez más por problemas con mujeres, estuvo a punto de provocar un serio choque con los indígenas. Antonio Serantes, primer piloto de la *Princesa,* se aventuró solo en el bosque y fue abatido en una escaramuza. En respuesta, el comandante Hidalgo destruyó a cañonazos dos canoas cargadas de indios, matando a todos sus tripulantes. Tras esta dura acción no hubo más problemas, pero los recelos entre ambas comunidades habían comenzado.

A pesar de la demostración de fuerza y de su solidez, la posición estaba condenada, pues Bodega no se había puesto de acuerdo con el representante inglés sobre el límite que establecía el tratado de 1790 y decidió que el puesto de Nuñez Gaona resultaba innecesario. Era costoso de mantener y carecía de un fondeadero seguro, pues el fondo era rocoso. Además, se daba por hecho que la amenaza de los indios aumentaría en el futuro, lo que obligaría a aumentar su guarnición. Después de consultar con un consejo de guerra, Bodega ordenó su abandono, dejando a los indios todos los edificios y la huerta. El material recuperable se embarcó en la *Princesa* y el 27 de septiembre de 1792 se abandonó Nuñez Gaona. El nombre, difícil de pronunciar para los anglosajones, no se conservó y el lugar retornó al original nombre indio: Neah Bay.

Unos meses antes, en julio de 1792, Alberni se embarcaba con la mayoría de sus tropas con destino a Monterey. Solo dos cabos y veinte soldados quedaron en Nootka, y otra parte de la tropa permanecía como guarnición en los buques de la Real Armada.

Aunque pronto se supo en México de la firma del tratado entre España y Gran Bretaña, sus cláusulas tardaron mucho en llegar a la capital virreinal, y mucho más hasta la remota Nootka, donde los comisarios encargados de ejecutar lo acordado no se vieron hasta la primavera de 1792. Bodega y Quadra sostuvo que como no había tierras, ni edificios, ni establecimiento alguno que pudiera aceptarse como inglés, no existía un límite, y propuso al comisionado inglés, capitán George Vancouver, establecer una línea divisoria. A tal fin se abandonaría Nootka y el límite sería el estrecho de Juan de Fuca. Vancouver se negó a aceptar la propuesta y exigió la evacuación inmediata del puerto por parte de España.

Como los comisionados no lograron ponerse de acuerdo, se enviaron los correspondientes oficios a España, y el 11 de enero de 1794 se firmaba en Madrid un acuerdo para la ejecución del artículo primero del nefasto tratado, que a la postre iba a acabar con la presencia española en las costas canadienses del Pacífico.

El acuerdo estipulaba: «Que el oficial británico hará enarbolar la bandera británica sobre el terreno así restituido, en señal de posesión. Y que después de estas formalidades, los oficiales de las dos Coronas retirarán respectivamente su gente del puerto de Nootka.» Y luego añadía: «Pero que ni la una ni la otra de las dos partes hará en el dicho puerto establecimiento alguno permanente, o reclamará allí derecho alguno de soberanía o de dominio territorial con exclusión de la otra».

En consecuencia, se decidió el abandono de Nootka, aunque llevó un tiempo llevarlo a efecto. Por fin, el 23 de marzo de 1795, los últimos veinte soldados de la Compañía Fija de San Blas, que constituían una de las guarniciones más aisladas del imperio español[88], desmontaron los cañones, retiraron todo lo aprovechable y embarcaron en la *Activa*, dejando que los aborígenes ocuparan las posiciones del abandonado presidio.

Los jóvenes indios que habían sido rescatados de Macuina —ante la sospecha de que se los iba a comer— viajaron a California donde permanecieron en los presidios como sirvientes. Aunque el tratado permitía a las dos naciones establecer bases, pueblos o presidios en cualquier punto de la costa al norte de la bahía de Bodega, España no ejerció nunca este derecho. Debido a la pobreza del erario, la falta de iniciativa y de voluntad, y tal vez a la pura y simple ignorancia, se perdió para siempre la costa noroeste de América. Durante el periodo que transcurrió entre la firma del tratado entre Gran Bretaña y España y la evacuación definitiva del puesto en la primavera de 1795, pasaron cinco años en los que el establecimiento español fue visitado por expediciones científicas, exploradores, comerciantes de pieles y viajeros que dejaron más de medio centenar de imágenes de la obra española y de la energía y esfuerzo de sus marinos y soldados.

De entre todos los visitantes extranjeros destacó George Vancouver, cuyo nombre lleva hoy la isla en la que estuvo el viejo asentamiento español, designado comisionado británico en Nootka. Era un gran marino que había viajado con James Cook y llegó a San Francisco el 14 de noviembre de 1792. En California el virrey había alertado de su llegada, prohibiendo a los residentes comerciar con los ingleses, pero ayudándoles en lo posible. De hecho, el comandante del presidio, Hermenegildo Sal, le ofreció incluso caballos y escolta para que el marino inglés pudiese visitar la misión de Santa Clara[89].

En Monterey, Vancouver se encontró con Bodega y Quadra, el oficial de mayor antigüedad en el Pacífico español, esforzado navegante y explorador, comisionado por el gobierno español para cerrar el acuerdo de Nootka. Van-

---

[88] El lugar era hermoso, pero frío y duro. Aun así, hay que recordar al lector español actual, ciudadano de una nación que ha decidido jugar siempre en segunda división en los asuntos mundiales, que la España de aquel tiempo, dueña de la tercera flota del mundo, mantenía guarniciones, por ejemplo, en las Marianas, Guam o Juan Fernández, que están entre los lugares más remotos del globo, de entonces y de ahora.

[89] Se le criticó por ello, pero su amabilidad ha valido para que hoy en día contemos con una maravillosa descripción de la vida en las misiones de la época.

couver admiraba al gran marino español, al que solicitó un tiempo de espera en tanto preparaba su buque. Durante cincuenta días los británicos estuvieron anclados a la vista del presidio español, sin que se cobrara a los ingleses cantidad alguna por sus gastos en la estancia en el puerto. En este periodo hubo un asunto de importancia.

El gobernador interino, Arrillaga, había recibido una carta del virrey, con fecha 24 de noviembre de 1792, en la que, además de avisarle de la visita, le pedía evitar que los ingleses conociesen la debilidad militar manifiesta de los presidios españoles. Aunque los dos comisionados no se pusieron de acuerdo sobre los límites en Nootka, los unía una gran admiración mutua, y Bodega se quedó en Monterey hasta que Vancouver terminó de pertrechar y reparar su nave.

Durante cincuenta días se mantuvieron los buques ingleses al ancla mientras se hacían observaciones en tierra y reparaciones a bordo. No se aceptó pago alguno, y el 15 de enero de 1793 salían juntos de la bahía de Monterey los buques de Inglaterra y España. San Francisco tenía dos cañones, ninguno de los cuales podía alcanzar un barco al pasar por la bocana de la bahía. Monterey tenía ocho, Santa Bárbara dos y San Diego tres. Ni uno solo estaba montado para cubrir la defensa del puerto que resguardaba.

Vancouver sabía que no iba a encontrar algo parecido a Cartagena de Indias, ni siquiera algo como San Agustín de la Florida, por lo que no es de extrañar que poco tiempo después escribiese:

La monarquía española retiene esta parte del país bajo su autoridad con una fuerza que, de no haber sido testigos al verla, no habríamos creído que un grupo tan pequeño de gente pudiera mantener el respeto de los nativos del país, sin usar métodos duros o medidas injustificadas. La tropa es totalmente incapaz de hacer cualquiera resistencia a una invasión extranjera, ataque que no es de ninguna manera improbable.

Vancouver volvió a la costa de California en mayo de 1793, y notó que las cosas habían cambiado, pues las instrucciones de Arrillaga eran claras. En San Francisco fue recibido con cortesía, pero se le solicitó por carta que indicara el motivo de su visita y los días que esperaba pasar en el puerto. Vancouver, que no entendía nada, esperó la llegada del *Chatam* y navegó hasta Monterey, donde ancló el 1 de noviembre. Arrillaga se entrevistó con él y le impuso condiciones sobre su estadía en el puerto. Vancouver se ofendió y en cuanto pudo zarpó hacia el sur sin aprovisionarse de agua y sin cargar las provisiones que se le habían preparado.

Arrillaga envió órdenes a los presidios de no reaprovisionar a los británicos y pedirles que se retirasen.

Los buques se adelantaron al correo militar que iba por tierra y llegaron a Santa Bárbara, donde Goicoechea los recibió amistosamente, aunque les impuso algunas restricciones de movimiento. Vancouver hizo aguada y leña y recibió un pequeño rebaño de ovejas y provisiones frescas traídas en mulas desde San Buenaventura. El 27 de noviembre de 1793, Vancouver llegaba a San Diego y allí fue recibido por Zúñiga que se preparaba para trasladarse a San Blas. Grajera, el nuevo comandante, trató a los británicos con amabilidad y a pesar de las órdenes de Arrillaga les prestó toda la atención que necesitaban. Finalmente, el navegante británico se hizo a la mar el 19 de diciembre de 1793, dispuesto a cruzar el Pacífico. Dejaba en recuerdo de sus amigos los nombres de Punta Argüello, Punta Sal, Punta Fermín, Cabo Lasuén, pero por supuesto, ignoró a Arrillaga por su mala acogida, y a Goicoechea por lo complicado que, al parecer, le resultó pronunciar su apellido.

El virrey aprobó la conducta de Arrillaga y reiteró sus órdenes de que no se permitiera a los extranjeros examinar el país, y se prohibiera la exportación de ganado en pie que había autorizado Argüello en Monterey. Las visitas de los ingleses y sus exploraciones en la bahía de Bodega movieron al virrey a ordenar la ocupación de ese puerto y Goicoechea se trasladó desde Santa Bárbara con 10 soldados, un sargento, un albañil y algunos materiales. Después de permanecer una semana inmovilizado al otro lado de la bocana, se volvió a San Francisco.

Arrillaga informó al virrey de que la ocupación de Bodega se prorrogaba por un año, pero en realidad no se hizo esfuerzo alguno por ocupar esta estratégica bahía. Los 10 soldados y el albañil quedaron en el presidio de San Francisco, donde aumentaron la guarnición de Sal —al mando del presidido—.

Vancouver volvió una tercera vez a California, después de su último intento de terminar con el asunto de Nootka. Pero allá se encontró con Álava y este le informó que había sido reemplazado por el teniente Pearce, como ya se ha visto. Entonces Vancouver retornó a California y en Monterey tuvo el placer de saber que Arrillaga había sido relegado a un puesto secundario y, mientras llegaba el nuevo gobernador, su amigo Argüello estaba a cargo del presidio.

Al llegar el nuevo gobernador, Diego de Borica, hombre jovial, alegre y de gran sentido del humor, se continuó con la cortesía y deferencia que Argüello había demostrado.

Vancouver completó sus mapas y trazados y durante un mes descansó en Monterey mientras se reparaban sus naves. Hizo un viaje al interior y el 2 de diciembre de 1794 zarpaba por última vez de Monterey en dirección al sur, al Cabo de Hornos, al Atlántico y a Inglaterra.

Vancouver es considerado un hombre honrado y capaz por los historiadores, y sus comentarios sobre las condiciones de los lugares que visitó nos han dejado la mejor relación que existe de la California española[90].

---

[90] Las tensiones entre el Reino Unido y España por la crisis de Nootka hicieron que en España se elaboraran acciones ofensivas contra los intereses británicos en todo el mundo. El historiador y vicepresidente de la Asociación Australiana de Historia Marítima, Chris Maxworthy, encontró recientemente en el Archivo General de la Marina, en Viso del Marqués, documentos que prueban que incluso se planificó un ataque contra Sidney y la recién nacida colonia de Nueva Gales del Sur, en la remota Australia.

5.4. En un país lejano

La ausencia del gobernador, que había marchado al sur para combatir a los indios *yuma*, hizo que el gobierno de California quedase en manos de Nicolás Soler, un capitán ayudante descrito por el historiador Carlos López como «ambicioso, rencoroso y probablemente frustrado en sus deseos de alcanzar grados más altos, como había sido el caso de Rivera».

López acierta al definir la diferencia esencial entre ambos: a Rivera la tropa le tenía un gran aprecio, lo que no sucedía con Soler, y eso provocó una situación desagradable hasta que Fages tomó el relevo. Neve no le dejó a Soler órdenes algunas, pues estaba claro que pensaba regresar, pero a Fages le dio unas magníficas instrucciones sobre cómo debía guiar su gobierno. Eran 18 artículos en los que se establecía una inteligente y astuta política para los indios, misioneros y colonos y el mantenimiento en buen uso de los presidios. En el caso de los indios, recomienda la política de regalos que tan buenos resultados dio en otras partes, y establecía también unas normas duras para los soldados violentos o insubordinados y que mataran ganado o maltratasen a los indios.

Un detalle importante en el aspecto militar era el interés que muestra la instrucción en la pacificación de los indios del sur de San Diego, ya que era vital mantener libres las comunicaciones. El prohibirles aprender a montar había garantizado la rapidez de maniobra en las acciones de los españoles, lo que aseguraba su victoria en combates a campo abierto y facilitaba la persecución eficaz de los indios hostiles.

Fages, por su parte, intentó evitar los conflictos. Prefería que los religiosos se encargasen de los indios renegados, para intentar no causar daños irreparables en las relaciones con las tribus. Con una política de regalos y visitas se intentó establecer buenas relaciones mutuamente ventajosas para españoles e indígenas. La política española resultó muy exitosa en este aspecto, pues jamás se rebelaron los indios de la región de San Diego, algo que se había temido durante mucho tiempo.

Además de una serie de problemas con su mujer, que casi provocan un escándalo en Monterey, el principal problema de Fages fue con los franciscanos. Y eso pese a que fray Junípero Serra había cambiado mucho y ya estaba viejo y enfermo. Cuando el misionero murió el 28 de agosto de 1784 en la misión de Carmel, las exequias fúnebres que se le hicieron fueron impresionantes. Tras la muerte de fray Junípero, el padre Fermín Francisco Lasuén quedó como director de las misiones, y con él tuvo que coordinarse Fages. Pero a pesar de que el gobernador hizo todo lo posible para llevarse bien con los religiosos, nunca lo logró. Estos jamás le trataron con el suficiente respeto, si bien al menos se mantuvieron separados en sus funciones, lo que evitó mayores fricciones.

Transcurría sin sobresaltos la vida de la colonia cuando el 14 de septiembre de 1786 dos barcos aparecieron entre la niebla en el puerto de Monterey. Llevaban banderas blancas con flores de lis, lo que no dejaba dudas acerca de su nacionalidad francesa. Eran *L'Astrolabe* y *La Boussole*, las naves del famoso explorador Jean-François Galaup de La Pérouse.

Fages había recibido noticias de México que le indicaban que debía comportarse con el francés con cortesía y atención extremas, y atendió todas las peticiones del navegante galo y le suministró lo que necesitaba. A cambio de tan excelente trato, en el que participaron los misioneros y los 18 soldados del presidio, el explorador les regaló tela de paño azul, algo de gran valor en la remota California. La Pérouse dejó una breve descripción, en la que muestra, como más tarde le ocurriría a Vancouver, el asombro que le causaba la escasa fuerza militar de España:

> Un teniente coronel que vive en Monterey es el gobernador de ambas Californias. Su jurisdicción es de más de ochocientas leguas a la redonda, pero sus súbditos disponen de solo 284 soldados montados, que forman la guarnición de cinco pequeños fuertes y que proporcionan destacamentos de cuatro o cinco soldados para cada una de las 25 misiones o parroquias en que se dividen la Nueva y la Vieja California. Esta débil fuerza es suficiente para asegurar la obediencia de unos 50 mil indios nómadas en esta extensa parte de América.

Después de permanecer diez días en Monterey, La Pérouse regaló al gobernador unos sacos de patatas chilenas, producto desconocido hasta entonces en California, y zarpó con rumbo al este[91].

El problema del comercio y los bienes materiales

Durante la última década del siglo XVIII los suministros a California seguían siendo enviados desde México. El sistema comercial español era lamentable y el abastecimiento de productos americanos y europeos continuó por intermedio de los navíos que partían de San Blas. Cuatro buques —*Favorita*,

---

[91] Sus naves naufragaron en la isla de Vanikoro, en el archipiélago de Santa Cruz, sin dejar supervivientes, pero antes pudo enviar sus escritos y notas a Europa.

Princesa, *San Carlos* o *Filipino* y *Aranzazu*— hacían un viaje anual tocando en dos puertos, bien Monterey y San Francisco o Santa Bárbara y San Diego. La llegada de estas naves constituía una verdadera fiesta, pues suponía para los pobladores de California poder acceder a objetos de los que carecían. No es por tanto raro que algunas mentes emprendedoras intentasen buscar algo diferente y más ventajoso.

El responsable de intentar explotar ese nuevo negocio se llamaba Vicente Basadre y Vega y llegó a California en 1786. Tenía importantes cartas de recomendación y órdenes precisas para desarrollar en la provincia el comercio de pieles de nutria y foca. El gobernador, atendiendo a las instrucciones que traía el recién llegado, dictó medidas para regular el comercio de pieles. Los indios eran los encargados de conseguirlas, y debían entregarlas en las misiones. Serían los misioneros quienes se las venderían a Basadre a un precio tasado que se fijó entre 2 y 10 pesos, en función de su cantidad, calidad, peso y color.

El comercio de las pieles se declaró estanco o monopolio del Estado, y cualquiera que intentase venderlas por su cuenta en California o en México sería detenido y su mercancía confiscada. El problema del negocio de pieles planteado era el mismo que una y otra vez lastró el desarrollo de las colonias españolas: la falta de libertad comercial. La limitación en este sentido, tanto por razones religiosas como por la incapacidad para mejorar su bienestar doméstico, colocó a España en enorme desventaja a la hora de defender su soberanía sobre un territorio tan extenso, pues la dura realidad era que los colonos vivían, con frecuencia, materialmente mejor bajo soberanía inglesa que bajo la española o francesa.

El hecho es que el comercio de pieles en esas condiciones recargaba, además, a las misiones con más trabajo del que ya tenían en agricultura y ganadería, y añadía a los militares una responsabilidad de la que no obtenían beneficio alguno. No es de extrañar que en la primera campaña anual no se lograsen ni 2 000 pieles, algo que una compañía inglesa del otro lado de América del Norte podía lograr en unas semanas de trabajo. Como bien señala el citado historiador Carlos López, la demanda por las pieles en China era tal que «La Pérouse creía que dejaría a España más oro que México». Por supuesto, poco después británicos, norteamericanos y hasta rusos, lograrían grandes riquezas con ese negocio del que España pudo obtener grandes beneficios.

Para quienes se oponen a la Leyenda Negra y a la idea de que los virreinatos no eran colonias, la incompetencia e inutilidad del sistema comercial español es la mejor prueba de que no había un ánimo de explotación comercial de los territorios americanos al estilo británico u holandés. En realidad, en términos generales, el sistema español fue mostrando sus carencias según avanzaban los años, y para 1 800 era terriblemente ineficaz e improductivo[92].

Un desgraciado incendio en el presidio de Monterey, causado por una chispa, redujo a cenizas la mitad de los edificios en el verano de 1789. Hubo que reconstruirlo todo, y se logró en apenas un año, pero el gobernador Fages no vio terminado el trabajo, pues tras años de duro servicio en la frontera había pedido ser relevado del cargo a finales de 1789. El nuevo virrey, conde de Revillagegido, le licenció y le permitió regresar a México capital, desde donde marchó a España con su sueldo de un año pagado por adelantado. Se le ascendió a coronel y se le ordenó que entregara el mando a su sucesor, personalmente o a través del vicegobernador José Joaquín Arrillaga, que estaba en Loreto. El aún gobernador dejó listas las cuentas y tras preparar el inventario de cierre de su periodo de mandato, entregó el gobierno de California a José Antonio Romeu el 16 de abril de 1789, antes de embarcar hacia San Blas.

Al poco de la marcha de Fages llegó a Monterey el navegante Alejandro Malaspina con la expedición científica que estaba dando la vuelta al mundo. Venían del norte, de Fuerte Nootka, y llegaron a la capital de California en septiembre de 1791 en dos naves, las corbetas de la Real Armada *Descubierta* y *Atrevida*.

Ante la ausencia del gobernador, le correspondió al comandante del presidio, Luis Argüello, recibir a los ilustres visitantes, a quienes se facilitó todo lo que precisaban: frutas, verduras, carnes, queso, agua y materiales, desde maderas hasta cuerdas de cáñamo. La carga se hizo sin prisas, pues los expedicionarios estuvieron dos semanas recorriendo el interior para tomar especímenes de plantas y animales que incorporaron a la colección que iban preparando en su larga navegación. Cuando terminaron, partieron rumbo al sur. Los trabajos artísticos de la expedición, hechos por José Cardero, son hasta hoy los más valiosos desde el punto de vista histórico de la California española. Pero, aunque los comentarios, diarios e informes de Malaspina son muy completos en cuanto a los indios, flora y fauna, hay pocas menciones a los misioneros y a las misiones, y no hay alusión alguna al presidio y a sus tropas.

---

[92] En general la California de principios del siglo XIX era un lugar apacible y tranquilo, lo que en el convulso y violento mundo de la época no estaba mal e incluso era algo muy valioso, pero desde el punto de vista económico, una compañía comercial inglesa de tamaño medio producía en un año más ingresos que toda la California española, lo que en cierto modo era un desastre sin paliativos, y cuando el territorio pasó a ser parte de México, la situación económica, en vez de mejorar, empeoró aún más.

La defensa de California: presidios y fortificaciones

Durante un tiempo el gobierno de California estuvo vacante. Fueron varios los candidatos a ocuparlo, aunque no todos por su voluntad. Tal fue el caso de Pedro de Alberni, comandante de los Voluntarios de Cataluña destinados en la remota Nootka, cuya candidatura fue promovida ante el virrey por su mujer Juana Vélez. Otros candidatos fueron el experimentado y duro oficial de las campañas de la frontera Manuel de Echegaray, comandante del Presidio de Santa Cruz en Sonora; el marino Francisco Mourelle de la Real Armada, que había participado en las exploraciones de la costa norte; y Diego de Borica, un oficial con gran experiencia en la frontera que había guerreado con a*paches* y *comanches*, inspeccionado presidios y que ocupaba el cargo de subinspector de las Provincias Internas. Borica resultó finalmente el elegido. Era alavés, de Vitoria, y, además de militar, caballero de la Orden de Santiago.

El 14 de mayo de 1794 Borica recogía en Loreto el nombramiento de gobernador interino y siguió viaje por tierra a Monterey. Encontró las fortificaciones y presidios de la Alta California en un estado lamentable, salvo el fuerte de Santa Bárbara, y eso a pesar de que habían llegado noticias de guerra contra Francia, y se había informado al virrey de que la provincia estaba totalmente indefensa. Además de tener que fortificar y reparar los presidios, el nuevo gobernador tuvo tiempo de mejorar la economía, que en los años de su gobierno logró un espectacular crecimiento. También se hizo un gran esfuerzo por mejorar la educación, estableciendo escuelas públicas en todos los presidios y obligando a los alcaldes de los pueblos y villas a que velasen por la escolarización de todos los niños. Algo muy avanzado para la época.

La llegada al cargo de Borica coincidió con el relevo en México, donde el virrey Revillagigedo había dejado entre las instrucciones que legó a su sucesor, el marqués de Branciforte, la urgente necesidad de mejorar las defensas de los puertos de California, cada vez más expuestos a una agresión extranjera. En 1793, Revillagigedo decidió seriamente fortificar los cuatro presidios de Alta California. Durante el gobierno de Arrillaga algo se había hecho en San Francisco, donde los esfuerzos se habían concentrado en la explanada elegida por Anza en su primera expedición. Se trataba de levantar un castillo en el Cantil Blanco, el punto más cercano a la costa norte de la bocana, donde hoy la cruza el puente del *Golden Gate*. También se habían reforzado otros lugares defensivos en San Diego y Monterey.

Para todo ello se recurrió a Miguel de Constanzó, que además de ser un hombre muy competente, se había labrado una gran reputación en México como experto ingeniero, y conocía California por haber estado en la expedición de Portolá. Constanzó estuvo apoyado por Alberto de Córdoba, cuya misión consistía en supervisar lo que ya se había construido y establecer nuevas baterías. Su contribución principal estuvo en la batería de Yerba Buena, en San Francisco, y Fuerte Guijarros, en San Diego.

El 8 de diciembre de 1794 se bendecía el castillo de San Joaquín, en San Francisco, bajo el mando del alférez José Fernández Pérez, que actuaba como comandante accidental. En el castillo se había establecido una batería de ocho cañones, y se habían construido atalayas para los centinelas, santabárbaras y un pequeño cuartel. En ese mismo año se construyó una segunda batería en Punta Médanos, o punta San José, donde hoy se encuentra el Fuerte Mason. La batería tenía defensas de madera y montaba cinco cañones de 8 libras. Pese a sus deficiencias, San Francisco fue el mejor artillado y más fortificado de los puertos de California.

También se estableció por orden del virrey un fuerte en San Diego, precisamente en el sitio que Vancouver había pensado. El lugar escogido fue Punta Guijarros, en la península de la Punta de la Loma. Todas estas mejoras defensivas se vieron reforzadas en 1796, cuando la compañía de Voluntarios de Cataluña, al mando de Alberni, ahora ascendido a teniente coronel, llegó a San Francisco junto con 25 artilleros, enviada por órdenes expresas del virrey para reforzar la guarnición de las fortificaciones.

A pesar de las críticas que en su momento se hicieron, no todas las baterías y defensas de la costa californiana resultaron inútiles o malas. En primer lugar, existían, y a primera vista imponían respeto a cualquier agresor. Dos hechos lo prueban: el intercambio de disparos entre un buque norteamericano y el fuerte Guijarros de San Diego en 1803, y la rendición años después en Monterey, como veremos, de una de las naves del corsario argentino Hipólito Bouchard. Lo cierto es que al final cumplieron su papel y California resultó inexpugnable para los enemigos de España, que eran muchos.

En cuanto a los presidios, habían sufrido un notable desgaste por efecto del tiempo, por lo que su estado y dotación eran de lo más variado. El más sujeto a cambios en lo referente a su guarnición era el de San Diego, algo lógico, pues era el punto de comunicación entre la Baja y la Alta California. Su compañía de guarnición estaba habitualmente formada por 60 hombres, que incluían a dos mecánicos, un armero y un carpintero.

En San Francisco la construcción del fuerte de San Joaquín y sus constantes reparaciones liquidaron los recursos del presidio y de la guarnición, pese a trabajar en las obras más de cien indios dirigidos por soldados que también colaboraban. En Santa Bárbara las dependencias y el estado general eran razonables, por lo que fue el que menos reformas necesitó. Finalmente, Monterey, sede del gobierno, se mantenía en buenas condiciones, pero no así las dependencias, que necesitaban de urgentes reparaciones a pesar de las reformas hechas tras el incendio de 1789.

Durante el período de 1791-1800 el estado de los presidios, la condición de la tropa y las defensas costeras, mejoraron y se incrementaron. Todos los presidios mantenían caballos, mulas y otro ganado. Los primeros eran esenciales para las funciones militares, y las mulas también, pues se dedicaban al transporte. En cuanto al ganado vacuno, además de utilizarse los cueros de las reses, se aprovechaba como alimento, y se daba muy bien en la mayor parte del país. El llamado Rancho del Rey, en el presidio de Monterey, disponía a finales de 1791 de más 5 000 cabezas de ganado vacuno y 2 000 caballos cuidados por los soldados, que actuaban también como vaqueros para evitar robos de los indios o los ataques de animales depredadores, como lobos o pumas.

El desarrollo: más misiones y pueblos

Durante el gobierno de Borica se mantuvo el interés por aumentar la población de California, el eterno problema de las colonias españolas en América del Norte. Para conseguirlo se hicieron algunos intentos de estimular la formación de familias. Borica pidió al virrey que se enviaran a California mujeres honestas, y se distribuyeron 19 muchachas huérfanas entre las familias de los soldados. Dos de ellas se casaron antes de un año de su llegada. Con el mismo fin se buscó aumentar el número de familias casadas, bonificando con cuarenta pesos a los soldados que contraían matrimonio.

Junto a estas medidas encaminadas a aumentar la población, también nacieron nuevas misiones, para lo cual se precisaba explorar previamente los lugares idóneos, enviar expediciones con escolta militar y pedir las correspondientes autorizaciones al virrey en México. Estas expediciones mejoraron mucho el conocimiento del interior del extenso país. El sargento Pedro Amador, del presidio de San Francisco, siguió la ruta que Anza había explorado 20 años antes, y nombró Alameda a un lugar que todavía conserva el nombre. En sus cercanías se fundó la Misión de San José en 1797, a la que se asignó una custodia de cinco soldados a cargo del cabo Miranda, y el gobernador Borica ordenó al cabo Ballesteros que con cinco hombres fundara la misión de San Juan Bautista.

El 25 de julio de 1797 se fundó la tercera misión, San Miguel, en el valle de Salinas, entre las misiones de San Luis Obispo y San Antonio, en la que se dejó una custodia de cinco hombres al mando del cabo José Antonio Rodríguez. Dos misiones más se establecerían en el sur. Entre San Buenaventura y San Gabriel encontraron los misioneros un lugar apropiado, pero estaba ocupado por un colono llamado Reyes, al que desalojaron del lugar. Allí nació la misión de San Fernando Rey de España, que con toda probabilidad no tuvo tropas destinadas a su protección. La última misión se fundó al año siguiente, pues en febrero de 1798 Borica ordenó al comandante de San Diego que enviase una pequeña tropa, que debía quedar bajo las órdenes del padre Lasuén, para construir una misión entre San Juan Capistrano y San Diego a la que se llamó San Luis Rey de Francia.

El último gran paso fue la fundación de un pueblo en la costa fortificado y protegido por sus propios pobladores, que debían ser soldados presidiales. Eso formaba parte de un plan de defensa del virrey para incrementar en la provincia el número de «gentes de razón», y ofrecía dos posibilidades: o traer a soldados y sus familias de Filipinas —en el galeón de Manila— o establecer a los colonos en las misiones, para que el ejemplo de vida en comunidad sirviese de modelo a los indios.

Siguiendo instrucciones del virrey, el gobernador Borica pidió a Alberni y a Córdoba que explorasen la región cercana a San Francisco y buscarán un buen lugar para establecer una colonia. En 1796 Alberni y Córdoba presentaron tres posibilidades: San Francisco, Alameda y Santa Cruz. De los tres, se eligió el peor, la ribera sur del río que separaba a la misión de Santa Cruz, en la bahía del mismo nombre. El gobernador envió su informe al virrey pidiendo los recursos necesarios y colonos, que llegaron el 12 de mayo de 1797 con sus familias. Todos estaban enfermos y su aspecto era lamentable, pues se trataba de vagabundos y criminales recogidos en México.

El gobierno de la provincia se vio en la necesidad de hacer un gran esfuerzo para que estuviesen en condiciones de hacer algo útil, por lo que primero hubo que curarlos y vestirlos y el ejército les construyó un pueblo. Quedó al mando el sargento Gabriel Moraga, que siguió las órdenes de procurar que en el nuevo asentamiento hubiese paz y armonía. Estaban prohibidas las relaciones sexuales ilícitas, el juego, la borrachera y la vagancia, y se obligaba a rezar el rosario, asistir a misa, confesarse y comulgar una vez al año.

Con estas fundaciones, la California española recibió su forma final, pues en los veinte años siguientes no habría grandes novedades. En abril de 1799

Borica solicitó al virrey su traslado a un puesto de menor responsabilidad en México. No se atendió su petición, pero le concedieron un permiso de ocho meses, y en enero de 1800 abandonó California con su familia.

El virrey no nombró de momento sucesor, pues la marcha de Borica era un permiso temporal. Se limitó a ordenar que Arrillaga ocupase una vez más el cargo de gobernador interino, que debía ejercer desde Loreto, quedando el coronel Alberni a cargo de las fuerzas militares y de la gobernación de Monterey. Pero Borica no vivió mucho, ya que falleció en Durango el 11 de Julio de 1800. Durante el tiempo transcurrido entre su marcha de California y su muerte, España se encontró envuelta en uno de los conflictos más absurdos de su historia: la guerra con Rusia.

En guerra con Rusia

Tras la toma de la isla de Malta por Napoleón en 1798, cuando iba de camino a Egipto, los caballeros de la Orden Hospitalaria de San Juan de Jerusalén, hasta entonces señores y soberanos de la isla, se refugiaron en su mayor parte en Roma, pero muchos de ellos se acogieron a la hospitalidad que les ofreció el zar Pablo I, que siempre había admirado a los enemigos seculares de los turcos. Agradecidos por el gesto, varios caballeros exiliados nombraron al zar Gran Maestre, a pesar de la oposición del Papa y de los altos dignatarios que estaban en Roma. Su Católica Majestad, el rey Carlos IV de España, apoyó a los que se oponían, toda vez que el zar era miembro de la Iglesia Ortodoxa y no obedecía al Papa ni seguía la fe católica.

Esta oposición frontal le sentó mal al zar, que además vio cómo España, aliada con Francia desde el Tratado de San Ildefonso de 1796, no entraba en la coalición contra Napoleón, por lo que ordenó —15 de julio de 1799— que se declarase la guerra a España, lo que se hizo efectivo el 9 de septiembre. La declaración de guerra que no tuvo efecto militar alguno, pues tras la demoledora victoria francesa en Marengo, los rusos iniciaron un progresivo acercamiento a Francia. Curiosamente, ese mismo año de 1799 el zar había creado la Compañía Ruso-Americana, que tenía por objeto consolidar la expansión rusa en Alaska y más al sur.

El 23 de marzo de 1801 fue asesinado el zar Pablo. Su sucesor, Alejandro I, hombre liberal y bondadoso, notificó a España su elevación al trono y sus buenas disposiciones permitieron el restablecimiento de la paz el 4 de octubre de 1801 y la vuelta de los embajadores al año siguiente. Afortunadamente, este pintoresco conflicto había tenido lugar en el tiempo transcurrido entre la evacuación española de la costa de la actual Columbia Británica (1795) y la llegada de los rusos a California (1806). De lo contrario, la cosa podía haberse convertido en algo más serio, pues la flota rusa estaba presente en el Mediterráneo desde 1770 y, con motivo de la guerra contra Francia, había un escuadrón naval en Lisboa cuando se anunció la extraña declaración de guerra.

De haberse producido un choque, los barcos rusos habrían sido sin duda barridos por la flota española —todavía la tercera del mundo—, cuyos buques en el otro extremo Pacífico, en Filipinas, podían haber atacado también la navegación rusa en el Extremo Oriente, además de haber destruido sus pequeños puestos comerciales en Alaska, situados en unas costas que los experimentados navegantes españoles conocían bien. Por suerte, esta vez predominó la cordura en ambas partes y el conflicto no llegó a más[93].

El siglo XIX

La historia de la California española tiene dos partes. Una primera, que transcurre hasta 1810, en la que se consolidó como una tierra feraz, hermosa y pacífica, una de las más agradables provincias del imperio español. En la segunda, que alcanza hasta que se arrió la última bandera en San Diego en la primavera de 1822, los sucesos de la revolución en México y los conflictos por la independencia en toda América afectaron de forma dramática a su tranquila evolución.

España dominó California hasta 1821, pero desde fines del siglo anterior se produce una desorganización que se acentúa con los sucesos revolucionarios de México ocurridos en 1810. En los primeros diez años del siglo, varios elementos negativos hacen su aparición. Tiene lugar una degradación, todavía hoy no muy bien explicada, del sistema administrativo y militar de la colonia originado en México, donde los virreyes fueron perdiendo el interés por su lejana provincia noroccidental. Las fortificaciones y defensas costeras se fueron deteriorando sin que nadie hiciese nada, y a esto se unió la decadencia de las tropas presidiales, que a diferencia de lo que sucedía en la conflictiva Texas o incluso en Nuevo México y Nueva Vizcaya, no parecen haber estado en permanente tensión para repeler agresiones, como ocurrió en otras épocas. A estas causas habría que sumar

---

[93] Los rusos avanzaron hacia el sur sus posiciones en la costa de Alaska de forma constante en la última década del siglo XVIII coincidiendo con la retirada española de la región, pero no lo hicieron de forma pacífica. Hubo constantes enfrentamientos hasta que el clan *Kiks.ádi* —rana/cuervo— de la nación *tlingit* de la isla Baranof, y los hombres de la compañía rusoamericana, asistidos por la Armada Imperial Rusa, se enfrentaron finalmente en la batalla de Sitka (1 a 4 de octubre de 1804), que se aseguró el control ruso de la región. Al parecer los *tlingit* disponían de fusiles de origen británico —entregados por la Compañía de la Bahía de Hudson— y tal vez español.

las tribulaciones que en la provincia originó el comienzo de las guerras de independencia de México, que, si bien no afectaron de forma directa a California, como ocurrió, por ejemplo en Texas, lo hicieron de forma indirecta pero importante.

Los insurgentes mexicanos capturaron en 1810 el puerto de San Blas, y cortaron la vía principal de contacto entre California y México. A todo esto se unieron dos sucesos no relacionados entre sí, pero que representaron una amenaza: la llegada de los rusos y los ataques de corsarios con patente de las nuevas repúblicas que combatían la soberanía española. No obstante, el hecho cierto es que a principios del siglo XIX esta decadencia no se vislumbraba. La vida en un entorno amable y hermoso era agradable y la actividad militar era casi nula. En 1804 un decreto confirmó legalmente lo que era una práctica habitual, la división de California en Alta y Baja. La primera, llamada oficialmente Nueva California, tendría capital en Monterey, y la segunda seguiría con capital en Loreto y se extendería por toda la península, cubriendo las misiones de los dominicos desde el Cabo San Lucas hasta un poco más al sur de San Diego, muy cerca de la frontera actual.

En enero de 1806 llegaba el gobernador Arrillaga a su capital en Nueva California, y Goicoechea dejó el mando del presidio de Santa Bárbara para hacerse cargo del gobierno de la Baja California en Loreto. José Joaquín Arrillaga era también vasco, de Aya, en Guipúzcoa, donde había nacido de familia noble en 1750. Soldado en Sonora en 1777, era alférez en 1780 y adquirió una gran experiencia en la guerra contra los indios de la frontera. Había sido gobernador interino y se le consideraba hombre experimentado, de conducta recta y valiente. Fue excepcional en el sentido de que mantuvo buenas relaciones con los religiosos de la colonia. En el aspecto puramente militar son importantes sus Preceptos Generales para los comandantes, de 1806, en los que se detallan las normas para oficiales a cargo de los presidios, cómo debían comportarse y actuar ante los indios, los misioneros y en otros asuntos menores.

Cuando años después de su nombramiento pidió ser sustituido; no se aceptó su renuncia, pero se le ascendió a coronel de caballería en premio a su trabajo. Jamás volvió a España, ya que falleció ejerciendo el cargo en 1811. Nada más acceder al puesto, Arrillaga informó al nuevo virrey, Iturrigaray, del mal estado de los presidios y de la necesidad de mejorar la artillería. Iturrigaray contestó que enviaría a un inspector, y entre tanto debían construirse edificios más baratos pero capaces de resistir un ataque.

La otra preocupación del gobernador fue el escaso conocimiento que se tenía de la California interior, alejada de la costa. Gobernadores como

Borica elucubraron con la posibilidad de atravesar las montañas y llegar hasta Santa Fe, pero en realidad se trató solo de un sueño jamás realizado, pues las rutas interiores se exploraron solamente en la región de San Diego, gracias sobre todo al viaje de Anza, y los viajes de Fages o Garcés apenas habían aportado nada. A comienzos de siglo, Arrillaga era consciente de que sabían poco del inmenso país en el que vivían. Para paliar este desconocimiento, ordenó varias expediciones de exploración que debían buscar lugares interesantes desde el punto de vista militar, comercial o religioso, y fundar fortines, puestos de intercambio con los indios o misiones. En 1806, saliendo de San Diego, Santa Bárbara y Monterey, partieron varias patrullas de jinetes —cada una a cargo de un oficial, un sargento y un capellán— con la misión de dar nombre a ríos, montañas y otros accidentes geográficos. En mayo de 1806 el alférez Maitorena, al frente de la primera expedición, salió de San Diego rumbo a la cordillera intermedia, y recorrió varias rancherías con escasos resultados.

Ese mismo mes partió de Santa Bárbara la segunda expedición al mando del teniente Ruiz, que se adentró en el valle de los *tulares*, llegando a divisar Sierra Nevada. Contactaron con decenas de pequeñas tribus con las que apenas se entendieron, pero tomaron conciencia de lo impresionante del territorio y de sus increíbles posibilidades de futuro. Sin embargo, la expedición que mejores resultados obtuvo fue la tercera, al mando del alférez Moraga, un californio, hijo de un dragón de cuera, que acostumbrado desde niño a la vida en la frontera era un explorador excelente. Con él iba el padre Pedro Muñoz, que llevó el diario de la expedición. Moraga abrió nuevas rutas partiendo de San Juan Bautista en septiembre de 1806. Muchos de los arroyos estaban secos y avanzó por sus cauces. Atravesó el valle y el río que llamó San Joaquín, nombre que conserva hasta hoy, y llegó a un lugar cenagoso lleno de mariposas que sirvieron para darle nombre, continuando hasta el pie de las gigantescas montañas de Sierra Nevada. Tras atravesar lugares idílicos alcanzó la costa por San Gabriel.

Dos años después, Moraga realizó otro reconocimiento por el valle central, siguiendo un gran río que llamó el Sacramento. Todavía en 1810, acompañado del padre Viader, realizó una expedición, con treinta indios exploradores, en la que capturó a 20 fugitivos que devolvió a su trabajo en las misiones; y luego emprendió dos expediciones más. Una que fracasó, en un intento de localizar lugares idóneos para establecer nuevas misiones, y otra en la que llegó al norte hasta la bahía de Bodega.

Los primeros extraños. Yanquis en el Pacífico

Desde las exploraciones de Cook y Vancouver la presencia inglesa había sido una constante en el Pacífico norte, pero tras su independencia en 1783, buques de los Estados Unidos comenzaron a navegar por la zona. Para llegar tenían que hacer un viaje larguísimo, pero la caza de la ballena y los negocios de pieles les daban grandes beneficios por los que merecía la pena ir al otro lado del continente. Capitanes como Meares, Colnet, Gray o Kendrick habían tenido problemas en Nootka con las limitaciones que les impusieron los buques de guerra de la Armada española, entonces dueños y señores de las costas del noroeste de América. Pero los dividendos que se podían obtener en el Pacífico eran tantos que la innata capacidad de empresa de los anglosajones hizo que buques con matrícula de Boston recorrieran pronto de forma habitual las costas de California.

Los estadounidenses descubrieron dos cosas al llegar a California. La primera, que las leyes españolas de restricción del comercio eran implacables. La segunda, que todo el mundo deseaba vulnerarlas, pues los californios andaban escasos de casi todo, en especial de aquello que los norteamericanos querían venderles. De forma que no es de extrañar que, ya desde principios de siglo, sus barcos fuesen dominantes en la región, superando a ingleses y franceses. Para comerciar, los norteamericanos usaban todo tipo de artimañas, pero en realidad pronto descubrieron que no hacía falta, pues la vigilancia costera española era prácticamente nula, lo que les permitía tratar con los indios, obtener pieles y cambiar los productos que traían de China, América del Sur, las islas del Pacífico o de los propios Estados Unidos. Como es lógico, y dado el abandono en el que vivían, no es de extrañar que los comandantes de los presidios españoles dejaran hacer a sus vecinos y no se entrometieran.

No obstante, había quien no estaba dispuesto a incumplir las órdenes. En 1803, el teniente Manuel Rodríguez, un tipo recto y cumplidor, dirigió una inspección al bergantín norteamericano *Alexander* en el puerto de San Diego. En el barco halló 500 pieles de nutria, que por supuesto sabía que habían sido recogidas en California y que decomisó, amenazando con arrestar al capitán. Algo parecido ocurrió poco después con el bergantín *Lelia Byrd*. Rodríguez subió a bordo e indicó al capitán que, en caso de bajar a tierra, no debía acercarse al presidio. Y para asegurarse de que se cumplía la orden dejó un piquete de cinco hombres en el barco. El capitán intentó sobornar a Rodríguez, pero fracasó, y tras llegar a un acuerdo con otros californios intentó sacar las pieles, pero su tripulación fue arrestada.

Se calcula en 15 000 las pieles del noroeste americano que se comerciaban anualmente en China, hasta el extremo de casi exterminar a las nutrias en dos décadas, pero lo más importante fue que esta abundancia ofreció a los habitantes de la costa Este de los Estados Unidos una visión idílica de California que calaría hondo en su imaginación, y a la larga se convirtió en un problema para México.

Llegan los rusos

El 5 de abril de 1806, a primeras horas de la mañana, un bergantín penetró entre la niebla en la bahía de San Francisco, sin que le viera el soldado de guardia en el castillo de San Joaquín. Cuando un cambio de viento facilitó al barco acercarse a la costa se dio la voz de alarma, y los soldados del presidio, con sus cueras puestas, montados y armados, se pusieron de inmediato a las órdenes de Luis Argüello, alférez al mando en ausencia de su padre, que era el comandante del presidio.

Solo había cinco artilleros de los veinticinco de plantilla, pero no hacían falta más, pues solo funcionaban dos cañones. Ante la ausencia de saludo, se lanzaron dos cañonazos de advertencia que los tripulantes del barco ignoraron. Luego, la nave fondeó en el interior de la bahía, fuera del alcance de la artillería y largó una barca que se dirigió a la playa. Hacia allí partieron también ocho soldados de cuera al mando del alférez Argüello. Los jinetes llegaron antes que los remeros, y a ellos se unió el padre Uría que en la misión había escuchado los cañonazos.

Los marineros que acababan de llegar a tierra no eran muy diferentes en apariencia de otros navegantes europeos o norteamericanos que navegaban por la costa, pero había en ellos algo extraño. Uno de ellos se dirigió a los españoles en una lengua que el sacerdote español entendió sin problemas: era latín. El que le hablaba se identificó como el doctor Langsdorff e indicó que con él venía el teniente Davidov, ambos tripulantes del buque de bandera rusa *Juno*, que precisaba de provisiones con urgencia. Ayudar a los rusos no era un problema, pues en el presidio y en la misión había en abundancia todo lo que pudiesen necesitar y en una carta del virrey se había dado la orden expresa de apoyar a la expedición rusa de Krusenstern[94].

La expedición rusa estaba al mando de un distinguido caballero que dejó impresionados a los españoles. Se llamaba Nicolai Petrovich Rezanov, era conde y hablaba francés y latín, gracias a lo cual puedo entenderse sin pro-

---

[94] En realidad, la carta del virrey era de 1803, pero en la California de la época tres años de retraso no eran mucho tiempo.

blemas con los responsables de la pequeña localidad española. Les comentó que deseaba recoger provisiones y entrevistarse con el gobernador de California, pues el zar había tenido a bien nombrarle responsable de la América rusa, con base en Sitka, en Alaska.

Al día siguiente, un correo fue enviado a Monterey para informar de lo que sucedía y llevar una carta de Rezanov para Arrillaga. En San Francisco los rusos cambiaron todo lo que llevaban por comida, pues Rezanov se guardó mucho de decir la verdad. En Sitka los rusos se morían de hambre y su población, debido al naufragio del buque que les llevaba los víveres, solo comía algunas águilas, gaviotas y moluscos, y estaban casi todos enfermos de escorbuto. Cuando la situación era desesperada, el bergantín *Juno* entró en el puerto y el conde Rezanov le compró al capitán toda su carga y se lo alquiló para intentar alcanzar California y conseguir comida. Pocos días después el gobernador llegó a San Francisco y tuvo una cordial entrevista con el noble ruso, a quien prometió ayudar en todo lo que pudiera. Pero la verdadera cuestión estribaba en saber cuáles eran realmente las intenciones del conde Rezanov. En realidad, había sospechas más que fundadas de que el astuto conde quería algo más.

Durante la cena en la casa del comandante del presidio, Rezanov había conocido a su hija, hermana del alférez que había ido a recibirle a la playa. Se llamaba Conchita y tenía solo quince años, pero se enamoró inmediatamente del apuesto noble ruso, a quien al parecer también le gustó la bella hija del comandante Argüello. Al poco tiempo, a pesar de la oposición inicial de la familia, Conchita aceptó la proposición de matrimonio de Rezanov. Para el doctor Langsdorff, «el aristócrata ruso concibió la idea de que, a través de un matrimonio con la hija del comandante, podía obtener un vínculo firme para a ganarse el negocio entre su compañía ruso-americana y la provincia de Nueva California», según consta en sus memorias, pero lo cierto es que era posible que el amor fuese sincero, aunque se truncó por la muerte del conde en Siberia durante su viaje de regreso a San Petersburgo[95].

La dura realidad es que Rezanov estaba conspirando contra la soberanía española del territorio. Su objetivo era ocupar territorio californiano para Rusia, por las buenas o por las malas, y una vez que vio el lamentable estado del presidio pensó que sería muy sencillo. También era consciente de que

---

[95] Esta historia es muy conocida por una novela de Gertrude Atherton y ha inspirado una ópera en Rusia. Conchita Argüello esperó infructuosamente el regreso de su prometido y años después supo de su muerte. Jamás quiso casarse y guardó fidelidad a su memoria, falleciendo apreciada por todos en el convento de las Hermanas Dominicas de San Rafael de Monterey en 1857, con 67 años.

dada la compleja política europea había que darse prisa, por si los ingleses o los franceses concebían la misma idea. Su informe al zar, que llegó a la capital rusa en 1807, era claro: «todo el país puede convertirse en parte integral del imperio ruso» y proponía dirigir una fuerza naval de inmediato a la bahía de Bodega y levantar un fuerte.

Tras llenar hasta los topes el *Juno* de provisiones, Rezanov partió rumbo a Sitka el 20 de mayo de 1806, después de llegar a un acuerdo con Arrillaga por el que abría un crédito para adquirir los productos que estimase necesarios. El informe de Arrillaga al virrey fue favorable. Lo que el gobernador no podía imaginar era el contenido del informe de Rezanov a su soberano. La muerte del conde retrasó los planes del zar, pero no los detuvo, pues los rusos encontraron una magnífica ayuda al utilizar a los marinos estadounidenses. Estos, a pesar de no contar con bases en la zona hasta que se fundó Fort Astoria en la desembocadura del Columbia, en marzo de 1811, tenían decenas de barcos en la región y nunca desperdiciaban la oportunidad de hacer un buen negocio.

En 1807, el duro y enérgico gobernador ruso de Alaska, Alexander Baranov, puso en marcha el plan de Rezanov por órdenes de San Petersburgo. Se trataba de ocupar dos puestos en la costa al sur de Alaska, uno en el río Columbia y otro en California, así como uno más en las islas Hawái[96]. Baranov, que había combatido duramente a los indígenas de Sitka en 1804, era tan agresivo y expansionista como Rezanov y estaba deseando poner en marcha el plan. Solo había un problema. Si bien el análisis de los rusos sobre la debilidad española era correcto, sobrevaloraron sus propias capacidades, ya que sus dos puestos principales en el extremo meridional de Alaska, Nuevo Arcángel y Sitka, no eran sino dos villorrios habitados por una turba de desesperados a los que solo apoyaban unos centenares de aleutianos.

A pesar de ello, en marzo de 1807, cuando Rezanov fallecía en Krasnoyarsk, en su viaje por Siberia, el *Peacock*, nave americana al mando del capitán Oliver Kimball que trabajaba para Rusia, desembarcó en Bodega a un grupo de aleutianos, con mandos rusos, que se dedicaron a cazar nutrias. Los cazadores entraron en la bahía de San Francisco con total desprecio a las tropas españolas en la zona, que ni siquiera se enteraron.

Visto el éxito alcanzado en este primer intento, tres expediciones rusas salieron de Alaska para cumplir las órdenes del zar. La primera, que al mando de Iván Alexandrovich Kuskov embarcó en los buques americanos *Juno* y *O'Cain*, no llegó tan al sur como debía y desembarcó junto a la actual fronte-

---

[96] Los rusos llegaron a construir finalmente un puesto en la isla hawaiana de Kauai, Fort Elizabeth, en 1818.

ra de Alaska y Canadá, en donde se vieron envueltos en una cruenta batalla con los indios que les obligó a volver a su base tras sufrir la pérdida de nueve hombres en el combate. La segunda también fracasó, a pesar de los intentos de Kuskov para llevar adelante los planes del zar. Uno de los barcos, el *Nikolai*, encalló en la costa y su tripulación fue hecha prisionera por los indios, que no tenían ninguna simpatía por los rusos, ya que estos solían comportarse violentamente con los nativos y tratarlos con desprecio.

El otro barco, el *Kodiak*, llegó a Bodega, donde permaneció nueve meses reconociendo con precisión la costa y enviando expediciones al interior. La conclusión del estudio de Kuskov era que el lugar podría ser perfecto para establecer una base avanzada en California. Estaba solo a 80 km de San Francisco, no había rastro de españoles, pues los rusos solo vieron indios, y había nutrias y lobos marinos en cantidades inmensas. Kuskov, en su informe al zar, solicitó permiso para ocupar el lugar, aunque sabía que en San Petersburgo se consideraba el río Columbia como el límite meridional de la América rusa.

La respuesta del gobierno ruso alegró a Baranov y a Kuskov, pues se les permitía fundar un establecimiento donde les viniese en gana, asegurándoles que contarían con todo el apoyo necesario. Rusia, aliada con Francia, tras la paz de Tilsit no consideró necesario informar al gobierno de Madrid, ya que la capital española estaba ahora en manos francesas. Los rusos difundieron una proclama destinada a los californios en la que se les animaba al intercambio comercial con Rusia. No fue conocida hasta tres años después en California, y el gobernador español fingió ignorarla.

En Alaska, ahora que conocían bien la costa en la que pensaban instalar su puesto, los rusos se tomaron las cosas con calma y esperaron el momento oportuno. Este llegó cuando se produjo el caos que azotó el virreinato de Nueva España a partir de 1810, con el comienzo de la revolución mexicana. En febrero de 1811, Kuskov volvió a Bodega y amplió la exploración. Subió por el actual río Ruso, y, tras reconocer en profundidad la región, retornó optimista a Sitka. Ahora solo faltaba decidirse y Baranov no esperó más. Ordenó partir al bergantín *Chirikov* con 95 rusos, de ellos 25 mecánicos, artesanos y obreros especializados en trabajos en madera, así como 80 trabajadores aleutianos.

Nace el Fuerte Ruso

En 1812, en la bahía de Bodega, en un lugar que los indios conocían como Mashuinui y que los rusos llamaron Rossiya, nació el puesto conocido hoy como Fort Ross, una empalizada de maderos protegida por diez cañones. Esta posición, la mejor defensa de California, unida a los obstáculos naturales, se convirtió en realidad en un puesto militar, aunque su actividad básica era dedicarse al comercio de pieles y a enviar alimentos frescos a Alaska. En cualquier caso, fue una excelente fortificación cuyos medios de defensa jamás se pusieron a prueba[97]. Llegó a tener 400 habitantes, entre rusos, aleutianos, indios y algunos polacos y bálticos —lituanos, letones y estonios—.

La llegada a la bahía de San Francisco en el verano de 1812 de cazadores rusos alarmó al comandante del presidio, que seguía siendo Argüello. Cuando los indios le comunicaron la presencia de los extranjeros, envió al teniente Gabriel Moraga con siete lanceros para ver que ocurría. Moraga descubrió en Bodega una empalizada —para defenderse de los indios— con unos rusos hambrientos y eso es lo que comunicó a su superior, que se dio cuenta de lo que el hallazgo significaba y mando una carta al virrey.

A finales de año una patrulla de caballería se encontró con tres desertores del establecimiento ruso y se envió de nuevo a Moraga a Bodega. Los soldados españoles estuvieron varios días en el puesto eslavo y vieron el estado de la construcción. Los rusos seguían hambrientos y Moraga hizo un viaje a San Francisco para proporcionarles ganado, y les autorizó a ir ellos mismos a buscar comida.

El virrey en Ciudad de México ya sabía lo que ocurría por informes de comerciantes de Boston. Ahora España y Rusia eran aliadas contra Napoleón y habían firmado un tratado que se hizo llegar al gobernador de California para que comunicase a los rusos que tenían que desalojar Bodega. Al mismo tiempo, el virrey ordenó al comandante de las Provincias Internas que estuviese preparado para una posible acción militar contra los rusos, algo que la situación en el virreinato, en guerra abierta entre republicanos y realistas, hacía imposible en la práctica. Los rusos, por supuesto, no se fueron y en los dos años siguientes, aunque la guerra no afectó a California, no se hizo nada.

En abril de 1814 Moraga se dirigió al fuerte ruso en compañía de Gervasio Argüello y una escolta militar. Kuskov se entrevistó con ellos —no se sabe cómo, pues no hablaba español y los californios no hablaban francés ni ruso—, pero los intrusos no se marcharon. Para ellos, California representa-

---

[97] México estaba levantado en armas desde el 16 de septiembre de 1810 con el Grito de Dolores que dio comienzo a una larga guerra civil que llevó al país a la independencia, en la que la aislada California quedó olvidada y al margen. Mientras, en España, el último ejército español de campaña fue destruido por los franceses en Sagunto el 25 de octubre de 1811, y para muchos la causa patriota se consideró perdida.

ba un negocio redondo que les permitía almacenar pieles de nutria, procesar la carne de casi 1 500 focas al año y fabricar barriles y todo tipo de objetos de madera, hasta goletas y barcas. Mucho de lo que allí obtenían se vendía luego en San Francisco, las islas Hawái, Alaska e incluso China y Chile.

Tras la muerte de Arrillaga, Luis Agüero, por ser el oficial más antiguo se convirtió en gobernador interino. La guerra en México se inclinaba claramente hacia la causa del rey y se le envío una nueva misiva a Kuskov para que abandonara Fuerte Rossiya, amenazándole por primera vez con el uso de la fuerza. Ante las evasivas, el nuevo gobernador, Pablo Vicente Solá, encarceló en Los Ángeles a una partida de caza rusa, incluyendo al oficial que la comandaba. No podía hacer más, pues no se habían recibido refuerzos desde 1810 y los buques de San Blas llevaban sin llegar seis años. California estaba sola y olvidada.

La llegada de una expedición científica de Rusia en 1816 en el bergantín *Rurik* fue aprovechada para intentar, en una conferencia que se celebró en San Francisco, convencer a los rusos de que se marcharan, pero tampoco se logró nada. Solá se marchó decepcionado a Monterey, en espera de una respuesta del gobernador Baranov o del zar que jamás llegó, por lo que el virrey Calleja dio órdenes de expulsar a los rusos por la fuerza. El gobernador Solá acató la orden, pero indicó que para hacerlo necesitaba un centenar de hombres y por lo menos cuatro piezas de artillería de campaña y servidores para los cañones. Como no le llegaron los refuerzos pedidos, Fuerte Rossiya siguió en manos rusas hasta el fin del virreinato[98]. Al fin y al cabo, eran intrusos en el territorio español, pero tampoco parecían ser una amenaza. El peligro no iba a venir del norte, sino del sur.

Caballeros de fortuna

A pesar de su aislamiento era imposible que California se mantuviese al margen de los conflictos que sacudían la América española desde 1810. A los problemas derivados de la insurrección mexicana se unió el progresivo hostigamiento de las nuevas repúblicas de América del Sur, cuyas marinas —básicamente mercenarias— comenzaban a ser una amenaza en el Pacífico para el comercio español, por lo que ya en 1816 había serios problemas para comunicar California con Perú o Chile.

---

[98] Los sucesivos gobiernos del México independiente, tanto los del efímero primer imperio como los republicanos, fueron incapaces de afirmar su soberanía y expulsar a los rusos, de hecho, ni lo intentaron. Sin embargo, los problemas de abastecimiento hicieron que vendieran el fuerte al empresario suizo John Sutter, y los últimos pobladores rusos abandonaron California el 1 de enero de 1842.

La amenaza comenzó a ser más seria cuando en la primavera de ese año el gobernador de Alta California recibió una carta en la que se le advertía del avistamiento en la costa mexicana del Pacífico de varios buques corsarios enemigos. El temor cundió en la pacífica y tranquila California y se tomaron medidas de defensa. Lo que nadie sabía es que la amenaza que se cernía en las costas californianas llevaba bandera albiceleste y tenía nombre, Hipólito Bouchard, capitán audaz y «caballero de fortuna» con patente de corso de las Provincias Unidas del Río de la Plata. Con una historia cargada de aventuras y tras haber guerreado al servicio de la recién nacida Argentina, Bouchard había combatido a los realistas en mar y tierra y formó parte de la escuadrilla de Brown, al mando de la goleta *Halcón*, en las costas chilenas. En las islas Galápagos, el corsario se separó del grueso de la escuadra argentina y se hizo con el mando de la fragata *Consecuencia* y de una goleta. Luego, en Buenos Aires, se asoció con el rico comerciante Vicente Echevarría, lo que pagó el equipamiento de una fragata de 34 cañones, *La Argentina*, con la que Bouchard partió con destino al Índico, navegando hasta el Pacífico y llegando a Hawái tras una travesía llena de riesgos.

Al entrar en Kealakekua, en Hawái, la fragata de Bouchard se encontró con la corbeta *Santa Rosa de Chacabuco*, que había zarpado en corso desde Buenos Aires y cuya tripulación, amotinada en las costas de Chile, tras desembarcar a sus oficiales se dedicó a la piratería. Bouchard convenció al rey Kamehameha para que le entregara la corbeta, y, viendo su fuerza incrementada, el corsario al servicio de Argentina planeó atacar California. Un bergantín americano que estaba en las Hawái, el *Clarion*, avisó al comandante del presidio de Santa Bárbara de la amenaza, y este envió un mensaje urgente al gobernador. Ahora los californios sabían que se enfrentaban a dos buques bien armados, con unos 250 hombres. El gobernador Solá dio órdenes de extremar la vigilancia en las costas, y el 20 de noviembre de 1818 los vigías de Punta Pinos vieron entrar en la bahía de Monterey a dos buques de guerra. Bouchard estaba en California.

Solá solo disponía de 40 hombres, de los que 25 eran soldados de cuera del presidio, cuatro artilleros y el resto milicianos locales que servían también como artilleros. La *Santa Rosa de Chacabuco*, más ligera y de menor calado, se aproximó a la costa para desembarcar a sus 200 hombres armados al mando del teniente Sheppard. Al amanecer del 21 la corbeta comenzó a disparar contra las tropas californianas concentradas en la playa, con las que mantuvo un duro intercambio de disparos que duró horas y en la que la corbeta resultó dañada. Solá debió abordarla, pero no se atrevió a hacerlo, lo que fue un grave error.

Ante la inactividad de los defensores, la *Santa Rosa de Chacabuco* abrió fuego de nuevo y el gobernador ordenó clavar los cañones y retirarse al presidio. Allí la resistencia fue un fracaso y el resto de los defensores, llevando un pequeño cañón, se retiró con las municiones que se pudieron cargar y el archivo de la provincia. Minutos después la bandera argentina ondeaba sobre el presidio de Monterey, mientras los corsarios se dedicaban al saqueo y a beber, incendiando el presidio antes de embarcar. Solá obtuvo refuerzos, pero no atacó a los corsarios, y cuando el 26 de noviembre se marcharon entró en su destruida capital.

Las naves de Bouchard anclaron luego en la ensenada de Refugio y tras arrasar una hacienda se marcharon al conocer la presencia de los soldados presidiales de Santa Bárbara, que en una emboscada capturaron a un bostoniano, el teniente Taylor, y dos corsarios más. En su huida, las naves corsarias se dirigieron a Santa Bárbara y luego desembarcaron en San Juan de Capistrano, donde Bouchard exigió provisiones a la misión. Al serle negadas, desembarcó con 140 hombres y dos cañones, y ante la nula resistencia de la caballería presidial, que se retiró sin combatir, saqueó la misión y después abandonó las costas de California rumbo al sur, y continuó su periplo corsario por Centroamérica[99].

Bouchard llegó al Perú y San Martín lo protegió dándole el mando de la fragata *Prueba*. Retirado de la actividad corsaria, administró una hacienda y murió asesinado por sus propios esclavos en 1837.

El Real Ejército de California y los indios de la provincia

No debe olvidarse que, con independencia de la labor misional tendente a la conversión de los indios y a su integración en el sistema virreinal que caracterizó la colonización española, la ocupación de California obedecía, ante todo, a criterios estratégicos, por lo que las tareas encomendadas al Ejército y a la Armada fueron esenciales. Para ello se recurrió a lo poco que se tenía a mano y, visto el resultado, parece increíble que España pudiera mantener la soberanía de un territorio tan extenso con unos medios tan escasos.

Cuando Neve accedió al cargo de gobernador en febrero de 1777, los restos de las unidades que habían participado en las primeras expediciones de exploración eran una sombra de lo que habían sido una década antes. A pesar de que todos sabían que España estaba a punto de iniciar una nueva guerra con Inglaterra y se había advertido a los comandantes de los presidios

---

[99] Aquí dejó una huella duradera, pues su bandera azul celeste y blanca inspiró a los independentistas centroamericanos y hoy en día las banderas de El Salvador, Guatemala, Honduras y Nicaragua mantienen esos colores.

de la posible llegada de buques británicos, era deplorable el estado de las tropas que guarnecían los escasos puntos fortificados que España controlaba en California.

Nada más llegar a San Diego, Neve comprobó que la tropa del presidio no cumplía, ni de lejos, con lo establecido en la Ordenanza de 1772. Faltaba de todo: vestuario, municiones, armas y caballos. En la práctica no había disponibles más de 146 hombres, con los que se debía vigilar y asegurar más de 900 kilómetros de costa. Eso sin contar con que era preciso proteger las comunicaciones con las misiones y los otros presidios y vigilar a las decenas de miles de indios que habitaban la región. Pese a esto, se contaba con ciertas ventajas. La mejor era la medida de no permitir que los indios aprendieran a montar a caballo, lo que daba a los españoles una gran ventaja militar, pues les permitía desplazarse por la provincia con rapidez y acabar con cualquier rebelión, aprovechando la superioridad de sus armas.

Con notable eficacia, Neve se puso manos a la obra. En las misiones se prepararon talleres para confeccionar nuevos uniformes y cueras, se cambiaron las astas de las lanzas y se repararon las armas en la medida en que fue posible. Una parte de las escopetas no podía arreglarse, y se pidieron más a México, desde donde se contestó que habría que esperar a que llegaran de España, pues la capital virreinal no las tenía disponibles. Neve también se ocupó de entrenar a sus hombres. Estableció prácticas de tiro e incrementó las patrullas en el interior en poblados y rancherías, para que los indios vieran a menudo la imagen competitiva de los lanceros presidales. Los presidios se reforzaron en lo posible, especialmente el de Monterey, que fue protegido por sólidos muros de piedra, y en febrero se ordenó al cabo Carrillo marchar a San Juan de Capistrano, donde los indios amenazaban la misión. La causa, como de costumbre, era una disputa por una mujer y la cosa terminó mal, pues Carrillo mató a dos indios en un combate en Panió y abrasó vivos a dos más en una choza cuando se negaron a rendirse. Tras esta brutal acción, arrestó a cuatro cabecillas y los condujo a San Diego para juzgarlos y fusilarlos. Su muerte fue la primera ejecución pública de California.

Cada uno de los presidios de California tenía cuatro compañías de soldados de cuera, al menos de forma nominal. Esta tropa tenía las mismas características del resto de los soldados presidiales de las Provincias Internas, y siempre fueron los responsables del correo y de mantener abiertas las comunicaciones, como escolta, traslado de presos, etc. En algunas zonas fueron sustituidos por los Voluntarios de Cataluña que, como se ha dicho, tuvieron una gran importancia en la colonización y conquista de California, ya que al prestigio de ser tropa europea unían su excelente armamento y material.

Respecto a la artillería, que era esencial para la defensa de los presidios, se contaba desde 1790 con cinco artilleros y un oficial por cada presidio, si bien, por razones de comodidad, los oficiales vivían habitualmente en Monterey. Pero ante la escasez provocada por las guerras revolucionarias mexicanas hubo que reclutar milicianos del lugar, por lo que se envió a un alférez desde México que se encargó de formar a 70 artilleros en la región.

Las guerras de independencia en América a partir de 1810 tardaron mucho en afectar a California. El ataque corsario de Bouchard hizo preciso reforzar el dispositivo colonial de defensa, y una compañía de infantería de San Blas y un escuadrón de dragones fueron enviados a ese territorio. Los infantes quedaron en San Francisco y Monterey, y la caballería en San Diego y Santa Bárbara. Cuando los Voluntarios Catalanes se marcharon, las vacantes ya no fueron suplidas con europeos sino con reclutas del país, y a comienzo del siglo XIX estaban casados muchos de ellos, pero los matrimonios con indias eran muy escasos. Poco a poco, California se iba hispanizando en la sangre además de en la cultura, aunque el conjunto de la población seguía siendo abrumadoramente mestizo.

El armamento varió poco en el periodo español y se mantuvo en uso durante décadas. En los presidios se crearon pequeños talleres para reparar y fabricar sillas de montar, frenos, adargas, cueras, riendas y otros artículos de cuero, hierro o madera. De acuerdo con el reglamento de Neve, los soldados debían hacer ejercicios militares a pie y a caballo, tirar al blanco y mantener su equipo. La mayoría de los comandantes ordenaban estas prácticas al menos una vez a la semana, siendo obligatorio recuperar balas, puntas de lanza, sables rotos y cualquier elemento metálico dañado. También se mantenía a la tropa hábil en el tiro por la constante práctica de la caza mayor, pues los depredadores mataban el ganado y era preciso eliminarlos, dedicando los soldados parte del tiempo de servicio a cazar osos, pumas, chacales y lobos.

Se otorgó a los casados algunas ventajas, como el derecho a una habitación individual. Nunca hubo rancho común y cada soldado se preparaba su comida, que básicamente era carne en abundancia, tocino, pan y tortas de cebada, trigo y maíz. Además, se hacía queso y mantequilla de la leche de las vacas. Los sueldos de soldados y oficiales variaron muy poco desde la promulgación del Reglamento de Neve. Había un fondo llamado de Retención que se le entregaba al soldado al retirarse del servicio, y los oficiales disponían de un montepío especial para ellos. Pero desde el comienzo de la revolución independentista en 1810 los sueldos dejaron de pagarse, lo que obligó a la tropa a llevar una vida de subsistencia, sobreviviendo gracias a la ayuda que recibían de las misiones.

Respecto a los indios de California, presentaban algunas diferencias notables con los del resto de lo que hoy forma el oeste de los Estados Unidos. Su aislamiento geográfico secular los mantenía en pleno neolítico. Apenas tenían contacto con sus vecinos del otro lado del desierto o de las sierras, por lo que no habían desarrollado una cultura material tan compleja como en el este. Lo sorprendente era que la incomunicación y el aislamiento llegaban al extremo de que las tribus de cada zona apenas se relacionaban con sus vecinos. Las bondades naturales de California habían producido una de las mayores concentraciones de población de América del Norte, pero en los conflictos de vecindad era raro que se llegase a la sangre, aunque no disponían de malas armas, pues contaban con arcos, flechas, lanzas y mazas.

Otro aspecto original de los indios de California lo constituía la gran variedad lingüística. Las tribus pertenecían, según los filólogos modernos, a más de una veintena de grupos idiomáticos, con dialectos locales que convertían a California en la segunda región mundial en diversidad de lenguas tras el Daguestán ruso. Salvo los *mojaves* y los *yumas* del desierto, ninguna tribu presentaba la más mínima cohesión política, lo que facilitó mucho la ocupación española a pesar de la escasez de medios.

Las últimas exploraciones y campañas militares

Los españoles nunca dejaron de intentar mejorar el conocimiento que se tenía del interior. Poco antes de llegada de los rusos a Bodega, se exploró el territorio norteño con una expedición a cargo del padre Abella en 1811, que no aportó mucho, pero permitió el contacto con nuevas tribus. Por desgracia, nunca se penetró profundamente en el centro de California. En 1812 y 1814 se llegó al borde del valle de los *tulares*, pero un desgraciado combate contra centenares de indios hizo que se retirara la expedición al mando del sargento Soto, que iba en busca de fugitivos con 12 hombres.

El padre Juan Cabot, con un sargento y 30 jinetes, partió de San Miguel en 1814 y reconoció zonas no holladas por los españoles antes, pero la expedición más importante fue la llevada a cabo después de un ataque a San Buenaventura en 1819. El gobernador Solá, para tranquilizar a colonos y religiosos, hizo entonces una profunda incursión de castigo contra los indios. Una unidad de caballería al mando de José Sánchez penetró en el Valle Central y abatió a 27 indios cerca de Mokelumne en un duro combate, hiriendo a 20, haciendo 16 prisioneros y recuperando 49 caballos robados.

Otra expedición, al mando del teniente Estudillo, fracasó tras un mes de campaña, en el que no logró éxito alguno. Finalmente, hubo una tercera dirigida contra los *mojaves* al mando de Moraga. Estaba compuesta de 35 jinetes y 15 soldados de infantería de la unidad llegada de Mazatlán, al mando del teniente Fabregat, cuatro artilleros y un cañón ligero. La expedición partió de San Gabriel rumbo al río Colorado y recorrió 80 leguas de desierto buscando a los indios *mojaves,* pero no los localizó y regresó a su base de partida. La incursión más interesante tuvo como destino el río Columbia, y se dirigió al norte en la primavera de 1821, cuando llegaron rumores de que los británicos o los rusos habían establecido un nuevo puesto.

Con gran esfuerzo se logró equipar bien una fuerza de 35 soldados de cuera, 20 soldados de infantería, artilleros, un cañón de campaña y vaqueros, arrieros e indios auxiliares, todos al mando del capitán Luis Argüello. Partieron del norte de San Francisco y tras cruzar por mar la bahía en lanchas avanzaron hacia el Columbia nueve días seguidos, atravesando el valle de Sacramento y sobrepasando el cabo Mendocino. Pero no encontraron nada que les valiera la pena.

La mayor parte de estas pequeñas incursiones estaban relacionadas con la búsqueda de indios escapados de las misiones, fenómeno que entre 1816 y 1818 tuvo un enorme incremento. Los indios escapaban hartos del trabajo, de los castigos y de la implacable disciplina que imponían los misioneros, que azotaban y golpeaban a los aborígenes por la mínima falta[100].

El incidente más serio de la década se produjo en San Buenaventura el 30 de mayo de 1819, provocado por un grupo de 25 *mojave*s deseosos de comerciar con los misioneros. Como eran peligrosos, se les colocó un vigilante, al que mataron junto a un soldado inválido tras producirse un incidente. Los soldados que custodiaban la misión y los religiosos y neófitos tomaron las armas disponibles y defendieron la iglesia. Abatieron a una decena de *mojaves* y a un indio desertor que iba con ellos, pero no pudieron evitar que escaparan. El comandante del presidio de Santa Bárbara, capitán Guerra, envío en su busca al sargento Anastasio Carrillo con 14 soldados de cuera y un pequeño cañón. Carrillo, con la gran ventaja que le daba la caballería, logró capturar a 10 de los sobrevivientes del ataque y los llevó prisioneros a Santa Bárbara.

Aunque no se recibían apenas refuerzos y no se cobraba, la tropa estuvo relativamente bien en los últimos años del dominio español gracias a las misiones y a la mejora de la economía. Los presidios fueron también reparados y se crearon milicias indias formadas por los misioneros. Santa Bár-

---

[100] No era estrictamente esclavitud, pero era una servidumbre que se le parecía mucho. La verdad es que los indios, ya cristianos, no eran libres, y tampoco se les consideraba «gentes de razón».

bara podía poner en campaña 150 indios al mando del padre Ripoll, que los había entrenado y organizado con cierta disciplina militar. Se trataba de la Compañía de Urbanos Realistas de Santa Bárbara, constituida por 100 arqueros, 50 macheteros y un pelotón seleccionado de 30 lanceros.

Al final

Al conocer el ataque argentino a Monterey, en diciembre de 1818 el virrey Apodaca ordenó el inmediato envío de refuerzos y municiones. En San Blas embarcó una compañía de infantería de línea que a bordo de los transportes *San Carlos* y *Reina de los Ángeles* llegaron a Monterey en el verano de 1819. Además, los buques llevaban armas, uniformes, municiones, pólvora y artillería —quince cañones, cinco de seis libras y diez de cuatro libras, quinientos sables y tres banderas nacionales—.

Solá se quedó en Monterey con 40 hombres y envió el resto a San Francisco. Era el primer refuerzo artillero que recibía California en una década. El segundo refuerzo fue una compañía completa de caballería al mando del capitán Pablo de la Portilla, que llegó de Mazatlán a bordo del *Cossack*. La compañía viajaba desmontada, y llegó a la Alta California por tierra desde el Mar de Cortés en septiembre de 1819. Su armamento era excelente y Solá ordenó que 55 soldados marcharan hacia el norte a reforzar la guarnición del Real Presidio de Santa Bárbara.

A pesar de recibir los más importantes refuerzos que habían llegado a California, Solá se quejó al virrey de la falta de mercaderías, que seguían sin llegar. Su protesta le valió una dura reprimenda del virrey, pues Apodaca consideraba que había apoyado al gobernador todo lo posible. Aun así, tras hablar con sus comandantes de presidio, Solá decidió mandar a un enviado especial para entrevistarse con el virrey y hacerle ver la desastrosa situación en que se encontraba el ejército y la administración de la provincia. Solá escogió para esta tarea al capitán Guerra, apoyándose en los éxitos financieros y las relaciones familiares que ese oficial tenía en México. Las instrucciones que llevaba establecían que debía pedir 200 000 pesos, aunque tendría que aceptar lo que le dieran y, a pesar de los refuerzos recibidos, solicitar más artilleros y armas. La mitad del dinero que obtuviese tenía que dedicarlos a comprar todo lo que se necesitaba en California. Desde San Blas, Guerra escribió al virrey, quien le ordenó regresar. Pero el emisario californio no obedeció y se presentó en la capital, consiguiendo finalmente más dinero y regresando a Monterey en agosto de 1820 con 40 000 pesos en mercancías. También llegaron poco después los artilleros, pero no los cañones.

Aunque a comienzos de 1819 parecía evidente que el ejército realista había ganado la guerra en México y los últimos núcleos republicanos estaban acosados por el experimentado ejército de Nueva España, la revuelta de Rafael Riego en España, que inauguró el trienio constitucional, lo iba a cambiar todo. Las noticias llegadas de España a México inflamaron de nuevo la rebelión, y parte de las tropas españolas obligó al virrey Apodaca a jurar la Constitución de 1812 en Veracruz. Este hecho iba a ser el punto inicial del desmoronamiento del virreinato.

En la Alta California, Solá recibió la orden de que todas las tropas a su mando jurasen la Constitución, empezando por la guarnición en Santa Bárbara, que lo hizo en octubre de 1820. Siguieron luego las juras en el resto de los presidios, aunque la población continuó sin saber realmente lo que eso significaba. Aislados como siempre, los californios no se enteraron de lo que ocurrió en México en los últimos meses de 1821, con el cambio de bando de Iturbide, que se proclamó emperador. Las noticias llegadas de México fueron ignoradas, hasta que al gobernador le ordenaron convocar una Junta en Monterey en abril de 1822. Allí se decidió reconocer la autoridad de Iturbide y obedecer al nuevo gobierno establecido en México, declarar la integración de California en el Imperio Mexicano y jurar la independencia.

La Junta juró el 11 de abril de 1822 en la capital, Monterey. Luego lo hizo la tropa formada en la Plaza de Armas. La bandera española fue arriada y el propio gobernador la recogió con cuidado antes de que tocara el suelo. Luego hubo una fiesta en la que ni la tropa ni la población demostraron demasiado entusiasmo. El 13 de abril en Santa Bárbara y San Francisco se hizo una ceremonia similar y luego en todas las misiones y pueblos. El punto final fue ordenar a los soldados de los presidios que se cortasen la coleta, con gran disgusto de sus mujeres, tras jurar fidelidad al Imperio Mexicano.

SEXTA PARTE
EN COMPAÑÍA DE LOBOS

Misión española de San Antonio de Valero,
conocida como «El Álamo»
San Antonio de Béxar, Texas

El viejo cuartel de la Compañía volante de Álamo de Parras, la mítica misión de El Álamo fue construida en 1718 y se convirtió en el núcleo de San Antonio de Béxar. Se edificó como escuela técnica para educar a los indios en el cuidado del ganado, confección, cestería, carpintería y albañilería. Originalmente ocupó tres acres con la protección del muro de piedra de entre diez y doce pies. La construcción de la iglesia no fue iniciada hasta 1744 y se terminó en 1757. Las dos torres de iglesia y la azotea se derrumbaron en 1762 y quedaron en ruinas.

España, evangelizadora de la mitad del orbe; España, martillo de herejes, luz de Trento, espada de Roma, cuna de San Ignacio, esa es nuestra grandeza y nuestra unidad… no tenemos otra.

Marcelino Menéndez Pelayo (1856-1912)

6.1. La era de los filibusteros. Los anglos de Texas

El rechazo a los inmigrantes extranjeros en Texas, a finales del siglo XVIII, tuvo graves consecuencias desde el momento que en los recién creados Estados Unidos hubo gente dispuesta a entrar en el territorio español y a llevar adelante sus negocios por cualquier medio, aunque tuviese que usar la violencia y actuar al margen de la ley. Al comienzo de la década de 1790, algunos norteamericanos llegaron a la conclusión de que merecía la pena desafiar las excluyentes leyes españolas, aun a riesgo de provocar serios enfrentamientos con los representantes de la autoridad virreinal. En los años siguientes decenas de aventureros comenzaron una serie de incursiones en Texas, movidos por su ambición personal y la búsqueda de beneficios económicos.

Sin embargo, a partir de 1804, con la transferencia efectiva del poder en Luisiana de España a los Estados Unidos y con la frontera entre ambos países en litigio, lo que en principio habían sido acciones de bandidaje se convirtieron en acciones paramilitares con claros objetivos políticos, que tenían como fin último socavar la autoridad española. Este turbulento periodo de la historia de Texas es denominado la «era de los filibusteros», y se desarrolló desde la incursión de Philip Nolan en 1800 hasta la de James Long en 1819. Fueron veinte años de violencia, en los que las acciones armadas, primero de mero orden público y finalmente de guerra, destruyeron la magnífica labor desarrollada por los gobiernos ilustrados del reinado de Carlos III, convirtiendo a la extensa provincia texana en un páramo.

En estas incursiones los agresiones norteamericanas se mezclaron con los conflictos provocados por la larguísima guerra de independencia mexicana, ya que los invasores se apoyaron siempre en una parte de la población local; primero por interés material y más adelante por razones ideológicas, puesto que en las acciones filibusteras hubo de todo, aventureros de frontera, comerciantes audaces, visionarios y líderes revolucionarios, antiguos guerrilleros de la Guerra de Independencia española, viejos combatientes de las guerras napoleónicas, ambiciosos políticos criollos y corsarios, piratas y militares ansiosos de poder y de gloria.

Llegó un momento en el que fue imposible separar las agresiones angloamericanas o la lucha por la independencia del puro bandidaje. Todos mataron y devastaron el territorio de Texas de forma enloquecida, en una espiral de violencia que fue creciendo hasta convertir el país que decían defender en un guiñapo. El primero que abrió el camino a los demás en esta carrera sanguinaria se llamaba Philip Nolan, y aunque fracasó de forma estrepitosa, despertó la ambición de decenas de sus compatriotas, que vieron que en las tierras más allá del río Sabine se podían obtener inmensas riquezas por las que merecía la pena arriesgar la vida.

Philip Nolan, el *mustanger*

Philip Nolan era irlandés y había nacido en Belfast en 1771. Se sabe que residió en Kentucky en 1789 y en el territorio español de Natchez en 1798. Había estudiado con James Wilkinson, un astuto político que conocía bien las importantes relaciones comerciales que existían entre la Luisiana española y los Estados Unidos, y que trabajó como agente para la Corona española.

Durante los años finales del siglo XVIII se había desarrollado una interesante industria ranchera en el oeste de Luisiana que tenía como origen Texas. Además de ganado vacuno, se había aprovechado muy bien el inmenso territorio tejano, en el que erraban libres grandes manadas de caballos mesteños, descendientes de los llevados siglos atrás por los primeros conquistadores. Estos caballos salvajes, denominados por los norteamericanos *mustangs*, eran muy apreciados en el este y se vendían en Luisiana por tratantes de ganado texanos.

Nolan era consciente de que el sistema colonial español era ineficiente en lo que respecta al comercio. Sabía que se podían obtener miles de cabezas con muy poco esfuerzo y pensaba que la desidia española y la falta de iniciativa de los escasos pobladores españoles les hacía desperdiciar una oportunidad magnífica. Así, gracias a sus contactos con las autoridades virreinales obtuvo documentos que le permitieron entrar en Texas en sucesivas ocasiones entre 1791 y 1799, y adquirir miles de cabezas de *mustangs* que vendió con notable éxito a los tratantes de caballos de los Estados Unidos.

El negocio prosperaba, pero pronto las autoridades españolas comenzaron a sospechar que Nolan trabajaba para James Wilkinson y sus asociados. Las sospechas fueron transmitidas tanto al gobernador Manuel Gayoso de Lemos, en Natchez, como a Muñoz, gobernador de Texas, y al Comandante General de las Provincias Internas. A pesar de que Nolan fue advertido, entró en Texas cruzando el río Trinidad en 1800, acompañado de 28 hombres armados con los que construyó unos corrales y una estación cerca del río Brazos. Informado de su presencia, el gobernador Juan Bautista Elguézabal ordenó al comandante del presidio de Nacogdoches, Manuel Múzquiz, que dirigiese sus tropas hasta el asentamiento de Nolan y lo arrestase en nombre del rey.

Los 120 soldados españoles encontraron a Nolan y su grupo en marzo de 1801 en Blum —en el actual Hill County—. Tras ser conminados a entregarse, los hombres de Nolan se negaron y las tropas españolas abrieron fuego, abatiendo al aventurero irlandés. El resto se rindió con la promesa de que serían devueltos sanos y salvos a los Estados Unidos, pero no fue así y fueron llevados a Nacogdoches y de allí a San Antonio de Béxar y al interior de México, a Chihuahua, donde uno de los colaboradores de Nolan fue ahorcado en 1807. Al menos ocho más fueron ejecutados por resistirse a los hombres del rey y el resto murieron abandonados en prisiones españolas. La aventura de Nolan terminó en un desastre, pero un suceso ajeno de gran importancia impidió que su expedición fuese un hecho aislado. Ese hecho fue la venta de Luisiana a Estados Unidos.

Las disputas fronterizas y la franja neutral

La compra del inmenso y en parte inexplorado territorio de Luisiana por los Estados Unidos convirtió de nuevo a Texas en una provincia fronteriza, algo que no sucedía desde el Tratado de París de 1763. Esta vez había un problema añadido. En vez de tener en su frontera occidental a una nación amiga como Francia, los texanos tenían ahora por vecinos a los ambiciosos y agresivos norteamericanos que, por si fuera poco, cuestionaban la demarcación de la línea fronteriza.

Como es sabido, la Luisiana se había devuelto a Francia en una cláusula secreta del Tratado de San Ildefonso de 1800, que reforzaba la alianza hispano-francesa, pero la transferencia efectiva de poderes se hizo en noviembre de 1803, cuando Napoleón había vendido ya el territorio a los Estados Unidos, por lo que la soberanía francesa apenas duró veinte días. Además, España había retenido en sus manos todos los puestos militares importantes de la Alta y Baja Luisiana, y no entregó muchos de ellos a los norteamericanos hasta bien avanzado el año 1804. Fue entonces cuando el problema de límites se agravó. Aparentemente todo era sencillo, el río Sabine, que hasta 1763 había separado de Texas el territorio francés de Luisiana, dejó de ser frontera con la incorporación de la colonia francesa a la Corona española y ahora, en 1803, volvía a ser la frontera, esta vez entre los Estados Unidos y España. Sin embargo, la situación ya no era comparable.

Desde el punto de vista físico, la frontera era un territorio salvaje, habitado aún por tribus indias nómadas, con solo unas decenas de pobladores de origen europeo, principalmente franceses, pero también algunos españoles y de otras naciones. Era una tierra pobre, donde la vida era difícil, insegura y violenta, con una cultura atrasada, en la que las pequeñas y solitarias guarniciones españolas se bastaban para mantener un orden mínimo que aseguraba el territorio para la Nueva España, pero que no estaban ni material ni psicológicamente preparadas para lo que se les venía encima[101].

La primera presión vino directamente de las más altas instancias del gobierno norteamericano, puesto que el presidente Thomas Jefferson estaba entre quienes reclamaban Texas como una parte de los territorios adquiridos con la compra de la Luisiana que, decía él, se extendía hasta la frontera del Río Grande.

El Tratado de venta de la Luisiana a los Estados Unidos se limitaba a decir que la frontera occidental sería «la misma que ahora está en posesión de España y hasta los límites que habían sido de Francia». Esta indeterminación era importante, pues Francia en el pasado había mantenido epidérmicos establecimientos al este del Sabine, a lo que los norteamericanos se agarraban desesperadamente, pues era el único argumento —y muy endeble por cierto— con que contaban[102].

En cualquier caso, defendieron sus exigencias con su energía habitual, y en 1806 Jefferson escribía a su embajador en Madrid:

> Con respecto a nuestra frontera occidental, estas instrucciones deberán ser vuestra guía. Yo solo os añado, como un comentario, que debemos retener el territorio hasta la bahía de St. Bernard, porque fue el establecimiento del desafortunado LaSalle…

Otra carta hablaba incluso del Río Bravo —o sea, el Río Grande—, si bien quedaba claro que por insistir en llegar hasta la que hoy es frontera entre los Estados Unidos y México no debía de producirse una confrontación armada. Para el gobierno norteamericano el éxito obtenido en el pasado impulsaba su ilimitada ambición, pues pensaban que España acabaría cediendo. Pero esta vez España no estaba dispuesta a ceder y sostenía, cargada de argumentos jurídicos e históricos, que la frontera de Texas era y debía de ser el río Sabine.

---

[101] En la práctica, no había caballería disponible, por lo que las minúsculas guarniciones españolas se limitaban a mantener puestos fortificados solo junto a los ríos, que eran las principales vías de comunicación. Aventurarse al interior con una fuerza militar era casi inconcebible.

[102] Todavía hoy en los manuales de historia norteamericanos se incluye a Francia entre las naciones que han ejercido su soberanía sobre el territorio de Texas. No es cierto, pues el establecimiento de la LaSalle fue una anécdota, pero se obstinan tercamente en ello.

El aumento de la presión norteamericana sobre la frontera creció de forma alarmante en los dos primeros años de soberanía norteamericana en Luisiana. Los viejos pobladores de origen francés —europeos o acadianos—, canarios y alemanes, se vieron pronto inundados por una masa de granjeros, comerciantes y especuladores ávidos de tierras que llegaron como una avalancha del este, y bien pronto el inglés, que apenas era un susurro en el año 1803, se convirtió en el sonido habitual de fondo en las villas y pueblos de la vieja colonia francesa.

Esta población recién llegada creó tensiones cada vez más serias con las tropas españolas destacadas en la frontera, que patrullaban constantemente para evitar intrusiones, sin poder evitar continuos enfrentamientos en los que a menudo se llegaba al uso de las armas. Teniendo en cuenta que los colonos angloamericanos pedían apoyo a las tropas regulares norteamericanas destacadas en Natchitoches, el riesgo de un incidente armado serio iba en aumento.

En un primer momento, fueron los residentes en Nacogdoches y en los ranchos vecinos quienes se ocuparon de reforzar la seguridad en la frontera. Los más adinerados propusieron formar unidades de milicias que protegieran el territorio de las incursiones yanquis y sirvieran, además, para combatir a las bandas indias merodeadoras. Unidades como los efímeros Húsares de Texas, con sus brillantes uniformes a la moda europea, parecían idóneas para detener la avalancha de emigrantes ilegales extranjeros, pero pronto se comprobó que no eran suficientes.

El gobernador de Texas, Antonio Cordero y Bustamante, y el comandante en jefe de las Provincias Internas, Nemesio Salcedo y Salcedo, decidieron en 1805 que era vital demostrar la clara voluntad de España de no ceder un palmo de tierra en la frontera de Texas, por lo que dos tercios de las tropas españolas en la provincia, que ascendían entonces a 1368 hombres, fueron destinados a Nacogdoches. Para evitar un incidente grave, el gobernador Salcedo y el general James Wilkinson, ahora al mando de las tropas de Estados Unidos en el territorio de Luisiana, acordaron en 1806 el establecimiento de un territorio neutral entre la frontera de ambas naciones, que fue conocido en adelante como *The Neutral Ground* o «Franja Neutral». Este territorio iba desde los ríos Sabine y Calcasieu hasta el Arroyo Hondo, y en él no podría haber tropas de ninguna de las dos naciones.

La creación de la Franja Neutral evitó incidentes armados, pero no solucionó los problemas cada día más graves entre ambos países. En los meses anteriores a la transferencia de Luisiana a los Estados Unidos, las autoridades españolas habían aceptado en el oeste de Texas el establecimiento de varios centenares de familias de indios *choctaw* y *coushatta* que habían sido expulsadas de Alabama. Estas tribus estaban en contacto con la civilización europea desde hacía generaciones, y algunos de sus miembros ya habían vivido bajo la tolerante soberanía española. Se pensó que por su rechazo a los angloamericanos serían de gran ayuda para consolidar el gobierno español en la zona, pero en la práctica no fue así, pues tenían una organización política más avanzada que las atrasadas tribus nómadas locales y desde un primer momento constituyeron un elemento desestabilizador.

Muchos norteamericanos veían bien que Texas se convirtiese en una tierra en la que realojar a las tribus que iban siendo expulsadas del este, por lo que nació una corriente encaminada a justificar sus «derechos» de establecimiento en Texas, en detrimento de los españoles. No es de extrañar que, en 1807, el agente indio estadounidense de Natchitoches llamase a los *choctaws* y *coushatta* «indios blancos» y los equiparase en derechos sobre la tierra de Texas a los angloamericanos. Una forma bastante clara de decir que la única «raza» extranjera eran los españoles.

En los años siguientes, la Franja Neutral se fue degradando, pues atrajo a todo tipo de gentes que querían vivir al margen de la ley, desde aventureros de pasado turbio hasta delincuentes o esclavos fugitivos, al tiempo que crecía el número de personas, de cualquier origen y condición, que deseaban convertir Texas en su hogar. El problema desde el punto de vista español era serio. Era evidente que en Texas se necesitaba población, pero en el interior de México nadie quería ir a vivir a las peligrosas llanuras tejanas, conocidas como «el despoblado». Tampoco se conseguía estimular la emigración desde la propia España, y las leyes impedían atraer inmigrantes que no aceptasen la legislación española y la fe católica, lo que limitaba mucho la captación de residentes extranjeros.

No obstante, había quien se daba cuenta de que la presión militar en la frontera a la larga no detendría a los miles de hombres y mujeres dispuestos a jugarse la vida por ir a Texas. Los sucesos de Florida, donde la presión norteamericana era insoportable, se tenían en cuenta y algunos creían, honradamente, que si se autorizaba a grupos de familias angloamericanas católicas a establecerse en la región, podrían a la larga convertirse en buenos y leales súbditos de su Católica Majestad. Por el contrario otros, como el gobernador Salcedo, profundamente contrario a los estadounidenses, tenían una extremada prevención hacia aquellos extranjeros. Pensaba no solo que no se convertirían jamás en verdaderos defensores de España, sino que a larga la traicionarían y entregarían el territorio a los Estados Unidos.

Viendo que era imposible atraer emigrantes de México y de España, había que decidir entre dos opciones: cerrar la frontera y controlar militarmente la emigración o aceptar a los colonos angloamericanos de forma ordenada. El dilema provocó tremendos conflictos que solo parecieron solucionarse cuando en 1820 se aceptó la primera de las propuestas, si bien para entonces a la soberanía española en Texas solo le quedaban unas semanas[103].

En cualquier caso, parecía evidente que era casi imposible diferenciar previamente a los posibles colonos honrados que pudiesen convertirse en fieles ciudadanos españoles, por lo que, en un principio, la decisión del gobernador Salcedo fue ir aumentando los controles en la frontera mientras lo permitiesen los medios disponibles. Dos hechos más, aislados y sin conexión entre sí, convencieron a las autoridades españolas de que tras muchas de las entradas ilegales en territorio español se encontraba la mano oculta del gobierno de los Estados Unidos. Estos dos hechos fueron la expedición en 1807 de Zebulon Pike y la incursión en 1809 de Anthony Glass.

La primera tuvo indirectamente mucho que ver con Texas, pues durante su estancia en el presidio del Paso del Norte —hoy El Paso, en la Texas al oeste del Pecos— y su marcha siguiendo el Camino Real hasta Nacogdoches, a través de San Antonio de Béxar, el explorador norteamericano observó con cuidado y detalle la organización de la Texas española, que para muchos norteamericanos seguía estando envuelta en el misterio. Teniendo en cuenta que su viaje había sido ordenado por el general Wilkinson, siguiendo instrucciones expresas del presidente de los Estados Unidos, las informaciones de Pike le ofrecieron al gobierno norteamericano una visión muy correcta de la situación.

Respecto a Glass, movido por intereses comerciales análogos a los de Nolan, penetró en el territorio español de Texas y llegó hasta la actual meseta de Edwards sin ser localizado. Su diario, que se conserva, es un soberbio testimonio de la vida en la región antes de la llegada del hombre blanco, y facilitó valiosa información sobre las posibilidades del comercio de caballos y de la vida de las tribus indias nómadas.

A la vista, pues, del caos en el que podía caer la provincia si no se intervenía radicalmente, y en vista de que la decisión adoptada era impedir la penetración de población ilegal a través del Sabine, solo quedaba una alternativa: el refuerzo militar de la frontera. Como hemos visto, una gran parte de los escasos recursos militares españoles de Texas estaban ya en el este, en torno

---

[103] Conviene no olvidar lo que ocurrió al final, y es que los colonos angloamericanos de Texas, como había ocurrido en Florida y como sucedería años después en California, Oregón y Hawái, acabarían entregando el territorio en el que habían entrado legal o ilegalmente a los Estados Unidos.

a Nacogdoches, por lo que se hacía necesario recibir más hombres. Para ello se solicitó ayuda al virrey y este hizo lo propio a España.

El trabajo de Salcedo culminó en un proyecto que denominó *Plan de oposición a las empresas de la República de los Estados Unidos de América*, en el que proponía los elementos en los que debía apoyarse la defensa del territorio español. Destacaba, con profética visión, el problema de la defensa costera de los escasos y mal defendidos puertos, y la enorme lejanía del principal depósito de armas y municiones del Real Ejército virreinal en San Luis de Potosí. La propuesta de Salcedo fue escuchada en Madrid. El gobierno de Godoy era consciente de que se enfrentaba a un problema grave en sus fronteras con los Estados Unidos, pero a diferencia de lo que sucedía en las Floridas, en Texas la situación parecía más fácilmente controlable. Aun tratándose de una frontera enorme e indefinida, la presencia militar norteamericana era insignificante, sus milicias no estaban preparadas y los invasores del territorio tendrían que moverse por un territorio desconocido, de una gran extensión y aislados, lo que favorecía la respuesta de las patrullas militares españolas, que se movían por un terreno conocido, con puntos de aprovisionamiento controlados y habitados por población amiga.

En consecuencia, hasta que la Revolución Texana (1835) abrió una brecha entre los *tejanos* y los autodenominados *texians*, y los dividió en dos bandos, los filibusteros norteamericanos tuvieron mínimas posibilidades de éxito y fracasaron siempre. Con estas premisas, el gobierno de Godoy decidió tras la venta francesa de Luisiana que la seguridad de Texas era un asunto importante y merecía la pena robustecer su defensa. Ya hemos visto lo que ocurrió con la propuesta de Murillo referente a la reforma de las tropas que combatían a los indios en las Provincias Internas, pero en este caso se trataba de preparar el territorio frente a la posible agresión de una potencia extranjera, además de controlar el paso de los inmigrantes ilegales.

Ante la amenaza a los límites septentrionales del virreinato de México, Godoy aceptó un plan elaborado por el coronel Grimarest, creando una Comandancia General de las Provincias Internas de Oriente, con centro en Texas. Esta nueva autoridad debía promover el poblamiento de la provincia. Godoy dio un paso más y constituyó un cuerpo especial de tropas de las tres armas, con el nombre de Tercios de Texas, creados por Real Orden de 6 de agosto de 1804, y cuyas banderas fueron bendecidas en Cádiz el 31 de enero de 1805. Esta fuerza, compuesta por unos 700 hombres —embrión de lo que podría llegar a ser un respetable cuerpo de tropas en la frontera con los Estados Unidos—, debía ser enviado a La Habana y Texas, pero como había comenzado poco antes la nueva guerra con los británicos, embarcaron en los navíos de Gravina que, unidos a los franceses de Villeneuve, partieron poco después para realizar operaciones en el Caribe.

Las escuadras aliadas, tras permanecer un tiempo en las Antillas sin decidirse a reconquistar la isla de Trinidad, regresaron a España —y con ellas los tercios de Texas—, no sin antes haber sostenido un combate en el cual sufrieron bajas. Poco después tuvo lugar la batalla de Trafalgar. La Comandancia Oriental no llegó a establecerse y los Tercios de Texas no volvieron a salir hacia América[104]. De todos modos, los esfuerzos españoles, una vez alertados el virrey Iturrigaray, el comandante de la Décima Brigada de milicias, Calleja, y el comandante general de las Provincias Internas, Salcedo, no resultaron inútiles, al haber logrado fijar el límite occidental de Luisiana en el río Sabine de forma satisfactoria.

El principio del fin, España sin rey

La oposición del comandante en jefe de las Provincias Internas, Nemesio Salcedo, a la entrada de extranjeros en Texas, principalmente angloamericanos, obligaba a tomar dos medidas con carácter urgente. La primera era el refuerzo militar de la frontera del río Sabine y la defensa diplomática enérgica de los argumentos jurídicos que sostenían los derechos de soberanía españoles en el territorio entre Nacogdoches y Río Grande. La segunda era buscar por todos los medios la forma de poblar el interior de la provincia o, al menos, crear alguna población viable en los puntos esenciales para defender el territorio de agresiones de potencias extranjeras y de los indios hostiles.

Un temprano intento de colonizar el territorio con inmigrantes españoles se le había encargado a Felipe Roque de la Portilla, y tuvo un cierto éxito. Colonos cántabros se establecieron en la zona de Gonzalez y reforzaron el principal contingente colonizador, de origen canario, en Texas. Sin embargo hacía falta más.

El primer empeño serio fue una iniciativa de Manuel Antonio Cordero y Bustamante, que acababa de ser nombrado gobernador. Cordero era un visionario que comprendió la necesidad de desarrollar el enorme territorio

---

[104] En 1808 la infantería de esa fuerza estaba repartida por lo que hoy es la provincia de Cádiz. Al comenzar el alzamiento contra los franceses, se unieron al ejército de Andalucía del general Castaños. La caballería se dedicó a patrullar las sierras de Extremadura y La Mancha, para luchar contra los bandoleros y contrabandistas y vigilar los movimientos franceses. La infantería, 436 hombres, agrupada en un solo batallón, al mando de don Melchor de La Concha, se integró en la división del marqués de Coupigny. Destacados en la vanguardia, al mando del brigadier don Francisco Venegas, estuvieron en la acción de Mengíbar el 16 de julio, y el 19 en la batalla de Bailén.

texano. Su intención era crear un establecimiento permanente en los cruces de los ríos principales con el Camino Real, en el tramo entre Béxar y Nacogdoches. Esto incluyó a San Telesforo, en el río Brazos, Santísima Trinidad de Salcedo sobre el río Trinidad, y San Marcos de Neve, sobre el río Guadalupe. Se presentó también un sofisticado sistema de administración de títulos de tierra y gobierno que sirvió de precedente a las leyes de colonización del gobierno mexicano para los contratos con los empresarios norteamericanos después de 1821.

El gobernador Cordero insistió en su propuesta, que dio lugar al nacimiento de la villa de San Marcos de Neve, en el punto en el que el Camino Real se cruzaba con el río Guadalupe. Los problemas que habían surgido en 1806, principalmente las dificultades en la consolidación de la colonia de Trinidad de Salcedo —en el cruce del Camino Real con el Trinidad—, y las tensiones en la frontera con las tropas estadounidenses de Wilkinson, provocaron que la organización de la colonia deseada por Cordero se retrasase.

Finalmente, las negociaciones con Felipe de la Portilla, que había creado un nuevo asentamiento en Nuestra Señora del Refugio, donde hoy está Matamoros, logró que dieciséis familias del Nuevo Santander, en diciembre de 1807, se dirigieran al norte para fundar la nueva colonia. Junto a la moderna ciudad de San Marcos comenzó la construcción de la nueva villa, que con el nombre de San Marcos de Neve nació oficialmente el 6 de enero de 1808. El teniente Juan Ignacio Arrambide Carrasco fue nombrado justicia de la villa. A las familias fundadoras se unieron también colonos de Mier, Camargo, Boca de Leones y Refugio, alcanzando pronto la población ochenta y dos personas[105].

Los sucesos dramáticos que estaban sucediendo en España afectaron desde un primer momento a la defensa de Texas. Como hemos visto, el cuerpo expedicionario que debía asegurar las fronteras de la provincia nunca llegó. Desapareció anegado en el caos que sufrió el Ejército español a partir de la segunda mitad de 1808, al estallar la Guerra de la Independencia, y cualquier posibilidad de recibir soldados y colonos de España desapareció para siempre.

Los texanos estaban ahora solos y su futuro dependía de la habilidad de sus líderes y de la voluntad y energía de sus pobladores. Por desgracia, poco después se iba a abrir una brecha profunda en la sociedad colonial, generando una división que a la postre terminaría con el gobierno español.

---

[105] Los ataques indios, la inseguridad ante las depredaciones de los filibusteros y los terribles daños producidos por la guerra a partir de 1811, hicieron que en 1812 la prometedora villa fuese abandonada. Cuando llegaron los colonos anglos en 1832 los restos del ganado pastaban en libertad en la zona.

6.2. La Revolución llega a Texas

Cuando las noticias del grito de De Dolores llegaron a las Provincias Internas, las autoridades impartieron de inmediato órdenes para proteger los intereses de la Corona. Al no existir resentimiento en la población contra el gobierno español, se pensó que sería fácil oponerse a los intentos de los insurgentes de llevar la rebelión independentista hasta los más recónditos lugares del virreinato.

La invasión de Coahuila por las tropas rebeldes a finales de 1810 fue la primera señal de que la guerra se acercaba a Texas. En aquel momento la mayor parte de las tropas españolas estaban distribuidas entre los presidios de la frontera, en alerta permanente contra los indios y, principalmente, en la frontera con los Estados Unidos, de donde se presuponía que podía surgir la mayor amenaza. La aparición de un nuevo enemigo en el sur no podía combatirse con eficacia sin desatender las que, hasta el momento, habían sido las ocupaciones principales del Real Ejército.

El gobernador de Coahuila, Cordero, estaba dispuesto a terminar con la amenaza insurgente y no vaciló en enfrentarse a los rebeldes el Día de Reyes de 1811 en Aguanueva. Lo que ocurrió no estaba en el guión. Abandonado por sus tropas, tuvo que huir, siendo capturado por los rebeldes y enviado a prisión. Desde el Río Grande al Sabine, los texanos creyeron que la autoridad del virrey se había venido abajo y que el movimiento independentista había triunfado.

El padre Gutiérrez, un sacerdote que se había ofrecido a Jiménez, el líder revolucionario en la región, recibió instrucciones de «incitar a la revolución a las cinco ciudades del Río Grande: Laredo, Revilla, Mier, Camargo y Reynosa», para conseguir el control rebelde de Nuevo Santander y cortar de esta forma los contactos entre Texas y el interior de México.

En Texas, la posición de los defensores de la legalidad virreinal era complicada. La noche del 15 de enero se descubrió una conspiración en San Antonio de Béxar. El líder de la misma era Antonio Saenz, un teniente de la milicia que escapó y fue capturado, poco después, por una patrulla de caballería. El gobernador Salcedo había decidido en un primer momento prestar ayuda a Cordero en Coahuila, pero al saber que tenía traidores entre sus tropas se asustó y decidió centrarse en proteger su provincia. Tras retirar tropas de la frontera con los Estados Unidos, convocó una reunión de las principales autoridades municipales, religiosas y militares en San Antonio de Béxar.

El gobernador confió la defensa al coronel Simón de Herrera —de Nuevo León—, un experimentado militar que elaboró los primeros planes para realizar una ofensiva contra los rebeldes del Río Grande y comenzó los trabajos para fortificar la capital. La guerra había llegado al interior de Texas, pero lo peor era que el gobernador tenía razón y las tropas españolas no estaban unidas, pues entre sus hombres había partidarios de la independencia mexicana.

La insurrección de Las Casas

El capitán de la milicia de San Antonio era un oficial retirado del ejército llamado Juan Bautista de Las Casas, que asumió el liderazgo de quienes se oponían a Salcedo y preparó un golpe para el 21 de enero. Se unieron a Las Casas la mayor parte de los oficiales y tras su alzamiento fueron detenidos el gobernador Salcedo y el coronel Herrera, a los que se declaró prisioneros de guerra. Ambos fueron tratados con respeto y consideración antes de ser enviados al presidio de Monclava, que estaba en manos de los rebeldes.

Para desgracia de los habitantes de San Antonio, Las Casas se comportó como un revolucionario furibundo, confiscó bienes y propiedades y creó una enorme inquietud. Le faltaba experiencia de gobierno y poco a poco fue derivando hacia un comportamiento despótico. El gobierno provisional de la república no era mucho mejor y creía ciegamente en una serie de ilusiones revolucionarias, como la existencia en el futuro de una comunidad americana sin estados ni fronteras. Esperaban ayuda de sus vecinos los Estados Unidos y el 27 de febrero llegó a San Antonio una comisión formada por el mariscal de campo Ignacio Aldama y fray Juan de Salazar, que debía negociar con los norteamericanos en nombre del gobierno mexicano.

La torpeza de Aldama, cuyo uniforme estaba copiado de los que llevaban los generales franceses y que lucía unos cordones dorados que recordaban las condecoraciones napoleónicas, hicieron creer a los realistas que era un enviado francés que pretendía poner Texas bajo la soberanía de José Bonaparte o, lo que era peor, de los Estados Unidos. No fueron pocos los que temieron que su presencia fuera el anticipo de sucesos como los ocurridos en Baton Rouge y Mobile, y que los yanquis quisieran repetir en Texas los sucesos que dieron lugar el año anterior al nacimiento de la fantasmagórica república de Florida occidental[106].

Por otra parte, Las Casas no supo ganarse a algunos partidarios de la república, como era el caso de los «isleños» descendientes de los primeros

---

[106] Es triste pensar que finalmente fue lo que ocurrió 23 años después.

colonos canarios que formaban la «aristocracia» de Texas, ni a la mayoría de los antiguos oficiales del Ejército, entre quienes predominaban los realistas. Acabó enfrentándose, incluso, con su principal socio, Antonio Sáenz.

El hecho es que los realistas se fueron organizando en la sombra y los partidarios de España comenzaron a trabajar para reconducir la situación, aunque a la contrarrevolución le faltaba un líder. Pronto lo encontraron en la figura de Manuel Zambrano.

El contragolpe: Dios, Patria y Rey

Zambrano era un respetado ciudadano en Texas. Subdiácono en la iglesia de San Fernando, y disgustado con la forma en la que Las Casas gobernaba, dejó San Antonio y marchó a su rancho en La laguna de las Ánimas, donde disponía de treinta y dos sirvientes que lo habían convertido en una estancia modélica. Allí organizó reuniones políticas en las que comenzó a plantearse un contragolpe aprovechando el descontento contra Las Casas.

Tras contactar con Villaseñor, un agente del ex gobernador Salcedo, se decidió a pasar a la acción. La primera noche de marzo, por sorpresa, acompañado de quienes sabía que estaban de su parte, convenció a algunos de los leales a Las Casas y tomó los principales edificios de San Antonio, organizando una junta cívico-militar que le nombró presidente. Tenía el apoyo de Ignacio Pérez, José Erasmo Seguín, Juan Veramendi y Francisco Ruiz, todos ellos notables ciudadanos de San Antonio.

Zambrano liberó a los prisioneros, devolvió las propiedades confiscadas a sus antiguos propietarios y ordenó que se vigilase a la comisión de Aldama y Salazar, que llegó a pedir la insurrección en las calles de San Antonio. Un intento de alzamiento fue sofocado el 3 de marzo y los comisionados fueron detenidos y enviados a El Álamo. El 21 de marzo, Elizondo, Salcedo, Herrera y las tropas de San Antonio, acompañados de José Menchaca y otros realistas, sorprendieron y detuvieron al padre Hidalgo, a Mariano Jimenéz, Juan Aldama, Ignacio Allende y otros líderes del Ejército de las Américas en las Norias de Baján. El gobernador Salcedo condujo apresuradamente a los prisioneros de Monclova al cuartel general en Chihuahua.

Un tribunal de siete miembros encabezado por Salcedo encontró al grupo culpable de alta traición y condenó a todos sus integrantes a muerte, siendo ejecutados de un disparo por la espalda. Los representantes de la Inquisición apartaron a Hidalgo, al que fusilaron de un tiro en el pecho en privado, debido a su condición clerical. En San Antonio, Las Casas sufrió el mismo destino y también fue ejecutado. El coronel Simón de Herrera asumió entonces el control de San Antonio; el monárquico Cristóbal Domínguez el de Nacogdoches, en la frontera con la Franja Neutral; y Salcedo, de mala gana, fue devuelto a su puesto como Gobernador de Texas. Sus problemas solo acababan de comenzar.

La insurrección de Las Casas fue el último acto de la primera fase de la guerra de independencia de México en Texas, y había mostrado a las claras que la población estaba totalmente dividida. El ejército virreinal se dedicó a perseguir por todo México a las bandas insurgentes que seguían activas y con las que nunca pudo acabar del todo.

Durante más de un año la provincia se mantuvo firmemente bajo el control de las tropas realistas, que estaban siempre amenazadas por la deserción de los partidarios de la independencia que servían en sus filas. La guerra contra los franceses en España impedía el envío regular de refuerzos, y de las pocas tropas llegadas enviadas por la Regencia desde Cádiz ni un solo hombre reforzó a las unidades destacadas en la remota Texas. Proyectos como el aprobado por Godoy para reforzar la frontera con los Estados Unidos fueron abandonados para siempre, y la siguiente agresión no tardaría en llegar.

6.3. Bernardo Gutiérrez de Lara y la Primera República de Texas

El 6 de abril de 1813, en una breve ceremonia celebrada en San Antonio de Béxar, un líder visionario que se autotitulaba «el Ilustre Libertador», llamado Bernardo Gutiérrez de Lara, se nombró a si mismo «Presidente Protector del Gobierno Provisional del Estado de Texas», al que declaró territorio independiente de la Corona española. Tras una solemne celebración otorgó una breve Constitución que proclamaba, al igual que había sucedido en los Estados Unidos y Francia, que la soberanía residía en el pueblo.

Poco tiempo después, el día 18, un edicto del «Presidente Protector» animaba a establecerse en Texas a «los hombres libres de todas las naciones». Había nacido la que es conocida como Primera República de Texas, destinada a durar solo hasta el 18 de agosto del mismo año, en la que el ejército de Gutiérrez fue aplastado por las tropas del rey en el río Medina. Sin embargo, el «Libertador» no presenció su final, pues había sido depuesto por sus rivales el día 4 de agosto, lo que puso fin a su curiosa aventura.

Gutiérrez de Lara, al que la historia destinó a ser el primer presidente de Texas, nació el 20 de agosto de 1774 y es uno de los más desconocidos líderes de la independencia mexicana, con la que se obsesionó, al igual que gran parte de la élite criolla de origen español. Su padre, Bernabé Gutiérrez de Lara, había sido uno de los impulsores de la colonización del Nuevo Santander y el fundador de la villa fronteriza de Revilla, uno de los principales asentamientos que los españoles situaron en torno a 1750 en el Río Grande.

El éxito del proceso de ocupación del «despoblado» movió a la Corona, en 1767, a iniciar el reparto de tierras entre los colonos y todo pareció marchar perfectamente durante unos años. Sin embargo, dos sucesos ocurridos en la última década del siglo alteraron profundamente las cosas y marcaron lo que iba a ser el rumbo de Texas en la primera mitad del siglo siguiente: el incremento progresivo de la violencia y el nacimiento del filibusterismo norteamericano. El primero tuvo su origen en la expansión ganadera que se estaba produciendo al norte del Río Grande. Las tribus indias vieron que su espacio natural estaba siendo progresivamente ocupado, pero los ocupantes imaginaban que el territorio ofrecía un atractivo botín que podía ser tomado sin demasiada dificultad.

A partir de 1790 los choques fueron aumentando en el Nuevo Santander, en Coahuila y en Texas, y dos años después los *apaches* llegaron a atacar las villas de Reynosa y Camargo, poniendo en peligro el proceso colonizador. Los ranchos aislados estaban ahora amenazados y las tropas de la frontera eran insuficientes para proteger un territorio tan grande.

El segundo suceso importante fue la incursión en Texas de Philip Nolan. El destino de Nolan era Revilla, aunque nunca llegó hasta allí, pues como hemos visto fue abatido por las tropas españolas, en lo que hoy es el condado de Hill, el 21 de marzo de 1801. Fueron bastantes los texanos que en su breve trato con él quedaron asombrados de los negocios que les ofrecía el comercio libre con los recién nacidos Estados Unidos. Además se generó la idea de que siempre que se quisiese actuar contra el gobierno español se podría obtener ayuda entre los emprendedores y ambiciosos norteamericanos. Por esta razón, cuando años después Bernardo Gutiérrez de Lara marchó hacia el norte en busca de apoyo para la causa de la independencia se dirigió a tres viejos compañeros de Nolan: Samuel Davenport, James Wilkinson y Juan Cortés.

Hidalgo y la lucha por la Independencia de México

El sistema político-económico que regía los destinos de Nueva España entró en crisis a raíz de la invasión francesa a España. El vacío creado en la península con la retención en Francia del rey Fernando VII y la necesidad de formar un gobierno local pusieron de manifiesto las profundas divisiones de la sociedad colonial, en la que los *gachupines* —españoles peninsulares— ocupaban los mejores puestos en detrimento de los criollos y de los mestizos e indios.

Las enormes diferencias de clase y las injusticias impulsaron a grandes grupos sociales a la rebelión. El 16 de septiembre de 1810, el padre Hidalgo lanzó su famoso «Grito de Dolores», e inició el largo camino que más de diez años después llevó a México a su definitiva separación de España. Uno de los primeros criollos de Nuevo Santander que se unió a la causa de Hidalgo fue Bernardo Gutiérrez de Lara, quien, arriesgando su hacienda y su vida, marchó a Saltillo para unirse a las fuerzas revolucionarias. Impresionados por su elocuencia y convencidos de su adhesión a la causa independentista, los responsables de la revolución condujeron al líder norteño a Monclova, donde le otorgaron el rango de teniente coronel del ejército republicano y le asignaron la misión de promover la rebelión en Nuevo Santander, debiendo además encargarse de la organización del ejército rebelde local.

Enterado Gutiérrez de la detención en San Antonio de Béxar de los dos agentes que Hidalgo había enviado para lograr el apoyo de Estados Unidos, se ofreció voluntario para sustituirlos y se dirigió a Revilla a preparar el viaje. En esta ciudad conoció el desastre sufrido por las fuerzas de Hidalgo, la traición de Elizondo[107] y el fusilamiento de Jiménez, Allende, Aldama y del propio Hidalgo. Este quebranto le hizo acelerar sus planes y en cuanto pudo reunir un pequeño grupo de voluntarios, armas y dinero, partió hacia el norte. En total eran 12 hombres, incluyendo la importante ayuda del capitán don José Menchaca, un convencido insurgente de San Antonio de Béxar.

Durante todo el viaje a través de Texas, la encendida elocuencia de Gutiérrez fue sumando adeptos a la causa republicana, al tiempo que sentaba las bases populares de lo que se pretendía fuera el nuevo gobierno de la provincia. Una vez alcanzada la Franja Neutral que separaba Texas de los Estados Unidos, los revolucionarios estaban convencidos de que llegarían con facilidad al otro lado de la frontera, pero no fue así. Informados los militares españoles de Nacogdoches de la presencia de agentes del gobierno rebelde en la zona, dirigieron un ataque por sorpresa contra la débil fuerza de Gutiérrez, que perdió tres hombres en la escaramuza y, lo que era muy grave, toda la documentación que le acreditaba como representante del gobierno de México.

El revés no le desanimó y en Natchitoches, ya en territorio estadounidense, decidió dirigirse a Natchez —capital del territorio de Misisipi—, enviando al capitán Menchaca a Béxar para obtener las credenciales que necesitaba e ir creando las bases de un gobierno provisional. Gutiérrez partió de Natchez hacia el noreste y llegó a Nashville el 9 de noviembre de 1811 para presentar sus credenciales al general Thomas Overton, al que entregó además varias cartas. Una de ellas iba dirigida a los colonos del territorio en demanda de apoyo para su causa. Por fin, el 11 de diciembre llegó a Washington, siendo el primer enviado del nuevo gobierno de México que se presentaba ante el gobierno de los Estados Unidos.

Gutiérrez logró una entrevista con Eutis, ministro de la Guerra, al que intentó convencer de la conveniencia del apoyo norteamericano a la causa criolla. Además de los innegables beneficios económicos que tendría la ayuda a México, España era aliada de Gran Bretaña, nación con la que los Estados Unidos estaban al borde de un enfrentamiento bélico. La derrota realista debilitaría aún más a los ya quebrantados españoles, lo que permi-

---

[107] Elizondo, que iba a ser uno de los grandes protagonistas de la lucha en Texas, cambió de bando para unirse a los realistas, produciendo un grave quebranto a la causa insurgente. Era un hombre despiadado y brutal.

tiría a los Estados Unidos expulsarlos de Florida oriental, uno de los objetivos principales de su política exterior.

Eutis, aunque no quería una guerra abierta con España, ofreció tropas, armas, dinero, municiones y equipos a Gutiérrez, amparándose en que la compra de Luisiana también incluía Texas. Algo que el líder tejano negó, si bien propuso que se declarara «zona neutral» toda la provincia.

Mientras negociaba y preparaba un extenso informe sobre la revolución mexicana, que le había solicitado Eutis, Gutiérrez conoció la noticia de la rendición de Menchaca a los realistas y la retirada de los voluntarios extranjeros que apoyaban la causa independentista, la mayoría estadounidenses. Este hecho condicionó en parte su entrevista con el secretario de Estado, Monroe, quien se pronunció en los mismos términos que Eutis, y llegó incluso a proponer el envío de un ejército de 50 000 hombres a Texas si Estados Unidos entraba en guerra con los británicos. Durante este período en la capital norteamericana, Gutiérrez obtuvo una muy buena impresión del funcionamiento del nuevo Estado, y llegó a convencerse de que la causa criolla no sería olvidada, pues no tenía duda de que la voluntad norteamericana era expulsar a los españoles de América y, principalmente, de México y el Caribe.

Después de realizar todas estas gestiones. Gutiérrez emprendió viaje marítimo a Natchitoches desde Filadelfia, vía Nueva Orleans, a donde llegó el 23 de marzo de 1812, y se enteró de la captura por los republicanos de Veracruz. Tras entrevistarse con el gobernador de Luisiana, Claiborne, partió hacia Natchitoches y se dedicó a preparar la expedición. El representante de Francia, Paillette[108] —que le ofreció 400 hombres—, más algunos indios de la región y apoyo de voluntarios angloamericanos estaba dispuesto a apoyar a los revolucionarios de Texas, y además abrió una suscripción para obtener fondos. Sin embargo, tales actividades alarmaron a los agentes españoles de la región, que informaron a Washington. Onís, embajador español en los Estados Unidos, formuló una queja formal y se previno al gobernador de Texas, Salcedo, quien pidió ayuda al virrey y comenzó a preparar sus escasas fuerzas para un enfrentamiento de envergadura, si bien de la metrópoli, envuelta en una brutal lucha por su supervivencia contra Napoleón, poca ayuda se podía esperar.

Por otra parte, la situación en México era caótica. Las lealtades duraban poco y la violencia reinaba en una gran parte de Nueva España. Bagenas, un desertor de las tropas españolas destacadas en Nacogdoches, comenzó a

---

[108] Está por escribir la historia de la participación francesa en las guerras de independencia de las naciones de la América Española. Lo que es cierto es que en la medida de sus posibilidades intentaron perjudicar al máximo los intereses de España.

repartir panfletos entre los soldados. Alarmado, Bernardino Montero, comandante en jefe de las tropas españolas en la frontera, previno a Salcedo, pero los rumores, cada vez más alarmantes y disparatados, comenzaban a circular a gran velocidad, más aún cuando Bagenas fue capturado y se supo que dos agentes rebeldes se encontraban en Nuevo Santander promoviendo la revuelta.

Pero Gutiérrez tenía aún grandes problemas por resolver. Girard, uno de sus intermediarios ante el ejército de los Estados Unidos, se entrevistó con el general Adair, que tenía el mando norteamericano en la región, a fin de concretar la ayuda. En una carta que Girad dirigió a Gutiérrez, planteaba todos los problemas que tenían ambas partes, desde el mando —¿aceptarían los norteamericanos un mando criollo? —, hasta la fidelidad —por quién combatirían?; ¿por la República Mexicana, o por Estados Unidos? —.

Estos problemas se agravaron por el desconocimiento de cuál sería el verdadero apoyo con el que contarían. Lo que sí queda claro en el documento es que, aunque Adair no se pronunció, sí lo hizo el coronel Johnson, su ayudante de campo, en otra carta que envío a Augustus William Magee, un bostoniano que lideraba a los angloamericanos dispuestos a participar en la incursión en territorio español, pero al que se le dejó muy claro que no debía aceptar ninguna orden que no viniese de su gobierno y no debía implicarse en los aspectos políticos de la revolución mexicana.

El principal compañero de Gutiérrez de Lara en la aventura que se iniciaba, Magee, era un exoficial del ejército de los Estados Unidos —de 33 años—, que se había graduado en la Academia Militar de los Estados Unidos el 23 de enero de 1809, y había servido a las órdenes del general James Wilkinson, en el regimiento de Artillería destinado en Baton Rouge, antes de recibir destino más tarde en Fort Jesup, cerca de Natchitoches. A pesar de estar reconocido como uno de los militares americanos mejor informados sobre las relaciones con los españoles, no recibió el ascenso esperado, lo que le produjo una notable amargura.

Durante su estancia en Fort Jesup ayudó a los colonos angloamericanos que se instalaban en la Franja Neutral —los *freebooters*— y mantuvo buenas relaciones con Peter Samuel Davenport y con Bernardo Gutiérrez de Lara, que le convencieron de la viabilidad de sus planes. El 22 de junio de 1812, viendo que sus posibilidades de ascenso estaban bloqueadas, dejó el ejército de los Estados Unidos y comenzó a reclutar los hombres de la expedición que iba a pasar a la historia con su nombre.

La guerra entre el Reino Unido y los Estados Unidos que se declaró ese mes hizo que la situación no pudiera demorarse más y el 2 de agosto de

1812 las tropas de Magee, 150 hombres que cobraban 40 dólares al mes, cruzaban el río Sabine y entraban en Texas.

Bajo la bandera de la Libertad

El hombre sobre quien recayó el peso de sostener los derechos de España, Manuel María de Salcedo, gobernador español de Texas, no pasaba por sus mejores momentos. Había vivido en Luisiana con su padre, Juan Manuel de Salcedo, gobernador de la excolonia francesa hasta diciembre de 1803, cuando la provincia fue entregada a los Estados Unidos y la familia regresó a España.

Sus contactos en la Corte y su conocimiento de la región facilitaron su nombramiento como gobernador de Texas por el Consejo de Indias el 24 de abril de 1807, y tras jurar el cargo en Cádiz, llegó a San Antonio de Béxar en el verano de 1808.

Las tropas que debían haberle acompañado para reforzar la provincia e impermeabilizar la frontera con los Estados Unidos quedaron, como hemos visto, en España, sumida ahora en la guerra contra la Francia napoleónica, lo que comprometió el éxito de su principal misión: detener el flujo continuo y no autorizado de extranjeros. Sus esfuerzos para expulsar a los ocupantes ilegales estadounidenses de la Franja Neutral fueron inútiles, e informó el gobierno español de que si quería mantener Texas debía reforzar la frontera con colonos procedentes de España o México. También propugnó el establecimiento de nuevos establecimientos para aumentar el comercio con los indios, y así calmar a las tribus y proteger los puestos de las llanuras, y solicitó más soldados para proteger el este de su provincia, pues las milicias locales eran incapaces de conseguirlo.

En la primavera de 1810 hizo una inspección a la frontera con Luisiana y la visión de la dura realidad le hizo considerar su opinión sobre los colonos angloamericanos, mostrándose contrario a los militares, que eran partidarios de tomar represalias contra los emigrantes ilegales. En sus contactos con los norteamericanos, muchos de los cuales habían vivido décadas bajo el gobierno español en la propia Luisiana, en Misuri o Florida, aconsejó a sus líderes que negociaran algún acuerdo oficial con el gobierno español para acceder legalmente al territorio. En cualquier caso, era consciente de que el problema de la Texas española era casi imposible de solucionar y se dejó llevar por los acontecimientos.

El 22 de enero de 1811, Salcedo fue hecho prisionero por los rebeldes mexicanos. Logró escapar y ser restituido como gobernador, pero cuando llegaron noticias a San Antonio de Béxar de la incursión de Magee y de Gutiérrez de Lara, sabía que la población del territorio estaba dramáticamente dividida. Los exploradores de la fuerza norteamericana se encontraron, ya en territorio español, con un tren de mulas mandado por Juan Zambrano, que se dirigía a territorio de los Estados Unidos. Tras atacar a la caravana, persiguieron a sus integrantes hasta las puertas de Nacogdoches, que fue tomada sin resistencia, pues los pocos leales a España se retiraron a San Antonio seguidos por los exploradores de Magee.

En Nacogdoches, los hombres de Magee y Gutiérrez izaron la bandera verde de la nueva república, y don Bernardo hizo públicos cuatro edictos dirigidos al pueblo, «los honorables y queridos compatriotas en Texas». Optimistas y esperanzados, el 13 de septiembre de 1812 los hombres del Ejército Republicano del Norte, «unido, bien armado y determinado a asaltar al mismísimo infierno», marcharon hacia la posición fortificada de La Bahía, atravesando el río Colorado. La Bahía, la mejor fortaleza de la costa texana, con sus muros de piedra y sus excelentes defensas, fue tomada sin apenas oposición y Gutiérrez decidió convertirla en un bastión para su ofensiva contra la capital; sin embargo, los españoles estaban está vez preparados.

Tras concentrar sus fuerzas en San Antonio, el gobernador Salcedo y el teniente Herrera reunieron todas las tropas de que disponían, incluyendo las compañías que guarnecían la frontera frente a los indios, y se dirigieron a La Bahía. Llegaron el 11 de noviembre y de inmediato lanzaron un violento ataque contra las posiciones republicanas, que fue rechazado a duras penas. Consciente de la debilidad del enemigo, pero al mismo tiempo incapaz de asaltar sus recios muros de piedra, Salcedo ordenó el bloqueo del fuerte y se preparó para una agotadora guerra de posiciones, dando a sus hombres la orden de atrincherarse.

El ambiente en el fuerte sitiado no era bueno, pues el coronel Magee tenía grandes desavenencias con Gutiérrez, y tras una votación, se decidió la rendición. Salcedo accedió a liberar a los extranjeros, pero recordó que los mexicanos eran traidores a España y al rey y que no iban a ser perdonados. Ante tal situación y en un gesto que les honra, los voluntarios extranjeros decidieron no abandonar a sus compañeros mexicanos y continuar la lucha. Las tropas realistas lanzaron varios ataques que fracasaron ante la decidida defensa de los republicanos. Los norteamericanos, armados muchos de ellos con sus rifles largos de caza, alcanzaban blancos a una gran distancia, por lo que el avance a campo descubierto de los hombres de Salcedo era muy arriesgado. Pero los defensores no podían romper el bloqueo y la desesperación cundía entre los defensores.

Parece ser que Magee —que estaba enfermo— era partidario de llegar a un acuerdo de rendición, aunque los angloamericanos no querían abandonar a sus camaradas. El 6 de febrero de 1813 Magee falleció y algunos sospecharon que se había suicidado. Su sucesor en el mando fue el coronel Kemper, un virginiano valeroso y capaz que llegó a la conclusión, visto el fracaso de Gutiérrez, de obtener refuerzos, de que la única solución era un ataque frontal contra las trincheras realistas.

Al amanecer del 2 de marzo, las tropas republicanas realizaron una salida y tras una lucha feroz que duró hasta las cuatro de la tarde, hicieron retroceder a sus enemigos. Salcedo lideró dos ofensivas más contra La Bahía, pero ambas fracasaron y el 19 de marzo el Ejército Republicano del Norte marchó hacia la capital a lo largo del río San Antonio, muy reforzado con los voluntarios que se le habían ido sumando hasta totalizar 900 hombres, que incluían desde indios *tónkawas* y pobladores locales hasta voluntarios de Luisiana.

Las fuerzas del gobernador Salcedo y las del coronel don Simón Herrera —gobernador de Nuevo León— trataron de detenerlos en Salado Creek, donde se dio el combate conocido como batalla de Rosilla o de Salado —la primera a campo abierto de la historia de Texas—, en la que los desmoralizados y aturdidos reclutas del ejército realista fueron derrotados, a pesar de contar con 1200 hombres y seis cañones, y sufrieron en la lucha 330 bajas y 60 prisioneros.

Ya sin apenas oposición, las tropas de Gutiérrez avanzaron hacia San Antonio y las tropas de Salcedo fueron retirándose acosadas hasta la Misión de la Concepción, muy cerca de la capital, donde los republicanos hicieron un alto para reorganizarse y preparar el asalto. Era el 2 de abril de 1813. Salcedo había preparado un documento de doce puntos para aceptar una rendición honorable, pues la mayor parte de los reclutas mexicanos del ejército realista estaban dispuestos a pasarse al enemigo, como de hecho sucedió.

Presentó su propuesta a los oficiales angloamericanos del ejército mexicano, y estos transmitieron su propuesta al coronel Gutiérrez. Aceptadas las condiciones, Salcedo, Herrera y otros 12 oficiales españoles, entregaron formalmente sus espadas. El día 6, don Bernardo Gutiérrez de Lara era nombrado «Presidente Protector del Gobierno Provisional del Estado de Texas» y comenzó a dictar las primeras instrucciones dirigidas a la población. Todo parecía marchar bien, pero dos circunstancias imprevistas iban a destruir la frágil estructura que Gutiérrez empezaba a edificar.

El primer problema surgió cuando se decidió por parte del Gobierno Provisional juzgar a Salcedo, a Herrera y a los demás oficiales por traición a

Hidalgo, lo que motivó fuertes discusiones con los hombres de Kemper, que consideraban que se ponía en entredicho su acuerdo con los realistas e intentaron convencer al «Generalísimo de la República» para que los prisioneros fueran conducidos al sur, para ser encarcelados, o a Luisiana como exiliados. Finalmente, partieron conducidos por la compañía del capitán Antonio Delgado, quien junto a dos texanos, Francisco Ruiz y Pedro Prado —ambos de la compañía volante de Álamo de Parras— llevaron a los oficiales prisioneros hasta unas seis millas fuera de San Antonio, donde los ataron, desnudaron y degollaron.

El brutal crimen y la forma en la que Delgado se jactó de semejante salvajada —llegó incluso a anunciarlo públicamente— hizo que las relaciones entre los criollos y los angloamericanos llegasen al borde de la ruptura. Muchos consideraban que Gutiérrez había dejado sin castigo un crimen execrable y abandonaron la lucha. A pesar de las súplicas de los más sensatos de los líderes mexicanos y aunque convencieron a algunos, muchos de los más valiosos —entre ellos Kemper—, se marcharon horrorizados.

El otro problema surgió por la aparición de una fuerte corriente opositora a Gutiérrez, que nació en torno a otro estadounidense, William Shaler, y a varios de los colaboradores del presidente, para destituirle y nombrar en su lugar a Álvarez de Toledo, un ambicioso político cubano, antiguo diputado por Santo Domingo en las Cortes de Cádiz y antiguo oficial de la Real Armada. Los conspiradores contaban además con el descontento de los norteamericanos por no haber recibido prácticamente ningún cargo en el gobierno provisional, y no les resultó difícil atraerlos a sus filas.

José Álvarez de Toledo, el nuevo líder de los revolucionarios, era un conspirador en el sentido clásico y había tenido que salir de España después de un grave proceso, al haber sido acusado de promover la sedición en las colonias del Caribe cuando, siendo diputado por Santo Domingo, expuso la necesidad de instaurar un gobierno democrático en Cuba, Santo Domingo y Puerto Rico. Refugiado en Washington, donde había decenas de conspiradores de toda la América hispana, trató de obtener el apoyo de James Monroe —entonces secretario de estado norteamericano— para una Confederación Antillana a imagen y semejanza de Estados Unidos.

Cuando planeaba trasladarse a Cuba para promover sus ideas, con Monroe ya convencido, conoció a Gutiérrez de Lara y se interesó por su proyecto. La habitual habilidad de don Bernardo para ganar adeptos a la causa republicana le impresionó, y juntos se dedicaron a buscar dinero y voluntarios. Uno de estos últimos era don Juan Mariano Picornell, un exiliado mallorquín partidario de los revolucionarios.

Cuando Gutiérrez partió rumbo a Texas, Álvarez de Toledo y Picornell permanecieron en los Estados Unidos celebrando conferencias, presionando a senadores y congresistas y dirigiendo cartas y proclamas a los periódicos. Meses después Picornell fue enviado a Texas a contactar con Gutiérrez, pero este último ya comenzaba a recelar de las ambiciones del político antillano e intentó convencer a Álvarez de que se abstuviera de participar personalmente en las operaciones militares. Álvarez siguió actuando por su cuenta y se trasladó hasta el centro de operaciones en Natchitoches. Con Picornell y una imprenta que habían comprado en Filadelfia, pusieron en marcha un periódico de cuya dirección se encargó el mallorquín, ahora secretario del Estado Mayor de Álvarez de Toledo. Había nacido la *Gaceta de Texas*, elemento esencial para su asalto al poder. La situación creada en la primavera de 1813, tras la ejecución de Salcedo, no hizo sino facilitar las cosas.

Mientras tanto, la suerte de la guerra parecía estar del lado de los independentistas insurgentes. Las fuerzas del Ejército Republicano del Norte se dirigieron al sur y al oeste para extender la autoridad de la naciente República a las otras tres provincias internas orientales. Su adversario, el general Joaquín Arredondo, nombrado jefe de las tropas españolas en las reorganizadas divisiones Oriental y Occidental de las Provincias Internas, ordenó al teniente coronel Ignacio Elizondo, comandante del Presidio de Río Grande —y antiguo rebelde— que se reuniera con él en Río Frío, pero este desobedeció las órdenes.

El 12 de junio, Elizondo marchó hacia el norte dispuesto a enfrentarse a los insurrectos republicanos, de los que sabía por espías y desertores que estaban sufriendo una gran crisis interna. Cuando llegaron a los insurgentes las noticias del avance de la columna de Elizondo, la confusión reinaba en San Antonio de Béxar, pues las tropas republicanas seguían perdiendo hombres por las deserciones. Reuben Ross, uno de los oficiales angloamericanos, propuso una retirada ordenada hacia el este, lo que fue rechazado en un consejo de guerra.

El 19 de junio, en Alazán, cerca de San Antonio, el Ejército Republicano del Norte, dirigido por Henry Perry, atacó a Elizondo y lo derrotó tras dos horas de dura batalla nocturna, obligándolo a retroceder hacia el sur y dejar en el campo de batalla más de 400 hombres y decenas de prisioneros. Todo el bagaje cayó en manos de los rebeldes que capturaron un enorme botín que incluía pólvora, sillas de montar, harina y ropa, además de sal, licor, cigarros, café, frijoles y azúcar. Gutiérrez de Lara había alcanzado la cumbre de su éxito.

Sin embargo, tan solo unas semanas después su suerte iba a cambiar. El grupo conspirador estaba logrando sus propósitos, y el 4 de agosto el presidente de la Junta notificó a Gutiérrez que había sido cesado del cargo y sería sustituido por Álvarez de Toledo. Dos días más tarde, Gutiérrez abandonó San Antonio con dirección a Luisiana acompañado de su mujer y de sus hijos, que habían llegado a Béxar el día antes de la batalla de Alazán.

Pero su aventura no había concluido. A los pocos días, el nuevo dirigente del ahora llamado Ejército Republicano del Norte de México ordenó que se persiguiese al depuesto presidente, y Gutiérrez escapó por poco de los hombres enviados en su busca. Por otra parte, las disensiones internas entre los independentistas eran cada vez mayores. Menchaca y otros oficiales criollos afectos a Gutiérrez de Lara criticaban abiertamente a su nuevo líder quien, además, cometió el error de separar sus fuerzas en razón de su origen étnico —mestizos mexicanos, criollos, indios y angloamericanos—, lo que agravó la incapacidad de Álvarez para enfrentarse a la amenaza realista.

La batalla del Río Medina

Las tropas de Elizondo, derrotadas en Alazán pero no aniquiladas, habían logrado unirse al grueso de las fuerzas virreinales, que avanzaban ahora unidas hacia el norte. Tras varias semanas de marcha, el ejército realista, con más de 2 000 hombres, se aproximó a San Antonio de Béxar, donde se encontraba el grueso del Ejército Republicano del Norte. Con una fuerza de unos 1 400 hombres compuesta de anglos, texanos, indios, y exrealistas, Toledo, instado por los texanos que querían evitar que San Antonio sufriese los estragos de la lucha, decidió enfrentarse con el enemigo al sur de la ciudad.

La noche de 17 de agosto, la fuerza republicana acampó aproximadamente a seis millas de las tropas de Arredondo que se habían situado entre los ríos de Atascosa y Medina. El plan era emboscar a los realistas en el camino de Laredo, pero gracias a una oportuna información, los realistas conocieron el plan de los insurgentes y les atrajeron a una emboscada en un denso bosque de robles.

Actuando contra las órdenes de Toledo, los republicanos, liderados por Miguel Menchaca, avanzaron con dificultad durante varias horas en la persecución de una unidad de caballería que confundieron con el grueso del ejército enemigo. Mientras tanto, Arredondo preparó sus defensas y atrincheró a sus hombres, a los que ordenó que no hicieran fuego sobre los rebeldes hasta que estuviesen a menos de cuarenta pasos. Cuando los insurgentes llegaron ante las líneas realistas estaban cansados, sedientos y agotados por horas de marcha, pero aún fueron capaces de combatir en una furiosa batalla que duró cuatro horas y en la que participaron fuerzas de infantería, caballería y artillería.

Al final, las tropas de Arredondo rompieron las líneas enemigas y los hombres de Toledo y Perry se retiraron desorganizadamente. El ejército realista quedó dueño del campo. La mayor batalla jamás librada en suelo de Texas acababa de concluir. Los enemigos capturados fueron ejecutados y durante la retirada los republicanos resultaron diezmados, escapando menos de un centenar. Las tropas realistas sufrieron solo 55 muertos, que fueron enterrados al día siguiente con todos los honores.

La causa de la nueva República mexicana parecía perdida. Los restos del Ejército Republicano del Norte de México, dirigidos todavía por Álvarez de Toledo y por Perry, se retiraron hacia la Franja Neutral siguiendo el Camino Real hacia Nacogdoches. Fue una huida despavorida, con soldados acompañados de cientos de civiles, mujeres y niños. Se produjeron escenas de pánico que se verían de nuevo en Texas veintitrés años más tarde, cuando tuvo lugar la retirada conocida como *Runaway Scrape* ante el avance del general Antonio López de Santa Ana, que ahora con el grado de teniente combatía en el bando vencedor y participaba en la persecución de los derrotados.

Unos días después, las tropas de Arredondo tomaron La Bahía, donde capturaron 300 prisioneros más y la bandera verde de la República de Texas fue arrancada del mástil. La peor consecuencia de la victoria de los realistas fue la dura represión a la que fue sometida la región. Deseoso de vengarse de la derrota de Alazán, el coronel Elizondo ordenó la detención de 215 ciudadanos de San Antonio de Béxar, a los que encerró en hediondas prisiones en las que decenas perecieron de hambre y de sed. Las represalias aumentaron con la ejecución sumaria de 112 soldados insurgentes capturados en río Medina. Además, unas 500 mujeres y niños, de los que se sospechaba que sus maridos o familiares eran adictos a la causa republicana, fueron detenidos y maltratados. Todos los días en la Plaza Mayor de Béxar se producían ejecuciones y el Camino Real quedó sembrado de estacas con las cabezas de los insurgentes ejecutados.

A finales del verano de 1813, el Ejército español ocupó de nuevo sus puestos a lo largo del río Sabine, se asentó firmemente en Nacogdoches y algunas de sus patrullas se adentraron en la franja neutral, e incluso en territorio de los Estados Unidos, a la búsqueda de fugitivos. Los norteamericanos, en guerra con los británicos, no hicieron nada para impedirlo, a pesar de que decenas de sus compatriotas habían caído en la lucha, y soportaron resignados la humillación. La bandera blanca con el aspa roja de Borgoña, símbolo de España, ondeaba de nuevo del Río Grande al Sabine, y Texas volvía a la obediencia, pero al terrible precio de quedar destruida y prácticamente despoblada.

6.4. Viejos conocidos, nuevos enemigos

Tras los éxitos realistas de 1813 y 1814, en 1815 la guerra en México degeneró en una serie interminable de persecuciones en las que los ejércitos realistas seguían tras los restos de las desmoralizadas tropas republicanas, sin que los continuos combates lograsen un resultado definitivo.

El 5 de noviembre se produjo, por fin, el resultado que buscaban los realistas, al conseguir que el último ejército de campaña insurgente diese batalla en campo abierto a las tropas virreinales en Temalaca. En esa memorable jornada tres columnas realistas convergieron para destruir a las tropas de Morelos, que pudo escapar por poco. Poco después fue capturado por un voluntario urbano, que lo entregó a las autoridades españolas, y fusilado en diciembre.

La victoria había sido conseguida por una eficaz combinación de tropas españolas peninsulares, de nueva creación y veteranas, cuerpos fijos del Virreinato y milicias coloniales —regimientos Fernando VII, Zamora, Veracruz, Fieles de Potosí y Tlaxcala como infantería y Dragones de España como caballería—. El poderoso ejército realista era ahora una fuerza de más de 80 000 hombres, fogueados y bien armados que estaban a punto de asegurar el país entero para las armas del rey.

El año 1815 coincidió con la llegada a Costa Firme de la poderosa Expedición Restauradora al mando del general Pablo Morillo, que en poco tiempo reconquistó Nueva Granada, tras tomar la poderosa plaza de Cartagena de Indias. Con la pérdida de sus principales puertos, los corsarios que combatían en el Caribe contra el tráfico comercial español con patentes de los gobiernos independentistas fueron mantenidos a raya. Esta situación se prolongó durante el año 1816 en todo México y en la frontera norte del Virreinato. Pero el apoyo a la causa insurgente vendría del lugar más inesperado, la propia España.

Llega Mina. El guerrillero

En abril de 1817 un flotilla de ocho buques desembarcó a casi 600 hombres en la costa de Texas. Al mando iba el legendario guerrillero español de la Guerra de la Independencia Javier Mina «el Mozo», que combatía al lado de los insurgentes mexicanos. Llevaban además 6 000 fusiles, el mismo número de carabinas y tercerolas de caballería y al menos una treintena de cañones.

La reacción del virrey fue inmediata. Tres naves atacaron la cabeza de puente de Mina en la costa, y destruyeron los cuatro barcos que encontraron con todo el material que tenían acumulado. Las tropas del comandante en jefe de las Provincias Internas, Arredondo, se movieron con rapidez para enfrentarse a la nueva amenaza. La pequeña tropa de Mina fue sorprendida y destruida, pero el antiguo guerrillero logró escapar e intentó unirse a los insurgentes.

Acosado por lo mejor de las tropas del virrey Apodaca, con los regimientos españoles Primero Americano, Extremadura y Zaragoza, y los americanos La Corona, Provincial del México, Dragones de Nueva Vizcaya y Sierra Gorda, Mina fue perseguido sin tregua y sitiado primero en Comanja y después en San Gregorio. En la primera plaza destacó el 1.º Batallón del Regimiento de Infantería Zaragoza, que tomó la posición en una impresionante carga a la bayoneta.

En San Gregorio la lucha fue más complicada. El sitio se prolongó cinco meses con constantes ataques de los sitiados a las líneas sitiadoras, que costaron a los realistas medio millar de bajas. Un último intento para romper el cerco, el 1 de febrero de 1818, demostró a los insurgentes que no había salvación y finalmente se rindieron, si bien Mina escapó de nuevo.

Con algunas tropas había intentado romper el cerco, pero fracasó y fue sometido a una persecución implacable por parte de tres regimientos de dragones —San Luis, San Carlos y Sierra Gorda— que llegaron incluso a transportar a los soldados de infantería de los regimientos Primero Americano y Zaragoza a la grupa de sus caballos. Capturado finalmente, Mina fue fusilado el 11 de noviembre.

En Texas, el medio centenar de angloamericanos de Perry no tuvo mejor suerte. Al llegar a La Bahía, conminaron a la pequeña guarnición de la fortaleza a rendirse. Si lograban apoderarse de una base en la costa entre Galveston y el Río Grande y unían sus tropas a las de Aury y Mina, podían amenazar juntos a los realistas en Texas y el Nuevo Santander. Sin embargo, con su exigua fuerza poco podían hacer. El gobernador de Texas, Antonio María Martínez, reunió en San Antonio de Béxar las tropas que tenía a mano y marchó contra los invasores. Los encontró en el Encinar del Perdido, donde derrotó con facilidad a los aventureros norteamericanos.

Pero la sólida posición del virrey empezaba a resquebrajarse. El coste de las campañas había sido inmenso y las constantes operaciones contra los insurgentes republicanos y el mantenimiento del gigantesco ejército virreinal, que nunca logró terminar con todos los grupúsculos independentistas, empezaba a pasar factura, sobre todo a una población cansada de lucha.

El abandono progresivo de los ranchos y de las pequeñas poblaciones de la frontera, cada vez más expuestas a los ataques de los *comanches*, estaba convirtiendo a Texas en un desierto. Las viejas y experimentadas tropas presidiales se habían unido en su mayor parte a los rebeldes, siendo aniquiladas en las campañas de los años 1812 y 1813, por lo que en los años siguientes fueron las unidades del ejército regular del virrey o de milicias las encargadas de asegurar la frontera. Una misión para la que no estaban entrenadas ni equipadas.

Tras unos años de aparente tranquilidad, a finales de 1817 y a pesar de los éxitos de las tropas realistas, las escasas tropas que guarnecían las fronteras de Texas, se vieron de nuevo enfrentadas a una serie de desafíos a los que no pudieron responder.

Galveston, el reino pirata y el Campo del Asilo

Los sucesos que ocurrieron en Texas desde la llegada de Mina hasta el final de la expedición de James Long, el último de los filibusteros norteamericanos, demuestran a la perfección el proceso que se estaba produciendo en la frontera, donde el desgaste del poder español y su pérdida de autoridad no pudo ser sustituido por nadie.

Aunque hoy en día Jean Lafitte es una persona recordada tanto en la historia como en el folklore de los Estados Unidos, y resulta casi imposible separar la verdad de la realidad en las historias que se cuentan acerca de su vida, la versión más conocida asegura que nació en Bayona —Francia— de padre de esta nacionalidad y madre judía sefardí de origen español, en tanto otra versión dice que era bretón, de Saint Malo, y que había nacido en 1781 y navegado como corsario francés en aguas del Índico y del Atlántico, hasta que se estableció en Nueva Orleans en los últimos años del gobierno español.

Un hecho cierto es que contrajo matrimonio con Christina Levine, de familia judía danesa. Tras establecerse en Nueva Orleans, Lafitte creó en las ciénagas de la isla de Barataria un verdadero emporio de contrabando y comercio ilegal, apoyado por su hermano Pierre y con la colaboración de otros refugiados de Santo Domingo, que como su familia habían perdido todo al huir de la isla caribeña y, al parecer, implantaron un sistema económico que benefició el desarrollo en la zona, y era bienquisto tanto por los acaudalados terratenientes como por los pobres, que sobrevivían gracias al comercio y a la participación en las incursiones corsarias de su flotilla[109].

En 1814 las propiedades de Lafitte en Barataria fueron confiscadas por el gobernador William C. Claiborne, quien envió tropas contra las que filibustero se negó a combatir para no enfrentarse a las fuerzas de los Estados Unidos. Su entrada en la leyenda se produjo en enero de 1815, durante el intento de invasión británica a Nueva Orleans, cuando puso a disposición de Jackson más de mil hombres, armas y municiones, defendiendo una línea en el llamado French Quarter —barrio francés— con el apoyo de su flotilla desde la costa. Al producirse la victoria de los estadounidenses, Lafitte recibió parte del mérito. Sin embargo, el corsario no consiguió el indulto por sus actividades ilegales ni que le fuesen devueltas sus propiedades en Barataria, a pesar de presentar su solicitud al propio presidente Madison.

Jean Lafitte se trasladó en el invierno de 1815 a Washington y Filadelfia, pero no obtuvo ninguna concesión. Hasta finales de 1816 lo único que logró del gobierno de los Estados Unidos fue el encargo de realizar mapas de las nuevas tierras obtenidas más allá del puesto de Arkansas, luego de la compra de Luisiana.

Durante un tiempo sirvió a los españoles en Florida como agente, pero esa situación no satisfacía su ambición y pronto volvió a las andadas. Con la inmensa fortuna que había amasado en sus años de pirata, reclutó nuevas tripulaciones y armó varios barcos con los que se dirigió a Texas, atendiendo a la llamada que le habían hecho los rebeldes mexicanos, y a finales de 1817 llegó a Galveston.

Tras su llegada procedió a construir de forma metódica un verdadero miniestado al que dotó de una poderosa armada de más de veinte buques, de los cuales media docena eran magníficas naves de guerra perfectamente equipadas. Llegó incluso a construir un palacio lleno de lujo y riquezas llamado *Maison Rouge* y un pueblo al que bautizó Campeche. Las autoridades españolas de San Antonio de Béxar no podían hacer nada, pues al carecer de fuerza naval no podían atravesar el canal y alcanzar la isla de Galveston. Además se enfrentaban de nuevo a amenazas procedentes de los vecinos Estados Unidos.

La incapacidad del gobierno virreinal de controlar la costa del Golfo en Texas, provocó el extraño incidente del denominado *Champ D'Asile* —Cam-

---

[109] A Lafitte se le recuerda hoy como un personaje simpático y honesto, pero era un cruel asesino fiel a la tradición pirata de que «los muertos no hablan». Eso no ha impedido que hoy exista una ciudad en Luisiana y un parque nacional en Nueva Orleans que llevan su nombre e incluso una receta para cocinar langostinos.

po de Asilo—, una historia que sucedió al mismo tiempo que las expediciones de Mina y Perry. Ayudados por Jean Lafitte, un grupo de 400 refugiados europeos, en su mayoría franceses expatriados de las Indias occidentales, pero también españoles, mexicanos, angloamericanos e incluso polacos, todos bajo el mando del general François Antoine Lallemand, cruzaron de forma ilegal el río Sabine y se establecieron en Pecan Point, al sur del Río Rojo. Desde allí, Lallemand se dirigió a la isla de Galveston y comunicó a Lafitte que buscaba un nuevo hogar para sus compañeros.

Pero había algo más, ya que Lallemand afirmaba que José Bonaparte, el destronado rey de España y hermano de Napoleón, exiliado ahora en los Estados Unidos, estaba dispuesto a liberar a su hermano de su prisión de Santa Elena e incluso aceptar el nombramiento de rey de Nueva España[110].

Indirectamente relacionado con *Champ D'Asile* está el episodio de Tombigbee, protagonizado por un grupo de exiliados franceses de la denominada *French Agricultural and Manufacturing Society* o *Society of the Cultivation of the Vine and Olive*, que querían establecer una colonia en río Tombigbee, en el territorio de Misisipi —hoy en Alabama—. Viendo que podían mejorar su situación, convencieron a Luis de Onís, el embajador de España en los Estados Unidos, para establecer una colonia en Texas. Sin embargo, el virrey denegó el derecho de establecimiento y les prohibió asentarse en Nueva España.

El general Antoine Rigaud, no hizo caso de la prohibición y penetró en el área del río Trinidad en una zona que llamó *Champ D'Asile* —junto al actual Liberty, en Texas— donde construyó un fuerte y plantó maíz, olivos y viñas. El gobernador de San Antonio recibió órdenes de expulsarlos por la fuerza, pero no hizo falta. Tras varias negociaciones infructuosas, los ataques indios y un violento huracán acabaron con las esperanzas de los colonos. Una parte retornó a Nueva Orleans, algunos a Nacogdoches y otros al pequeño reino de Lafitte en Galveston.

Este pequeño incidente ponía una vez más de manifiesto la debilidad del gobierno español para controlar la frontera de Nueva España, y aunque la situación no era tan grave como en las Floridas, donde la soberanía española en la práctica se había derrumbado, lo cierto es que no había forma de mantener el territorio libre de intrusos.

---

[110] Esta curiosa historia es cierta. El propio Mina le ofreció a José Bonaparte en su exilio el trono de Nueva España, lo que demuestra en parte la desesperación de los liberales españoles y su, en ocasiones, patética conducta.

La Expedición de Long. La segunda República de Texas

El permanente descontento de quienes deseaban establecerse en Texas, ante las continuas negativas de las autoridades españolas, jugaba a favor de los insurgentes mexicanos, que deseaban usar la constante oposición española para animar a los norteamericanos a apoyar militarmente su causa. La situación iba a dar origen a la última de las expediciones filibusteras, la del coronel James Long, apoyada financieramente por el general norteamericano James Wilkinson —siempre en un permanente doble juego—, que era tío de su mujer, Jane Wilkinson.

Long era médico y había servido bajo las órdenes del general Andrew Jackson durante la guerra de 1812. Su expedición tenía como objetivo penetrar en territorio español, crear una república en Texas con el apoyo de los rebeldes mexicanos y obtener concesiones de tierras para los futuros colonos angloamericanos. Si tenía éxito sería un negocio redondo, por lo que no es de extrañar que contase con poderosos apoyos.

Long no era un aventurero corriente. Era un hombre culto que conocía bien el horror de la guerra y disfrutaba de una cómoda vida en su plantación de Natchez, por lo que necesitó importantes motivos para embarcarse en una expedición de esta naturaleza. Conocía bien el destino de hombres como Philip Nolan y había tenido relación con algunos de los participantes en anteriores expediciones filibusteras en territorio texano. Por eso no es de extrañar que tuviera apoyo directo de los niveles más altos del gobierno de los Estados Unidos, con el que España estaba embarcada en duras y largas negociaciones para firmar un tratado de límites definitivo. Los estadounidenses querían forzar a España a ceder las dos Floridas —aunque la occidental estaba de hecho bajo su control, salvo la plaza de Pensacola— y ambicionaban Texas, por lo que una expedición armada que provocase el caos en la provincia serviría perfectamente a los intereses de Washington.

Armados con apoyo directo de las autoridades norteamericanas, oficialmente neutrales, 125 hombres al mando de Eli Harris entraron en territorio español y ocuparon Nacogdoches el 8 de junio de 1819. Dos días después, Long cruzaba la frontera con un segundo contingente que elevó sus fuerzas hasta los 300 hombres en poco tiempo, al sumársele los rebeldes tejanos opuestos a los realistas.

Finalmente, el 23 de julio de 1819, el doctor James Long se convertía en presidente y comandante en jefe del Ejército de la Segunda República de Texas. En su Consejo Supremo de la República se encontraban Stephen Barker, Horatio Bigelow, John G. Burnet, Hamlin Cook, J. Child, Peter Samuel Davenport, Pedro Procello, John Sibley, W. W. Walker y Bernardo Gutiérrez de Lara, antiguo presidente de la Primera República de Texas y comandante en jefe del viejo Ejército Republicano del Norte. A ellos se sumó Vicente Tarín, un hombre con gran experiencia en la región y en la lucha con los indios de la frontera, pues había sido antiguo comandante de la 2ª Compañía Volante de Álamo de Parras, el líder más importante de la resistencia antiespañola en Texas.

No obstante, Gutiérrez de Lara y Tarín no eran los únicos hombres de peso, pues entre los angloamericanos había personas de cierta importancia. El primero era, al igual que Long, un médico, el doctor John Sibley, agente indio del gobierno de los Estados Unidos en el territorio de Orleans entre 1805 y 1814. Mantenía muy buenas relaciones con las tribus que vivían entre el río Sabine y la bahía de Matagorda, razón por la cual los agentes españoles en la zona le habían mantenido bajo permanente observación y seguimiento. Sus cartas a Thomas Jefferson y al gobierno de los Estados Unidos, así como sus artículos en la prensa, demuestran que era un buen conocedor de la situación en Texas. Desde su casa en Natchitoches, junto a la frontera española, podía obtener información de gran calidad que sabía interpretar perfectamente, por lo que no es de extrañar la importancia de su incorporación a la expedición de Long.

El segundo era un periodista, Horatio Bigelow, al que se encargó, tras la toma de Nacogdoches, la edición del periódico *Texas Republican*, cuyo objetivo era difundir entre la población anglohablante de Luisiana las bondades de Texas y del nuevo gobierno presidido por Long.

El tercero era Samuel Davenport, que disponía del privilegio del comercio con los indios desde Luisiana en la provincia española a través de su compañía, *The House of Barr and Davenport*, con sede en el fuerte español de Nacogdoches. Se había enemistado con el gobierno español tras apoyar la expedición de Gutiérrez de Lara y Magee, en la que alcanzó el grado de capitán, y participó en varios combates apoyando la expedición de Long, a pesar de que vivía con notable lujo en Luisiana.

Una vez en territorio texano y viendo la escasa reacción de las tropas virreinales, Long, apoyado por el periódico de Bigelow, comenzó a extender títulos de propiedad sobre las tierras y estableció puestos comerciales que atrajesen a los ricos empresarios del este. El negocio empezaba a prosperar y Long, desde su base en Nacogdoches, envío emisarios a los hermanos Lafitte para incluir su puerto de Galveston a la nueva República de Texas. La nueva bandera, similar a la de los Estados Unidos, pero con una estrella blanca en un cantón rojo, fue izada en el antiguo fuerte español. Había nacido la «Estrella solitaria», que en el futuro sería el símbolo de Texas.

Mientras, en Galveston, Jean Lafitte meditaba sobre la propuesta de Long. Por una parte le apetecía apoyar a los defensores de la nueva república, pues le ayudaría a mejorar sus deterioradas relaciones con los Estados Unidos; por otra, temía que su implicación en el movimiento de Long le pusiera en el punto de mira del todavía poderoso ejército realista, que hasta el momento le había dejado en paz. El cálculo del pirata era acertado. Pocos días después, las tropas españolas en San Antonio de Béxar recibieron orden de acabar con la amenaza filibustera. Eran tropas experimentadas y fogueadas, al mando del coronel Ignacio Pérez, para las que los aventureros angloamericanos y sus aliados mexicanos no eran rival.

Long, consciente del peligro, envío a su familia de vuelta a los Estados Unidos e intentó impedir una confrontación abierta con las tropas españolas. No lo logró. Su hueste fue sorprendida de noche en su campamento en río Brazos y 22 de sus hombres cayeron prisioneros. Entre los muertos norteamericanos estaba el coronel David Long, hermano del presidente de la República de Texas.

Con toda tranquilidad, Pérez dirigió sus tropas hacía la frontera de los Estados Unidos y destruyó todos los asentamientos de los partidarios de Long entre los ríos Brazos y Trinidad. Tras la toma de la villa india de Coushatta, sobre el río Trinidad, en la que se había refugiado un pequeño contingente a las órdenes del capitán Smith, ya no había ninguna fuerza armada que defendiese los intereses de la fugaz República de Texas. En Bolivar Point, junto a Galveston, Long se reunió con los pocos supervivientes y tras cruzar el Sabine entró de nuevo en los Estados Unidos.

Las tropas españolas vencedoras procedieron como en 1813. Tras arrasar los cultivos, las casas, granjas y villas de los colonos angloamericanos, los soldados realistas ocuparon de nuevo Nacogdoches —casi vacía de habitantes— y aseguraron una vez más la frontera con los Estados Unidos. La bandera blanca con la cruz de Borgoña de España volvía de nuevo a ondear en la orillas del río Sabine. El problema es que, tras casi una década de guerra, ya no había casi pobladores a los que defender. La Texas española se moría.

Tras su vuelta a Nueva Orleans, fracasado y derrotado, Long trató de buscar apoyo entre aquellos que, por su vinculación al gobierno norteamericano, más interés debían de tener en su éxito. Aunque al principio no demostró gran entusiasmo, el general Eleazar W. Ripley fue convencido para liderar el movimiento de reconquista de Texas, y se le prometió el cargo de comandante en jefe del ejército y la marina de Texas y la presidencia de la república. Ripley se interesó por el proyecto y preparó planes para estimular el comercio, la educación, la cultura y la religión, así como para mejorar la agricultura y la producción de manufacturas. El plan incluía también medidas legales que garantizaban la libertad de comercio, credo y prensa, incluyendo una prohibición expresa de la esclavitud.

Long, incansable y optimista, incorporó, además de a Ripley, a José Félix Trespalacios, Ben Milam, John Austin y William H. Christy, quienes prepararon una expedición para apoyar a los rebeldes mexicanos en el sur. La mujer de Long y uno de sus sirvientes se habían acogido en Galveston a la hospitalidad de Jean Lafitte, quien con sus buques ayudó a recoger a los refugiados que huían en la costa del avance de las tropas españolas.

Apoyándose en la fuerza naval del filibustero francés, el plan de Trespalacios, Milam y Christy era navegar hasta Tampico, ahora bajo control insurgente, y enlazar con las fuerzas de Long en La Bahía. Este, para reforzar su apoyo entre los hispanos, nombró presidente de la República de Texas a José Felix Trespalacios, y vicepresidente al incombustible Bernardo Gutiérrez de Lara. Poco después, dejando a su mujer en Bolívar con una pequeña escolta, y contando solo con una pequeña fuerza de apenas 52 hombres, navegó hasta la bahía de Matagorda y desembarcó en la desembocadura del río Colorado con la esperanza de tomar La Bahía, lo que logró a finales del verano de 1821. Pero para entonces la suerte le había abandonado.

Tras conocer que México había logrado su independencia de España, las tropas trigarantes le capturaron y llevaron a San Antonio de Béxar como prisionero. Desde allí, tras pasar por Laredo y Monterrey, fue enviado a Ciudad de México, cuando Iturbide había tomado ya el control de la nueva nación. El final de Long es oscuro. Tras recibir honores como defensor de la libertad, murió en extrañas circunstancias cuando un soldado mexicano le disparó en Ciudad de México. Algunos piensan que fue un accidente, pero hay quien cree que se debió a desavenencias con el nuevo gobierno mexicano. No obstante, en mayo de 1822 el presidente de los EE. UU., James Monroe, reconoció la independencia de México.

El embajador norteamericano que viajaba con destino a Chile, pasó por la capital mexicana y en diciembre de 1822 logró que los últimos prisioneros angloamericanos fuesen liberados y llevados a los Estados Unidos a bordo del *USS John Adams*. La historia de los filibusteros había terminado.

Jean Lafitte no había podido ayudarle. Tras sus ataques a naves de los Estados Unidos fue de nuevo imputado por el ataque al barco mercante *Alabama* por parte de uno de sus capitanes. En 1820 se había trasladado de nuevo a Nueva Orleans para clamar por su inocencia, alegando un malentendido y solicitando la libertad de los tripulantes del barco que había capturado al *Alabama*, que estaban en prisión.

De regreso a Galveston, ante la presencia del barco de guerra norteamericano *USS Enterprise*, abandonó Texas sin oponer resistencia, no sin antes quemar su propiedad y probablemente cargar a bordo de su buque insignia *The Pride* —El Orgullo— una inmensa cantidad de riquezas. De su final solo hay conjeturas, pero como bien dice el historiador británico Tim Pickles, lo más probable es que esté enterrado «en una ciudad al sur de la frontera, en un lugar donde, todavía hoy, no se admiten demasiadas preguntas».

La puerta abierta: inmigración legal y controlada

Aunque Texas quedó libre de filibusteros, la provincia era económicamente una ruina, pero hasta la firma del Tratado Adams-Onís, que por fin estableció una frontera definida, nadie se atrevió a tomar iniciativas. Las reformas liberales en España tras el alzamiento de Riego fueron animando de nuevo a los norteamericanos a iniciar contactos con las autoridades españolas en México.

Entre los que comenzaron a mirar hacia Texas tras la firma del Tratado Adams-Onís estaba Moisés Austin, que había vivido en Misuri en 1798, cuando era territorio español, y al que ayudaba su hijo Stephen. Motivado por la depresión, la pérdida personal financiera y la política de tierra cada vez más difícil en Virginia, Misuri y Arkansas, Moisés Austin llegó a San Antonio de Béxar el 23 de diciembre de 1820 procedente de Little Rock, en Arkansas, con su pasaporte español de 1797, acompañado de su criado negro Richmond, del buscador de esclavos fugitivos Jacob Kirkham y de Jacob Forsythe, de Virginia, que perseguía en Texas nuevas oportunidades de negocio.

Austin, al parecer, había encontrado a ambos hombres en Natchitoches. Las autoridades españolas examinaron detenidamente los documentos de Austin y le ordenaron marcharse. Sin embargo, cuando se alejaba disgustado se encontró en las calles de Béxar al barón de Bastrop, a quien conocía de Luisiana. Bastrop intervino ante el gobernador Martínez, que accedió a conceder a Austin una segunda entrevista para obtener información detallada de los movimientos en la frontera de los Estados Unidos y del grupo de ilegales establecidos en la Isla Galveston.

La entrevista se saldó de forma positiva, y Austin obtuvo el permiso para permanecer en Texas. En los documentos que envió a Joaquín Arredondo, comandante en jefe de las Provincias Internas, Austin declaró que tenía 55 años y que era súbdito del rey de España, como demostraba su pasaporte de 1797. Añadía que era católico y no llevaba mercancías para negociar, sino solo lo necesario para su mantenimiento digno. También dijo que su objetivo, conocida la reinstauración liberal en España, era pedir permiso para establecer una colonia de 300 familias angloamericanas entre los ríos Brazos y Colorado, Arredondo le comentó que se estudiaría su petición.

La que sería la Texas del futuro estaba a punto de nacer.

SÉPTIMA PARTE

LA DISPUTA POR LAS FLORIDAS

San Agustín de la Florida
La ciudad más antigua de los Estados Unidos

A pesar de controlar el territorio desde 1784, España jamás logró establecer una posición poderosa en las Floridas. La falta de población y la imposibilidad de defender un territorio tan vasto en la América del Norte, que iba del Yucatán a Oregón, hizo que los ambiciosos estadounidenses fijaran en el territorio bajo nominal soberanía española sus infinitas ambiciones de nuevas tierras, siendo Mobile, Pensacola y San Agustín sus primeros objetivos, pues les permitían acceder al Golfo de México.

Esta república federal nació pigmea, por decirlo así, y ha necesitado del apoyo de dos Estados tan poderosos como España y Francia para conseguir su independencia. Llegará un día que crezca y se torne gigante y aun coloso terrible en aquellas regiones. Entonces olvidará los beneficios que ha recibido de estas dos Potencias y solo pensará en su engrandecimiento. La libertad de conciencia, la facilidad de establecer una población nueva en terrenos inmensos, así como las ventajas de un gobierno naciente les traerá agricultores y artesanos de todas las naciones y dentro de pocos años veremos con dolor la existencia titánica de ese coloso de que voy tratando. El primer paso de esta Potencia cuando haya logrado engrandecerse será apoderarse de las Floridas a fin de dominar el golfo de Méjico. Después de molestarnos así, aspirará a la conquista de este vasto imperio que no podemos defender contra una potencia formidable establecida en el mismo Continente y vecina suya.

Pedro Pablo Abarca de Bolea, conde de Aranda (1719-98)

7.1. Vecinos incómodos

El 12 de julio de 1784, con una salva de artillería se saludaba en la vieja fortaleza de San Marcos el izado de la bandera blanca de España, que de nuevo tomaba posesión oficial de Florida oriental. La occidental estaba ya en manos de las tropas de Bernardo de Gálvez desde hacía más de dos años.

La victoria en la guerra y el reconocimiento por el Tratado de París de la victoria española hizo que España pasara a ocupar también la Florida oriental, perdida veinte años atrás. A partir de ese momento se abría un gran desafío para los nuevos gobernantes, que ahora tenían que asegurar una larga e irregular frontera con los recién nacidos Estados Unidos que se extendía desde el Atlántico al Misisipi. Para defenderla solo se disponía de un menguado regimiento de infantería, algunas unidades de artillería y unos pocos dragones.

El extenso territorio de las dos Floridas contaba en su límite occidental solo con Natchez como plaza de alguna importancia, pero se encontraba en un territorio que reclamaban los Estados Unidos, por lo que en la práctica solo había unos pocos fuertes en muy mal estado y apenas defendidos en el interior. Los puestos en la costa eran a primera vista bastante mejores.

En Florida occidental, además de Natchez, se contaba con las fortalezas y puertos de Mobila y Pensacola, y en los años siguientes se hicieron grandes esfuerzos para reforzar la frontera, al construirse los fuertes de Nogales (1791), San Esteban de Tombecté (1793) y el importantísimo San Fernando de las Barrancas (1795).

En cuanto a Florida oriental, además del entramado de fortificaciones y fuertes que protegían San Agustín, la única ciudad importante, donde destacaba el aún formidable castillo de San Marcos, solo se contaba con el fuerte de San Marcos de Apalache, que en 1784 pasó a depender del gobierno de Florida occidental.

La defensa de los nuevos territorios (1784-1795)

El problema estratégico que se le planteaba a la administración española no era sencillo. Había que reforzar la cadena de puestos fronterizos y proteger un territorio muy grande sin apenas recursos, por lo que muchos consideraban imposible mantener las nuevas provincias y pensaban que era mejor dejarlas en manos de los británicos, pues no había medios para defenderlas.

La situación era peor en Florida oriental, donde San Agustín apenas contaba con 300 casas, de las que solo unas 35 estaban realmente en buen estado y donde incluso el viejo monasterio había sido transformado en barracones. Las propiedades de la Iglesia estaban en un estado ruinoso y las defensas necesitaban profundas mejoras. Ya en 1788, el ministro Valdés recibió un informe en el que se proponía el abandono de la provincia:

> El presidio y la provincia de San Agustín tiene unas fortificaciones malas e inútiles y de mui costoso entretenimiento; que lo que se llama puerto es una barra peligrosísima de fondo mui corto y perecedero; que no se puede interceptar ni impedir desde ella el contrabando ni hacer el corso... Luego es mui conveniente a la España deshacerse de ella.

El castillo de San Marcos y las fortificaciones de apoyo precisaban de la inmensa cantidad de 50 000 pesos fuertes para ser puestas en condiciones, y se consideraban inútiles para defender la ciudad de un ataque de cualquier potencia europea. Disponía de un puerto que solo servía para buques pequeños, lo que dificultaba el comercio, eran frecuentes además los naufragios.

Respecto a la población, era increíblemente cosmopolita, pues a pesar de estar formada solo por 1390 habitantes, había entre ellos negros —los blancos eran 900— y procedía de los lugares más diversos. Había españoles —canarios y sobre todo menorquines—, griegos, italianos, ingleses y escoceses, y 490 esclavos propiedad de media docena de colonos ingleses que les hacían trabajar en el campo, además, un total de 604 personas abandonaron la colonia al irse los británicos.

Las plantaciones en torno a la ciudad eran pequeñas y poco productivas, siendo los pobladores descritos por el gobernador Céspedes como «pobres y perezosos», pues no eran capaces ni de suministrar los alimentos necesarios para mantenerse y mucho menos cubrir las necesidades de la guarnición. Los productos que se obtenían eran madera de mediana calidad, algo de cera, pescado, brea y trementina. No se descartaba que se pudiese producir arroz, algodón o cáñamo, pero para todo ello hacía falta una organización y población con la que no se contaba. El comercio no funcionaba y se precisaban 230 000 pesos para atender las necesidades de la colonia y mantener a los indios en paz con el tradicional sistema de regalos.

Por lo tanto, el apoyo desde La Habana era esencial para la supervivencia de la provincia, pero el viaje desde Cuba a través del canal de Bahamas era muy peligroso. No era rara la pérdida de buques, mercancías y tripulaciones, lo que se aprecia en la correspondencia que el gobernador Céspedes enviaba regularmente a Nueva York y a La Habana.

Para la defensa inmediata de la Florida oriental se destacó a un batallón del Regimiento de Infantería Fijo de Luisiana, que tenía algo más de 400 hombres y debía proteger lo esencial: el castillo de San Marcos de San Agustín y sus puestos aledaños y el fuerte de San Marcos de Apalache. Con el tiempo se fueron organizando las milicias locales, tanto de infantería como de dragones y cazadores, pero nunca fueron suficientes.

Organizada en torno a la plaza fuerte de Pensacola, Florida occidental estaba aún más amenazada que la oriental, pues su larga frontera con los Estados Unidos, mal delimitada, estaba completamente desprotegida. Respecto a Pensacola, sus fortificaciones fueron prácticamente destruidas por las tropas españolas durante su asedio y conquista, y apenas tenía 200 casas de madera en las que vivían solo 300 habitantes, todos de origen cubano, canario y franceses, ya que la población británica evacuó en su totalidad la ciudad tras su caída en manos españolas.

Pensacola era totalmente dependiente de la administración colonial, no tenía medios de subsistencia propios y se configuró originalmente solo como posición militar, ya que incluso carecía de gobierno municipal. Las fortificaciones inglesas fueron reconstruidas, y Fort George pasó a llamarse Fuerte San Miguel, la Batería Príncipe de Gales cambió a Fuerte Sombrero, el Reducto de la Reina fue bautizado como Fuerte San Bernardo y la gran fortificación de la entrada del puerto pasó a denominarse Fuerte San Carlos de Barrancas. La guarnición debía contar sobre el papel con un batallón del Regimiento de Infantería Fijo de Luisiana, teóricamente 460 hombres, cifra que por enfermedad y deserción jamás estuvo completa.

No obstante, a pesar de sus carencias, pues la ciudad ocupaba algo más de un kilómetro de costa, estaba rodeada de terrenos pantanosos y no contaba de comunicaciones con el interior, tenía algunas ventajas como enclave comercial capaz de atraer emigrantes. De hecho, en los años siguientes la población se fue incrementando y ya en 1788 eran 265 los habitantes, que en 1791 subieron a 572, y en 1803 superaban los 1000. Sus pobladores continuaron siendo básicamente franceses y españoles. Los negros eran muy pocos —en 1791 solo eran catorce—, y poco a poco creció una pequeña colonia anglosajona y protestante, primero formada solo por británicos y más adelante por norteamericanos.

Además de la existencia de la guarnición militar, la vida de Pensacola se consolidó por dos cuestiones importantes. La primera, porque se convirtió en el centro de los tratos con las tribus del interior, y la segunda, por ser el centro de la actividad comercial de la compañía *Panton & Leslie*. Panton era un comerciante inglés que además del comercio y el intercambio de productos con los indios se encargaba de actividades muy variadas, pues proveía de carne, madera y otros productos. Contaba con un enorme almacén de tres pisos en el que se guardaban todo tipo de mercancías y que era el edificio más importante de la ciudad.

El tercer puesto de importancia al tomar España el control de Florida era San Marcos de Apalache, fundamental para el comercio con los indios por estar situado en un punto estratégico de contacto con la nación *creek*. Tras su toma en 1784 por los españoles, se destacó una pequeña guarnición del regimiento de Luisiana y se restauraron los barracones y los muros de madera, que solo consistían en un parapeto con una cortina de piedras rematadas por un recinto de estacas.

Era una posición importante para evitar el contrabando y para proteger el almacén, pero desde el punto de vista militar, como se vio durante la guerra Muskogee y las agresiones norteamericanas posteriores, no sirvió de nada. Tenía también un puerto, esencial para el comercio. Panton, el dueño del gigantesco almacén, tenía tal poder en la zona que se utilizaban sus barcos para trasladar a la guarnición española, y gracias a su influencia no hubo conflicto alguno con los indios.

Por último, hay que destacar la importancia de Natchez, que tras la paz de 1783 había sido incorporado a Florida occidental con todo su distrito. Se instituyó como gobierno en 1789, y ese año tomó posesión del puesto Manuel Gayoso de Lemos. Por su posición estratégica era esencial para la defensa del territorio, pues cerraba cualquier intento de penetración en la Nueva España desde el Misisipi y servía para el comercio con los indios. Lo protegía el viejo fuerte francés Rosalie —Panmure para los ingleses— y la reforma tras su conquista por España costó más de 32 000 pesos entre 1784 y 1792, año en el que se gastaron otros 15 000 más, a pesar de su escaso valor defensivo. Estaba hecho de madera y no podía impedir la navegación por el río.

Por esta razón, el barón de Carondelet pidió el traslado a Nogales de las fuerzas que lo protegían. Para poder asentarse en Nogales fue necesario un acuerdo con los *choctaw* y *chikasaw*, conocido como Tratado de Natchez, firmado el 14 de mayo de 1792. Tras el acuerdo se levantó un fuerte que contrarrestase las actividades de la Compañía de Carolina del Sur en Yazú. Ya en marzo de 1791, el activo Gayoso de Lemos partió para la zona con idea de levantar la fortificación que se construyó a cinco leguas de la desembocadura del Yazú, 130 de Nueva Orleans y 40 de Natchez, en un punto estratégico excelente. El fuerte fue bien dotado y artillado, por lo que no es extraño que Gayoso dijese de él que «este punto es esencialísimo para la seguridad de la Provincia, y merece que los reguemos con nuestra sangre en su defensa y de la Gloria de las Armas del Rey».

Un criollo de Luisiana, Juan de Villebeuvre, fue enviado tras la firma del tratado de Natchez ante los *choctaw*s para lograr la cesión de puntos estratégicos entre los ríos Alabama y Tombigbee. Tras unas complicadas negociaciones tuvo éxito y el 10 de mayo de 1793 se firmó un nuevo tratado en Boucfoucá entre la nación Choctaw y España, por el cual, a cambio de los habituales regalos, se cedía a los españoles el derecho a edificar e instalar cañones en un área de unos treinta acres que ya había estado cedida a los franceses años antes. El lugar, sobre el río Chicacha, era conocido por los europeos por el nombre del viejo puesto comercial francés, Viejo Tombecté. Se trataba de un sitio soberbio para establecer un fuerte, pues como escribió el barón de Carondelet, «cubría el vasto territorio comprendido entre los ríos Chicacha y Movila, el Yazú, Movila, Mississippi y el Golfo Mexicano», lo que otorgaba a España una posición estratégica de primer orden para frenar los intentos expansionistas de los estadounidenses.

Panton, por su parte, había acordado establecer un gran almacén que atrajese a los *choctaws* y los alejase de la influencia que desde Cumberland ejercía el norteamericano Blount. Además, desde este lugar, los españoles podían incluso alcanzar las zonas de influencia de la poderosa nación *cherokee*, por lo que se consideró que los 25 000 pesos que costaba su edificación eran una inversión más que razonable. Así pues, en 1794 se construyó un fuerte sobre el río Chicacha, en el lugar llamado Tombecté, que recibió el nombre de Confederación. Su objetivo era alejar a los norteamericanos de la orilla oriental del Misisipi hasta el Yazú y evitar que llegasen hasta el Golfo de México navegando por ambos ríos o por el Perla. El único problema fue el habitual, la escasez de hombres, pues solo se le pudo dotar de una guarnición de 40 soldados sin apenas artillería.

Quedaba una última zona por asegurar si se deseaba proteger la frontera de Florida occidental y Luisiana de los norteamericanos, un área de bosques en territorio *chicasaw* que, según el barón de Carondelet, aseguraría para España la navegación por el Misisipi desde Nuevo Madrid[111], en la orilla oriental más allá de San Luis, hasta Nogales.

---

111 Primera colonia al oeste del Misuri, fue fundada en 1778 por Bernardo de Gálvez, por un contrato con el empresario William Morgan, que se comprometió a llevar a cerca de 2000 angloamericanos para poblar el asentamiento a cambio de jurar lealtad a la Corona española y recibir la nacionalidad española. Los únicos españoles fueron soldados y funcionarios, mientras que los angloamericanos ocuparon puestos en el sector agrícola y ganadero. También sirvió de base a tramperos en sus expediciones al oeste.

Dicha zona era conocida por los franceses como las «Barrancas de Margot» y su control se consideró vital para los intereses de las colonias españolas, por lo que el comandante del fuerte de Nogales, acompañado de una pequeña escolta con artillería, embarcó en una flotilla de galeras con la que se dirigió al norte antes de que los norteamericanos se asentasen en la región.

Las negociaciones con los *choctaw*s fueron complicadas, pero a base de esfuerzo y de un considerable gasto en regalos se consiguió la cesión de un territorio entre el río de las Casas y la isla de Fooy: desde la boca del arroyo Gayoso hasta el Misisipi, en el norte, dos leguas al oeste hasta el arroyo de Carondelet, que era el límite sur, y el arroyo Gayoso en el este. El objetivo final era edificar un asentamiento militar que bloquease las actividades del fuerte norteamericano de Muscle Shoals, sobre el Cumberland. Con la edificación en 1795 del fuerte de San Fernando de las Barrancas, bautizado así en honor al príncipe de Asturias —el futuro Fernando VII—, concluyó el establecimiento de un sistema defensivo capaz de proteger Luisiana y las Floridas de las ambiciones norteamericanas.

La construcción demostró la habilidad negociadora de los hombres que dirigían la administración y el Ejército españoles en Norteamérica y su capacidad para tratar con los indios, y supuso una muestra de la eficacia de su política indigenista, en contraposición a la de los norteamericanos. Fue también una prueba de cómo los españoles habían ido aprendiendo de franceses e ingleses, y obtenían también notables éxitos sin tener que recurrir a la violencia. Todo este dispositivo defensivo se construyó y reforzó en solo diez años con un enorme esfuerzo, pero requería para su mantenimiento cantidades ingentes de dinero, algo de lo que España carecía. De hecho, el valor real en un conflicto de toda esta cadena de fortificaciones era limitado, pues faltaban armas y hombres, y las defensas necesitaban reparaciones urgentes. Edificadas en zonas húmedas y con un clima semitropical, la madera se pudría, las lluvias y los huracanes hacían necesarias constantes reparaciones, y para todo ello se carecía de medios, aunque hay que reconocer que se puso empeño.

En 1794, el barón de Carondelet ordenó a Luis de las Casas que hiciese un informe del estado en el que se encontraban las defensas de Florida occidental y Luisiana y el resultado fue demoledor. Para mantener las fortificaciones era preciso gastar unos 454 000 pesos, y para que alcanzaran un estado óptimo sería necesario gastar 597 000, una cifra gigantesca y fuera del alcance de la Real Hacienda, lo que explica en parte lo que sucedió en las primeras décadas del siglo XIX.

En Florida occidental no había ni una sola fortificación en buen estado.

Pensacola apenas estaba defendido, pues el fuerte de San Carlos de Barrancas no cubría bien la entrada al puerto, y San Bernardo, hecho de arena y madera, estaba demasiado lejos de la población. El fuerte de Mobila, con cuatro baluartes, carecía del espesor necesario contra la artillería en sus muros. El fuerte de Natchez, de arena y madera, no resistía bien las fuertes lluvias y se propuso abandonarlo y trasladar la tropa a Nogales, que, aunque era mejor fortificación, exigiría un gasto de 60 000 pesos para convertirse en una fortaleza adecuada.

No se consideraba útil el viejo fuerte británico de Baton Rouge, ya que desde su toma por las tropas españolas quince años atrás no se había reparado y estaba en estado pésimo. Tombecté se había construido en 1789, pero con las prisas se usó madera verde y para repararlo se necesitaban 5 000 pesos. Por último, para dotar al más reciente, el fuerte San Fernando de las Barrancas, de la guarnición de una compañía —100 hombres— habría que gastar 30 000 pesos más. En suma, una ruina.

Estos datos hacían que los responsables políticos solo tuvieran una opción. Si no había defensa militar posible solo quedaba usar a las tribus indias como colchón que impidiese las infiltraciones de los colonos yanquis. Eso hacía necesaria una política de comercio y de permanentes regalos a los indios, para mantenerlos próximos a los intereses de España. De esta forma, se heredó en parte la política inglesa de comercio con las tribus a cambio de fidelidad, y los enclaves militares se transformaron en factorías comerciales en las que Panton & Leslie pudieron colocar sus productos.

Los almacenes de San Agustín, San Marcos de Apalache y Pensacola servían para comerciar con los *semínolas* y los *creek*s, y Mobile se usaba para comerciar con los *choctaws* y *chicasaw*, que también tenían tratos con Nogales y San Fernando de las Barrancas. En cuanto al dispositivo defensivo, estaba formado, además de por los fuertes citados, por un entramado de pequeños puestos o casas comerciales fortificadas, a los que se añadían fuertes mantenidos por compañías comerciales privadas o incluso por aventureros que intercambiaban con los indios regalos sin gran valor —espejos, ropa, telas y útiles de cocina, desde cacerolas a cuchillos— por pieles que se vendían con alto beneficio en Nueva Orleans.

Estos puestos comerciales tuvieron gran desarrollo a partir de 1750 desde Canadá y los Grandes Lagos hasta la frontera de Luisiana con Texas, y representaron una oportunidad para que los europeos se adentrasen cada vez más en el vasto continente norteamericano, lo que creó además una sorda rivalidad entre británicos, norteamericanos e hispanofranceses que, a menudo, acababa en enfrentamientos armados.

Las tropas de Luisiana y las Floridas: regulares y milicias

En el caso español, la protección de la frontera de Luisiana y Florida occidental estaba directamente vinculada al comercio, lo cual explica que las funciones militares y los negocios a veces se confundieran. No obstante, las compañías comerciales formadas por criollos franceses de Luisiana y por comerciantes ingleses autorizados a traficar en territorio español, extendieron la zona de influencia española hasta puntos cada vez más lejanos. Para proteger este territorio las tropas regulares eran del todo insuficientes y había que recurrir a las milicias locales, que desde la guerra con los británicos entre 1779 y 1783 habían experimentado un notable aumento, pues no solo participaron en las operaciones defensivas, como en San Luis, sino que estuvieron en las acciones ofensivas de Gálvez en la frontera oriental de Luisiana y en Florida occidental.

No es de extrañar que el barón de Carondelet tomase la decisión de apoyarse en los colonos para reforzar las tropas que debían proteger un territorio cada vez más amplio. En el caso de Luisiana la población, aunque pequeña, era aceptable para proteger la provincia, y sobre todo contaba con la gran ciudad de Nueva Orleans, pero el mayor problema estaba en las dos Floridas, donde a la falta de grandes núcleos de población se unía una total ausencia de asentamientos en el interior.

En la del último periodo del gobierno español, entre 1784 y 1804, hubo un notable esfuerzo de los gobernantes por convencer a los habitantes de que debían ser ellos los responsables de su propia defensa ante indios y norteamericanos, pues las tropas regulares eran incapaces por sí solas de cubrir un espacio tan grande. De hecho, el Real Ejército contaba con un solo regimiento para cubrir las tres provincias, algo insólito que demuestra la escasez de recursos española. Este regimiento era el Fijo de Luisiana, unidad de infantería de línea uniformada y equipada al estilo europeo que se había organizado en 1765 para tomar el control de la nueva colonia. Tenía dos batallones como fuerza originaria que, tras la guerra con los británicos, en 1786 fueron elevados a tres.

El 1.º y el 2.º, bajo el mando directo del gobernador, estaban de guarnición en Nueva Orleans[112], y el 3.º protegía las plazas de Pensacola y Mobila y San Marcos de San Agustín, con un pequeño destacamento en San Marcos de Apalache, algo a todas luces insuficiente. En 1804 el regimiento pasó entero —siempre incompleto— a Florida, al cederse la soberanía de Luisiana a los Estados Unidos.

---

[112] También guarnecían los principales fuertes de la Alta Luisiana, incluyendo siempre una compañía en la capital, San Luis. Para completar la protección del territorio las milicias eran esenciales.

Había también un pequeño núcleo de artilleros regulares, organizados desde 1769, que estaban destacados en las plazas principales, y otro del Cuerpo de Ingenieros Reales, que participaron en el refuerzo y construcción de las fortificaciones. La caballería regular estaba ausente en las tres provincias, pero el aumento en intensidad de los choques con los colonos angloamericanos a partir de la primera década del siglo XIX hizo que destacamentos de los regimientos de dragones de España y México fueran destacados a Florida.

Desde la ocupación española de Luisiana en la década de los sesenta, había existido un regimiento completo de infantería de milicias que ayudaba en las misiones encomendadas a las tropas regulares. Esta unidad, que se había distinguido en la guerra con los británicos, era el Regimiento de Infantería de la Milicia de Luisiana, que al mando de su coronel, Pedro de Almonaster y Roxas, tuvo la responsabilidad de colaborar en el orden y la defensa de Nueva Orleans y de toda la provincia. Nueva Orleans contaba, además, con su propio batallón de infantería desde 1775, organizado al estilo de los de milicias regladas de Nueva España. Los milicianos se reclutaban entre los pobladores criollos de origen francés y en menor medida entre los colonos canarios del Bayou. También había, como en todas las colonias españolas, milicias de negros y pardos —mulatos—, que contaban con dos compañías en Nueva Orleans, pues siempre se consideró su concurso de gran utilidad[113].

La expansión angloamericana y la necesidad de proteger los fuertes y emplazamientos fortificados de nueva creación, para asegurar la navegación por el Misisipi, obligaron a contar con más unidades armadas. En 1792, el barón de Carondelet organizó, tomando como base varias compañías sueltas reclutadas por O'Reilly en 1770, un regimiento completo de milicias entre los colonos alemanes y austriacos que vivían en el curso del Misisipi, al que denominó Regimiento de Infantería de Milicias de la Costa de los Alemanes, y que puso bajo el mando del barón de Pontalva, con una fuerza de cinco compañías, dos de las cuales eran de granaderos. Este regimiento se complementaba con el Batallón de Voluntarios del Misisipi, con cuatro compañías y organizado por órdenes del barón de Carondelet también en 1792, destinado a proteger los puestos sobre el río más allá de Iberville. Todas estas tropas fueron reforzadas a finales de siglo con la Legión Mixta del Misisipi, que disponía de dos batallones de infantería y un escuadrón de caballería, algo realmente inusual.

---

[113] En 1815, ante la amenaza británica contra Nueva Orleans, el general Jackson contó con el apoyo de las milicias de negros libres de la ciudad, a pesar de la aversión que despertaban entre los sureños angloamericanos.

Aunque la caballería no tenía un papel predominante en el tipo de guerra que podía desarrollarse en la región, ya en 1779 se había creado en San Luis una compañía destinada a la defensa de la ciudad, que aún estaba incompleta cuando se produjo el ataque inglés pero que se consolidó tras la guerra. Fue la única de su clase junto con el citado escuadrón de Legión Mixta del Misisipi y la Compañía Distinguida de Carabineros de Nueva Orleans, formada por Bernardo de Gálvez en 1779 y reclutada entre la más alta sociedad de la capital de Luisiana.

En cuanto a Florida, hasta el comienzo de los graves conflictos fronterizos en la primera década del siglo XIX se mantuvo prácticamente sin tropas, pues un solo batallón regular cubría las tres principales plazas. A partir de la insurrección *creek* y de la guerra Muskogee, la cosa cambió. Además de la llegada en 1804 del Regimiento de Infantería Fijo de Luisiana, se intentó reforzar la defensa con tropas enviadas ocasionalmente desde Cuba y México, y la creación de un núcleo de milicias, aunque estas, formadas en su mayoría por ingleses y angloamericanos, fueron siempre de una lealtad más que dudosa.

Las tropas que se encontraban en Florida y Luisiana emplearon material, uniformes y equipo de tipo europeo, por lo que a primera vista se asemejaban a las que podían verse en España en la misma época, y a diferencia de lo que ocurría en las Provincias Internas y en California, no había un tipo de unidades específicas para el entorno en el que debían operar.

Sin embargo, se realizaron algunas mejoras que buscaban adaptar la ropa y el equipo al terreno. La ropa de verano no era de paño, sino de lienzo, y se hicieron algunos experimentos para adecuar los uniformes al país, cuyo clima no era comparable al de Europa. Así, por ejemplo, en 1795 el virrey marqués de Blanciforte envío un informe a Godoy en el que solicitaba algunos cambios en el uniforme y equipo de las unidades de Milicias Provinciales. Se pretendía que estas reformas afectasen no solo a las unidades de infantería sino también a la caballería y a los dragones «por considerarlos muy adecuados al clima cálido del país y a los usos de la región».

La solicitud del virrey adjuntaba una serie variaciones en el corte, el tipo de tela y los colores, que pasaron a ser más claros —amarillo pálido, blanco y gris claro—, sustituyéndose los tricornios en muchas unidades por sombreros de ala ancha como los de las tropas presidiales, que debían llevarse con un ala doblada. La propuesta, que fue aceptada en febrero de 1796, incluía también modificaciones en la montura y el equipo de la caballería y los dragones.

Algunas de estas modificaciones, realizadas para combatir el calor del sur de Luisiana y de Florida, permanecieron, aunque el Regimiento de Infantería Fijo de Luisiana mantuvo hasta el final su uniforme blanco de lienzo. Todas estas tropas fueron suficientes para mantener la soberanía española en un inmenso espacio que iba desde el remoto puesto fortificado de René Jusseaume, luego llamado Fort Mackay, ocupado en 1794 y situado en la orilla oeste del río Misuri en la boca del río Knife, en la actual Dakota del Norte, hasta el Fuerte San Carlos de Fernandina en Florida; y desde Fuerte Español en Misuri hasta el Puesto de los Otos en la lejana Nebraska.

El problema no fue, por lo tanto, estrictamente militar, sino más bien político. Cuando la presión y agresividad de los colonos americanos o de los indios aumentó en intensidad, y se produjo el movimiento independentista en México, el sistema español se derrumbó. Envuelta en una serie de guerras por su supervivencia en Europa, España no pudo atender a sus alejados dominios en América del Norte, pese a la tenacidad y resistencia de sus marinos, soldados y colonos.

Las tribus indias y la importancia estratégica del comercio

Hasta 1763, España gastaba la alta cifra de unos 6 000 pesos anuales con los que mantener contentos y en paz a los indios de Florida. Gasto inútil, pues tanto en la Guerra de la Oreja de Jenkins como en el breve periodo de lucha de la Guerra de los Siete años, las tribus estuvieron mayoritariamente del lado inglés.

La vida de los colonos era imposible fuera de un pequeño radio en torno a San Agustín y San Marcos de Apalache y, por si fuera poco, el sistema de conversiones al catolicismo había dado un resultado tan escaso que en el momento de la entrega del territorio a los británicos el número de indios cristianos no llegaba a los cincuenta. Los británicos en sus veinte años de dominio sobre Florida aplicaron a las tribus el mismo sistema que tanto éxito les estaba dando en las Trece Colonias. Mediante una acertada combinación de sobornos y regalos iban convenciendo a los jefes locales de la necesidad de estar a bien con ellos. El dominio no se ejercía de forma directa y apenas era visible. Se agasajaba y honraba a los jefes, y en grandes fiestas se les atiborraba de alcohol y se les despojaba de posesiones que se consideraban claves, pero cuidando de mantener la paz y la tranquilidad y dejando siempre los territorios abiertos al comercio.

Todas las cosas útiles que los indios podían necesitar se ponían en sus manos, y la variedad era enorme: vestidos, telas, pañuelos, tijeras, cuchillos, azadas, brazaletes, anillos, collares, sortijas y demás bisutería, e incluso armas de fuego. A cambio, recibían ricas pieles muy valoradas en Europa. El comercio hizo a las comunidades indias tan dependientes de estas pequeñas manufacturas que se convirtió para ellos en algo esencial. Eso confirió a los británicos una ventaja estratégica que podía haber sido decisiva, ya que en la Guerra de Independencia de los Estados Unidos (1775-83) los indios, casi sin excepción, combatieron a favor de Londres.

La situación, al final, fue positiva para España, pues, aunque los indios no mostraron ningún afecto especial por los españoles, su odio y resentimiento contra los angloamericanos era tan fuerte que siempre se pusieron del lado español en Florida. No es de extrañar, por tanto, que uno de los ejes esenciales de la política española en la región fuese asegurar el mantenimiento de un intenso comercio con las tribus de la frontera, con la esperanza de crear una barrera contra la amenaza de los nacientes Estados Unidos.

Las zonas colonizadas por los angloamericanos estaban en 1790 separadas de los territorios españoles por cuatro naciones indias: los *choctaws*, los *chicasaw*, los *alibamones* y los *creeks* o *talapuches*. Las dos últimas tribus vivían entre la Florida española y Georgia, y las dos primeras estaban entre Luisiana y Florida occidental y los asentamientos angloamericanos más occidentales. En total los 45 000 indios podían sumar tal vez 13 000 guerreros, una fuerza respetable. De ellos la nación *creek* podía alzar en armas unos 6 000 guerreros, 2 000 los *cherokee*s, 5 000 los *choctaw* y unos 500 los *chicasaw*. Enlazadas entre ellas por clanes y relaciones muy complejas de parentesco, en algunos casos las tribus llevaban muchos años tratando a los blancos y habían alcanzado, especialmente una parte de los *cherokees*, un notable desarrollo cultural y material.

Dándose cuenta de la importancia decisiva del comercio y la paz con los indios, en 1784 el gobierno español decidió hacer suyas las capitulaciones que los ingleses habían realizado con el claro objetivo de lograr un resultado similar. Estas normas eran las siguientes:

- Nombrar superintendentes de asuntos indios para tratar de cualquier queja que presenten.
- Agasajar a los indios con regalos y darles posesión de todas sus tierras.
- Hacer con ellos tratados de amistad y defensa mutuas.
- Castigar a los delincuentes según las leyes de España.
- Establecer Casas de Comercio.
- Exclusividad comercial para surtir a los indios.
- Facilitar que los jefes indios viajaran a España a hablar con el rey.

En España esta política pareció sensata y en marzo de ese mismo año, Vicente Manuel de Céspedes, gobernador de Florida oriental, escribió al secretario de Indias diciendo que, tras la lectura del Catálogo de Cédulas y de Reales Órdenes, había comprendido que la buena armonía y el comercio con los indios eran la garantía de paz y prosperidad de las Floridas. La necesidad de mantener abierto el comercio con las tribus fue lo que convenció al gobierno español de aceptar la propuesta de Panton de continuar con sus operaciones igual que antes, pero bajo soberanía española[114]. Una vez aceptada su petición, su nueva compañía, denominada ahora Panton, Leslie y Cia, se convirtió en el eje principal de la actividad económica en las dos Floridas y se dedicó a comerciar intensamente con los indios.

No obstante, seguía faltando un elemento que constituía la pesadilla de los gobernantes españoles desde California a Texas, incluyendo las Floridas y Luisiana: la población. Tal vez por ello, en los últimos años del siglo se decidió suavizar las leyes de comercio, asentamiento y sobre todo religión, con el fin de atraer nuevos emigrantes, pues las tropas del Real Ejército solo podían aspirar a mantener nominalmente la soberanía y amparar el orden y la paz. Se creyó de verdad que un estilo de gobierno más suave y menos autoritario atraería a gentes de toda Europa a las colonias españolas, pero los únicos atraídos fueron los ambiciosos vecinos anglosajones, que a comienzos de siglo comenzaron a infestar la región y cuyo comportamiento como súbditos de España dejó mucho que desear.

El primer paso para consolidar la nueva política fue la celebración de varios congresos con las tribus indias que permitiesen lograr acuerdos duraderos. Pero tener éxito requería en primer término contar con aliados entre los propios indios, y también disponer de asociados que entendiesen las claves de la política europea y estuviesen interesados en apoyar a España.

El primero de estos posibles aliados era Alexander McGillivray, hijo de un escocés realista y de una princesa india y jefe de la nación Creek. Al igual que los españoles, veía sus tierras amenazadas por la imparable expansión de los norteamericanos que, como una ola, se acercaban cada vez más a sus poblados, y consideraba que si España sustituía a los británicos en su comercio regular con los indios podría gozar de su amistad.

En realidad, la falta de las mercancías a las que se habían acostumbrado los indios era lo único que podía hacer que las tribus se alejasen de los españoles. En este sentido, el 24 de marzo de 1784 el jefe *creek* escribió una

---

[114] Panton incluso llegó a ofrecer el convertirse al catolicismo, para no dejar ningún pretexto para expulsarle, pero en la práctica no lo hizo.

carta a Mc Lathy, un socio de Panton, en la que le advertía que bajo ningún concepto debía abandonarse el puesto de San Marcos de Apalache. Sin embargo, no todos estaban a favor, y tenían sus razones. El intendente Navarro, que representaba a las Reales Cajas, estimaba que hacer depender este comercio de la Real Hacienda provocaría corrupción, estafas y desfalcos de todo tipo. Además, no estaba seguro de que se resolviese el problema con los indios, pues debía hacerse con gran rapidez para tener éxito. Aun así, presionados por el tiempo y sin tener todas las autorizaciones administrativas en regla, los responsables de la colonia lograron en un tiempo récord preparar los encuentros necesarios con los nativos.

El primero comenzó en Pensacola el 30 de mayo de 1784, con la presencia de Miró, Navarro y el gobernador Arturo O'Neill, así como una nutrida representación de indios *talapuches*. De los trece artículos del tratado, once eran obligaciones para los indios, y solo dos para los españoles. De lo que se trataba fundamentalmente era que los indios, atraídos por la promesa y el compromiso formal de recibir los bienes materiales que necesitaban de forma regular, acatasen ciertas normas y fuesen entrando en la órbita política española y alejándose de los estadounidenses.

El 1 de junio de 1784, tras aceptar los artículos propuestos, McGillivray, que actuaba en nombre de la nación Talapuche, pasó a negociar las tarifas para el comercio, es decir, los precios a pagar por las pieles y su valor en mercaderías europeas, desde pólvora a ropa. El 3 y el 4 de junio se distribuyeron los regalos y el 5 se condecoró a los jefes, a los que se entregó pólvora y licores en abundancia.

Tras este primer éxito, Miro y Navarro se dirigieron a Mobila, al congreso con la nación Chicasaw, los «árbitros de la navegación en el Misisipi», con los que se llegó a un acuerdo el 22 de junio, y al día siguiente con los *alibamones*. Los *choctaw* tardaron un poco más, pero finalmente también aceptaron. El triunfo diplomático había sido total. A menos de un año de la toma del control formal de la región, España había logrado un acuerdo con las cuatro naciones limítrofes principales que además serían esenciales para defender la región en el futuro de posibles agresiones norteamericanas. Solo había un problema. Dado que los acuerdos comprometían la entrega de grandes cantidades de bienes que la industria española no podía satisfacer, ¿quién se encargaría de conseguir las mercancías y dónde se adquirirían? La respuesta era realmente muy sencilla: en la nación recientemente derrotada, en Inglaterra.

No era difícil darse cuenta de que esta situación era absurda, pues situaba a España, que acababa de ganar la guerra, dependiente de la nación a la que se había vencido y temerosa de los Estados Unidos, el país al que había ayudado a nacer. España mantuvo las restricciones a los estadounidenses todo lo que pudo, y tras la entrega de Luisiana a Francia en 1803, las limitaciones que se mantenían y que afectaban a las Floridas por Real Orden incluyeron la prohibición de navegación norteamericana por el Mobila y del comercio bajo bandera de los Estados Unidos.

Estas medidas preventivas contra los norteamericanos eran un intento desesperado de salvar la situación, pero la guerra con el Reino Unido a partir de 1804 dio al traste con cualquier intento de autonomía comercial. Los responsables de las poblaciones españolas, aislados, temiendo un ataque británico, y envueltos en el conflicto con la fantasmal república de Muskogee, no pudieron cumplirlas. Además, se produjo un enfrentamiento gradual entre el intendente Morales y el gobernador Folch.

El primero quería seguir al pie de la letra las órdenes del gobierno, en tanto el segundo pensaba que las necesidades de la población eran lo esencial. En 1804, Folch autorizó a la compañía Forbes, que había sucedido a Panton, a comerciar con los colonos, abolió el impuesto sobre la importación y exportación y abrió los puertos a los buques neutrales. La situación era tan desesperada que incluso el gobierno de Godoy aprobó la medida que, en la práctica, garantizó la supervivencia de la soberanía española unos años, pues los residentes angloamericanos —que eran, sin contar los indios, más del 95 % de la población en algunos distritos como Baton Rouge— acogieron con satisfacción las nuevas medidas.

Algunas de las decisiones liberales de Folch fueron bloqueadas por Morales, solo para que poco después Folch las impusiese de nuevo, al tiempo que se esforzaba por mantener a la compañía Forbes. La empresa Forbes había nacido con el nombre de John Forbes and Company a la muerte de Juan Panton y Juan Leslie, y contaba con dos socios, Innerarity y Simpson, desde septiembre de 1804. Una Real Orden de 8 de noviembre de ese año dictó el embargo de las propiedades inglesas, pero Forbes se salvó, como se había salvado Panton en la guerra de 1796-1802[115], pues hasta Godoy opinaba que no era justo embargar sus bienes si no eran culpables de la situación.

De hecho, a partir de 1804, con la autorización para comerciar con los colonos, Forbes prácticamente se hizo con el monopolio del comercio en la provincia de Florida. La consecuencia es que, cuando en mayo de 1808 comenzó la insurrección española contra Napoleón, la práctica totalidad del

---

[115] Panton disponía de un año en caso de embargo por guerra para retirarse, pero jamás se le aplicó dicha cláusula y se le dejó operar en paz.

comercio de Florida occidental estaba en manos de estadounidenses y británicos. Forbes, dueño y señor de la situación, solicitó en noviembre permiso al capitán general de las Floridas, Someruelos, para poder importar y exportar géneros a la propia España. Envió un apoderado a Sevilla para que negociara con la Junta Central y consiguió que su compañía se mantuviese en Florida hasta el final del dominio español.

Del comercio de pieles pasó a otros negocios: préstamos financieros, actividades agrícolas, transporte de mercancías e incluso compraventa de esclavos, sin olvidar todo tipo de actividades ilícitas, todo ello en medio de un progresivo caos en el que la soberanía de España, abrumada por los conflictos en Europa, era cada vez más débil, hasta que finalmente británicos y norteamericanos se enfrentaron en la región. Un tiempo en el que España, envuelta en su dramática contienda contra los franceses por la independencia y con alzamientos en toda América, se limitó a mirar sentada en el banquillo de la historia, aunque es justo reconocer que supo aprovechar bien los «minutos de la basura»[116].

El problema de la población. Los proyectos de Wouves y Wilkinson.

Es sabido que, entre 1770 y 1775, miles de colonos angloamericanos, contraviniendo las órdenes estrictas de la Corona británica, se habían ido asentando al oeste de los montes Apalaches, principalmente en Kentucky, que en unos pocos años tenía ya 3 000 familias blancas que aumentaron a 8 000 al final de la guerra de independencia norteamericana. Estos colonos, ávidos de tierras, con un intenso sentimiento de libertad y que odiaban pagar impuestos, se extendieron al sur y al oeste cada vez más, presionando la indeterminada frontera con España en la década de los ochenta.

Aumentar la población de las Floridas era un asunto esencial si se quería mantener la soberanía española. Pero, a dos años del final de la guerra, los únicos españoles que había en las dos provincias eran militares con sus familiares y unos pocos comerciantes. Solo en Pensacola se había establecido una nueva población, que reemplazó a los británicos cuando se marcharon, formada mayormente por canarios de Luisiana y algunos cubanos.

En Florida oriental, cuando se disolvieron los dos regimientos ingleses que defendían San Agustín y los demás puestos en Florida oriental, los soldados y sus familias no se fueron, sino que se dispersaron entre San Marcos y el río Flint, y al menos 300 familias de americanos leales al rey se instalaron

---

[116] Nombre con el que se conoce en baloncesto los instantes finales de un partido ya decidido por el tanteo, en el que se aprovecha para sacar a jugar a los suplentes habituales.

entre sus aliados *creek*. Una Real Orden de 5 de abril de 1786 permitió a los residentes británicos mantener sus propiedades en Florida a cambio de jurar fidelidad y obediencia al rey de España. También se les concedió nacionalidad española, norma que se extendió al conflictivo distrito de Natchez. Estos pobladores, no muy favorables al gobierno de los Estados Unidos, parecía que podían servir como aliados, si bien había dudas sobre su lealtad a España. Además, eran protestantes, lo que podía complicar las cosas con los gobernantes de la católica España[117].

Había sin embargo una solución, animar a los irlandeses descontentos con el trato que recibían de los anglosajones y atraerlos a la Corona española, así que se decidió enviar a cuatro clérigos de esa nacionalidad con la misión de atraer a los colonos protestantes a la fe católica al tiempo que se estimulaba la emigración irlandesa desde los Estados Unidos al territorio español. Entre 1787 y 1788 se ofreció a varias familias irlandesas trasladarse a las Floridas —Bruin, Carroll, Fitzgerald y otras— con escaso éxito. En cuanto a los religiosos irlandeses, a los que la Real Hacienda pagaba muy bien, fueron enviados al distrito de Natchez, de población mayoritariamente anglosajona y protestante, donde a finales de siglo había ya 4 500 blancos y 2 400 esclavos negros, pero su éxito fue pequeño.

Los proyectos más interesantes, sin embargo, fueron los de Pierre Rezard Wouves D'Arges y James Wilkinson, que ofrecieron poblar Florida y Luisiana a cambio del permiso para navegar por el Misisipi, dos oportunidades interesantes que podían haber alterado la historia de la región. Wouves era todo un personaje. Caballero de la Orden de San Luis y capitán de granaderos del Regimiento de Infantería Saintonge, tras haber servido con distinción en la guerra contra los británicos se instaló en las Caídas del Ohio en 1786, donde un conflicto entre los indios y los agresivos colonos yanquis le disgustó tanto que decidió marcharse.

Pero unas semanas antes de irse recibió la propuesta de unas 1 500 familias alemanas de irse con él si lograba convencer a las autoridades españolas de Nueva Orleans de que les diesen 300 fanegas de tierra para cultivarlas. Todos los colonos estaban dispuestos a jurar fidelidad a España, siempre y cuando se tolerase su religión y que el gobernador que se nombrase en Natchez hablase inglés[118]. La idea atrajo al conde de Aranda, pues el proyecto de

---

[117] Todavía hoy la población de Florida es de mayoría protestante —54%— y principalmente de origen anglo-escocés y alemán —más del 40%—. Es, en este sentido, un estado étnicamente bastante homogéneo, aunque ellos creen que son muy cosmopolitas, algo que en realidad ocurre solo en la costa oriental y especialmente en Miami.

[118] En broma, un profesor universitario de Natchez —Misisipi— nos dijo que su estado no es español por la imposibilidad de encontrar entonces, como ahora, un político español que hablase bien inglés.

Wouves tenía innegables ventajas, ya que suponía poblar Natchez con colonos que defenderían el fuerte y la provincia de cualquier agresión extranjera. Pero además había otras perspectivas favorables.

Incluso una parte notable de los colonos angloamericanos, disgustados con el gobierno americano por los impuestos e imposibilitados de navegar por el Misisipi, estaban dispuestos a abandonar a la nueva república y formar un estado independiente. Esto era una gran noticia para el conde de Aranda, ya que si se lograba asegurar la región con una población fiel, teniendo en cuenta la posición de Natchez sobre los ríos que daban al Misisipi y su situación estratégica, se podía bloquear la expansión americana desde Ohio, lo que convertiría a este territorio en el escudo protector de Luisiana y Florida. Respecto al hecho de que una parte importante de los colonos no fueran católicos, el pragmático conde escribió a Floridablanca que prefería que los protestantes fuesen vasallos del rey de España a dueños y señores de aquellas tierras.

Wouves se trasladó a España en junio de 1787 para exponer su memorial a Floridablanca. Le aseguró que el bienestar y seguridad futuras de los 60 000 habitantes de Luisiana dependía del comercio del Misisipi, y veía factible, si se enviaba un emisario, convencer a centenares de habitantes de Kentucky y Ohio para que se trasladaran a territorio español. Como sospechaba de la intención española de ceder a la presión de los norteamericanos, Wouves propuso que, en caso de que se aceptase su propuesta, se optase por crear una nueva nación independiente, colindante con los dominios españoles, o permitir que los colonos llevasen sus mercancías hasta el territorio español y a Nueva Orleans.

El proyecto del francés llegó en un momento en que se temía una nueva guerra con los británicos. Las fronteras de las Floridas estaban amenazadas y el posible tratado con los Estados Unidos no avanzaba. Floridablanca perdió confianza en Wouves, pues pensaba que podía llegarse a un acuerdo con los estadounidenses y no veía práctico crearles una república hostil a sus espaldas. Para ello se avisó a Gardoqui, representante de España en Nueva York, para que fuese cauteloso con Wouves, que había embarcado en el buque correo en la Coruña con destino a los Estados Unidos. Una vez en Nueva York, Gardoqui dio largas a Wouves y le envío a Nueva Orleans, donde la oposición del gobernador Miró fue absoluta. Decepcionado, el francés marchó a Martinica a ver a su familia y, al comprobar en 1789 que su propuesta no progresaba, regresó a París.

Otro curioso intento de colonización procedía de James Wilkinson, brigadier del Ejército Continental durante la guerra de independencia norteamericana, que presentó un memorial al gobernador Miró similar, en algunos aspectos, al de Wouves, y recogía el descontento de los colonizadores del oeste ante la incapacidad del gobierno americano para forzar a los españoles a abrir a la navegación del Misisipi y los ríos que permitían acceder al Golfo de México. Con rotunda claridad exponía:

> Los Estados Unidos así divididos en política, desunidos en intereses, desconcertados en sus consejos, agobiados con deudas y sin crédito dentro ni fuera, no pudieron a pesar de su celo, tomar medidas contra activas, para adquirir la navegación del Misisipi, contra la voluntad de la Corte de España, y quedando a estos hechos, agreguemos la reflexión de que los estados más poblados y poderosos están decididamente opuestos a ella, pienso que podremos libremente, y con seguridad concluir que los Memoriales de Kentucky, y otros establecimientos occidentales no producirían variación alguna en las ideas del Congreso.

Obviamente, era una gran oportunidad para España, pero había que actuar con habilidad. Gran Bretaña estaba también interesada en sacar provecho, y podía, si presionaba bien, conseguir el apoyo de la población del oeste para una intervención militar contra la Luisiana española, por lo que las dos soluciones posibles eran: buscar un alzamiento en Kentucky contra el gobierno federal, semejante al que los norteamericanos promovieron contra los españoles en las décadas siguientes, ofreciendo a los rebeldes concesiones de tierra y de carácter comercial en el Misisipi, o eliminar las barreras inmigratorias y religiosas y dejar a los colonos entrar en el territorio español.

Ambas medidas eran peligrosas. La primera podía suponer una guerra con los Estados Unidos, y la segunda, permitir a los angloamericanos crear una «quinta columna» perjudicial a los intereses de España a medio y largo plazo, pues en la práctica se veía difícil hacer de esos colonos buenos y leales ciudadanos españoles. Sin embargo, no había más remedio que arriesgarse. De las dos medidas, Wilkinson apostaba claramente por la primera, y pidió controlar las exportaciones del Kentucky por el Misisipi y con ese dinero formar un partido proespañol en el territorio. No es de extrañar que tanto el gobernador Miró como el intendente de la Real Hacienda considerasen la propuesta con interés[119].

Una vez en Nueva Orleans, Wilkinson les causó una grata impresión. Después de analizar sus propuestas, Miró y Navarro apoyaron, con algunos cambios, el segundo proyecto que al atraer población a las riberas del Misisipi podría suponer un freno a una posible invasión de Luisiana y Florida

---

[119] Todas las obras norteamericanas presentan, sin excepción, a James Wilkinson como un hombre repulsivo y traidor, aunque haya quien piense que debía de ser un personaje hábil e ingenioso.

occidental desde la frontera estadounidense, a la que año tras año miles de colonos seguían llegando de forma masiva.

Cuando el intendente Navarro dejó su cargo en mayo de 1788 fue consultado por el gobierno español sobre su opinión sobre el plan. Se mostró favorable, recordando que a la amenaza estadounidense había que sumar la británica, y que dado que Luisiana era la barrera natural de defensa de México, solo poblándola adecuadamente se podría frenar el peligro. En consecuencia, la Junta de Estado en Madrid, viendo que Kentucky no se separaba de Virginia, se negó a apoyar el primero de los proyectos de Wilkinson, pero aceptaba el segundo, con una limitación. Los pobladores podrían seguir siendo protestantes en privado, pero las únicas iglesias visibles y autorizadas serían católicas, dirigidas por sacerdotes irlandeses que por su dominio del inglés podrían atender a los nuevos colonos. Los bienes que tuviesen los nuevos llegados no pagarían impuesto alguno, y se rebajaría el de los productos que portasen por el Misisipi del habitual 25 % a tan solo el 15 %.

Incluso se aceptó que no se desechase del todo la propuesta de Wouves D'Arges y se le dejase llevar familias a Luisiana y a Florida si lo deseaba. Una Real Orden de 1 de diciembre de 1788 aprobaba el plan, pero no llegó a Nueva Orleans hasta marzo de 1789. El proyecto era muy novedoso y liberal para España, pues rompía por segunda vez la norma de que todos los súbditos del rey de España fueran católicos, una tolerancia casi impensable hasta ese momento[120].

Miró cesó en su cargo en 1791, siendo sustituido por el barón de Carondelet, destinado a ser un gobernante formidable que en 1794 volvería a retomar el plan de Wilkinson contra la federación norteamericana. La causa del cese fue su preocupación por la defensa de Luisiana, ya que intentó adoptar medidas militares que protegiesen la colonia. Pero el coste se estimó en un millón de pesos, algo que quedaba muy lejos de las posibilidades financieras de la Real Hacienda.

Además, los sucesos que ocurrieron en el desastroso año de 1793 no le dieron otra opción. Los revolucionarios franceses, a punto de entrar en guerra con Europa entera, comenzaron una serie de contactos con los partidarios de la secesión en el oeste que incluían la invasión de Florida y Luisiana. Carondelet, desesperado, pensó que no había otra solución que intentar romper con los Estados Unidos, antes de que estos o sus aliados, ya fuesen franceses o británicos, acabasen con el dominio español.

---

[120] Como hemos visto, había un antecedente en el permiso concedido a los soldados británicos de Florida oriental y a sus familias, para permanecer en el territorio conservando su religión tras la cesión de la soberanía a España.

Las tribus indias del sudeste

Estas tribus formaban parte antiguamente de los *muskogee* —*creek*—, especialmente del grupo del sudoeste o *hitchiti*, y de ellos mantuvieron la mayor parte de las costumbres. Estaban divididos en 14 clanes —ciervo, viento, castor, oso, etc,— y vivían en casas de plataforma conocidas como *chikees*, construidas de palmeras y paja en palos sobre el suelo. Del contacto con los europeos habían desarrollado el cultivo de verduras y tabaco, la cacería de mamíferos marinos, tortugas, caimanes y mofetas, así como la pesca. Uno de los platos típicos era el *sofki*, sopa de maíz con cenizas de madera. Creían en *Fishakikomenchi*, creador del mundo, que debía enfrentarse a *Yohewa*, fuerza del mal.

La organización familiar era matrilineal, aunque aún quedaban restos de los antiguos clanes. El matrimonio se realizaba estrictamente entre miembros del mismo clan y durante la pubertad las mujeres recibían un collar de cuentas. Las principales tribus eran:

ALGONQUINOS. Su contacto con los españoles fue escaso, pues se limitó a las pocas expediciones españolas que en el siglo XVI exploraron la costa este de Norteamérica. Se extendían en esa zona entre los actuales estados de Carolina del Norte y Virginia, junto a los ríos James, York y Rappahannock. Los ingleses los conocían con el nombre de «Powhatans», debido al nombre del jefe de los indios de la zona en la que establecieron la colonia de Jamestown en 1607. En la actualidad solo quedan unos pocos descendientes de las tribus originarias, que fueron barridas entre 1622 y 1644 por los colonos ingleses. El único grupo que tuvo algo más de contacto con los españoles fueron los que vivían a lo largo de río Savannah, pero su contacto con los misioneros fue muy escaso.

SIOUANS. Los pueblos de habla *siouan* de Carolina del Sur tenían una cierta relación con algunas de las grandes tribus de las praderas del oeste del Misisipi y los más importantes eran los *catawba* y los *pedee*, que ocupaban los ríos que separan hoy en día las dos Carolinas, y sobre todo los *cheraw*, un feroz pueblo guerrero de la zona norte de Carolina del Sur. Al norte, en el Cabo del Miedo y los ríos Neuse y Haw, vivían los *eno*, que tenían como vecinos a los *tutelo-saponi* de Virginia. La mayor parte de estas tribus desaparecieron a lo largo del siglo XVIII por la presión de los colonizadores excepto algún grupo de *catawha*s y los grupos más mestizados. A finales del XVII, todavía vivían dos grupos *siouan* en el sur, los *biloxi* en el río del mismo nombre, y los *ofo*, cerca del río Misisipi.

YAMASI. Esta tribu guerrera, de nombre *muskogee*, vivía entre el sudoeste del río Savannah y la Florida española, donde no debieron de enlazar con los *cusabo*, un pueblo costero, y otras tribus menores. Los misioneros españoles realizaron un gran trabajo con ellos y poco a poco los fueron integrando en la sociedad europea de Florida. Libraron una guerra destructora con los colonos anglo-escoceses de Carolina del Sur en 1715 en la que, a pesar de haber producido tremendos daños a sus enemigos, fueron vencidos. Aliados desde entonces de los españoles, combatieron valientemente en las campañas de la Guerra del Asiento (1739-48) y en la fase final de la Guerra de los Siete Años (1761-63), al término de la cual muchos de ellos optaron por no quedarse en Florida y emigraron a Cuba con los funcionarios, militares y colonos españoles. Finalmente, tuvieron un último periodo de gloria en el periodo de guerra entre España y Gran Bretaña durante la guerra de independencia de los Estados Unidos (1779-83), en la que fueron fieles a España. Tras la vuelta del territorio a la soberanía española en 1784, los pocos que quedaban pasaron a integrarse en la etnia *semínola*.

TIMUCUAS, CALUSAS Y APALACHES. Los *timucuas* en el norte y los *calusas* en el sur, ambos de lengua *muskogee*, eran los dos principales pueblos de Florida a la llegada de los españoles en el siglo XVI. La vida y costumbres de los *timucuas* se han conservado gracias a los grabados y pinturas de un artista que acompañó a los colonos hugonotes de Fort Caroline —destruido en 1565—. A diferencia de los *calusas*, que eran un pueblo de pescadores y cazadores, los *timucuas* eran agricultores, se alimentaban de caimanes, se vestían con ropas hechas con musgo y hojas de palmera, y disponían de complejos sistemas de castas y con tótems para cada grupo tribal. Su lenta conversión al catolicismo y su integración en el sistema de misiones fueron su ruina, ya que se convirtieron en víctimas de los salvajes ataques de los colonos ingleses del norte y de sus brutales aliados indios. Los *calusas* sufrieron, a pesar de su aislamiento, la misma suerte, y a finales del siglo XVIII se marcharon a Cuba o se fundieron con los *semínolas*. Igual suerte corrieron los *apalaches*, destruidos por los ingleses y escoceses de Carolina del Sur y Georgia o por sus aliados *creeks*.

CREEKS. Los *creeks* eran parte de una gran confederación de tribus de lengua *muskogee* o *muskogi*, que se dividía en dos grandes grupos, los altos *creeks*, en los ríos Alabama, Coosa y Tallapoosa, y los bajos *creeks*, en los ríos Chattahoochee, Flint y Ocmulgee. Cada uno de estos grupos se subdividía a su vez en grupos menores, pero su éxito se tradujo en que se convirtieron en un centro de atracción de tribus más pequeñas que se fueron uniendo a sus grupos como los *hitchiti, okmulgge* y *mikasuki,* que se incorporaron a los bajos *creeks,* en tanto los *alabama, koasati* y *tuskegee* lo hacían a los altos *creeks.* Casi siempre aliados de los ingleses, fueron esenciales para conservar las Floridas en manos españolas en periodo de la segunda dominación (1784-1821), pues su odio a los norteamericanos contra los que combatieron durante la Guerra de Independencia de Estados Unidos (1775-83) hizo que sus jefes fueran en general partidarios de España. Tras su terrible guerra de 1812-14 contra los estadounidenses, que les acusaban de ser aliados de los británicos, terminaron en la década de 1830 por ser expulsados de sus tierras y enviados a Oklahoma.

CHOCTAWS Y CHICASAWS. Estas dos tribus *muskogee* —*chactás* y *chicasas* para los españoles de la época— estaban emparentadas y frecuentemente eran aliadas o se enfrentaban en guerras tribales. Independientes y guerreras, ambas naciones se defendieron muy bien de las agresiones francesas y se mostraron en general favorables a los británicos, aunque a España le vino muy bien su constante oposición a los norteamericanos. Los *choctaw* vivían el oeste del río Tombigbee, en Alabama y Misisipi, y los *chicasaw* en el norte de Misisipi y Tennessee. Divididos en distritos y ciudades formaban una curiosa sociedad matriarcal que era gobernada por poderosos jefes guerreros. Los *choctaw* se deformaban el cráneo desde niños y llevaban largas cabelleras[121]. Tenían asociadas o emparentadas a un gran grupo de tribus más pequeñas que se extendían desde en Yazú, como los *chackchiuma* del bajo Misisipi, hasta los *bayogoula* y los *houma* en Luisiana y el noroeste de Florida. Un pequeño grupo eran los *napochi,* del río del Guerrero Negro. Los únicos que han sobrevivido en parte son los *houma,* que se mezclaron con los colonos franceses del delta del Misisipi.

NATCHEZ. Esta pequeña variante de la gran nación Creek vivía en las orillas del Misisipi. Los arqueólogos e historiadores creen que eran los descendientes de un brillante pueblo que alcanzó una gran cultura y disponía de una compleja organización en la que los miembros de la casta más elevada se consideraban «hijos del Sol». Contactaron con los exploradores españoles ya en el siglo XVI, pero consiguieron mantener su cultura hasta que los franceses los destruyeron en 1729 en una corta guerra, tras la que fueron vendidos como esclavos en Santo Domingo o se unieron a otras tribus de la zona. Hoy están extinguidos.

---

[121] Los *choctaw* cerraban sus tratados fumando largas pipas, costumbre que extendieron al norte del Misisipi, desde donde fue llevada al Oeste, hasta las grandes praderas.

TUNICAS. Este pequeño grupo de tribus ocupaba el valle del Misisipi, entre los actuales estados de Luisiana y Misisipi. Famosos en el siglo XVIII por la calidad de sus pieles, todavía hoy unos pocos descendientes siguen viviendo en Luisiana. Durante el período del dominio español (1764-1804) mantuvieron en general buenas relaciones con la administración colonial y los colonos. Eran el grupo más aislado de los *muskogee*s.

CHITIACHAS. Habitaban el delta del Misisipi y eran hábiles pescadores y grandes cazadores de caimanes. Envenenaban el agua para alejar a sus enemigos, pero quedaron cada vez más aislados en su mundo oscuro de los pantanos, alejados de los terrenos que ocupaban los europeos. Quedan unos pocos hoy en día, y son conocidos por su excelente cestería.

ATAPAKAS. Parientes lejanos de los *tunica*, los *atakapas* que habitaban la costa del Golfo de México, en la frontera entre Texas y Luisiana, eran los últimos representantes de lo que en su día fue un gran grupo de pueblos cuyo espacio cultural fue reduciéndose cada vez más. Tal vez parte de su herencia, al menos genética, ha permanecido entre los *creoles* del este de Luisiana.

CADDO. La gran familia de pueblos a la que pertenecían los *caddo* se extendió en otro tiempo desde el valle del Misuri hasta el sur de Luisiana. Cuando España adquirió el control de la zona los *caddo* que habitaban las fronteras actuales de Texas, Oklahoma y Luisiana, eran un pueblo muy integrado desde hacía décadas en el sistema colonial francés de comercio. Tras la venta de Luisiana y el abandono español de sus últimos puestos en la región, los *caddo* fueron empujados poco a poco hacia el Territorio Indio —hoy Oklahoma— donde aún viven algunos. Justo al norte de ellos vivían los *quapaw*, un pueblo *siouan* que estaba en el límite entre el suroeste y las llanuras.

CHEROKEES. La más grande de las tribus del suroeste merecería más espacio que el que podemos dedicarle en esta obra. De lengua de la familia *iroquesa*, llegaron al sur después de una larga marcha en una fecha indeterminada, muchos años antes de que los europeos llegaran a sus costas por vez primera. Desarrollaron una sofisticada cultura y contactaron con los españoles ya en la década de 1540. Según algunos expertos, el término castellano «cheroqui» puede deberse en origen al término «tsalagi» en lengua *cheroqui* —pronunciado *ya-la-gui* o *cha-lagui*—. Este pudo haber sido adaptado fonéticamente al español como *chalaque*, después al francés como *cheraqui* y luego al inglés como *cherokee*, volviendo de nuevo al castellano como *cheroqui*. Aliados habituales de los británicos, se habían enfrentado varias veces a los españoles de Florida, pero cuando España, tras el Tratado de Paz de

París (1783), mantuvo su pugna fronteriza con los Estados Unidos —hasta 1795—, los *cherokees* estuvieron de nuevo en el ámbito de intereses de España, en un tiempo en que las continuas violaciones de sus tierras por los blancos les empujaban cada vez más al oeste, hasta que la tribu se dividió y en su mayor parte marchó al territorio destinado a reserva india. Todavía hoy son una importante parte de la población de Oklahoma, aunque quedan grupos en Arkansas y Carolina del Norte.

SEMÍNOLAS. La tribu destinada a convertirse en una leyenda entre los pueblos indios de América del Norte es una de las de formación más reciente, pues descienden de tribus que emigraron progresivamente desde el norte, adentrándose en Florida a lo largo de la segunda mitad del siglo XVIII. Se trataba de los «bajos *creek*», particularmente de las poblaciones de Georgia de *oconee* y *mikasuki*, a los que se unieron otros pequeños grupos de *yamasi* y *yuchi*, y juntos terminaron absorbiendo a los restos de las poblaciones de *timucas* y *calusas*, ya en la década de 1750. En los años del dominio inglés de Florida se incrementó su población con la llegada de altos *creeks* hablantes de lengua *muskogee* que se unieron al pueblo en formación que iba a ser conocido con el nombre de «semínole». No está claro si su nombre procede de la palabra *muskogi* (Isti) *simano-li* que significa «desertores» o «meridionales», o del término en castellano «cimarrón». Ellos mismos se llaman *Ikaniuksalgi* que significa «gente de la península».

Los *semínolas* tenían un nada despreciable componente de negros huidos de las plantaciones británicas, protegidos por las autoridades españolas de Florida, que los utilizaron mucho en las guerras con sus vecinos anglosajones de Georgia y Carolina del Sur. Cuando España recuperó Florida oriental en 1784, el pueblo *semínola* era una realidad. Parte escindida de la nación *creek*, los *semínolas* vestían ropas multicolores cosidas con bandas intercaladas. Las mujeres llevaban faldas largas que antiguamente se hacían con piel de ciervo, y los hombres, sombreros de tela similar a los turbantes.

Divididos hoy en varios grupos —en Oklahoma, Texas y Florida—, los de Florida han conservado la mayoría de las costumbres *creek*. Odiados por los comerciantes de esclavos y acosados por los colonos, entre 1816 y 1858 libraron tres guerras desesperadas para evitar ser expulsados de su tierra. En la segunda (1835-42), dirigidos por sus grandes jefes Osceola y Wild Cat, demostraron un valor sobrecogedor y una capacidad de lucha asombrosa en la campaña más costosa contra los indios de la historia de los Estados Unidos. Fue una contienda salvaje y brutal en la que los *semínolas*, armados básicamente con excelentes fusiles españoles del modelo 1828, nunca contaron con más de 600 guerreros y pusieron en tremendas dificultades a los más de 150 000 hombres que llegaron a ser empleados contra ellos.

Expulsados en su mayor parte a Oklahoma, todavía entre 1855 y 1858 los guerreros de Billy Bowlegs libraron una desesperada guerra en los pantanos de Everglades. Tras su rendición y envío a Oklahoma, una minúscula parte de combatientes y sus familias se refugiaron en lo más oscuro y profundo de las ciénagas de Florida hasta que los propios angloamericanos se olvidaron de ellos. Aún siguen allí, son la nación Mikasuki[122].

La guerra en los bosques del sudeste

Como ocurría en una gran parte de las tribus de Norteamérica, los *creek* combatían prácticamente desnudos, apenas cubiertos por un taparrabos, y se pintaban el cuerpo de rojo y negro desde la cintura a la cara. Los guerreros llevaban arcos y flechas y macanas o porras que, con el transcurrir del tiempo, cambiaron por *tomahawks* y cuchillos, y por armas de fuego. También llevaban unas pequeñas bolsas con cuero para reparar sus mocasines, y desde que se extendió el uso de mosquetes y fusiles, un cuerno con pólvora.

Los jefes de guerra de las partidas *creek* daban preferencia en el reclutamiento a los miembros de las familias que habían perdido a alguien en un combate o incursión de una tribu enemiga. Tenían un complejo sistema de ritos iniciáticos en los que los nuevos guerreros tomaban sustancias alucinógenas y recibían una completa formación espiritual que debía ponerles en condiciones de enfrentarse a sus enemigos. Una vez purificados y listos para entrar en acción, cada jefe de guerra contaba con un asistente que debía portar un arca sagrada de madera en la que se guardaban los objetos mágicos que daban la fuerza al grupo y que consistían en partes de animales, principalmente huesos, piedras sagradas y cristales.

Una partida de guerra no tenía habitualmente más de 50 hombres, si bien lo más habitual es que no fuera mucho mayor de 20. Se desplazaban en fila por los bosques, a buen paso y siempre en un absoluto silencio, separados a escasa distancia unos guerreros de otros. Durante las agotadoras marchas bebían y comían poco, al objeto de aumentar su sufrimiento y ganar el favor de los dioses. Tras aproximarse a su objetivo, comprobaban con cautela el número probable de enemigos y las defensas del poblado, y una vez estudiados los puntos débiles, atacaban.

---

[122] Sus décadas de aislamiento y la brutal selección natural produjo en un siglo unos hombres asombrosos que se movían como nadie en las junglas y los pantanos, y que integrados en las tropas especiales de los Estados Unidos sirvieron en Vietnam contra las guerrillas del Vietcong con aterradora eficacia.

Normalmente los guerreros evitaban usar senderos transitados, cambiaban a menudo de ruta y se ocultaban al máximo, usando los árboles y aprovechando las ventajas que otorgaba el medio natural en el que vivían. Eran buenos combatientes, pero se desesperaban en los largos asedios y jamás fueron capaces de librar combates en campo abierto al estilo europeo. Hubo que esperar al siglo XIX para que los pocos indios que quedaban en el suroeste combatiesen como los blancos. Tras la batalla los guerreros intentaban arrancar la cabellera al enemigo abatido, pues era el símbolo de su triunfo y se guardaba como trofeo en las casas. Los prisioneros solían ser torturados de forma salvaje, pero a los niños se les adoptaba e incorporaba a la tribu habitualmente.

La elección de los jefes de guerra se hacía en asambleas abiertas, en las que se elegía a los más capaces para llevar adelante la campaña. Curiosamente, había lugares, villas o pueblos, en los que estaba prohibido derramar sangre, por lo que nunca eran seleccionados líderes guerreros de esos lugares. Los guerreros más notables eran llamados «bastones rojos» y todavía hoy los *mikasuki* usan ese emblema como propio y así son llamados. Durante la segunda mitad del siglo XVIII todos los indios del sudoeste aprendieron el uso de armas de fuego, a las que rápidamente se aficionaron.

La intensa rivalidad y las constantes guerras entre franceses, ingleses y españoles les permitió acceder de forma permanente a un suministro constante de fusiles y pólvora que supieron aprovechar muy bien, ya que incrementó de forma notable su capacidad militar, aunque jamás fueron capaces de organizarse lo suficiente como para poder hacer frente a fuertes ejércitos europeos cuando estos decidían actuar de forma contundente.

Las guerras contra ellos siguieron el mismo patrón. Los indios eran engañados y acosados en sus tierras hasta que no podían aguantar más y arrasaban las colonias de los blancos, provocando una «matanza». La respuesta de los blancos era también la misma. Destruían los poblados indios, aniquilaban sus concentraciones de guerreros y tras masacrar a hombres, mujeres y niños, les expulsaban de su territorio. Eso sí, jamás estos actos eran calificados de «matanzas» cuando los llevaban a cabo los hombres blancos.

La nación mutante

En el convulso y difícil periodo que transcurrió entre la Paz de París de 1784 y el abandono de los últimos puestos en Florida en 1821, los indios fueron en general una barrera que protegía las inestables fronteras de Luisiana y las Floridas, pero no se puede decir lo mismo de la nación a la que España había ayudado a nacer y que de inmediato le disputó la gigantesca frontera que iba desde la costa Atlántica hasta el Misisipi: los Estados Unidos, un monstruo en crecimiento que no podía ser detenido.

Los funcionarios y administradores coloniales españoles de las Floridas y Luisiana hicieron un trabajo formidable. Con el apoyo de diplomáticos esforzados, hábiles agentes, militares decididos y expertos conocedores de la frontera y de las tribus indias, obtuvieron en la década de 1784 a 1794 unos logros asombrosos para los escasos medios con los que contaban, pero, para su desgracia, el adversario al que se oponían con todas sus fuerzas era una gigantesca hidra a la que no se podía parar por más cabezas que se le cortasen. El país idílico de hombres libres y campesinos que habían soñado personajes como Jefferson se estaba transformando a marchas forzadas en otra cosa, pues no solo estaba creciendo en población de forma asombrosa —más de siete millones de habitantes en 1810, cuando apenas eran cinco en 1 800—, sino lo que era más importante, estaba descubriendo algo que les convertiría en el futuro en una fuerza arrolladora y en menos de 150 años les otorgaría la supremacía mundial[123].

En 1790 un inglés llamado Slater que había trabajado en la naciente industria textil inglesa fundó una fábrica en Pawtucket en la que usar los diseños de máquinas de vapor que tenía en la mente para hilar y tejer de forma masiva. Poco después Oliver Evans comenzó a construir máquinas de vapor de alta precisión que desde 1802 se multiplicaron por el norte del país, destacando las factorías de Francis Cabot y los diseños geniales de máquinas debidos a hombres como Robert Fulton, que en 1802 había construido ya barcos de vapor y hasta un submarino.

Pero lo que cambió todo fue la asombrosa desmotadora de Whitney que, patentada en 1794, multiplicó por cincuenta la cantidad de algodón que podía ser separado de las semillas y abrió los ojos de quienes no se habían dado todavía cuenta del poder de las máquinas y de la inventiva aplicada al progreso industrial[124]. Esta creatividad y capacidad de innovación se aplicó a todos los campos. Como ejemplo, la pequeña marina de guerra de los Estados Unidos disponía ya en 1805 de buques avanzadísimos para su época, que en 1812 barrerían a las fragatas de la *Royal Navy* del Atlántico Norte en una asombrosa serie de duelos individuales.

---

[123] En 1800 la economía de los Estados Unidos suponía el 1,5 % mundial y en 1950 el 27 %. Sobran los comentarios.

[124] La máquina era tan sencilla de hacer que Whitney, con buen criterio, dejó de entablar pleitos para proteger su patente. Para él no tuvo importancia, en 1798 fundó en Connecticut una fábrica de armas en las que las piezas eran tan perfectas que cualquiera de ellas podía adaptarse a otra arma. Su invento fue decisivo para el futuro de las manufacturas de material militar y, al final, más importante que la desmotadora.

Además, la falta de un ejército poderoso la compensaban con la presión que ejercían en las fronteras sus ambiciosos comerciantes, mercaderes y colonos, ávidos de tierras y de lugares nuevos en los que hacer negocios, casi siempre actuando de forma brutal y sin escrúpulos, pero con una eficacia demoledora. Todos estos ejemplos mostraban un país pujante que atraía a emigrantes de Europa cada vez en mayor número.

La frontera occidental en litigio

Los especuladores que impulsaban la política expansionista de los Estados Unidos en los primeros años después de la independencia consideraban que solo la libre navegación en el Misisipi podía garantizar el éxito de sus negocios. Insensibles a las negociaciones diplomáticas, a estos representantes del incipiente capitalismo americano les importaba un bledo la legalidad. Lo que deseaban era encontrar un medio que les permitiese quedarse con las tierras situadas al norte del paralelo 31º y alcanzar la desembocadura del Misisipi como fuese, para poder dar salida marítima a sus productos sin tener que depender de la molesta ruta terrestre a través de los montes Apalaches.

El 7 de enero de 1785, Joseph Habersham, en nombre del estado de Georgia, firmó el acta de creación del condado de Borbón, en el territorio que iba desde el paralelo 31º a la boca del Yazú. Semejante acción suponía una provocación al gobierno español, que era el dueño *de facto* de Natchez desde 1779. Estos hechos no se produjeron de forma aislada, pues cuando llegó la noticia a Miró, este supo también que unos 2500 hombres al mando de los generales Montgomery y Clark estaban concentrados en la desembocadura del Ohio.

Avisado el comandante español del fuerte de Natchez, Felipe Treviño, se preparó la defensa de la zona y se dieron instrucciones precisas para impedir que los aventureros americanos tuvieran éxito. Miró conocía bien a los promotores de la idea, entre los que destacaba Thomas Green, un hombre que en plena guerra de independencia norteamericana había pedido permiso a las autoridades españolas para establecer a 12 familias con 200 esclavos en territorio español. Se le concedió el permiso siempre y cuando aceptara la soberanía de España, en lo que estuvo conforme, pero al poco de terminar la guerra regresó a Georgia para ir preparando el plan del condado de Bourbon.

Miró le recordó a su regreso, muy enfadado, lo que debía a la Corona de España y su deslealtad, y publicó un bando en el que amenazaba con acciones militares a quien intentase perturbar la región que estaba bajo soberanía española. Entre tanto, tres norteamericanos, Ellis, Gaillard y Banks, se reunieron con un comerciante de Natchez llamado Guillermo Brocus para conspirar y lograr la independencia del territorio. Enterado Miró, cuyo sistema de información seguía funcionando muy bien, ordenó la detención de los sediciosos y lo publicó en Natchez para que todo el mundo lo supiese, advirtiendo que cualquier intento de rebelión sería castigado conforme a las leyes militares de España. A esto se unió que los representantes de Georgia para la fijación de los límites fronterizos, que se encontraban ya en la ciudad, manifestaron que ese estado era parte del territorio de los Estados Unidos y no estaban dispuestos a ceder en absoluto. El virrey, desde México, dejó claro por carta a Miró que había que contener a los sediciosos sin contemplaciones y que no se debía de mostrar ante ellos ninguna debilidad.

Por su parte el gobierno americano no estaba dispuesto tampoco a que estados como Georgia actuasen por su cuenta, y ofreció a España una negociación bilateral diplomática. Para alivio de la mayoría, incluida la minúscula guarnición del fuerte de Natchez, en la primavera de 1785 la tranquilidad volvió a la zona. Pero el fracaso del condado de Bourbon no desanimó a los conspiradores, ya que continuaron los intentos de expulsar a España de la región.

Una de estas tentativas fue la protagonizada por la Compañía de Carolina del Sur en el Yazú, creada en 1789 por especuladores que ambicionaban tierras en un territorio reclamado por Georgia y España, pero que en la práctica era parte del territorio indio *choctaw*. Se trataba de unas tierras excelentes, altas, muy ricas y muy bien comunicadas por río. Se eligió como primer establecimiento a Nogales, donde las familias de los colonos podían llegar desde Kentucky, bajando por el Ohio, y comerciar con los españoles de Florida occidental y los indios de la región.

Los términos del acuerdo quedaron en manos de Juan Holder, que se había comprometido en llevar 400 familias a la nueva colonia del Yazú. El 7 de agosto, en Charleston, se firmó el contrato. Los objetivos eran ambiciosos y estaban bien pensados, pero el principal problema fue la competencia, pues en esas mismas fechas nacieron varias compañías que buscaban lo mismo. Las más importantes fueron la Compañía de Virginia en el Yazú y la georgiana Compañía del Tennessee.

Como siempre, el intrigante Wilkinson intervino tras convencer a la Compañía de Carolina del Sur en el Yazú de que tenía buenos contactos entre la alta Administración de Luisiana, lo que era verdad. Wilkinson dijo a Miró que, a diferencia del asunto del condado de Borbón, no se trataba de una acción hostil contra la soberanía española. Miró dejó claro a Wilkinson que todo el territorio al que la Compañía se refería era español por habérselo arrebatado a los británicos en la guerra, sin que tuvieran validez los tratados que los norteamericanos hubiesen acordado con los *choctaws*, ya que se habían firmado con guerreros embriagados por el alcohol y sin el consentimiento de sus jefes. Además, como ya estaba escarmentado, decidió apoyar con tropas la zona y reforzar un fuerte, cerca de la desembocadura del Yazú, que dominaba el paso del Misisipi. Pero fue su sucesor, Carondelet, quien se dedicó en serio a crear unidades militares de voluntarios, con milicias disciplinadas, que ayudasen a defender el territorio.

Juan Holder, por su parte, incumplió todo lo que había firmado. La compañía le sustituyó por James O'Fallon, que comenzó a actuar en 1790, dirigiéndose primero a Kentucky y logrando, a través del omnipresente Wilkinson, contactar con Miró en Nueva Orleans. Durante su misión, O'Fallon había reclutado una respetable fuerza armada de 400 hombres para reafirmar los derechos de la compañía a la que representaba, un tipo de preparativos que no parecían la mejor forma para llegar a un acuerdo con los españoles o con los indios. Por otra parte, el carácter de O'Fallon, prepotente y ambicioso, presagiaba su fracaso, pese a que conocía bien las debilidades de España. Aunque Miró dudaba, Wilkinson le aseguraba que O'Fallon era de fiar, hasta que poco a poco se dio cuenta de que su extraño comportamiento era peligroso. Algo que se demostró cuando en diciembre de 1790 amenazó con llevar a la guerra contra España a las naciones *choctaw* y *chicasaw*.

Miró no se asustó demasiado y tampoco el comandante de las tropas españolas en Nogales, Gayoso de Lemos, pero este último tenía un cierto temor a que aventureros incontrolados intentasen alguna locura, por lo que pidió refuerzos a Nueva Orleans para cerrar el paso a cualquier expedición armada que tratase de bajar por el Ohio. La torpe actuación de O'Fallon consiguió algo hasta entonces inconcebible: un acuerdo entre España y los Estados Unidos, a cuyo gobierno tampoco hacía mucha gracia la presencia de este tipo de individuos que empezaban a proliferar en la frontera.

Fue finalmente el propio Wilkinson, con su juego de agente doble, quien como representante de la Compañía de Carolina del Sur y del gobierno norteamericano se encargó de provocar la caída de O'Fallon. El propio presidente de los Estados Unidos se encargó de poner término a este tipo de intentos, y el 19 de marzo de 1791 una proclamación de Washington advertía contra los proyectos ilegales de los especuladores de tierras y sus compañías. Los líderes de estas fueron procesados y los federalistas ganaron fuerza. Por su parte, el gobernador Miró desplazó finalmente más tropas a Nogales para reforzar la frontera indefinida y demostrar que los hombres del rey de España no estaban aún tan acabados como algunos creían.

Más compleja para España fue la siguiente crisis, pues afectaba a dos zonas que eran consideradas muy importantes para garantizar la seguridad de la Luisiana y Florida occidental. Se trataba de Muscle Shoals y las Barrancas de Margot. Muscle Shoals era una zona boscosa con gran cantidad de caza que era vital para los indios. Nada más terminar la guerra, en 1784, hubo ya intentos de colonos angloamericanos para establecerse allí, que se repitieron en 1789, a través de la llamada Compañía Georgiana de Tennessee. En 1792 había medio millar de americanos instalados en la zona. Carondelet solo podía contar con los indios, pues veía que era poco probable que los *cherokees*, apoyados por *choctaws* y *chicasaws*, aceptasen la intrusión[125].

En cuanto a las Barrancas de Margot, un punto estratégico esencial, pareció que los angloamericanos podrían tener éxito, pero el tratado español con los *chicasaws* les cerró el paso durante una década. Y pudo haber sido más tras la construcción del fuerte San Fernando de Barrancas en 1795, y el enorme esfuerzo por reforzar la frontera que hizo Carondelet con la creación de la Legión Mixta y de los Voluntarios del Misisipi y la regulación de las Milicias de la Costa de los Alemanes.

Pero la amenaza norteamericana continuaba siendo muy seria. La alarma la dio en 1793 Juan de Villebeuvre, gran conocedor de la zona y amigo de los *choctaw*, cuando advirtió que los norteamericanos querían enviar un regimiento de infantería y milicias armadas, en total 1500 hombres, al territorio entre el Cumberland y el Tennessee. La intención era expulsar a los *cherokees* y conseguir de esta forma un puesto sólido en la orilla este del Misisipi, en tanto que el general Robertson sobornaba con provisiones a los *chicasaw* para poder bajar por el río y asentarse en las Barrancas de Margot. Ante el agravamiento de la situación, Gayoso de Lemos desde Nogales y Carondelet desde Nueva Orleans enviaron agentes a los indios para contrarrestar la amenaza.

En octubre salió Pedro Rousseau, un criollo capitán de la milicia de Luisiana, al frente de 40 hombres, con la misión de ocupar las Barrancas. El hecho cierto es que aunque los funcionarios de España se ganaban el sueldo, el desafío planteado era imposible de superar con los medios de los que disponía el gobierno español.

Cuando aumentó la amenaza contra los *cherokees* en Georgia se prepararon dos cuerpos. Uno para invadir el territorio *creek* desde el sur, y otro

---

[125] Como era de esperar, acabó ocurriendo, y los norteamericanos tuvieron que librar una brutal guerra en la zona cuando los indios ya no tenían, como siempre, ninguna posibilidad de vencer, por lo que los restos de sus tribus acabaron en su mayor parte expulsados al oeste del Misisipi en el llamado Territorio Indio, hoy estado de Oklahoma.

para entrar directamente en las Barrancas de Margot, donde el jefe *chicasaw* Payemingo, totalmente predispuesto contra los españoles, recibió armas y municiones en abundancia de los yanquis. A Carondelet le quedaba solo una posibilidad: intentar que las cuatro naciones indias se aliaran para evitar el aniquilamiento final de la nación *cherokee* y parar la amenaza sobre los *creeks*. Si se tenía éxito, se evitaría el asentamiento estadounidense en las Barrancas y se conjuraría una vez más la amenaza.

Cuando se firmó finalmente el tratado de Nogales y el 23 de mayo de 1795 se logró el acuerdo con las tribus, España había garantizado la seguridad de todo el territorio al este del Misisipi entre Nuevo Madrid, en Misuri y Arkansas, pues desde las Barrancas de Margot se bloqueaba el acceso a la orilla oriental del río. El general Wayne, indignado, comunicó que el territorio en el que las tropas españolas estaban construyendo un fuerte era de los Estados Unidos y pertenecía a los *chicasaw*, pero no se atrevió a hacer nada.

Gayoso, desafiante, le contestó que lo hacían para evitar la amenaza de los norteamericanos y los republicanos franceses. Lo que ninguno de los dos hombres sabía es que, a miles de kilómetros de distancia, Godoy iba a firmar un tratado con los Estados Unidos que dilapidaba lo que con esfuerzo, habilidad y trabajo inmensos, y sin apenas medios, habían logrado los hombres que defendían los intereses de España en Norteamérica. Hay cosas que no cambian y los gobernantes españoles demostraron una vez más que no estaban a la altura que sus compatriotas merecían.

La amenaza militar y los proyectos de invasión

Las actividades comerciales de particulares y compañías dedicadas a asentarse en los territorios en litigio entre España y los Estados Unidos duraron cuatro décadas. Son uno de los periodos menos conocidos de la historia común de ambos países, pues se trató de un toma y daca complejo en el que España se jugaba el mantenimiento de sus territorios en América del Norte, y los nacientes Estados Unidos su futuro como nación poderosa. Fueron muchas las ocasiones entre 1784 y 1821 en las que ciudadanos y tropas de ambas naciones se enfrentaron con las armas, y no terminaron de milagro en declaración formal de guerra.

Por otra parte, teniendo en cuenta la escasez de recursos materiales y humanos, la actuación de los representantes de España en Luisiana y Florida fue brillante y triste, pues casi siempre estuvieron solos enfrentados a desafíos que les sobrepasaron, pero a los que respondieron con firmeza y honor. No puede decirse lo mismo de la errática política llevada en España, donde a partir de 1788, con la muerte de Carlos III, la incapacidad de los políticos para sortear los problemas internacionales fue colocando al país en una posición cada vez peor. Desde el conflicto de Nootka con el Reino Unido, y sobre todo con el comienzo del ciclo de guerras de la Revolución Francesa, España acabó incapacitada para defender con firmeza sus territorios de América y Europa, cambiando de bando una y otra vez y sin demostrar una posición firme en su política exterior, lo que provocó que se la fuese teniendo cada vez menos en cuenta.

Desde el mismo día en que acabó la guerra con los británicos, los Estados Unidos, ya nación independiente, consagraron su política internacional a hacerse con el control de Luisiana. Si bien todos los proyectos militares fracasaron y las acciones españolas para impedirlos tuvieron absoluto éxito, la presión fue tan intensa que finalmente el gobierno de Madrid cedió. Por el Tratado de San Lorenzo de 1795 entregó a los Estados Unidos todo lo que deseaba, anulando los triunfos militares y diplomáticos de los representantes españoles en la región que, adelantándose a compañías de especuladores y a todo tipo de intrigantes y aventureros, contuvieron la expansión norteamericana durante una década.

En 1786 los agentes españoles, muy activos en la frontera, pero también en Filadelfia y luego en Washington, informaron de un plan del general George Rogers Clark para atacar Natchez con una banda de filibusteros. En 1787 se conoció otro proyecto, esta vez del capitán John Sullivan, que intentó levantar a los colonos angloamericanos del territorio de Franklin, en Tennessee, para atacar la propia Nueva Orleans. El plan sonaba ridículo, pues se trataba de utilizar a los 50 000 habitantes de la frontera —Georgia, Franklin, Kentucky, condado de Borbón y Cumberland— para enfrentarse a las tropas regulares españolas o las milicias franco-españolas hasta alcanzar el Golfo de México. Como el proyecto fue publicado, Gardoqui escribió indignado a Jay, y el Congreso acordó castigar a Sullivan. Por último, en 1789, John Connolly ofreció armas desde Canadá a los colonos de Pensilvania y Kentucky que deseasen invadir Luisiana.

Todos estos intentos fueron un fracaso, aunque alarmaron a los gobernantes españoles, que se daban cuenta del riesgo de tener que defender una frontera tan extensa con unos medios tan reducidos. Pero la crisis surgió de verdad a partir de 1793, cuando dos hechos que no tenían nada que ver entre sí perjudicaron notablemente la posición de España.

El primero fue la muerte de Alejandro McGillivray, el jefe de la nación *creek*, enemigo de los estadounidenses y amigo de España. El segundo fue el comienzo de la desastrosa guerra con la Convención francesa, ya que ahora

Francia se unía a los Estados Unidos en sus proyectos contra España. En ese mismo año, Edmond-Charles Genet, emisario de la República de Francia, llegó a Charleston dispuesto pedir ayuda «para liberar América del poder español», apoyado en la clásica cháchara de justificar la agresión con la retórica de los principios de libertad, igualdad, fraternidad y progreso.

Bernard de Mangourit, nombrado por Genet cónsul en Charleston, fue el encargado de planificar la agresión. El propio Genet marchó al norte para retomar el proyecto de Clark, a quien le pareció perfecto socavar el poder español en Nueva Orleans con el apoyo de los colonos del Illinois y Kentucky, pero no logró convencer al presidente Washington, que, a diferencia de Clark, aún recordaba lo que los norteamericanos debían a España por su ayuda en la guerra de independencia, y Genet se marchó disgustado de que no se respaldara su apoyo al «pueblo» americano.

Respecto a Mangourit, con la ayuda de William Moultrie planeó una compleja expedición contra San Agustín, y otra desde Kentucky con Clark. Esperaba contar con unos 5000 hombres con los que podría tomar también Nogales, Natchez y Baton-Rouge. La agresión comenzaría en 1794 si Genet ponía el dinero. Washington pidió a Francia que retirase a su enviado, lo que el gobierno jacobino finalmente hizo. Wilkinson, ganándose su paga de espía, tranquilizó a Carondelet diciéndole que los proyectos de Clark habían sido también neutralizados. Finalmente, el sucesor de Genet, Fauchet, publicó el 6 de marzo de 1794 una declaración en la que prohibía a los franceses en guerra con España violar la neutralidad de los Estados Unidos.

Aunque Mangourit continuó con los planes, todos sus intentos fracasaron, desde el llevado a cabo por Elijah Clarke contra San Agustín al de Tate y Hammond desde Isla Amelia. En consecuencia, al comenzar el año 1795, la posición española en las dos Floridas y en Luisiana, tras diez años de soberanía, parecía firme y sólida, aunque solo una década más tarde se iba a derrumbar.

La pérdida de Luisiana

Mientras con habilidad y esfuerzos enormes los políticos, militares y funcionarios españoles en Luisiana y Florida consolidaban la frontera con los Estados Unidos, en Europa el gobierno de Godoy, siempre acobardado, firmó un tratado con los estadounidenses en el que se fijaban las fronteras que habían quedado sin establecer con claridad tras la paz de París de 1783. El Tratado, llamado de San Lorenzo por haberse suscrito en San Lorenzo de el Escorial, entregaba a los Estados Unidos todo el territorio situado al norte del paralelo 31º y le reconocía el derecho a navegar por el Misisipi, cuya orilla izquierda pasaba a controlar en su totalidad. También se les otorgaba el derecho a mantener un depósito en Nueva Orleans.

Los norteamericanos, que al final se habían salido con la suya, crearon el nuevo territorio de Misisipi. Todos los esfuerzos llevados a cabo en los años anteriores se venían debajo de repente por la cobardía y desidia del gobierno español. Tras la firma del Tratado de San Lorenzo, una de las muestras de debilidad más asombrosas de la historia de España, los norteamericanos procedieron con rapidez a crear el nuevo territorio, y en seguida se dieron cuenta de que una nación que cedía tan fácilmente a la presión no podía seguir teniendo la llave del Golfo de México[126].

Con todo, lo peor vendría de Francia, la nación que se suponía era aliada. Napoleón, en su delirio de dominio mundial, había puesto sus ojos en América, en concreto en el inmenso y desconocido territorio que había sido entregado a España en 1763 y que los gobiernos españoles habían mimado y protegido como a la más querida de sus posesiones: Luisiana. Siempre con la mente en el futuro, Napoleón se dio cuenta de que, si bloqueaba la salida al Golfo de México desde el Misisipi y sus ríos tributarios, podía imponer su dominio sobre el subcontinente norteamericano. Teniendo en cuenta lo anterior, en el Tratado de San Ildefonso del 1 de octubre de 1800, Napoleón obligó a España a incluir una cláusula secreta que cedía a Francia la Luisiana, un territorio de la extensión aproximada de los Estados Unidos de la época.

Afortunadamente para la incipiente nación, Napoleón tenía trabajo de sobra en Europa y no mostró ninguna prisa por hacer efectiva la ocupación del territorio. Unos meses antes de la firma del Tratado con España, Bonaparte había obtenido una rotunda victoria contra los austríacos en Marengo, y lentamente sus tropas se habían ido imponiendo en los diferentes teatros de operaciones europeos, donde las tropas de la República habían ido derrotando uno tras otro a todos sus enemigos, hasta que finalmente, Gran Bretaña, cansada y aburrida de una guerra sin fin, aceptó la paz con Francia, firmada en Amiens el 27 de marzo de 1802. El Reino Unido, ciertamente, no había sido vencido, pero en líneas generales los franceses se habían salido con la suya y podían considerarse triunfadores.

Para España, el Tratado de Amiens fue ventajoso, pues a cambio de Trinidad —en manos británicas desde 1798— recuperó Menorca y en líneas

---

[126] Todas las naciones de Europa han sufrido situaciones humillantes, que suponen una verdadera vergüenza nacional, pero España ha batido récords en los dos últimos siglos, el último caso en la cesión del Sáhara a Marruecos y Mauritania (1975), que en el futuro aparecerá como una de las manchas colectivas de nuestro pasado.

generales no quedó malparada. Aunque había sufrido una dura derrota naval en el cabo San Vicente en 1797, había vencido con claridad en los combates terrestres en Puerto Rico, Tenerife y Ferrol —Brión—, y sus tropas habían demostrado valor y combatividad. El resultado, en cualquier caso, era mejor que el logrado en la Guerra del Rosellón contra la Francia de la Convención.

Así pues, lo que para España no fue una mala noticia, para Francia era excelente, y para los Estados Unidos, que no habían participado en el conflicto, un drama. Por de pronto, la cesión de Luisiana a Francia suponía que los norteamericanos —que conocieron la cláusula secreta en mayo de 1801— se encontraban ante un problema, ya que Napoleón les infundía, con razón, más respeto que Carlos IV o Godoy. A partir del Tratado de Amiens el emperador tenía las manos libres para llevar adelante sus planes en América, y si los Estados Unidos en veinticinco años de presión no habían sido capaces de arrancarle las Floridas a España, su porvenir ante la poderosa Francia era más bien oscuro[127].

Lo primero que necesitaba Napoleón era contar con una base poderosa en las Antillas. Tanto Guadalupe como Martinica no podían garantizar el dominio del Caribe, como se había demostrado en la guerra recién terminada, en la que habían caído en manos británicas. Era preciso contar con una base más sólida. Francia había dominado la parte occidental de la isla La Española —Haití— desde finales del XVII y desde hacía unos años, tras la paz con España, también controlaba la parte oriental, lo que hoy es la República Dominicana.

Así pues, Bonaparte consideró que controlar toda la isla era esencial, sobre todo porque los esclavos negros de Haití se habían rebelado al comienzo de la Revolución y seguían alzados en armas. Nadie podía imaginárselo, pero un combatiente negro iba a cambiar la historia de los Estados Unidos y del Caribe. Se llamaba Toussaint Louverture, había nacido en Senegal en 1743 y servido como aliado del Ejército español durante las guerras de la Revolución, lo que le valió el grado de coronel, y más tarde Bonaparte le reconoció el grado de general.

En La Española los negros y mulatos se habían alzado en armas basándose en la *Declaración de los Derechos del Hombre* de 1789. La revuelta la protagonizó Vicente Ogé, y, con la decapitación del rey Luis XVI el 21 de

---

[127] En 1799 el Directorio francés había librado una guerra no declarada con los Estados Unidos —la llamada Cuasi-Guerra—, en la que cada bando capturó un centenar de barcos del contrario, si bien las cosas favorecieron en general a los estadounidenses. El combate de mayor importancia fue el duelo entre las fragatas USS *Constellation* y *L'Insurgente* el 9 de febrero de ese año. La fragata francesa fue literalmente demolida por la americana, cuya tecnología era muy superior.

enero de1793 y la abolición de la monarquía, Robespierre apoyó en principio las reclamaciones de los mulatos y negros. Pero los blancos, sintiéndose traicionados, comenzaron una represión que sumergió la parte oriental en el caos y la guerra civil.

Bajo el liderazgo de Toussaint Louverture, que se proclamó jefe supremo de la Isla y la declaró «una e indivisible» tras conquistar la parte francesa, se elaboró una Constitución que le nombraba presidente vitalicio con derecho a nombrar sucesor. Napoleón Bonaparte, decidido a terminar con la rebelión, envío una escuadra de 80 naves y un ejército de 16 000 hombres al mando su cuñado, el general Leclerc. Toussaint fue declarado fugitivo de la justicia y finalmente hecho prisionero bajo engaño, pero su caída no acabó con la guerra[128]. Agotado y minado el Ejército francés por la fiebre amarilla, la guerra se prolongaba y los negros, ahora dirigidos por el Jean-Jacques Dessalines, un antiguo esclavo, inclinaron la contienda a su favor y dieron nacimiento a la República de Haití, utilizando el viejo nombre que los indios taínos daban a toda la isla. Un hecho de importancia histórica, pues había nacido la segunda nación independiente de América y la primera república negra.

Los franceses, desalojados de Haití, permanecieron en la parte española de la isla hasta que al comenzar la Guerra de Independencia se rindieron en 1809 a una expedición anglo-española[129]. Con la pérdida de Haití, y sin capacidad de reacción, mantener Luisiana no tenía sentido y además los británicos no parecían muy conformes con la situación en Europa y amenazaban con una nueva guerra. Dominando Canadá, no tendrían grandes problemas en barrer de su posición en América del Norte a los franceses, por lo que no es de extrañar que Napoleón pensase en aliarse con los Estados Unidos como solución.

En 1801, los estadounidenses se habían quejado del daño que producían al libre comercio las acciones corsarias españolas —dado que persistía la guerra con Gran Bretaña—. Ante las reclamaciones de Washington, España cerró provisionalmente el derecho de depósito en Nueva Orleans. El daño que esta decisión produjo a los Estados Unidos fue enorme, y aunque España abrió el depósito de nuevo, se vio hasta qué extremo eran los norteamericanos dependientes del comercio libre con la gran ciudad del Golfo de México. Napoleón, que ahora lo sabía bien, presionó al gobierno español

---

[128] Murió el 27 de abril 1803, en el castillo de Joux, en Francia. Nadie en los Estados Unidos le recuerda, pero su resistencia cambió la historia del mundo.

[129] Aislados de Francia combatieron valientemente durante media década. Rechazaron una ofensiva haitiana en 1804-05 y cuando los españoles y británicos les atacaron en 1808 resistieron en Santo Domingo hasta bien entrado 1809.

para que repitiese la acción, y el intendente Juan Ventura Morales prohibió de nuevo el 16 de octubre de 1802 el derecho de depósito en Nueva Orleans, mediante un bando al que se opuso el propio gobernador Salcedo, que no pudo impedirlo[130].

La situación alcanzó una tensión que a punto estuvo de provocar una guerra, pues los colonos del oeste perdían el acceso al Golfo. Los estadounidenses amenazaron con tomar lo que deseasen por la fuerza de las armas, pero eso los llevaba, posiblemente, a enfrentarse con Napoleón y con España. No obstante, también sabían que Francia estaba enredada hasta extremos insolubles en su guerra en Haití, y que no iban a poder llevar la defensa de sus intereses mucho más allá de la pura palabrería. El 13 de febrero de 1803, la medida fue revocada, enviándose la Real Orden que liberaba el derecho de depósito a Morales el 1 de marzo. En realidad, ya todo daba igual, pues el 2 de mayo de 1803, Monroe y Livingston, en nombre de los Estados Unidos, firmaban con Francia la cesión del territorio de Luisiana a los Estados Unidos. En principio los negociadores americanos llevaban instrucciones de Jefferson para comprar la desembocadura del Misisipi por dos millones de dólares, pudiendo subir a diez si no había más remedio. Dado que había que negociar con el astuto Talleyrand, se temían lo peor. Pero para su sorpresa, los franceses les ofrecieron todo el territorio, no solo la desembocadura del río.

Debieron de quedarse de piedra, pero comprendiendo lo que se les ofrecía, con algo de regateo por 15 millones adquirirían un territorio de unos 2,5 millones de kilómetros cuadrados que daría para formar once estados y doblaba la extensión de los Estados Unidos. El tratado se firmó el 30 de abril de 1803, solo dos semanas antes de que Gran Bretaña y Francia volviesen a entrar en guerra. En la práctica, a los británicos, que sabían que pronto estarían en guerra con los franceses y previsiblemente con los españoles —como de hecho ocurrió, pues provocaron su entrada en la guerra—, hasta les interesaba que un territorio tan inmenso estuviese en manos norteamericanas antes que en las de Francia o España.

Sin duda alguna, 1803 fue uno de los años más exitosos de la joven república norteamericana. No obstante, la adquisición del territorio planteó dos problemas inmediatos. El primero fue de orden interno en los Estados Unidos, donde se abrió un intenso debate entre quienes pensaban que el gobierno federal no podía comprar territorio de esa forma y los que pensaban

---

[130] Los historiadores estadounidenses afirman a menudo que esta acción se debió a presiones francesas, pero no está claro.

que sí. El segundo era curioso, y al parecer nadie había reparado antes en él, y es que todo el territorio vendido por los franceses y comprado por los norteamericanos seguía en manos españolas y, además, nadie se había molestado en fijar las nuevas fronteras.

El problema de los límites no era una tontería, ya que no estaba claro qué debía de corresponder a Francia y qué a España, lo que se complicó más aún —al fin y al cabo, Francia y España eran aliadas— cuando el territorio fue cedido por Francia a los Estados Unidos antes incluso de tomar posesión de él. El ministro Cevallos había escrito una carta al secretario de Despacho de Guerra, José Caballero, el 6 de noviembre de 1801, donde exponía los problemas que se podían producir, y fue respondido el 31 de diciembre por este, en otra carta que decía:

> No hay documentos por donde pueda deducirse con individualidad, y sin un examen muy detenido que baste a apurar las dudas, los límites que separan la provincia o Colonia de la Luisiana de la Florida.

Durante todo el año de 1802 tanto los Estados Unidos como Francia intentaron comprar las dos Floridas a España, cuyo gobierno se limitó a dar evasivas, pero el primer conflicto se produjo con la suspensión del derecho de depósito en Nueva Orleans el 16 de octubre de 1802 por órdenes del intendente Juan Ventura Morales, a pesar de que era una cláusula clara del tratado de 1795.

La medida de fuerza española enfureció a los colonos norteamericanos que no podían dar salida a sus mercancías. Las protestas del gobierno estadounidense tuvieron éxito y, como hemos visto, el 13 de febrero de 1803 el ministro Cevallos comunicó al de Hacienda, Soler, que el derecho de depósito debía ser restablecido. En primavera, el marqués de Casa Calvo regresó a Nueva Orleans y el 18 de mayo de 1803 se informó a los ciudadanos de Luisiana de la forma en que el territorio sería entregado a los Estados Unidos de América, y ocho días después se envió una copia de la Real Orden que autorizaba la transferencia al Cabildo. El traspaso formal de poderes debería esperar a la llegada del general Claude-Victor Perrin, que se encargaría de tomar el mando de la provincia en nombre de Francia, pero el general no iba a llegar jamás, pues el estallido de la guerra en Europa lo impidió.

El tiempo fue pasando y las inquietudes de la población sobre el futuro generaban alarma, pues no llegaban los representantes de Francia y la cosa se complicaba. Entre la población española —un 25 % que incluía la mayor parte de las tropas regulares— comenzó a plantearse la resistencia de forma abierta, en tanto los franceses estaban muy divididos, pues no les agradaba el gobierno que había en Francia, pero veían con horror el de los Estados Unidos.

Finalmente, se decidió formar una Guardia Cívica, inspirada por Daniel Clark y el representante de Francia, Pierre Clement de Laussat, a cuya cabeza se puso Joseph Bellechasse para mantener la paz entre la población.

El principio del fin. La entrega de Luisiana

El 18 de noviembre de 1803 el Cabildo se reunió por última vez bajo soberanía española y se dio por terminada la administración en nombre de Su Católica Majestad, cediendo los poderes el gobernador Salcedo a Laussat. La milicia fue también puesta bajo el mando francés, pero las tropas regulares españolas siguieron en sus puestos en Nueva Orleans y en el interior de la provincia, manteniendo sus posiciones hasta en los lugares más lejanos.

El representante para la transferencia de poder a los Estados Unidos, el general Wilkinson, llegó el 25 de noviembre y se encontró con las autoridades militares españolas para establecer el cambio de poderes. El día 30 se debía realizar la entrega oficial y Laussat aceptó el territorio en nombre de Francia. En los días siguientes se organizó una administración de estilo francés destinada a durar solo unos días, ya que el 20 de diciembre, Laussat transfería formalmente la soberanía de Luisiana a los Estados Unidos, representados por el general James Wilkinson y el primer gobernador americano, William C. Claiborne.

La ceremonia se dio ante el Cabildo y se celebró al mediodía. Como en la práctica era España quien cedía el territorio, pero legalmente quien lo transmitía era Francia, en el acto se arrió la bandera española y se izó la francesa, para a continuación arriarla e izar la de los Estados Unidos[131].

Luisiana era al comenzar 1804 una de las más prósperas colonias españolas y se encontraba en constante crecimiento. La población, unos 45 000 habitantes, de los que unos 10 000 vivían en el entorno de Nueva Orleans, era muy diversa y estaba formada en su mayoría por criollos franceses, con una minoría española que se redujo notablemente al irse las tropas regulares y sus familias, los funcionarios y algunos colonos, como los 250 habitantes de Galveztown que abandonaron la población y se marcharon al territorio

---

[131] En cualquier caso, esta formalidad no podía ocultar que, de acuerdo con las cláusulas del tratado de San Ildefonso, Francia solo podía ceder el territorio a España. La venta de Luisiana, el mayor negocio de la historia de los Estados Unidos, un hecho decisivo en la historia del mundo, tiene una base ilegal.

español de Florida occidental. El resto de los habitantes eran alemanes, acadios y canarios, con unos pocos angloamericanos que habían ido llegando en los últimos meses. Además, había una nutrida colonia de refugiados franceses de Santo Domingo, incluyendo negros libres.

España, sin embargo, no abandonó ninguno de los fuertes y asentamientos del inmenso territorio del interior hasta el primer trimestre de 1804, cuando los fueron entregando a las tropas de los Estados Unidos en pequeñas ceremonias. El más importante, la ciudad de San Luis, no se entregó hasta el 9 de marzo. Ese día, la bandera blanca de España fue arriada a primera hora de la mañana y se izó la tricolor de Francia durante cuatro horas. A las 12:00 horas, la bandera francesa se arrió y se izó la de los Estados Unidos. En realidad, y contra lo que se dice habitualmente, ese fue todo el tiempo que Napoleón Bonaparte fue soberano y señor de la Alta Luisiana.

La entrega del territorio a los Estados Unidos no resolvía el problema de límites, pues quedaba por determinar hasta dónde llegaba el territorio adquirido por los norteamericanos, lo que provocaría más de una década de intensas discusiones entre los representantes de ambas naciones.

7.2. Solos frente a todos

La pérdida gradual del control del territorio de soberanía española en ambas Floridas estuvo directamente influenciado por sucesos exteriores, pero que repercutían enormemente en los intentos del gobierno español por afianzar su dominio en esas tierras. A unos años de cierta estabilidad, que van desde el final de la guerra de independencia norteamericana hasta la guerra de España con la Francia revolucionaria, le siguen otros en los que las Floridas se fueron deslizando directamente hacia el caos.

El tratado de 1795, por el que España cedió a todas las pretensiones norteamericanas y entregó Luisiana, fue el golpe de gracia. España, primero comprometida en sus guerras en Europa y desde 1810 con insurrecciones crecientes en toda América, apenas pudo atender a los conflictos cada vez más complejos que se estaban dando en su frontera con los Estados Unidos. Ya en 1784, Patrick Tonyn, el último gobernador británico en San Agustín advirtió a Céspedes, que le reemplazaba en el cargo cuando Gran Bretaña devolvió Florida a España, que los ríos San Juan, Nassau y Santa María estaban poblados por gentes peligrosas que actuaban solo según sus deseos.

A esta población se unieron pronto centenares de norteamericanos ansiosos por obtener tierras baratas, a quienes no importaba que existiese una frontera entre su país de origen y las tierras que ambicionaban. Sin embargo, la presión tardó en ser efectiva, pues, como hemos comentado, a la barrera que suponían los 45 000 indios que se interponían en el sur entre los colonos angloamericanos y el territorio español, se unieron dos factores que ayudaron mucho a mantener seguras durante al menos una década las posesiones españolas.

El primero lo constituía un único hombre, Alexander McGillivray, coronel del ejército británico y como hemos visto mestizo, jefe de la nación *creek*, y muy bien relacionado con la compañía Panton & Leslie, que dirigía el negocio de tráfico de mercancías con los indios y se mostraba opuesto a los intereses de los norteamericanos. El segundo, la hábil política de los funcionarios y representantes civiles y militares de España en la región, que entre 1784 a 1794 fortalecieron la posición española, al lograr acuerdos con las principales tribus indias y construir estratégicos fuertes que bloqueasen la expansión norteamericana.

Los primeros problemas surgieron por las dudas que en algunos funcionarios españoles despertó la actitud de McGillivray a partir de 1788, cuando las autoridades españolas, que desde hacía cuatro años le suministraban armas y municiones, le propusieron que intentase llegar a un acuerdo con los Estados Unidos. McGillivray aceptó la propuesta y viajó a Nueva York en 1790, convencido de que tal vez fuese la mejor solución para su pueblo, pero nunca firmó tratado alguno con los norteamericanos. Tras pasar enfermo sus últimos años, falleció dejando a los *creeks* en el momento crucial de su historia, cuando se verían envueltos en una brutal guerra con los Estados Unidos y expulsados de las tierras de sus antepasados para siempre.

Pero antes ocurrieron otras cosas. Una de ellas, muy importante y por la que los españoles empezaron a sospechar de él, fue su aproximación a partir de 1792 a la tesis defendidas por un sorprendente aventurero llamado William Augustus Bowles, un joven inglés que a los quince años —alistado en el Regimiento de Maryland, formado por americanos leales a la Corona británica—, había defendido Pensacola del ataque de las tropas de Bernardo de Gálvez y había visto con humillación cómo la *Union Jack* era arriada y reemplazada por la bandera blanca con la cruz de Borgoña española.

William Bowles y los *creeks*: el estado de Muskogee

Cuentan los biógrafos de Bowles que tras la caída de la ciudad se marchó a vivir entre los *creeks* y se casó con la hija del jefe Perriman, hasta que, al finalizar la guerra, se marchó a las Bahamas junto con toda la población británica. Hasta 1788 siguió en las Bahamas, donde entabló una buena relación con el gobernador, lord Dunmore, que lo había sido de Virginia durante la guerra. Dunmore le encargó una misión en Florida financiado por competidores de la casa Panton & Leslie, que tenía un almacén en Nassau y había llegado a un ventajoso acuerdo con las autoridades españolas. El gobernador de las Bahamas y las empresas rivales de Panton habían confiado en Bowles, fundamentalmente, porque les aseguraba la alianza firme de las tribus indias, sobre todo de los *creeks*, con quienes decía mantener una relación privilegiada.

Lo cierto es que, aunque Bowles fue un hombre brillante y audaz, jamás tuvo un control completo sobre los indios. A lo sumo fue capaz de convencer a algunos grupos, como lo prueba que a la hora de la verdad solo unos pocos se pondrían a su lado. En cualquier caso, a finales de la década de los ochenta Bowles comenzó a considerar la idea de una nación Creek independiente de España y de los Estados Unidos, con acceso al Golfo de México y unas instituciones modernas de estilo europeo.

Actuando como representante del gobierno británico, Bowles ofreció a McGillivray, con quien se entrevistó, armas para toda la nación Creek y municiones y material suficiente para arrasar la frontera con Georgia y detener el avance de los estadounidenses. Si McGillivray estaba de acuerdo, Bowles le entregaría todo el material en Apalachicola antes del invierno de 1788. También le contó sus planes, probablemente sinceros, de construir una nación independiente para los *creeks*.

Los agentes del gobernador de Florida oriental, tan activos y eficaces como siempre, tuvieron noticia de lo ocurrido y se lo trasmitieron al gobernador Céspedes. Hay que tener en cuenta que, aunque la amenaza norteamericana era inquietante, la presión aún era limitada y formalmente ambas naciones eran aliadas. Muy preocupado ante lo que podía ocurrir, Céspedes decidió informar de inmediato al gobernador de Georgia, George Hanley, para evitar una matanza en la frontera y para que adoptara las medidas necesarias para detener «tan vil complot».

Luego escribió al gobierno español exponiendo sus razones para avisar a los estadounidenses, mostrando su alarma ante el hecho de que, al parecer, el propio McGillivray parecía estar de acuerdo con Bowles, según le manifestó al gobernador en una carta. Eso no era cierto, ya que finalmente el jefe indio le negó su apoyo para no embarcar a su pueblo en una guerra contra los Estados Unidos que sería desastrosa.

Bowles, insensible al fracaso, a pesar de saber que no tendría a su lado a los guerreros *creeks*, reclutó una partida de guerra en Bahamas bajo la habitual promesa de tierras y marchó a Florida dispuesto a poner en marcha sus planes, pero una parte de sus hombres desertaron y fueron apresados por los españoles. De ellos, el gobernador Céspedes obtuvo confirmación de lo que sospechaba: que de alguna forma lord Dunmore apoyaba desde Providencia el plan de Bowles, si es que no lo financiaba directamente.

Como siempre, Bowles no se desanimó e intento negociar con el gobierno español de forma directa, pero manteniendo la amenaza de fuerza. Afirmaba que al menos 20 000 indios vivían en las Floridas y que tanto los *creeks* como los *cherokees* se pondrían de su lado en un conflicto, pues afirmaba que Panton había incumplido los acuerdos de suministro de material y recursos a las tribus. Las cartas, enviadas a Floridablanca, estaban escritas en Bahamas y fueron cursadas poco antes de que Bowles partiese rumbo a Inglaterra. Sin embargo, la información más correcta sobre lo que estaba ocurriendo la facilitó Antonio Garzón, un agente español que había sido enviado a una misión entre los *creeks* por el gobernador de Florida occidental, O'Neill, ya que hablaba a la perfección la lengua india y conocía personalmente a Mc Gillivray.

En su informe al gobernador en Pensacola, Garzón afirmaba que los indios seguían siendo fieles a España y que incluso su jefe, a pesar de ser ante todo afecto a los ingleses, se oponía a los planes de Bowles. Sobre el aventurero inglés, Garzón no tenía dudas y estaba seguro de que iba a proponer a los británicos la forma de recuperar San Agustín y Florida oriental.

A su vuelta de Inglaterra, Bowles marchó a Florida con una idea firme en la cabeza, y en compañía de 74 indios que había logrado reunir asaltó el importantísimo puesto comercial de Panton, en San Marcos de Apalache, apoderándose de víveres, municiones y armas. Tras el ataque, Bowles embarcó rumbo a Inglaterra en una goleta británica[132]. En Londres escribió una carta a Carlos IV como representante de las naciones Creek y Cherokee exigiendo libre navegación por el río Apalachicola hasta el Golfo de México, y la firma de un tratado bajo amenaza de guerra si no se atendían sus peticiones. Visitó también al embajador, marqués del Campo, ante quien acusó a Panton & Leslie de no llevar adelante sus compromisos con los indios y de engañarles. Tras las dos entrevistas que tuvieron, el embajador no tuvo duda alguna de que alguien poderoso estaba detrás de los planes de Bowles.

En mayo de 1791 Bowles regresó a América y puso rumbo a las Bahamas, escribiendo en el trayecto el manifiesto que le haría famoso. Pero sus planes le habían ido creando muchos enemigos. Por de pronto las autoridades españolas comenzaron a tomarse en serio sus amenazas, y el capitán general de Luisiana y Florida propuso que un navío patrullase las costas para buscar a Bowles. El intendente general, ante la escasez de medios, sugirió encargar el trabajo a un corsario: el capitán Juan McQueen. Además, hartos de sus amenazas, Panton y Mc Gillivray contrataron asesinos para eliminarlo. Bowles tuvo que esconderse un tiempo, pero sin dejar de enviar cartas a todo el mundo, desde los gobernadores españoles en San Agustín y Pensacola hasta al gobierno en Madrid, insistiendo una y otra vez en sus peticiones como representante y director de los *creeks* y los *cherokees*.

Aunque se sospechaba que los británicos estaban apoyándole, Bowles se limitaba a poco más que a incordiar, hasta que el 16 de enero de 1792, con una fuerza considerable, asaltó una vez más el puesto comercial de Panton en San Marcos de Apalache. Guessy, oficial del Regimiento de Infantería Fijo de Luisiana que estaba a cargo del fuerte, envío a parte de sus tropas para expulsar a los asaltantes, pero regresaron cuando John Leslie, el socio de Panton, les informó de que los indios armados eran más de 70, lo que su-

---

[132] El capitán dejó en su diario la mejor descripción que tenemos de Bowles: «De gran estatura, bien conformado, ágil y corpulento, es intrépido y emprendedor; Actor, pintor, guerrero, legislador, cazador, pastor, político […], solo tiene 26 años».

peraba con creces la minúscula tropa al mando de Guessy, que no tuvo otra opción que refugiarse en el puesto fortificado y esperar acontecimientos.

Carondelet, gobernador de Luisiana, indignado con lo que ocurría, ordenó a la fragatilla *La Galga* que partiese hacia Pensacola y Apalache para acabar con las correrías del inglés y de sus secuaces. Mientras, desde San Agustín se había enviado una pequeña fuerza de apoyo a Guessy, con la que se detuvo a Cunningham y a una partida de indios. En el interrogatorio que se le hizo, Cunningham confesó que contaban con la ayuda y el apoyo de Miller, un comerciante de Providencia, en las Bahamas, y del gobernador lord Dunmore.

Tras la llegada de *La Galga* a la zona, su comandante, José Hevia y Francisco Gressy, que seguía controlando el fuerte de San Marcos de Apalache, propuso una reunión a Bowles. Este aceptó y se comprometió a marchar a Nueva Orleans a «negociar la paz», dejando sus asuntos en Apalache en manos de William Wellbanks. La captura de Bowles fue comunicada por el gobernador de Luisiana a las autoridades en Cuba, pero el aventurero, descontento con el trato que se le estaba dando, intentó explicar sus objetivos al barón de Carondelet y se quejó de las actividades de McGillivray y de Panton. Bowles amenazó con que su arresto supondría una rebelión masiva de los *talapuches* y dijo que una fuerza armada de milicianos y tropas regulares de los Estados Unidos, en total 2460 hombres, estaban listos para invadir Florida oriental.

Carondelet envió todas estas cartas a Floridablanca, entonces ministro de Estado de España. El problema para Bowles, que había sido encarcelado en el Morro de La Habana, vino de su colaborador Cunningham, quien le acusó de estar detrás de varios planes contra la soberanía española. Aunque Bowles continuó insistiendo en su inocencia, no convenció al capitán general de Cuba, que decidió enviarle a España. Estaba seguro de que se trataba de un agente inglés que buscaba reemplazar a McGillivray, perjudicar a la casa Panton y sustituirla entre los indios por alguno de sus socios de Bahamas. El 21 de abril de 1792, Bowles fue enviado a España y el 2 de junio le siguió Cunningham, para comparecer ambos ante la justicia.

En San Agustín, la población se alegró al saber que Bowles estaba entre rejas, y el gobernador Quesada pensaba que, con excepción de unos pequeños grupos, la mayor parte de los indios veían a su «liberador» con absoluta indiferencia. Sin embargo, hay pruebas de que al menos una parte de los *creeks* se mostraron en desacuerdo con la detención, lo que provocó un choque entre ellos y los milicianos de Georgia, pues a los norteamericanos Bowles tampoco les gustaba nada.

No podía decirse que la provincia de Florida oriental estuviese tranquila y el 24 de octubre se reunieron en Cowan los jefes de la nación Creek, que acordaron pedir al rey de España la liberación de Bowles. El gobernador de Luisiana no se alarmó demasiado, pues creía que solo los *semínolas* apoyaban de verdad a Bowles y la declaración había sido redactada por Wellbanks, su socio, y no por los indios. En consecuencia, se ordenó a Francisco Monteruill, comandante del fuerte de San Marcos de Apalache, que impidiese a toda costa la salida de Wellbanks de Florida.

En España, Bowles no paró de escribir cartas desde su cárcel en Cádiz, en las que insistía en su inocencia y repetía sus argumentos. Finalmente, el fiscal del Consejo de Indias emitió un dictamen el 3 de diciembre de 1793, por el que se decidió que ambos reos —Bowles y Cunningham— fuesen enviados a Filipinas, donde se les confinaría en la isla de Luzón en libertad vigilada y se les permitiría trabajar. En Manila, Bowles tenía obligación de presentarse todos los días al corregidor de Tondo, pero el gobernador era consciente de que la medida no garantizaba que no se escapase, más aun siendo Manila puerto franco, en el que entraban todos los días barcos de muchas naciones.

A pesar de la facilidad que tenía para escapar, Bowles pasó unos años en Filipinas, hasta que en agosto de 1798 el gobernador decidió enviarle a España, pues, como de nuevo estaban en guerra Gran Bretaña, España no se fiaba de que cumpliese el acuerdo y se escapase. El 22 de octubre, la fragata *Concepción* en la que viajaba llegó a Santa Cruz de Tenerife, donde Bowles logró escapar. Su fuga alarmó a las autoridades españolas, que se plantearon el refuerzo de las guarniciones de Florida y Luisiana, pues sabían que estaba en Londres y temían que volviese a las andadas.

Los temores españoles se cumplieron. Una vez en Inglaterra, Bowles fue nombrado teniente coronel, habilitado a general, siendo enviado a Jamaica con la orden de pasar a Florida con el apoyo de 25 artilleros holandeses y un intérprete y llevando armas y municiones para los *creek*s. Como de costumbre, la excelente red de agentes españoles que operaban en las islas del Caribe inglés conoció los planes de Bowles y se preparó el envío de dos buques ligeros a la bahía de Tampa y otros dos a la desembocadura del Apalachicola para vigilar las costas del Golfo e impedirle desembarcar.

A la Junta de Guerra que tomó la decisión, presidida por el coronel Francisco Bouligny, le preocupaba sobre todo la defensa de Pensacola, cuyas fortificaciones estaban en muy mal estado. El 5 de septiembre de 1799, dicha Junta comunicó al capitán Portele, comandante del fuerte de San Marcos de Apalache, que reclutase 20 mercenarios con los que detener a Bowles en los ríos de Florida si intentaba desembarcar. Para entonces varias tribus se habían alzado en armas y se temía un ataque inminente a Apalache, por lo que se pensó enviar una galera con 20 hombres escogidos desde Pensacola, pero finalmente ninguna de estas medidas defensivas llegó a ponerse en marcha.

Bowles, entre tanto, desembarcó en el río Pedernales, y el 30 de octubre promulgó un edicto en el que, como director general de la nación Muskogee, ordenaba abandonar el territorio a todos los residentes españoles y norteamericanos, a los que daba un plazo que acababa el 8 de noviembre, fecha a partir de la cual podrían ser arrestados.

El gobernador de San Agustín, White, se mostró alarmado por la noticia y urgió al gobierno español a tomar medidas de inmediato si no se quería que Bowles iniciase la guerra de la nación Creek contra España. Bowles siguió su marcha e hizo lo habitual en estos casos para ganar adeptos a su causa. Ofreció 100 acres de terreno a los europeos que deseasen la protección del Estado de Muskogee, y la posibilidad de ampliar por compra la extensión de esas tierras. El 29 de noviembre, Bowles declaró Apalachicola puerto abierto a los buques de todas las naciones, fijando los derechos de importación y exportación. También hizo un esfuerzo notable para atraer a su causa a los indios, pero repartió los cargos más importantes entre europeos. Uno de ellos, Richard Power, fue nombrado primer oficial de marina, y otro, William Mc Girth, juez del almirantazgo y comisario de marina. Respecto a los indios, logró reunir un grupo de *seminola*s con los que quería tomar Apalache, Pensacola y Mobila. Su fracaso ante los *talapuches* y los *uchizes*, que se negaron a apoyarle, le obligaron a limitar sus ambiciones.

Las autoridades españolas esta vez actuaron con celeridad, y el capitán general Someruelos envío en febrero de 1800 desde Pensacola al capitán Olivier con 102 soldados, en dos galeras y dos lanchones, para reforzar el fuerte de San Marcos de Apalache. Reunidas allí todas las fuerzas disponibles, que sumaban ya más de 200 hombres, se dirigieron al interior en busca de la banda armada de Bowles. Localizado su campamento por los rastreadores indios que acompañaban a las tropas españolas, el capitán Olivier lanzó un sorpresivo ataque nocturno en el río Ochlockonee que tomó por sorpresa a los *seminolas* y aventureros europeos que iban con Bowles, quien pudo escapar de milagro. El éxito, por lo tanto, había sido incompleto.

Como director general del Estado de Muskogee, Bowles pudo reunir de nuevo un grupo armado en solo unas semanas y declaró oficialmente la guerra a España el 5 de abril de 1800. Solo unos días después sus hombres tomaron el fuerte de San Marcos de Apalache. La pérdida del fuerte fue lamentable, pues la guarnición huyó a la llegada de los indios pensando, según afirmó su comandante, que les atacaba toda la nación Creek, cuando en realidad los atacantes eran diez blancos y un puñado de *semínolas*. Lo peor para los intereses españoles fue la propaganda que supuso para el Estado de Muskogee la captura de la importante posición española, ya que no solo rompía las comunicaciones por tierra entre Pensacola y San Agustín, sino que atrajo a decenas de indios a las filas de Bowles, quien se atrincheró en la zona y bloqueó la entrada del río Apalache para evitar la llegada de refuerzos españoles.

Desde Pensacola, el comandante Vicente Folch era consciente de que no podía permitir que Bowles se hiciese fuerte en el centro de Florida y solicitó refuerzos, municiones y suministros con los que dirigir un contraataque. Cuando obtuvo lo pedido marchó contra Bowles, tomando de nuevo para España el fuerte San Marcos el 23 de junio.

El éxito español hizo que Bowles actuase otra vez de forma más prudente, y desde su refugio en Mickasukee ofreció un tratado contra los Estados Unidos, pero sin detener sus ataques a granjas y poblados, atacando a los indios neutrales o aliados de España y a los pocos asentamientos de colonos británicos y angloamericanos. Sus asaltos y robos inquietaron a las autoridades de Florida oriental, cuyas escasas tropas no lograban acabar por si solas con la banda de Bowles hasta que, gracias a la colaboración norteamericana, un destacamento de tropas de los Estados Unidos y fuerzas españolas consiguieron emboscar a las bandas armadas del Estado de Muskogee en el río Santa María, aunque el aventurero inglés logró escapar de nuevo. Sin embargo, gracias a los prisioneros se pudo comprobar que su fuerza era muy pequeña, y se llegó a la conclusión de que no constituía una amenaza para Pensacola y muchísimo menos para San Agustín.

En enero de 1802 un grupo fuertemente armado de *semínolas*, negros fugitivos, piratas de todas las nacionalidades y desertores españoles sitiaron de nuevo San Marcos de Apalache, contando con artillería. Las tropas españolas aguantaron bien y los barcos españoles que operaban en la costa destruyeron las trincheras *semínolas* a cañonazos por dos veces. Bowles se alarmó y levantó el sitio, que en total había durado diez días, y el fracaso desalentó a muchos indios, pero aun así a lo largo del año la situación continuó igual. Pequeños grupos de soldados españoles perseguían por toda Florida a Bowles y sus seguidores, que atacaban a los viajeros, cometían robos, asesinatos y saqueos y, en un ataque al establecimiento de pescadores españoles de Tampa, se apoderaron de un pesquero, con el que tomaron una goleta de la Real Hacienda que iba cargada de municiones y armas y se dirigía a Apalache.

El éxito de Bowles se logró gracias a un corsario de Providencia, en las Bahamas, que actuaba con patente inglesa, el capitán Gibson, que con motivo de la paz entre España y Gran Bretaña se había quedado sin trabajo y decidió unir su buque, el *The Park*, al Estado de Muskogee, que ahora tenía ya dos barcos. Con el apoyo de su pequeña flota, el Estado de Muskogee obtendría pronto notables éxitos en la que Bowles bautizó como operación *State Cutter*. El capitán William Power recibió instrucciones para capturar todos los barcos españoles que pudiese a lo largo de la costa de Florida y logró apoderarse de varias goletas, entre ellas dos del poderoso comerciante de La Habana Juan Madraz, *La Guadalupe* y *La Concepción*.

Estos triunfos fueron, sin embargo, el comienzo de la ruina de Bowles y su estado fantasmal, pues, tras continuas quejas españolas, el almirantazgo inglés declaró fuera de la ley a la flota de Muskogee, cuyos barcos pasaron a ser considerados piratas, y se dieron instrucciones a los gobernadores británicos para no ayudar a Bowles. Cada vez más solo, considerado pirata y sin apoyo exterior, veía como su sueño del Estado de Muskogee se moría. En un intento desesperado para conseguir aliados indios, se presentó en la aldea de Tehiapofa, en la que residía el gran jefe Mongoulachaoupayé y donde se celebraba el Consejo General de los *talapuches, cherokees, choctaws* y *chickasaws*. Allí se encontraban John Forbes, el socio de Panton, y Esteban Folch, cadete del Regimiento de infantería Fijo de Luisiana e hijo del comandante de Pensacola Vicente Folch, quienes detuvieron a Bowles. En el camino hacia Mobila logró escapar, pero fue de nuevo capturado. Enviado desde allí a Cuba, murió en 1805, pobre y olvidado, en el castillo de El Morro de La Habana.

Enjuiciar la historia de Bowles es complicado. Autores como Elena Sánchez-Fabres destacan sus diversas facetas: ¿era un agente inglés o un líder auténtico de los indios *creek*? Como bien dice esta autora, tal vez fuese ambas cosas y creyó de verdad en una nación Creek libre, en un estado indio-europeo en Florida y en una república indígena anterior a la de Haití en unos meses. En cualquier caso, su ambicioso plan no pasó de ser poco más que una aventura.

Bajo la Bonnie *Blue Flag*. De la conspiración de Burr a la República de Florida occidental

La transferencia de soberanía a Luisiana no acabó con los problemas fronterizos entre España y los Estados Unidos. Antes incluso de que las tropas españolas abandonasen los fuertes y puestos de la Alta Luisiana, desde San Luis a las lejanas Nebraska o Dakota, estaba claro que las tensiones iban a continuar.

El primer problema real de límites se planteó por el distrito de Mobila. Los estadounidenses sostuvieron a partir de mayo de 1803 que su nuevo territorio llegaba hasta río Perdido, lo que les concedía derecho al control de una parte considerable de Florida occidental. El problema era que ni siquiera los españoles lo tenían claro y el gobernador Manuel Salcedo tenía dudas, puesto que el territorio que ahora reclamaba los Estados Unidos a España no había sido recibido de Francia, sino que España lo había conquistado militarmente a Gran Bretaña. De esta forma, la disputa de límites con los Estados Unidos, que parecía haber terminado con el Tratado de 1795, volvía a la palestra y afectaba no solo a Florida, sino también a Texas y los territorios del oeste.

La interpretación de los norteamericanos quedó clara el 24 de febrero de 1804, cuando el presidente dictó la *Mobile Act*, que indicaba que los territorios cuyos ríos desembocaran en el Golfo de México y estuvieran al este del Misisipi eran parte de los Estados Unidos. España respondido con energía e Irujo, el embajador en Washington, solicitó el 7 de marzo la anulación de los artículos 4 y 11, que eran los que cuestionaban la soberanía española.

El capitán general Someruelos recibió instrucciones para reforzar la frontera e impedir cualquier acción estadounidense en territorio español. La presión surtió efecto y el gobierno estadounidense pareció ceder. En el fondo ambas partes sabían que España no podría mantener eternamente su posición, en gran medida porque el crecimiento industrial y de población de los Estados Unidos haría que la navegación del Mobila fuese inevitable, pero España quería —y parecía razonable— que fuese una concesión y no un derecho. En la práctica, dos años después España seguía sin otorgar el derecho de navegación, pero los buques americanos ya navegaban por el río.

Este asunto provocó duros enfrentamientos entre el intendente Morales y el gobernador Folch que en nada ayudaban a la autoridad española en la zona. Se producían además constantes incidentes que en cualquier momento podían terminar en una confrontación armada, como cuando el 6 de enero de 1807 tropas americanas pasaron sin permiso por delante de Mobila, o el apresamiento por las autoridades españolas de un transporte de armas que iba desde Nueva Orleans a Fuerte Stoddert.

Los problemas venían de antes, pues el 1 de noviembre de 1804 el nuevo régimen administrativo norteamericano debía ser implantado en Nueva Orleans, pero a pesar de lo tardío del año, tanto Morales como el gobernador Casa Calvo seguían allí. Salcedo decidió gobernar Florida occidental desde Baton Rouge, pero fue cesado y enviado a Canarias y le sustituyó Vicente Folch, comandante de la plaza de Pensacola.

Baton Rouge no era la capital de la provincia, pero en ella se produjeron los primeros incidentes serios, cuando el 7 de agosto de 1804 Natham y Samuel Kemper marcharon hacia el fuerte Stoddert con 30 hombres armados. Carlos de Grand-Pré, un *creole* al servicio de España que estaba a cargo de la fortificación, sabía que la población era casi en su totalidad angloamericana y prefería ser estadounidense a española, pero reunió sus escasas tropas, reforzó las guardias y salió en busca de los rebeldes a los que detuvo, aunque algunos escaparon al Bayou Sarah.

El embajador Irujo estaba seguro de que era una conspiración urdida por los estadounidenses y aseguró proféticamente que los rebeldes querían crear una república independiente y acto seguido ofrecérsela a los Estados Unidos. Irujo señalaba a Madrid que había un plan premeditado que se aprovechaba de la debilidad y la indiferencia de España en aquellas tierras. De todas formas, la primera tentativa seria contra la soberanía española vino de la mano de un ex vicepresidente de los Estados Unidos, el coronel Aaron Burr. Burr tenía tal vez poca visión de futuro, pero su idea no era tan rara como ahora pudiera parecernos. Propugnaba cambiar las Floridas por la recién adquirida Luisiana, pero no pensaba resignarse si España no aceptaba el cambio.

Su primer paso fue asociarse a una compañía, la Mexican Association, con la que pensaba tomar Mobila y Pensacola. No obstante, como había estado ocurriendo hasta la fecha, los diplomáticos y militares españoles conocieron los planes de Burr cuando este solicitó a su agente Jonathan Dayton que le consiguiera algunos buques ingleses. En enero de 1806 Irujo ya conocía el plan, que se suspendió en espera del resultado de las negociaciones entre España y los Estados Unidos para la venta de Florida. Ante el fracaso de estas, el embajador informó en octubre que Burr estaba listo para entrar en acción. Sin embargo, lo que entonces preocupaba a las autoridades españolas era que Wilkinson, con su eterno doble juego, parecía estar preparando a sus tropas para una acción militar contra Florida occidental y Texas.

Tras traicionar a Burr, informando a las autoridades españolas de sus planes, Wilkinson aseguró que sus movimientos de tropas obedecían a la necesidad de proteger los territorios españoles y los de su propia nación de ciudadanos rebeldes. Los datos facilitados por Wilkinson eran muy precisos y Foch se trasladó a Baton Rouge. Con la colaboración del comandante del fuerte Stoddert, logró que se arrestara a Burr el 18 de febrero de 1807. El problema estaba ahora en que al parecer Burr contaba con apoyo británico y que incluso estaba en tratos con el rebelde venezolano Miranda, por lo que el gobernador Folch comunicó al capitán general en Cuba sus sospechas.

El 14 de febrero de 1807 el Congreso de los Estados Unidos aprobó la incorporación al distrito de Misisipi de todas las orillas y aguas de los caudales que desembocaban en ese río o alguno de sus brazos. Este segundo intento de anexarse formalmente el territorio español era tan descarado que Foronda, que acababa de sustituir a Irujo, se alarmó. El 18 de junio de 1808 —tres días después de la pantomima de proclamación en Bayona de José I como rey de España—, el capitán general de las Floridas, Someruelos, escribió a Cevallos para resumirle los continuos incidentes que se estaban dando con los norteamericanos y expuso que estos intentaban bloquear las Floridas para tomarlas. Efectivamente, el bloqueo americano de los puertos, al que se unió la prohibición de comerciar con Florida por tierra, con multas enormes, tenía por objeto aislar las dos provincias españolas aprovechando la supremacía naval británica tras la batalla de Trafalgar.

Los americanos se defendieron de las acusaciones españolas. Alegaron que Canadá también sufría el mismo bloqueo, pero olvidaron decir que en el caso de su vecino del norte daba igual, pues la *Royal Navy* era la dueña y señora del Atlántico y podía llevar a los puertos fluviales del interior lo que desease. En el caso de las Floridas, la presión y el descaro con el que actuaban los norteamericanos era tan evidente que llegaron a cegar el Bayou Manchac para impedir que llegasen los víveres que allí había al resto del territorio.

Además, al cegarlo vulneraron el territorio español, pues habían actuado en la mitad española del río. Por si fuera poco, con aire chulesco, colocaron una cañonera en Iberville, en el lado español, atravesando el río con un cable para que no llegará ningún buque de suministro. Folch, desafiante e indignado, pidió que se le socorriese con tropas y dinero, pues afirmaba que solo había dos opciones: o conquistar la Luisiana o resignarse a perder las dos Floridas.

Todas esas medidas y otras más adoptadas por los norteamericanos demostraban no solo su obsesión por tomar las Floridas sino su total desprecio a las normas y leyes internacionales entre naciones amigas. Por otra parte, a nadie se le escapaba que la terrible guerra contra los franceses que se libraba en España les convencía de que estaban ante una gran ocasión. El problema para ellos surgió de la alianza entre España y Gran Bretaña, que de nuevo dio un respiro a Florida, pues ahora los ingleses podían suministrar a los floridanos todo lo que precisaban, y los norteamericanos no ganaban ya nada con las medidas que habían adoptado, por lo que, ante las enérgicas protestas de Cevallos, acabaron levantando el embargo, pero solo para los buques de abastecimiento de Baton Rouge.

De todas formas, Washington era consciente de su enorme fuerza ante una España indefensa y en enero de 1809 Folch escribió a Foronda, y este al secretario de Estado de la Junta Central, alarmado por la intensa actividad de las milicias de Luisiana y de las tropas regulares de los Estados Unidos, cuyo ejército estaba siempre acechando en la frontera, esperando el momento en que la agotada España, sumida en el caos y la guerra, no pudiese presentar resistencia alguna.

En España, si la situación era mala, fue cada vez peor tras la destrucción de los principales ejércitos españoles a lo largo del año 1809. Los franceses habían conquistado la mitad del país, y fueron debilitando la posición que España sostenía con decisión ante los estadounidenses. Pero para que los norteamericanos se atreviesen a usar la fuerza era preciso que el virreinato de Nueva España, rico y poblado, se viese afectado por algún tipo de crisis. Algo que se produjo a partir del Grito de Dolores, el 16 de septiembre de 1810, cuando dio comienzo el largo camino que condujo a México a la independencia.

La madrugada del 23 de septiembre de 1810, los habitantes del Bayou Sarah atacaron y tomaron el fuerte español de Baton Rouge. Louis de Grand-Pré, el joven oficial que se opuso a los insurrectos, fue abatido de cuatro disparos y la bandera española fue arriada y reemplazada por la de la nueva República de Florida occidental: una enseña azul con una estrella blanca de cinco puntas que estaba destinada a hacer historia en el sur y que fue conocida como la *Bonnie Blue Flag*.

El día 26, los representantes del «Pueblo» de Florida se declararon nación independiente. Afirmaban que se habían mantenido fieles al rey de España en tanto recibían protección para sus personas y bienes, pero que viendo la situación de desamparo en la que se encontraban, y sin capacidad de recibir apoyo de la Madre Patria, no podían exponerse al desgobierno y a la anarquía y debían protegerse convirtiéndose en nación libre y soberana. Una nación que ni siquiera alcanzó el mes de vida. Por cierto, entre los firmantes de la declaración no había ni un solo apellido español o francés.

Al cabo de unas semanas, el presidente de los Estados Unidos autorizó a sus tropas a penetrar en Florida occidental y, para prevenir el desorden, ocupar el territorio hasta el río Perdido. Las justas reclamaciones del embajador español y las quejas de la Regencia, refugiada en Cádiz tras la conquista francesa de Andalucía, fueron infructuosas; y aún a pesar de la mediación de Inglaterra, las tropas estadounidenses no abandonaron el territorio, en el que la población angloamericana era superior al 90 % del total.

En el último puesto que los españoles mantenían en la provincia, la plaza fuerte de Mobila, la situación era ya de tal debilidad que el gobernador

Folch tuvo que suprimir el impuesto de entrada y salida de buques del 6%. Le daba igual porque no tenía ninguna forma de controlarlo. El 5 de diciembre de 1810 se dio la orden de ocupación de Florida occidental a las tropas americanas y el nuevo embajador, Luis de Onís, poco pudo hacer aparte de pedir instrucciones a Cádiz. El día 10 el gobernador de Luisiana, Claiborne, tomaba posesión de Baton Rouge, la ciudad destinada a convertirse en la capital administrativa del estado, y unos días después estuvo a punto de pasarle lo mismo a Mobila. El 22 de diciembre, el capitán Gaynes se presentó con 50 hombres delante de las fortificaciones de Mobila y conminó al comandante del fuerte, Cayetano Pérez, a entregarle la plaza y el fuerte, indicando que esperaba que todo se hiciese de forma amistosa. Por supuesto, Pérez se negó y contestó que no podía hacer nada sin órdenes superiores, por lo que debía consultárselo al gobernador de la provincia.

En su carta a Folch, Pérez aprovechó para informar sobre las tropas estadounidenses, número, intenciones y posibles objetivos. El 9 de enero de 1811, el coronel Cushing, que disponía de cinco cañoneras en torno a Mobila, le manifestó que no ejercería la fuerza, pero le advirtió de los disturbios en el distrito provocados por revoltosos dirigidos por un tal Kemper. El oficial español insistió en que él no podía negociar ninguno de los extremos que se le solicitaban y que defendería el fuerte como era su deber.

En Cádiz, sitiado por los franceses, la Regencia examinó la conveniencia de declarar la guerra a los Estados Unidos, y el 21 de enero se enviaron instrucciones a Onís sobre cuál debía ser su postura ante la situación producida. La debilidad española exigía seguir contando con los vitales suministros americanos, pero se le instó a presentar una enérgica queja y demandar la devolución del territorio ocupado. Si se negaban, se tendría que advertir al virrey de México y al gobernador de La Habana que tomasen medidas para recuperar la zona ocupada. Pero los estadounidenses no tenían intención de devolver nada.

El 30 de enero el gobernador Clairborne se dirigió a la Cámara de Representantes y le comunicó que, salvo el fuerte y la plaza de Mobila, toda Florida occidental estaba ocupada por los Estados Unidos y según orden del 7 de diciembre de 1810 se había formado un nuevo condado, Feliciana, con límite oriental en el río Perdido.

En abril de 1811, Folch, comandante en Pensacola, estaba ya convencido de que era imposible reconquistar la provincia, pues la situación en España y México no lo permitía. El 22 de abril comunicó a la Secretaría de Estado que en febrero había llegado a Washington un nuevo embajador francés autorizado por Napoleón y Fernando VII para negociar la venta de las Floridas. También informó de que se estaban concentrando tropas en la frontera de Florida oriental.

Folch afirmaba desafiante que, si se le completaba el Regimiento Fijo de Lusiana y se le daban 400 artilleros y 500 jinetes, así como 400 marineros y un millón de pesos, él mismo expulsaría a los estadounidenses. Sin embargo, a pesar de estas bravatas, sus continuos cambios de opinión entre la euforia y el desánimo hicieron sospechar a Someruelos que no era de fiar. La oferta que hizo de entregar Florida occidental al presidente Madison si no recibía refuerzos del interior de México, fue la demostración definitiva de su incoherente actitud.

A mediados de 1811 era pues evidente que Florida occidental se había perdido para siempre, salvo la plaza de Mobila, cuyo control no estaba asegurado. El 31 de marzo, el intendente Morales comunicaba que los norteamericanos habían tomado los partidos de Pasa Christiana y Pascagoula en Florida occidental y que, aunque no se habían decidido a atacar el fuerte de Mobila, era solo cuestión de tiempo que lo hicieran. Sin embargo, los sucesos del año 1812 iban a cambiar la situación, pues, aunque España seguía siendo incapaz de proteger lo quedaba en sus manos de las Floridas, la guerra entre los Estados Unidos y Gran Bretaña iba a cambiar las cosas.

La Guerra de 1812 y los *patriotas* de Florida oriental

Desde Cádiz, la Regencia nombró a finales de 1811 a Sebastián Kindelán gobernador de Florida oriental a la muerte de Enrique White, manteniendo el acertado criterio de seleccionar a miembros de la nutrida colonia irlandesa para el cargo, ya que se pretendía que hablasen inglés.

Intentando actuar desde una posición de fuerza, se impartieron claras instrucciones al nuevo gobernador de emplear toda la contundencia que fuese precisa para detener las incursiones de los norteamericanos, utilizando la fuerza si lo estimaba necesario. Esta desafiante actitud se apoyaba en la seguridad de que el Reino Unido, ahora aliado de España en la guerra contra Francia, se opondría a que los Estados Unidos se apoderasen de toda Florida, y se creía que esa amenaza sería más que suficiente. No es de extrañar, por tanto, la sorpresa que se llevó el nuevo gobernador al desembarcar en San Agustín el 12 de junio de 1812 y descubrir que los norteamericanos se habían apoderado ya de una parte considerable de la provincia.

La verdad es que la situación en España no podía ser peor y los estadounidenses —como todo el mundo— lo sabían y se aprovechaban de ello. El último ejército español con capacidad para realizar acciones ofensivas contra los franceses había sido aplastado en Sagunto (25 de octubre de 1811) y pronto sería eliminado con la caída de Valencia. A partir de entonces y salvo en Cádiz —bloqueado— y en algunas zonas marginales de Levante y el noroeste, la resistencia española parecía condenada, aunque las guerrillas nunca se dieron por vencidas y continuaron luchando. Pero las ofensivas inglesas habían fracasado y no se percibía una recuperación de la causa aliada en la Península Ibérica.

Lo cierto es que, antes incluso de que los Estados Unidos entrasen en guerra con los británicos, eran muchos los estadounidenses contrarios a que los ingleses ocupasen Florida, y pedían que la debilitada España les cediese bases en el territorio, por lo que descaradamente intentaron que el Congreso autorizase en secreto al presidente realizar cualquier acción que estimase oportuna para favorecer los intereses norteamericanos. De acuerdo con esto, el antiguo gobernador de Georgia, John Mathews, había convencido a grupos de ambiciosos aventureros para entrar en el territorio español y apoderarse del mismo por la fuerza, con la esperanza de obtener luego tierras y otro tipo de prebendas. Entre los convencidos destacaba el general John McIntosh, un veterano de la Revolución Americana.

Con él y con el coronel Ashley al mando, los voluntarios armados por Mathews cruzaron la frontera. El 17 de marzo de 1812 su expedición partió escoltada por buques de la *US Navy* al mando del comodoro Campbell. Tan descarada vulneración a las normas que regían las relaciones entre naciones civilizadas no pareció importar a los estadounidenses, que tras presentarse ante el Fuerte Carlos de Fernandina instaron la rendición del puesto, algo a lo que se avino el comandante español, Justo Fuentes, que solo disponía de 10 hombres, con los que ciertamente poco podía hacer.

Así ondeó en la Isla Amelia la bandera de los «patriotas» de la República de Florida oriental. Un día más tarde, los 300 hombres armados partieron hacia San Agustín y acamparon a solo dos millas de la ciudad reforzados con otro centenar de voluntarios. A pesar del considerable tamaño de la fuerza atacante, esta no tenía ninguna posibilidad de éxito y ocurrió lo que tenía que ocurrir. Fueron fácilmente rechazados y tuvieron que retirarse a Navarro Pass, en cuyos alrededores fueron atacados por la milicia negra de San Agustín, formada por esclavos huidos de Georgia y Carolina que fueron repelidos, pero acabaron con varios oficiales y soldados invasores.

Con muchas precauciones, las tropas españolas y sus rastreadores se atrevieron a salir del castillo de San Marcos y atacaron a las tropas de los «patriotas» estadounidenses en una serie de choques que se extendieron hasta el río San Juan. Afortunadamente, los españoles habían mantenido abiertas las vías de comunicación con San Marcos de Apalache y los yanquis no habían conseguido avanzar muy al sur en la península, lo que no era un gran consuelo, pues allí no había nada que defender.

Al tomar posesión de su cargo y conocer las noticias, Kindelán se quejó de inmediato a David B. Mitchell, que era gobernador de Georgia, y exigió la retirada de las tropas invasoras en un plazo de once días. La situación era realmente escandalosa. Las tropas estadounidenses no solo se habían apoderado de la práctica totalidad de Florida occidental, sino que el Congreso había autorizado la anexión del territorio entre el Misisipi y el río Perla, y además amenazaban con ocupar Florida oriental con la misma impunidad, por lo que era urgente hacer algo.

El embajador Onís sabía que Mathews había ofrecido 50 fanegas de tierra gratis a los habitantes de Florida oriental que apoyasen a los invasores. La oferta era tentadora, principalmente porque la mayor parte de los habitantes de la región invadida eran angloamericanos, es cierto que había muchos realistas y probritánicos, pero aun así no estaban dispuestos a aguantar eternamente la presión de sus vecinos del norte. Los partidarios de la unión a los Estados Unidos iban ganando fuerza. Por si fuera poco, la milicia rural de Florida —infantería y dragones— estaba totalmente anglosajonizada y ya era casi imposible asegurar su lealtad a España, pues salvo en San Agustín y sus alrededores, Fernandina y algunos pequeños enclaves de pescadores en Tampa o Apalache, apenas quedaban apellidos españoles[133].

Monroe se opuso formalmente a la invasión de Mathews, pero en la práctica dejó hacer, pese a que la opinión pública en Georgia y las Carolinas se mostró indignada por la forma solapada en la que se estaba interviniendo. Lo consideró una forma deshonrosa y cobarde de ocupar el territorio y se llegaron a publicar encendidos artículos de partidarios de ocupar lo que quedaba de Florida por la fuerza, pero sin ocultar la bandera de su país. La verdad es que el conflicto en Florida se había convertido en endémico, pues cuando se lograba un acuerdo o un compromiso en una parte de Florida, las cosas se complicaban en otra. A mediados de junio los combates se estaban extendiendo.

En el distrito de Alachua corrió el rumor de que los *semínolas* se estaban preparando, armados por los británicos, para realizar una incursión en Georgia y el coronel Newman se ofreció con 300 hombres de la milicia con-

---

[133] Sirva como ejemplo la lista de oficiales de la 1ª Compañía —rural— de Dragones de Florida: capitán Nathaniel Hall, teniente Guillermo Craig, subteniente Archibald Atkinson, sargentos Jamie Hollingsworth y Guillermo Hall, cabos Jorge Morrison, Isaac Hendrick, Guillermo Henry y Daniel Pritchard. Esta era la milicia «española». Creemos que no hace falta añadir mucho más...

tra la ciudadela del «rey Payne» y Billy Bowlegs, los dos principales líderes indios. Las tropas de las milicias de Tennessee y Georgia cruzaron la frontera del territorio español, se adentraron en Florida y alcanzaron un lago en las proximidades del poblado del «rey Payne», donde fueron atacados por los indios, a los que vencieron tras una dura lucha.

Newman se retiró hostigado por cincuenta guerreros de Bowlegs que finalmente, tras un feroz combate, también se marcharon. En los meses siguientes los *semínolas* respondieron con pequeñas incursiones en territorio estadounidense que fueron a su vez respondidas por las milicias, las cuales no solo atacaban las poblaciones indias, sino también los pequeños asentamientos españoles.

Para los diplomáticos españoles el hecho de que los Estados Unidos y el Reino Unido entraran en guerra a finales de la primavera no cambió nada. La Regencia patriótica durante la Guerra de la Independencia, a pesar de las constantes ofensas de los angloamericanos en Texas y las Floridas —que sin duda eran motivo más que sobrado para entrar en la contienda a favor del bando británico—, no quiso comprometerse, ya que las harinas que proporcionaban los Estados Unidos eran esenciales para la supervivencia de los territorios fieles a la causa de Fernando VII en España e incluso en América. Por si fuera poco, el conflicto angloamericano iba a incrementar la hambruna en una España devastada por la guerra, hasta el extremo de que el año 1812 acabaría siendo conocido como el «año del hambre».

En esta situación poco se podía hacer, pues América estaba en guerra desde México al Río de la Plata, y los escasos refuerzos enviados marcharon a lugares de mayor importancia y en los que la causa realista estaba más amenazada. Así pues, España decidió mantenerse neutral, con todas las consecuencias, y aunque ello supusiera no poder defender lo que por derecho le correspondía.

La situación de guerra no cambió por lo tanto las cosas y el 19 de julio los norteamericanos informaron a Onís de que no abandonaban Florida oriental, ya que «las tropas españolas de San Agustín habían atacado a las tropas de los Estados Unidos» y exigían que se indultase a quienes se habían pronunciado en su favor. El indulto general a los rebeldes fue decretado por las Cortes de Cádiz el 9 de diciembre de 1812 y en marzo de 1813 las autoridades americanas aceptaron retirar las tropas del territorio español.

Lo que prometía ser el final del conflicto no lo fue en absoluto, pues al mismo tiempo que las tropas estadounidenses comenzaban a retirarse de Florida oriental, los problemas volvían a las escasas posiciones que España aún conservaba en la provincia occidental. Muchos estadounidenses, entre ellos el propio presidente Madison, estaban convencidos de que los ingleses se apoderarían por las buenas o por las malas de Mobila, Pensacola y San Agustín, y el Congreso aceptó su propuesta y autorizó la ocupación de toda Florida occidental al oeste del río Perdido.

El general Wilkinson, por orden del secretario de guerra estadounidense, dirigió a 600 hombres contra Mobila. Primero bloquearon los lagos y detuvieron a los buques españoles para evitar que la guarnición supiese lo que ocurría y luego cerraron la entrada a la bahía impidiendo la llegada de víveres desde Pensacola, cortando finalmente la comunicación por tierra y situando tropas en la orilla izquierda de la bahía. Unos días después un buque de los Estados Unidos entró en el río Perdido y la infantería norteamericana se situó en la orilla occidental. Las tropas españolas del comandante Cayetano Pérez evacuaron Fuerte Carlota y dejaron la ciudad a los americanos.

Obviamente la situación era tan grave que se consideró de nuevo declarar la guerra a los Estados Unidos, que acababan de tomar el último puesto español en Florida occidental y merecían una respuesta contundente. La situación militar en España a lo largo del verano cambió mucho; y aunque la guerra proseguía, tras el triunfo de Vitoria contra los franceses el éxito final se vislumbraba en el horizonte. En Nueva España los repetidos triunfos de las tropas virreinales estaban inclinando la lucha hacia los defensores de la causa del rey, y en Texas, después de la decisiva victoria española en Río Medina (18 de agosto de 1813) las tropas realistas amenazaban incluso la frontera de los Estados Unidos. La suerte española, para sorpresa general, estaba cambiando.

La marcha de la guerra contra Napoleón en España y contra los insurgentes en México permitió a la Regencia ir adoptando una posición más enérgica, y en el verano de 1813 el Consejo de Estado se pronunció finalmente. Si bien decidió no declarar la guerra a los Estados Unidos —pues aún seguía la contienda contra Napoleón en Europa—, fijó una serie de puntos sobre los que debía basarse cualquier negociación con los norteamericanos:

1. Exigir el reconocimiento de Fernando VII como rey de España.
2. Devolución de la totalidad del territorio invadido.
3. Establecer los límites de Luisiana en los que tenía Francia al ceder el territorio a España en 1762.
4. Obligar a los Estados Unidos a abstenerse de apoyar a los insurgentes en la América española.
5. Revocación de los agentes comerciales ante los gobiernos insurgentes.

La navegación se haría solo por concesión —y no por derecho— y el 5 de diciembre la Regencia decidió establecer la guía de actuación para recuperar Mobila, que incluía si era preciso el uso de la fuerza contra los Estados Unidos. El 9 de diciembre se comunicó a los ministros de Hacienda, Guerra y Marina y al capitán general de Cuba, la línea de actuación a seguir, hasta que finalmente el 28 de enero de 1814 se ordenó al capitán general de Cuba y al virrey de Nueva España que armaran una escuadra y fomentasen alianzas con los indios.

El único problema es que no había dinero con el que equipar la flota pedida, ni había forma de enviar tropas o auxilios a Florida que pudiesen intimidar a los estadounidenses.

La lucha contra la insurgencia iba bien en México, pero no se lograba terminar del todo con los rebeldes y la capacidad de actuación seguía muy limitada. La brutal guerra entre los Estados Unidos y la nación Creek, que fue uno de los conflictos enmarcados en el antagonismo angloamericano, se añadió a los problemas que ya tenía la débil soberanía española. En mayo de 1814 tropas americanas, en persecución de las partidas de guerra *creek* refugiadas en territorio español, llegaron a los pequeños establecimientos rurales del río Escambia a solo tres leguas de las fortificaciones españolas de Pensacola, que en parte fueron destruidas por los ingleses el día 8 de noviembre para evitar que las empleasen los estadounidenses.

Ante la «amenaza» británica, y la «incapacidad» española para defender la plaza, el general Andrew Jackson advirtió en noviembre al gobernador de Pensacola y comandante militar de Florida occidental, Mateo González Manrique, que debía mantenerse neutral. La desafiante respuesta del gobernador español no impidió que Jackson marchara con 5500 hombres contra la plaza española y la ocupase. El Fuerte de San Miguel se rindió con la condición de que se mantendría la soberanía española, pero que se permitiría la ocupación americana en tanto España no enviase tropas en número suficiente para garantizar la neutralidad.

Las propiedades y bienes de los ciudadanos de Pensacola serían respetados y la bandera de España seguiría ondeando. En realidad, Jackson se podía haber quedado en Pensacola si hubiese querido, pero solo estuvo tres días, pues recibió informes acerca de un inminente ataque británico contra Nueva Orleans; y además, como los ingleses habían destruido las principales fortificaciones, no tenía interés en mantener la ocupación.

La Paz de Gante entre los Estados Unidos y Gran Bretaña establecía la retirada de los ejércitos de ambas naciones de las plazas ocupadas por los dos bandos durante la guerra, por lo que España pudo volver a ocupar de forma efímera de nuevo las plazas que había perdido, pero nadie le devolvió ni Mobila ni territorio alguno al oeste del río Perdido. La Florida española se moría lentamente.

La crisis de Isla Amelia y la República de la Florida

Nacido en Escocia, Gregor MacGregor era hijo de militar. Se inició en la carrera de las armas en 1803 y estuvo un tiempo destacado en los ejércitos portugués y español durante la Guerra de Independencia. Muy atraído por los movimientos secesionistas americanos, en 1812 era ya ayudante del general Francisco de Miranda y comandante de su caballería, y se casó con Josefa Antonia Lobera, prima de Simón Bolívar.

Tras la debacle de las tropas republicanas escapó a Nueva Granada, donde participó en importantes operaciones, incluyendo la defensa de Cartagena de Indias del ataque de las tropas de Morillo. Ascendido dos años después por Bolívar al grado de general de división, fue enviado a los Estados Unidos, donde se vio involucrado en una de las acciones más extrañas de las guerras de independencia de Hispanoamérica.

En los Estados Unidos, MacGregor contactó con Lino de Clemente, agente de Bolívar ante el gobierno estadounidense, con Pedro Gual, futuro canciller de la Gran Colombia, y con Martin Thompson, que aunque era norteamericano representaba los intereses de las Provincias Unidas del Río de la Plata. Juntos diseñaron una operación, cuya ejecución se le encargó a MacGregor, con el objetivo de «liberar» las dos Floridas de los españoles y crear una nueva república que uniese a las otras nuevas «naciones hermanas» de América en su lucha contra el dominio español.

Lo primero que hizo el militar y aventurero escocés —ahora brigadier general de las Provincias Unidas de Nueva Granada y Venezuela y general en jefe de los ejércitos de las dos Floridas— fue reclutar la tropa que debía acompañarle y conseguir los préstamos necesarios para armar y equipar la expedición. La financiación no fue complicada, pues en una nación ansiosa de nuevas tierras la promesa de distribuir el territorio tras la instauración de la república entre sus seguidores fue suficiente.

Pronto contó McGregor con un pequeño núcleo de angloamericanos, europeos e hispanoamericanos dispuestos a seguirle en su aventura. Tras equipar una fragata en Carolina del Sur, partió de Charleston en una supuesta misión comercial, pues su buque iba desarmado para no despertar sospechas entre los agentes e informadores que el gobernador de Florida oriental tenía distribuidos en los principales puertos norteamericanos. La idea de McGregor era detenerse junto a las costas de Georgia, en un punto previamente acordado, y recoger allí a las armas y los hombres que formaban el grueso de la expedición. Así se hizo y el 29 de junio de 1817 se encontraban ante el fuerte San Carlos de Fernandina, en Isla Amelia, que tenía una notable guarnición, ya que además de la artillería contaba con casi 80 hombres que superaban con creces a los 64 aventureros que acompañaban a MacGregor. Pero el comandante español del fuerte se comportó de una forma deshonrosa y cobarde y se rindió a la fuerza insurgente, alegando suponer que se trataba de la vanguardia de una expedición más amplia.

El caso es que MacGregor y sus hombres se apoderaron de Fernandina, del fuerte y de toda la isla. El nuevo gobernador de la proclamada República de Florida comenzó a dictar rápidamente órdenes que, por su liberalidad, agradaron a los vecinos de la isla y de la región, en su mayoría anglosajones. Las medidas incluían la creación de un embrión de Estado, correos y aduana, con un gobierno democrático que se elegiría por sufragio popular.

Pero McGregor cometió un gran error al conceder con demasiada facilidad patentes de corso de su nueva república a varios capitanes de buques corsarios, con tripulaciones multinacionales y banderas de las repúblicas hispanas en guerra con España. El remate de las mercancías capturadas se convirtió en el principal negocio de la nueva Florida y levantó las sospechas del gobierno americano, que estaba siendo presionado por el embajador español en Washington, Luis de Onís, quien afirmaba que la República de Florida era una república pirata dedicada al saqueo y a la destrucción del comercio.

Lo cierto es que la población del norte de Florida no estaba realmente descontenta con el gobierno español, ya que incluso el gobernador, José María Coppinger, era bastante apreciado. Hablaba muy bien el inglés —era de origen irlandés— y sus medidas para mejorar el comercio y las comunicaciones habían sido bien acogidas. Por otra parte, es posible que una parte de la población, incluso los pocos que no aceptaban el gobierno español, prefirieran esperar a ver que sucedía. Pareció darles la razón el hecho de que, desengañado por la falta de apoyo de la población y por las constantes disputas de sus hombres, MacGregor decidiera abandonar[134]. Mientras, el gobernador español, desde San Agustín, había conseguido reunir una pequeña tropa con la que atacó las posiciones rebeldes en Fuerte Carlos, aunque los insurgentes, bien organizados por Ruggles Hubbard y el antiguo congresista de Pensilvania, Jared Irwin, lograron rechazar el ataque. Las tropas españo-

---

[134] Tras una vida de aventuras, murió en Caracas, en la nación que ayudó a nacer en 1845, pasando sus últimos años dedicado a la crianza del gusano de seda.

las del capitán Tomás Llorente tuvieron que retirarse ante la llegada de una fuerza enemiga mucho mayor, la expedición de Louis-Michel Aury.

Aury, al que ya hemos visto actuar en Texas, tenía originariamente patente de Cartagena de Indias para ejercer el corso contra España, pero luego pasó a operar desde Galveston al servicio de los rebeldes mexicanos, y llegó hasta Isla Amelia con una fuerza considerable para asegurar la soberanía de la nueva república. Había sido Gual quien le había aconsejado actuar en Fernandina ante el riesgo de un contraataque español o de que los problemas con MacGregor aumentasen, que fue lo que ocurrió. Por de pronto, los sanguinarios corsarios eran gente mucho más endurecida y acostumbrada a la guerra que los voluntarios de MacGregor, en su mayor parte angloamericanos sureños que odiaban a los negros haitianos que formaban una gran parte de las tripulaciones de los buques del francés, lo que originó recelos y algún enfrentamiento, pero la verdad es que Aury actuó con energía y decisión.

Con el apoyo de un inteligente mestizo boliviano-argentino llamado Vicente Pazos Kanki, y el asesoramiento de Gual, que en su estancia en los Estados Unidos había entendido muy bien que el orden y el cumplimiento de la ley, mezclados con unas normas que permitieran a los ciudadanos gobernar su vida de forma libre, eran una garantía de éxito, dictó el embrión de una Constitución que fuera del agrado de los colonos angloamericanos. Un sistema moderno de signo liberal cuyo mejor exponente fue la fundación en Fernandina de *El Telégrafo de las Floridas*, primer periódico floridano publicado en español.

Sin embargo, el fomento del corso y la constate captura de buques esclavistas —principalmente cubanos, bajo bandera española—, le atrajo la enemistad de los comerciantes de esclavos de la costa de los Estados Unidos, que pagaban más por una mercancía que de todas formas iba a ser suya. Además, la prensa de Georgia veía con horror la presencia de haitianos, pues en toda América el impacto de lo ocurrido en Santo Domingo no se olvidaba, y se presionaba constantemente al gobierno federal para que acabase con el embrión de estado que estaba naciendo a sus puertas. Por último, hubo algo más: la «supuesta» declaración de soberanía de Isla Amelia en nombre de la república de México, a la que al fin y al cabo Aury representaba.

Así pues, el gobierno de Washington decidió terminar con la incómoda presencia de Aury y el 23 de diciembre la marina estadounidense liquidó la efímera república de Florida, cuando el presidente Monroe, actuando al amparo de la resolución secreta de enero de 1811, ordenó al capitán Henley y al mayor Bankhead expulsar al corsario. No hubo resistencia. Las tropas estadounidenses ya no abandonaron Fernandina ni Isla Amelia y permanecieron vigilantes a cualquier otra intentona de los independentistas hasta el cambio oficial de soberanía en julio de 1821.

Menos espectadores.
La Primera Guerra *Semínola*

Nadie sabe en realidad cuándo comenzó el conflicto que la historia conoce como Primera Guerra *Semínola*, ya que según las fuentes que se consulten aparece como año de inicio de las hostilidades 1816 o bien alguno de los dos años siguientes. Pero la mayor parte de los historiadores convienen hoy en que se desarrolló entre los años 1817 y 1818. Se trató de un conflicto no declarado, que el ejército y la marina de los Estados Unidos libraron en el territorio de España, una nación que no era oficialmente enemiga, pero que tampoco se atrevió a declarar la guerra a los invasores de su suelo y que se limitó a ver cómo era devastado por dos bandos enfrentados, sin hacer nada para evitarlo.

En realidad, la guerra entre los estadounidenses y los *semínolas* no fue más que la continuación a gran escala de los constantes enfrentamientos fronterizos que libraban los colonos de Georgia con la amalgama de pueblos indios conocidos con ese nombre. Además, fue también un apéndice lógico de la Guerra Creek (1813-14), en la que tras la victoria de Jackson en Horseshoe Bend se obligó a los nativos a abandonar el territorio de Georgia y sur de Alabama, desplazándose muchos de ellos al interior de Florida.

La guerra entre Estados y Gran Bretaña complicó aún más las cosas. Los ingleses no solo apoyaban con armas y asesores a los *creeks*, sino que intervenían activamente en el territorio de soberanía española y, al igual que los norteamericanos, vulneraban la neutralidad de Florida cuando les convenía. El 23 de abril de 1816, el general Andrew Jackson, una leyenda viva en su país tras su victoria ante los británicos en Nueva Orleans[135], y comandante de la División Sur de los Estados Unidos, escribió a Mauricio de Zúñiga, comandante español en Pensacola, indicándole que al menos 250 negros fugitivos y un número indeterminado de *creeks* hostiles habían ocupado un fuerte edificado por los ingleses del coronel Nicholls durante la guerra de independencia estadounidense, en la confluencia de los ríos Chattahoochee y Flint. Sin esperar la respuesta española, Jackson ordenó al general Gaines

---

[135] Librada el 8 de enero de 1815, es clave en la historia de los Estados Unidos, pues hizo creer al pueblo estadounidense que había vencido en una guerra que en realidad había quedado en tablas y acabó con los movimientos secesionistas en el Norte —la Confederación de Hartford—. Militarmente las tropas de Jackson barrieron literalmente a los experimentados hombres de sir Edward Pakenham, que acaban de triunfar en España ante los franceses.

penetrar en Florida y acabar con el asentamiento que ya era conocido como «Fuerte Negro».

Tras internarse desde la desembocadura del Apalachicola, las tropas estadounidenses vieron los campos de maíz sembrados por los *semínolas* y los antiguos esclavos negros, y el general Gaines decidió enviar al coronel Duncan con tropas regulares para destruir el Fuerte Negro y evitar que la comunidad prosperase. Una fuerza de apoyo para su misión que había partido de Fort Scott llegó a Apalachicola en julio de 1816. Contaba con una compañía reforzada del 4º de Infantería de los Estados Unidos y 150 indios *creek*, además de dos goletas artilladas. El líder de los negros era un tal García, que había instalado cuatro piezas de artillería pesada, seis cañones ligeros y municiones de sobra. Los defensores eran un centenar de negros fugitivos y algunos indios *semínolas*.

Cuando García rechazó la oferta de rendición comenzó un intercambio de disparos que terminó al caer un proyectil estadounidense sobre el depósito de municiones del fuerte, acabando con la vida de 270 personas. La explosión se escuchó a 160 kilómetros de distancia y solo sobrevivieron 64 defensores, en su mayoría mujeres y niños. Los supervivientes fueron enviados de nuevo como esclavos a los campos de Georgia y Carolina, y su líder García, capturado vivo, fue ejecutado allí mismo. Aunque ahora nos parezca una vergüenza, la brutal acción de las tropas estadounidenses fue apoyada por los habitantes españoles de Pensacola, pues pensaban que de haberse mantenido el Fuerte Negro todos sus esclavos habrían terminado por escaparse y unirse a la colonia de negros e indios libres.

Lamentablemente, el espíritu de los españoles de Florida ya no era como el de los hombres que crearon Fuerte Mose. Comenzaban a parecerse demasiado a sus vecinos anglos, y no es de extrañar que acabasen siendo con el paso de los años unos buenos sudistas —*Southerners*—[136]. La destrucción de fuerte no acabó con la presencia de negros fugitivos entre los *semínolas*. La mayor parte de ellos se asentaron más al sur, en la región del río Suwannee y sus aldeas llegaron hasta cerca de Tampa. Poco después eligieron como «rey» o jefe a Billy Bowlegs, destinado a ser una leyenda entre los indios de América. Uno de sus consejeros y comandante militar fue Nero, un negro. Los problemas para los norteamericanos no habían terminado.

La guerra conocida como Primera Guerra Semínola comenzó a raíz de un grave incidente en Fowltown, una villa *mikasuki* cuyo jefe, Neamathla,

---

[136] Debido a la proximidad de Cuba, las colonias españolas de Mobile y Pensacola se mantuvieron con una cierta identidad propia unas décadas. Todavía en la guerra civil norteamericana hubo una compañía netamente española, los *Spanish Guards*, de Mobile, luego integrados en el *21st Alabama Infantry*.

mantenía una disputa con las autoridades de Fort Scott sobre las tierras en la orilla oriental del Flint. Los *mikasuki* no aceptaban el tratado firmado por los *creeks* en Fort Jackson por el que entregaban las tierras del sur de Georgia a los norteamericanos. Dijeron que no eran parte de la nación Creek y que por lo tanto no tenían por qué ceder sus tierras. En noviembre de 1817, el general Gaines envío una fuerza de 250 hombres para arrestar a Neamathla, lo que no consiguieron porque los guerreros *mikasuki*, alertados, se enfrentaron a las tropas americanas y las obligaron a retroceder, si bien al día siguiente —22 de noviembre de 1817— los estadounidenses reanudaron el ataque y expulsaron a los indios de su pueblo. La noticia se extendió a gran velocidad entre las comunidades *semínolas* y de negros fugitivos, que pensaron que si no se defendían acabarían por ser expulsados de sus tierras. Solo una semana más tarde, un buque que llevaba provisiones a Fort Scott fue atacado en el río Apalachicola por los indios.

De los 50 pasajeros y tripulantes, que incluían una veintena de soldados y sus familias, solo sobrevivió una mujer que fue capturada por los indios, y seis hombres que lograron llegar al fuerte. Cuando las noticias llegaron a Washington, se ordenó a Gaines invadir de nuevo Florida en persecución de las bandas armadas de *semínolas* y negros, pero el general estaba enredado en el asunto de Isla Amelia, por lo que le correspondió a Andrew Jackson liderar la invasión, siguiendo órdenes precisas del secretario de guerra John C. Calhoun.

Se le advirtió de que no debía atacar los puestos españoles en el territorio, pero «debía adoptar las medidas necesarias para terminar el conflicto», lo que en la práctica suponía que podía hacer lo que quisiese. Al fin y al cabo, España mantenía ya solo tres puestos de importancia en Florida: San Agustín, el débil fuerte de San Marcos de Apalache y la plaza de Pensacola. El general Jackson, que ya conocía bien el territorio español por haberlo invadido impunemente varias veces, reunió a 1000 voluntarios de Tennessee, 1000 milicianos de Georgia, 800 regulares del Ejército de los Estados Unidos y al menos 1400 guerreros *creek*, con los que partió de Fort Scott y entró en Florida el 13 de marzo de 1818.

Para su propia desgracia, los indios habían construido pueblos y villas en los que se dedicaban a la agricultura, la caza y la pesca, y habían logrado establecer prósperas comunidades, que se convirtieron en un fácil objetivo para las tropas estadounidenses. Bajando por el Apalachicola, las tropas invasoras alcanzaron el viejo Fuerte Negro, donde construyeron otro nuevo al que dieron el nombre de Gadsden. Desde allí marcharon contra las villas de la nación Mikasuki en torno al lago Miccosukee. La ciudad india de Tallahassee fue arrasada el 31 de marzo y el 1 de abril los agresores blancos destruyeron Miccosukee, incendiando al menos 300 casas.

El 6 de abril, tras su brutal incursión, las tropas de Jacskson estaban ya en San Marcos de Apalache. El 7 de abril, el comandante del fuerte, Francisco Casa y Luengo, se entregó sin lucha a las tropas estadounidenses, y el 8 de abril, tras acabar con el único puesto español de importancia en el interior de Florida, Jackson encontró en San Marcos a dos comerciantes británicos, un escocés, residente en Bahamas, Alexander George Arbuthnot, que comerciaba con los indios y les vendía armas, y un inglés, Robert Ambrister. Además, las tropas americanas capturaron a dos jefes indios cuando intentaban embarcar en una goleta de bandera inglesa. Se trataba de Josiah Francis, alias El Profeta, un importante líder «Bastón Rojo», y otro llamado Homathlemico. Ambos fueron ahorcados.

Avanzando luego a lo largo del río Suwannee y tras destruir las casas y aldeas de los negros fugitivos e incendiar sus cultivos, las tropas americanas alcanzaron un pueblo de «bastones rojos», matando a 40 hombres, capturando más de 100 mujeres y niños y liberando a Elizabeth Stuart, la mujer capturada en el río Apalachicola en noviembre. El general Jackson declaró la victoria y envió de vuelta a casa a los aliados *creeks* y a la milicia de Georgia, regresando con el resto de sus tropas a San Marcos. Pero el duro y ambicioso general no había terminado su trabajo. Un tribunal constituido en San Marcos juzgó a los dos prisioneros británicos, acusados de suministrar armas a los *semínolas*.

Ambrister pidió al tribunal que le trataran con indulgencia, pero Arbuthnot justificó la venta de armas alegando que él compraba pieles de ciervo y los indios que se las suministraban necesitaban cazar. El tribunal le sentenció a la horca y a Ambrister a cincuenta latigazos y un año de trabajos forzados, pero Jackson insistió en que la pena tenía que ser la muerte y lo consiguió. Terminó fusilado el 29 de abril. El objetivo de Jackson ahora estaba al oeste y era la plaza fuerte española de Pensacola, que contaba con menos de 200 hombres para defender un enorme perímetro de fortificaciones en pésimo estado. A pesar de una agresión tan evidente, España y los Estados Unidos seguían formalmente en paz.

En la turbulenta América hispana de los años que siguieron a la Guerra de Independencia y acabarían con el dominio español, salvo en Cuba y Puerto Rico, uno de los mayores problemas a los que se enfrentaron los defensores de la soberanía española es que se trató en la práctica de una guerra civil. A menudo intereses y rencillas personales se mezclaron con ideologías políticas, debilitando aún más el frágil poder de España, pues los defensores de la causa realista debían combatir desde la Patagonia hasta California sin apenas ayuda.

Además, en los años 1817-20 se notó cada vez más el daño terrible producido por la guerra contra los franceses que había dejado a España arruinada, perdiéndose el trabajo realizado por los gobiernos ilustrados de la centuria anterior. Caminos, puentes, fábricas, ganadería, agricultura, todo había quedado devastado y la Real Hacienda, que ya no recibía el oro y la plata de América, estaba en bancarrota.

No existía apenas marina que mantuviese el poder español en el mar, infestado de corsarios que actuaban bajo patente de las naciones insurgentes y dificultando el comercio y las comunicaciones. Los sueldos no llegaban a las tropas y los relevos y ascensos no se producían, por lo que cundía el desánimo y el derrotismo. En esa situación comenzaron a aparecer claros síntomas de traición. El 11 noviembre de 1817 varios oficiales y cadetes del Regimiento de Infantería Fijo de Luisiana se reunieron en Pensacola, en la casa del alférez Enrique Grand-Pre, y acordaron matar a su comandante, José Masot, y entregar el mando al comandante Luis Piernas o al coronel de artillería Diego de Vera.

La conjura fue descubierta, pero Masot, al enviar noticia de lo ocurrido al capitán general en Cuba, le comunicaba que sospechaba una cierta relación entre los conspiradores y las tropas de los Estados Unidos que habían penetrado en el territorio de Apalachicola y cuyo número ese estimaba en casi 4000 hombres. Se temía que se produjese una situación análoga a la de Baton Rouge y Mobila.

La prohibición de importar esclavos de África en 1808 había provocado un enorme aumento de precio de los negros, por lo que los cazadores de esclavos sureños atacaban a menudo las aldeas de los fugitivos establecidos en Florida. Eso motivaba lógicas represalias de estos y de sus aliados y vecinos indios, en las que atacaban granjas y casas aisladas, robando ganado y matando a los colonos. La situación, ante la que las autoridades españolas no hacían nada, complicaba las cosas, pues las quejas de los colonos agredidos antes sus representantes políticos hacían que al final el ejército norteamericano terminase por responder con duras campañas de castigo ante la mirada contemplativa de los españoles, que pasase lo pasase se encerraban en sus fuertes y se quedaban mirando.

Ya en enero de 1816, en un encuentro entre Onís, el embajador español, y Adams, secretario de estado norteamericano, este advirtió que si no se llegaba rápidamente a un acuerdo de cesión formal de las Floridas, las tropas estadounidenses acabarían ocupando la provincia por la fuerza; y que si las tropas españolas con base en San Agustín o en Pensacola no ponían orden en el territorio, perseguirían dentro de él a cualquier adversario de los Estados Unidos. Por ello, Onís, que se daba cuenta de que España no obtendría nada si los americanos tomaban Florida por la fuerza, pedía acelerar las negociaciones.

Sin embargo, ya era tarde. El 24 de abril, la Junta de Guerra de Pensacola se reunió para ver qué se podía hacer, ahora que se sabía que varios miles de soldados americanos, voluntarios e indios *creek* se dirigían a la plaza, tras destruir todos los asentamientos indios que encontraron en su camino. Los españoles solo contaban con 187 hombres, entre infantería —153— y artillería regular —22— y apenas 31 milicianos que podían actuar como guerrilleros por conocer bien el país. En suma, casi nada ante la fuerza que se les venía encima, por lo que el 4 de mayo, Masot escribió a Cuba indicando que lo más sensato sería refugiarse en Fuerte Barrancas, aún en obras. No había tampoco víveres para más de ocho días.

El 21 de mayo de 1816, ante la proximidad de las tropas de Jackson, la guarnición de Pensacola abandonó la ciudad; y entre el 22 y el 24 acondicionaron las defensas de Fuerte Barrancas lo mejor que pudieron. El 24, los norteamericanos ocuparon la plaza y, tras un simbólico intercambio de cañonazos que duró un par de días, Masot —que no era precisamente Palafox en Zaragoza, ni tenía intención de serlo— se rindió el 28, y entregó formalmente Florida occidental a las fuerzas armadas de los Estados Unidos. En realidad, el comandante español entregaba lo único que le quedaba, aunque la declaración era una mera formalidad, pues ya estaba en manos norteamericanas[137]. Con la toma de Pensacola, Jackson ponía fin a su campaña. El coronel William King quedó como gobernador de Florida occidental y el grueso de las tropas regresó a los Estados Unidos.

En Washington, para el embajador Luis Onís fue un duro golpe, ya que estaba en ese momento negociando con el gobierno estadounidense el nuevo tratado de límites. Indignado, envío cartas a todos los embajadores y al gobierno, y consiguió que el presidente norteamericano autorizase la entrega de las plazas ocupadas al representante que España designase. El comisionado fue el subinspector de las tropas en Cuba, Juan María Echevarri, quien partió para Florida y logró que en marzo de 1819 la bandera de España ondease de nuevo en Pensacola y en San Marcos de Apalache. Se trataba de una devolución simbólica, pues el 22 de febrero, Luis Onís

---

[137] En contraste, El Álamo fue defendido en 1836 por una fuerza similar con peores fortificaciones ante un número aproximadamente igual de enemigos. Estaba claro que Masot y sus hombres no tenían madera de héroes, y dadas las circunstancias, tampoco una causa digna de defensa. Por ello, y tal vez con razón, nadie les reprochó nada.

había firmado el nuevo tratado con los Estados Unidos en nombre del rey de España, por el que se cedía formalmente la soberanía de Florida a ese país.

El Tratado Adams-Onís y la venta de Florida

Las negociaciones entre España y los Estados Unidos, comenzadas cuando Fernando VII fue reconocido oficialmente rey en 1815, incluían los siguientes puntos sobre los que se debía lograr un acuerdo:

1. Las indemnizaciones mutuas a los perjudicados por la guerra entre España y el Reino Unido entre 1796 y 1802 y entre 1804 y 1808.
2. Las indemnizaciones a los comerciantes norteamericanos agraviados en puertos españoles por los franceses.
3. Los perjuicios ocasionados a la agricultura y el comercio norteamericanos por la suspensión del derecho de depósito en Nueva Orleans en 1802.
4. Los límites entre Luisiana y Florida y los límites entre Luisiana y Texas.

En septiembre de 1816 se dieron plenos poderes a Luis Onís para conseguir un nuevo Tratado de Amistad y Límites. Las fronteras de Texas debían ajustarse a las de 1763, y con respecto a Florida, estaba claro que lo único que podría sacarse era dinero, pues el propio embajador la daba por perdida. España intentó apoyarse en Gran Bretaña, que se oponía a la expansión de los Estados Unidos, y en Francia, pero no lo logró y al final se quedó sola en la negociación. Solo dos factores inesperados hicieron que España pudiera mantener las negociaciones sin llegar a la completa rendición.

El primero, que el Real Ejército estaba ganando la guerra que desde 1810 azotaba a la Nueva España. La discusión sobre los límites se basaba en la capacidad de los dos estados negociadores para mantener una posición de fuerza. Los desgraciados sucesos que habían acompañado a España a partir de la derrota de Trafalgar, sobre todo desde la invasión francesa y el comienzo de las insurrecciones en la América hispana, la habían debilitado hasta el punto de que los estadounidenses estaban cada vez más crecidos y convencidos de que la vieja y gastada nación española no podía sostener con firmeza sus derechos; y los hechos parecían demostrarlo.

La entrada en guerra de Estados Unidos con Gran Bretaña mostró a los ambiciosos políticos de Washington que aún debían proceder con cautela, y la derrota de la última expedición filibustera —la de James Long— en Texas, enseñó a los americanos que el herido león español aún podía dar zarpazos.

El segundo apoyo negociador vino del intrigante José Álvarez de Toledo, uno de los implicados en la expedición filibustera de Gutiérrez de Lara y Magee, quien tras su fracaso se convirtió en una buena ayuda para Onís, y al trasladarse a España dedicó sus esfuerzos a limar las diferencias con los Estados Unidos para conseguir un acuerdo. En 1817, aún se pensaba en España que se podía lograr un tratado que fijase la frontera en el canal del Misisipi y contuviera a los norteamericanos en la orilla oriental del río. Con esta idea, el Consejo de Estado aceptaba el 11 de junio de 1817 ceder las dos Floridas y la parte española de Santo Domingo a cambio de fijar la frontera en el Misisipi.

Sin embargo, era evidente que difícilmente se podía obligar a los Estados Unidos a renunciar a lo que ya tenían —la Luisiana— a cambio de lo que podían tomar con facilidad —las Floridas—, más aún cuando el cambio les suponía renunciar a inmensos territorios. Sabiendo que las Floridas no tenían medios defensa, y sin contar con instrucciones claras y concretas, la postura de Onís era poco realista e incoherente. Algunas maniobras desde España, como la comunicación a los Estados Unidos, en febrero de 1818, de grandes concesiones de tierras de Florida a particulares españoles por donación real —como el duque de Alagón o el conde de Puñonrostro— no eran sino meros intentos vacíos de retrasar lo inevitable.

El 25 de abril le comunicaron por fin a Onís las nuevas instrucciones para la negociación:

1. Impedir el reconocimiento oficial por los Estados Unidos de las nuevas repúblicas americanas.
2. Cortar la ayuda económica norteamericana a los insurgentes y poner fin a la guerra corsaria.
3. Fijar una línea de frontera segura en el oeste.
4. Concluir el acuerdo sobre indemnizaciones.

Como hemos visto, estas notas se cruzaban entre España y su embajador en Washington mientras las tropas de Jackson dejaban la Florida española reducida a San Agustín y unos pocos pueblos de pescadores. Por ello se preparó una enérgica nota de protesta y se decidió aprovechar, en medio de tanta desgracia, que al menos el Ejército español controlaba de nuevo la frontera de Texas sobre el Sabine. Pese a esto, ya el 26 de agosto de 1818 España parecía dispuesta a ceder en la cuestión de los límites.

El 31 de octubre de 1818, Onís comunicó a Madrid que las concesiones de tierra en Florida a particulares españoles podían suponer un problema, y ese mismo día John Quincy Adams, secretario de Estado norteamericano, consentía en fijar la frontera en el Río Rojo, siguiendo por el paralelo 42º hasta el Pacífico.

Si esta propuesta se aceptaba, los estadounidenses estarían dispuestos a llegar a un acuerdo sobre la frontera de Luisiana en el Sabine, de lo contrario, exigirían llevarla al Río Grande. Con el apoyo del embajador francés, que hizo de mediador, se logró que la demarcación final partiese de la desembocadura del Sabine, hasta el paralelo 32º, desde donde seguía hasta el Río Rojo y luego subía hasta el meridiano 100, donde se marcaría la frontera entre este río y el Arkansas. A continuación, la línea seguiría la orilla sur de este último, hasta su nacimiento en el paralelo 42º, posición de donde partiría la línea de demarcación que debía llegar hasta el Pacífico.

El 16 de noviembre, Onís contestó a la nota de Adams y le tranquilizó respecto a las concesiones de tierras en Florida, algo que estaba poniendo muy nerviosos a los americanos. El tratado quedó listo para su firma, pero Onís estuvo a punto de no firmar ante la voluntad norteamericana de anular todas las concesiones de tierras hechas por el rey. En España, Pizarro fue reemplazado en el cargo de ministro de Estado por el marqués de Casa Irujo, pero el cambio no afectó al acuerdo, que fue suscrito el 22 de febrero de 1819. El denominado Tratado Adams-Onís establecía la renuncia de España a la Luisiana y fijaba la nueva frontera hasta el Pacífico, reconocía la entrega a los Estados Unidos de las Floridas y fijaba la cuantía de una serie de indemnizaciones a cuenta de conflictos atrasados.

Aunque firmado el tratado, nuevos problemas retrasaron su ratificación. Los más importantes fueron las citadas concesiones de tierras, ya que los Estados Unidos reconocían solo las realizadas con anterioridad al 24 de enero de 1818. El marqués de Casa Irujo era partidario de ratificar el Tratado aún a costa de los intereses particulares de los poderosos nobles de la camarilla del rey, que habían sido los beneficiados con la concesión y montaron en cólera cuando supieron que el gobierno español estaba dispuesto a ceder a las presiones norteamericanas.

La presión fue tal que asustó al ministro y en la noche del 30 de junio de 1819 se negó la ratificación del tratado. El 1 de julio se reunió el Consejo de ministros para ver cómo podía evitar la ratificación sin romper con los Estados Unidos —todo esto no por el interés nacional, sino por los «amiguetes» del impresentable rey Fernando VII—. Solo el secretario de Hacienda, José Imáz, se pronunció a favor de la aceptación. Tanto Rusia —con intereses en la zona—, como Francia —por incordiar— presionaron al gobierno español para que refrendase el tratado y dejase las cosas claras de una vez, pero España siguió dilatando la ratificación.

Los estadounidenses comenzaron a impacientarse, y el presidente comunicó al Congreso el 7 de diciembre de 1819 que debía de actuar como si el tratado hubiese sido ratificado. El gobierno español pensó que los norteamericanos iban a ocupar Florida y poner fin al asunto de una vez, por lo que se envió a Washington al mariscal de campo Francisco Vives con plenos poderes. Lo que Vives pedía era que los Estados Unidos se comprometieran a asegurar a España que no se iba a reconocer a ninguna de las repúblicas insurgentes de América. También demandaba garantías sobre las propiedades de españoles al este del Misisipi y la revisión de las indemnizaciones.

Antes de ir a los Estados Unidos, Vives pasó por Londres e intentó infructuosamente conseguir ayuda inglesa. Por su parte, José María Alós presentó su informe sobre la posibilidad militar de defender los puestos que aún quedaban en Florida. En su conclusión, el informe decía que «considero suficientes las fuerzas con que puede auxiliarse a las Floridas para una honrosa defensa, pero de ningún modo bastantes para su conservación en circunstancias de una guerra con los Estados Unidos, atendiendo a que las dos únicas plazas que hay en ella son de último orden, y al malísimo estado de sus fortificaciones».

Alós tenía razón, pues en el caso de San Agustín los medios de defensa eran buenos, pero la pérdida del fuerte de Isla Amelia dificultaba el auxilio por mar. En cuanto a Pensacola, solo consideraba defendible el fuerte de Barrancas. El 14 de abril de 1820, Vives expuso a Adams en Washington las nuevas condiciones españolas para ratificar el acuerdo. Estas pasaban ahora por la supresión de actos de piratería de naves americanas contra el comercio español, garantía de que no se iniciarían nuevas expediciones filibusteras y rechazo, como siempre, a los gobiernos rebeldes.

Entre tanto, en España las cosas estaban cambiando y el alzamiento de Riego en Cabezas de San Juan el 1 de enero de 1820, que abría el Trienio Liberal, fue el golpe definitivo para la liquidación de la Nueva España. Las noticias del cambio político llegaron a los Estados Unidos y la simpatía de Monroe y de la mayor parte de los norteamericanos por el nuevo gobierno liberal animaron al presidente a detener la ocupación de Florida, algo que los Estados Unidos estaban a punto de hacer.

El 9 de julio de 1820 el rey Fernando juró la Constitución de 1812 y el 26 de agosto Evaristo Pérez de Castro, secretario de Estado, presentó una memoria a las Cortes solicitando autorización en nombre del rey para ceder las Floridas y ratificar el tratado. La ratificación, aprobada por las Cortes el 5 de octubre de 1820, anulaba las donaciones de tierras a los Alagón, Puñonrostro y Vargas, y encomendaba al gobierno norteamericano la suerte de los españoles que poblaban las Floridas. Fernando VII ratificó el Tratado de Amistad y Límites con los Estados Unidos el 24 de octubre de 1820.

La frontera que acababa de establecerse duraría sin cambios hasta la Guerra de Independencia de Texas en 1835, y en líneas generales hasta la Guerra entre México y los Estados Unidos en 1846. Era la consecuencia de años de esfuerzo de administradores, militares y diplomáticos y, probablemente, dadas las condiciones de calamidad histórica, hubiera sido imposible evitar la catástrofe. Los sucesos que tuvieron lugar en México tras la instauración en España del gobierno liberal supusieron el acto final de la presencia española en tierras de América del Norte, pero para la Florida española todo había acabado ya.

OCTAVA PARTE
EL FINAL DE UNA ERA

San Diego
*Primer lugar visitado por los europeos
en lo que hoy es la Costa Oeste de los Estados Unidos.*

A su paso por su bahía en 1542, Juan Rodríguez Cabrillo declaró la soberanía española sobre el territorio, adelantando lo que sería el futuro dos siglos después, cuando el Presidio Real de San Diego y la Misión de San Diego Alcalá, fundados en 1769, formaron los primeros asentamientos europeos en la actual California, siendo en abril de 1822 el último lugar de los actuales Estados Unidos en el que se arrió la bandera española.

Oh, desdichada España, revuelto he mil veces en la memoria tus antigüedades y anales, y no he hallado por que causas seas digna de tan porfiada persecución.

Francisco Gómez de Quevedo Villegas (1580-1645)

8.1. Cambios de banderas

El 10 de marzo de 1821, el presidente Monroe nombró al general Andrew Jackson gobernador militar de las Floridas, cargo que le otorgaba la capacidad de maniobra y de autonomía que ambicionaba, pues le permitía afrontar las decisiones que debía tomar con las garantías que deseaba, y en la práctica se convertía en el dueño de todas las funciones de gobierno. Ostentaría en el nuevo territorio bajo su jurisdicción el poder legislativo, ejecutivo y judicial, fusionando poderes civiles y militares en un solo mando.

De hecho, el motivo alegado en su nombramiento por el presidente para otorgar unas facultades tan amplias a Jackson, se sustentaba en las funciones que, en teoría, estarían en sus manos en las dos provincias de Florida, las del capitán general e intendente de Cuba y las de los dos gobernadores —el de la oriental y de la occidental—, tomando como base legal de los poderes los conferidos en 1803 al primer gobernador estadounidense de la Luisiana. No obstante, para evitar que el general Jackson pudiera actuar como un auténtico autócrata en el territorio, se impidió que pudiese crear impuestos nuevos de cualquier naturaleza, ya fuera sobre mercancías o sobre tierras.

Jackson, en previsión de que iba a tener que ejercer el gobierno sobre una ciudad, Pensacola, a la que esta vez llegaba en son de paz, viajó en compañía de su esposa Rachel, pero como no llegaban las instrucciones españolas sobre la transferencia de la provincia del capitán general de Cuba, que debía traer el coronel James Forbes, decidió detenerse unos días en el actual condado de Baldwin —Alabama— donde coincidió con un abogado de talento, ambicioso y buen orador, que le causó una grata impresión. Se llamaba Henry M. Brackenridge[138] y fue elegido junto al doctor James C. Bronaugh, su médico personal y buen amigo, para actuar como sus representantes ante el gobernador de Florida occidental, el coronel don José María Callava, que llevaba en el cargo algo más de dos años.

Una vez que el coronel Forbes llegó con las órdenes de transferencia de la soberanía, las negociaciones sobre el intercambio de poderes se iniciaron el 9 de junio, aunque el gobernador Callava no estaba de acuerdo en entregar el parque de artillería de la plaza, puesto que según sostenía, no eran parte del material o bienes que se debían entregar a sus nuevos dueños. Las con-

---

[138] Cuando se produjo la transferencia de soberanía, Jackson le nombró alcalde-magistrado de Pensacola, en premio por sus servicios.

versaciones no avanzaban, por lo que el general Jackson, ante las noticias que le llegaban, tomó la decisión de marchar a Pensacola y el 15 de junio entró en Florida, si bien no llegó a la ciudad, quedándose a unos 25 kilómetros, en Gonzalia, el rancho de su amigo Manuel González, en espera de que el coronel Callava abandonase la casa del gobernador, lo que no hizo hasta el día 28 de junio, fecha en que la ocupó la esposa del general Jackson.

Finalmente, se estableció como fecha del cambio de soberanía el 17 de julio. Antes de que el general Jackson entrase en territorio español para marchar a Pensacola, su ayudante, el coronel Robert Butler, había recibido el encargo de arreglar las cuestiones legales y formales precisas para proceder al cambio de soberanía en Florida oriental, acto que debía producirse en San Agustín, cuya fortaleza de San Marcos, nunca conquistada, iba a pasar, por fin, a la soberanía de los Estados Unidos.

En cumplimiento de las órdenes recibidas, Butler contactó el 26 de mayo con el gobernador José Coppinger para ir preparando la transferencia de poderes. Coppinger recibió los despachos que esperaba del capitán general de Cuba el día 8 de junio, y así se lo comunicó por carta a Butler, a los efectos de realizar los actos formales previstos en la fecha acordada.

Con todos los hombres, mujeres y niños en las calles, la expectación en la vieja San Agustín era enorme en la mañana del 10 de julio de 1821, engalanada para las ceremonias tras las cuales la ciudad cambiaría de dueño después de más de doscientos años de existencia. Tropas del ejército de los Estados Unidos habían llegado en los días anteriores y desfilaron por la ciudad camino del castillo de San Marcos, mientras las tropas españolas de guarnición observaban en sus puestos vestidas con sus uniformes de gala.

La ceremonia comenzó en la Casa de Gobierno, donde el coronel Butler recibió las llaves de la ciudad. La bandera española fue retirada bajo una salva de saludo desde las murallas, y las tropas españolas en formación marcharon fuera de la fortaleza de San Marcos. Cuando se acercaron a las tropas americanas intercambiaron saludos con ellas y desfilaron mientras los soldados americanos presentaban armas. Luego, los estadounidenses marcharon hacia la fortaleza y dispararon una salva de fusilería en saludo a su bandera que ondeaba ya en la vieja fortaleza española, edificio representativo de una ciudad que se acababa de convertir en la más antigua de los Estados Unidos, distinción que sigue manteniendo en la actualidad.

En los días siguientes las tropas españolas, los funcionarios de la administración provincial y sus familias, embarcaron con destino a Cuba, pero a diferencia de lo sucedido en 1763, la mayoría de los habitantes españoles seguirían en la ciudad y lentamente se irían acostumbrado al sonido del inglés en sus calles y a la llegada primero de soldados y funcionarios, y después de comerciantes, artesanos y profesionales, todos con sus familias, gentes que tenían distintas costumbres, festividades, creencias y leyes, y que ahora eran sus compatriotas.

Para algunos vecinos de la ciudad, el cambio significaba una oportunidad. Eso fue lo que ocurrió con un espigado y joven plantador nacido en San Agustín e hijo de emigrantes menorquines llegados durante los años de la dominación británica. Se llamaba José Mario Hernández, era oficial de la milicia local, había asistido al acto del cambio de soberanía con la mirada satisfecha de quien ve el ascenso social al alcance de su mano, y el 30 de septiembre del año siguiente se convirtió en el primer congresista de habla española de los Estados Unidos. Más adelante alcanzaría el grado de brigadier general de la milicia de Florida, cargo con el que tendría un destacado papel en la Guerra Semínola en la década siguiente, al ser el responsable de la captura del jefe Osceola, el principal líder indio.

Otros de los presentes ni siquiera eran aún conscientes de que para bien o para mal su vida iba a cambiar. Uno de ellos era un niño que miraba fascinado con sus enormes ojos castaños a los rubios soldados vestidos de azul que, alineados en formación, lanzaron una salva de saludo a la bandera blanca, azul y roja con barras y estrellas que ondeaba en lo alto del mástil. No tenía edad para pensar que era la bandera de su nuevo país, y no podía imaginar que se vería enfrentado a quienes defendían esa misma bandera en la guerra civil americana, cuando cuarenta años más tarde se convirtió en capitán de la compañía de caballería que llevaría su nombre en la *Florida Supply Force* del Ejército de los Estados Confederados de América. Se llamaba Eduardo Antonio Fernández y tenía cinco años.

Finalmente, para algunos, como el gobernador José María Coppinger, fue un día triste. Un oficial le entregó plegada la bandera roja y amarilla y él se la pasó al comandante del batallón para que la custodiase hasta que llegaran a Cuba. Una semana después era Pensacola la plaza que se preparó para una ceremonia parecida. El general Jackson llegó el mismo día elegido para la transferencia de soberanía sabiendo que estaba todo preparado, y se presentó en la ciudad a las 6.30 de la mañana del 17 de julio, justo a tiempo para desayunar con su mujer Rachel, y luego marchar al lugar seleccionado para el acto, la plaza de Fernando VII, donde todo se había organizado para comenzar a las diez en punto.

El gobernador español, el coronel Callava, había impresionado gratamente a los norteamericanos, muestra del respeto que lo «castellano» tenía aún entre la población anglosajona en la joven república americana. Así,

James Parton le describe muy favorablemente: «Era castellano, de una raza similar a la sajona, de tez clara, un hombre apuesto, bien desarrollado, de presencia digna y modales refinados». Y como siguió en la ciudad un tiempo para supervisar el desmontaje de las piezas de artillería y su embarque, y el embalaje de los documentos oficiales y los archivos, por sus buenas maneras y elegancia europea fue invitado frecuentemente a los actos sociales organizados por los oficiales del 4.º de infantería, que era el regimiento de guarnición en la plaza.

Sin embargo, no contaba con la simpatía de Jackson, ni de su esposa Rachel, tal vez por las malas experiencias que el general había tenido con anteriores gobernadores de Pensacola como Manrique o Masot, aunque algunos autores señalan que las diferencias entre ambos se debían a que eran personas de fuerte personalidad y carácter.

Un oficial estadounidense describió los eventos de la ceremonia, recogida en sus detalles por James Parton, en su obra *Life of Andrew Jackson:*

> La guardia del gobernador español, compuesta por una compañía completa de dragones desmontados del Regimiento de Tarragona[139], elegantemente vestidos y equipados, desfilaron a primera hora de la mañana frente a la Casa de Gobierno. Alrededor de las ocho en punto, un batallón del 4.º Regimiento de Infantería de los Estados Unidos y una compañía del 4.º Regimiento de Artillería, todo bajo el mando del coronel Brooke, del 4.º de infantería, fueron redactados en la plaza pública, frente a la guardia española, después de haber entrado en la ciudad desde el campamento en la primavera. El habitual saludo militar se hizo entre ellos. Cuatro compañías de infantería de la línea estadounidense, bajo el mando del comandante Dinkins, del 4.º de infantería, fueron separadas para tomar posesión de las Barrancas, que está a casi nueve millas por debajo de la ciudad.
>
> A las diez en punto, la hora previamente designada, el general Jackson, al que asistieron sus ayudantes, secretario, intérpretes, etc., cruzó el campo y pasó entre la doble línea formada por las tropas de ambas naciones, quienes simultáneamente lo saludaron presentando armas y entró en la Casa de Gobierno, donde pronto se despachó la formalidad de la transferencia, y la guardia del sargento español en la puerta fue relevada inmediatamente por un guardia estadounidense.
>
> Después de unos minutos, el gobernador Jackson, acompañado por el coronel Callava, y sus respectivos oficiales, abandonaron la Casa de Gobierno y pasaron a través de la misma doble fila de tropas a la casa que el gobernador había alquilado para el alojamiento temporal de su familia. Luego, las tropas

---

[139] No eran dragones. Formaban parte del Regimiento de Voluntarios de Tarragona, una unidad de infantería ligera. Una de sus compañías fue enviada desde Cuba a Florida en 1818 para entrenar a la milicia.

españolas fueron llevadas al lugar de embarque: la bandera estadounidense se exhibió sobre el personal, y la compañía de artillería y el barco estadounidense *USS Hornet* dispararon grandes salvas, haciendo una por cada Estado y Territorio de la Unión Federal, sin olvidar a Florida, mientras la banda del regimiento, y la del *Hornet*, tocaban el *Star-Spangled Banner* todo el tiempo.

En el transcurso del día, varios ciudadanos esperaron al nuevo gobernador para presentarle sus respetos y ofrecer sus felicitaciones. La entrega de las Barrancas se realizó tras una nueva ceremonia. La bandera española se bajó a media asta[140]. La bandera estadounidense se elevó al mismo nivel que ella. Ambas banderas fueron, en esta situación, saludadas por los españoles. Después de lo cual, bajaron los colores españoles y se izó la bandera estadounidense. Los estadounidenses luego saludaron su bandera nacional. Las tropas estadounidenses hicieron una aparición elegante y marcial, mientras el *Hornet* lucía engalanado.

Rachel, la esposa de Jackson, también ofreció su relato de la ceremonia en una carta que se conserva que envío a su amiga Eliza Kingsley[141]:

A las siete en punto, en el momento preciso, se vislumbraron la bandera estadounidense y una banda completa de música. Toda la ciudad estaba en movimiento. Nunca vi tantas caras pálidas. Estoy viviendo en la calle principal, lo que me dio la oportunidad de ver mucho desde las galerías superiores. Marcharon hacia la casa del gobierno, donde los dos generales[142] se reunieron de la manera prescrita, luego se bajó la bandera de su majestad católica y la estadounidense se elevó en el aire, no menos de cien pies.

La ceremonia había concluido. Andrew Jackson era el nuevo gobernador ya con plenos poderes, y el destino le depararía convertirse en el séptimo presidente de los Estados Unidos de América. Pensacola, el último puesto español en Florida, había pasado a la soberanía de los Estados Unidos[143].

---

[140] Al igual que en San Agustín, las banderas arriadas en Pensacola eran las actuales, las rojas y amarillas de la Real Armada, que desde 1793 ondeaban también en las fortificaciones y plazas marítimas.

[141] James Parton, *Life of Andrew Jackson*, p. 604.

[142] Callava no lo era, pero ese detalle no resta valor al testimonio.

[143] Una dama, que aseguraba ser heredera del hacendado Nicolás Vidal, se presentó a mediados de agosto ante el alcalde —y magistrado— Brackenridge, exigiendo que las nuevas autoridades le apoyasen en la recuperación de unas tierras que Forbes & Company —la empresa sucesora de Panton, Leslie & Company— había ocupado y se negaba a entregar. Los documentos que, según alegaba, probaban su derecho, estaban en manos del antiguo gobernador en los archivos que seguían en su poder. Hubo una seria discrepancia sobre a quien correspondía la custodia de los mismos y Callava se negó a entregarlos, acabando la confusa situación con una orden de arresto sobre él y los oficiales españoles aún presentes en la plaza, si bien fueron poco después liberados permitiéndose su marcha a Cuba. Fue un feo final.

Terminaba de esta forma una larga aventura que había comenzado el 2 de abril de 1513, cuando Ponce de León llamó Florida a la nueva tierra en la que acababa de desembarcar a la búsqueda de la Fuente de la Eterna Juventud. Antes de que la Florida española cayese, Nueva Suecia, Nueva Holanda, Nueva Francia y Nueva Inglaterra habían desaparecido en la costa este de Norteamérica, pero esta pequeña porción de la Nueva España había aguantado más que ningún otro territorio europeo en la región, sin que el castillo de San Marcos de San Agustín fuera conquistado por las armas de potencia alguna. Habrá que esperar aún hasta el año 2055 para que la bandera norteamericana haya ondeado en sus baluartes más tiempo que la enseña española, cuyos soldados defendieron su última posición más allá de lo imaginable.

El Final en Texas

Dos días después de que la bandera española fuese arriada en el fuerte San Carlos de Barrancas en Pensacola, hubo una ceremonia similar en el presidio de San Antonio de Béxar, en Texas, pero fue menos llamativa, menos elegante y mucho más triste. A primeras horas de la mañana, acompañado de sus tropas, el gobernador Martínez, en un breve acto, arrió la bandera española e izó la trigarante mexicana, roja, blanca y verde, los colores de la nueva nación a la que Texas se acababa de incorporar, con este acto deslucido y sobrio. Ninguno entre los pocos vecinos que se acercaron a la plaza mayor pareció mostrar especial satisfacción; los diez años de guerra habían sido malos para todos, y la ciudad había perdido una tercera parte de sus habitantes. La sensación de temor ante un futuro incierto e inseguro era desoladora.

Unos días después, la guarnición del último puesto de la frontera, Nacogdoches, sobre el Viejo Camino Real de los Texas, pasó a convertirse, para todo aquel que llegase por la ruta que la separaba en poco más de 100 millas de Natchitoches, ya en la Luisiana, en la primera guarnición de tropas de la nueva nación mexicana en su frontera con los Estados Unidos.

Entre los viajeros que hicieron el camino en esas fechas estaba Stephen Austin, que a mediados de mayo de 1821 había recibió la misiva de Ignacio Arredondo, dirigida a su padre Moses, por la que le informaba en calidad de comandante militar de las Provincias Internas de que el 17 de enero, finalmente, se había aceptado su propuesta, que hemos visto, de establecer una colonia de 300 familias angloamericanas en Texas. La insistencia de su madre Mary le había convencido, poco antes de la muerte de su padre, de que si había una propuesta favorable de las autoridades españolas su destino estaba en Texas, por lo que hizo el equipaje y tomó el primer vapor que partía para Nueva Orleans, donde sabía que le esperaban los enviados del gobernador Martínez, con los que emprendió viaje por tierra con destino a San Antonio.

En Nacogdoches Austin pudo ver aún las huellas de los combates contra los partidarios de Long, prácticamente no había nadie en las calles y todo parecía descuidado y decadente. La población no era más que un puesto militar lleno de soldados del Ejército Realista de Nueva España, pertenecientes a la División de las Provincias Internas de Oriente, pues del millar de habitantes que la población tenía en 1810 apenas quedaban unas decenas[144].

A lo largo del camino a Béxar la sensación fue la misma: haciendas y ranchos abandonados, zonas antaño cultivadas en el más completo abandono y desconfianza y miedo en las miradas de la poca gente que encontraban en pequeños villorrios y casas aisladas y solitarias. El paso de la guerra era visible en cada recodo del camino. Uno de los hombres que iba con Austin se llamaba Juan Erasmo Seguín, un prohombre de origen canario de San Antonio de Béxar que se había visto obligado a exiliarse tras ser considerado sospechoso de apoyar a Gutiérrez de Lara y a Magee, perdiendo todas sus propiedades y su cargo de responsable del correo. No se había acogido al indulto de las autoridades virreinales de 1818, pero habían sido levantados los cargos contra él, y había recuperado la confianza del gobernador Martínez. Se convirtió en un buen apoyo para Austin, pues tenía el encargo de validar los permisos de inmigración para las familias que iba a traer, pero no podía ni imaginar las consecuencias de la llegada de esos colonos para el futuro de Texas, y menos aún el papel que junto a ellos desempeñaría su hijo Juan, que entonces tenía 14 años[145].

El 12 de agosto, el grupo con el que iba Austin llegó a San Antonio, siendo recibido cordialmente por el gobernador Martínez, que le comentó que la provincia estaba destruida y en la ruina por las acciones y desmanes «de los ejércitos del rey» —o sea, de los suyos hasta hacía unos días— y que había planes para conseguir un brillante y prometedor futuro. Austin conoció también a José Antonio Navarro, con quien mantendría siempre una relación duradera y fructífera, pues experto en legislación española, asesoró a Austin para que el gobernador Martínez renovase la concesión

---

[144] Lo cierto es que el Ejército Realista era en la práctica el que había ganado la guerra, pero México se perdió igualmente. Los sucesos políticos y militares acaecidos en Nueva España entre 1810 y 1821 fueron calamitosos.

[145] Houston le nombraría en 1835 capitán del ejército de la naciente República de Texas. Combatió en San Jacinto y tras la guerra alcanzó el grado de coronel. Alcalde de San Antonio en 1841, está considerado un héroe nacional y una ciudad del estado lleva su nombre.

y permitiese el establecimiento finalmente de una colonia angloamericana entre los ríos Brazos y Colorado[146].

Es cierto que había un gran trabajo por hacer, pero Austin era optimista. Era una tierra inmensa, rica y prometedora, que abierta a gentes industriosas, tenaces y duras, como las familias de los colonos que él quería traer a este país, y que sabía lograrían triunfar y salir adelante. El futuro era suyo, y no se equivocaba.

Poco después, el día 24 de agosto, mediante el Tratado de Córdoba, se acordó formalmente la independencia de México, con el acuerdo firmado por el general Agustín de Iturbide, comandante en jefe del Ejército Trigarante, y Juan O'Donojú, jefe político superior de la provincia de Nueva España, documento de diecisiete artículos que representaba una extensión del Plan de Iguala[147].

El 27 de septiembre de 1821, el Ejército Trigarante, o de las Tres Garantías, entró en la Ciudad de México, y al día siguiente los mexicanos elaboraron el Acta de Independencia de México. O'Donojú murió de forma súbita el 8 de octubre de 1821, y en diciembre embarcaron las últimas tropas españolas con rumbo a Cuba para su repatriación, quedando como último bastión de la Nueva España la guarnición que defendía la plaza de San Juan de Ulúa[148].

Para Texas, el cambio de banderas había sido en apariencia indiferente. Los combates entre los insurgentes mexicanos y las tropas realistas; las incursiones indias; las insistentes y brutales agresiones de aventureros anglosajones que desde los vecinos Estados Unidos destruyeron la provincia en continuas campañas que no parecían tener fin; y las acciones en la costa de piratas y corsarios, habían destruido la antaño prometedora provincia y la habían convertido en un «despoblado», una tierra en la que apenas vivía ya nadie, porque nadie quería aventurar su vida y hacienda en un lugar desolado, abandonado y peligroso.

---

[146] Los primeros colonos llegaron al actual condado de Brazoria en 1821, pero los planes de Austin peligraron al no reconocer el gobierno de Iturbide las concesiones hechas por España. Austin viajó a la Ciudad de México y consiguió que la junta aprobara la concesión que recibió su padre, Moses Austin, y posteriormente, en enero de 1823, nuevas leyes que regularon los repartos de tierras a los nuevos colonos y la figura del «agente empresario» para impulsar la inmigración.

[147] Jefe político superior era el nombre que se dio, conforme a la Constitución de Cádiz de 1812, al más alto funcionario político y administrativo de cada una de las provincias en que se dividió el territorio español en Europa y en ultramar. O'Donojú jamás fue virrey, y el acuerdo que firmó, a título personal, no fue aceptado por Las Cortes españolas, que lo llamaron el Tratado de Córdoba en la *Gaceta de Madrid* de los días 13 y 14 de febrero de 1822.

[148] El reconocimiento de la independencia de México no se hizo hasta el 28 de diciembre de 1836, con el Tratado de Paz y Amistad entre México y España.

Durante los treinta años anteriores, los primeros de la historia de una nueva nación, los Estados Unidos de América, llamada a ser la más poderosa del mundo, y a pesar de todas las dificultades, los soldados, diplomáticos y funcionarios españoles habían logrado, a veces con enormes problemas, mantener las fronteras intactas ante la presión, las amenazas y la violencia de la nueva República, nacida desde su primer momento con una voluntad expansionista nunca ocultada. Aun así, y con todas las dificultades, a base de sangre, dolor, lucha y esfuerzo, la frontera de Texas y la Nueva España con Luisiana seguía en el río Sabine. Y ahí sigue hoy en día. La línea en la que la dejaron los soldados españoles.

El último acto

En cumplimiento de las órdenes llegadas a la Alta California, el proceso de cambio de soberanía de España a México se llevó a cabo en toda California sin alteraciones, pero con mucha lentitud por la dificultad en las comunicaciones, y al último en tocarle el turno fue el Real Presidio de San Diego, el primer asentamiento español en la Alta California.

El 20 de abril de 1822, la tropa se alineó formada en la plaza de armas. La artillería estaba colocada ante la sala de guardia, de forma que miraba a las aguas azules del Pacífico. Como no había un lugar disponible donde flamear una bandera, uno de los cabos recibió la orden de enarbolar la bandera de España en un palo y otro cabo mantuvo en otro palo la tricolor mexicana.

A la hora señalada, al redoblar del tambor y con paso firme, el comandante Francisco María Ruiz, en compañía de José María Estudillo, se detuvo ante la tropa, saludó y lanzó el grito de: ¡Viva el Imperio Mexicano!

A continuación, se bajó la enseña española y se levantó la tricolor mexicana en el mismo momento en que se dispararon los cañones y se lanzó al aire una salva de fusilería. No hubo gran fasto ni especial celebración. Fue solo una ceremonia rutinaria, solemne y fría. La última bandera española en el actual territorio de los Estados Unidos había sido arriada. La California española había terminado para siempre.

Al día siguiente, al igual que había ocurrido en toda la provincia, se dio la orden a los soldados presidiales de cortarse la coleta. Juana Machado, entonces una niña, narra en sus memorias qué tras cumplir con la orden, su padre entró en casa con la trenza en las manos y una cara muy triste y se la entregó a su esposa, que también estaba con la cara compungida. Dice Juana que «mamá miró la trenza y se lanzó a llorar».

Este fue el final de trescientos años de luchas y esfuerzos.

Fuertes, puestos y casas fortificadas, presidios y misiones españolas en los Estados Unidos y Canadá

CANADÁ

COLUMBIA BRITÁNICA

Fuerte San Miguel de Nutca
(1791-1795) Nootka, Vancouver Island.

En un reconocimiento avanzado, el alférez de navío Esteban José Martínez descubrió la presencia de rusos en Unalaska y Kodiak, por lo que se decidió fortificar y guarnecer el estrecho de Juan de Fuca, mil millas al norte de la posición española de la Alta California en Monterey. Su posesión estuvo a punto de provocar una guerra con el Reino Unido, pero finalmente España cedió. Se encontraba en la actual isla de Vancouver.

Originariamente lo edificó en 1789 Esteban José Martínez, pero fue desmantelado en octubre de ese año, para ser rehabilitado y mejorado al año siguiente por Francisco de Eliza. Era una poderosa fortificación artillada que servía para defender el puerto y las casas y almacenes del asentamiento de Santa Cruz de Nutka, la primera colonia europea en la costa del Pacífico de Canadá, guarnecida primero por tropas europeas de la Primera Compañía Franca de Voluntarios de Cataluña y después por soldados de la Compañía Fija de Infantería Veterana de San Blas, formada por hombres reclutados en México.

ESTADOS UNIDOS

WASHINGTON

Posición fortificada de Núñez Gaona
(1791-1792) Neah Bay.

Ocupada durante solo cinco meses, se construyó para bloquear el acceso desde el sur a Fuerte Nutka. Se conoce bien por existir varios grabados de la época realizados por la expedición de Malaspina. Bien protegida y artillada, estuvo defendida primero por la Primera Compañía Franca de Voluntarios de Cataluña y, después, cuando ya se había acordado por los gobiernos de España y el Reino Unido su abandono, por una sección de la Compañía Fija de Infantería Veterana de San Blas. Fue el primer asentamiento europeo en el actual estado de Washington. Los restos están en la parte norte de la actual ciudad.

DAKOTA DEL NORTE
Puesto fortificado de René Jusseaume, luego Fort Mackay
(1794-1797) Stanton.

Situado en la orilla oeste del río Misuri en la boca del río Knife y entre las ciudades de Mandan y Hidatsa. Debía su nombre al explorador francocanadiense Jusseaume, siendo también conocido como Jusson o Gousseaume. Fue el establecimiento español más al norte en las Grandes Llanuras, situado literalmente «en el fin del mundo», y estaba abandonado cuando en 1794 fue ocupado por el explorador John Evans, de la Missouri Co., quien lo confiscó en nombre de España, rebautizándolo como Fort Mackay. Como no había fuerzas para protegerlo, se abandonó en 1797.

DAKOTA DEL SUR
Casa de Jean-Baptiste Truteau
(1794-1795) Marty.

Una pequeña cabina de madera usada como refugio de invierno es la primera construcción hecha por hombres blancos en Dakota de Sur. Fue también llamada por los españoles Casa de Ponca. No hay restos, si bien estaba a unos diez kilómetros de Fort Randall Dam.

Fuerte de los Cedros
(1802-1804) Cedar Island.

Fue edificado en 1802 por el comerciante canadiense Regis Loisel con el nombre de Fort aux Cedres, pero se vio frustrado por el bloqueo de los *siux* y la seria competencia de la Northwest Company.

De regresó a St. Louis a principios de 1803, Loisel impresionó tanto a Charles de Hault Delassus, el vicegobernador de la Alta Luisiana, que le encargó que realizara una investigación formal de las condiciones en la parte superior del Misuri para el gobierno español. Loisel volvió a ascender por el río, estacionando un grupo comercial de hombres armados en su fuerte en la desembocadura del río Cheyenne y otro entre los *arikara*, pasando allí el invierno de 1803-04. Los *siux* exigían regalos extravagantes y se negaban a permitir que sus hombres visitaran otras tribus o reabastecieran al grupo del río, y los británicos realizaron algunas incursiones, por lo que la empresa fracasó.

Loisel regresó a San Luis en mayo de 1804, encontrando la ciudad ya en manos de los estadounidenses, lo que hizo que dejase que el fuerte se abandonara.

Fuerte Brasseaux
(1804) Chamberlain.

En los últimos meses de la presencia española en Luisiana, este puesto fue fortificado por comerciantes de San Luis y llamado así por el nombre de su promotor, Antoine Brasseaux. Más adelante, en 1809, fue reconstruido por la St. Louis Missouri Fur Co., hasta su incendio en 1822. Más adelante se volvió a reconstruir con el nombre de Fort Kiowa por la Columbia Fur Company.

Puesto de Pierre Antoine Tabeau
(1803-1804) Mobridge.

Este puesto independiente de comerciantes de pieles se construyó a unas diez millas al norte de la actual ciudad de Mobridge, condado de Campbell, y actualmente está bajo las aguas. No fue abandonado con la retirada española, pues la expedición de Lewis y Clark se detuvo en él en 1804. Jamás tuvo guarnición militar.

Puesto comercial Los Españoles
(1794-1795) Mobridge.

Un mapa español de 1795 fija la bandera española en este pequeño puesto construido cerca de la boca de Grand River junto a los campamentos de los *arikara*. El francés Jean-Baptiste Truteau estuvo allí en la primavera de 1795 para comerciar con los indios con pieles y la expedición, al menos, de otro comerciante francés de San Luis, Jacques D'Eglise, acampó en la zona en la primavera de 1794. Nunca tuvo ocupación permanente.

NEBRASKA

Fuerte Carlos
(1795-1797) cerca de Homer.

Este puesto, bien fortificado, fue construido por Jacques Mackay de la Missouri Company, antigua North West Co., compañía dedicada al comercio de pieles y fiel aliada de España, en Omaha Creek, a solo cinco millas al sudeste de la actual Omaha, en Big Village —Tonwontonga— cerca del lago Blyburg y siete kilómetros al sur de Omadi, en la orilla del río Misuri.

En su visita al lugar en 1804, Lewis y Clark llaman al lugar Mr. Mackay's Trading House, pero para el gobierno español de Luisiana fue siempre Fuerte Carlos. Las autoridades españolas de San Luis creían que comerciantes británicos procedentes de Canadá querían edificar un puesto comercial en la zona y para impedirlo urgieron a Makay a proteger la región. Ocasionalmente estuvo guarnecido por una sección del Regimiento de Infantería Fijo de Luisiana.

Puesto comercial de Pierre Cruzatte
(1799-1803), cerca de Blair.

Construido en la boca de Mill Creek, al entregarse Luisiana a Estados Unidos fue abandonado. En 1804 Lewis y Clark señalaron su existencia, pero estaba desierto y no conocían su nombre.

Puesto de Los Otos
(1795-1797) cerca de La Platte.

Jacques Mackay, de la Missouri Company, construyó este pequeño puesto comercial en la orilla oeste del Misuri, a media legua de la boca del río Platte, siguiendo instrucciones de las autoridades militares españolas en San Luis, que temían que los británicos intentaran construir algún tipo de fortificación en la cercanía de los pueblos *oto*.

La información sobre las actividades británicas era falsa, a pesar de lo cual el puesto se edificó de forma provisional, hasta que en 1796 Francisco Derouin —don Federico Autman—, lo reubicó a dos leguas de la boca del Platte, junto a la actual Plattsmouth.

KANSAS

Fort de Cavagnial
(1744-1764) Kansas City.

Construido por los franceses, era originalmente una empalizada circular conocida como Puesto del Misuri o Fort de la Trinité. Luego se reconfiguró con forma cuadrada y bastiones en los ángulos, con una casa para el comandante, dos barracas, un almacén de pólvora y armas y una casa de guardia, todo de madera.

Conocido desde su reforma como Fort Cavagnial, estaba situado en las orillas del Misuri —junto al aeropuerto de la actual Kansas City—, siendo el puesto más occidental de Nueva Francia y teniendo como objetivo el comercio con los españoles de Santa Fe —en Nuevo México— y con los indios *pawnee*, *wichita* y *kansa*s. Su guarnición fue de un oficial y ocho soldados. Los franceses lo abandonaron poco antes de 1760 y los españoles lo ocuparon en 1764, al comenzar a establecer su control sobre Luisiana, pero rápidamente lo dejaron por estar demasiado aislado, perdiendo así su único puesto en Kansas.

MISURI

Fuerte español
(1791) cerca de Alexandria.

Su construcción se propuso varias veces para cubrir la boca del río Des Moines y así evitar el paso de los comerciantes británicos de pieles procedentes de Canadá. Al final nunca se llevó a cabo.

Puesto de François Le Sieur
(1790) Canton.

Un minúsculo puesto de colonos franceses que se ha reconstruido recientemente por el Centro para la Preservación de la Historia Viva.

Puesto comercial deFrançois Le Sieur
(1790) Portage des Sioux.

Del estilo del anterior, construido por comerciantes franceses. Cuando los españoles se hicieron con el control de la región fue reemplazado por un fuerte.

Fuerte de Portage des Sioux
(1799) Portage des Sioux.

Construido para enfrentarse a un posible ataque de británicos o norteamericanos, nunca estuvo terminado y solo guarnecido de forma ocasional.

Puesto comercial de St. Charles
(1769) St. Charles.

Construido por el comerciante francocanadiense Louis Blanchette en el área conocida como Les Petites Côtes, fue abandonado el mismo año de su edificación, en el interregno entre el dominio francés y el español.

Fuerte Charette
(1790-1804) Washington.

La Charette era una villa francesa criolla —*creole*— y anglo-americana que prosperó en torno a un fuerte construido por las autoridades de la Alta Luisiana española, hasta que una crecida del río lo dañó irremediablemente. Siguiendo el río había otro fuerte, San Juan del Misuri (1796), construido para proteger a los colonos y abandonado en 1803, poco antes de la entrega del territorio a los Estados Unidos.

Fuertes de don Carlos
(1767-1780) Spanish Lake, en St. Louis.

Se construyeron en la orillas del río Misuri. El del sur se llamaba Fuerte don Carlos el Señor Príncipe de Asturias, en honor del futuro Carlos IV, con una empalizada de 80 pies y cuatro bastiones. En la orilla norte se levantó el Fuerte San Carlos el Rey, don Carlos Tercero, más conocido como Fuerte San Carlos del Misuri, que contaba con una gran edificación de 18 pies de planta y siete de altura y una guarnición de cinco hombres. Ambos fuertes se complementaban, pero en la guerra hispano-británica de 1779-83 —la Guerra de Independencia de los Estados Unidos— tuvieron que ser destruidos en mayo de 1780 por los defensores españoles de San Luis, poco antes del ataque británico a la ciudad.

Puesto comercial St. Louis
(1764-1768) St Louis.

Era una empalizada francesa junto a varias casas, situada sobre una colina en la actual 4th Street con Walnut Street, en la propia ciudad de San Luis, y constituyó el primer asentamiento francés en la ciudad, en una época en la que el territorio ya había sido cedido formalmente a España. Cuando los españoles tomaron finalmente el control de la ciudad, y esta se desarrolló, fue abandonado.

Fuerte San Carlos
(1778-1805) St. Louis.

Era la principal fortificación de San Luis dentro de la actual ciudad. Una torre de piedra artillada con cinco piezas se edificó en 1780 en previsión de un ataque inglés. Se planeó hacer tres más, pero fue imposible. Además había terraplenes y barricadas de tierra y piedra formando cuatro medias lunas y dos bastiones, en torno a las actuales Lombard Street a Delmar Bulevard y oeste con 4th Street. La media luna del norte, hoy en Franklin Street, estaba dotada de cuatro cañones.

Los británicos y sus aliados indios atacaron en mayo de 1780 a una pequeña fuerza de regulares españoles, milicianos franceses locales y tropas del ejército continental. Tras la victoriosa defensa, al acabar la guerra la torre de piedra fue mejorada, se le añadió una batería de ocho cañones, siendo rebautizado como Fuerte San Luis de Ylinoa. Los norteamericanos ocuparon brevemente el fuerte en 1804, hasta que se terminó Fort Belle Fontaine en 1805.

La ciudad de San Luis contó con un pequeño destacamento del Regimiento de Infantería Fijo de Luisiana, además de unidades de la milicia, contando desde 1779 con la Compañía de Caballería de San Luis, en la práctica la única unidad montada del territorio español de la Alta Luisiana.

Fuerte St. Joachim
(1785-1804) Ste. Geneviève.

El primer asentamiento europeo en el estado se edificó en 1735 por los franceses con el nombre de Fort Ste. Geneviève, pero fue abandonado, hasta que durante el periodo español varios comerciantes franceses locales lo reconstruyeron en 1785 bajo el nombre de Fuerte St. Joachim, siendo al menos restaurado dos veces antes de 1804.

Fuerte de Cape Girardot
(1793-1804) Cape Girardeau.

En 1733 los franceses construyeron un puesto comercial bajo la dirección de Jean Girardot en el actual Cape Rock Park. En 1793, Louis Lorimier lo reconstruyó bajo dirección española dotándolo de una guarnición militar, pasando a ser conocido como Cape Girardeau o Girardot.

Puesto comercial La Petite Prairie
(1794-1800) Caruthersville.

Era uno de los varios puestos comerciales construidos por los colonos franceses de François Le Sieur, hasta que fue reemplazado por el Fuerte San Fernando.

Fuerte San Fernando
(1800-1802) Caruthersville.

Situado en Little Prairie junto al río Misisipi y hoy en día bajo las aguas. Buscaba reforzar el control de esta zona de la Alta Luisiana y recibió el nombre de San Fernando en honor el príncipe de Asturias —el futuro Fernando VII—. Cuando los estadounidenses tomaron el control de la zona estaba ya abandonado.

Fuerte Carondelet
(1791-1804) Vernon County.

En origen (1784-91) era un importante puesto construido por los comerciantes de pieles de San Luis, Auguste y Pierre Chouteau, en pleno territorio de la nación *osage*. Más tarde rebautizado con el nombre del barón de Carondelet —gobernador de Lusiana de 1792 a 1797— finalmente fue vendido en 1802 al importante comerciante de pieles Manuel Lisa, un español que cuando el territorio pasó a los Estados Unidos se quedó allí y tuvo un notable papel en la región, pues incluso un fuerte de Dakota llevó su nombre —Fort Manuel— en 1807, y llegó a ser uno de los hombres más ricos de los Estados Unidos.

COLORADO

Fuerte Talpa
(1819-1821) Farisita.

En 1819, tras la firma del tratado Adams-Onís que fijaba la frontera entre los Estados Unidos y España, las autoridades de Nuevo México intentaron proteger el territorio y su capital Santa Fe de futuras incursiones estadounidenses, ya fueran estas de filibusteros como las de Texas o militares. Para ello decidieron establecer un puesto avanzado más al norte de Taos, en Colorado. El lugar elegido fue La Veta, para así bloquear el paso desde las montañas Sangre de Cristo y cerrar la principal vía de penetración desde el norte y el este hacia las Provincias Internas. Esta posición fortificada en aquel remoto lugar fue guarnecida por una pequeña tropa de una compañía volante de lanceros, pero el puesto se abandonó al declararse la independencia de México.

Talpa fue la única guarnición militar española en Colorado, donde habían surgido algunos pequeños enclaves en las primeras décadas del siglo XIX solitarios y aislados. El gobierno de México solo estableció algunos puestos bien entrada ya la década de 1830, dejando la región a merced de los indios y de los ambiciosos colonos angloamericanos.

ARKANSAS

Quadrant
(1780-1790) cerca de Conway.
Puesto comercial fundado por colonos franceses de Luisiana. Apenas tuvo importancia.

Fuerte San Carlos de Arkansas
(1686-1821) cerca de Gillett.

Conocido como Poste de Arkansas o Fort les Arkansas, fue el primer establecimiento europeo del actual estado. Cambió de posición siete veces en su historia, pues el original, que tenía una guarnición de seis soldados, está hoy bajo el agua. Reconstruido por los franceses en 1748 cerca del lago Dumond, fue reforzado en 1752.

Los españoles lo ocuparon en 1765 y lo llamaron Fuerte San Carlos, reconstruyéndolo en 1771 y 1779, poco antes de entrar en guerra con los británicos. Era un polígono con tres cañones en cada bastión y guarnecido por 30 hombres, todos del Regimiento de Infantería Fijo de Luisiana. Los ingleses lo atacaron acompañados de una partida india en 1783. No tuvieron éxito, pero su ataque fue el único combate librado en Arkansas durante la Guerra de Independencia de los Estados Unidos.

Fuerte San Esteban de Arkansas
(1791-1804) cerca de Gillett.

A poco menos de 10 kilómetros al norte del actual Arkansas Post, se decidió su construcción al ver la necesidad de reforzar la posición española en la región. En 1796 fue reforzado y mejorado, y protegido por tropas regulares. Entregado a las tropas de los Estados Unidos en marzo de 1804, en el fuerte se estableció una factoría para comerciar con los indios. Sus restos están sumergidos. Fue el último puesto entregado a las tropas estadounidenses en la Alta Luisiana española.

Fuerte Esperanza
(1797-1803) en el oeste de la actual Memphis.

Se edificó para contrarrestar la pérdida del Fuerte de Barrancas. Junto a él, nació un asentamiento de colonos angloamericanos llamado Hopefield —Campo de la esperanza—. Un incendio en la Guerra Civil y el río han acabado con sus restos.

TEXAS

Presidio de San Agustín de Ahumada
(1756 -1772) cerca de Eminence.

Fue construido contra las intrusiones francesas y para proteger a la Misión de Nuestra Señora de la Luz del Orcoquisac. En 1766 fue reubicado, pues una fuerte tormenta lo había dañado. Fue también conocido como Presidio del Orcoquisac. La ocupación española de Luisiana acabó con su razón de ser y fue abandonado. Hoy sus restos están en el Wallisville Heritage Park.

Fuerte Las Casas
(1819-1822) Port Bolivar.

Sobre la base de unas baterías construidas por el ejército realista entre 1815 y 1817, fue ocupado por los insurgentes de la Segunda República de Texas del doctor James Long. Al convertirse México en nación independiente fue abandonado.

Fort Maison Rouge
(1817-1818) Galveston.

La legendaria guarida del pirata Jean Lafitte era una casa-palacio fortificada protegida por una barricada de tierra. Antes, en la zona había una instalación de baterías del ejército realista.

Presidio de San Xavier de Gigedo
(1751-1756) cerca de Rockdale.

También conocido como Presidio de San Francisco Xavier. Estaba en el río San Gabriel para proteger tres misiones. Se abandonó al construirse San Sabá.

Presidio de San Antonio de Béxar o El Álamo
(1718-1885) San Antonio.

Edificado para dar protección a la Misión de San Antonio de Valero —San Antonio de Padua hasta 1716— en 1722 se desplazó dos millas para situarse junto a la misión. La secularización de 1793 hizo que se utilizase como acuartelamiento de la Segunda Compañía Volante de San Carlos de Parras —Álamo de Parras—, una unidad presidial de lanceros que había llegado a San Antonio de Béxar en 1803 y que se unió a los rebeldes mexicanos. Esta fuerza fue destruida por el ejército realista en 1813 y el presidio quedó hasta la independencia de México guarnecido por tropas leales a España. Su historia posterior ha pasado a la leyenda por los hechos sucedidos en 1836 durante la Revolución de Texas, siendo hoy es un lugar «sagrado» para los angloamericanos.

Misión de San Francisco de la Espada
(1731-?) San Antonio.

En Escapada Road quedan los restos de una misión cuya iglesia restaurada se usa todavía. No era la única, pues había otras pequeñas misiones en el entorno de San Antonio como Nuestra Señora de la Purísima Concepción (1731), San José y San Miguel de Aguayo (1720) y San Juan Capistrano (1731).

Presidio de La Bahía
(1749-1836), Goliad.

Existen variantes del nombre como Presidio de Nuestra Señora del Loreto, la Bahía de Espíritu Santo, Presidio de Santa María del Loreto de la Bahía y Presidio de Nuestra Señora de la Bahía del Espíritu Santo. Originalmente estaba en Garcitas Creek, cerca de Port Lavaca, construido en madera con empalizadas. En 1726 se desplazó al río Guadalupe y en 1749 a su emplazamiento actual, para proteger la Misión de Nuestra Señora del Espíritu Santo de Zúñiga, que había sido construida totalmente en piedra.

Es el mejor ejemplo de presidio español de Texas y fue la mejor fortificación de la costa. Ocupado por las tropas de Bernardo Gutiérrez de Lara en 1812, fue retomado por las tropas españolas, pero ha pasado a la historia por ser el escenario de la mayor masacre de soldados angloamericanos llevada a cabo por México, cuando en 1836 las tropas de Santa Anna ejecutaron a 332 de sus defensores.

Presidio de Laredo
(1755-?) Laredo.

Existen algunas pruebas que parecen indicar que donde hoy está Fort McIntosh hubo un pequeño presidio español en la década de los cincuenta del siglo XVIII.

Presidio de San Sabá
(1757-1769) Menard.

Conocido de forma oficial como Presidio de San Luis de las Amarillas, fue edificado al norte del río San Sabá para proteger la Misión de Santa Cruz de San Sabá (1757), situada en la orilla sur. Destruido por los *comanches* en 1758, su estructura de madera fue reemplazada por muros de piedra en 1761. Ha sido parcialmente restaurado.

Fortín de San José
(1773-1810) Presidio.

Se trataba de una pequeña fortificación guarnecida por tropas del cercano Presidio del Norte —en Ojinaga, Chihuahua—. Fue abandonado durante la Guerra de independencia de México, pero en 1848 fue recuperado por Ben Leaton y usado ocasionalmente por tropas del ejército de Estados Unidos.

Presidio de San Elizario
(1773-1845) San Elizario, El Paso.

Llamado en realidad Presidio de Nuestra Señora del Pilar y Gloriosa San José, estaba en origen construido en una isla. Se fundó para proteger El Paso de los *apaches*, pues entonces era la mayor concentración de población de la frontera norte.

Tropas mexicanas lo mantuvieron en uso hasta poco antes de la guerra con los Estados Unidos. Los norteamericanos lo emplearon desde 1849 y luego lo hizo el Ejército de los Estados Confederados. Finalmente tropas llegadas de California lo ocuparon para la Unión.

Fuerte Teodoro
(1719-1778) condado de Montague.

Llamado en ocasiones Spanish Fort, para muchos investigadores nunca existió. Para otros se trata del viejo puesto comercial francés de St. Louis de Carlorette, construido en 1719 por Bernard de la Harpe en Wichita junto a un pueblo *caddo* y abandonado poco después.

Reconstruido por los indios, allí se produjo la primera derrota de importancia de las tropas españolas ante los *caddo*, aunque fue ocupado por España tras la toma de control de la Luisiana en la década de los sesenta. Sus ruinas se descubrieron en 1859.

Misión de Nuestra Señora de los Dolores de los Ais
(1716-19 y 1721-73) San Agustín.

Se abandonó al poco de su construcción, en 1719, ante el temor de un ataque francés, pero luego fue restaurado, hasta que en 1773 fue abandonado en beneficio de San Antonio.

Presidio de Texas
(1716-19 y 1721-29) Nacogdoches.
Su nombre oficial fue Presidio de la Virgen de los Dolores de los Tejas. De corta vida junto al río Angelina; debía proteger cuatro misiones en la zona de la frontera con Luisiana. Se abandonó en beneficio de los Adaes.

Fuerte Nacogdoches
(1779-1865) Nacogdoches.

Originariamente no fue más que un puesto comercial que tuvo la curiosa historia de servir de Cuartel General a los cuatro intentos de establecer una República en Texas —1812, expedición de Gutiérrez de Lara; 1818, James Long; 1826, Rebelión de Fredonia y 1832, batalla de Nacogdoches—. De una forma u otra se mantuvo en uso hasta el final de la guerra civil norteamericana.

Misión de San Francisco de los Tejas
(1690-93 y 1716-31) cerca de Weches.

Construida para bloquear la expansión francesa, nunca llegó a prosperar y finalmente se traslado a San Antonio. La capilla se ha reconstruido en el actual Mission Tejas State Historic Park.

Spanish Bluff Fort
(1805-1813) Antioch.

Edificado junto al río Trinidad cerca de la actual Midway, debía proteger el Camino Real. Cayó en manos de los hombres de la expedición Gutiérrez-Magee en 1812, pero las tropas españolas lo recuperaron al año siguiente y lo destruyeron.

NUEVO MÉXICO

Presidio de Santa Fe
(1610-1680 y 1692-1846) Santa Fe.

Se construyó para proteger La Villa Real de la Santa Fe de San Francisco. Cuando los *pueblo* se rebelaron en 1680 fue abandonado, pero se reconstruyó con el nombre de Presidio de Exaltación de la Cruz del Nuevo México, conocido también como El Real Presidio de Nuestra Señora de los Remedios y la Exaltación de la Santa Cruz. En él se instaló el palacio del gobernador, sede de gobierno de los Estados Unidos, cuando se hicieron con la ciudad y el territorio.

Misión de San Miguel
(1625-1710) Santa Fe.

Pequeña misión cuya capilla fue fortificada en 1710.

Puesto de Albuquerque
(1706-1867) Albuquerque.

Los españoles edificaron un pequeño presidio que luego fue empleado por los mexicanos, y la durante la guerra civil por confederados y federales.

Fuerte Santa Rita
(1804-1838) Santa Rita.

Este pequeño fuerte triangular de adobe se construyó con tres torres para proteger las minas de cobre de Santa Rita por Manuel Elguea, un civil. Durante la época mexicana fue abandonado por causa de los ataques *apaches*, pero años después fue ocupado por la American Border Commission en 1851 y llamado Cantonment Dawson. Al año siguiente el ejército lo ocupó y lo llamó Post at Gila Copper Mines o Fort Webster.

ARIZONA

Presidio de Quíburi
(1775-1780 y 1878) Fairbank.

Se edificó sobre un pueblo indio de adobe en 1772 y se llamó Presidio de

Santa Cruz de Quíburi o Fuerte Gaybanoptea. Atacado constantemente por los *apaches*, no duró ni cinco años, aunque casi un siglo después fue ocupado para ser usado como puesto comercial.

Presidio de Tubac
(1752-1776 y 1787-1848) Tubac.

Dotado de una fuerte guarnición de 50 soldados de cuera, debía proteger la Misión de San Cayetano de Tumacacori, que se estableció en 1691, siendo el primer establecimiento europeo en lo que hoy es Arizona. En 1776 las tropas que lo protegían fueron enviadas a Tucson, pero se mantuvo en uso comercial hasta su abandono en 1848.

Presidio de Tucson
(1776-1856) Tucson.

Erigido con el nombre de Presidio de San Agustín de Tucson en 1776, fue también denominado Tuquisón. Estaba destinado a proteger el oeste de la frontera apache. El ejército mexicano lo ocupó en 1821 y lo mantuvo hasta ser tomado por el batallón mormón en 1846. Tras la guerra las tropas mexicanas lo recuperaron hasta la cesión a los Estados Unidos de la franja Gadsden en 1853.

CALIFORNIA

Guarnición de la misión de San Juan Bautista
(1820-1846)

Fue establecida al final de gobierno español y pasó a México, hasta su conquista por tropas de los Estados Unidos en 1846.

Presidio de Monterey
(1770-1866) Monterey.

Localizado en Presidio Hill, se llamaba Real Presidio de Monte Rey y debía proteger la misión de San Carlos Borromeo. En 1792 se la añadió artillería y unos pequeños barracones de madera. Mexicanos y estadounidenses lo siguieron empleando hasta el final de la guerra civil norteamericana.

Misión de San Carlos Borromeo del Río Carmelo
(1771-?) Carmel.

La misión disponía, como todas las de California, de una pequeña guarnición para dar protección a los religiosos y a los indios convertidos al cristianismo.

Misión San Antonio de Padua
(1771-?) Jolon.

Se encontraba junto al moderno Fort Hunter Liggett Military Reservation.

Batería de San José o Batería de Yerba Buena
(1797-1805) San Francisco.

Originalmente disponía de cinco cañones, siendo empleada por Estados Unidos hasta 1882. Hoy está dentro del conjunto del San Francisco Maritime National Historical Park.

Presidio de San Francisco
(1776-1995) San Francisco.

Con 200 yardas de muro de adobe, el Presidio de Yerba Buena, como era conocido oficialmente, debía proteger la misión de San Francisco de Asís y la misión de Dolores, tres kilómetros al sur. Un terremoto lo dañó en 1812 y no se reconstruyó hasta el periodo mexicano (en 1833).

Castillo de San Joaquín
(1793-1836) San Francisco.

Llamado también Fuerte Blanco, un reducto artillado, con 13 cañones y protegido por una empalizada de madera. Aún se conservan cinco cañones españoles de bronce. Los restos están bajo una de las partes del Golden Gate, el famosísimo puente de la bahía.

Presidio de Santa Bárbara
(1782-1846) Santa Bárbara.

Mantenido por tropas españolas y luego mexicanas hasta 1846, el Real Presidio de Santa Bárbara Virgen y Mártir tenía en origen sesenta yardas de muros de madera, aumentadas a 80 cuando se reconstruyó en 1784 con adobe y piedra, añadiéndose bastiones en las esquinas. Sobreviven dos construcciones anteriores a 1790.

Campo San Luis Rey
(1798-1835 y 1846-1852) Oceanside.

Pequeña guarnición para la protección de la Misión San Luis Rey de Francia, se mantuvo en uso hasta 1835, pero más adelante el Batallón Mormón acampó en él en 1846. El ejército de los Estados Unidos lo rebautizó como Post at Mission St. Louis King of France en 1850. La iglesia y la misión se han restaurado.

Presidio de San Diego
(1769-1831) San Diego.

Primer establecimiento europeo en la Alta California para proteger la Misión de San Diego de Alcalá. Tras sufrir varios ataque indios la misión se desplazó seis millas en 1774 hasta su actual situación. Las estructuras originales de madera se reemplazaron por otras de adobe a partir de 1778 y siguió sufriendo cambios hasta el final del dominio español. Llegó a tener una guarnición de 100 hombres en 1819.

En abril de 1822 pasó a la historia, pues fue el último lugar de los actuales Estados Unidos en el que se arrió la bandera de España. Fue restaurado en los años 30 del siglo XX y hoy es Presidio Park.

Fuerte Guijarros
(1797-1838) San Diego.

Situado en Fort Rosecrans, sobre Point Loma, fue llamado también Castillo de Guijarros. Era una batería de 10 cañones con barracones y un almacén de pólvora. En 1803, fue protagonista del único combate que registra la historia entre españoles y estadounidenses en lo que hoy es el estado de California, al disparar contra un buque yanqui al que dañaron y obligaron a marcharse.

MICHIGAN
Fort St. Joseph
(1697-1781) Niles.

Construido por los franceses para proteger una misión jesuita que se había constituido en 1691, lo tomaron los británicos en 1761 y los indios de Pontiac en 1763, recuperándolo los británicos en 1764. En febrero de 1781 una fuerza española formada por milicianos franceses de San Luis lo tomó en una incursión en profundidad en territorio enemigo que superó todo lo imaginable. Tras ocuparlo durante un día, lo destruyeron.

ALABAMA
Fuerte St. Stephens
(1714-1808) St. Stephens, hoy St. Stephens State Historic Site.

Edificado por los franceses en Hobuckintopa Bluff, los españoles lo llamaron desde 1789 Fuerte San Esteban. Cuando se construyó Fuerte Tombecté, perdió su importancia. Ocupado por los Estados Unidos en 1805, tuvo una guarnición durante tres años.

Fuerte Apalachicola
(1689-1691) Holy Trinity.

En origen era una sencilla empalizada que se destruyó para impedir su uso por los ingleses cuando su guarnición fue enviada a San Agustín. Su emplazamiento está hoy muy bien cuidado, pero es propiedad privada.

Fuerte Santa María de Ochuse
(1559-1561) Mobile Bay.

Establecimiento fortificado de colonos llamado Santa María Filipina en honor del rey de España, fue edificado por Tristán de Luna, pero no duró ni dos años.

Fuerte Serof
(1559-1561) Fort Morgan.

Igual que el anterior, fue construido cerca del actual Fort Morgan. Su nombre original no era este.

Fuertes de Isla Dauphin
(1699-1815) Dauphin Island.

Esta isla tenía varios fuertes coloniales franceses de los que en su mayor parte se ha perdido el nombre. El más importante se construyó en 1699 por los franceses, pero los ingleses lo tomaron en 1763 y lo mantuvieron en su poder hasta 1780, en que pasó a control español. España lo protegió con una batería volante y construyó un edificio fortificado hecho de madera en 1783 que los norteamericanos capturaron en 1813. Fue una de las bases británicas contra Nueva Orleans en su ataque a la ciudad en 1815.

Fuerte Condé
(1711-1819) Mobile.

Era la principal fortificación de la que fue la capital de la Luisiana francesa hasta 1722. Se llamó Fort Louis de la Mobile o de forma más sencilla Fort Louis. Se le dio el nombre de Fort Condé de la Mobile tras su reconstrucción entre 1717 y 1720. Los británicos lo controlaron desde 1763 y lo llamaron Fort Charlotte y los españoles Fuerte Carlota. Ocupado por los norteamericanos en 1813, lo demolieron en 1819.

El Fuerte Viejo
(1780-desconocido y 1864-1865) Spanish Fort.

Se preparó de forma apresurada cuando España tomó el control del área en 1781 y, aunque sufrió varios ataques ingleses e indios, aguantó. Se reconstruyó en 1799 aunque los confederados añadieron nuevas mejoras en los años finales de la guerra civil.

Fuerte Confederación de Tombecté
(1735-1799) Epes.

En origen no era más que un depósito comercial francés, pero tras su toma por los británicos en 1761 fue fortificado con el nombre de Fort York. Abandonado en 1769, los españoles lo ocuparon en 1783 y lo repararon con el nombre de Fuerte Confederación de Tombécbe. Tras el Tratado de San Ildefonso, en 1795, pasó al control de los Estados Unidos.

MISISIPI

Fort de la Pointe
(1718-1810) Pascagoula.

Conocido como Old Spanish Fort, fue una casa de madera fortificada que edificó el francés Joseph Simon de la Pointe sobre el lago Catahoula. El baron Franz von Krebs dio luego nombre al lugar y los franceses perdieron el control del área en los últimos momentos de la Guerra de los Siete Años (1763). Las tropas españolas lo conquistaron en 1779 y lo mantuvieron hasta la rebelión de Baton Rouge y la proclamación de la República de Florida occidental en 1810.

Fuerte de la isla Ship
(1717-desconocido) Ship Island.

Esta base de apoyo y fuerte francés se empleó también como puesto de suministros por el Ejército español en su campaña contra los británicos y luego por los rebeldes de la República de Florida occidental y por los británicos en su campaña de Nueva Orleans en 1815.

Fort Rosalie o Fuerte Natchez
(1716-1808) Natchez, hoy Natchez National Historic Park.

De origen francés, era llamado Fort les Natchez y tenía forma de pentágono irregular con un bastión. Atacado por los indios en 1729, lo dejaron en un estado ruinoso, por lo que tuvo que ser reconstruido al año siguiente. Los ingleses lo reconstruyeron en 1778 con el nombre de Fort Panmure y las tropas de Bernardo de Gálvez lo tomaron al poco de comenzar la guerra en 1779. Brevemente recuperado por los británicos en 1781, los españoles lo mantuvieron bajo su firme control hasta 1798. También fue conocido como Puesto de Natchez o Fort Sargent.

Fuerte Nogales

(1791-1800) Vicksburg.

Esta casa-fuerte española estaba en la actual Fort Hill junto a la vieja Corte de Justicia. Tenía una batería de 12 cañones apuntando al río, una casa para el comandante, barracones para 200 hombres, un almacén de pólvora y municiones. La empalizada cubría casi 100 yardas entre los puestos fortificados de Fuerte Gayoso y Fuerte Ignacio. Los americanos que tomaron el control en 1798 llamaron al complejo Fort McHenry, pero lo abandonaron en 1800.

Además del Regimiento Fijo de Luisiana, tras la independencia de Estados Unidos el gobierno español hizo un notable esfuerzo para reforzar las tropas en la región del Misisipi y Florida occidental que apoyasen a las unidades existentes, como el Regimiento de la Milicia de Luisiana y el Batallón de la Milicia —infantería— y la Compañía Distinguida de Carabineros —caballería— de Nuevo Orleans, para lo que se formaron unidades de voluntarios como la Legión Mixta del Misisipi —dos batallones de infantería y un escuadrón de caballería— y el Regimiento de Infantería de Milicias Disciplinadas de la Costa de los Alemanes.

TENNESSEE

Fuerte Santa Elena

(1567) cerca de Deep Springs, hoy bajo las aguas del lago Douglas.
Construido por la expedición de Juan Pardo en la isla de Zimmerman, junto al pueblo indio de Chiaba, que ya había sido visitado por De Soto en 1540. Pardo encontró en este lugar a 30 hombres que habían sido dejados en Xuala—Carolina del Norte— en enero de 1567 —llegó en octubre— y que se habían adentrado en el interior cientos de kilómetros. 15 hombres fueron dejados como guarnición a miles de kilómetros del establecimiento europeo más cercano y no se volvió a saber más de ellos.

Fuerte San Fernando de Barrancas

(1795-1803) Memphis. En la esquina de Auction Ave. y North Front St.

Cuando España se hizo cargo del gobierno de Luisiana, construyó este fuerte sobre las ruinas de Fort Assumption (1739-1740), edificado por los franceses en la boca de Wolf River con Chickasaw Bluff Number Four. También se le conoció como Fort des Ecores, si bien su nombre oficial fue Fuerte San Fernando de las Barrancas. Tras la firma del tratado entre España y los Estados Unidos en 1795, las autoridades americanas ordenaron a los españoles abandonar el fuerte, lo que hicieron finalmente en 1797, ocupando Fuerte Esperanza al otro lado del Arkansas. El ejército de los Estados Unidos construyó Fort Adams sobre el emplazamiento español y más tarde Fort Pike.

GEORGIA

San Miguel de Guadalupe
(1526-1527) St. Catherines Island.

Tras haber partido de Santo Domingo con la expedición de Vázquez de Ayllón, fue la primera colonia española al norte de México. Formada por 600 personas con mujeres niños y esclavos negros, así como un indio. Fue equipada con provisiones para tres meses y caballos. Solo 150 colonos regresaron a la Española tras sobrevivir a los ataques indios y al frío del invierno.

Presidio de Santa Catalina de Guale
(1566-1597 y 1605-1680) St. Catherines Island.

Aquí se hallaba un antiguo fuerte español para proteger la misión franciscana española de Santa Catalina de Guale (1595), posterior sede provincial de Guale —el norte de la costa de Georgia—. Fue destruido por los indios, reconstruido en 1605 y vuelto a destruir por las fuerzas de Carolina del Sur en 1680. El lugar de la misión en Wamassee Creek ha sido excavado.

Tolomato Presidio
(1595-1597 y 1605-1684) cerca de South Newport.

Misión franciscana con un presidio. Fue incendiada en 1597 y reedificada en 1605 cerca de Tupiqui. Se abandonó en favor de la isla de San José de Zapala.

Presidio de San José de Zapala
(1605-1684) Sapelo Island.

Debía proteger la Misión de San José de Zapala, pero fue destruida por tropas de Carolina del Sur y abandonado en beneficio del puesto de Isla Amelia.

Misiones de Guale:

Todas estas misiones se crearon sin escolta o guarnición militar, siendo arrasadas durante la rebelión de los indios *guale* en 1597, aunque algunas se reconstruyeron en 1605. Se encontraban en el área entre el río Ogeechee y el Altamaha.

- **San Diego de Satuache** (1610-63) junto a Genesis Point. Abandonada e incluida en la misión de St. Catherines Island.
- **San Phelipe de Alave** (1610-70), junto Seabrook. Luego llevada a Cumberland Island.
- **Santa Clara de Tupiqui** (1595-97, 1605-70), cerca de Julienton.
- **Talapo** (1595-97), cerca de Valona.
- **Santo Domingo de Asao** (1595-97 y 1605-61), cerca de Darien en Fort King George. Atacada y destruida por los indios.

Presidio de la isla de San Pedro
(1569-1684) Cumberland Island.

Tenía que proteger las dos misiones franciscanas de la isla, San Pedro y San Pablo de Poturiba (1595-97). Situadas en el noroeste y San Pedro de Mocama, en el sur, después sustituida por San Phelipe de Alave (1670-84). Atacadas por piratas franceses e ingleses en 1683, fueron destruidas totalmente por fuerzas de Carolina del Sur en 1684.

Misiones de Mocama:
Estas misiones franciscanas se establecieron también sin protección militar. La vieja provincia de Mocama se encontraba entre el río Altamaha y el San Juan de la Florida.

- **San Buenaventura de Guadalquini** (1605-1684), estaba en el sur de la isla de San Simón. Tuvo una pequeña guarnición de tropas de Florida durante el año 1661, para prevenir ataques indios, pero fue finalmente destruida por las milicias de Carolina del Sur.
- **Santo Domingo de Asao** (1661-1684), en el norte de la isla de San Simón. Destruida por tropas de Carolina del Sur.
- **Misiones de Timucua.** Estas misiones, también franciscanas y sin protección militar, estaban en la provincia de Timucua, siendo destruidas o abandonadas en la rebelión *timucua* de 1656. La provincia iba del río Altamaha al pequeño Withlacoochee.
- **Santa Isabel de Utinahica** (1610-1640), en la bifurcación del Altamaha, cerca de Tallahassee.
- **San Lorenzo de Ibihica** (1620-1656), cerca de Folkston. Destruida por los indios.
- **Santiago de Oconi** (1620-1656), en la región pantanosa de Okefenokee, al oeste de Ibihica. Destruida por los indios.

- **Santa María de los Ángeles de Arapaha** (1625-1657), cerca de Statenville.
- **Santa Cruz de Cachipile** (1625-1657), cerca de Clyattville.

Puesto de Coweta
(1689-1691) Columbus.

Casa fortificada en la orilla este del Chattahoochee River, enfrente de la villa *creek* de Coweta.

CAROLINA DEL SUR

Casa fortificada del Cabo San Nicolás
(1526) Winyah Bay, cerca de Georgetown.

Fue el primer intento de colonización española en lo que hoy es Estados Unidos, y terminó siendo, posiblemente, un puesto fortificado para reparar los dos buques de la expedición de Vázquez de Ayllón y sus 600 colonos, que en su mayor parte se establecieron en la actual St. Catherines Island —Georgia—.

Fuertes de Santa Elena
(1566-1587) Parris Island.

Pedro Menéndez de Avilés construyó este asentamiento sobre las ruinas del fuerte hugonote francés llamado Charlesfort. El nuevo fuerte fue denominado San Salvador, pero luego se hizo uno más, San Felipe (1566-70). Se excavó intensamente la zona en 1997 y se comprobó que se reconstruyó tras la explosión del polvorín en 1570. Se rehízo de nuevo como Fuerte San Marcos en 1577 y fue reparado en 1583. En 1587, cuando los españoles regresaron a Florida, fue destruido.

Casa fortificada de Orista
(1568) Seabrook Island.
Fue una edificación realizada por la expedición de Juan Pardo y abandonada al marcharse los expedicionarios en febrero de 1568.

Fuerte Cofitachequi
(1568-1570) Camden, Mulberry Archaeological Site.

Como en el caso anterior, lo edificó la expedición de Juan Pardo. Estaba construido en Wateree River y Big Pine Tree Creek. El lugar había sido ya explorado por Hernando de Soto en 1540 y la última visita española conocida fue la de Pedro de Torres en 1628.

CAROLINA DEL NORTE

Puesto de Guatari

(1567) Cerca de Salisbury.

Estación guarnecida por cinco hombres establecida por Juan Pardo en una villa india. En diciembre de 1567 el explorador español regresó y recogió a los cinco hombres, dejando en su lugar a casi 30, de los que no se volvió a saber nada.

Fuerte San Juan de Xuala

(1567) Cerca de Marion.

En esta casa de la expedición de Juan Pardo cerca del río Catawba se dejó una unidad de 30 hombres en enero de 1567. Cuando en septiembre regresó Juan Pardo, la guarnición se había marchado a Chiacha, en Tennessee. A su regreso, Pardo dejó de nuevo 30 hombres para proteger el lugar, pero no sobrevivieron al invierno. Hernando de Soto había pasado por el sitio en 1540.

Puesto de Cooweechee

(1567) cerca de Marshall.

Conocido también como Cauchi, este puesto tenía, como los anteriores, una treintena de hombres para protegerlo que fallecieron o desaparecieron en el duro invierno.

FLORIDA

Las defensas de Fernandina:
Fuerte Santa María

(1675-1686) Fernandina Beach.

Originariamente debía proteger la Misión de Santa María de Yamasi, fundada en 1670, pero fue abandonada en 1683, por lo que es posible que el fuerte defendiese la misión franciscana de Santa María de Guale. Nunca se completó, pero se mantuvo con una guarnición hasta 1702.

Fuerte San Fernando

(1686-1702) junto a Old Fernandina.

En realidad era una casa fortificada destruida por la Milicia de Carolina del Sur en su incursión de 1702.

Posición de isla Amelia

(1736-1742) junto a Old Fernandina.

Puesto fortificado edificado por James Oglethorpe en preparación a su ofensiva planeada sobre Florida. Los españoles se le adelantaron y lo atacaron en 1739 con una partida de indios *yamasi*.

Fuerte Carlos
(1740) junto a Old Fernandina.

Localizado junto a la orilla del mar, disponía de una empalizada y dos baluartes que daban al interior.

Fuerte San Carlos
1816-1821) Old Fernandina, State Historic Site.

El más importante de los fuertes de Fernandina fue construido sobre una posición fortificada con 10 cañones que debían proteger la frontera norte de Florida. La guarnición española era solo de 10 soldados y la tomaron los estadounidenses en su guerra contra los británicos en 1812, al establecer la República de Florida oriental.

Tomada por las tropas de los Estados Unidos, fue devuelta a España en 1813, para ser tomada de Nuevo por MacGregor en 1817. En su contraataque, las tropas españolas procedentes de San Agustín edificaron una batería cerca del actual McClure's Hill de cuatro cañones. Ocupado por la *US Navy* en 1818, los americanos no se lo devolvieron a España, y lo abandonaron cuando se hicieron los dueños de Florida en 1821.

Fort de la Caroline
(1564-1568 y 1569-1669) Jacksonville, National Memorial.
Localizado en el río San Juan, cerca de Beacon Hills, lo construyeron 300 colonos al mando de René de Laudonnière, que fueron atacados por las tropas de Pedro Menéndez de Avilés, que mató a 130 colonos y capturó a 50, escapando solo a Francia unos 40. Reedificado por los españoles como Fuerte San Mateo, los franceses lo conquistaron y destruyeron en 1568 durante su ataque de venganza por lo ocurrido en el asalto español, matando a toda la guarnición.

Defensas del río San Juan:

- **Fuerte Elena** (sin datos de fechas de ocupación). Talbot Island, Big Talbot Island State Park. Un fuerte en la isla que los españoles llamaban isla de Sarabay.
- **Fuerte San Juan** (1565-1568) Little Talbot Island, Little Talbot Island State Park. Construido tras la captura de Fort Caroline, se artilló con los cañones franceses, quienes lo destruyeron en 1568.

- **Fuerte de Batton Island** (1567-1568) Batton Island. Una pequeña casa fortificada en la desembocadura del río San Juan, atacada y destruida por los franceses en 1568.
- **Batería de Quesada** (1793-1812) Duval County. Contaba con una batería de dos cañones en la desembocadura del río San Juan, dos barracones y un polvorín. Se abandonó durante la incursión americana de 1812.
- **Fuerte Piribiriba** (1703-1705) cerca de Buccaneer Point. Cuatro bastiones de madera construidos tras el ataque de la Milicia de Carolina del Sur en 1702 para dar refugio a los indios aliados. Hoy en día se conservan restos, pero la zona es propiedad de la *US Navy* y el acceso está restringido.
- **Misión de Moloa** (1590) Duval County. Misión franciscana en Timucua-Satwiwa que estaba al este de la actual Jacksonville.
- **Fuerte San Diego** (1730-1740) Ponte Vedra Beach. Era un rancho al que se le había dotado de una empalizada y se había fortificado, disponiendo incluso de cinco cañones, incrementados a once en 1739, al comenzar la Guerra del Asiento, y percibirse la amenaza de Georgia. Los británicos lo tomaron en 1740 en su fracasada ofensiva contra San Agustín.
- **Fuerte Guana** (1790-1795) South Ponte Vedra Beach. La idea era la misma que la de Fuerte San Diego, prevenir agresiones georgianas, lo que de hecho ocurrió aun no estando en guerra, pues la Milicia de Georgia lo destruyó en un ataque sorpresa en 1795.

Fuerte Mose
(1739-1763 y 1797-1812) cerca de San Agustín.

Conocido por los británicos de Carolina y Georgia cómo Fort Negro o Moose, fue ocupado y destruido por los escoceses de Georgia en 1740, pero al ser reconquistado se edificó otra vez en 1756. Su nombre oficial era El Pueblo de Gracia Real de Santa Teresa de Mose, siendo el primer asentamiento de negros libres de América de Norte. Los españoles lo reconstruyeron de nuevo en 1797 y 1808 y fue ocupado brevemente en 1812 por los patriotas estadounidenses en su vano intento de tomar el castillo de San Marcos.

Fuerte Ayachin
(1730-1764) San Agustín.

En el sudoeste de Fuerte Mose y en el borde del pantano que da al río San Sebastián, se conectó en 1762 a Fuerte Mose con una empalizada.

Fuerte Cuartel

(1575) San Agustín.

En la orilla norte del Matanzas al noreste de la ciudad cerca de actual Vilano Bridge. Los británicos situaron en esta posición una batería durante el sitio de 1740.

Fuerte María Sánchez

(1797-1821) San Agustín.

Fuerte construido junto a un depósito de pólvora en lago María Sánchez. Pasó a los Estados Unidos en 1821, pero el depósito de pólvora se destruyó en la contienda civil norteamericana.

Castillo de San Marcos

(1672-1900) San Agustín, St. Augustine National Park.

Emplazado en la ciudad más antigua de los Estados Unidos, es uno de los monumentos más valorados de la nación. Originariamente se edificó en madera en 1565, siendo modificado y cambiado de lugar varias veces. Destruido la quinta vez por Francis Drake en 1586, la sexta, también de madera, se llamó Fuerte San Juan de Pinos y se edificó en el lugar original. Tras sucesivas reconstrucciones en 1586, 1604 y 1635, fue saqueado por piratas en 1665, y se reconstruyó poco antes de ser destruido por los ingleses en 1668, quedando barrido por un huracán en 1675.

El actual fuerte de San Marcos, realizado con conchas de coquina, más dura y resistentes que la piedra, comenzó a construirse en 1670 y no se completó hasta 1685. Durante los años siguientes fue atacado una y otra vez por milicias coloniales y regulares británicos y más adelante estadounidenses, sin ser tomado nunca. Cuando la bandera española se arrió en 1821 se demostró hasta qué punto era una posición formidable.

Llamado un tiempo Fort Marion (1821-42), fue usado por los ejércitos de los Estados Unidos y de la Confederación y sirvió como prisión.

Misión de Nombre de Dios

(1565-1763) San Agustín.

Localizada al norte de la ciudad, era franciscana y se abandonó al ser entregada la ciudad a los británicos en 1763. Tras el desastre de 1702-04, cuando fueron destruidas todas las misiones del interior, se reubicaron en la ciudad, pues era el último refugio. En 1752 solo quedaban seis misiones y en 1759 solo dos, Tolomato y esta.

St. Francis Barracks
(1765-1900 y 1907 hasta hoy) San Agustín.

Aunque se trata de un convento de 1735, los ingleses lo convirtieron en 1765 en barracones de uso militar y España siguió dándoles el mismo uso en 1784, cuando recuperó la ciudad, e igual hicieron los estadounidenses en 1821. Transferidos a la Guardia Nacional de Florida en 1907, siguen en uso.

Fuerte Matanzas
1736-1821) cerca de Summer Haven, National Monument.

Otro fuerte de coquina que se construyó en 1736, después de haber sido atacado por los franceses en 1682 y los ingleses en 1683. Tras el fracaso el asalto británico de 1740, no se completó hasta 1742, en plena Guerra del Asiento. Los británicos lo ocuparon entre 1765 y 1783 y los españoles lo siguieron usando entre 1784 y 1821, pero el Ejército de los Estados Unidos no le concedió ningún valor militar.

Batería de San Vicente Ferrer
(1793-1800) al este de Jacksonville.

Se construyó en la orilla sur del río San Juan, cerca de Chaseville, con dos barracones y un polvorín. Se abandonó antes de la invasión patriota de 1812.

Fuerte San Nicholas
(1740-1763 y 1784-1820) al sur de Jacksonville

Casa fortificada para prevenir un ataque británico, se usó hasta la expulsión de los españoles en 1763. El lugar tenía interés militar, y cuando España tomó el control del territorio en 1784, se rehabilitó como fuerte y mantuvo obstinadamente. Fue tomado por la Milicia de Georgia en 1796 y por los patriotas estadounidenses en la de 1812, lo que no es de extrañar, pues su guarnición era de tres hombres. Tras ocuparlo en 1812, los norteamericanos no lo devolvieron a España y en 1820 lo abandonaron.

Fuerte del Ferry de San Marcos de Apalache
(1700-1812) Picolata, Wallkill.

También llamado Fuerte San Francisco de Pupo. Protegía el Camino Real entre San Agustín y Apalache. Tras su toma y destrucción por los georgianos en 1740 se reconstruyó en 1743 con torres de coquina y dotado de ocho cañones. Los británicos lo ocuparon de forma intermitente a partir de 1763 y los españoles desde 1784. Cayó en manos de los patriotas de Florida en 1812.

Misión de San Francisco de Tolomato
(1656-1706) Picolata.

Este era el emplazamiento original de la misión luego trasladada a San Agustín, tras su destrucción por la Milicia de Carolina del Sur en su brutal incursión de comienzos del siglo XVIII. Formaba parte de la provincia de Agua Dulce, que contaba con otras misiones también destruidas como San Diego de Heleca o San Francisco de Potano.

Fuerte Buena Vista
(1812) Cerca de Pecan.

Una casa fortificada de colonos, a pesar de su nombre, que edificaron angloamericanos bajo soberanía española una milla al sur de la plantación de Little Grove.

Misión de San Antonio de Enecape
(1595-1656) Cerca de Georgetown, Mt. Royal Archaeological Site.
Una de las misiones de la provincia de Agua Dulce. No se fortificó y se abandonó en la rebelión de los *timucua* de 1656.

Rancho La Chua
(1703-1706) Cerca de Gainesville.

Aunque se dedicaba a la cría de ganado desde 1630, se fortificó en 1703 para protegerse de las incursiones indias. Atacado por los *creeks* en 1705, se abandonó en 1706 y sus residentes marcharon a San Agustín.

Misiones de Timucua:
Edificadas sin tropas que las protegiesen, fueron barridas por los colonos ingleses de Carolina en la Guerra de Sucesión Española. No quedó ni una. Formaban parte de la provincia de Timucua.

- **San Augustín de Urica** (? -1656), en Hamilton County, al sudoeste de Jasper, donde hay otra de nombre desconocida.
- **Santa Cruz de Tarihica** (1612-1656) en Columbia County, cerca de Bahia.
- **San Juan de Guacara** (1612-1656) en Suwannee County en Baptizing Spring junto a Luraville.
- **San Juan de Guacara** (1656-1702) en Suwannee County, sobre el río Suwannee en Charles Spring, quemada por los *apalachicola* en 1691. Se reconstruyó por un breve tiempo.

- **Santa Cruz de Tarihica** (1656-1702), en Suwannee County junto a O'Brien.
- **Santa Catalina de Ajohica** (1656-1702), en Suwannee County, cerca de Branford. Arrasada en 1685 por los indios *yamasi* y los colonos de Carolina del Sur. La reconstruyeron para ser destruida de nuevo.
- **San Martín de Ayacuto** (1608-1656), en Suwannee County, en Fig Springs, junto a Hildreth.
- **Santa Fe de Teleco** (1612-1656), en Alachua County cerca de Traxler.
- **Santa Fe de Teleco** (1656-1704), Alachua County en Santa Fe. Disponía de guarnición militar, que rechazó un asalto *apalachicola* en 1702. Abandonada dos años después.
- **San Francisco de Potano** (1606-1656) en Alachua County, al sur de Hague, en el lado sur de San Felasco Hammock.
- **San Miguel de Potano** (1606-?), en Alachua County, al oeste de Gainesville. Tenía una empalizada y guarnición en 1702, pero fue abandonada y reubicada en el río Salamoto en 1706.
- **Santa Ana de Potano** (1606-1656), en Alachua County en Gainesville.
- **San Buenaventura de Potano** (1608-?), en Alachua County, al norte de Paynes Prairie, junto a Robinson Heights.
- **Ivitamayo** (1656-1702), en Putnam County, cerca de Florahome.

Otras misiones de Florida oriental fuera de la provincia de Timucua:

- **Cofa** (1610-?), en Levy County, sobre Hog Island, en la desembocadura del río Suwannee. Era una base de apoyo a las misiones de Timucua.
- **San Luis de Eloquale** (1620-?), en Marion County, junto a Rolling Ranches. Servía a los indios *ocale*.
- **Santa Lucía de Acuera** (1620-?), en Marion County, cerca de Candler. Servía a los indios *acuera*.
- **San Blas de Avino** (1610-?), en Marion County sobre el Ocklawaha River. En la región de los indios *acuera*.
- **Misión de la Encarnación a la Santa Cruz** (1675-desconocido) Chattahoochee. Misión franciscana en la confluencia de los ríos Chattahoochee y Flint, servía a los indios *sabacola*.

Fuerte del río Ochlockonee
(1700-1704) Wakulla County.

Fuerte defensivo sobre el río, lo destruyó la milicia de Carolina del Sur. Estaba en Smith Creek, al este de Bradwell Bay.

Fuerte de San Luis de Apalache
(1656-1604) Tallahassee.

Cuartel general de la provincia de Apalache que se fue mejorando con empalizadas y cuatro bastiones, con una torre artillada con cuatro piezas. Lo destruyeron los propios españoles para que los ingleses no pudieran usarlo, ya que la defensa era imposible.

Fuerte de San Marcos de Apalache
(1679-1682 y 1718-1824) St. Marks, State Historic Site.

Se construyó para proteger a una misión en el mismo lugar que databa de 1672. Como puerto con acceso al Golfo de México tenía una importancia estratégica notable, pues también se encontraba en la Vieja Ruta Española de San Agustín a Pensacola. Atacado por los piratas en 1677 y 1682, en el segundo ataque quedó arrasado. Era de madera y se reconstruyó con el mismo material en 1718 para servir de base a la reconquista de la provincia de Apalache y fue reedificado en piedra en 1739, poco antes del comienzo de la guerra con los británicos. Los británicos lo usaron desde 1765 con el nombre de Fort Apalache y los españoles lo pusieron en uso en 1787 tras volver a tomar el control de la región, protegiendo el importante puesto comercial de la casa Panton & Leslie. Cayó en manos de los insurrectos de la república de Muskogee en 1800, cuando tenía una guarnición de 16 soldados. Andrew Jackson y las tropas de Estados Unidos lo ocuparon durante la primera guerra semínola, y pasó finalmente a los Estados Unidos en 1821, pasando a denominarse Fort St. Marks, siendo abandonado en 1824. Los restos fueron usados todavía en la guerra civil.

Rancho Asilo
(1647-1651) Cerca de Lamont.

Rancho ubicado entre misiones franciscanas de San Miguel y San Lorenzo de Ivitachuco en la provincia Apalachee junto al río Aucilla. La hacienda era propiedad del gobernador español Benito Ruiz de Salazar Vallecilla, y estuvo en funcionamiento desde 1645 a 1652.

Fuerte Ayavalia
(1700-1704) cerca de Blue Springs.

Fortaleza en el tramo inferior del río Aucilla, al noroeste de Hampton Springs.

Misiones de Yustaga:

Estas misiones franciscanas se establecieron sin presidios de apoyo ni protección militar siendo frecuentemente abandonadas y reubicadas en otros lugares. En la Guerra de Sucesión Española las correrías de las tropas de Carolina del Sur y sus aliados indios las arrasaron por completo.

- **San Francisco de Chuaquin** (1623-1656), en Madison County, cerca de Hansen. Destruida por los indios *timucua*.
- **San Pedro y San Pablo de Potohiriba** (1623-1656), en Madison County, junto a Lake Sampala al oeste de Hopewell. Abandonada durante la rebelión *timucua*.
- **San Pedro de Potohiriba** (1656-1704), en Madison County, en la costa este de la bahía de San Pedro. Destruida por tropas de Carolina del Sur.
- **Santa Elena de Machava** (1628-1704), en Madison County, junto a Alligator Creek, al oeste de Sirmans. Destruida por tropas de Carolina del Sur.
- **San Idelfonso de Chamile** (1628-1656), en Madison County cerca de Spray. Abandonada durante la rebelión *timucua*.
- **San Miguel de Asilo** (1656-1704), en Madison County, al sudeste de Lamont. Destruida por tropas de Carolina del Sur.
- **San Mateo de Tolapatafi** (1656-1704), localización desconocida. Destruida por las milicias de Carolina del Sur.

Misiones de Apalache:

Estas misiones franciscanas se establecieron sin presidios de apoyo ni protección militar siendo frecuentemente abandonadas y reubicadas en otros lugares, si bien se consolidaron tras la rebelión *apalache* de 1647. En la Guerra de Sucesión Española las correrías de las tropas de Carolina del Sur y sus aliados indios las arrasaron por completo. La perdida provincia eclesiástica de Apalache estaba entre el río Aucilla y el Ochlockonee.

- **San Miguel de Asilo** (1628-1656), en Jefferson County, cerca de Lamont. Abandonada en la rebelión *timucua*.
- **San Lorenzo de Ivitachuco** (1633-1704), en Jefferson County cerca de Lamont. Reubicada en 1704 en Abosaya cerca de Gainesville.
- **La Concepción de Ayubale** (¿-1704), en Jefferson County cerca de Capps veintitrés millas al sudeste de Tallahassee. Destruida por los indios y tropas de Carolina del Sur.

- **San Juan de Aspalaga** (¿-1704), en Jefferson County al Norte de Cody —Pine Tufts Archaeological Site—. Destruida por los indios y tropas de Carolina del Sur.
- **San Pedro y San Pablo de Patale** (¿-1704), en Leon County, junto a Lafayette. Destruida por los indios y tropas de Carolina del Sur.
- **Santa María de Bacuqua** (sin datos), en Leon County junto a Blocker.
- **San Damián de Cupaica** (1639-1704), en Leon County cerca de Ochlockonee. Destruida por los indios y tropas de Carolina del Sur.
- **San Francisco de Oconee** (¿-1704), en Jefferson County, en las proximidades de Wacissa o Thomas City —Scott Miller Archaeological Site—. Destruida por los indios y tropas de Carolina del Sur.
- **San José de Ocuia** (sin datos), en Leon County, probablemente en Corey.
- **San Martín de Tomole** (1656-?), en Leon County, al sur de San Luis de Talimali.
- **San Carlos de los Chacatos** (1656-1704). Ubicación desconocida. Destruida por los indios y tropas de Carolina del Sur.
- **San Nicolás de Tolentino** (1656-?). Se desconoce dónde estaba. Servía a los indios *chacato* llegados del Oeste, de la provincia de Apalache.
- **Nuestra Señora de la Candelaria de Tamaja** (1656-?). Se desconoce su ubicación. Servía a los indios *tama* en Georgia. Reubicada en 1717 en San Agustín.
- **San Pedro de los Chines** (1656-?). Se desconoce dónde estaba y cuál fue su final.
- **San Antonio de los Chines** (1656-?). Se desconoce dónde estaba. Servía a los indios *chine* llegados desde el noroeste de la provincia de Apalache.

Misión de San Salvador de Mayaca
(1590-?) Sin determinar.

Misión franciscana en el lago George junto al antiguo poblado indio de Mayaca. No se ha localizado su situación y no se sabe si estuvo fortificada.

Misiones de Jororo
(1690) Osceola County.

Misiones franciscanas establecidas para atender a tres pueblos *jororo* siendo la principal San José de Jororo, que fue trasladada a San Agustín en 1717.

Fuerte Tocobaga
(1567) cerca de Safety Harbor.

Casa fortificada con dotación de 30 hombres situada en la villa india que le dio nombre en la orilla norte de la bahía de Tampa. Los indios tomaron el fuerte, mataron a la guarnición y lo incendiaron.

Fuerte Tequesta
(1567-1570) Miami.

Esta pequeña casa fortificada tenía una guarnición de 20 hombres y se encontraba en la desembocadura del río Miami —en lengua *tequesta*, «agua grande»—. Los indios la incendiaron. Es imposible imaginar cómo era cuando se construyó, pues se encontraba donde hoy se levantan los espectaculares edificios de Biscayne Bay.

Misión Jesuita de Santa María de Loreto
(1743-1751) Jensen Beach.

Intento jesuita de establecerse en el lugar que fue un fracaso económico y se abandonó.

Fuerte de Santa Lucía de Cañaveral
(1568) Jensen Beach.

Los indios locales acabaron con la mayoría de la guarnición, cuyos soldados se amotinaron y huyeron a San Agustín.

Fuerte Ays
(1567) Oslo.

Apenas una casa fortificada a kilómetro y medio de la actual ciudad. Tras varios ataques indios se trasladó la posición a la actual St. Lucie Inlet.

Fuerte San Antonio de Padua
(1567-1568) Mound Key, Mound Key Archaeological Site.

Casa fortificada y misión jesuita en la zona *calusa*. Fue quemada. Algunos textos la llaman Fortificación de Calos.

Spanish Stockade
(Sin fecha conocida) cerca de Bluff Springs.

Estación fortificada a 28 millas al norte de Pensacola, sobre el río Escambia. Se construyó en algún momento antes de la entrada de España en la Guerra de los Siete Años (1761).

Fuerte Ayenlade
(1719) Santa Rosa Island.

Fuerte del este de la isla de Santa Rosa, destruido por los franceses en la Guerra de la Cuádruple Alianza.

Fuertes de la Bahía de San José
(1701-1704 y 1718-1723) cerca de Beacon Hill, History of St. Josephs Bay Forts.

El principal era el Fuerte San José Vallardes (1701-04). Tras su abandono por los españoles, los franceses edificaron Fort Crèvecouer, una posición con cuatro bastiones y 50 hombres que mantuvieron hasta 1718, cuando los españoles los expulsaron. Luego edificaron el presidio de San José, con una dotación de 12 hombres que no pudieron detener el nuevo ataque francés. Tras ser recuperado por España, tras el final de la Guerra de la Cuádruple Alianza en 1723 fue abandonado.

Fuertes de la bahía de Pensacola (hasta 1763):
Pensacola fue fundada en 1698 por los españoles, pero Francia la ocupó entre 1719 y 1721 y Gran Bretaña entre 1763 y 1781, cuando fue tomada por Gálvez.

- **Fuerte San Miguel** (1740-1763). Baluarte con ocho hombres de dotación junto a la calle Sevilla. Se amplió en 1756 y disponía de 21 cañones, bajo el nombre de San Miguel de las Amarillas o Fuerte Panzacola. Los británicos lo ocuparon en 1763.
- **Fuerte Santa Bárbara.** Se planificó en 1756, pero jamás se construyó.
- **Fuerte San Carlos de Austria** (1698). Largo bastión localizado en las Barrancas de Santo Tomé, conocido por los ingleses como Fort Anchusa.
- **Presidio de Santa María de Galve** (1698), lo destruyeron los franceses en 1719.
- **Fuerte San Carlos Príncipe de Asturias** (1719), se edificó para mejorar las defensas de la zona, pero los franceses lo tomaron ese mismo año.

- **Presidio de Santa Rosa de Punta Sigüenza** (1723), tenía que controlar las incursiones francesas, pero lo destruyó un huracán y no se reparó.
- **Fuerte Santa Rosa** (1752), posición fortificada cerca del presidio de Santa Rosa. Pasó a control inglés en 1763.

Fuertes de la bahía de Pensacola (después de 1783):
Recuperada la ciudad por Bernardo de Gálvez, los estadounidenses la tomaron por la fuerza en 1814 y de nuevo 1818, logrando el control formal de la plaza en 1821.

- **Fuerte San Miguel** (1783), nombre que se le dio al reconstruido Fort George. Ocupado por los ingleses en 1814, lo llamaron Fort St. Michael. Ese mismo año lo tomaron las tropas de los Estados Unidos.
- **Fuerte San Bernardo** (1781), era el llamado British Queen's Redoubt. Abandonado en 1796.
- **Fuerte Sombrero** (1781), el denominado British Prince of Wales Redoubt. Abandonado en 1783.
- **Pensacola Blockhouse** (1780), junto a Plaza Ferdinand. Fue la aduana de los Estados Unidos desde 1821.
- **Fuerte San Carlos de Barrancas** (1798), construido sobre una barricadas de tierra siguiendo las trazas de un reducto británico. Los ingleses lo ocuparon en 1814 durante su guerra con los Estados Unidos. Se reconstruyó en 1817, pero las tropas de los Estados Unidos lo ocuparon de nuevo al año siguiente.
- **Batería de San Antonio** (1796) —siete cañones—. Ocupado por los ingleses en 1814, lo tomaron los estadounidenses ese año.
- **Reductos del Bayou Chico** (1781), dos reductos de madera se usaron solo en el sitio de 1781.
- **Batería de Pine Hill** (1781), se usó solo en el sitio de 1781.
- **Fuerte Santa Rosa** (1793). Era el viejo puesto fortificado reconstruido por los españoles, fue ocupado por los ingleses en 1814 y lo tomaron los estadounidenses ese año.
- **Fuerte Montagorda** (1781-1796). Construido con ladrillo. Cuando se entregó en 1821 a los Estados Unidos estaba ya abandonado, y en algunos mapas figura como Fuerte Arruinado.

Índice onomástico

A
Abarca de Bolea, Pedro Pablo, 436
Acuera, cacique, 52
Adair, general, 415
Adams, John, 302, 432, 506, 510, 511
Aguayo, marqués de, 232-235
Alarcón, Francisco de, 309
Alarcón, Martín de, 170, 234
Alarcón, Pedro de, 64-67, 71
Alarico, 57
Albemarle, general, 258
Alberdi, 356
Alberín, Santiesteban, 177
Alberni, Pedro de, 356, 361, 372, 375, 376
Alberoni, 227
Alcaraz, Diego de, 37, 38
Aldama, Ignacio, 408, 409, 413
Aldama, Juan, 409
Alejandro I, 376
Alejandro VI, 120
Alexandrovich Kuskov, Iván, 383
Allende, Ignacio, 159, 409, 413
Almagro, Diego de, 48, 57
Almonaster y Roxas, Pedro de, 445
Alonso Villaverde, 344
Alós, José María, 511
Alvarado, Hernando de, 63-72
Alvarado, Pedro de, 44, 58, 68, 309
Álvarez, Julián, 282
Álvarez de Pineda, Alonso, 25-27, 55, 162
Álvarez de Toledo, Fernando, 419, 420
Álvarez de Toledo, José, 419, 420, 509
Ambrister, Robert, 505
Amelot, Hyppolite, 264
Amurrio, Gregorio, 339
Anjou, Felipe de, 219
Anza, Juan Bautista de, 159, 210, 332, 335-338, 342, 346, 351, 372
Añasco, Juan de, 49, 51
Apodaca, virrey, 393, 424
Aranda, conde de, 276, 436, 453, 454
Arbuthnot, Alexander George, 505, 509
Argüello, Conchita, 168
Argüello, Gervasio, 345, 366, 385
Argüello, Luis, 371, 381, 382, 385, 392
Arias Caballero, Andrés, 344
Arias de Ávila, Pedro, 47, 58

Arias Tinoco, Leonor, 47
Aristizábal, Gabriel de, 284
Arrambide Carrasco, Juan Ignacio, 406
Arredondo, Antonio de, 223
Arredondo, Ignacio, 520
Arredondo, Joaquín, 420-424, 432
Arrillaga, José Joaquín, 365-372, 376-379, 382, 383, 386
Arteaga, Ignacio de, 352
Atahualpa, 48, 58
Atherton, Gertrude, 382
Atkinson, Archibald, 495
Atondo y Antillón, Isidro de, 149, 150
Aubry, Charles Philippe, 262
Aury, Louis Michel, 424, 501
Austin, John, 431, 520-522
Austin, Moisés, 432
Austin, Stephen F., 520
Austria, Carlos de, 219
Ayala, Juan Bautista, 334, 335

B
Bagenas, 414
Balize, 262, 265
Ballesteros, cabo, 374
Baranov, Alexander, 383
Barba, Antonio, 250
Barker, Stephen, 428
Barón de Ripperdá, 181
Barreneche, 349
Barrigón (jefe indio), 213
Barrionuevo, Francisco de, 63
Barrios y Jáuregui, Jacinto de, 175
Barthelmy, 264
Bastrop, barón de, 432
Bautista, Hernando, 55
Becknell, William, 100
Bedford, duque, 259
Bering, Vitus, 316
Beilharz, Edwin, 343
Bellechasse, Joseph, 477
Bellevue, 264
Beltrán, fray Bernardino, 77, 78
Beltrán de Guzmán, Nuño, 59
Benavides, Antonio de, 224
Benavides, fray Alonso, 139
Bigelow, Horatio, 428-429

Billings, 353
Billouart de Kerlerec, Louis, 263
Blaise d'Abbadie, Jean Jacques, 261
Blommart, John, 298
Blondel, Philippe, 171
Blount, 441
Bobadilla, Francisco de, 17
Bobadilla, Inés de, 49
Bobadilla, Isabel de, 48, 57
Bodega y Cuadra, Juan Francisco, 334, 362
Bodega y Cuadra, Manuel de la, 362
Bolívar, Simón, 499
Bonaparte, José, 408, 427
Bonaparte, Napoleón, 472-474, 478
Bonet, Juan Bautista, 279
Borica, Diego de, 366, 372, 374, 376, 379
Borja, Francisco de, 95
Bouchard, Hipólito, 373, 387, 388, 390
Bouligny, Francisco, 484
Bowgles, Billy, 463, 496, 503
Bowles, William Augustus, 480-487
Branciforte, marqués de, 372
Braud, Denis, 262
Brocus, Guillermo, 465
Bucareli, Antonio María de, 188, 264
Burnet, John G., 428
Burr, Aaron, 489
Bute, lord, 259
Byng, almirante, 227

C

Caballero, José, 476
Cabello y Robles, Domingo, 181, 182
Cabot, Francis, 464
Cabot, Juan, 391
Caboto, Sebastián, 17, 18, 28
Cagigal, 297, 301, 303
Calderón, Pedro, 51
Calleja, virrey, 386, 405
Callis, Agustín, 195
Calvo Irazábal, José de, 296
Camargo, Diego de, 26, 27
Cambón, 327
Campbell, John, 274, 283, 284, 295-298, 494, 527
Canesse, 263
Cantrelle, 265
Cañizares, José de, 320, 334, 338
Cardero, José, 371
Caresse, Pierre, 266
Carleton, 302

Carlos I, 31, 59, 89, 115, 316
Carlos II, 97, 165, 219, 353
Carlos III, 158, 180, 252-255, 259, 161, 261, 276, 294, 299, 325, 351, 355, 397, 470
Carlos IV, 287, 352, 357, 376, 473, 482, 530
Carlos V, 316
Carlos IX, 87, 92
Carondelet, barón de, 440-442, 445
Carr, Mark, 248
Carrillo, Mariano, 344, 389
Carroll, 453
Cartabona, Silvio Francisco, 288, 289
Cartier, Jacques, 87
Carvajal, Inés de, 44
Carvajal, Nieto de, 223
Carvajal y de la Cueva, Luis, 79
Carvalho, Juan, 354
Casa y Luengo, Francisco, 505
Casas, Bartolomé de las, 410
Casas, Bernabé de las, 137
Casas, Juan Bautista de las, 408
Casas, Luis de las Casas, 442
Castañeda de Nájera, Pedro de, 60-63, 68, 70, 122
Castaño de Sousa, Gaspar, 77, 79
Castilla, Isabel de, 19, *véase* Isabel La Católica
Castillo, Domingo, 64
Castillo Maldonado, Alonso del, 34, 36
Cat, Wild, 461
Catiti, Alonso de, 145
Cavelier, René Robert, 162
Cavendish, Thomas, 310, 311
Cazorla, Pedro de, 80
Cermeño, 310, 311
Cerón, Jorge, 44
Céspedes, Vicente Manuel de, 438, 439, 449, 479, 481
Cevallos, 476, 490
Chaisse, Honorato de la, 264
Chapman, 348
Chauvin Lafreniere, Nicholas, 266
Chávez, Thomas E., 281, 286, 303
Chester, Peter, 297, 299
Chicota, Francisco, 23, 24
Chihuahua, Pedro, 156
Child, J., 428
Chiquito (jefe indio), 213
Choiseul, duque de, 253, 255, 259
Chouteau, Pierre, 215, 531
Christy, William H., 431
Claiborne, William C., 414, 426, 477, 492

Clark, Daniel, 477
Clarke, Elijah, 471
Clement de Laussat, Pierre, 477
Clemente, Lino de, 499
Clinton, Henry, 274, 302
Colbert (ministro francés), 162
Coligny, Gaspar de, 87, 88
Collel, Francisco, 281
Colnett, James, 355, 380
Colón, Cristóbal, 17, 19, 25
Colón, Diego, 20, 22, 25
Connolly, John, 470
Constanzó, Miguel de, 321-323, 325
Cook, Hamlin, 428
Cook, James, 353, 364
Coppinger, José María, 500, 516, 517
Cordero y Bustamante, Manuel Antonio, 401, 405, 406
Córdoba, Alberto de, 373
Córdova y Córdova, Luis, 357
Cornwallis, general, 300, 302
Corte Real, Gaspar, 18
Corte Real, Miguel, 18
Cortés, Hernán, 22, 26, 30, 31, 41, 44, 59, 141, 307, 308
Cortés, Juan 412
Coussot, Alexander, 279
Craig, Guillermo, 495
Crespí, Juan, 320, 328
Croix, Teodoro de, 180, 181, 194, 195, 318, 341, 344, 347-351
Crozat, Antoine, 167, 168, 229
Cruzat, Francisco, 279, 289
Cuerno Verde (jefe indio), 211
Cunningham, 483
Cushing, coronel, 492

D

D'Abbadie, Jean Jacques Blaise, 261, 262
D'Arensburg, 265
D'Arges, Wouves, 453, 456
Davenport, Peter Samuel, 412, 415, 428
Davidov, teniente, 381
Dávila, José, 330
Davis, John, 95
Dayton, Johnathan, 489
Daza, Luis, 41
Delfín Luis, 41
Delgadito (jefe indio), 214
Delgado, Antonio, 419
Demere, capitán, 250

Dessalines, Jean-Jacques, 474
Díaz, Melchor, 38, 60, 63-67, 309
Díaz de Vargas, Francisco, 116
Díaz del Carpio, José, 156
Díaz del Castillo, Bernal, 309
Dickson, Alexander, 281, 282
Dixon, George, 355
Domingo, Ramón, 169
Domínguez, Cristóbal, 410
Domínguez, Francisco Atanasio, 99
Don Tomás (jefe indio), 213
Dorantes de Carranza, Andrés, 34-38
Doucet, 263
Drake, Francis, 310, 550
Dumbar, George, 244
Dumetz, padre, 328
Duncan, coronel, 503

E

Echegaray, Manuel de, 372
Echevarría, Vicente, 387
Echeveste, 343
Eixarch, padre, 335
El Albo (jefe indio), 214
El Sordo (jefe indio), 212,
Elguezabal, Juan Bautista, 399
Eliza, Francisco de, 356, 525
Elizondo, Ignacio, 409, 413, 420, 421, 422
Ellis, 405
Encueracapa (jefe indio), 211
Enrique IV, 86
Enríquez de Almansa, 187
Enríquez, Alonso, 47
Ercilla, Alonso de, 30, 125
Escobar, fray Francisco, 138
Espejo, Antonio de, 77, 78
Estanislao I, 317
Estebanico, 34
Estudillo, José María, 391, 523
Eutis, 413, 414
Evans, Oliver, 464, 526
Ezpeleta y Galdeano, José de, 283, 293-298, 303

F

Fages, Pedro, 319, 321
Fagundes, Joao, 18
Farfán, Marcos, 119
Fauchet, 471
Federico Augusto II, 317
Felipe II, 39, 60, 75, 93, 115, 117-120, 136, 268

Felipe III, 104, 136, 140, 219, 312
Felipe IV, 219
Felipe V, 154, 226
Feria, Pedro de, 41, 43
Fernández, Carlos, 210
Fernández de Córdoba, Francisco, 47
Fernández de Navarrete, Martín, 41
Fernández de Oviedo, Gonzalo, 20
Fernández Palacio, Juan, 196
Fernández Pérez, José, 373
Fernandina, Carlos de, 494
Fernando el Católico, 19, 21, 60
Fernando VI, 253, 254, 256
Fernando VII, 442, 497
Ferrelo, Bartolomé, 309
Fitzherbert, Alleyne, 360, 361
Fleurian, François, 264
Flores, virrey, 355
Floridablanca, 359-361, 454
Folch, Vicente, 486-487
Fontcuberta, fray, 166
Foronda, 490-491
Forsythe, Jacob, 432
Fortún Jiménez, 307
Foucault, 263
Francis, Josiah, 505
Francisco I, 86
Franklin, Benjamin, 302
Frémont, John Charles, 99
Fuentes, Justo, 494
Fulton, Robert, 464
Fuster, Vicente, 336

G
Gaillard, 465
Gaines, general, 502
Galaup de La Pérouse, Jean François, 369
Gallego, Juan, 63, 67
Gallegos, Hernán, 116
Gálvez, Bernardo de, 101, 159, 164, 180-182, 188, 191, 201, 203, 272-275, 289, 292, 303, 318, 321, 329, 332, 340, 353, 437, 441, 480
Gálvez, José de, 191, 318, 333
Gálvez, Martín de, 353
Garay, Francisco de, 25-27, 44
Garcés, 379
García Ruiz, Manuel, 344
Gardoqui, 454, 470
Garzón, Antonio, 481
Gayoso de Lemur, Manuel, 398, 440-442, 467-469

Gayané, Charles, 268
Gaynes, 492
Gayarré, Charles, 268
Gayoso de Lemos, Manuel, 398
Gelabert, José Antonio, 224
Genet, Edmont Charles, 471
Gerald de Vilemont, Jean Pierre, 261
Gerónimo (jefe indio), 201, 205
Gibson, capitán, 487
Gil González, 48
Giménez y González, 105
Giraldo de Terreros, Alonso, 174, 175
Girard, 415
Glass, Anthony, 403
Godoy, Manuel, 404, 410, 446, 451, 469, 471, 473
Goicoechea, 366, 378
Gómez, Esteban, 27-29
Gonzalez, Diego, 344
González, Juan, 121
González, Manuel, 151
González Manrique, Mateo, 498
Gorbalán, Francisco, 63
Gordillo, Francisco, 22-23
Goulaine de Laudonnière, René, 88
Gourgues, Dominique de, 92-93
Grajera, comandante, 366
Grand-Pre, Carlos, 489
Grand-Pre, Enrique, 506
Grand-Pre, Luis, 491
Grasse, 300
Gray, 380
Green, Thomas, 465
Gregorio, César, 137
Gressy, Francisco, 483
Griego, Juan, 117
Grijalva, Juan de, 25, 31
Grijalva, Juan Pablo, 335
Grimaldi, Jerónimo de, 254-255, 259, 261, 264
Grimarest, coronel, 404
Gual, Pedro, 499
Guessy, 482
Guevara, Pedro de, 63
Guido de Lavazaris, 39
Gutiérrez de Humaña, Antonio, 81
Gutiérrez de Lara, Bernabé, 411, 421, 428-429, 431, 509
Gutiérrez de Lara, Bernardo, 525
Gutiérrez, Jusepe, 81
Guzmán, Blas de, 150
Guzmán, Nuño de, 59

H
Habersham, Joseph, 465
Haldimand, Frederick, 286
Hall, Guillermo, 495
Hall, Nathaniel, 495
Hanley, George, 481
Harris, Eli, 428
Hartley, David, 302
Hault Delassus, Charles, 526
Heceta, Bruno de, 334
Hendrick, Isaac, 495
Henry, Guillermo, 495
Henry, Patrick, 273
Hernández, José Mario, 317
Hernández, Joseph,
Hernández de Córdoba, Francisco, 25
Herrera, Antonio de, 31
Herrera, Simón de, 408-409, 418
Hevia, José, 483
Hidalgo, fray Francisco, 167, 174, 234
Hidalgo, Salvador, 357
Hinestrosa, Francisca de, 55
Holder, Juan, 466, 467
Hollingsworth, Jamie, 495
Honorato, fray, 61
Honoré d'Estrehan, Jean Baptiste, 274
Horatio, Bigelow, 428, 429
Horton, William, 427
Hubbard, Ruggles, 500
Huet, Luis, 300

I
Inca Garcilaso de la Vega, 47, 53, 55-56, 58
Imáz, José de, 428, 489-490, 510
Irujo, embajador, 488-490, 510
Isabel de Castilla, *véase* Isabel La Católica, 19, 60
Irwin, Jared, 500
Iturbide, Agustín de, 394, 431, 522
Iturrigaray, 378, 405

J
Jackson, Andrew, 554, 428, 498, 502, 504, 515, 519
Jaime, Luis, 336
Jarry, Jean, 164
Jay, John, 302
Jean, Lafitte, 425
Jefferson, Thomas, 400, 429, 475
Jenkins, Robert, 240, 447
Jiménez, Mariano, 409
Jironza, Domingo, 146
Johnson, coronel, 415
Johnson, Nathaniel, 221
Jorge III, 302
José Antonio, jefe *apache*, 202
Jutchereau St. Denis, Louis, 167

K
Kamehameha, rey, 387
Kemper, Samuel, 418-419, 489, 492
Kendrick, 380
Kimball, Oliver, 383
Kindelán, Sebastián, 493, 495
King, William, 507
Kingsley, Eliza, 519
Kino, Eusebio, 149-153
Kirkham, Jacob, 432

L
L'Archevêque, Jean, 165, 237-238
La Fayette, 303
La Loca, Juana, 63
La Pérouse, 353, 369
La Salle, 40, 162, 163, 164, 167, 237
Lafreniere Lallemand, François Antoine, 427
Langsdorff, doctor, 381-382
Lassel, 264
Lassias, 264
Lasso de la Vega, Ramón, 344
Lasuén, Fermín Francisco, 366, 369, 375
Laussat, Pierre Clement de, 477
Le Feboure, 221
Le Moyne d'Iberville, Pierre, 167
Le Moyne de Bienville, Jean-Baptiste, 229
Leclerc, general, 474
León Fandiño, Julio, 240
León, Alonso de, 163-165, 167, 237
Leopoldo I, 219
Leslie, John, 449
Leslie, Juan, 451
Leszczynski, Estanislao I, 317
Levine, Christiana, 425
Leyba, Fernando de, 286-289
Leyva de Bonilla, Francisco de, 77, 79-80
Lezo, Blas de, 242
Livingston, 475
Llorente, Tomás, 501
Lloyd, capitán, 275
Lobera, Josefa Antonia, 499
Londoño, Sancho de, 106
Lomas y Colmenares, Juan Bautista de, 116

Long, James, 397
Lope de Samaniego, 63, 65
Lope, Martín, 309
López de Armesto, Andrés, 269
López de Cárdenas, García, 63, 66, 72
López de Gomera, Francisco, 20
López de Haro, Gonzalo, 354
López de Legazpi, Miguel, 41
López de Villalobos, Rui, 39
López, Antonio, 422
López, Carlos, 308, 310, 342, 368, 370
López, Diego, 68
López, fray Francisco , 76, 120, 182
López, Martín, 309
Louverture, Toussaint, 473-474
Luis XII, 86
Luis XIV, 162, 165, 167, 219
Luis XV, 252, 256, 259, 262, 265
Luis XVI, 276, 473
Lummis, Charles F., 38
Luna y Arellano, Tristán de, 10, 41

M
MacGregor, Gregor, 499-501
MacGuillivray, Alejadro, 470
Machado, Juana, 523
Macintosh Mohr, John, 244, 246
MacKay, Hugh, 244
MacKay, Jacques, 527
Madison, presidente, 426, 493
Maitorena, 379
Malaspina, Alejandro, 371
Maldonado, Diego, 51, 54
Maldonado, fray Lucas, 136
Maldonado, María, 64
Maldonado, Lucas, 136
Maldonado, Rodrigo, 63
Malliet, Jean Baptiste, 289
Mangourit, Bernard de, 471
Mano Mocha, jefe indio, 214
Manrique de Lara, Alonso, 63
Manrique, Miguel, 334
Markey, J. J., 308
Márquez, fray Diego Marquis, 119
Márquez, Pecho, 145
Martín, Cristóbal, 116
Martínez de Irala, Domingo, 38
Martínez, Esteban José, 353-354
Martínez, Fray Alonso, 120-121
Martínez, Juan Esteban, 352
Martínez de Montoya, Juan, 139-140

Martínez Pacheco, 182
Masot, José, 506-507
Massanet, Damián, 164
Mathews, John, 494
Maxell, John, 301
Maximiliano, 316
Mayorga, Martín de, 353
Mazan, 263
McGirth, William, 485
McGuillivray, Alexander, 449-450, 470, 479, 480-483
Mc Queen, Juan, 482
McCarty, Daniel de, 264
McKnight, Robert, 214
McLathy, 450
Meares, John, 354-355, 359
Medicis, Catalina de, 92
Melchor Díaz, 38, 60, 63-65, 67, 309
Melgosa, Pablo de, 63
Menchaca, José, 409, 413-414
Menchaca, Miguel, 421
Méndez de Soto, Francisco, 47
Mendoza y Margil, fray Pedro de, 29, 41
Mendoza, Ana de, 118
Mendoza, Antonio de, 58, 60, 309
Mendoza, Juan de, 138
Mendoza, Pedro de, 232
Menéndez, Francisco, 242
Meunier, Pierre, 164
Mezieres, Athanase de, 267
Milam, Ben, 431
Milhet, hermanos, 263, 265-266
Miller, 483
Mina, Javier, el Mozo, 423
Mínguez, Juan, 239
Mirabeau, 360
Miranda, cabo, 374, 489
Miranda, Francisco de, 499
Miró, 450, 454-455
Miró, Estebam, 298
Mitchell, David B., 495
Moara, jefe indio, 214
Molinés, José, 227
Molino, 264
Mongoulachaoupayé, 487
Monroe, James, 414, 419, 431, 495, 501, 511, 515
Montero, Bernardino, 415
Monteruill, Francisco, 484
Montesclaros, marqués de, 138, *véase* Juan de Mendoza

Montesinos, Antonio, 23
Montgomery, coronel, 287, 289, 469
Montiano, Manuel, 224, 242, 245-249
Montmorin, 360
Montserrat, Joaquín de, 258
Moore, James, 220, 221
Moraga, Gabriel, 375, 385
Moraga, José Ignacio, 159
Moraga, José Joaquín, 335-337
Moral y Sánchez, Francisco del, 224
Morgan, George, 274
Morillo, Pablo, 423, 499
Morlete, Juan, 80
Morrison, Jorge, 495
Moscoso Alvarado, Luis, 58
Mothe Cadillac, Antonine de la, 168
Moultrie, William, 471
Mourelle, Francisco, 372
Moya y Contreras, arzobispo, 78
Mugártegui, Pablo, 339
Munn de, 215
Muñoz, Pedro, 379
Murillo, Ramón, 193-194, 404

N
Naranjo, José, 237-239
Narváez, Pánfilo de, 30-34
Natchez, Pan mure de, 274-275
Natham, 489
Nautil Nilché, 159
Nava, Pedro de, 185
Navarro, José Antonio, 521
Navarro capitán general, 279-280
Navia, Victorio de, 292
Neve, Felipe de, 305, 331, 337, 339-342
New, Thomas, 361
Newman, coronel, 495
Nicholls, coronel, 502
Nieto, Álvaro, 42
Nilché, Nautil, 159
Niza, fray Marcos de
Nolan, Philip, 397, 398
Noyen, 263, 266
Noyen, Jean Baptiste de, 263, 266
Noyen-Bienville, 263
Núñez Cabeza de Vaca, Álvar, 32, 34, 35, 37
Núñez Gaona, Manuel, 358, 362, 525
Núñez de Balboa, Vasco, 57

O
O'Connor, Hugo, 158

O'Fallon, James, 467
O'Neill, Arturo, 450, 481
O'Reilly, Alejandro, 265
Oacpicagigua, Luis, 155, 156
Ogé, Vicente, 473
Oglethorpe, James, 244-250, 548
Ojeda, Alonso de, 17
Olivier de Vezin, Pierre François, 264, 485
Onís, Luis de, 500
Oñate, Cristóbal de, 60, 116
Oñate, Juan de, 69, 81, 103-104, 116-118
Orozco y Molina, Juan Felipe de, 152, 236
Ortiz de Matienzo, Juan de, 22
Ortiz Parrilla, Diego, 155-156, 174-175
Oswald, Richard, 302
Ovando, Francisco de, 63
Ovando, Nicolás de, 18-19
Overton, Thomas, 413
Oyarzun, Juan Ángel, 178-179

P
Pacheco, 213
Pablo I, 376
Padilla, Juan de, 64, 66, 69
Padrón y Guzmán, fray, 232
Pailette, 414
Pakenham, Edward, 502
Palmer, John, 246
Palou, padre, 331
Panis, Jacinto, 279
Panton, Juan, 440, 441
Parras, Álamo de, 419, 429
Patiño, José, 226-227
Pazos Kanki, Vicente, 501
Pearce, teniente, 366
Pedro I, 316, 317
Peralta, Pedro de, 140, 141
Pérez, Cayetano, 492, 497
Pérez, Ignacio, 409, 430
Pérez, Juan, 334-335, 352
Pérez de Castro, Evaristo, 511
Pérez de la Torre, Diego, 59, 60
Pérez de Villagrá, Gaspar, 117, 121, 125, 133, 136, 139
Perrin Victor, Claude, 476
Perry, Henry, 420, 422, 424, 427
Petinal, Manuel, 281, 303
Petrovich Rezanov, Nicolai, 381
Pez, Andrés de, 229
Pickles, Tim, 432
Picornell, Juan Mariano, 419, 420

Piernas, Luis, 506
Piernas, Pedro, 279, 289
Pike, Zebulon, 192, 214, 403
Pinto, jefe, 214
Pitt, William, 253, 259
Pittman, Philip, 262
Pizarro, Francisco, 48, 57, 61, 77, 510
Po'Pay (Popé), 144
Pocock, Almirante, 258
Pollock, Oliver, 274, 281
Polúshkin, Yákov, 316
Ponce de León, Juan, 18-27, 118, 520
Ponce de León, Pedro, 19-22, 118
Pontalva, barón, 445
Portilla, Felipe Roque de la, 405-406
Portilla, Pablo de la, 393
Portolá Rovira, Gaspar de, 316, 319, 321
Portugués, Manuel, 121
Posada, Alonso de, 143
Poupet, 263
Pourré, Eugenio, 290
Power, Richard, 485, 487
Power, William, 487
Prado, Pedro, 419
Pritchard, Daniel, 495
Procello, Pedro, 428

Q
Quesada, gobernador, 483
Quexo, Pedro de, 22
Quincy Adams, John, 509

R
Rábago y Terán, Felipe de, 179
Rafael, jefe apache, 202
Ramírez de Vargas, Luis, 63
Ramírez, fray Juan, 135
Reggio, Francisco María de, 264
Rentería, Juan de, 40
Reparaz, Carmen de, 303
Reuben, Ross, 420
Revillagigedo, virrey, 183, 191, 356, 361-362, 371
Rezard Wouves D'Arges, Pedro, 453
Riaño, Juan Antonio de, 296
Ribault, Jean, 87-88, 90-91, 93
Ribero, Diego, 29
Ricardos, Antonio, 196
Richmond, 432
Riego, Rafael, 394, 432, 511
Rigaud, Antoine, 427

Rillieux, Vicente, 282
Ripley, Eleazar W., 430, 431
Ripoll, padre, 393
Rivera y Moncada, Fernando de, 320, 330-331, 349
Rivera y Villalón, Pedro de, 172
Rivera, José María de, 213
Rivera, Pedro, 187-188
Robespièrre, 474
Robles, Juan José, 337
Rochambeau, 300, 303
Rocheblave, Philippe, 264
Rodney, lord, 300
Rodríguez de Montalvo, García, 307
Rodríguez Cabrillo, Juan, 308, 309
Rodríguez, fray Agustín, 76-77, 120
Rodríguez, José Antonio, 375
Rodríguez, Manuel, 179, 380
Rogers Clark, George, 470-471
Romero de Terreros, Pedro, 175, 314
Romeu, José Antonio, 350, 371
Romo de Vivar, José, 149
Roque de la Portilla, Felipe, 405
Rousseau, Pedro, 468
Ruiz, Francisco, 409, 419
Ruiz de Salazar, Benito, 554
Ruiz de Soto, Pedro, 47

S
Saavedra, Jerónimo, 159, 294, 296, 299
Saenz, Antonio, 409
Sáenz, fray Matías, 232
Saeta, Javier, 148
Saint Maixent, 275
Saint Maxent, Felicitas de, 274
Saint-Denis, 233
Saintogne, Jean Alphonse de, 89
Sal, Hermenegildo, 364
Salazar, Cristobal de, 120
Salazar, fray Juan de, 408
Salcedo y Salcedo, Nemesio, 401, 405
Salcedo, Manuel, 488
Salcedo, Manuel María de, 416
Salinas Varona, Gregorio de, 230, 166
Salvador Hernández, Pablo, 208
Salvatierra, Juan María de, 150
San Buenaventura de Olivares, fray Antonio de, 327, 329
Sánchez, Alonso, 64
Sánchez, Chamuscado, 116
Sánchez, Francisco, 76-77

Sánchez, Gonzalo, 42
Sánchez, José, 391
Sánchez, Manuela, 168
Sánchez-Fabrés, Elena, 487
Santa María, fray Antonio de, 61
Santa María, Juan de, 76
Saric, Luis de, 155
Seguín, José Erasmo, 521
Seguín, Juan Erasmo, 521
Serra, fray Junípero, 368
Serantes, Antonio, 362
Shaler, William, 419
Sheppard, 387
Sibley, John, 428
Sinclair, Patrick, 286, 288
Sistaca, Francisco, 237-238
Smith, capitán, 430
Solá, Pablo Vicente, 386
Solano, José, 292
Soler, Juan, 330
Soler, Nicolás, 368
Solís, Ana María de, 89
Somera, padre, 327
Someruelos, 452
Sonora, marqués de, 37
Sosa Peñalosa, Francisco de, 117, 137
Soto, sargento, 391
Soto, Hernando de, 39, 47, 49, 51, 53, 55, 57, 58, 546
St. Maxent, Gilberto, 263, 264
Stuart, Elizabeth, 505
Sullivan, John, 470
Suárez de Figueroa, Gómez, 63

T
Talleyrand, 475
Talon, Pierre, 164
Tamaro, Juan, 129
Tarín, Vicente, 429
Taylor, 388
Tejo, el indio, 59
Terán, Domingo, 165
Thevet, D'André, 87
Thompson, Martin, 499
Thompson's Creek, 282
Toledo, María de, 25
Tonyn, Patrick, 479
Toro Blanco, jefe indio, 211
Tovar, Pedro de, 63
Trespalacios, José Félix, 431
Treviño, Felipe, 465

Treviño, Juan Francisco, 144
Trudeau, Jean, 264
Tudor, María, 60, 89
Tuscalosa (Tascaluza), 53

U
Ulloa, Antonio de, 262-265
Ulloa, Francisco de, 307-308
Unzaga y Amezaga, Luis de, 266
Urdaneta, 310
Urdiñola, Francisco de, 116
Uría, padre, 381
Urrea, Bernardo, 148
Urrea, José de, 160
Urrea, Lopez de, 63

V
Valdés, Antonio, 3, 57, 438
Valenzuela, María de, 31, 268, 275
Valero, 170
Valverde y Cosío, Antonio, 235
Vancouver, George, 361, 363
Vargas, Diego de, 512, 136, 146, 207, 237
Vázquez de Ayllón, Lucas, 544, 546
Vázquez de Coronado, Francisco, 64, 66, 70, 74, 76, 309
Vega, Garcilaso de la, 47, 48
Velasco, Diego de, 80
Velasco, Lorenzo, 154
Velasco, Luis de, 39, 45, 115, 118, 139, 258
Velázquez, Diego de, 308
Vélez de Escalante, Silvestre, 99
Vélez, Juana, 372
Velman, Rodrigo, 117
Ventura Morales, Juan, 475, 476
Vera, Diego de, 506
Veramendi, Juan, 409
Verrazzano, Giovanni de, 87
Verret, 265
Vespucio, Américo, 17
Viader, padre, 379
Victoria, Pablo, 303
Vila, Vicente, 320
Vilard, 264
Villafañe, Ángel de, 44-46, 86
Villalba, Juan de, 196
Villasur, Pedro de, 208, 217, 235, 237
Villebeuvre, Juan de la, 279, 282, 441, 468
Villegas, Juan de, 72
Villere, Joseph, 265
Vives, Francisco, 511

Vizcaíno, Sebastián, 122, 307
Voltaire, 259
Von Hanxleden, 293
Von Segesser, Andre, 153, 238

W
Waldeck, 274, 293
Walker, W. W., 428
Walpole
Washington, George, 13, 272, 274, 300
Wayne, general, 469
Wellbanks, William, 483, 484
White, Enrique, 485, 493
Whitney, 464
Wiliams, Ezekiel, 214
Wilkinson, James, 398, 401
William Magee, Augustus, 415
Willing, 275
Wolfe, James, 253

Y
Yáñez Pinzón, Vicente, 17

Z
Zaldívar, Juan de, 63, 65, 69
Zaldívar, Vicente de, 117
Zambrano, Juan, 417
Zambrano, Manuel, 409, 170
Zúñiga Acevedo, Gaspar de, 118
Zúñiga, Álvaro de, 115
Zúñiga, Baltasar Manuel de
Zuñiga, Juana de, 41
Zuñiga, José, 344
Zúñiga, Mauricio de, 502

Índice toponímico

A
Abiquiú, 213
Acadia, 97, 222, 252, 262,
Acapulco, 64, 119, 307-309, 311
Acoma, 113, 124, 120-136, 139
Adaes, los, 169, 171-173, 180,181, 231, 233
África, 27, 103, 243, 201, 348, 506
Aguanueva, 407
Aguascalientes, 59, 187
Alabama, 13, 21, 25, 40, 42, 45, 50, 52, 53, 115, 123, 229, 282, 284, 402, 427, 431, 441, 458, 459, 502, 503, 515
Alaska, 200, 201, 314, 316, 352, 357, 362, 376, 377, 382-386
Alazán, 420-422
Alcalá de Henares, 126
Alcanfor, 71-73
Alemania, 103, 105, 153, 253
Alibamo, 55
Alicante, 264
Almadén, 79
Amarillo, 68, 71
América del Norte: *véase Estados Unidos*, 40
Ancón de Velasco, 40
Ancón de San Andrés, 308, 379
Anhaica, 51, 52
Apalaches, montes, 51, 52, 458, 465
Archivo de Indias, 308
Argentina, 147, 148, 200-203, 312, 314, 332, 346, 347, 350
Arizona, 62, 64-65, 78-79, 100, 113-145, 314-324, 332, 346-349, 537-538
Arkansas, 162, 206, 207, 208, 211,214,279, 285, 295, 426, 432, 461, 510, 532
Austria, 149, 219, 226, 277, 240, 252

B
Bac, 152, 153
Badajoz, 47, 58
Bahamas, 20, 39, 85, 279, 300, 302, 438, 480, 481, 483, 487
Bahía de Santa María, 24
Bailén, 340, 405
Barataria, 268, 275, 307, 425, 426
Barcelona, 227, 253, 264, 319
Baton-Rouge, 274, 275, 278,279, 281, 415, 433, 451, 471, 488-492, 506, 542
Baviera, 165, 317

Bimini, 20, 21
Boca de Leones, 406
Boca Ratón, 223
Bonavista, 18
Borobia, 41
Boston, 271, 354, 380, 385, 388, 415
Buenos Aires, 387
Burdeos, 92, 93
Búsanic, 152

C

Cabo Cañaveral, 15, 20
Cabo Romano, 21
Caborca, 148, 152
Cádiz, 90, 149, 227, 265, 292, 319, 357, 359, 360, 404, 416, 484, 49-494
California, 154
Camargo, 406-407, 412
Campeche, 253, 260, 268, 278, 280, 303, 426
Canadá, 18, 28, 71, 97, 161, 162, 170,182, 186, 228, 231, 239, 252-254, 259, 261, 271, 282, 286, 288, 299, 300-303, 314, 323, 347, 352, 443, 470, 474, 490, 525-527
Canarias, 35, 48,172, 233, 268
Canyon, 68
Caracas, 257, 500
Caribe, 17, 18
Carmel, bahía, 323, 345, 351, 368
Carmelo, 311, 324, 337, 341
Carolina, 24, 52, 95, 97-98, 221, 225, 243-244, 457-458, 543-544, 546, 549
Carolina del Norte, 24, 52, 97, 244, 457-458, 543-544, 546
Carolina del Sur, 24, 42, 50, 52, 88, 91-92, 97, 219-220, 228, 240, 444, 457-458, 461, 466, 499, 543-544, 546, 549, 552
Cartagena, 264
Cartagena de Indias, 241, 246, 365, 423, 499, 501
Casa de Contratación de Sevilla, 28, 38, 48, 79, 90
Cayo Hueso, 223, 260
Celaya, 78, 187
Cerdeña, 222, 226, 227, 247, 317
Chalague, 52
Charcas, 187
Charles Town: *véase* Charfort, 88
Charleston, 221, 229, 242, 302, 466, 471, 499
Charlotte, 52, 88, 283, 284, 541
Chiametla, 65
Chicago, 50

Chicaza, 54, 55
Chihuahua, 75, 77, 115, 118, 124, 138, 143, 185, 186, 191, 314, 351, 399, 409, 535
Chile, 353, 386-387, 431
China, 149, 370, 380, 381, 386
Cíbola, 41, 61-67, 71, 73, 122, 127
Cicuyé, 68-71, 80, 122, 123
Ciria, 41
Coahuila, 163, 165- 168, 171, 175, 180, 187, 191, 232, 407, 412
Cochiti, 145
Cockburn Town, 18
Cocóspera, 152
Coahuila, 164-170, 175, 180, 187, 194, 232, 407, 412
Colima, 44, 63, 309
Colombia, 17, 499
Colorado, 36, 65, 66, 68, 71, 99, 309, 313, 323, 332, 335, 344, 347-348, 350, 393, 417, 532
Columbia, 52, 314, 315, 334, 352, 362, 376, 383, 384, 392
Columbia Británica, 314-315, 352, 362, 525-527
Compostela, 58, 60, 62, 64, 65
Concepción, 172, 353
Connecticut, 464
Costa Rica, 17, 60
Coushatta, 430
Cuba, 20, 25, 28, 30, 31, 412, 438, 458, 483, 487, 489, 498, 505-522
Culiacán, 59-60, 62-65, 67, 71
Cumberland, 250, 441, 442, 468, 470
Cuzco, 48

D

Dakota, 269, 348, 447
Dakota del Norte, 447, 526
Dakota del Sur, 526
Delaware, 28
Dolores, presidio, 151, 152, 171, 233, 407
Durango, 119, 202, 314, 376

E

El Paso, 76, 101, 120-123, 144, 161, 166, 208, 553
El Xacal, 77
Escocia, 499
Europa, 85-86, 88, 103-104, 109, 111, 126, 146, 161-162, 172, 190, 193, 207, 219, 222, 227, 229, 240, 242, 252-253, 279, 281, 316, 369, 447, 452, 497, 522

F
Ferrol, 473
Filadelfia, 271, 274, 414, 420
Filipinas, 41, 80, 149, 169, 299, 310, 375, 377, 484
Flandes, 89, 103, 105, 106, 117, 222, 340
Florida, La, 256
Franklin, 470
Fresnillo, 187
Friendly Cove, 353, 356, 362
Fritch, 68

G
Galveston: *véase Galveztown*
Galveztown, 268, 275, 281, 296, 477
Georgetown, 24, 546, 552
Georgia, 24, 26, 42, 45, 50, 52, 92, 95, 96, 173, 225, 228, 242, 250, 256, 544-546
Gibraltar, 172, 222, 226, 277, 278, 299, 303
Gracia Real de Santa Teresa de Mose
Gran Bretaña: *véase Inglaterra*
Granada, 17, 1 40
Groenlandia, 18
Guachoya, 56
Guadalajara, 139, 195, 298, 318, 331
Guadalcázar, 139
Guadalupe, 261, 339, 342, 406, 473, 534
Guadalupe, río, 12, 173, 188, 342, 406, 534
Guadalupe, isla, 21, 24-25
Guale, 96
Guanajuato, 319
Guaquili, 52
Guatemala, 44, 119, 126, 159, 309, 388
Guerrero,
Guevavi, 153, 155-156

H
Haití, 98, 261, 473, 474, 475, 487
Hannover, 243, 252
Hawai, 383, 386, 387, 403
Hickory, 52
Higüey, 19
Honduras, 17, 47, 159, 253, 277, 278, 280, 301, 303, 388

I
Illinois, 50, 209, 275, 289, 290, 471
Imuris, 152
India, 162, 252, 253, 254, 261, 277
Indiana, 50
Inglaterra, 17, 18, 28, 60, 88-89, 92, 158, 165, 186, 219, 222, 240, 248, 256-257, 260, 271-272, 276-277, 359, 365, 370, 450, 480-482, 491, 520
Innsbruck, 149
Iowa, 289, 527
Isla de Guadalupe, 165
Isla de La Española, 17-19, 473
Isla de Sanibel, 21
Isla de Trinidad, 17, 405
Islandia, 18
Islas Chacachare, 17
Islas Dominica, 255
Italia, 92, 103-105, 109, 149, 153, 226, 240, 317

J
Jaén, 340,
Jalisco, 44, 59
Jamaica, 17, 25, 26, 31, 98, 268, 272, 278, 294, 295, 299, 300, 484
Jamay, 187
Jamestown, 24, 454
Jerez, 97, 187
Jerez de Badajoz, 47
Jerez de la Frontera, 35, 38
Jérez de los Caballeros, 47, 57
Joara, 52
Julimes, 77

K
Kansas, 79, 80, 81, 137, 162, 173, 181, 206-209, 215, 235, 236, 239, 528
Kauai, 383
Kealakekua, 387
Kentucky, 398, 452, 454, 455, 467, 470, 471

L
La Paz, 150, 307
Laredo, 173, 183, 407 421, 431
La Coruña, 28, 264
Lemus, 223
León, 44, 47, 187, 191
Lisboa, 377
Londres, 87, 227, 245, 255, 271, 272, 299, 302, 358, 359, 377, 448, 482, 484, 511
Loreto, 150, 314, 316, 319, 320, 330, 331, 334, 371, 376, 378
Los Ángeles, 99, 100, 358, 322, 345, 386
Luisiana, 100, 101, 159, 162, 163, 167-170, 173, 179, 180-185, 205, 209, 221, 228, 230-233, 259-286, 291, 292, 296, 298, 303, 307, 341, 350, 397-401, 416, 418, 421, 420, 429,

430, 439-445, 456, 459, 460, 463, 466, 470-479, 482, 485, 487, 492, 497, 508-510, 520, 526

M
Madeira, 17
Madrid, 173, 219, 253, 261, 267, 273, 279, 294, 316-318, 343, 353, 360, 384, 400, 441, 456
Magdalena, 152
Málaga, 264
Malta, 92, 376
Manbila, 53
Manila, 41, 259, 260, 310-312, 375, 484
Margarita, 17, 333
Martinica, 261, 454, 473
Maryland, 248, 267, 274, 298, 295, 480
Matamoros, 406
Mauvila, *véase* Manbila
Menorca, 222, 472
México, 229, 231-233, 235, 237, 258, 294, 303, 307, 308, 309-313, 315, 316, 319, 322, 329, 333, 338, 342, 346, 350, 358, 363, 370-372, 375, 377, 378, 381, 386, 390-414, 422-424, 331, 445, 446, 455, 460, 470, 492, 496-501, 512, 520-522
Mezcala, 187
Miami, 223, 453, 557
Michigan, 50, 285, 286, 290, 540
Michoacán, 44, 59, 64
Milán, 222, 226, 227, 340
Misisipi, 25, 34, 35, 50, 57, 81, 101, 152, 162, 180, 184, 229, 231, 235, 237, 261, 265, 268, 270, 272, 273, 279, 280, 283, 298, 305, 413, 427, 440, 446-450, 453-460, 464-469, 470, 472, 475, 488, 509, 511, 531, 542
Misuri, 99, 181, 236, 269, 526-532
Mobila, 229, 282-285, 293-296, 437, 444, 450, 451, 487-493, 497, 498, 506
Mobile, 25, 40, 42, 53, 101, 221, 282, 435, 503
Moho, 72
Molucas, islas, 80
Monclova, 79, 163-166, 187, 188, 232, 409, 412
Monterey, 311, 318, 320, 340, 362-365, 370-378, 382, 386, 390, 393, 525
Montrose, 289
Moqui, 128, 130
Moravia, 153
Moscú, 316, 353
Muskogee, 440, 446, 451, 480, 485-487, 554
Múzquiz, 187, 399

N
Nacogdoches, 101,102, 169, 181, 183, 193, 233, 399, 401, 404-413, 414, 417, 428-430, 520, 521
Nápoles, 222, 226, 227, 253-255
Nashville, 413
Natchez, 222, 274, 275, 279, 282, 290, 298
Natchitoches, 101, 168, 169, 171, 173, 179, 231, 233, 269, 279, 401, 402, 520
Navarra, 35, 283, 392, 297, 357
Nebraska, 235-237, 447, 487, 527
Nicaragua, 17, 47, 159, 303, 350, 388
Nogales, 437, 440, 441, 442, 466, 467, 468
Nootka, 353, 356
Nuestra Señora de Guadalupe de Tolomato, 169, 260
Nuestra Señora de la Leche, 260
Nueva Escocia, 260
Nueva España, 38, 39, 58, 59, 184, 187-190, 195-199, 229, 230-243, 258, 282, 303, 307-318, 334, 346, 351, 358, 384, 400, 412, 427, 440, 497, 498, 508, 520-522
Nueva Francia,
Nueva Galicia, 38, 59, 60, 64, 73, 76, 111
Nueva Granada, 423, 499
Nueva Holanda, 520
Nueva Inglaterra, 271, 510
Nueva Jersey, 28
Nueva Orleans, 101, 193, 230, 253, 261-262, 269, 273, 275, 292, 298, 414, 425-440, 443, 444, 446, 453-455, 467-477, 483, 488, 498, 502, 508
Nueva Suecia, 520
Nueva Vizcaya, 78, 80, 116, 180, 191, 193, 198, 201, 236, 377, 424
Nueva York, 271, 299, 302, 439, 454, 480
Nuevo León, 79, 163, 187, 311
Nuevo Madrid, 269, 444, 469
Nuevo México, 236, 237-240, 537
Nuevo Santander, 406-411, 415, 424

O
Oaxaca, 411
Ochuse, 41, 42, 45
Ohio, 50, 274, 275, 302, 303, 453, 454, 465, 466, 467
Ojuelas, 187
Oklahoma, 68, 173, 207, 459, 460-462, 468
Olibahali, 43
Olomuc, 153
Oporto, 27
Orinoco, 17

P

Países Bajos, 226, 227, 293, 303, 360
Palmillas, 187
Palo Duro Canyon, 71
Panamá, 17, 47, 48, 57, 244
Paraguay, 38, 314, 341
París, 173, 180, 181, 255, 259, 263, 302, 399, 437, 454, 461, 471
Parras, 69-71, 79, 101, 187, 395
Paseo de Bahamas, 231
Pecos, 182, 210, 211, 403
Pénjamo, 187
Pennsylvania, 274
Pensacola, 21, 40-41, 44-47, 228-231, 294-299, 428, 437, 439, 443-444, 450, 480, 482-484, 486-489, 492, 497-498, 502-508, 511, 515-518, 558
Perú, 48, 49, 57, 58, 61, 62, 118, 139, 312, 386, 388
Pittsburg, 274
Polonia, 256, 317
Portezuela, 187, 195
Portugal, 17, 18, 39, 79, 86, 117, 159, 219, 252, 255, 256, 259, 260, 277, 354
Prusia, 259, 261, 278
Puerto Córdova, 357
Puerto Rico, 19, 20, 21, 98, 196, 255, 268, 277, 292, 419, 473, 505

Q

Quebec, 253
Quiburi, 538, 561
Quivira, 67, 68-71, 80, 81, 83-137

R

Reino Unido, *véase* Inglaterra
República Checa, 153
República Dominicana, 473
Revilla, 407, 411, 412, 413
Reynosa, 407, 412
Roma, 52, 164, 227, 376, 396, 316, 317, 376, 382-386
Rusia, 510

S

Saboya, ducado, 61, 219, 226, 227
Saltillo, 187-188, 412
San Agustín de la Florida, 435, 437-439, 443-444
San Antonio, 327, 329, 337, 341
San Antonio de Bexar, 170-171, 174, 178-183, 209, 231, 234, 395, 399, 403, 407, 411, 413, 416-417, 420, 421, 430-434, 521, 534
San Antonio de Padua, 327, 534, 539
San Blas, 318, 319, 321, 335, 342, 354, 358-362, 369, 371, 393, 525, 553
San Buenaventura, 234, 329, 346, 375, 391, 392
San Carlos de Buenavista, 156
San Diego, 99, 102, 150, 308-309, 311, 313, 318, 320-321, 340, 368, 370, 372-373, 375, 379, 390, 513, 523
San Esteban de Tombecté, 137, 411, 540, 542
San Felipe, 91, 187, 546
San Fernando de Austria, 187
San Fernando de las Barrancas, 437, 438, 442, 443
San Francisco, 40, 62, 102, 162-167, 171-172, 310, 312, 324, 325, 328, 331, 334, 337
San Gabriel, 64, 100, 121-132, 135, 137, 174, 327, 330-342, 350, 379, 392, 534
San Gregorio, 424
San Ignacio, 152
San Ignacio de Tubac, 156
San Javier del Bac, 156
San Jerónimo de los Corazones, 67
San José de los Nazonis, (misión), 169, 233
San José de Guadalupe, 305
San Juan, Capistrano, 375, 388, 534
San Juan Bautista, misión, 167-168, 379
San Juan de Capistrano, 339, 341, 375, 388-389
San Lázaro Sáric, 152
San Luis, valle de, 210, 269, 278-279, 285, 288, 290, 424, 441, 444
San Luis de Potosí, 404
San Marcos, 83, 94, 95, 220, 228, 245, 246, 406
San Marcos de Apalache, 223, 228, 241, 437-450, 480-486, 494, 504-507, 516, 540, 549-551
San Marcos de Neue, 406
San Miguel, 439, 498
San Pablo, 545
San Pablo Vicuñer, 347, 349
San Pedro, 347, 349, 545
San Petersburgo, 316-317, 382-384
San Vicente, 255, 473
San Xavier del Bac, 152
Sanlúcar de Barrameda, 31, 49
Santa Bárbara, 309, 311, 322, 345, 365, 370, 372, 378, 388-394, 152
Santa Cruz de Moatka, 356
Santa Elena, 42, 45, 91, 96, 427
Santa Fe, 67, 80, 98-100, 102, 124, 140-142, 144-146, 166, 188, 199, 207, 210, 213-214,

220, 236-239, 379, 528
Santa Gertrudis de Altar, 56
Santa Lucía, 255, 323-324
Santa María Filipina, 541
Santander, 93
Santa Olalla, 332-335
Santa Rosa, 187, 230, 295
Santo Domingo, 17, 22-25, 31, 73, 79, 120, 127, 145, 163, 297, 419, 425, 474, 501, 509
Sarasota, 223
Sáric, 155-156
Segovia, 30, 75
Sevilla, 79, 264, 452
Sicilia, 222, 226-227
Sinaloa, 37, 59, 60, 150, 155, 191, 314, 330
Siracusa, 277
Sitka, 377, 382-384
Socorro, 120, 139
Sombrerete, 187
Sonoita, 151,152
Sonora, 62, 64, 67, 71, 87, 102, 115, 124, 148, 151-180, 187, 191, 194, 314, 319, 332, 334, 336, 349, 350, 370, 372
St John's River, 87
Suecia, 165, 252, 270

T
Tacubaya, 358
Talapuche, 450
Tampa Bay, 32, 50, 223, 484, 486, 495, 503, 557
Taos, 69, 76, 123, 166, 206, 209-214, 235, 236, 532
Tascaluza, 53
Tenerife, 473, 484
Tennesee, 496, 459,465, 468, 470, 504, 543
Tepic, 60, 356
Terranova, 12, 27, 91, 97, 222, 253, 260, 261, 271, 299, 303
Texas, 113-142, 148-158, 161-183, 533-537
Temalaca, 423
Tierras de Chicora, 22, 23, 24
Tiguex, 67-72,120-124, 505
Timucua, 96, 220, 458, 545, 549, 552, 553
Tobago, 17, 255
Tule Canyon, 68
Tombecté, 441, 445, 540, 542
Trinidad, 17, 173, 181, 183, 208, 298, 406, 427, 430, 472, 537
Tubac, 332, 333, 335, 337, 538, 544
Tubutama, 152, 156

Tule Canyon, 68
Tumacácori, 152, 160, 538
Tunica, 55, 460
Tusayán, 66

U
Unalaska, 354, 525
Utah, 99, 180, 124, 200, 212
Utiangue, 55

V
Valdez, 357
Valenzuela, 31, 268, 275, 296
Valladolid, 18, 316
Velicatá, 17, 320, 321, 325, 327, 328
Venezuela, 42, 45, 119, 138, 195, 268, 301, 499
Veracruz, 26, 31, 414, 423
Versalles, 253, 254
Villanueva de Barcarrota, 47
Villasur, 179, 208, 217, 235, 237-239

W
Washington, 277, 314, 362, 413, 419, 426, 428, 467, 470, 471, 488, 491, 500, 501, 504, 508, 509, 511, 525-530
White Rock Canyon, 144
Wisconsin, 286
Wyoming, 206

X
Xuala, 52, 543

Y
Yorktown, 300, 302
Yucatán, 25, 27, 33, 41, 48, 232, 278, 280
Yuma, 65, 158, 332, 333, 346, 349, 345, 351

Z
Zacatecas, 59, 116, 169, 339, 340
Zaragoza, 187, 424
Zía, 120
Zuñi, 66-67, 73, 128